孙崇涛／著

戏曲文献学

山西出版集团
山西教育出版社

自　　序

本书是本人从事戏曲文献学教学形成的一本教材。

1999年秋季起，我给自己指导的中国艺术研究院研究生开设戏曲文献学专业课程，让硕士生学习戏曲目录学与版本学，博士生学习戏曲校勘学与编纂学，并结合授课内容，进行戏曲文献整理、校注的实践操作。授课期间，原中国艺术研究院戏曲研究所资料室全体同事，部分其他专业的在院研究生，在京及外地学校的个别研究生曾陆续列席旁听。

2001年，本人应聘赴任美国柏克莱加州大学东亚系客座教授，该系开设中国戏曲文献学博士生在读课程，由本人承乏讲席。加州多所大学的中国学教员闻讯，不辞路途劳远，驱车前来旁听。回国之后，相继有哈佛、斯坦福等校做中国古代戏曲研究博士学位的研究生，专程来敝处私访，要求为其传授戏曲文献学专题功课。

中国戏曲学院研究生部和中国艺术研究院培训部戏曲专业研究生课程班，自2004年以来，均请本人讲授戏曲文献学课程，中国戏曲学院还将这门功课列为研究生各专业必修的三门学位基础课程之一。

我的这本教材，就是这样打鸭子上架，边教边摸索边积累起来的。另外，近年江苏、广东等省的许多高校同仁，也纷纷在为研究生开设戏曲文献学课程，并时与本人通信，磋商课程内容与授课方法。

以上事实，表明一种趋势：学习与研究中国戏曲文献学的重要性和必要性，已越来越被人所认知，成为戏曲学习者、研究者与教学主事者等有识之士的一种共识。

事实也是如此。中国戏曲学，大而言之，系由戏曲理论、戏曲历史和戏曲文献学三个基本部分构成。三者关系，应是："论"从"史"出，"史"从"文献"出；研究戏曲文献是最基础的层次，是一切真正从事戏曲研究所不可逾越的起步；舍弃了对戏曲文献的学习与研究，任何"史"、"论"，都将成为空中楼阁。学习戏曲学，一开始即问途"史"、"论"，好似无根之本、无源之水，结果必然会令学习者缺乏扎实基础与学养后劲，将来很难有自己的发现与创说，即使他们也可以著书作文，但大抵属于"炒冷饭"——拿别人的发现重新"制作"一番而已。

总结无数前辈学者的成功经验和自己多年从事戏曲研究、教学的切身体会，使我深刻领悟到，我们的戏曲学应该尽快建立起可与戏曲史学、戏曲理论学鼎足而立的"中国戏曲文献学"，归纳中国戏曲文献门类，评析戏曲文献遗产，阐述戏曲文献特征，总结戏曲文献收集、整理、鉴别、存储、使用、传布的方法与经验，整合中国戏曲学的完整体系，以推动中国戏曲研究与教学的顺利发展。于是不避谫陋，就将自己的授课讲稿，整理出版，期引他山攻错，共同促成中国戏曲文献学学科的早日完成。尽管拙撰是这方面头一本面世的概论性专书，却不敢自诩“填补空白”，只能说聊胜于无而已。

有关本书论述的戏曲文献对象，还需说明三点：一是散曲与戏曲关系密切，许多散曲家同时也是戏曲家，所以本书适当涉及部分散曲文献；二是编纂戏曲志也该属于戏曲文献学范畴，但鉴于目前全国这项工作已经基本暂告段落，故而不再涉及；三是笔者明知电子手段将成为未来戏曲文献重要的载体与传输渠道，但由于我们迄今还基本没有这方面的工作成果，经验无从总结，笔者也没有指导能力，只好有意回避付阙。总之，就戏曲文献学学科体系建设而言，本书出版还只能算是一个仓促而残缺的开头。为此，我要特别地感谢具有开拓意识的山西教育出版社的重视、支持和督促。

本书编写过程中，部分初稿有赖李季箴、吕文丽两位研究生的辛勤记录和整理；资料与图片提供，得到中国艺术研究院图书馆研究馆员刘效民女士的倾力帮助；部分附录材料，系由徐州教育学院吴敢教授惠赠。现借此特向各位深致谢意。

孙崇涛

二〇〇七年三月二十二日序于北京宁澹轩

目　　录

第一编　戏曲目录学

第二编　戏曲版本学

第三编　戏曲校勘学

第四编　戏曲编纂学

导　论

一、引言

中国戏曲学，按其研究的内容和性质，可分为三大部分，即：戏曲文献、戏曲历史和戏曲理论。这三个方面，实际也代表了戏曲学的三个不同研究层次。至于戏曲志，应该属于戏曲文献学的分支。戏曲志是戏曲文献学向方志学的渗透，或者说是方志学向戏曲文献学的延伸。

上述戏曲学三个方面的关系，应是："论"从"史"出，"史"从"文献"出。研究戏曲文献是最基础的层次，也是我们从事一切真正戏曲研究所不可逾越的起步。即使从事现、当代戏曲研究，也不应当例外。因为"现、当代"也会成为未来的"历史"；今日之现状，即是明日之历史。从这个角度来说，现、当代也属于广义的历史。故研究现、当代戏曲同样也得从基本文献研究出发。所不同的是，研究现、当代戏曲，除根据剧本、记载、评论等文字资料亦即书写文献之外，还需更多凭借戏曲舞台演出实际，或者记录舞台演出实际的录音、录像等手段，即依靠现代化的文献载体。总之，研究戏曲，寓目皆见文献，动辄接触文献，离开了文献研究，就谈不上是真正意义的戏曲研究。

中国戏曲学尤其是近现代戏曲史学的研究实践证明，凡是在这方面作出出色成绩的专家、学者，不管他有意识或无意识，几乎都是从整理、研究戏曲文献入手或起步。若谓不信，请看以下事实：

王国维是近代戏曲学的创始人，所著《宋元戏曲考》①，被人们公认为近代戏曲史学的奠基之作，1913 年完成。实际此书的完成，是建筑在作者先期进行大量戏曲文献研究工作的基础之上。1908 年，王国维最先写成《曲录》六卷，对中国戏曲文献进行分类著录，将近三千个剧目和百余种曲书作了全面的逐一罗列。此后，1909 年，王氏又著《戏曲考原》一卷、《录鬼簿校注》二卷、《优语录》一卷、《唐宋大曲考》一卷；1911 年，作《古剧脚色考》一卷等。以上这些，都是戏曲文献研究工作。其中《曲录》、《录鬼簿校注》，是地地道道的戏曲文献专著，《唐宋大曲考》、《古剧脚色考》等，则是对戏曲文献进行专题研究、探讨的论著。有了以上这些戏曲文献研究的成果积累，王国维最终"乃以三月之力"，水到渠成，很快完成了《宋元戏曲考》的写作。

---

① 王国维：《宋元戏曲考》，初名《宋元戏曲史》，1913 年初完成，最初以连载形式，分章刊于《东方杂志》（商务印书馆出版）第九、第十卷（1913 年 4 月至 1914 年 3 月），商务印书馆 1915 年出版单行本，列入《文艺丛刻·甲集》。

王季思是众所公认的现代元曲研究大家，也是所谓戏曲史学“新学院派”的奠基人和代表人物。他的元曲研究工作，是从《西厢五剧注》① 这一戏曲文献著述起步的。

20世纪30年代南戏研究三大家赵景深、钱南扬、冯沅君，他们的研究不约而同地从戏文辑佚工作入手。赵景深在戏曲史学研究方面影响较广的两本书，一是《元人杂剧钩沉》②，该书把《元曲选》等所收单种杂剧之外散见各处的元杂剧片断残文加以收集和整理。另一本是《宋元戏文本事》③，该书是近代最早出版的研究南戏的专书，它把散见各处的宋元戏文残曲进行汇编，编成十五段文章。赵氏此二书所作的都是文献搜集、整理、编述工作。钱南扬《宋元南戏百一录》④，是一本较之《宋元戏文本事》搜罗更为宏富的戏文残曲的辑佚专书，书前的“总论”，是著者在辑佚工作基础上所作的总结，也是他后来写作一生带有总结、概括性的学术论著《戏文概论》的前身。冯沅君20世纪30年代发表的《南戏拾遗》（与陆侃如共同署名）⑤，则是将当时发现的《南曲九宫正始》中保留的为钱、赵二书所未收的戏文佚曲材料加以汇辑，补充了钱、赵二人的辑佚工作。可见，20世纪30年代赵、钱、冯三家所作的中国南戏研究的筚路蓝缕工作都是文献研究工作。

孙楷第先生早年从事文献校勘、训诂工作，著有《韩非子校正》、《刘子新论校释》等书。他的古典戏曲研究名著《元曲家考略》⑥，是汇集有关元代作家生平史料的文献考述工作。后来也是园藏明脉望馆钞校本杂剧发现，他又著《也是园古今杂剧考》⑦ 这本阐释戏曲文献的著作。可见孙楷第先生的戏曲研究的学术成就，主要体现于对戏曲文献的考释。

叶德均《戏曲小说丛考》⑧ 一书，具有很高学术价值，书中各文，都是作者在对中国古代戏曲文献进行认真梳理和研究的基础上提出的看法，所以篇篇扎实，言不虚发，深得学人赞许。

周贻白先生一生从事戏曲史学研究，成就卓著，论著迭出。他同样也很看重戏曲文献研究和著述工作。所著《戏曲演唱论著辑释》⑨，是把散见各处的有关中国古代戏曲演唱的论著文献加以汇辑、笺校和解释。他的《中国戏剧史长编》，实际是将自己掌握的全部中国戏曲史料文献，按照编史方式，悉数加以汇辑和串编，故称“长编”。

---

① 王季思：《西厢五剧注》，浙江龙泉龙吟书屋1944年印行。

② 赵景深：《元人杂剧钩沉》，初名《元人杂剧辑逸》，上海北新书局1935年初版，上海古典文学出版社1956年出版增订本，并改用此书名。

③ 赵景深：《宋元戏文本事》，上海北新书局1934年初版。

④ 钱南扬：《宋元南戏百一录》，载北平《燕京学报》专刊之九，哈佛燕京学社1934年印行；《戏文概论》，上海古籍出版社1981年初版。

⑤ 陆侃如、冯沅君：《南戏拾遗》，载北平《燕京学报》专刊之十三，哈佛燕京学社1936年印行。

⑥ 孙楷第：《元曲家考略》，上杂出版社1953年初版，上海古籍出版社1981年出版增订本。

⑦ 孙楷第：《也是园古今杂剧考》，初名《述也是园旧藏古今杂剧》，刊1940年12月《北平图书馆》季刊，上杂出版社1953年出版增订本，并改用此书名。

⑧ 叶德均：《戏曲小说丛考》，中华书局1979年初版。

⑨ 周贻白：《戏曲演唱论著辑释》，中国戏剧出版社1962年初版。

日本青木正儿著《中国近世戏曲史》，意在补王国维《宋元戏曲考》所叙历史之不足。该书著述过程，也包含许多文献整理、研究工作。作者曾编有《中国戏曲书目举要》，后由王古鲁翻译、整理，附在《中国近世戏曲史》① 之后。此书目是一份戏曲文献编目，也可视作为作者编史的文献依据目录。《中国近世戏曲史》在叙史过程中，对其论及的每一种戏曲剧本都撰有剧情"梗概"。推想该书的写作程序，是先把每一剧本的内容提要写好，然后再加上自己的看法写成，其整个研究、写作过程，也体现为从基本文献研究入手的途径。

现、当代研究戏曲史学较有成绩的，还有任二北先生。其所著《优语集》②，是记载优人言行的文献疏理、汇编、附释著作。所编《新曲苑》③，是把古代有关戏曲的论著加以汇辑。二者都是文献编纂著作。所著长达 80 余万言的戏曲论著《唐戏弄》④，资料翔实，于唐代戏剧史料搜集之丰富，他人莫及。作者声称，他著此书的目的之一，是"特向有志考源、从事考源者，介绍比两宋更提前三百四十年之种种实际资料"，就是为唐代戏剧研究者提供充足的文献依据。

目前还在辛勤笔耕的徐朔方先生，他的戏曲研究工作，是从校注《长生殿》、《牡丹亭》⑤ 起步，继之撰《汤显祖年谱》，编《汤显祖集（诗文集）》⑥，后来他又对晚明主要剧作家逐一编撰年谱，并著《汤显祖评传》⑦，在做好这些文献研究工作的基础上，他现在正从事《明代文学史》的写作。纵观徐氏全部研究历程，也是从文献研究入手。

当然，中国近现代在戏曲史学研究方面作出卓有成绩的专家、学者还远不止上述几位，其他如：吴梅、郑振铎、齐如山、董康、卢前、马廉、阿英、傅惜华、杜颖陶、谭正璧、吴晓铃、郑骞等等诸家，他们同样都是十分重视并致力于戏曲文献的搜集、考订、整理和研究工作，并在此基础上，取得丰硕而坚实的学术研究成果。

以上事实，无不证明一点：所有从事真正戏曲研究并取得成绩的人，向来都很看重戏曲文献，他们的研究程序，多从最基本的文献收集、整理和研究入手。可见做好这一基础工作、迈好这一起步的重要性。

戏曲文献在戏曲学中的位置如此重要，戏曲文献整理与研究在戏曲研究中处于入门和起步的地位，戏曲研究特别是近现代戏曲史学的实践经验又反复证明，从戏曲文献整

---

① ［日］青木正儿：《中国近世戏曲史》，昭和五年（1930）成书，上海北新书局 1933 年初版郑震节译本，上海商务印书馆 1936 年出版王古鲁全译本，中华书局 1954 年重版王译增补修订本，作家出版社 1958 年重印译者修改版。

② 任二北编著：《优语集》，上海文艺出版社 1981 年初版。

③ 任二北辑：《新曲苑》，中华书局 1940 年初版。

④ 任二北：《唐戏弄》，作家出版社 1958 年初版，上海古籍出版社 1984 年再版修订本，署名：任半塘。以下引文，见该书第 4 页"弁言"。

⑤ 徐朔方校注：《长生殿》，人民文学出版社 1958 年初版；徐朔方、杨笑梅校注：《牡丹亭》，人民文学出版社 1963 年出版。

⑥ 徐朔方：《汤显祖年谱》，中华书局 1958 年初版；徐朔方笺校：《汤显祖集（诗文集）》，中华书局上海编辑所 1962 年初版。

⑦ 徐朔方：《晚明曲家年谱》，浙江古籍出版社 1993 年初版；《汤显祖评传》，南京大学出版社 1993 年初版。

理与研究入手，是我们顺利走向戏曲学术康庄大道的最佳起点。然而，时至今日，我们却未曾明确提出“中国戏曲文献学”这一学科概念，更不见有关这方面的专门论著。人们只知不断地搜集、整理、刊布、管理、传输、使用各种戏曲文献，却忘却应该去研究、总结这方面的经验与规律，努力建立中国戏曲学领域中可与已有相当学术建树的戏曲史学和戏曲理论鼎足而立的中国戏曲文献学。

戏曲文献学学科建设的滞后现象，在呼唤我们：努力建立“戏曲文献学”，时不我待。笔者不揣浅陋，愿做“破题儿头一遭”，尝试著述这本《戏曲文献学》，希望抛砖引玉，引来更多、更好的后文。

二、文献和文献学

中国古代文献之丰富，用“汗牛充栋”还不足以形容。现存中国古籍文献，究竟有多少数量，精确数字，难以计算，只看以下三个基本数字，可见一斑：

（1）丛书数。1959 年，上海图书馆编写《中国丛书综录》，共收丛书 2 797 种，子目书名 38 891 种。所收均系古典文献，“新学”丛书不在所收之列。

（2）没有编入丛书的单行本数。据孙殿起《贩书偶记》和《贩书偶记续编》，仅清人著作就约有 16 000 余种，清以前的未加统计，估计至少也应有 10 000 种，二者相加，是 26 000 种左右。

（3）各种方志文献数。1978 年，普查全国 180 多家图书馆收藏的方志文献，共计 8 500余种。

以上三类，累计得 75 000 余种。这其中还不包括大量小说、唱本、释藏、道藏、谱牒、经史拓本以及民间戏曲等。故有人估计，目前我国古籍文献，保守毛估，约 80 000 多种，这还不计已经佚失和有待进一步发现的现有名目可稽的文献数量。

至于戏曲文献有多少，更是无法精确统计。《中国古籍总目·集部·曲类》（初稿），光据全国十来家主要图书馆所藏的“曲类”书目，累计得书目 8 000 余种，版本 10 000 余种。实际数量，不知要比这多出多少倍。例如 20 世纪 60 年代，对福建闽南地方戏剧目进行过调查、发掘、整理，光是“莆仙戏”一个剧种，就得抄本 8 000 多本、剧目 5 000 个左右。全国地方戏近四百个剧种，合计起来，剧目文献总量是非常惊人的。由此一点，也可反映“戏曲文献学”地位之重要及其研究任务之艰巨。

（一）何谓“文献”

“文献”一词，最早见于《论语·八佾》记孔子语：“子曰：夏礼吾能言之，杞不足征也；殷礼吾能言之，宋不足征也。文献不足故也。足，则吾能征之矣。”宋·朱熹《四书集注》对这段话的解释是：“杞，夏之后。宋，殷之后。征，证也。文，典籍也；献，贤也。言二代之礼，我能言之，而二国不足取以为证，以其文献不足故也。文献若足，则我能取之以证吾言矣。”① 其中对“文献”的定义是：“文，典籍也；献，贤也。”“贤”谓“贤者”、“贤才”，即指故旧耆老们的言论。《论语》中最早出现的“文献”概念，包括书本记载与贤才言论两层意思。古称“征文考献”，就是指了解历史，必须取证于书

① 宋·朱熹：《四书集注》，《论语》卷之二，《八佾》第三。

本，探究故老的言论。所以，《辞海》释“文献”一词，说：“原指典籍与宿贤。”

历史上，最早以“文献”命名的著作是宋元之间人马端临（1254—1323）的《文献通考》。该书是继唐·杜佑《通典》之后又一部阐释古代典章制度的专书，凡三百四十八卷。在《文献通考·自叙》中，马端临对“文献”的解释，与《论语》基本一致：“凡叙事，则本之经史而参之以历代会要，以及百家传记之书，信而有征者从之，乖异传疑者不录，所谓‘文’也。凡论事，则先取当时臣僚之奏疏，次及近代诸儒之评论，以至名流之燕谈，稗官之记录，凡一话一言，可以订典故之得失，证史传之是非者，则采而录之，所谓‘献’也。”简言之，“文”指书本记载，“献”谓学士名流议论。依据这个准则，《文献通考》的体例是：顶格写书本记载，就是“文”；低一格录名流议论，就是“献”。二者交相互用，充分体现“文”与“献”的依倚作用，使旧有的“文献”概念在著作中得以具体体现。

尽管《文献通考》是我国历史上第一部以“文献”命名的文献著作，实际此前早有不以“文献”命名的文献著述存在。例如：司马迁的《史记》，除记事之外，还收录不少前人言论与文辞。班固《汉书》，把有关学术、政治的重要论文都一一转载传中；其《艺文志》更是我们研究历史艺文的重要参考文献目录。更早的《尚书》，《典》叙事实，《谟》记言论。《左传》于记史实外，用“君子曰”抒发言论，二者连看，也是一种“文献”。甚至“六经”，也可视作“文献”。清代历史学家章学诚在《校雠通义》卷一中说：“六经非孔氏之书，乃周官之旧典也。《易》掌太卜，《书》藏外史，《礼》在宗伯，《乐》隶司乐，《诗》颂于太师，《春秋》存乎国史。”相传孔子赞《易》，修《春秋》，删《诗》、《书》，订《礼》、《乐》。在章氏看来，这些也不过是孔子依据周官旧典而作的文献考订工作，故而认为，“六经”虽作为经典，其实质还是文献著述。

孔子自称“述而不作，信而好古”。“述”与“作”是两个有所区别的概念：“述”是把前人已经说过的话，再加以重新表述；“作”是自己个人的创造和见解。孔子承认自己还只达到“述”的境界。《礼记·乐记篇》云：“作者之谓学，述者之谓明。”清·焦循《雕菰集》卷七《述难篇》云：“人未知而己先知、人未觉而己先觉，因以所先知先觉者教人，俾人皆知之觉之，而天下之知觉自我始，是为‘作’。已有知之觉之者，自我而损益之；或其意久而不明，有明之者。用以教人，而作者之意复明，是之谓‘述’。”在古人看来，“述”与“作”是不同层次的工作，代表了不同的等次。但“述”是“作”的前提与基础；没有事先做好“述”，是不可能“作”的。这跟我们所说的“论”从“史”出、“史”从“文献”出的道理一致。

近现代的“文献”概念，已经发生改变。“文献”后来成为一切历史文件的泛称。故《辞海》在上文所引那句对“文献”一词诠释之后，补充说：“今专指具有历史价值的图书文物资料，如历史文献。亦指某一学科有关的重要图书资料，如医学文献。”

近代，人们对“文献”概念曾有不同解释。有人认为，现代概念的文献，就是专指有一定历史或科学价值的文字材料，是记录人们从事实践活动的经验和知识的成果。它不应该包括没有文字记载的文物。这一提法，把“文献”与“文物”加以区别。“文献”的标准是必须要有文字记载，没有文字记载的文物，尽管也具有文献同等性质的价值，但不可迳称为“文献”。另一个原则是，文献必须具有历史或科学价值，否则就不具备“文献”资格。

随着现代化的发展，文献的载体在起着相应变化。以上这种仅限于“文字记载”的文献概念提法，现在看来还缺乏发展眼光。现在图书馆学者和情报学者把用文字、图画、符号、声频、视频等手段记载的资讯材料，包括图书、期刊、报纸、胶片、胶卷、录音带、唱片、照片、录像带、幻灯片、影片、计算机磁盘（硬盘、软盘、光盘、U 盘）等等，全都纳入文献范畴。另外，还包括古代遗存的，如用甲骨、金石、竹简、木牍、碑铭、谱牒、拓片、帛书等载体记录下来的资料。现代意义的文献对象范围，已不可与旧时同日而语。

综上所述，现代社会的文献概念，简单地说，就是：具有一定历史或科学价值的，用文字及其他相应载体记录下来的资料。注意：这里必须强调“记录下来”四字，文献必须是提供后人有案可查、有据可考的资料，而非瞬间即逝的信息。

现代研究文献的人，还曾提出“文献”就是“情报”的主张，认为文献工作是“情报检索”工作的一个重要方面。这种提法有它一定的合理性。袁翰青发表于 1964 年第 2 期《图书馆》杂志上的《现代文献工作基本概念》一文说：“文献中的知识单元实质上就是所含的情报。通常所谓文献工作实际有两个方面：知识组织工作的一方面和情报检索工作的一方面。……组织工作是体，检索工作是用。这体和用两个方面，构成文献工作的基本内容。”此说法强调了“知识组织”是文献工作的重要方面，体现了现代文献学的新任务，它对文献的组织利用，已不囿于文献资料的分类、编目、鉴定、校勘、典藏的旧文献学模式，而同时还注重文献产生、分布、交流、利用等规律的探讨，使文献学从静态特征研究转化为动态特征的研究，说法有其合理的一面。但有一些学者认为此说法也有它不合理的成分。如有学者认为：（1）文献是静止性的，而情报是动态性的，二者本质不一样；（2）文献是没有针对性的，什么人都可以利用，而情报使用是有针对性的；（3）文献是过去知识的记录、积累，而情报往往是即时性的，甚至是预测性的；（4）文献多用文字等专门载体记录，而情报还可以用其他实物作为载体，如气味、声音、脚印、手印等，都可以作为情报载体。故而文献不等于情报。

（二）何谓“文献学”

文献学是专门研究如何正确管理和利用文献的一门新兴学科。它是指点人们顺利通向文献宝库的门径，是帮助人们迅速打开文献关卡的一把钥匙。

在中国古代，没有“文献学”的概念，“文献学”是在近现代才产生的一门学科。尽管千百年来人们一直在从事文献收集、整理、研究工作，却长期忽略了对文献学这门学科的研究和建设。据目前所知，1930 年商务印书馆出版的郑鹤声、郑鹤春合著的《中国文献学概要》①，恐怕是迄今为止我们所知的我国第一本“文献学”专门著述。可见“文献学”这一学科诞生之晚。在旧版《辞海》中，甚至连“文献学”的词条都没有。直至 1982 年，河南人民出版社出版文献学专家张舜徽先生著的《中国文献学》，扉页“内容提要”称它是“我国文献学领域的奠基性著作”，为时则更晚。

① 郑鹤声、郑鹤春：《中国文献学概要》，撰于 1928 年，商务印书馆 1930 年初版，1933 年重印。之后，有上海书店 1983 年重印本，收入复旦大学、上海书店编辑的《民国丛书》第二编。近年有编入上海古籍出版社 2001 年版《蓬莱阁丛书》的郑一奇“导读”本。

近代，人们对“文献学”的概念与研究范畴认识也很不一样。梁启超先生把“文献学”看成是“广义的史学”。他在《中国近三百年学术史》中说：“明清之交各大师，大率都重视史学或广义的史学，即文献学。”郑氏兄弟所著《中国文献学概要》，则持与传统说法相近的观点。此书《例言》引用《文献通考·叙》关于“文献”含义的解释之后，说：“本编亦采其谊。结集、翻译、编纂诸端，谓之文；审定、讲习、印刻诸端，谓之献。叙而述之，故曰文献学。”不过，这里实际也涉及古籍整理与研究中的目录学、版本学、编纂学、校勘学以及审定、翻译、讲习、印刻、分类、鉴定等手段。张舜徽先生认为，在古代，文献学即是校雠学的“别名”。张著《中国文献学》第一编《绪论》第一章《文献学的范围和任务》中说：“我国古代，无所谓文献学，而有从事与研究、整理历史文献的学者，在过去称之为校雠学家。所以校雠学无异成了文献学的别名。凡是有关整理、编纂、注释古典文献的工作，都由校雠学家担负了起来。”① 按照张先生解释，传统概念的文献学，是指研究我国古代文献典籍的分类、目录、版本、校勘、辩伪、注释、编纂、印刷源流、整理等的一门学科。

随着现代科技的发展，记录文献的载体，传输文献的媒介，以及收集、鉴别、整理、管理文献的手段等，都发生了很多变化，文献学的研究对象、范畴与任务等，也应当有相应变化。譬如说：由从前的单纯文字文献研究对象，扩大到音像文献研究对象；从文献的静态特征研究，扩大到文献动态特征研究；从传统的公私库存文献研究，向现代化的互连文献、资讯共享的研究转化等等。

另外，文献学是一门综合学科，研究对象、范畴，包括诸多方面。文献学的发展势必要从综合文献学（或称“普通文献学”）中派生出许多分科文献学。如从学科性质来派生，便有历史文献学、经济文献学、宗教文献学、法律文献学、医学文献学、科技文献学、文学文献学等等。所有学科都可以建立起与它相应的分科文献学。今天我们要共同努力，去建立起我们的“戏曲文献学”。如从文献学学科范畴的部类来区分，过去把目录学、版本学、校勘学、编纂学等都一起归入综合文献学之中，随着文献学研究的发展与分工的细化，文献学各个部类便逐渐独立出来，分别成为单独的目录学、版本学、校勘学、编纂学等，将来还可能派生出更多的其他别的分支学科，如专门进行有关电子载体文献的记录、检索、传输等研究的分支学科。

目前，文献学的教学和研究工作在不断开展。许多大专院校中文系都设有文献学专业。某些部门和研究机构，常设有文献研究部门。戏曲文献学也开始进入国内外某些大学与研究机构的教学领域，如中国戏曲学院研究生部、中国艺术研究院培训部，近年都连续开设戏曲文献学必修课程，美国伯克莱加州大学东亚系也曾将戏曲文献学列为博士生学位课程。以上一切，说明了戏曲文献学客观存在的必然性和实际任务的重要性。

三、建立戏曲文献学的意义

戏曲文献学是研究、总结如何更好地收集、鉴定、整理、保管、编校、解释以及准确使用戏曲文献的一门学科。建立这门学科，主要是出于以下三方面的需要：

① 张舜徽：《中国文献学》，河南人民出版社1982年版，第4页。

（一）出于戏曲研究的需要

建立戏曲文献学是为进一步引导人们对做好戏曲文献研究工作的重视，使人们更明确、更自觉地认识到充分掌握和准确使用戏曲文献与做好戏曲研究工作之间的关系至为密切。这些关系，概括起来，大致有以下八个方面：

1. 文献对象错位，一切研究变成徒劳。

譬如，一位青年学生写了一篇研究元代杂剧演出状况的文章，而他所依据的剧本材料只是《元曲选》。这就是文献对象错位。因为《元曲选》是经过晚明臧晋叔改订后刊行的杂剧选本，它不能作为论证元代杂剧演出情况的第一手资料。荷兰汉学家、哈佛大学教授伊维德（Wilt L. Idema）先生，曾经发表过一篇英语写的文章，题为《我们读到的是"元"杂剧吗？——杂剧在明代宫廷的嬗变》①。文章认为，元人杂剧作品大致经历三个演变阶段：（1）元代民间表演艺术阶段；（2）经删改、改编演出的明代宫廷娱乐阶段；（3）文人案头文学的晚明刊本阶段。我们现在所见的元杂剧作品，大多数是经过明代文人改编、编订亦即第三阶段的文学刊本，它与元代杂剧实际演出状况已相去甚远。伊文结论认为，"到目前为止，还没有任何人依靠元代剧本来研究元杂剧"。既然如此，晚明编印的《元曲选》，就更不足以用作探讨元代杂剧演出实况的真实材料依据。伊文的这种思路是对的，因为二者确实不可等量齐观、同日而语。单凭晚明改本去描述元代杂剧演出情形，即使写成文章，也几乎等于徒劳。

一位韩国博士生，曾来信询问一个问题：元杂剧作家石君宝的籍贯究竟在哪里？是山西平阳，还是辽东盖州？这问题提得很有水平。因为，根据元·钟嗣成《录鬼簿》记载，石君宝，山西平阳人。可元代还另有一位辽东盖州石君宝。盖州石君宝复姓石琖，字君宝。女真氏族皆复姓，译为汉姓，改单姓，"石琖"改成"石"，即成"石君宝"。孙楷第《元曲家考略》曾经考证出这位盖州石君宝的详细生平行迹，但他也难以肯定他是否即是写杂剧的平阳人石君宝，只是作了"君宝之先，盖由盖州徙平阳"②的推测，未作定论。如果不事先审定杂剧作家石君宝的身份、行迹，随便张冠李戴，将盖州石琖君宝的所有记载材料随便坐实给平阳石君宝，等到论文写完了，才发现两者根本不是同一人，岂不是对象错位、白费力气？故文献对象切切不可错位，这位韩国博士生懂得这个道理。

还有一个更为典型的事例。20 世纪 50 年代，全国讨论《琵琶记》，声势甚为浩大。对《琵琶记》的评价问题，存在两种截然不同的看法。一种是肯定派，认为《琵琶记》是部现实主义的有高度人民性的进步作品，因此作者高明是位伟大而杰出的作家。另一种是否定派，认为《琵琶记》是反现实主义的充满封建说教的落后的作品，作者立场错误，甚至反动。这场讨论，是中国南戏研究史上规模空前的一场大讨论。1956 年夏天在北京邀集了 160 多位专家及文艺、新闻等各界人士讨论了很长时间，影响所及，几成一场全国性的运动。③ 不同观点的双方争论不休，而彼此所根据的剧本多是汲古阁刊《六十种

① 该文中译本（宋耕译），发表于《文艺研究》（中国艺术研究院主办）2001 年第 3 期，第 97～106 页。

② 孙楷第：《元曲家考略》，上海古籍出版社 1981 年版，第 12～14 页。

③ 详细参阅《剧本》月刊社编辑《琵琶记讨论专刊》一书，人民文学出版社 1956 年版。

曲》本等晚明改本《琵琶记》。现在看来，这样讨论本身就没有太多意义。如肯定《琵琶记》的人，认为作品反映劳动人民疾苦，反映了尖锐的阶级斗争，常举的例子是作品生动描写饥荒岁月中赵五娘支领赈济粮而被社长、里正抢夺的“义仓赈济”场面，说它反映了元代社会黑暗，地方当权者如何鱼肉百姓的情景。而否定《琵琶记》，认为它是封建说教的一个主要依据，是认为剧中牛小姐是宣扬封建伦理教条的传声筒，是作者用来进行封建道德观念说教的化身。随着日后西班牙藏本《风月（全家）锦囊》戏曲文献的发现，其中的《伯皆》即《琵琶记》根本就没有以上所述的两派用作论证依据的描写内容。不光是锦本《伯皆》，1958 年广东潮州出土的明嘉靖写本《蔡伯皆》，也同样不见这些描写，因此这两方面的描写是否出自高则诚之手，很值得怀疑。假如高则诚原作根本就没有这两方面的描写，这场争论的双方依据都不存在的话，这场讨论岂不就是无的放矢，毫无价值吗？如是这样，这也是一种由于“文献对象错位”所造成的平白无故的讨论与研究。

2. 文献对象出入，一切推断偏离真实。

以元杂剧分期问题为例。现在几乎所有的文学史、戏剧史，都把元杂剧分成二期或三期。大致看法都是：元杂剧前期流行于北方，繁荣中心是大都（或包括山西平阳地区），后期杂剧南移，中心移至杭州，北方杂剧因而衰微。这种判断是根据王国维《宋元戏曲考》。王氏该书《元剧之时地》章，把元杂剧分成三期：第一是蒙古时期，就是元太宗六年夺取中原至元世祖至元一统时期（1234—1279），此即《录鬼簿》所称“前辈已死名公才人有所编传奇行于世者”时期。此时期大多杂剧作家为北方人，其主要活动地区是在大都，这是元杂剧的繁盛时期。第二是一统时期，至元宋亡后到至顺、后至元间（1280—1340），此即《录鬼簿》所称“方今已亡名公才人，与余相知者或不相知者”时期。王国维把这个时期说成大多数杂剧作家是南方人，或是由北方侨寓南方者，其中比较著名的只有宫天挺、郑光祖、乔吉三人，其余殆无足观，而其剧本存者亦罕。说明这时期元剧作家成就远不如前期之高，人数也不如前期之多。第三是至正时期（1341—1368），即《录鬼簿》所称“方今才人相知者”时期。王氏认为，这时期作家和作品存者更罕，作家仅有秦简夫、萧德祥、朱凯、王晔等数位，其创作成就比之第二时期更为逊色。①

王国维以上有关元杂剧历史分期的说法，主要是依据《录鬼簿》，而元·钟嗣成《录鬼簿》的记载则是根据作者本人的生活经历和见闻。这中间就存在许多问题。首先，仅以《录鬼簿》的记载来总括终元一代的元剧历史，本身就存在很大的片面性：

其一，从《录鬼簿》作者钟嗣成的生活与著述《录鬼簿》的年代来看，它无法用来概括整个元代近百年的杂剧发展的历史全貌。《录鬼簿》初稿写于 1330 年，即元至顺元年，其后在元统二年（1334）和至正五年（1345），先后修订过两次，中经 15 年，从著书经历与时间来看，它无法贯穿整个元代。如从至正五年（1345）书稿杀青到元亡（1368），中间还有一段不短的时间，《录鬼簿》的记载就不曾涉及。

---

① 王国维：《宋元戏曲考》第九章《元剧之时地》，见《王国维戏曲论文集》，中国戏剧出版社 1957 年版，第 77～85 页。

其二，作者钟嗣成原籍大梁开封，但长期寄居杭州，他的师友也大多数是杭州人，他的经历、交游、见闻，多属于南方，他接触的杂剧流布地域和结识及闻知的杂剧作者情况，都有很大的局限性。

第三，从《录鬼簿》内容本身看，作者记载的作家对象只限于自己的“相知”或“相闻”者，至于他不相知、不相闻者，他不记载，也无从记载。

总之，从以上三方面来看，钟嗣成的见闻带有很大局限性，《录鬼簿》的记载具有明显的个体色彩，故仅以它作为研究、概括整个元代杂剧发展历史全貌的材料依据是不充分的，中间必然存在偏差。

其次，更重要的是，王国维仅是从见存的元杂剧作家的文学创作角度，即《录鬼簿》记录的作家与剧本名目来判断元杂剧的发展历史。而元杂剧作为一种戏曲艺术，它的生命力主要还要看它在民间实际演出活动情况如何。为此，我们曾去调查山西晋南杂剧文物分布情况，借以了解元杂剧在民间的真实存在状态。先后在洪洞、临汾、侯马、永济、稷山、万荣、芮城等处，调查了晋南各地与元杂剧有关的文物，也参阅了其他相关资料。我们把山西晋南的有关杂剧的文物加以排列。排列结果证明，从公元1271年起至1345年，即元初至《录鬼簿》杀青的至正五年，中间74年间（元代90余年），晋南杂剧文物遗迹相继不绝，分布时间绵延未断。比如：较早的有1252年芮城潘德冲石椁杂剧线刻图（当然，此文物年代还属于宋金时期，不一定作为元杂剧存在的依据，但可作为金代杂剧就已繁盛的佐证）；有1271年万荣南张公社太赵大队稷王庙修建舞厅碑文的记载（至元八年三月初三日创建）；有1279年（至元十六年）新绛县吴岭庄元墓杂剧雕砖；有1311年（至大四年）新绛县寨里村元墓杂剧雕砖；还有著名的1324年（泰定元年）洪洞县明应王殿元杂剧壁画；1345年（至正五年）万荣东羊村东岳庙元代戏台刻柱，等等。以上这些戏曲文物证明一个事实：整个元代，晋南各地并不存在元杂剧前期兴盛、后期衰微的现象，元代杂剧作为一种戏曲舞台艺术，在北方民间，至少在杂剧滋生、繁华的晋南平阳一带，自始至终有其旺盛的生命力。

据此，我们可以这样认为，无论是钟嗣成、王国维，还是各种文学史、戏剧史，以前所有有关元杂剧历史分期的论断都存在很大的偏差。究其根本原因，就是所根据的文献对象有出入，并以之陈陈相因：文学史、戏剧史根据王国维《宋元戏曲考》，王国维根据钟嗣成《录鬼簿》，《录鬼簿》根据作者钟嗣成的个人经历和见闻，形成连环套用，终成公论的事实。以上这个事实说明，根据的文献对象是否准确、完全，是多么的重要。

王国维之后，姚华《菉漪室曲话》是近代第一本从文献学的角度来研究南戏、传奇的专书。由于姚华所据的南曲戏文、传奇材料是很晚的明人传奇改本。用晚明的本子（文献对象），作为研究宋元戏曲的唯一依据，文献对象有很大出入，推断肯定偏离真实，故叶德均在《姚华的菉漪室曲话》一文中，戏称姚华的研究，是“可怜无补费精神”①。

3. 文献材料挂漏，一切见解势必动摇。

如有关《荆钗记》戏文的作者问题，有人认为是明宁献王朱权，其根据是：清·无名氏撰《古人传奇总目》曾署：“丹邱生作”，朱权道号“丹邱先生”，而且又是一位戏

① 叶德均：《姚华的菉漪室曲话》，见《戏曲小说丛考》，中华书局1979年版，上册，第478~483页。

曲家，于是便坐实朱权即是《荆钗记》的作者。① 这个推理好像很合情理。实际号“丹邱”的，不止朱权一人，宋代严羽，元代柯九思，明代朱权之外，朱明元、何白、姚绶等这些著名文人都号“丹邱”，故很难判断这个“丹邱”即是“丹邱先生”朱权。后来清·张大复《寒山堂曲谱》发现，卷首总目《荆钗记》名下，注称作者系：“吴门学究敬先书会柯丹邱著”，又是一个“丹邱”，他是吴门学究、敬先书会才人，这更与宁献王朱权风马牛不相及。可见，光凭“丹邱”二字，来证明《荆钗记》作者就是朱权，就文献材料而言，是个很大挂漏。对此，就连大学者王国维也难免推断失误。

王利器先生是我们所崇敬的著名学者，今已作古。他也犯过类似的推断错误。他曾撰文提出：《琵琶记》作者高则诚与《三国志演义》作者罗贯中是“同学”。文题《罗贯中、高则诚两位大文学家是同学》②，十分醒目。王先生这里也同样犯了所据材料挂漏的错误。罗贯中是赵宝峰门人。赵宝峰门人中，确有一位“高克柔”。除此高克柔之外，还有王恽的一位同僚，名字恰与《琵琶记》作者高则诚完全一样，叫“高明柔克”。《琵琶记》作者高明，号柔克，其诗文集叫《柔克斋集》。实际，赵宝峰门人高克柔，王恽同僚高明柔克，与著《柔克斋集》的《琵琶记》作者高明柔克，实实在在是不同的三个人。王先生的主张，由于所据文献材料挂漏，张冠李戴见解势必动摇，无法成立。③

4．文献材料新生，一切定见必须修正。

例如，在西班牙戏曲文献《风月（全家）锦囊》发现之前，包括钱南扬先生《戏文概论》（上海古籍出版社 1981 年版）、庄一拂先生《古典戏曲存目汇考》（上海古籍出版社 1982 年版）等书，对南戏剧目进行著录、统计，称其为“全目”或“总目”，是可以允许的。而现在由于在《风月（全家）锦囊》里发现了近 40 种的南戏剧本之后，这些“总目”、“全目”，就不“总”、不“全”了，得修订和补充。另外，原来对剧本本事考订、源流梳理的疏误和付阙，也由于有了《风月（全家）锦囊》的印证、解决，也得重予修订和补正。比如，由于新材料的发现，原来以为本事不可考的，现在可考了；原来本事考订有错的，现在得给予纠正了。④ 继《风月（全家）锦囊》之后，如果再有别的南戏材料陆续发现，我们还得继续修订下去。故而文献新生，以前的所谓“定见”，绝对要修正。这种现象，将永久存在于戏曲文献之中，戏曲研究者必须时时关注学术信息并根据文献新生现象不断调整我们的研究思路。

---

① 王国维：《宋元戏曲考》第十四章《南戏之渊源及时代》云：“明无名氏亦以《荆钗记》为柯丹邱撰，世亦传有元刊本。……然柯敬仲未闻以制曲称，想旧本当题丹邱子或丹邱先生撰。丹邱子者，明宁献王道号也。”明显坐实《荆钗记》作者为朱权。见《王国维戏曲论文集》第 124 页。

② 王利器：《罗贯中、高则诚两位大文学家是同学》，刊《社会科学战线》（吉林省社会科学研究所主办）1983 年第 1 期。

③ 参阅金宁芬与王利器商榷的文章：《罗贯中与高则诚不是同学》，刊《光明日报》1983 年 4 月 19 日，《文学遗产》专刊第 583 期。

④ 具体情形，可参阅拙著《风月锦囊考释》一书，中华书局 2000 年版。

5. 文献材料误读，一切推导必致失误。

前些年，朱建明、彭飞两先生在《文学遗产》上发表《论〈琵琶记〉非高明所作》①的论文，题目与见解都很引人关注。文中言道：《南曲九宫正始》引用“元谱”中的《琵琶记》材料与现在流行的《琵琶记》没有什么两样，而“元谱”，按照《南曲九宫正始》的冯旭序言交代，是“大元天历间《九宫十三调谱》”的简称。既然“元谱”即《九宫十三调谱》（或称《九宫十三调词谱》）是在元天历年间编定，《琵琶记》的完成，当在天历年间或更早时候。而《琵琶记》作者高则诚是元末明初人，生活的主要年代是在天历之后，而在高氏之前，就已经有了与现在我们所见模样差不多的《琵琶记》存在，因此高则诚绝不可能是《琵琶记》的作者。这个推理，看上去很合乎逻辑，但仔细追究起来，却发现这是由于彭、朱二位先生文献误读造成的误断。误读不始自彭、朱二位，首先是由为《南曲九宫正始》作序的冯旭造成。《冯序》说“元谱”是天历年间的词谱，没有任何依据。经查，在《南曲九宫正始》中，订谱者钮少雅仅题称为“元谱”，从来不曾写明《元谱》是那个具体年代编纂的曲谱。“天历年间”的说法，是从冯旭的序里才出现的。仅仅依据不可靠的第二手材料（冯旭序言），去证明“元谱”即为天历年间所编，并从而推导出高则诚不是《琵琶记》作者的结论，本身就是文献误读造成的结果。根据的前提不可靠，结论必然失误。像上举这类事例，屡见不鲜，应引以为戒。

6. 文献材料歧解，一切见解无法统一。

“戏曲”一词，最早见于宋末元初刘埙（1240—1319，“埙”，又作“壎”、“勳”）《水云村稿·词人吴用章传》②。该传写江西南丰词人吴用章的词，深受当地人们喜爱，后来尽管由于“永嘉戏曲出，泼少年化之”，宋词受到冲击，当地人爱好吴用章词作依然如故。这是我们迄今所见文献中“戏曲”这一名词的第一次出现。对此“戏曲”一词的解释，学术界曾有各种不同理解。有人把它解释为“能唱的曲子”，有的认为就是现在的戏曲概念。实际上二者都不是。这里的“戏曲”，就是专指早期南戏；“永嘉戏曲”是温州早期南戏的专有名词。这可以找到多方面的相关材料作为印证。

元·陶宗仪《南村辍耕录》卷二十五“院本名目”引言称：“唐有传奇。宋有戏曲、唱诨、词说。金有院本、杂剧、诸宫调。院本、杂剧，其实一也。……”这段说法，不是陶宗仪的创造，它来自比《南村辍耕录》写定年代更早的元·夏庭芝《青楼集志》的这段话：“唐时有‘传奇’，……宋之‘戏文’，乃有唱念，有诨。金则‘院本’、‘杂剧’合而为一。……”可见“戏曲”者，即“戏文”（早期南戏）之谓也。又，《青楼集》正文亦常以“戏曲”称南戏，如记女演员“龙楼景”、“丹墀秀”二人“专攻南戏”，接着说“芙蓉秀”“戏曲、小令，不在二美之下，且能杂剧”。此处以“戏曲”、“杂剧”并举，显然也指南戏。《青楼集志》和《青楼集》正文二者可以互相印证，可见《南村辍耕录》、《青楼集志》以及《青楼集》正文，三处所指的“戏曲”，全指戏文，即南戏。再以此对照刘埙《水云村稿·词人吴用章传》中所称的“永嘉戏曲”，显然是指“永嘉

---

① 朱建明、彭飞：《论〈琵琶记〉非高明所作》，刊《文学遗产》（中国社会科学院文学研究所主办）1981年第4期。

② 刘埙：《词人吴用章传》，《水云村稿》卷四，收见《四库全书》“集部”。

杂剧”，即早期温州南戏。这种名称习惯用法，一直延续到明代后期。①

假如对“戏曲”这个历史概念不做综合考察、深入理解，而仅据字面，把《水云村稿》中最先提到的“戏曲”当成今日的“戏曲”概念，就会闹出文献误读、概念混杂的笑话。

7. 文献版本不一，一切判断必将不同。

我们作《青楼集笺注》②，感到很困惑的一个问题是：元·夏庭芝《青楼集》究竟写于哪个年代？《青楼集》的张择叙文，肯定《青楼集》的写作时间是在元至正十六年（1356）张士诚占据平江（时称“平江之乱”）之后。那时夏庭芝家庭发生重大变故，他带着一种怀旧情怀写作《青楼集》，以表达自己“见盛世芬华，元元同乐”的“集外之意”。然而最古老、被人看作最有权威性的《青楼集》版本“说集”本所载的夏庭芝《青楼集志》，文末所署写作时间，却是“至正己未三月”。至正没有“己未”年，对此，有人怀疑它当系“乙未”之误。乙未是至正十五年（1355），是张士诚“平江之乱”发生的早一年。这里便产生了矛盾：假如《青楼集》是写于“平江之乱”早一年，为什么夏庭芝的朋友张择所写的叙文却说《青楼集》编写的“集处之意”，“可以见盛世芬华，元元同乐”？还有夏庭芝另外一位挚友郝经在他的《青楼集序》中，还把夏庭芝写作《青楼集》比作是唐人杜牧的“扬州旧梦”。张择、郝经二人都是夏庭芝的深交，对夏庭芝写作《青楼集》的情况应当很了解。二人共同认为，夏庭芝写《青楼集》，是“十年一觉扬州梦，赢得青楼薄倖名”，说明《青楼集》的写作寄托了作者对繁华旧梦的一种怀念，它绝不可能写在“平江之乱”之前。

这个矛盾怎么解释？到底“己（乙）未”说对呢，还是张、郝二人的序文所说对？我们始终不得其解。直到在北大图书馆发现清·赵魏抄本《青楼集》之后，才把这个问题解决。赵魏抄本的《青楼集志》文末，明明白白署明是“至正庚子四月既望雪蓑钓隐谨志”③。可见《青楼集》写作年代，是至正庚子年，即至正二十年（1360），是在“平江之乱”夏氏家庭发生变故之后。于是这一问题得以顺理成章地解决。《青楼集》的写作确是在夏庭芝家庭发生变故之后，作者借此写作以寄托自己的繁荣旧梦的。由此一例，可见所据的文献版本对于正确判断问题来说是多么重要。

由宋入元词人张炎（1248—1320？）《山中白云词》④ 卷五【满江红】词题中所称的“韫玉”，究竟是人名（演员），还是戏名（戏文传奇），在学术界曾有过争议。这是由于论者所据的《山中白云词》版本不一，而得出的判断和结论也就不太一样。若依据通行本《山中白云词》的词题：“赠韫玉传奇惟吴中子弟为第一”，“韫玉”应指人名；若据明《永乐大典》辑本，词题：“韫玉传奇推吴中弟子为第一流所谓识拍道字正声清韻不狂

---

① 如明·王骥德万历间所著《曲律》，曾云：“世称曲手，必曰关、郑、白、马，……称戏曲，曰《荆》、《刘》、《拜》、《杀》。”引文见《杂论第三十九上》，《中国古典戏曲论著集成》第四集，中国戏剧出版社1959年版，第149页。

② 孙崇涛、徐宏图：《青楼集笺注》，中国戏剧出版社1990年版，第4～5页。

③ 参见《青楼集笺注·前言》，《青楼集笺注》，第4～5页。

④ 《山中白云词》，吴则虞辑本，中华书局1983年版。唐圭璋编《全宋词》，中华书局1965年版，第五册，第3495页，词题同上。

俱得之矣作平声满江红赠之”①，“韫玉”可作戏名理解。论者所据版本不同，结论自然不会相同。

8. 文献句读差异，一切解释肯定不一。

我国古籍多文不加点，后人阅读，各据理解，加以圈点断句，此即所谓“句读”（“读”音dòu）。“差之毫厘，谬以千里”，读者句读不一，对文意的理解可能会产生很大差异。下举两个戏曲论著方面的例子，说明句读对于文献解读的重要。

例之一。

元·燕南芝庵《唱论》是本有关戏曲演唱的论著。其中一句话是：“歌声变件，有：慢，滚，序，引，三台，破子，遍子，攧落，实催，全篇。尾声，有：赚煞，随煞，隔煞，羯煞，本调煞，拐子煞，三煞，七煞。”② 这是《中国古典戏曲论著集成》本的句读。

周贻白在《戏曲演唱论著辑释》中，认为句号应点在“实催”之后，“全篇尾声”四字相连，后加逗号，下接“有：……”。全句句读，应是：“歌声变件，有：慢，滚，序，引，三台，破子，遍子，攧落，实催。全篇尾声，有：赚煞，随煞，隔煞，羯煞，本调煞，拐子煞，三煞，七煞。”③ 这样，意思就发生了变化，“全篇”是指尾声全篇，它不是歌曲的一个音乐段落。

胡忌在《菊花新曲破之发现及其意义》④ 一文中，又提出不一样的句读方式。胡文认为，《中国古典戏曲论著集成》标点不对，周先生的句读亦有误。准确的句读，应该是：“歌声变件，有：慢，滚，序，引，三台，破子，遍子，攧落，实催全篇。尾声，有：赚煞，随煞，隔煞，羯煞，本调煞，拐子煞，三煞，七煞。”他认为周先生的“全篇尾声”，于理讲不通，而假如把“实催全篇”连在一起，解释“实催”包括大曲里的实催、后衮、歇拍、中衮等各个音乐段落，构成“全篇”，作为“歌声变件”之一。

对于同样一段文字，三者竟有三种不同句读方式，它涉及三种不同的文义理解以及对于演唱的三种不同见解。可见文献句读，事关重要，绝非“雕虫末技”。

例之二。

明·祝允明《猥谈》云：“南戏出于宣和之后，南渡之际，谓之‘温州杂剧’。”这段话大家都很熟悉，并时加引用。但仔细推究起来，此话可以有两种不同句读方式，它会涉及两种不同的有关南戏产生时间的理解。这就是对中间“南渡之际”四字意思属上还是属下的理解问题。属上的理解，用现代汉语标点，句读应作：“南戏出于宣和之后、南渡之际，谓之‘温州杂剧’。”这是目前多数引用者的理解，即认为南戏最早产生时间是在北宋宣和（1119—1125）、南渡（1127）之间。属下的理解，句读则作：“南戏出于宣和之后。南渡之际，谓之‘温州杂剧’。”如此，意思就发生了变化，是说南戏产生于宣和之后，在南渡时，有人把它叫做“温州杂剧”。清人焦循《剧说》转引《猥谈》，就

① 《永乐大典》卷14383，“寄”字韵，辑本《山中白云词》。

② 元·燕南芝庵：《唱论》，《中国古典戏曲论著集成》第一集，第160页。

③ 周贻白：《戏曲演唱论著辑释》，中国戏剧出版社1962年版，第37页。

④ 胡忌：《菊花新曲破之发现及其意义》，载上海古籍出版社《中华文史论丛》1981年第2辑。

属于这种理解。《剧说》的引文作："南戏出于宣和以后，南渡时，谓之'温州杂剧'。后渐转为'余姚'、'海盐'、'弋阳'、'昆山'诸腔矣。"① 两种句读、两种有关南戏产生时间的理解，孰是孰非？现在还很难断定。若按戏曲历史发展通常规律理解，一个剧种形式产生，不可能会在"宣和之后、南渡之际"的三五年间内完成，所以很大的可能，还是后者理解正确（尽管《剧说》的文献引用常多舛错，难以为凭）。

此例说明，对于同样一段戏曲文献，只是由于句读不一，理解与解释就很不一致，我们的目标是尽可能找到一种接近作者原意且符合实际情况的句读方式，以减少文献误读造成的理解差错。

以上八个方面，都可证明做好文献研究工作与完成戏曲研究工作之间的密切关系。故对戏曲文献，必须认真对待，需要"咬文嚼字"，不避艰难繁琐，做到真正吃透，准确解读，正确使用。

或许有人错误地认为：做文献工作，繁杂琐碎；推敲文句，枯燥乏味；坐冷板凳，太感寂寞。甚至还认为：整理、研究文献，会导致思想僵化；计较字斟句酌，影响研究进程，等等。实际上这要看你怎么理解问题。

大凡做任何事，乏味与兴趣、僵化与生气、快与慢、冷与热等，是矛盾的两个侧面，它们之间，都是辩证关系。从基本文献入手，是任何戏曲研究工作不可逾越的起步。研究的兴趣、愉悦，正是寄托在这种"乏味"、"枯燥"之中。研究的"缓慢"之中，孕育着飞跃和突破；所谓研究者的"寂寞"，却包孕着他们最终的并不寂寞。古往今来，书山文海，历经历史淘洗，被永久留传下来嘉惠后人的，则莫多于文献著述。况且任何科学研究，本身就是一项艰巨而繁琐的工作，它不是娱乐，不是消遣休闲，更不是为了赶时尚、造声势、图虚名。不然，搞假大空，求取巧，表面可以热闹一阵，最终无人喝彩，那才是真正的"乏味"和"寂寞"。

研究文献也不可以与思想僵化画上等号。做文献整理、研究工作的人，思想不一定僵化。鲁迅、郭沫若、胡适等，是大家公认的中国近代文化史上的先驱式人物，他们都曾做过大量的文献考据工作。如鲁迅为研究中国小说史，作过《古小说钩沉》、《唐宋传奇集》等书，这些都是标准的文献整理工作。郭沫若为研究中国古代史，研究过甲骨文、青铜器。胡适为研究中国古代小说，写过《红楼梦考证》、《水浒传考证》等文献考述工作。他们思想都不僵化。相反，许多思想僵化的人，倒是没有做过任何文献工作。

整理、研究文献，从研究的短程行为来看是慢了，但从长远的总体进程来看，则是快了。快与慢，本身就是个辩证转化过程。只有认真做好文献工作，并持之以恒，必能熟能生巧，慢中出快。这也就是许多注重戏曲文献研究起步者，其学术研究成果并不比别人见少的原因所在。

建立和学习、研究"戏曲文献学"，可以帮助我们更明确、更自觉了解做好戏曲文献研究工作与从事戏曲研究之间的密切关系，从而更好地掌握戏曲研究规律，提高戏曲研究的效率与水准。

---

① 清·焦循：《剧说》卷一，《中国古典戏曲论著集成》第八集，第 83 页。

（二）出于戏曲文献工作本身的需要

戏曲文献学是戏曲学深入发展的必然产物，是前人从事戏曲研究，特别是从事戏曲文献研究的经验总结。我们把这些经验加以归纳，使之系统化、条理化、理论化，再用以指导戏曲研究，指导戏曲文献研究与专业工作，以适应戏曲研究和戏曲文献工作发展的需要，适应戏曲文献工作现代化发展的需要。

戏曲文献与其他学科文献相比，具有它自身的个性特点，这些特点增加了戏曲文献研究与管理工作的特殊性与难度。

戏曲文献具有哪些不同其他学科文献的特点呢？比较明显的，有以下四方面：

1．对戏曲艺术实践的依附性强。

不同的戏曲艺术实践，会产生不同面目的戏曲文献。例如，《西厢记》版本，已知有200多种。蒋星煜先生光研究《西厢记》版本，就发表过几十篇的专题论文，出版过多种学术专著。① 这种现象与诗文等情况不太一样。诗文也会有许多版本，如历代杜诗版本，多至近千种。但诗文的各种不同版本，不会有太多的内容与文字出入，出自不同年代、不同身份者的诵读，也不致造成内容与文字的差异。戏曲则不然。《西厢记》版本之所以多，是由于与《西厢记》长期、广泛而多样的艺术实践有关，不同版本的《西厢记》内容与文字可能会有出入，甚至还会有很多的不同。这就是戏曲文献依附戏曲艺术实践的特点所造成的。

再如，汤显祖名著《牡丹亭》，据统计，历代版本多至五六十种。该剧问世不久，就有许多根据演出实际而产生的不同改本。最早有吕玉绳改本，继之，有沈璟改本、臧晋叔改本、徐日曦改本、冯梦龙改本，等等。就是当时自称“欲备案头全璧，用存玉茗全篇”的茅暎评点本，实际上也有不少改动。对于这些改动，汤显祖本人很不满意，对改者多有怨辞，可是人们还是照样地一改再改。汤显祖在《答凌初成》信中说：“不佞《牡丹亭记》，大受吕玉绳改窜。”在另一封书信《与宜伶罗章二》中，还明确表示：“《牡丹亭记》要依我原本。其吕家改的切不可从。”尽管如此，人们仍然一改再改。这并不是别人有意与作者过不去，是由于《牡丹亭》要想在各地、各时场上演出，必须有所改动。某昆剧团想将《牡丹亭》原原本本、一字不漏地搬上舞台，实践证明是很难行得通的。《牡丹亭》改本不断的例子说明，戏曲文献形态不同是由于戏曲舞台艺术实践不同的结果。

更有甚者的例子，如《白兔记》，同是明代万历年间出现的两个本子，即富春堂本和后来被编进《六十种曲》的汲古阁本，尽管二者题材一致，人物一样，都写刘知远与李三娘的婚姻故事，可是两个文本面目全非，这是因为两个本子是两种不同戏曲声腔剧种《白兔记》的演出形态反映，所以文本面目才大相径庭。②

2．具有更多的不确定性。

由于古代不重视通俗文艺，致使许多有关戏曲的记载随意性很大。比如，关汉卿是

① 蒋星煜先生研究《西厢记》文献版本的论文篇目，可参阅其所著《〈西厢记〉的文献学研究》（上海古籍出版社1997年版）一书“附录”：杜辉编辑《蒋星煜〈西厢记〉论文目录（1979—1996）》。

② 详情参阅拙作《成化本〈白兔记〉与“元传奇”〈刘智远〉》、《成化本〈白兔记〉艺术形态探索》等文，收见拙著《南戏论丛》（中华书局2001年版）一书。

公认的元代伟大剧作家，可是关汉卿究竟创作了哪些剧本，各种戏曲文献记载不完全相同，后人的总结也不完全相同。

《拜月亭记》是南戏名作，作者是谁？学术界说法之多，不可胜数，这是由于所据文献来源不同。通常多主张作者是施惠，然而有关施惠，就有三种不同记载：一见于《录鬼簿》，说是“杭州坐贾施惠字君美”；二是《寒山堂曲谱》总目注解中的施惠，是“吴门医隐施惠字君美”；三是《传奇汇考标目》的著录，《水浒传》作者施耐庵，名惠，字君承。由此可见，戏曲文献记载，往往有很多的不确定性。实际上这三种文献所载的施惠都不可能是《拜月亭记》作者的真实而可靠的记载。《录鬼簿》作者钟嗣成与施惠是至交，钟氏对施惠的戏曲创作情况应当相当了解，为什么《录鬼簿》只字不提施惠写过名作《拜月亭记》？最接近古貌的明世德堂本《拜月亭记》末折【尾声】提示：“书府番腾，燕都旧本”，此本开场又盛赞钱塘（杭州）风物。据此两点来看，《拜月亭记》的真正作者，可能是位杭州书会才人。具体是谁？书中未曾提及。上文中所说的三个不同记载的施惠，可能都不是该戏的真实作者。

类似以上的例子还有很多。再如，有关《琵琶记》本事，说法之多，不下十种，实际全是猜测之词，难以确信。许多剧本，自称“的本”，汲古阁还把自己所刊戏曲本子一概称为“定本”，实际很难属实。“曲无定本”，说明戏曲剧本不可能有涵括所有舞台艺术实践的“定本”。各种戏曲剧本保留着各种样式，如刻本、台本、艺人手抄本等等，很难确定哪一个就是“定本”。这种“不确定”现象，在其他类型文献中是很少见的。

3. 零散，交杂，缺少整体性。

如戏曲文献中有关作家生平、作品本事的记载，往往片言只语，而且混杂在戏曲之外的材料之中。戏曲作品也常常以选本、摘汇、选出等形式出现，难窥全貌。除诗词选本还可偶见外，其他文体则罕见选本。唯有戏曲常以选本形式广泛流行，而且还与其他材料如杂曲、诗词乃至酒令、谜语之类混杂，有时还会使我们难以辨识。有的本子明明刊载戏曲段落，却混杂在杂曲之中。如嘉靖刻本《风月（全家）锦囊》，戏曲、杂曲，混载一书；嘉靖刻本《荔镜记》戏文，下栏为本戏戏曲，上栏混载杂曲及戏曲《颜臣》曲文；明万历戏曲选刻本《满天春》，下栏戏曲选折，上栏为各式杂曲及不曾注明剧名的戏曲选段。戏曲文献的这种交杂现象，给我们的鉴别、分类、编目等工作，制造了更大的难度。

4. 粗糙。

这是戏曲文献同其他文献相比较而言，尤其是戏曲刻本中的坊刻本和写本中的艺人台本，印刷或抄写粗糙、随便，俗字、俗语、方言、白字、错字等现象普遍。

对于戏曲文献的这种粗糙现象的利弊，我们应当一分为二地看待。一方面，它增加了我们辨认的困难，增加了文献研究和整理的难度，而另一方面，从戏曲艺术研究价值看，这种粗糙又恰恰是“存真”。从艺术研究角度考量，某些愈经加工的所谓“精刻本”戏曲，距离戏曲艺术实践形态愈远，其研究价值反而要打了折扣。这种现象与诗文情况不一样。诗文的文献研究，一般要求善本、精刻，认为粗糙的本子不可信，戏曲却常常与此相反。

戏曲文献的以上四个特点，决定着我们进行戏曲文献研究、管理工作，要面对更多的困难和更多的特殊性，在考订、整理、编类、使用、管理戏曲文献时，许多具体问题需要特殊处理。现在图书馆、出版部门、研究机构的戏曲文献工作，一般都与其他文献一起进行，操作时，统一原则，统一规制，统一方法，没有体现戏曲文献工作的独特个性。这给戏曲文献的分类、整理、鉴别、存储、检索、传输等，就会带来诸多问题。例如：

（1）戏曲图书分类、编目混乱，随意性很大，许多类目的设置和界定，很不统一。

光以戏曲剧本归类为例，有的按作家，有的按体裁，有的按年代，有的按剧种声腔，有的按题材种类，有的按“四部”归“集部”，有的按内容归“艺术”，有的按艺术品种归“戏剧”，等等，五花八门，随心所欲，各取所需，缺少规范。

（2）戏曲版本鉴定，尚未形成知识体系和固定的规范手段。

比如，何谓“善本”，看法、标准很不一致。通常图书馆确定善本年代下限为清乾隆，如果戏曲本子尤其诸多写本，也死板地按此年限厘定，势必会将很多善本戏曲排除于善本范围之外。

（3）戏曲编辑与校勘没有统一的体例与规格。

如曲调格律，当依何种曲谱为准？标点符号使用，有什么具体要求？书写体例、行款，如何统一规格，等等，均有待研究。

（4）随着现代科技发展，有关资料存储、保管、检索，都需要实现现代化，都要求有一套科学、规范的文献编程系统来执行，而这方面的工作，目前更是落后，跟不上科技迅速发展的需要。

随着信息数字化的发展，科学获取文献资讯显得十分重要而迫切。比如，我们需要把戏曲文献制作成电子计算机软件，使之进入资讯互联，实行数字化管理运作，这就要求戏曲文献工作者迅速提高相关修养，充实有关专业知识和操作技能，做到将先进的现代科技知识与传统文献研究方法加以结合。这就需要我们进一步学习和研究文献学专业知识，尽快建立起戏曲文献学这门既传统而又适应现代科技发展需要的新兴学科。

（三）出于建立戏曲国学体系的需要

笔者曾经在回顾、总结20世纪中国戏曲史学的《世纪回眸：中国戏曲史学断想》一文中，发出这样的呼吁：“中国戏曲史学应建立起自己的一套‘国学’体系。以往，史志不载，四库不入，旧国学不齿，是历史的偏见和无知。中国戏曲的文献之学、目录之学、版本之学、文字之学、声韵之学、训诂之学、章法之学等，皆自成系统，别具其他国学所无法包容和取代的规律与特点，完全可以凭此构成一项崭新而颇具规模的‘国学’工程。有志于此者，新世纪必有新作为。”① 呼唤中国的戏曲学要尽快建立起一个更为完整的体系，即“新国学”体系。戏曲文献学应当成为这“新国学”中的一项重要内容。

所谓“国学”，顾名思义，就是一国所特有的学术。中国旧国学的研究对象，仅限于“四库”的经、史、子、集，而“新国学”，还应包容更为广泛的内容范畴。就文学艺术而言，它就应该包括如通俗小说、戏曲、说唱等所谓“俗文学”、“俗文艺”在内。而戏曲文献学及戏曲文献学的分支戏曲目录学、版本学、校勘学、编纂学等，还有戏曲的声律学、音韵学、训诂学、文字学等，都是旧国学所无法容纳的门类。故而，我们要鲜明

---

① 孙崇涛：《世纪回眸：中国戏曲史学断想》（《南戏论丛·代跋》），《南戏论丛》，第395页。

地提出建立自己民族戏曲学的"国学"体系的口号。当然中国戏曲"国学"体系还不仅是戏曲文献学，它还包括对戏曲艺术规律、特点探索、研究等的理论科学。但其中与国学最易接轨的还是戏曲文献学。因为戏曲文献学的各个分支，尽管有其自身特点，而同时它又是承继了旧国学体系的理论传统。为此，我们不仅要设立戏曲文献学学科，还需培养成批的相关人才，建立相应的研究专案，设立专门研究机构，使之成为建设"新国学"的一支重要方面军。

下面我们再以戏曲版本学与戏曲校勘学两方面为例，进而说明设立戏曲文献学对于建设中国"新国学"所具有的特殊意义。

戏曲版本学与诗词文赋等其他文类的版本学，性质、任务不完全相同。首先是二者的版本概念与本质不一样。戏曲版本是作为综合艺术的戏曲形态的综合反映。戏曲的不同版本，是不同戏曲艺术实践的外化形式。诗文则非这样，对诗文而言，即使不同的人，有不同的读法，也不至于造成文本版本差异。其次，鉴定、整理戏曲版本所要达到的目的，与鉴定、整理诗词文赋版本目的也不一致。鉴定、整理诗词文赋版本，是为了判断文本的真伪、正讹、精粗、善劣，从而获取准确而可靠的文献信息。而鉴定、整理戏曲版本，虽然也得考虑文本真伪、正讹、精粗、善劣问题，但其主要目的，还是在于通过鉴定、整理以求得戏曲创作与实践的原始面貌，力求恢复文本的原创、原生形态。

校勘学情况也如此。如诗词，文有定格，字有定声，句式固定，依据格律，就可以句读、点校。戏曲则不一样，戏曲校勘在许多地方要依据戏曲艺术实践情况酌情处理。戏曲虽然也有格律、定谱依据，但这些不可能成为万能工具，许多时候需考虑舞台演出、演唱实际，灵活掌握校勘原则。

戏曲文献工作的这些特殊规律，需要进行总结、归纳和研究。这些专门知识是任何旧国学门类所无法包容和替代的，因此它应该成为"新国学"的一项内容。

四、戏曲文献学的研究对象与范畴

（一）戏曲文献学的研究对象

要明确戏曲文献学的研究对象，首先要了解戏曲文献包括哪些具体内容。戏曲文献大致可分为以下八大类：

1. 戏曲作品。

包括不同年代、不同时期、不同版本、不同样式、不同编撰形式、不同出版方式的各类戏曲剧本。这是戏曲文献中最基本、最原始，也是最重要的文献，也可以说是第一手的戏曲文献。

2. 记载、评论。

如有关作品评价、作者生平及其创作情况的记载资料，有关作品题材本事依据及剧本题材演化材料，等等。这一类是仅次于戏曲作品的第二手戏曲文献材料。

3. 相关的著录资料与工具书。

如曲目、叙录、题解、序跋、题署、题注、刊记、批注（眉批、总批、夹批、释义、音注等）、评注、曲谱（文字谱、工尺谱、符号谱）、脸谱、身段谱，以及后人所作的史料汇编、集注、辑评、辑佚、钩沉、索引等等。此外，还有与戏曲研究有关的书目（含戏曲在内的综合书目）、年谱、薄录、方志、谱牒、碑录等等，都是戏曲的间接文献。

4. 相关的其他文学、文艺作品。

这些作品不属于戏曲，但与戏曲关系十分密切。比如史传，包括正史本传与野史外传，与研究戏曲本事、题材有关，一定要掌握、利用。又如唐宋传奇、诸宫调、弹词、宝卷、子弟书、小说、话本、演义、笔记、轶闻等，都与戏曲关系密切，都应纳为间接的戏曲文献。其中唐宋传奇、诸宫调、说唱、小说、话本、文人笔记，同戏曲的关系尤为密切。例如：金诸宫调《董解元西厢记》，是元·王实甫创作《西厢记》杂剧的蓝本；要研究《白兔记》南戏流变，就不能没有《刘知远诸宫调》与《新编五代史平话》；唐宋传奇与明人拟话本"三言二拍"，是诸多明清传奇取材的主要来源，戏曲研究者应该熟悉并拥有。再如《金瓶梅词话》，是我们研究明代嘉靖时期戏曲情况非常重要的参考依据。书中有关海盐腔、院本等的真实描写，在其他地方很少可以得到。此外，如《品花宝鉴》、《歧路灯》、《姑妄言》等小说，反映了清代戏曲的某些真实面貌，已引起戏曲研究者的密切关注。这些都不可排除于戏曲文献之外。

5. 与戏曲有关的其他文体总集、专集、别集、专书、专文等。

总集。诸如《太平广记》、《说郛》之类，包括各种小说、杂记、轶闻。《太平广记》是宋以前的小说笔记汇编，《说郛》是元明野史杂记汇编，这些都与研究戏曲尤其是了解戏曲题材本事来源十分有关。

专集、专书、别集。某些作品专集、专书和作家别集，虽非全是戏曲作品，里面却包含部分戏曲作品或与戏曲相关的资料。特别是魏晋小说、唐宋传奇、敦煌变文、宋元话本，明清小说、笔记及元明散曲作品专集，是我们研究戏曲必不可少的文献依据。譬如《雍熙乐府》，是部散曲、杂曲专集，里面却有大量在其他戏曲专书中找不到的戏曲材料，研究元明戏曲文献者，必须对该书内容相当熟悉。再如《录鬼簿》，严格说来是元人钟嗣成根据自己生平、结交记录的有关元代杂剧作家、作品情况的笔记，它却成了我们研究元代杂剧历史最不可缺少的参考书。《青楼集》是依据作者夏庭芝认识、了解的元代艺人情况写作的笔记，它是我们参考、研究元代杂剧与说唱艺人情况唯一的古代专书，重要性不言而喻。各种小说、传奇、变文、话本等文体的专集、专书的作用也如此。戏曲作家别集更是与戏曲研究直接相关的文献。如要研究元杂剧作家白朴，就必须研究其《天籁集》；要研究《琵琶记》，必须研究作者高则诚的《柔克斋集》（原书失传，今有辑本）；要研究徐渭的戏曲创作和理论，必须通读《徐渭集》，等等。

6. 与戏曲有关的其他图文实物。

如海报、剧照、广告、画像、画册、节目单、戏票、请柬、档案、花名册、座谈纪要等，都应该作为戏曲文献看待。某些与戏曲有关的日记，也可归于此类戏曲文献。如像明代著名戏曲批评家祁彪佳的日记《祁忠敏公日记》，不妨看作是记录晚明戏曲演出的文字凭据。

7. 用现代科技手段记录下来的文献。

包括照片、唱片、录像、录音、幻灯片、胶卷、视盘、影片等等，将来可能还会产生更多、更新的记录戏曲文献的先进科技载体。

8. 后人撰写的论著。

包括与戏曲有关的专著、文集、专文、专史、回忆录、年谱、曲谱以及近现代编撰的各类戏曲辞典、词书、赏析、志书等。

（二）戏曲文献学的研究范畴

以上是按照文献内容类别进行分类。假如按照文献工作性质、手段加以归类，可以把中国戏曲文献学归成以下四大门类，亦即四方面的研究范畴：

1. 戏曲目录学。

主要研究戏曲目录的分类、演化、特点、使用方法以及对主要的戏曲目录的评价和研究等。

2. 戏曲版本学。

主要研究戏曲版本的类别、分布、流变、特点，主要戏曲刻家、刻本、写本评介，以及版本鉴别的原则、手段、方法等。

3. 戏曲校勘学。

主要研究戏曲校勘的目的、方法、类别、原则、体例及辨伪方法，介绍校勘所需工具书及其使用方法等。

4. 戏曲编纂学。

主要介绍和研究戏曲的编纂原则、各种戏曲文本的编纂方法，如总集、专集、选集、选注、校笺、笺注、汇编、辑佚、辑注等的编写操作手段以及相关的体例要求等。

五、戏曲文献学研究的方法与途径

戏曲文献学是一门知识性与实践性都很强的学科，它的学习方法和研究途径，要强调做到以下三个方面：

一是注重实践。

所谓“实践”，是指除认真学习、全面掌握戏曲文献学各方面的系统知识之外，还应对戏曲文献学所学的内容要付诸实际操作，在实际操作中加深理解知识，使知识尽快转化成实践技能。例如，学习戏曲目录学，就得学会检索、使用目录，还会动手编纂相关的戏曲参考目录。学习戏曲版本学，就得努力学会戏曲版本的鉴别。学习戏曲校勘学与编纂学，就得尝试进行相关戏曲文本的校勘、整理与编纂工作。

二是细心思考。

要想学好并掌握戏曲文献学，平常要养成细心比较、仔细琢磨问题的良好习惯。要善于做到洞幽察微，在细小的、别人不经意的地方发现问题。从事戏曲文献学研究工作，“咬文嚼字”必不可少，往往会在戏曲文献的“咬文嚼字”过程中，发现和解决戏曲史论的重大问题。

三是善于比较。

我们应该学会在多种不同戏曲文献形态、现象中进行仔细比较，辨其真伪，定其是非，取其真谛。

以上实践、思考、比较三者之中，最重要的一点，还是将戏曲文献学的知识学习与实践操作结合起来，做到在学中操作，在操作中学；不然，光凭书本知识是无法真正掌握戏曲文献学这门学科知识与技能的。

最后，我们应该强调指出的是，戏曲文献学的建立，是个不断探索、不断完善的过程。没有现成的前人经验、成果可供借鉴，一切都需由我们从头做起。只有通过各方共同努力，集思广益，不断总结，不断充实，不断调整和不断实践操作检验，我们才能够把这门学科体系完善地建立起来。

第一编

戏曲目录学

第一章　戏曲目录的作用与特点

一、什么是目录

“目”、“录”二字连称，始于汉代。最早见之东汉·班固《汉书·叙传》：“刘向司籍，九流以别；爰著目录，略序洪烈。”“洪烈”，盛大的功业；在班氏眼中，著书立说是件很了不起的事情。这里，“目录”一词的最早出现，便与西汉刘向校书工作联系在一起。

关于刘向校书情况，《汉书·艺文志》载云：“每一书已，（刘）向辄条其篇目，撮其指意，录而奏之。”在古人看来，“目”与“录”是有区别的：所谓“目”，就是“条其篇目”，是指文章、书籍的篇目或书名，亦即名目。“录”，便是《艺文志》中所说的“撮其指意，录而奏之”，即是对文章或书籍内容的概括，亦即后人常说的“叙录”。因此，“目录”原意包括两方面：一指书名、篇名，二指书籍或文章的提要。后者涉及书籍、文章内容简介，作者写作旨意、生平事迹介绍、人们对该书（文）的评价以及有关编写过程、版本选择、编撰体例、校勘经过等项的扼要说明。

我国历史上最早出现的目录是刘向《别录》。刘向堪称是我国目录学的鼻祖。然而《别录》并未最后完成。刘向之子刘歆继而完成，书题《七略》。但刘氏父子二书均已失传，唯有《七略》的主要内容，被保存在《汉书·艺文志》中，所以我们通过《汉书·艺文志》，可以得窥《七略》的大致内容面目。

在我国古代，“目录”之书，有多种不同名称。较著名的如：晋·荀勖的《中经新簿》，晋·李充的《晋元帝四部书目》，唐·毋煚的《古今书录》，宋·陈振孙的《直斋书录解题》，清·朱彝尊的《经义考》，清·钱曾的《读书敏求记》，清·永瑢、纪昀等编纂的《四库全书总目提要》（亦名《四库全书总目》）等，称“簿”、“考”、“记”、“书目”、“书录”、“总目”、“解题”、“提要”等等，五花八门。

“目录”虽然西汉时便已出现，但“目录学”的提出，却是很晚的事。直到北宋仁宗时，苏象先在《苏魏公谭训》卷四中，才首次提到“目录之学”。中国古代目录学方面的著作，较早的仅有两种：一是宋代郑樵《通志》中的《校雠略》，二是清代章学诚的《校雠通义》。直至清乾嘉时期，随着乾嘉学派的兴盛，目录学才蔚然成为显学。

中国戏曲目录也有多种不同称谓。如：《院本名目》、《官本杂剧段数》、《录鬼簿》、《太和正音谱》、《南词叙录》中宋元南戏目录称“宋元旧篇”，明代南戏称“本朝”。此外，还有《曲品》、《剧品》、《传奇品》、《传奇汇考标目》、《今乐考证》、《曲海总目提要》、《曲录》等等名称。这些不同名称，还与戏曲目录的编撰内容、体例有关。

古典戏曲目录也有直接以"目"为名的。如收入《中国古典戏曲论著集成》中的《曲海总目》、《笠阁批评旧戏目》、《重订曲海总目》、《也是园藏书古今杂剧目录》、《曲目新编》、《曲目表》等。近人傅惜华编有《中国古典戏曲总录》、《国剧学会图书馆书目》。《总录》之下，包括《元代杂剧全目》、《明代杂剧全目》等八种不同品种的戏曲"全目"。陶君起编有《京剧剧目初探》。"总录"、"全目"、"书目"、"剧目"等等，名称也是各种各样，各取所需。

关于中国戏曲目录学的历史，王国维《曲录自序·二》有一段概括性的论述：

戏曲之兴，由来远矣。宣和之末，始见萌芽；乾、淳以还，渐多纂述。泗水潜夫纪武林之杂剧(1)，南村野叟录金人之院本(2)。丑斋《点鬼》(3)，丹邱《正音》(4)，著录斯开，蒐罗尤盛。上自洪武诸王就国之装（见李开先、张小山小令跋）(5)，下讫天、崇私家插架之轴，则有若：章邱之李(《列朝诗集》李开先小传)(6)，临川之汤（姚士粦《见只编》卷中）(7)，黄州之刘(《静志居诗话》卷十五臧懋循条下)(8)，山阴之淡生（同上，卷十六祁承㸁条下）(9)，海虞之述古（钱曾《也是园书目》）(10)，富者千余，次亦百数；然中麓诸家未传目录，《也是》一编仅窥崖略，存什一于千百，或有录而无书。暨乎国朝，亦有撰著。然《传奇汇考》之作，仅见残钞；广陵进御之书，惟存《总目》(11)。放失之厄，斯为甚矣！①

对王国维的这段话，我们还需作些注解：

（1）指宋·周密作《武林旧事》收"官本杂剧段数"二百八十目。泗水潜夫，周密号，"泗"当作"四"。武林，即南宋都城临安，今杭州。

（2）指元·陶宗仪作《南村辍耕录》收金"院本名目"六百九十目。陶宗仪，号南村。

（3）指元·钟嗣成作《录鬼簿》，记元杂剧作家一百五十二人，著录作品四百五十八种。钟嗣成，号丑斋；《录鬼簿》，或称《点鬼簿》。

（4）指明·丹邱先生涵虚子（或作朱权）撰《太和正音谱》"群英所编杂剧"，著录元杂剧作家、作品。

（5）明·李开先《张小山小令后序》云："洪武初年，亲王之国，必以词曲一千七百本赐之。"

（6）李开先，字伯华，号中麓，章邱（今属山东）人。明·姜大成《宝剑记后序》谓其"久负诗山曲海之名"。清·钱谦益《列朝诗集小传》谓其"改定元人传奇乐府数百卷"。

（7）明·汤显祖，江西临川人，又号汤临川。明·姚士粦《见只编》卷中："（汤）自言箧中收藏，多世不常有，已至千种。"

（8）刘，指刘承禧，号延伯。臧晋叔编《元曲选》，借阅其家藏元剧二三百种。刘氏

① 王国维：《曲录自序·二》，收见《王国维戏曲论文集·戏曲散论》，中国戏剧出版社1957年版《王国维戏曲论文集》，第369页。

为黄州（今湖北黄冈）人。

（9）淡生，谓祁彪佳父祁承㸁。祁氏山阴（今浙江绍兴）人。明末著名藏书家。《淡生堂藏书目》录书九千余种，其中“余集·艳诗”附“词曲”，著录多种曲书。

（10）清·钱曾《也是园书目》录古今杂剧三百三十一种，曲谱二十四种，曲韵七种，传奇八种。钱曾，字遵王，号也是翁。江苏常熟（古名海虞）人，藏书室名“也是园”和“述古堂”。

（11）指黄文旸撰《曲海》，《总目》即《曲海总目》，亦称《曲海目》，录剧一千零一十三种。广陵进御之书，指清代乾隆间，巡盐御史奉旨在扬州设局审查戏曲，时黄文旸被聘为总校。

二、目录在戏曲学中的重要作用

关于目录对阅读书籍和治学的重要作用，前人有过很多论述。如唐释智昇《开元释教录》卷一云：“夫目录之兴也，盖所以别真伪，明是非，记人代之古今，标卷部之多少，摭拾遗漏，删夷骈赘，欲使正教纶理，金言有绪，提纲举要，历然可观也。”① 陈述了目录所肩负的重要使命。明·高儒《百川书志序》更鲜明地指出书目具有统领书本知识的作用：“书无目，犹兵无统驭，政无教令，聚散无稽矣。”②

尤其到了清代，乾嘉学派大力提倡目录之学，发表了许多强调目录之学重要的言论。其中尤以王鸣盛的言论最具代表，如云：“目录之学，学中第一紧要事，必从此问途，方能得其门而入。”“凡读书最切要者，目录之学。目录明，方可读书；不明，终是乱读。”“不通《汉艺文志》，不可以读天下书。《艺文志》者，学问之眉目，著述之门户也。”③ 我国最早的目录《别录》、《七略》都已失传，而其基本内容保留在《汉书·艺文志》里，故今日可见的最早目录是《汉书·艺文志》，汉以前的典籍目录都收在其中。所以，金榜强调不通《艺文志》，不可以读天下书。王鸣盛将平生读书心得，集中写在《蛾术编》中。《蛾术编》凡95卷，列其首者，为《说录》14卷，全编开卷便从目录学入手，继之才有《说字》、《说地》、《说人》、《说物》……各卷，可见王氏对目录学的强调程度。

不仅古代人，近现代人也很强调“目录”的重要性。比如近人郑振铎先生，他在《插图本中国文学史》的《例言》中说：“近来‘目录学’云云的一门学问，似甚流行；名人们开示‘书目’的倾向，也已成为风尚。……关于每个专门问题，每件专门学问的参考书目的列示，乃是今日很需要的东西。”④ 在同书同文中又说：“‘索引’为用至大，可以帮助读者省了不少无谓的时力。古书的难读，大都因没有‘索引’一类的东西之故。”他还在《研究中国文学的新途径》（收入《中国文学研究》下册，作家出版社1957年版）一文中说：“如能编一部如朱彝尊《经义考》（注：《经义考》，《四库提要》：“是

① 清·王鸣盛：《十七史商榷》卷一。

② 同上书，卷七。

③ 同上书，卷二十二引金榜语。

④ 郑振铎：《插图本中国文学史·例言》，人民文学出版社1957年版，第3~4页。

编统考历朝经义之目……分例曰存、曰阙、曰佚、曰未见，……”共三百卷。）之类的文字考出来，那当然是不朽之作，即作了一部简简单单的文学书目，把中国文学的内容分疏整理一下，却也颇可以有影响。”郑氏本人也曾付诸实际行动，编撰过《关于诗经研究的重要书籍介绍》、《中国小说提要》、《佛曲叙录》、《西谛所藏弹词目录》、《缀白裘索引》等提要、索引、简介之类的文学目录著作。梁启超先生把目录学家说成是读者的“顾问”。他在《佛家经录在中国目录学之位置》一文中说道：“著书足以备读者之顾问，实目录学家之最重要之职务也。”近现代著名目录学家姚名达在其所著《目录学》一书中，把目录比喻成“钥匙”，说：“目录是开放人类知识结晶的钥匙，假若没有钥匙，吾人就不易得其门而入。”

上述这些道理，是就所有学科目录的作用而言，当然也同样适用于戏曲目录。戏曲目录在戏曲学中的作用，简言之，是以下三个方面：

1．检索的作用

戏曲目录在戏曲学中的作用如同“导游图”，它可以帮助我们“窥门径”，在曲海词山中少走弯路，尽快找到我们所需的资料，减省寻求、搜集之劳。

2．指南的作用

在没有读到全书正文之前，目录可以帮助我们提纲挈领地掌握该书内容要点、编著体例、结构面貌等。这就是郑樵在《通志》中所言的：“若无部伍之法，何以得书之纪。”“欲明书者，在于明类例。”如果对全书缺少事先提纲挈领、纲举目张的掌握，就会妨碍我们对具体内容的深入了解。目录中有“目”、有“录”，可以借此知道书本的内容要点、编撰过程、册数卷数、体例面貌、版本情况等等，起着一种“导读”的作用。

3．附识的作用

许多戏曲目录著作，往往附载与该书有关的评介及相关文字资料，如：本事来源、作者生平、写作经过、题识、序跋、批语、汇评等等。了解、掌握这些资料，可以辅助我们更好地理解该文献正文的内容。

总之，如何更好地利用、掌握戏曲目录，这是学习、研究戏曲学首先要跨越的第一道“门槛”。迈进这道“门槛”，可使我们更快地得其要领，寻找捷径，尽快登堂入室。

三、戏曲目录的特点

在本书《导论》中，我们已提到戏曲文献的一些基本特点。这些基本特点，同样适用于戏曲目录。这里我们再具体强调戏曲目录本身所具有的三个鲜明特点：

1．不完备性

前人和今人编撰的许多戏曲“总目”、“全目”，实际都很难做到真正完备。其主要原因在于戏曲文献流散严重，很难集其大成。而个人见闻有限，任何公私库存也都无法齐全。另外，戏曲文献依附戏曲艺术实践性强的特点，也决定戏曲目录同戏曲艺术本身一样，始终处于游弋、不固定的状态。如戏曲目录会随戏曲创作剧目的日益丰富而不断新生，始终处于补充、更订的过程。再加之海外资料随时回传，出土文物资料不断发现，这些都会使所有的“总目”、“全目”时时变得不“总”、不“全”，必须不断加以修订和补充。这种现象在其他文体目录中虽也可能存在，却远不及戏曲目录情况之甚。

2. 不确定性

许多戏曲目录仅有名目，很难辨别其性质。有些综合目录，其中也包括戏曲目录，但没有特予注明，故很难厘别。例如著名的《晁氏宝文堂书目·乐府》，是我们研究元明戏曲的重要目录，可是“乐府”里杂剧、戏文、传奇、散曲、曲谱、曲论乃至传奇文混杂一起著录，难以甄别，研究《晁目》的不同学者，其整理研究的结果也都不甚一致。另如《传奇汇考标目》，算是相对单纯的戏曲目录，但是它传奇、戏文不分。即便现代人庄一拂编撰的《古典戏曲存目汇考》，也存在这样的问题。为著此书，作者几乎竭毕生之精力，费时几十年，收罗宏富，共著录戏曲存目 4 750 余种，是迄今个人完成的最完备的戏曲目录著作。但该书限于作者见闻，也难免舛错，如说有的剧目“已佚”，实际还存在；有的说未曾著录，却已著录；有的则是定性有误。像这样一本很重要的戏曲总目，也不能做到令人完全确信，这是我们研究戏曲目录学所必须面对的现实。

3. 交错性

戏曲目录体例多种多样，编撰方式随意性很大。真正严格意义上的纯戏曲目录，在戏曲文献中实际很少。大多数的所谓戏曲目录都具有多重交错性质。如：分别载入《武林旧事》与《南村辍耕录》中的《官本杂剧段数》、《院本名目》，是剧目单与文人笔记的结合；祁彪佳《远山堂曲品》、《远山堂剧品》，是戏曲目录与评论、品评的结合；《曲海总目提要》，是剧目、剧情提要与本事资料等的汇编；《南词叙录》，是南戏目录与南戏概论的结合；《录鬼簿》，是元杂剧剧目与作者生平小传的结合；《太和正音谱》，是剧目与曲谱及有关理论的结合，等等。甚至某些戏曲剧本也包含有戏曲目录。如《宦门子弟错立身》戏文第五段【仙吕】南北套曲，叙及元代“时行的传奇”名目二十九种，就是一份相当重要的元代南戏、杂剧目录材料。有些戏曲目录，还见于别的综合类书目录之中。如《永乐大典目录》中的杂剧、戏文目录。此外，还有许多综合著录的私家书目，如《百川书志》、《也是园书目》、《晁氏宝文堂书目》等等。单纯的戏曲目录，大约只有清·高奕的《新传奇品》、清·无名氏的《传奇汇考标目》、清·笠阁渔翁的《笠阁批评旧戏目》、清·黄文旸的《重订曲海总目》、清·支丰宜的《曲目新编》等寥寥几种。《今乐考证》（共六卷）可算是比较完备的戏曲目录，但书中也有作者的论述文字和有关戏曲史料附录，目录中间还有编者的考订言论、附识等。直至王国维《曲录》产生，才是戏曲目录最早的集大成者，是近代比较标准且接近现代概念的大型戏曲目录。

第二章　戏曲单科目录

戏曲目录可按不同角度进行分类。比如，和所有其他书籍目录一样，依据用途分，它也可分为："登记书目"（供图书馆收藏、检索使用的卡片目录等）、"通报书目"（发布出版、收藏新书目等情况）、"推荐书目"（向读者介绍、推荐新书）、"简介书目"（内容提要）、"索引书目"（检索指导）等等。甚至还可以编书目之书目，如像首都图书馆冯秉文编写《全国图书馆书目汇编》一样，我们也可以编写一本《全国图书馆戏曲目录汇编》。

戏曲目录较之别科目录，显得更为庞杂，而且无固定规范体例，仔细分类，十分不易。现按它的编撰方式区分，大致可以把它们归纳成"单科目录"、"综合目录"、"藏家书目中之戏曲目录"三大类型。

以下我们采用分类举要的方式，将中国历代的主要戏曲目录，按此三大类别，逐一予以归类、分目评介。本章先谈戏曲单科目录情况。

戏曲单科目录，也可称戏曲专题目录，是指专门著录某一体裁、某一样式的戏剧或戏曲作品的目录。有的并非单独成书，只是某书的一个独立部分或独立章节，由于研究戏曲者已经习惯把它当作独立的戏剧（戏曲）目录看待和使用，我们也将它们归入戏曲单科目录。戏曲单科目录产生时间相对较早，数量也较多。下面按其体裁、样式，加以分类举要评介。

一、宋金杂剧目录

宋金杂剧，包括宋杂剧和金院本。元·陶宗仪《南村辍耕录》说："院本、杂剧，其实一也。国朝，院本、杂剧，始厘而二之。"在宋金时代，杂剧、院本二者本质基本相同，胡忌所著《宋金杂剧考》①，将二者一起兼而研究。我们在讲宋金戏剧目录时，也把二者并成一起，通称"宋金杂剧目录"。现存的宋金杂剧目录，最主要的是《官本杂剧段数》和《院本名目》两种。

1. 官本杂剧段数

《官本杂剧段数》见于宋元之交人周密（1232—1298）所著《武林旧事》卷十。周密，南宋词人，兼诗文作家。字公谨，号草窗、苹洲、四水潜夫等。原籍济南，后居吴兴（今属浙江）。著述颇丰，有《草窗词》、《齐东野语》、《癸辛杂识》等。所著《武林旧事》，是一本笔记，记述南宋都城临安（亦称"武林"，今浙江杭州）建置、故事、风

---

① 胡忌：《宋金杂剧考》，古典文学出版社1957年初版。

俗等社会生活各方面的情况，其中既有皇家情况，也涉及民间情况。其卷十，曾过录“宋金杂剧段数”名目280个。《武林旧事》原题“泗水潜夫辑”，“泗”当作“四”；四水潜夫是周密的号。《武林旧事》的写作年代，据夏承焘师《唐宋词人年谱》考证，大约是在公元1280至1290年（元至元十七至二十七年）之间。

《官本杂剧段数》著录杂剧名目280个，虽然没有分类，但也依一定曲调或表演形式加以罗列。按曲调分，如有《六幺》20种，《梁州》7种，《伊州》5种，此外还有《新水》、《薄媚》、《降黄龙》、《大圣乐》等等。有些段数名目，后为曲名，前为人名或表演内容。如：《王子高六幺》、《莺莺六幺》、《裴少俊伊州》、《郑生遇龙女薄媚》、《食店梁州》等等。这就提示了这个杂剧段数的演唱曲调和基本题材内容情况。

除按曲调分外，还有依表演性质分。如段数名目中有不少名目是标称“爨”的。“爨”的意义，学术界有多种解释，通常是采用《南村辍耕录》所载：“宋徽宗见爨国人来朝，衣装鞋履巾裹，傅粉墨。举动如此，使优人效之以为戏”为据。由此可知，“爨”与表演有关。院本又称“五花爨弄”，把“爨”与“弄”连用，更能说明“爨”与表演的关系。五花爨弄，就是由五个脚色行当表演的意思。“××爨”一定是演××戏，这跟唐戏弄“弄××”的意思一样。另外，笔者推测，凡名“爨”，其节目必带有喜剧或闹剧色彩。如《闹夹棒爨》、《门儿爨》，尽管没有脚本流传，但在宋戏文《张协状元》中，可以找到相应的内容。如《张协状元》第八出，写客商遇盗，就有一段净（客商）与丑（强人）说棒、要棒的喜剧、闹剧表演，有人认为这就是宋杂剧《闹夹棒爨》的遗存。还有第十出，写张协遇盗后到五鸡山贫女居住的古庙栖身，表演中有净（土地神）、丑（小鬼）的打门、开门、闭门的一连串闹剧表演，有人认为这就是宋杂剧《门儿爨》。此外，其他还如《门子打三教爨》、《钟馗爨》、《孝经借衣爨》、《喜朝天爨》、《扑蝴蝶爨》、《醉青楼爨》、《醉花阴爨》、《夜半乐爨》等等，皆可据题名之义类推。

另外，还有按表演角色分类的。如杂剧段数中有6个段名前加“三哮”二字，即：《三哮卦铺儿》、《三哮揭榜》、《三哮上小楼》、《三哮文字儿》、《三哮好女儿》、《三哮一檐脚》。这6个“三哮”剧目以及《双哮新水》、《双哮采莲》等“双哮”名目中的“哮”，有研究者认为，都是男性角色表演的杂剧。另外，在《官本杂剧段数》中，还出现一些带有“孤”、“妲”、“酸”等与表演角色有关的名称的杂剧。如《思乡早行孤》、《老姑遣妲》、《眼药酸》等。杂剧段数中的《褴哮店休妲》、《褴哮负酸》等，当是“哮”与“妲”或“哮”与“酸”两种不同角色合演的杂剧节目。

在杂剧段数里，也有不显示任何曲调、表演、角色名目，只提示事件内容的杂剧名目。如：《三京下书》、《医马》、《毁庙》等等。还有只提示剧中所表演的人物姓名的，如：《相如文君》、《崔智韬艾虎儿》等。也有姓名、事件二者兼备的，如：《王宗道休妻》、《李勉负心》等。

总之，尽管《官本杂剧段数》280种不加分类，没有子目。但从名目上细加分析判断，还是可以把它们大致区分出类型的。对此，后人曾加以研究，如胡忌《宋金杂剧考》

第四章《内容与体制·四、分类研究》、谭正璧《〈武林旧事〉所录宋官本杂剧段数内容考》① 等文，均可供参考。

《官本杂剧段数》的不足，是它著录的段数名目仍不完备。我们不可以将此 280 个杂剧名目当作宋金杂剧段数的全部看待。比如，《武林旧事》卷一，曾经记载教坊所表演的几个杂剧段数：《君圣臣贤爨》、《三京下书》、《杨饭》、《四偌少年游》；同书卷八，还载有《尧舜禹汤》、《年年好》等皇家表演的杂剧段数。这些都未被收入到这 280 种段数名目之中，可证段数名目的不完备。另外，在《武林旧事》之外的其他文献中，尚有很多未见于《官本杂剧段数》的杂剧名目，如著名的《三十六髻》（见周密《齐东野语》卷十）、《二圣环》（见宋·张端义《贵耳集》卷下）之类。

2. 院本名目

《院本名目》见于元明之交人陶宗仪所撰《南村辍耕录》。陶宗仪，字九成，号南村，浙江黄岩人，后徙居松江（今属上海市）。生卒年不详。元末举进士不第，明洪武间曾任教官。曾选录、辑集前人小说、笔记为《说郛》一书。所著《南村辍耕录》三十卷，杂记元代掌故、典章，旁及历史、地理及文学艺术。其卷二十五，共收录金院本名目 690 个。《南村辍耕录》写作的具体年代不详，卷首有孙作大写于元至正二十六年（1366）的《叙》，由此可知《南村辍耕录》当在此前完成，应是元末作品。

《院本名目》与《官本杂剧段数》相比较，优点是在于它著录的名目数量更大，而且分类明确。从目录学的角度来看，这是一种进步。

《院本名目》共分十一大类，包括："上皇院本" 14 种，"霸王院本" 6 种，这两类是依内容区分。下面九类是依演出形式区分，有："和曲院本" 14 种，"题目院本" 20 种，"诸杂大小院本" 189 种，"院幺" 21 种，"诸杂院爨" 107 种，"冲撞引首" 108 种，"拴搐艳段" 93 种，"打略拴搐" 88 种，"诸杂砌" 30 种，合计 690 种。

某些大类别中，还有第二级、第三级分类子目。比如"打略拴搐"类，就有二级子目，如《官职名》、《飞禽名》、《和尚家门》、《秀才家门》等。《官职名》下，又有三级子目《说驾顽》、《敲待制》、《上官赴任》、《押剌花赤》等；《和尚家门》下，也有三级子目《秃丑生》、《窗下僧》、《坐化》、《唐三藏》等。每一类的具体内容和每一类的表演形式，学术界说法不一，都有待进一步研究。比如其中"冲撞引首"，笔者认为，可能是开场戏。"引首"即是开场、开篇的意思。再从"冲撞"二字理解，这种开场戏一定很热闹，具有闹剧、喜剧性质。像这样的分类研究非常重要，它直接涉及对每一类具体院本名目具体内容及表演形式的考察，并对后世戏曲历史研究提供了重要的参考依据。对此，我们可举两例说明：

例之一。

在"冲撞引首"中，曾有《蔡伯喈》一目，以前研究南戏的人，多曾据此证明在金院本中已经有后世《琵琶记》所写题材的剧目。这种推断实际是有问题的。首先，因为历史上曾有五六个人取名蔡伯喈。同名者未必同一人，此蔡伯喈并非彼蔡伯喈。其次，"冲撞引首"，顾名思义，剧目风格特点，与我们了解到的赵贞女与蔡伯喈的悲剧故事风

---

① 谭正璧：《〈武林旧事〉所录宋官本杂剧段数内容考》，收见谭正璧著《话本与古剧》，上海古籍出版社 1985 年修订补正版，第 171 ~ 190 页。

格很难联系到一起。"冲撞引首"不可能用来演一个大型而漫长的赵、蔡悲剧故事。院本中的《蔡伯喈》，很可能是同《太平广记》卷三二一"王瑗之"① 条所写的鬼魅蔡伯喈题材有关，它仅仅是个表演逗趣的喜剧情节。如果此推断成立，所有以前戏曲史研究中有关金院本中已有《琵琶记》原始题材剧目的推断都将不能成立。所有的戏曲史、文学史都必须在这个问题的论述上得有所修正。②

例之二。

"拴搐艳段"中，有《诸宫调》一目。人们对"拴搐艳段"的解释不一，但"艳段"是院本演出开场的一段短小表演，当可肯定。这可以由《梦粱录》卷二十"伎乐"和《都城纪胜》所记"先做寻常熟事一段，名曰'艳段'；次做正杂剧，通名两段。……又有'杂扮'，……即杂剧之后散段也"获得证实。由院本名目《诸宫调》得知，原来诸宫调是可以在宋金杂剧院本里作为开场戏即"艳段"的。再由《院本名目》所录"拴搐艳段"《诸宫调》一目对照以诸宫调开场的宋戏文《张协状元》，二者互证，可以说明宋金杂剧院本对早期戏文的影响，进一步有助我们对院本"拴搐艳段"性质的正确理解。

以上两例说明，对金院本的分类研究，涉及戏曲史上许多重要问题的判断。尽管现存宋杂剧段数、金院本名目还不算完备，在缺乏其他更多第一手资料时，这两份目录迄今仍是我们研究宋金杂剧院本的最基本的依据，中间包含着对宋金杂剧、院本内容、题材、艺术形式、曲调运用等各方面的探索。

《南村辍耕录》称："院本、杂剧，其实一也。国朝，院本、杂剧始厘而二之。"宋杂剧与金院本本质相同，这一点通过对照《官本杂剧段数》与《院本名目》这两份目录，也可获得证实。例如：

（1）两份目录有相同名目共 11 种：

虀汤六幺　烧花新水　列女降黄龙　病郑逍遥乐　喝（《院本名目》作"贺"）贴万年欢　骆驼熙州　天下太平爨　眼药酸　三入舍　三出舍　四国朝

（2）名目稍异，实为一者。如：

杂剧段数	**院本名目**
打毬大明乐	打毬会
看灯胡渭州	赏花灯
老姑遣妲	老孤遣旦
诸宫调卦册儿	卦册儿诸宫调
两同心卦铺儿	卦铺儿两同心

① 宋·李昉等编《太平广记》卷 321《王瑗之》条："广汉王瑗之，为信安令，在县。忽有一鬼，自称姓蔡名伯喈。俄复谈议诗，揆知古今，靡所不谙。问是昔日蔡邕否？答云：'非也，与之同姓字耳。'问前伯喈今何在？云：'在天上作仙人，甚是受福，甚快乐，非复畴昔也。'（出《齐谐记》）"中华书局 1961 年排印本，第 2543 页。

② 参阅拙文《关于蔡伯喈疑案》及附录有关蔡伯喈的记载材料，《南戏论丛》，中华书局 2001 年版，第 158 ~168 页。

等等，可能还有，需要作进一步比较研究。因此我们在看待和使用《官本杂剧段数》与《院本名目》这两份宋金杂剧院本存目时，最重要的一点，就是必须进行综合考察和研究。

除以上有关宋金杂剧院本的两份原始目录外，想要更多了解宋金杂剧院本名目，比较重要的参考资料还有许多。例如：

胡忌著的《宋金杂剧考》是一本以研究《官本杂剧段数》和《院本名目》为重点资料的专书。该书第四章《内容与体制》，对这两份目录材料的内容、形式、名目、表演体制特点等方面进行了分类考释和研究。值得注意的是，《宋金杂剧考》在这两份目录基础上，对宋杂剧、金院本名目及有关材料又有所增补。如该书第二章《渊源与发展》中，补出了元代至明代院本名目多种。如：从元代杜善夫《庄家不识勾栏》套曲中，补出了《调风月》院本；在明·朱有燉《吕洞宾花月神仙会》杂剧中，钩沉出《献香添寿》院本；又从小说《金瓶梅词话》中，钩沉出《王勃》院本；从《水浒传》中，钩沉出《笑乐院本》等等。这些钩沉很重要，证明院本不仅存在于宋、金、元三代，而且至明代仍未消亡。

针对《南村辍耕录》所载690种院本的题材和内容、形式，谭正璧作有《〈辍耕录〉所录金院本名目内容考》① 一文对其进行了具体考释。

1985年在山西省潞城县崇道乡南舍村发现了明万历二年抄录的《迎神赛社礼节传簿四十曲宫调》②。该簿不仅笔录了明万历年间山西民间迎神赛社的节次程序与节目情况，还按祭祀二十八宿分类，保存了宋金杂剧院本与南戏、元明杂剧的遗存剧目174个，还有加上队戏、哑队戏、音乐、曲牌、舞蹈名目，共计245个。在此174个遗存剧目中，明白注明是“院本”的，计8种，名目如下：

土地堂　错立身　三人齐　张端借鞋　改婚姻簿　神杀忤逆子　劈马桩　双揲纸

其中，《劈马桩》可能即是金院本名目中的《四偌劈马桩》；《双揲纸》，即是金院本名目中的《双揲纸爨》。其余6种，前所未见，是新增的院本名目。其中《错立身》院本名目的发现，对于研究金院本、元杂剧、元南戏三者的关系，意义重大。而《张端借鞋》院本，亦会使人联想到是昆剧折子戏《张三借靴》，表明二者的关系值得我们重视。《礼节传簿》的发现，不仅有助于研究戏剧与宗教仪典的关系，还为我们提供了许多新的院本名目，并有力证明，院本在民间演出的传统，一直延续到明万历年间，而不仅限于金、元二代。据说，《土地堂》等，还尚存传本。此外，还有景李虎《宋金杂剧概论》③、薛瑞兆《宋金戏剧史稿》④ 等著作，都对宋金杂剧历史及其剧目等情况作了深入而拓展性的研究。

有了以上这些材料，我们现在有条件可以编著一种《宋金元杂剧院本全目》，以完成

---

① 谭正璧：《〈辍耕录〉所录金院本名目内容考》，收见谭正璧著《话本与古剧》，上海古籍出版社1985年修订补正版，第191～229页。

② 《迎神赛社礼节传簿四十曲宫调》，《中华戏曲》丛刊第3辑影印，山西人民出版社1987年版，第1～50页。

③ 景李虎：《宋金杂剧概论》，广东高等教育出版社1996年版。

④ 薛瑞兆：《宋金戏剧史稿》，生活·读书·新知三联书店2005年版。

傅惜华先生生前计划完成的“中国古典戏曲总录”八种之“全目”中尚未及完成的任务。

二、元明杂剧目录

我国古代最早出现的目录，大都是综合性的目录，专门、独立的文学、文艺学的单科目录出现很晚。现知最早的文学单科目录，是宋·沈健《乐府诗目录》（见《宋史·艺文志》）。这是编撰文学单科目录的开端。

宋元以来，随着戏曲艺术的繁荣和发展，产生了专门化的戏曲单科目录（前文所列《官本杂剧段数》和《院本名目》还不算是专门化的戏曲单科目录，因为它们只是笔记中的一段）。尽管由于历史偏见，戏曲在中国文化史上的地位不高，戏曲学比之经学、史学、诗文学等，相对滞后，但从戏曲单科目录出现的时间来看，较之其他文艺学科来，却是比较早的。

戏曲最早出现的单科目录是《录鬼簿》。从历史角度言，《录鬼簿》还是真正由著者独立完成的较早的单科文艺学目录，在目录学发展史上占有重要地位。继《录鬼簿》之后，《录鬼簿续编》、《太和正音谱》、《远山堂剧品》、《曲海总目提要》、《也是园藏古今杂剧目录》等等，相继不绝，直到晚清姚燮《今乐考证》和王国维《曲录》中的杂剧目录的出现，中国杂剧目录，堪称薪火相传，蔚为大观，完全不落后于别门类的单科目录。因此，把《录鬼簿》放在元杂剧目录开端的地位进行评价，更可发现它重要的历史地位与价值。

1. 录鬼簿

元·钟嗣成（约1279—1360）著。是本专门记载元代杂剧、散曲作家生平简历及其作品名目的书，也可视为元杂剧的单科目录。作者钟嗣成，字继光，古汴（今河南开封）人，号丑斋。

《录鬼簿》的写作时间，据作者自序，初稿完成于元至顺元年（1330）。其后，作者又在元统二年（1334）和至正五年（1345），先后修订过两次。按第二次修订稿统计，《录鬼簿》共著录152位元代杂剧与散曲作家（实际为151位，其中1人重复著录）及其创作的杂剧名目458种。其中39种杂剧名目，是《录鬼簿》之后，如《太和正音谱》、《录鬼簿续编》等所记元杂剧目录都未曾收录的独家著录的目录。这39种杂剧名目是:①

（1）升仙桥相如题柱（曹本·天一本）

（2）藏阄会（天一本）

（3）秦少游花酒惜春堂（天一本）

（4）奴杀主因福折福（曹本）

（5）马丹阳三度任风子（天一本）

（6）刘阮误入桃源洞（曹本·《说集》本·孟本·天一本）

（7）风雪骑驴孟浩然（曹本·天一本）

（8）娇红记（曹本）

---

① 圆括号内所注的是《录鬼簿》不同版本的简称：“曹本”，指清·曹寅校辑《楝亭藏书十二种》所收《录鬼簿》；“天一本”，指明天一阁蓝格钞本；“《说集》本”，指明无名氏辑录《说集》所收本；“孟本”，指明·孟称舜校刻本。

(9) 鬼子母揭钵记（曹本）
(10) 汉高皇濯足气英布（曹本）
(11) 全火儿张弘（天一本）
(12) 窄袖儿武松（天一本）
(13) 相府院曹公勘吉平（天一本）
(14) 象生孪子酷寒亭（天一本）
(15) 严子陵垂钓七里滩（天一本）
(16) 沉香太子劈华山（曹本）
(17) 蔡顺摘椹养母（曹本）
(18) 贤孝妇（曹本）
(19) 九龙庙（曹本）
(20) 醉游阿房宫（曹本）
(21) 楚大夫屈原投江（曹本）
(22) 村学堂（曹本）
(23) 负亲沉子（天一本）
(24) 醉写满庭芳（曹本）
(25) 孝烈女曹娥泣江（曹本·天一本）
(26) 孟宗哭竹（曹本）
(27) 敬德扑马（曹本）
(28) 宋上皇三恨李师师（曹本·天一本）
(29) 王闰香夜月四春园（曹本）
(30) 四大王歌舞丽春堂（曹本）
(31) 包待制三勘蝴蝶梦（曹本）
(32) 开仓籴米（曹本）
(33) 双卖华（曹本）
(34) 东海郡于公高门（曹本·天一本）
(35) 郎中令袁盎却坐（曹本·天一本）
(36) 蔡琰还朝（曹本）
(37) 齐景公哭晏婴（天一本）
(38) 持汉节苏武还乡(《说集》本·孟本)
(39) 汉丞相宋弘不谐（天一本）

《录鬼簿》提供了很宝贵的元代戏曲创作、作家、作品资料，它是我们研究元杂剧、元散曲作家生平及其创作的不可或缺的参考文献。

明初，贾仲明(“明”一作“名”）在钟嗣成原著基础上又加以增补，进一步丰富了元杂剧作家及其作品的著录内容。

《录鬼簿》的版本很多，大致可归为三种类型：甲、钟氏原著本。即钟嗣成第二次修订之后的版本。乙、明人增补本。即经过贾仲明增补改订之后的本子。丙、近人校注本。三类本子中，最为通行的是：甲类本子是清人曹寅康熙四十五年辑刻的《楝亭藏书十二种》所收本，简称“曹本”。此外，还有孟称舜本（孟本）和《说集》本等。其中最接近钟著原本的，当推《说集》本。《说集》是一部丛书，从未见有刻本流传，只有明代万历时的蓝格精钞本幸存于世，故又称“蓝格本”。其次，明孟称舜校刻本，亦较接近《说集》本，是种比较重要的古老版本。这类本子中，可以楝亭本（曹本）作为最通行版本的代表。收入《中国古典戏曲论著集成·二》中的《录鬼簿》，即以“曹本”作底本加以校点，并详列其他五种常用版本（明万历《说集》本、明崇祯孟称舜本、清宣统元年刘世珩暖红室校刻本、明天一阁增补本和王国维校注本）异文于“校勘记”中。乙类本子，即是贾仲明的增补本，它已非钟嗣成的原始著作。可以明天一阁藏蓝格钞本为代表，简称“天一阁本”。贾仲明增补本与原刻本不同之处，首先在于他增写了自关汉卿至李邦杰82位作家的【凌波仙】挽辞。其次是他将《录鬼簿》原书把作家分为七类的结构加以改动，简化为三类。丙类本子很多，较早的有王国维《录鬼簿校注》本（收入王国维《戏曲论文集》），继之而撰者，尚有多种。校注本概念很清楚，就是对原文进行校勘并注解，它已包含着校注者的理解、判断和研究成果，实际已属于后人的学术研究成果。

《录鬼簿》全书内容、结构如下：①

- 卷上
  - (1)“前辈已死名公，有乐府行于世者”（自董解元至张洪范，计31人）
  - (2)“方今名公”（自郝新庵至王继学，计10人）
    - 以上散曲作家居多
  - (3)“前辈已死名公才人，有所编传奇行于世者”（自关汉卿至李时中，计56人）
- 卷下
  - (1)“方今已亡名公才人，余相知者，为之作传，以【凌波曲】吊之”（自宫天挺至周文质，计19人）
    - 以上〔卷上(3)与卷下(1)〕杂剧作家居多
  - (2)“已死才人不相知者”（自胡正臣至张以仁，计11人）
  - (3)“方今才人相知者，纪其姓名行实并所编”（自黄公望至张鸣善，计21人）
  - (4)“方今才人，闻名而不相知者”（自高可道至高安道，计4人）
    - 以上散曲作家或散曲、杂剧兼作者

贾仲明增补本（附明天一阁蓝格钞本《录鬼簿》），亦作二卷，但将以上七类，简化

① 参据原中国戏曲研究院编校《中国古典戏曲论著集成·二》校勘本，中国戏剧出版社1959年版，第103～274页。

为三类。内容、结构如下：①

卷上	(1)“前辈名公乐章传于世者” (自董解元至元好问，计45人)	散曲作家
	(2)“前辈才人有所编传奇行于世者” (自关汉卿至红字李二，计56人)	杂剧作家
卷下	(3)“方今才人相知者为之作传， 以【凌波仙】曲吊之” (自宫大用至李邦杰，计51人)	散曲、杂剧兼作者

从以上所列内容、结构来看，所谓“已死名公”、“方今名公”、“已死才人”、“方今才人”、“余相知者”、“余不相知者”、“闻名者”等，都可以说明，钟氏在记录这些作家、作品时，有一个基点，就是都以自己的生平经历与见闻作为恒定坐标，用它来厘定“前辈”与“方今”作家的年代界限。这一点，如果从目录学角度来衡量，是不够科学、严谨的。因为它带有更多的个人色彩，不能把它作为概括终元一代元曲作家、作品及其历史发展的唯一科学根据。钟嗣成对于他不相知、不闻名的作家、作品没有记录，也无法记录，特别是对于大量的民间杂剧，他更无法涉及。因此，我们在把《录鬼簿》作为元杂剧目录使用时，首先应该留意《录鬼簿》本身存在的这个局限性，不然的话，便很容易犯以偏概全的错误。

其次，钟嗣成所著《录鬼簿》，后人又谓之《点鬼簿》或《鬼簿》，这样古怪的书名是寓有作者的一定深意的。该书寄托了作者钟嗣成的主观感情，它并不是一种纯客观的记述。作者在至顺元年（1330）所作的《自序》中写道：

人之生斯世也，但以已死者为鬼，而不知未死者亦鬼也。酒罂饭囊，或醉或梦，块然泥土者，则其人与已死之鬼何异？此固未暇论也。其或稍知义理，口发善言，而于学问之道，甘于暴弃，临终之后，漠然无闻，则又不若块然之鬼为愈也。予尝见未死之鬼，吊已死之鬼，未之思也，特一间耳。独不知天地开辟，亘古及今，自有不死之鬼在；何则？圣贤之君臣，忠孝之士子，小善大功，著在方册者，日月炳焕，山川流峙，及乎千万劫无穷已，是则虽鬼而不鬼者也。余因暇日，缅怀故人，门第卑微，职位不振，高才博识，俱有可录，岁月弥久，湮没无闻，遂传其本末，吊以乐章；复以前乎此者，叙其姓名，述其所作，冀乎初学之士，刻意词章，使冰寒于水，青胜于蓝，则亦幸矣。名之曰《录鬼簿》。嗟乎！余亦鬼也。②

可见，钟氏编著《录鬼簿》的初衷，意在缅怀故人，称赞他们的高才博识，肯定他们的历史功绩，同时也表达了自己对社会的看法，而非专意于编纂戏曲目录专书，以供

① 参据原中国戏曲研究院编校《中国古典戏曲论著集成·二·录鬼簿提要》，中国戏剧出版社1959年版，第96页。

② 元·钟嗣成：《录鬼簿自序》，《中国古典戏曲论著集成·二》，中国戏剧出版社1959年版，第101页。

后人研究戏曲历史。

由以上两点，我们可以了解《录鬼簿》的记录角度和写作本意，故而我们不宜把《录鬼簿》当成是一种纯客观著录的目录来看待。对此，明初著《录鬼簿续编》的作者也早已发觉。①

钟嗣成一生不得志，科场屡试不第，仕途不顺。其人相貌丑陋，自号“丑斋”。钟氏作剧7种，散曲若干，皆脍炙人口。又专于隐语，有文集若干。《录鬼簿续编》称赞他“德业辉光，文行温润，人莫能及”，然而科场多次受挫，“以明经累试于有司，数与心违”，于是，“杜门养浩然之志”。他本人曾作自传性的套曲《南吕·一枝花》自嘲，与他编撰《录鬼簿》的思想一脉相承。曲云：

【梁州】子为外貌儿不中抬举，因此内才儿不得便宜。半生未得文章力，空自胸藏锦绣，口唾珠玑。争奈灰容土貌，缺齿重颏，更兼着细眼单眉，人中短髭鬓稀稀。那里取陈平般冠玉精神，何宴般风流面皮？那里取潘安般俊俏容仪？自知，就里，清晨倦把青鸾对，恨杀爹娘不争气。有一日黄榜招收丑陋的，准拟夺魁。

【隔尾】有时节软乌纱抓劄起钻天髻，干皂靴出落着籁地衣，向晚乘闲后门立，猛可地笑起。似一个甚的？恰便似现世钟馗唬不杀鬼。②

自我调侃中，包含了作者辛酸的人生体味。

尽管《录鬼簿》中对作家的评语、挽词以及记载作家的选择都带有作者个人主观色彩，但在有关元杂剧存目资料奇缺的情况下，它仍是我们珍贵的、不可缺少的一份元杂剧目录资料。

我们在使用《录鬼簿》时，需要掌握以下三个原则：

（1）要搞清各种版本的源流及其彼此的关系。

因为这一点直接关系到所记作家、作品的年代问题。从钟嗣成最初写作《录鬼簿》年代（1330），到他第二次修订年代（1345），已时隔15年。在此15年间，与作者钟氏同时代的作家的生平都有可能发生变化。所谓“已死名公”、“已死才人”与“方今名公”、“方今才人”的人数情况，也处在变动之中。例如，最接近钟嗣成《录鬼簿》原著版本性质的《说集》本所列撰“乐府”（散曲）的前辈已死名公29人，到了清人校辑的楝亭本增为31人，而至明人增补的天一阁本，又增至45人。再则，随着著者本人的经历变化，见闻与结交日广，“方今名公”从《说集》本的5人增至曹本的10人。因此，版本源流一定要弄清楚。比较、揣摩不同版本记载内容的差异，可以从中使我们了解钟嗣成的交游经历变化以及他所记录的作家的生平年代、行迹情况。研究《录鬼簿》版本的重要意义，即在这里。

（2）留意所记作家的归类情况。

---

① 明·无名氏《录鬼簿续编》钟嗣成小传称钟氏“著《录鬼簿》，实为己而发之”，又称“后之君子，读其《鬼簿》，则知其为人也”。中国戏剧出版社1959年版，第281页。

② 元·钟嗣成：《南吕·一枝花》“自序丑斋”，《太平乐府》卷八、《雍熙乐府》册十，转引自隋树森主编《全元散曲》，中华书局1964年版，第1371页。

归类情况如何，关系到所记作家的生活年代，也关系到他们的创作性质。比如，哪一位作家是以创作杂剧为主，哪一位作家是以创作散曲为主，哪一位作家是二者兼备，都可以通过《录鬼簿》的归类著录获悉。一般来讲，有“乐府”、“乐章”行于世者，是指散曲作家；有“传奇”行于世者，是指杂剧作家。作家的生活年代，同样也可通过归类得知：“相知者”，是与钟氏年代相近的作家；“已死者”，是早于作者年代的作家。

（3）重视比勘异文。

通过各种版本《录鬼簿》的异文比勘，可以发现有关元杂剧作家生平、简历、作品名目以及作家数量等的情况及其变化。

以“关汉卿”为例。在楝亭本中，关汉卿名下小传作：“大都人，太医院尹，号已斋叟。”关汉卿是世界纪念的文化名人，关于他的生平记载，仅有这寥寥十来个字。而对这仅有的十来个字的记载，人们的解释和认识情况，也出入很大。首先，关于关氏籍贯，就有四说：一、大都（今北京）人。二、河北祁州（今河北安国）人。三、山西解州（今山西运城市）人。四、燕（河北北部）人。其次，名字也不太一样。据《元史类编》，有“盖汉卿”一说。再次，是关氏身份。曹本作“太医院尹”，而《说集》本、孟本与天一阁本，则作“太医院户”。四是号。《说集》本、孟本、天一阁本不作“已斋叟”，而作“已斋叟”。《永乐大典》引当时北京方志《析津志》，内中关氏小传说：“关一斋，字汉卿”。不作“已”、“已”，而作“一”。笔者以为，可能既非“已斋”，也非“已斋”，而是“乙斋”，形近而误。古时，“乙”、“一”可通，应从《析津志》为是。关汉卿自号“乙（一）斋”，可能含有自嘲意味，犹如他的好友杨显之号“杨补丁”（见天一阁本《录鬼簿》“杨显之”条）一样。

不只籍贯、姓氏，作品著录也一样。楝亭本在关汉卿名下，著录的剧目，比别的版本多出以下6剧：

①董解元醉走柳丝亭(《说集》本、孟本不载)
②升仙桥相如题柱(《说集》本、孟本、天一本不载)
③吕蒙正风雪破窑记(《说集》本、孟本不载)
④老女婿金马玉堂春(《说集》本不载)
⑤翠华妃对玉钗(《说集》本、孟本不载)
⑥吕无双铜瓦记（别本不载）

楝亭本中著录的这六个剧目在别的版本中之所以不存在，这说明《录鬼簿》从初稿本到修订本，所记内容已发生变化。这可能是由于作者见闻发生变化，对初稿作了增补的结果。到后来明人增订的天一阁本，有的名目又为楝亭本所没有。如《窦娥冤》、《藏阄会》、《陈母教子》、《惜春堂》四种。尤其是楝亭本中没有被人公认为是关氏代表作的《窦娥冤》，更让人不可思议。《窦》剧到了明人的增订本《录鬼簿》中，才被录在关氏名下，这正反映了明人的补订情况。

再如“高文秀”。明天一阁蓝格本在高文秀小传“东平府学生员，早卒”下面，又有别本所没有的：“都下人，号小汉卿”七字。这七个字非常重要，由此可以证明高文秀的地位非同一般，他曾有“小汉卿”之称。像这类例子甚多，故引用《录鬼簿》时，务必要注明所据的是何种版本。

2. **录鬼簿续编**

作者不详。原本未署作者名字，也没有序文、题跋之类。近人以《录鬼簿续编》附在明初贾仲明增补本《录鬼簿》之后，遂认为《续编》亦为贾氏所作。但贾氏在《录鬼簿》的后序里，只说自己补作挽词82首，不曾说自己写过《续编》。故《中国古典戏曲论著集成》本署《录鬼簿续编》为“明·无名氏著”，是一种比较审慎的态度。不过，贾仲明写《录鬼簿续编》的可能性也不能完全排除。

贾仲明，一作贾仲名，别号云水散人、云水翁。擅长戏曲创作，作剧14种，今存杂剧4种及散曲若干。他生于元至正三年（1343），卒于明永乐二十年（1422）。这段时间，恰与《录鬼簿续编》所记的元明杂剧作家生活年代大体相同。凭此一点，不能完全排除贾氏作《录鬼簿续编》的可能，但也无更多别的旁证材料。

《录鬼簿续编》版本情况很简单，仅有明天一阁蓝格钞本《录鬼簿》后所附一种。其他都是据此原本过录、影印及校注的本子。原本于20世纪30年代发现后，郑振铎、赵万里、马廉等合抄，1938年由北京大学影印出版，从此，《录鬼簿续编》始公开流行于世。

《录鬼簿续编》内容体例，仿照《录鬼簿》。不同者，只是它不划分作者年代，也无挽词。著录作家，从钟嗣成起到戴伯可，共计71人、杂剧作品78种。另有无名氏作品78种，二者合计156种。该书最有价值的部分，就是记载了钟嗣成《录鬼簿》之后元末明初的一批杂剧作家的生平简历及其作品名目，它是我们研究元末明初杂剧发展历程的重要依据，是一本相当珍贵的戏曲目录兼作家小传文献。

该书中所记的有些比较重要的作家，如罗贯中、杨景贤、贾仲明、钟嗣成等，生平事迹材料在别处很难找到。《青楼集》的作者夏庭芝的生平经历，也详见于此书。这些解决了中国戏曲史、文学史研究中一些久悬未解的问题。

《太和正音谱》与《录鬼簿续编》二书的成书年代，孰先孰后，现在不好确定。如果以《录鬼簿续编》在先的话，以下147种，就属于它最先独家著录的元明杂剧（并见于《正音谱》的，括号内予以注明）：

△（1）十八公子大闹草园阁（张鸣善）

△（2）冯驩烧券（钟嗣成）

△（3）寄情韩翊章台柳（钟嗣成）

△（4）孝谏郑庄公（钟嗣成）

△（5）韩信泜水斩陈余（钟嗣成）

△（6）汉高祖诈游云梦（钟嗣成）

△（7）讥货赂鲁褒钱神论（钟嗣成）

△（8）宴瑶池王母蟠桃会（钟嗣成）

△（9）晋刘阮误入桃源（陈伯将）

（10）赵太祖龙虎风云会（罗贯中，《正音谱》作佚名撰）

△（11）忠正孝子连环谏（罗贯中）

△（12）三平章死哭蜚虎子（罗贯中）

△（13）娥皇女英斑竹记（汪元亨）

△（14）刘晨阮肇桃源洞（汪元亨）

△（15）仁宗认母（汪元亨）
（16）吕洞宾三度城南柳（谷子敬，《正音谱》）
△（17）司牡丹借尸还魂（谷子敬）
△（18）卞将军一门忠孝（谷子敬）
（19）邯郸道卢生枕中记（谷子敬，《正音谱》）
（20）昌孔目雪恨闹阴司（谷子敬，《正音谱》）
△（21）俊憨子（丁野夫）
△（22）月夜赏西湖（丁野夫）
△（23）写画清风领（丁野夫）
（24）游赏浙江亭（丁野夫，《正音谱》）
（25）碧梧堂双鸾栖凤（丁埜夫，《正音谱》）
△（26）死葬鸳鸯冢（郗经）
△（27）西湖三塔记（郗经）
△（28）胭脂女子鬼推门（郗经）
（29）韩湘子引度升仙会（陆进之，《正音谱》作佚名撰）
△（30）血骷髅大闹百花亭（陆进之）
△（31）折征衣（李士英）
△（32）群花会（李士英）
△（33）金章宗御赛诗禅记（李士英）
△（34）四州大圣斗水母（须子寿）
△（35）双鸾栖凤碧梧堂（须子寿）
△（36）松阴记（金文质）
△（37）三官斋（金文质）
△（38）誓死生锦片娇红记（金文质）
（39）风月瑞仙亭（汤式，《正音谱》）
（40）《娇红记》（汤式，《正音谱》）
△（41）西游记（杨景贤）
△（42）两团圆（杨景贤）
△（43）偃时救驾（杨景贤）
△（44）红白蜘蛛（杨景贤）
△（45）月夜西湖怨（杨景贤）
△（46）一箭保韩庄（杨景贤）
△（47）磨勒盗红绡（杨景贤）
△（48）大闹东岳殿（杨景贤）
（49）月夜海棠亭（杨景贤，《正音谱》）
△（50）陶秀英鸳鸯宴（杨景贤）
△（51）卢时长老天台梦（杨景贤）
△（52）佛印烧猪待子瞻（杨景贤）
△（53）贪财汉为富不仁（杨景贤）

(54) 感天地田真泣树（杨景贤，《正音谱》佚名）
△(55) 柳耆卿诗酒玩江楼（杨景贤）
△(56) 楚襄王梦会巫娥女（杨景贤）
△(57) 王祖师三化刘行首（杨景贤）
(58) 史教坊断生死夫妻（杨景贤，《正音谱》）
△(59) 李云英风送梧桐叶（李唐宾）
△(60)《梨花梦》（李唐宾）
△(61) 翠红乡儿女两团圆（高茂卿）
△(62) 庞居士误放来生债（刘君锡）
△(63) 石曼卿三丧不举（刘君锡）
△(64) 贤大夫疏广东门宴（刘君锡）
△(65) 四鬼魂大闹森罗殿（陶国瑛）
△(66) 陈子春四女争夫（唐复）
△(67) 补西厢奕棋（詹时雨）
△(68) 山神庙裴度还带（贾仲明）
△(69) 荆楚臣重对玉梳记（贾仲明）
△(70) 萧淑兰情寄菩萨蛮（贾仲明）
△(71) 李素兰风月玉壶春（贾仲明）
△(72) 屈死鬼双告状（贾仲明）
△(73) 紫竹琼梅双坐化（贾仲明）
△(74) 花柳仙姑调风月（贾仲明）
△(75) 丘长三度碧桃花（贾仲明）
△(76) 正性佳人双献头（贾仲明）
△(77) 志烈夫人节妇牌（贾仲明）
△(78) 上林苑梅杏争春（贾仲明）
△(79) 癞曹司七世冤家（贾仲明）
△(80) 汤汝梅秋夜燕山怨（贾仲明）
△(81) 顺时秀月夜英山梦（贾仲明）
△(82) 黄廷道走千里流星马（黄元吉）
(83) 贤达妇荆娘盗果（佚名，《正音谱》作春牛张撰）
(84) 鲠直张千替杀妻（佚名，《正音谱》）
(85) 诸葛亮博望烧屯（佚名，《正音谱》）
(86) 贤达妇孟光举案（佚名，《正音谱》）
(87) 玉清庵错送鸳鸯被（佚名，《正音谱》）
(88) 金水桥陈琳抱妆盒（佚名，《正音谱》）
△(89) 孝顺子磨刀劝妇（佚名，《青楼集志》）
(90) 风雨象生货郎旦（佚名，《正音谱》）
(91) 庞涓夜走马陵道（佚名，《正音谱》）
(92) 狄青复夺衣袄车（佚名，《正音谱》）

(93) 冻苏秦衣锦还乡(佚名,《正音谱》)
(94) 莫离支飞刀对箭(佚名,《正音谱》)
(95) 雁门关存孝打虎(佚名,《正音谱》)
(96) 马丹阳三化刘行首(佚名,《正音谱》)
(97) 郑月莲秋夜云窗梦(佚名,《正音谱》)
(98) 硃砂担滴水浮沤记(佚名,《正音谱》)
(99) 王月英元夜留鞋记(佚名,《正音谱》)
(100) 神奴儿大闹开封府(佚名,《正音谱》)
(101) 罗李郎大闹相国寺(佚名,《正音谱》)
(102) 刘千和尚病打独角牛(佚名,《正音谱》)
(103) 包待制断丁丁当当盆儿鬼(佚名,《正音谱》)
△(104) 朱太守风雪渔樵记(佚名)
(105) 张顺水里报冤(佚名,《正音谱》)
(106) 风风魔魔纸扇记(佚名,《正音谱》)
(107) 象生番语罟罟旦(佚名,《正音谱》)
(108) 拂尘子仁义礼智信(佚名,《正音谱》)
(109) 楚金仙月夜杜鹃啼(佚名,《正音谱》)
(110) 蓝采和销心猿意马(佚名,《正音谱》)
(111) 老敬德挝怨鼓(佚名,《正音谱》)
(112) 一丈青闹元宵(佚名,《正音谱》)
(113) 镇山夫人还牢旦(佚名,《正音谱》)
(114) 行孝道蔡顺分椹(佚名,《正音谱》)
(115) 包待制智赚三件宝(佚名,《正音谱》)
(116) 十样配象生四国旦(佚名,《正音谱》)
(117) 四颗头任千闹法场(佚名,《正音谱》)
(118) 孝王贵救闹口法场(佚名,《正音谱》)
△(119) 张小屠智赚鬼擘口(佚名,《正音谱》)
△(120) 海门张仲村乐堂(佚名)
△(121) 包待制智赚合同文字(佚名)
△(122) 争报恩三虎下山(佚名)
△(123) 病李岳诗酒玩江亭(佚名)
△(124) 包待制智赚生金阁(佚名)
△(125) 十探子大闹延安府(佚名)
△(126) 鲁智深大闹黄花峪(佚名)
△(127) 斩蔡阳(佚名)
△(128) 冤家债主闹阴司(佚名)
△(129) 没倖呆驴大报仇(佚名)
△(130) 清廉司吏鬼提牢(佚名)
△(131) 清官断永不分别(佚名)

△（132）行孝道目连救母（佚名）
△（133）皮场庙四圣归天（佚名）
△（134）申包胥兴兵完楚（佚名）
△（135）疏财汉天赐奶干儿（佚名）
△（136）暗团圆智藏花下子（佚名）
△（137）秦从僧大闹相国寺（佚名）
△（138）马均祥没倖血手记（佚名）
△（139）屎鸳鸯双镇梧桐树（佚名）
△（140）阮提举鬼闹森罗殿（佚名）
△（141）孙孔目智赚明昌梦（佚名）
△（142）女学士三劝后姚婆（佚名）
△（143）人不知大闹云台观（佚名）
△（144）感药王神救婢生子（佚名）
△（145）鲁智深大闹消灾寺（佚名）
△（146）豫章城人月两团圆（佚名）
△（147）人头峰崔生盗虎皮（佚名）

在这147种剧目中，不见于《太和正音谱》著录的（剧名前加△号者），有101种。这就等于说，即使《录鬼簿续编》成书年代是在《太和正音谱》之后，它仍然补出占其本书著录的大半数量的新剧目。由此可见该书对于研究元明杂剧目录的重要。其中尤其值得我们重视的是初见于《录鬼簿续编》著录的以下这些重要元明杂剧作家及其作品：杨景贤18种，贾仲明14种，钟嗣成7种，谷子敬、丁野夫各5种，罗贯中、刘君锡、李士英、汪元亨、邾经各3种。

《录鬼簿续编》的另一个特点，是它记载了64种“失载名氏”的作品，数量占全书的一半，显示了作者对无名氏创作的关注和重视。

《录鬼簿续编》所录杂剧名称，先是简目，简目之下，增注正名、题目，这有利于考察剧目，特别是那些已经佚失剧本的剧目题材内容。举例来说，《小孙屠》杂剧已佚，而在《录鬼簿续编》“诸公传奇，失载名氏，并附于此”中，《小孙屠》剧名之下，有“清官长智勘荒淫妇，犯押狱盆吊小孙屠”的正名、题目。由此可以推知，杂剧《小孙屠》的题材内容，与南戏《小孙屠》是一样的，这有助于我们对元杂剧与南戏关系的研究。

更重要的是，《录鬼簿续编》的某些著录，有助于我们对杂剧研究中若干疑难问题的解答。例如：《西游记》杂剧作者是谁的问题。日本内阁文库曾藏有明万历四十二年（1614）刊本《杨东林先生批评西游记》六卷，后流入中国。一些研究者一度认为，这就是《录鬼簿》所著录的吴昌龄《唐三藏西天取经》杂剧的佚本复见。然而，吴昌龄是元杂剧早期作家，即属于所谓“前辈已死名公才人，有所编传奇行于世者”。那时期不大可能会出现像这本《西游记》杂剧一样，长达6本24折，体制大大突破初期元杂剧规制的作品。后来由于《录鬼簿续编》的发现，在“杨景贤”名下，著录了一种《西游记》，而杨是元后期作家，元末明初人，其生活年代恰与创作6本24折杂剧规制的时期吻合，于是此本《西游记》的作者该是杨不是吴，可以基本肯定。此例说明，《录鬼簿续编》的发现与研究，有利于我们对元明杂剧研究中一些疑难问题的解决。

除戏曲之外，《录鬼簿续编》还为中国文学的其他文体，如小说史的研究，提供了某些十分重要的依据。例如《录鬼簿续编》对《三国志演义》作者罗贯中所撰的这段小传："罗贯中，太原人。号湖海散人。与人寡合。乐府隐语，极为清新。与余为忘年交，遭时多故，各天一方。至正甲辰复会。别来又六十余年，竟不知其所终。"① 并录罗氏所撰杂剧三种名目。这是我们迄今所见有关罗贯中的最为完整、翔实的一条记载。罗氏与《录鬼簿续编》作者"忘年交"竟达六十余年，"复会"于至正甲辰二十四年（1364），以此可以确证罗贯中的生活年代以及《三国志演义》的最后成书年代，均在元末明初时期。故而鲁迅先生在1935年1月为其《小说旧闻钞》所写的《再版前言》中，特别郑重地提到："自《续录鬼簿》出，则罗贯中之谜，为昔所聚讼者，遂以冰解，此岂前人凭心逞臆之所能至哉！"此外，通过《录鬼簿续编》对罗氏所作《风云会》、《连环谏》、《蜚虎子》三种剧目的著录，还使我们得知，这位著名小说家，同时又是一位很有成就的戏曲创作者。

3. 太和正音谱

明·丹邱先生涵虚子编。自从王国维《曲录》确定丹邱先生、涵虚子均为明宁献王朱权别号，《太和正音谱》即为朱权所撰以来，一直少见异议。台大曾永义教授《〈太和正音谱〉的作者问题》② 一文，曾对《太和正音谱》作者为朱权之说提出质疑。该文从版本著录、明清诸家引述、朱权道号与《太和正音谱》成书年代相矛盾，以及该书自序与正文内容等各项，对朱权编撰《太和正音谱》提出诸多疑点，皆不无道理。曾文的"结论"中还提出："《太和正音谱》应当是献王晚年门客所依托的著作，而卷首的'自序'必出自后人伪托。其编成年代在明宣德四年（1429）以后，正统十三年（1448）以前"，"如果卷首的序文确系《太和正音谱》的自序，那么《太和正音谱》必非宁献王朱权所著，而是明初一位别号'青天一鹤'的人所作"。《太和正音谱》作者究竟是否朱权，或者说，朱权与《太和正音谱》关系如何，均有待作进一步考证。现姑仍旧说，予以介绍说明。

朱权（1378—1448）是明太祖朱元璋第十六子（或作第十七子）。别号臞仙、涵虚子、丹邱先生等。死后谥献王，世称宁献王。是明初著名戏剧家，创作杂剧12种，今存《冲漠子独步大罗天》、《文君私奔相如》两种，还有若干散曲存世。论著三种：《务头集韵》、《琼林雅韵》、《太和正音谱》。前两种在《太和正音谱》自序中曾经提到："审音定律，辑为一卷，目之曰《琼林雅韵》；搜猎群语，辑为四卷，目之曰《务头集韵》。"③ 可见与戏曲也不无关系。《琼林雅韵》是据元·周德清《中原音韵》之曲韵增订的北曲韵书，今存明洪武戊寅三十一年（1398）刊本。《务头集韵》今佚，明·王骥德《曲律·论务头》曾经提及："涵虚子有《务头集韵》三卷，全摘古人好语辑以成之者。"④ 内容可能是辑集元剧的好语佳句供人填词制曲时参考。

---

① 明·无名氏：《录鬼簿续编》"罗贯中"条，《中国古典戏曲论著集成·二》，第281页。

② 曾永义：《〈太和正音谱〉的作者问题》，收见曾永义著《论说戏曲》，中国台北联经出版事业公司1997年版，第51～69页。

③ 《太和正音谱序》，《中国古典戏曲论著集成·三》，第11页。

④ 明·王骥德：《曲律》卷第二，《论务头第九》，《中国古典戏曲论著集成·四》，第114页。

朱权与戏曲关系最为密切的论著是《太和正音谱》。该书性质并非纯是戏曲目录。全书包括以下八个部分：（1）“乐府体式”；（2）“古今英贤乐府格势”；（3）“杂剧十二科”；（4）“群英所编杂剧”；（5）“善歌之士”；（6）“音律宫调”；（7）“词林须知”；（8）“乐府”。内容可归纳为三大类：第（1）（2）（3）是戏曲（含散曲）文学理论；第（4）是元明杂剧作家、作品目录；第（5）至（8）是音乐理论、北曲格律、元曲词谱，其中包含音律、宫调、史料、曲名、谱式等等方面的内容。可见，《太和正音谱》实际内容十分芜杂，它融戏曲理论、戏曲批评、戏曲作家、作品著录、戏曲史料以及有关戏曲演唱的宫调、曲名、曲谱等各类内容于一书。《太和正音谱》中与戏曲目录有关系的主要是第（4）部分“群英所编杂剧”。这是一份著录元明杂剧作家、作品的完整目录，包括“元五百三十五本”、“国朝（明）三十三本”、“古今无名杂剧一百一十本”、“娼夫不入群英四人，共十一本”、“知音善歌者三十六人”，共计568种杂剧名目、81位存名作家及一些佚名作者。著录的杂剧作品数量，比《录鬼簿》和《录鬼簿续编》两书相加去其重复还要多。光凭这一点，就足可说明《太和正音谱》的价值所在了。

《太和正音谱》第（8）部分“乐府”，是现存最古老的北杂剧曲谱。故一些人讲到《太和正普谱》，也把它说成是著录作家作品目录兼北曲曲谱的著作。两部分同等重要。明·程明善辑《啸余谱》五卷，所收《太和正音谱》，迳题《北曲谱》，则是把它当作曲谱看待。《太和正音谱》曲谱部分，注称所引的谱例出自某某作家的某一作品，其实也具有目录提示作用。故从目录学研究角度看，《太和正音谱》是相当重要的杂剧专题目录。

关于《太和正音谱》的成书年代，一般论者都据影印洪武间刻本所载朱权自序所署“时岁龙集戊寅”及“洪武戊寅”的朱文图章，确定为明洪武三十一年（1398）。对此，上述曾永义文已提出疑点。亦有人根据《太和正音谱》所记某些作家的行迹发生在洪武三十一年之后，尤其是“国朝三十六人”中，像杨景言、汤舜民、贾仲明等人，都是成名于永乐（1403—1424）年间的作家，而认为该书是在洪武三十一年初稿本的基础上，在永乐年间即朱权改封南昌后，进行增补修订刊行的。①

《太和正音谱》比较重要的版本有：①影写洪武间刻本（清·汪士钟艺芸书舍旧藏善本）；②别本影写洪武间刻本（清·沈复粲鸣野山房旧藏）；③明·程明善辑刻《啸余谱》第五卷所收本。按此本题作《北曲谱》，它曾经程氏本人删节、改动，但作为刻本，却是刊刻年代最早的本子，今有万历四十七年（1619）流云馆原刻本。而前两种则是后人影写的。详情参阅《中国古典戏曲论著集成·三·太和正音谱提要》。《集成》本系据影钞洪武原刻本，校以《啸余谱》本，校记详列异文，很有参考价值。

《太和正音谱》在戏曲目录学方面的价值毋庸置疑。它在《录鬼簿》、《录鬼簿续编》等的基础上，著录了为数更多的元明杂剧作家、作品名目。包括：（1）元代69人，作品416本（同题材有旦本、末本之分者，作一本）。（2）明代8人，作品30本（另有无名氏3本）。（3）元明无名氏111本（元代108本，明代3本）。（4）“娼夫”即艺人兼作家4人，11本。以上合计：元代535本，明代33本，共计568本，有名字记载作家81人。数量之富，前所未有。它与《录鬼簿》（458本）相比，虽然记载的有名氏作家人数

① 参见周维培《〈太和正音谱〉成书考论》，载《南京大学学报》（社科版）1990年第4期。

未超过《录鬼簿》（152 人），但著录的作品数量，却超出《录鬼簿》110 本。这主要是由于《太和正音谱》补出了更多的无名氏作品。可见两书具有互补作用。

见之《太和正音谱》著录，而未见同时期或以前曲目著录的杂剧作品，计有以下 75 本：

（1）火烧袄庙（李直夫）
（2）忠义士豫让吞炭（佚名。《乐郊私语》记为杨梓撰，今存古名家本）
（3）承明殿霍光鬼谏（佚名。《乐郊私语》记为杨梓撰，今存元刊本）
（4）下高丽敬德不伏老（佚名。《乐郊私语》记为杨梓撰，今存脉望馆本、明刊《金貂记》附录本）
（5）鹔裘（一折范冰壶，二折施均美，三折黄德润，四折沈珙之撰）
（6）金童玉女娇红记（刘兑）
（7）铁拐李度金童玉女（贾仲明）
（8）刘晨阮肇误入桃源（王子一）
（9）海棠风（王子一）
（10）楚台云（王子一）
（11）莺燕蜂蝶（王子一）
（12）两团圆（杨文奎）
（13）王魁不负心（杨文奎）
（14）封陟遇上元（杨文奎）
（15）吕云英风月玉合记（杨文奎）
（16）卓文君私奔相如（朱权）
（17）冲漠子独步大罗天（朱权）
（18）烟花判（朱权）
（19）瑶天笙鹤（朱权）
（20）白日飞升（朱权）
（21）豫章三害（朱权）
（22）客窗夜话（朱权）
（23）杨娭复落娼（朱权）
（24）周武帝辩三教（朱权）
（25）肃清翰海平胡传（朱权）
（26）北酆大王勘妒妇（朱权。又见《宝文堂书目》）
（27）齐桓公九合诸侯（朱权。又见《宝文堂书目》）
（28）千里独行（佚名。又见孙秀昌《集杂剧名》散曲）
（29）贤孝牌（佚名。同上）
（30）大妇小妻还牢末（佚名）
（31）随何赚风魔蒯通（佚名）
（32）施仁义刘弘嫁婢（佚名）
（33）锦云堂美女连环记（佚名）
（34）苏子瞻写赤壁赋（佚名）

(35)《梦天台》(佚名)
(36) 火烧阿房宫(佚名)
(37) 汉武帝望思台(佚名。又见《永乐大典目录》)
(38) 韩退之雪拥蓝关记(佚名)
(39) 燕山梦(佚名)
(40) 朱砂记(佚名)
(41) 打球会(佚名)
(42) 打陈平(佚名)
(43) 祭三王(佚名)
(44) 三贤妇(佚名)
(45) 圣姑姑(佚名)
(46) 双斗医(佚名)
(47) 桂花精(佚名)
(48) 黄花寨(佚名)
(49) 水帘寨(佚名)
(50) 销金帐(佚名)
(51) 望乡亭(佚名)
(52) 袁觉拖笆(佚名)
(53) 螺蛳末尼(佚名)
(54) 化胡成佛(佚名)
(55) 雪里报冤(佚名)
(56) 佳人写恨(佚名)
(57) 才子留情(佚名)
(58) 捶碎黄鹤楼(佚名)
(59) 卢仝七碗茶(佚名)
(60) 夜月京娘墓(佚名)
(61) 卓文君驾车(佚名)
(62) 刀劈史鸦霞(佚名)
(63) 策立阴皇后(佚名)
(64) 搬运太湖石(佚名)
(65) 风雪包待制(佚名)
(66) 柳成错背妻(佚名)
(67) 郭桓盗官粮(佚名)
(68) 陶侃拿苏峻(佚名)
(69) 包待制双勘钉(佚名)
(70) 黄鲁直打到底(佚名)
(71) 明皇村院会佳期(佚名)
(72) 风流娘子两相宜(佚名)
(73) 哀哀怨怨后庭花(佚名)

（74）危太朴衣锦还乡（佚名）

（75）孝顺贼鱼水白莲池（佚名）

《太和正音谱》与《录鬼簿续编》同时著录，而为《录鬼簿》所未著录的剧目，计53种。也有《录鬼簿》与《录鬼簿续编》二者都未著录，仅《太和正音谱》独家著录的。近人傅惜华编著《元代杂剧全目》，基本上是在此基础上扩充的。故想全面了解元明杂剧目录，《录鬼簿》、《录鬼簿续编》、《太和正音谱》三种，缺一不可。近人傅惜华编《元代杂剧全目》，共收737种，对元人杂剧名目的蒐罗，可谓空前繁富，但其工作的基础，最基本的还是依靠这三种目录的合成。

《太和正音谱》作为戏曲目录所存在的缺陷，是与作者戏曲观念陈旧有关。例如：作者把艺人兼作家者归成一类，附置最末，题称“娼夫不入群英四人，共十一本”，并注云：“其词虽有切者，亦不可以乐府称也，故入于娼夫之列。”含有明显的鄙视观念。实际上这些艺人的创作十分重要，他们有丰富的舞台实践经验，在很大程度上，反映了杂剧创作和舞台艺术的主流风貌。由于《太和正音谱》作者的歧视和偏见，未予足够重视，仅寥寥著录赵明镜、张酷贫、红字李二、花李郎作者4人、剧目11种，显然其中挂漏必多，这大大影响了《太和正音谱》作为一种戏曲目录的完整和翔实。

其次，《太和正音谱》著录杂剧，均用简名，不附“正名”、“题目”，这使读者考察作品内容，尤其是探索那些已佚作品的内容成为不可能。《太和正音谱》增出了许多剧目著录，本来是件好事，只是因为它用的是简名，使人无从判断剧情内容，可谓功亏一篑。

再次，《太和正音谱》作者对某些元明作家创作的品评亦不完全准确。对此，后人曾多有批评。如：

明·王骥德《曲律·杂论》：“《正音谱》中所列元人，各有品目，然不足凭。涵虚子于文理原不甚通，其评语多足付笑。又前八十二人有评，后一百五人漫无可否，笔力竭耳，非真有所甄别其间也。”①

清·刘熙载《艺概·词曲概》：“《太和正音谱》诸评，约之只清深、豪旷、婉丽三品。清深，如吴仁之‘山间明月’也；豪旷，如贯酸斋之‘天马脱羁’也；婉丽，如汤舜民之‘锦屏春风’也。”②

清·梁廷枏《藤花亭曲话》：“曲话以《涵虚曲论》为最先，取词客九十八人而品题之。如云‘马乐篱如朝阳鸣凤，张小山如瑶天笙鹤，白仁甫如鹏抟九霄，李寿卿如洞天春晓……’等类。其题目虽佳，然未必人人切当不移也。”③

《太和正音谱》和《录鬼簿续编》都是明前期的著作。此后，著录杂剧的单科目录，沉寂了200余年，直至明末，才再度复苏，并出现一种十分重要的杂剧目录，这就是著名的崇祯年间祁彪佳所著的《远山堂剧品》。

4. 远山堂剧品

明·祁彪佳（1602—1645）著。该书既是品评明杂剧的专书，又可看作是著录明人

① 明·王骥德：《曲律》卷第三，《杂论第三十九上》，《中国古典戏曲论著集成·四》，第147页。

② 清·刘熙载：《艺概》卷四《词曲概》，《中国古典戏曲论著集成·九》，第117页。

③ 清·梁廷枏：《藤花亭曲话》卷四，《中国古典戏曲论著集成·八》，第284页。

杂剧的单科目录。全书收录杂剧（除极少数为元杂剧外，绝大多数为明杂剧）242 种。虽不能说是明杂剧的全部，但已蔚然大观，是我们研究明代杂剧不可或缺的参考依据。

《远山堂剧品》的编写，与作者本人经历和家庭出身很有关系。祁彪佳是明代著名戏曲家，字虎子，又字幼文、宏吉，号世培，浙江山阴（今绍兴）人。他是明代著名藏书家祁承㸁的儿子。祁承㸁号澹生堂主人。澹生堂藏书中，有不少戏曲书籍。明·臧晋叔编《元曲选》百种时，就是向祁家借用二三百种杂剧进行汰选的，可见其藏量之富。

祁彪佳于明天启时，任兴化推官。崇祯时为御史，巡按苏、松。南明弘光时，任右佥都御史，巡抚江南。他为官、为人都很有名节。他执法严明，屡得罪权贵，仕途不顺。清军入关南下，破南京、杭州，祁彪佳时任苏、松总督，抵御乏力，最后自沉身亡。

祁彪佳本人又是戏曲家，著作很多，戏曲创作有《玉节记》（一作《全节记》）传奇，写苏武故事。戏曲品评兼目录著作，除《远山堂剧品》外，还有著录品评明传奇的《远山堂曲品》，是《远山堂剧品》的姊妹篇，人称远山堂“二品”。另有笔记《祁忠敏公日记》，也与戏曲关系密切。此书记录了作者从明崇祯四年（1631）秋冬到清顺治二年（1645）6 月自沉前共 15 年间的个人经历和史实。15 年共设 15 个子目，一年一个题目，重点记叙了作者从北京南下到苏杭、绍兴各地看戏的情景，提供了这段时间内的丰富的戏曲史料。其中涉及今已失传的八种罕见剧目，如《白梅记》、《绿袍记》之类，均少见别处著录。如果对此加以钩沉和条释，也是一份很重要的戏曲目录辑佚材料。

《远山堂剧品》、《远山堂曲品》原来只有手稿本，即明远山堂蓝格原稿本。《中国古典戏曲论著集成·六》所收的远山堂“二品”，就是采用手稿本作底本进行点校的。近人黄裳曾作《远山堂明曲品剧品校录》①，根据他书资料，对“二品”著录的作品，逐目加以校注，充实了原书的著录内容。此书出版比《集成》本问世更早。叶德均又在黄裳的校录基础上，著有《祁氏曲品剧品补校》② 一文，对黄氏《校录》本 709 则校文中的 240 余则提出补充或商榷的意见。这两份材料是我们进一步了解、研究祁氏剧品、曲品的辅助著作。

由于祁彪佳出身于藏书家家庭，自己也藏书，也观剧，并从事戏曲创作和理论研究。这些都为他较好地完成著录、品评明代杂剧与传奇创造了有利条件。综观《远山堂剧品》，有以下三个特点，也是它相对具备的三方面的优点：

（1）比较完备。

祁氏《远山堂剧品》著录杂剧，按优劣品级排列，共分六品，其中“妙品”24 种，“雅品”90 种，“逸品”28 种，“艳品”9 种，“能品”52 种，“具品”39 种，共计 242 种。这个数字尽管还不能包罗所有明杂剧名目（因为主要依据家藏书，毕竟有限制），但已相当可观。近人傅惜华编《明代杂剧全目》，共收入 523 种，已多于《剧品》一倍，但较之清末姚燮《今乐考证》所收明杂剧 134 种，祁氏《远山堂剧品》所收名目还是很多。而且有的作家材料在别处也无从了解，如叶宪祖的作品，祁氏《远山堂剧品》共著录 18

① 黄裳：《远山堂明曲品剧品校录》，上海出版公司 1955 年版。

② 叶德均：《祁氏曲品剧品补校》，收见叶德均著《戏曲小说丛考》，中华书局 1979 年版，卷上，第 187～319 页。

本，其中12本，未见前人著录。又如凌濛初作品，著录7种，3种未见别处著录。类似例子，还有很多。这些都说明祁氏《远山堂剧品》收录在当时来说还算比较完备。

（2）比较应时。

祁氏《远山堂剧品》在收录明前、中期主要杂剧作家，如朱有燉、杨诚斋、王九思、徐渭、冯惟敏等人作品的同时，也留意记录与作者本人同时代或年代相差不远的作家作品，如叶宪祖、王骥德、吕天成、凌濛初、孟称舜等人的作品，比较应时地反映了作者所处的明晚期杂剧创作的动态。

（3）比较准确。

由于作者用的是可信度较高的第一手资料——家藏善本、珍本戏曲图书，有的剧目还亲自看过演出，因此《远山堂剧品》对题材、本事、源流、版本、折数、作者、搬演等情况的考订都很可信，品评也较准确、到位。祁氏在品评作品同时，还提供与这些杂剧有关的戏曲史料，其中包括作家生平、创作经历、版本情况、改编经过、演出情况，等等。例如，他在评介王九思《沽酒游春》时，说："《沽酒游春》，即《曲江春》，北四折。王太史作此痛骂李林甫，盖以讥刺时相李文正者，卒以此终身不得柄用。一肚皮不合时宜，故其牢骚之词，雄宕不可一世。"① 品评中间，提供了有关该剧创作缘由的信息，便于我们了解王九思剧本的内容和思想主题。再如，关于凌濛初《颠倒姻缘》一剧，祁氏写道："北四折。凌波旧有《桃花庄》剧，以韵调未谐而中废。及晤陈眉公，言：'微之《会真记》，张负崔也。欲传此张女以崔舍人死，死而复生，盖极张也。'凌大然之，因撺旧作一新之。《人面桃花》，崔、张卒以合卺，张负崔，崔何尝负张哉。"② 据此可知，凌濛初在作《颠倒姻缘》杂剧之前，曾作过同题材的旧作《桃花庄》一剧，这使我们对这本未曾见传的杂剧题材内容及其创作经过有所了解。

从目录学角度来讲，《远山堂剧品》的主要缺陷，是由于它按品级排列剧目，使我们检索起来十分不便。这是因为作者写作该书的主要目的，是为了品评作品，而不是为著录作品名目，编写戏曲目录著作。

5. 也是园藏书古今杂剧目录

清·黄丕烈（1763—1825）编。黄丕烈是清中叶藏书第一名家。字绍武，一字承之，又字荛圃，号复翁、佞宋主人，晚年号秋清居士。江苏长洲（今属江苏苏州）人。黄氏仕途不得意，弃官归里，专事收藏和著述。其藏书处，有许多名目，如"百宋一廛"、"士礼居"、"读未见书斋"等，这些我们可以经常见之于各种刊本藏书目录上。

了解《也是园藏书古今杂剧目录》，首先要明白这批也是园杂剧藏书的来龙去脉。所谓"也是园藏古今杂剧"，最早是明代赵琦美（1563—1624）所收集钞校的一批戏曲，世称"脉望馆钞校本杂剧"。这批杂剧辗转传至清前期的钱曾（1629—1701）手中。钱氏字遵王，号也是翁，其藏书即为也是园藏书。钱曾所藏之书，几经周折，几易其主，后为黄丕烈所收，故黄丕烈的杂剧目录，仍名《也是园藏书古今杂剧目录》。这批戏曲至20世纪30年代，只残存一部分，1938年收归国有，现藏北京国家图书馆。《古本戏曲丛刊》

---

① 明·祁彪佳：《远山堂剧品·雅品·沽酒游春》，《中国古典戏曲论著集成·六》，第151页。

② 明·祁彪佳：《远山堂剧品·妙品·颠倒姻缘》，同上书，第145页。

将它影印，收入第四集，题《脉望馆钞校本古今杂剧》，署“明·赵琦美辑”。原书多少种，不得而知，钱曾收藏时，存341种，20世纪30年代郑振铎发现其中的242种。1939年商务印书馆曾以“涵芬楼”名义，排印出版，只收144种，书题《孤本元明杂剧》。1957年，中国戏剧出版社重印，仍称《孤本元明杂剧》。《孤本元明杂剧》经王季烈校勘，并写有提要。

在郑振铎发现的242本脉望馆剧本中，有132种是前所未见的孤本，数量很大，它是20世纪杂剧研究历史上的一次重大文献发现，具有与《元刊杂剧三十种》刊本面世同等重要的意义。

孙楷第先生写过《述也是园旧藏古今杂剧》，发表于1940年12月《北平图书馆》季刊，后经增删改订，易名《也是园古今杂剧考》，由上海上杂出版社于1953年出版，该书系专门考释这批剧目收藏、版本、源流、编类、品题等情况的著作。

赵琦美是明代著名藏书家，其藏书目叫《脉望馆书目》，但内中没有著录这批戏曲书目，不知何故。钱曾也是园收藏杂剧共341种，见《也是园藏书目》。到了黄丕烈之手时，也编有目录，此即本文所题的这份《也是园藏书古今杂剧目录》。这份目录原稿，附在这批杂剧藏书的首册卷首，《古本戏曲丛刊》已连同剧本一并予以影印。这个目录今已收入《中国古典戏曲论著集成》第七册，题“清·黄丕烈编”。由于“黄目”已经涵盖了钱曾目录，故《集成》不再收钱氏原目，迳以“黄目”代替。

《也是园藏书古今杂剧目录》是私家藏书目，尽管颇具规模，著录杂剧名目达270种，比我们现在所能见到的脉望馆杂剧242种还要多一些。但作为元明杂剧总目看待，它还不算完备。此270种杂剧目录，可分两部分：一部分多为《太和正音谱》所收，它们基本上按作家排列，体例亦与《太和正音谱》相类似；另一部分则按照杂剧所写的历史题材、内容、编撰对象，分作14个类目，包括：“春秋故事”、“西汉故事”、“东汉故事”、“三国故事”、“六朝故事”、“唐朝故事”、“五代故事”、“宋朝故事”、“杂传”、“释氏”、“神仙”、“水浒传故事”、“本朝故事”、“本朝教坊编演”。这部分大多是《太和正音谱》所未收的。最后还附有一份“待访古今杂剧存目”，内含元明作家23位及无名氏编撰的“三国故事”、“宋朝故事”、“杂传”、“神仙”、“明朝故事”、“教坊编演”六类剧目，共计71个。全书体例显得有点零乱。该份目录的重要性，最主要是在于它保存了132种前所未见的孤本杂剧目录，凭借这份目录，我们可以更全面地了解和掌握元明杂剧的存目情况。

6. 近现代所编杂剧单科目录

近、现代人所编的杂剧单科目录很多。现据谢灼华编著的《中国文学目录学》① 第九章第四节“杂剧目录”，再加上笔者搜集到的有关资料，将它们综合一起罗列如下：

《古今杂剧叙录》（王国维撰，见《古今杂剧》，1924）

《旧刻元明杂剧二十七种序录》（赵万里撰，载《清华学报》2卷2期，1925）

《元杂剧总集曲目表》（黎锦熙编，《图书馆学季刊》5卷1期，1931）

《元明以来杂剧总录》（西谛撰，《文学季刊》1卷4期，1934）

① 谢灼华编著：《中国文学目录学》，书目文献出版社1986年版，第316~332页。

《元人杂剧现存书目》（隋树森编，《文学集林》第二辑，1939）
《孤本元明杂剧提要》（王季烈撰，商务印书馆，1941）
《元人杂剧现存书目》（〔日〕青木正儿著，隋树森译，徐调孚校补，见《元人杂剧序说》，开明书店，1941）
《现存元人杂剧目录》（徐调孚编，《文艺复兴·中国文学研究专号（中）》，1948）
《现存元人杂剧书目》（徐调孚编，上海文艺联合出版社，1955）
《现存全部元人杂剧目录》（隋树森编，见《元曲选外编》附录，中华书局，1959）
《现存杂剧剧目》（顾肇仓编，见《元代杂剧》，作家出版社，1962）
《现存元明杂剧剧目》（顾学颉编，见《元明杂剧》，上海古籍出版社，1979）
《元明钞刻本元人杂剧九种提要》（郑骞撰，载〔中国台北〕《清华学报》7卷2期，1969）
《〈元曲选〉百种曲的梗概与解说（1－19）》（林雪光撰，《神户外大论丛》，1962？—1969）
《〈元曲选〉解题初稿》（〔日〕上野惠司撰，载《关西大学文学论集》19卷3期、4期，1970）
《全明杂剧拟目》（杨家骆撰，《中国一周》719，1964）
《元代杂剧全目》（傅惜华编，作家出版社，1957）
《明代杂剧全目》（傅惜华编，作家出版社，1958）
《清代杂剧全目》（傅惜华编，人民文学出版社，1981）
《清末至建国前杂剧简目》（见上书“附录”）
《清人杂剧初集·跋》（郑振铎撰，见《中国文学研究》，作家出版社，1957）
《元明北杂剧总目考略》（邵曾祺编著，中州古籍出版社，1985）
《（元杂剧）索引编》（见宁宗一等编《元杂剧研究概述》，天津教育出版社，1987）
《元杂剧一览表》（见蒋星煜主编《元曲鉴赏辞典》“附录”，上海辞书出版社，1990）
《单本元杂剧现存版本表》（见袁世硕主编《元曲百科辞典》“附录一”，山东教育出版社，1989）
《现存元杂剧简繁名对照表》（见同上书，“附录四”）
《关汉卿杂剧全目》（吴晓铃等编校《关汉卿戏曲集》“附录”，中国戏剧出版社，1958）
《关汉卿杂剧存目》（见中国纪念世界文化名人委员会编《1958年纪念世界文化名人》，世界知识出版社，1958）
《现存关汉卿剧本目》（见同上书）
《关汉卿作品及其有关资料简目》（辽宁省图书馆编，油印本，1958）
《馆藏关汉卿作品及其评介辑目》（首都图书馆编，油印本，1958）
《王实甫〈西厢记〉杂剧现存版本目录》（见《元曲百科辞典》“附录二”）
《现存元人杂剧本事考》（罗锦堂著，台北中国文化事业股份有限公司，1960）
《南京图书馆藏“西厢”刊本及其参考资料简目》（南京图书馆参考研究组编，1954）

《西厢记及其有关论著目录》（北京图书馆参考研究组编，油印本，1954）

在上列众多的这些杂剧目录中，应该重点提出的是傅惜华所编的以下三种杂剧全目：

（1）元代杂剧全目

（2）明代杂剧全目

（3）清代杂剧全目

傅惜华计划编撰《中国古典戏曲总录》，共计八编，列入中国戏曲研究院主编的“中国戏曲史资料丛编”。这八编包括：初编《宋金元杂剧院本全目》（未完成）、二编《宋元戏文全目》（未完成）、三编《元代杂剧全目》（作家出版社，1957）、四编《明代杂剧全目》（作家出版社，1958）、五编《明代传奇全目》（人民文学出版社，1959）、六编《清代杂剧全目》（人民文学出版社，1981）、七编《清代传奇全目》（据说已完成，但书稿不知下落）、八编《中国古典戏曲研究书目》（未完成，后由傅惜华供职的戏曲研究所资料室全体同人完成《中国戏曲研究书目提要》一书，由中国戏剧出版社1992年出版）。

以上三种杂剧全目，将迄至著者为止的已知的中国元、明、清三代的杂剧目录差不多包揽无遗。三种杂剧全目的特点，首先是收罗空前丰富。《元代杂剧全目》共著录737种杂剧，其中元人作品550种，元明之间无名氏作品187种。《明代杂剧全目》著录明人杂剧523种。《清代杂剧全目》著录清人杂剧1 300种。“全目”的第二个特点是详列版本种类，存佚及收藏情况，并对著录的作家略作叙说和考释，体现了中国传统目录有目、有录的传统特色，为我们的研究提供了更多的参考价值。三种“全目”都附有“引用书籍解题”、“作家名号索引”、“杂剧名目索引”，令使用者检索甚便。

7. 元明北杂剧总目考略

邵曾祺编著。中州古籍出版社1985年出版。这是傅惜华三种杂剧全目之外，需要特别提出介绍的近现代人编撰的杂剧总目著作。该书的特点是总目兼考略。体例按作家排列，次序基本依据曹楝亭本《录鬼簿》的排列原则而稍作变通。元前期作家，依作品多少为序；元后期作家，依曹本次序；元末明初作家，照《录鬼簿续编》次序，并斟酌情况，稍作调整。

本书价值，不仅在于它搜罗的元明杂剧名目十分完备，还在于它对所著录的杂剧本事内容及相关的剧目一一作了考释。全书除“元前期作家作品”、“元后期作家作品”、“元末明初作家作品”三编正编外，还有“明嘉靖以前的北杂剧作家作品”、“佚名作者的作品”、“《宝文堂书目》和脉望馆抄本中佚名作者的作品”、“《传奇汇考目》（别本）中的杂剧作家作品”等重要的附录材料，这些都是研究元明杂剧目录所不可忽略的部分。可以说，该书是将元明杂剧作家作品的所有目录材料收罗殆尽。该书著录剧本时，又列出剧本简名、别处著录名称、剧本存佚情况、题目正名、作家小传，罗列详备，而且对杂剧作者、作品的考释也相当详细，涉及作者生年、题材本事、存佚情况以及与作品相关的史料、小说、说唱等各种文体和别种戏曲样式同题材作品情况等。著者的考释亦较稳妥谨慎，是我们研究元明杂剧目录学较有参考价值的一本书。

以上，我们介绍了从古迄今有关元明杂剧目录的著述情况。这些著述，不管著录怎样宏富，而对于历史上实际存在的元明杂剧数量而言，仍无法真正做到完备。因为杂剧作品在历代流传过程中佚失情况相当严重。明·姚士粦《见只编》卷中云：“汤海若妙于音律，酷嗜元人院本。自言箧中收藏，多世不常有，已至千种，有《太和正音谱》所不载者。”光明人汤显祖一家所藏的“元人院本”（谓元杂剧），即远远超出我们现在所知的元人杂剧总数许多。明·王骥德于万历年间著《曲律》时，还曾经说到：“金、元杂剧甚多。……康太史谓于馆阁中见几千百种，何元朗谓家藏三百种，今吾姚、孙司马家藏亦三百种。余家旧藏，及见沈光禄、毛孝廉所，可二三百种。”① 可见王氏那时所见、所闻的杂剧传本，也远远超出我们现在所知、所传的作品数量；至于王氏未闻、未见，以及王氏《曲律》之后诞生的杂剧，更是无法估量。所以杂剧目录永远无法完备的事实是客观存在，这一点也体现了中国所有戏曲目录所具有的永不完备的共同特点。

三、宋元明戏文目录

戏文目录，即南戏作品目录。历史上，“南戏”、“戏文”二者称呼很乱，现在学术界使用，随意性也很大。这里暂给予统一一下：凡讲南戏作品和作品目录时，均称“戏文”；凡指南戏剧种和南戏艺术时，则称“南戏”。前者如说：“《琵琶记》戏文”、“戏文总目”、“戏文题材”等；后者如说：“南戏艺术”、“南戏历史”、“南戏发展”等。

与杂剧等目录比较，戏文目录具有两方面的不同特点：

首先，中国古代不存在像杂剧目录一样的单独成书的戏文目录。戏文目录有其与杂剧目录不同的著录形式。古代戏文目录多以如下五种形式出现：

1. 穿插于有关论著之中。

如明·徐渭的《南词叙录》是南戏概论著作，记叙中附载了两份很重要的戏文目录：“宋元旧篇”和“本朝”。前者是宋元戏文目录，后者系明代前期戏文目录。

2. 置于曲谱卷首，作为该谱征引戏文总目。

有的载于南曲谱卷首的总目，说明、交代曲谱所征引的戏文名目与性质。如清·张大复《寒山堂曲谱》卷首的《谱选古今传奇散曲集总目》，其重要性不在曲谱本身之下。《寒山堂曲谱》的这份总目不仅著录了许多宋元明的戏文名目，而且还有作家、版本情况的重要注解。这些注解提供了有关戏文作品和作者方面的罕见信息，一向为研究南戏历史与戏文目录者所重视。再如相类似的明·沈自晋《南词新谱》，卷首“古今入谱词曲传剧总目”中凡下注“古（旧）传奇名”的剧目，都可以作为戏文目录看待。

3. 见于曲谱征引曲文出处的戏文名称。

如《南曲九宫正始》，分别注称了130余种的“元传奇”和50余种的“明传奇”的名目，就是两份非常重要的宋元和明代戏文目录。此外，如明·蒋孝《旧编南九宫谱》、沈璟《南九宫十三调曲谱》、沈自晋《南词新谱》等南曲谱中注称的“元传奇”、“旧传奇”、“明传奇”名目，也同样具有与《九宫正始》相似的可作为戏文目录看待的性质。

4. 分列于戏曲综合目录中的相关部分。

如清无名氏《传奇汇考标目》第一部分是“元传奇”，就是一份元代戏文目录。清·姚燮《今乐考证》也有相应的宋、元、明戏文目录，但题作“金元院本”、“明院本”（含明传奇）。

---

① 明·王骥德：《曲律》卷第三，《杂论第三十九上》，《中国古典戏曲论著集成·四》，第169页。

5. **叙写在戏曲段落或散曲之中。**

前者，如元戏文《宦门子弟错立身》第五段，叙及“时行的传奇”名目29种，其中不少属于戏文名目。后者，如明·沈璟《南九宫十三调曲谱》卷四“正宫”【刷子序】二支“集古传奇名”、【黄钟赚】二支“集六十二家戏文名”，都是有关宋、元、明初戏文存目的重要材料。

其次，古代戏文目录往往与明传奇目录混杂著录，使人难以甄别。

这问题涉及南戏与明传奇二者的概念区别问题，比较复杂。古人曾把戏文和明传奇都称作“传奇”，这“传奇”不是我们现在作为戏曲体裁、样式的传奇概念，而是谓题材内容无奇不传的意思，它常常与“故事”（以往发生的事）概念相对举。由于后来人们把“传奇”当作戏曲体裁、样式概念使用，这就给我们甄别戏文与传奇造成混乱。戏文单科目录的收集、整理和编撰工作，自然历史地落在我们后人身上。

由于中国古代没有严格意义的戏文专题目录，戏文单科目录的编撰、整理工作是从现代才开始的。在20世纪30年代，学者们开始从事戏文辑佚工作。此项工作最先就从搜集戏文目录入手，当时曾出现了以下三种既是戏文残文辑佚，又可以把它看成是戏文专题目录的著作：

1. **宋元戏文本事**

赵景深著。1934年9月上海北新书局出版。该书根据蒋孝《旧谱》、沈自晋《新谱》以及《雍熙乐府》、《九宫大成南北词宫谱》等曲书，共辑录50种宋元戏文名目及相关佚曲。

2. **宋元南戏百一录**

钱南扬著。载1934年12月哈佛燕京学社《燕京学报》专刊之九。根据《旧谱》、《盛世新声》、《词林摘艳》、《吴歈萃雅》、《南音三籁》、《九宫大成》等书，共辑得宋元戏文名目45种及相关佚曲101套；“补遗”戏文名目1种，曲3套。如将以上赵、钱二书合计，去其重复，可得宋元戏文名目56种。

3. **南戏拾遗**

随着20世纪30年代《南曲九宫正始》的发现，陆侃如、冯沅君（实际上是冯沅君一人）又在赵、钱二书的基础上，另据《正始》征引的宋元戏文史料，补出了赵、钱二书未辑的72种和赵、钱二书已辑但不齐全的43种戏文材料，写成《南戏拾遗》，刊于1936年《燕京学报》专刊之十三，共得宋元戏文名目128种，大大地扩充了宋元戏文目录及其相关佚曲的数量。

4. **宋元戏文辑佚　戏文概论**

1956年，钱南扬又在以上三书基础上，编著《宋元戏文辑佚》一书，由上海古典文学出版社出版。共辑宋元戏文119种，除其中43本已见于《百一录》外，其余76本都是增出的。这119本都是指有残曲保存的宋元戏文名目。

宋元戏文中，还有些已无残曲，仅存名目的。对此，钱南扬在《戏文概论》（上海古籍出版社1981年版）“剧本第三·第一章·一篇总账”中，据有关书目、曲书等材料，加以综合，去其重复，共得宋元戏文名目238种。这是钱先生迄20世纪80年代为止所收集到的全部宋元戏文名目。此外，在《戏文概论》“剧本第三”的第三章“明剧本概况”中，钱氏据《南词叙录》“本朝”和《九宫正始》征引的“明传奇”等材料，共收得明代戏文名目60种，但钱先生说："出于此六十本外者尚多，不一一列举了。"可见他所收集的明代戏文名目尚非完备。

至于宋、元、明三代戏文究竟共有多少存目，研究者们统计多有出入。如下表所列：

作者/书名	钱南扬《戏文概论》	刘念兹《南戏新证》①	金宁芬《南戏研究变迁》②	庄一拂《古典戏曲存目汇考》③	胡雪冈《温州南戏考述》④
宋元	238	244	251	211	222
明	60	125	缺	152	117
合计	298	369	251	363	339

此外，上海黄菊盛、朱建明、彭飞《关于宋元南戏剧目的整理和辑佚》⑤ 一文对钱南扬辑佚提出不同意见，认为钱氏所辑有些不是宋元戏文，有的还应予增补。认为宋元戏文共是213本（明代不计），这一数字，少于钱氏的统计。吴敢撰《宋元明南戏总目》⑥共辑三代戏文名目400目，另加异名63目，数目则又远多于前人统计。

为什么各家对戏文存目的统计很不一致？究其原因，主要有二：

其一，剧目的创作年代不详。宋元明三代中，尤其某些明代作品，究竟是属明前期创作，还是明中后期本子，情况常常不可确知。如是明中后期创作，就该归入明传奇。

其二，有的剧目性质究竟属于哪类，认识不一。如《宦门子弟错立身》第五出南北合套曲中叙及29种的剧名，钱南扬先生都把它算作宋元戏文。但其中有些不一定是戏文。这套南北合套曲中，凡南曲唱到的戏目，基本上是戏文，而北曲唱到的名目，就不一定是戏文，其中包含有杂剧、院本甚至诸宫调名目。《传奇汇考标目（别本）》所提供的"元传奇"名目也是如此，性质情况比较复杂。对此，由于各家理解不一，统计出来的戏

---

① 刘念兹：《南戏新证》，第五章《南戏总目》，中华书局1986年版，第59~87页。

② 金宁芬：《南戏研究变迁》，上编，"八、剧目及作品存佚"，天津教育出版社1992年版，第84~100页。

③ 庄一拂：《古典戏曲存目汇考》，卷一—卷三，"戏文"目录一、二、三，上海古籍出版社1982年版，第1~139页。

④ 胡雪冈：《温州南戏考述》，第三章《宋元明初南戏剧目、补考及辑佚》，第一节《宋元明初南戏总目》，作家出版社1998年版，第71~74页。

⑤ 黄菊盛、朱建明、彭飞：《关于宋元南戏剧目的整理和辑佚》，载《曲苑》第2辑，江苏古籍出版社1986年版。

⑥ 吴敢：《宋元明南戏总目》，载《徐州教育学院学报（哲学社会科学版）》1998年第2至第4期。按，此"总目"的"征求意见稿"，修订为388目，载温州市文化局编《南戏国际学术研讨会论文集》，中华书局2001年版，第392~423页。

文名目数量也自然不一。

故而，对于宋元明三代戏文名目数量，只能计其大概，若以宁严勿宽为统计原则，不妨约称300余种较为稳妥。

以上是近、现代人对戏文名目的研究情况。下边再将古代文献涉及戏文目录的主要材料名目，再罗列于下，以供研究者检索：

（1）《永乐大典目录》卷三十七，三未韵“戏”字，录《大典》卷13965－13991戏文名目二十七卷、三十三本。

（2）明·徐渭《南词叙录》著录戏文名目“宋元旧篇”65本、“本朝”48本。

（3）元戏文《宦门子弟错立身》第五出【仙吕】南北套【南排歌】、【北那吒令】、【南排歌】、【北鹊踏枝】四曲，叙及戏文名目29本（姑从钱南扬之说）。

（4）明·沈璟《南九宫十三调曲谱》卷四【正宫】引“书生负心”套佚曲“集古传奇名”【刷子序】二支、“集六十二家戏文名”【黄钟赚】二支，四曲共得戏文名目22本。

（5）明·钮少雅《汇纂元谱南曲九宫正始》征引“元传奇”名目约128本、“明传奇”名目153本（注：其中15种“明传奇”，又见于宋元戏文名目，实得明戏文名目138本）。

（6）清·张大复《寒山堂曲谱》卷首“总目·元传奇”目70本、“明传奇”23本。

（7）清·无名氏《传奇汇考标目（别本）》著录“元传奇”101本、“明传奇”221本。

（8）《李氏海澄楼书目》（上书所引）别出上书“元传奇”目14本。

（9）明·沈自晋《广缉词隐先生增定南九宫词谱》卷首“古今入谱词曲传剧总目”所录“古（旧）传奇名”18本（不注“古（旧）传奇名”而实属宋元明戏文名目的实际更多）。

（10）明嘉靖进贤堂三十二年“重刊”《风月（全家）锦囊》卷首总目，录戏文名目34本（另有4本性质未详）。

（11）明·吕天成《曲品》卷下，品评“旧传奇”27本。

此外，还有散见于明·高儒《百川书志·史·外史》、明·杨士奇等《文渊阁书目》、明·叶盛《菉竹堂书目》、明·晁瑮《晁氏宝文堂书目》等书目中的一些戏文名目。有了以上这些文献材料，再结合上述近现代人编撰的这些戏文辑佚及戏文目录著述，加以综合考释，现在我们完全有条件来编《戏文全目》，以完成傅惜华先生所未竟的编齐八编《中国古典戏曲总录》的夙愿。

四、明清传奇目录

传奇存目及传本是中国古典戏曲所有样式中数量最多的部分。庄一拂《古典戏曲存目汇考》著录传奇名目共2 590余种①，郭英德《明清传奇综录·前言》谓：“根据不完全的统计，明清传奇作品的总数至少在2 700种以上，现存的剧本还不足50%”，“1 100多种明清传奇作品流传下来”。② 由于作品存目与传本均多，因而我国古代著录或著录兼品评明清传奇的单科目录数量也相对较多，现选择其中较为重要的几种，评介如下：

---

① 庄一拂：《古典戏曲存目汇考·例言》，《古典戏曲存目汇考》，上册，第1页。

② 郭英德：《明清传奇综录·前言》，《明清传奇综录》上册，河北教育出版社1997年版，第9页。

1. 曲品

明·吕天成（1580—1618）撰。《曲品》是一种著录兼品评传奇为主、戏文为次的著作。上下二卷。上卷品评戏曲作家95人、散曲作家25人；下卷品评戏曲作品212种。以戏曲单科目录看待它，主要是指下卷。《曲品》下卷以明嘉靖为界，收有嘉靖前之“旧传奇”即戏文27本、嘉靖后之“新传奇”即明传奇正式形成后的作品185本，共计212本（据万历四十一年增补本统计）。在这212种作品名目中，除21种已见于《曲品》之前的他书著录外，其余191种，都属于《曲品》首次著录。由此可证《曲品》在戏曲目录学中的重要地位。

《曲品》把“旧传奇”（戏文）分为“神”、“妙”、“能”、“具”四品，把“新传奇”（明传奇）先分上、中、下三等，每一等中，又分上、中、下三级，共为九个等级。“新传奇”中，凡作家列入上等的，其作品也必为上等；作品为上等的，其作者也必列为上等。这种分类方法过于刻板，并存不妥。因为好作家并非一生创作的所有作品都成功，而一般的作家有时也可能会创作出出色的作品。若从目录学角度衡量，这样划分的好处也是有的，那就是将同一作家的所有作品集中到一起著录，便于检阅。如沈璟之作17种，汤显祖之作5种等，连排著录、品评，读之一目了然。另一方面，吕天成在《曲品》自序中说：“其未考姓字者，且以传奇附；其不入格者，摈不录。”① 前者的好处，可以避免遗漏；后者的弊病，容易造成遗珠。吕天成把他认为不入四品、九等的作家作品，一概摈弃不录，必然会使一些作品有所遗漏，这从目录学角度衡量，不免失之轻率。由于吕天成著此书的主要目的，是为了品评戏曲作家、作品的优劣等次，而非为著录戏曲目录而作，为此我们也无法以目录学的要求苛责于作者。

今人吴书荫，著有《曲品校注》② 一书，以较完善的清华大学所藏清乾隆杨志鸿钞本《曲品》为底本，认真参校、比勘各种传本，整理出一个较之通行本更为完善的本子，同时广征博引，进行笺注，补充新材料，为使用《曲品》提供了诸多方便。

2. 远山堂曲品

明·祁彪佳撰。关于祁氏情况，已见前述。我们现在见到的《远山堂曲品》是残稿，不很完备。《远山堂曲品》性质与吕天成《曲品》相仿佛。祁氏著书也是鉴于吕天成《曲品》的不足，有意增益吕氏《曲品》。遗憾的是我们只能见到该书残稿，共存“雅品”31种，“逸品”26种，“艳品”20种，“能品”217种，“具品”127种，还有“杂调”46种，共计467种。仅这个数量，已经超出吕天成《曲品》一倍有余。

《远山堂曲品》的价值，除了著录、品评的作品数量丰富之外，还有以下三个优点，应予强调提出：

其一，它著录了前所未录的作家、作品。

如：王元寿撰《北亭记》等23本，徐应乾撰《两诗记》等6本，穆成章撰《请剑记》等3本，以及《新金印》、《金牌记》等，皆系前所未闻的传奇作家和传奇名目。

其二，在著录、品评传奇作家作品的同时，提供了许多重要的戏曲史料。

---

① 明·吕天成：《曲品自序》，《中国古典戏曲论著集成·六》，第207～208页。

② 吴书荫：《曲品校注》，中华书局1990年初版。

例如，评三国戏《桃园》一目中说：“《三国传》中曲，首《桃园》，《古城》次之，《草庐》又次之；虽出自俗吻，犹能窥音律一二。”① 评《草庐》一目中又说：“此记以卧龙三顾始，以西川称帝终，与《桃园》一记，首尾可续，似出一人手。内《黄鹤楼》二折，本之《碧莲会》剧。”② 这两条记载，提供了有关明代三国题材传奇的许多作品情况，涉及的剧目除《草庐》、《桃园》二记外，还有《古城记》、《黄鹤楼》、《碧莲会》等剧本名目，这无论对《三国志演义》的小说研究，还是对三国戏历史源流的研究，都很有价值。另外，从《远山堂曲品》的记载中，我们还可推断出这些三国戏各剧“首尾可续”，很可能是连演的。“次之”、“又次之”，可能是品评等次，也可能谓演出的次序。《风月（全家）锦囊·三国志大全》一剧的发现，说明明代中叶三国戏是采用“连台戏”形式演出的，可以作为参证。③

再如，剧本品评中还提到某些剧本前后改编经过、不同版本、剧本存佚等状况。如在《还魂》一目下，作者写道：“俗本有《高文举》，此传之稍近于理。初尤疑其为古曲，迨后半散杂，遂不足观。”④ 再对照《珍珠》一目所述：“此即《高文举还魂记》也。《还魂》原本固不佳，此犹不得不与之并列。”⑤ 这两条记载相对照和相联系，可知写高文举题材的戏曲作品，原来有最早的“俗本”《高文举》戏文，后来有改本戏文《珍珠记》，再到后来，又有《还魂》传奇的演变过程。

《远山堂曲品》在著录、品评作品时，很注重同题材不同作品的前后关联，因此，像对《白兔》、《金印》、《珍珠》、《和戎》各记从戏文到传奇间的演化、改编情况，多有涉及。如果把祁氏《远山堂曲品》次序打乱，重新排列对照，我们可以理出许多戏的发展演化轨迹。

其三，首次著录“杂调”46种，其中多为弋阳腔“滚调”作品，并涉及这些“杂调”剧本的源流、创作、改编以至曲调、演出、关目等问题，为我们研究昆山腔之外的“杂调”戏曲，提供了难得的资料。

《远山堂曲品》著录、品评的46种“杂调”作品中，像《三元》、《珍珠》、《香山》、《古城》、《征辽》、《升仙》、《劝善》、《韩朋》、《和戎》、《胭脂》、《英台》、《跃鲤》、《绨袍》、《织锦》等各记，都是中国古代戏曲中的重要题材作品，却缺少有关的记载资料。《远山堂曲品》为我们了解、考察这些重要题材作品的流布情况，提供了宝贵的参考依据。

《远山堂曲品》的主要缺点也有以下三点：

其一，与《远山堂剧品》一样，检索困难。

其二，著录、品评作品，戏文、传奇不分。

祁彪佳《远山堂曲品》还不是纯粹意义的传奇目录。其著录、品评的作品，实际包

---

① 明·祁彪佳：《远山堂曲品·具品·桃园》，《中国古典戏曲论著集成·六》，第85页。

② 明·祁彪佳：《远山堂曲品·具品·草庐》，同上书，第84页。

③ 参见拙著：《风月锦囊考释》第七章《〈全家锦囊〉中的杂剧作品·三、三国志大全》，《风月锦囊考释》，中华书局2000年版，第221～247页。

④ 明·祁彪佳：《远山堂曲品·具品·还魂》，《中国古典戏曲论著集成·六》，第83页。

⑤ 明·祁彪佳：《远山堂曲品·杂调·珍珠》，同上书，第112页。

括了某些宋元戏文、明人改本戏文和明传奇三类。宋元戏文，如“能品”中的《孤儿》、《牧羊》、《录亲》等；“杂调”中的《胭脂》、《三元》等。应归入明人改本戏文的，如《精忠》（“能品”）、《合纵》（“能品”）等。应属明前期创编戏文改本的，如《伍伦》（“能品”）、《还带》（“能品”）、《双忠》（“能品”）、《跃鲤》（“能品”）、《湘湖》（“具品”）、《玉环》（“雅品”）、《香山》（“杂调”）等，它们都是严格意义的明传奇形成之前的戏文作品。

其三，有时同一题材出现两种或两种以上性质各异，应属不同样式的剧本，《远山堂曲品》不注意加以区分说明，使剧作性质难以辨别。

如《孤儿》（“能品”）与《八义》（“能品”），《和戎》（“杂调”）与《宁胡》（“具品”），《珍珠》（“杂调”）与《还魂》（“具品”）以及两种《跃鲤》（“能品”、“杂调”各一）等，都同时在书中出现，性质很难甄别。

除去上述吕天成和祁彪佳二《曲品》外，古代传奇单科目录，比较重要的，还有以下值得简介的四种：

3．古人传奇总目

清无名氏撰。现收入《中国古典戏曲论著集成》第六集，作为清·高奕《新传奇品》的“附录”。

《旧本古人传奇总目》一向附在吕天成《曲品》与高奕《新传奇品》之间，甚至还有把它作为吕天成《曲品》的“中卷”，归属一向混乱。自刘世珩暖红室刻本《曲品》恢复上下两卷结构面貌，《中国古典戏曲论著集成》又从高奕《新传奇品》上卷挪置“附录”处理以来①，人们才把它当作一份独立的传奇单科目录来看待。这份传奇目录，虽然比较简单，却也有吕天成《曲品》和高奕《新传奇品》二书所没有收录的传奇名目，具有一定的参考价值，被研究者所看重。但此份目录对某些传奇作品、作者主名的肯定，往往与实际情况不符，给后世造成以讹传讹的流弊。如：注《荆钗记》作者为“丹邱生”或“柯丹丘”，注《绣襦记》作者为“郑虚舟”，注《跃鲤记》作者为“陈罴斋”，注《杀狗记》作者为“徐晒”，等等，因后世戏曲目录著作多以之为据，几成定说，流弊至大。特别是定《金印记》作者为“苏复之”，即系《古人传奇总目》始作俑，影响所及，造成百多年的讹传。考之《古人传奇总目》之前的所有戏曲文献资料，压根儿就不见有“苏复之”一名；该总目作者，盖误将明初著杂剧的“苏复”（见《太和正音谱》“国朝一十六人”评语中有“苏复之词，如云林文豹”）当作“苏复之”，并认为他是《金印记》戏文的作者，实在是缺少任何的依据，而所有的近现代编著的戏曲史、文学史乃至《大百科全书》几乎全都不予追究，一律沿用此误。②

4．新传奇品

清·高奕撰。现收入《中国古典戏曲论著集成》第六集。编者高奕，字晋音，一字太初，浙江会稽（今绍兴）人。生平事迹不详。作有戏曲《春秋笔》等14种。著者自谓

① 参阅《中国古典戏曲论著集成·曲品提要》及《中国古典戏曲论著集成·新传奇提要》，《中国古典戏曲论著集成·六》，第205、267页。

② 详拙文《〈金印记〉的演化》，《南戏论丛》，中华书局2001年版，第189~210页。

《新传奇品》系“检笥中所藏传奇数百种，自明迄今，考其姓氏，细加评定”，“但取现在所见闻者记之”①。《新传奇品》是继吕天成《曲品》之后出现的，它著录明代及明末清初传奇作家27位，作品209本，与吕天成《曲品》均不相重复，可以补吕天成《曲品》之不足。从这一点衡量，它虽然简单，却也是比较重要的。

5. 传奇汇考标目

清无名氏撰。现收入《中国古典戏曲论著集成》第七集。有简本和“别本”之分。《中国古典戏曲论著集成》正文采用简本，而我们在使用时，则应更加注意校勘记中所列的“别本”异文。“别本”的重要性是在于它提供的剧本目录数量更多，一些有关作者的著录，亦非常重要。不过在使用这份材料时，更必须慎重。特别是面对该份目录中许多前所未闻的记载突然冒出，不要过早惊喜，应该细加考察，才可定其然否。

6. 笠阁批评旧戏目

清·笠阁渔翁撰。现收入《中国古典戏曲论著集成》第七集。笠阁渔翁，经人考证，就是清初戏曲评注家吴震生，清康、乾间人。吴氏还曾与其妻程琼合作《才子牡丹亭》（亦名《笺注牡丹亭》），《笠阁批评旧戏目》曾作为《才子牡丹亭》的附录。②《笠阁批评旧戏目》共著录传奇179种，很多是其他曲目所不载的，或记载而作者姓名不同的，因此有助于我们对曲目的考证。至于此目对各剧所评的上、中、下等次第，乃编者一己之见，不足为据。

以上所列四种传奇目录，可分为两类：一类按作品名目排列，《古人传奇总目》和《笠阁批评旧戏目》即是。二书稍不同处只是，前者更注重本事，后者则加有品评。一类以作家为纲、作品为目排列，《新传奇品》和《传奇汇考标目》二书即是。

这四本书中，最详备的当推《传奇汇考标目》。此书从内容看，是据吕天成《曲品》和高奕《新传奇品》二书加以补充。按“元传奇”、“明传奇”、“国朝传奇”三类，并附“无名氏”、“合锦传奇”、“六幻西厢”等材料，著录元、明、清三代戏文、传奇数百种。《传奇汇考标目》后经蔡寄甫、邵茗生等人增补，又丰富了许多，称为“别本”。王国维著《曲录》时，曾多据之。

《传奇汇考标目》“别本”中的许多材料，以前闻所未闻。例如，“别本”中关于元代杂剧作家，就增出侯正卿等19人；这批元代杂剧新增作家名单，好似天外飞来，显得十分突兀而新鲜。另如，关于南戏作家，我们过去仅知道高则诚是《琵琶记》的作者，其他如施惠等人都是可疑的，但在“别本”中，却一下子又增出19位元代南戏作家，如李七郎、杨酷叫、书话关四、布礼忽等等，并别出38种元戏文名目，均亦闻所未闻，不可忽视。至于是否属实，还需一一考证。

以上四种曲目所称的“传奇”，均包含“新”、“旧”传奇，即戏文与明清传奇，故四种亦不完全属于真正严格意义的明清传奇目录，这点我们在使用中要善于鉴别。

以上均是古代人编纂的传奇目录，近、现代人所编著的传奇单科目录，当以以下两种用力最深，且规模最大：

① 清·高奕：《新传奇品序》，《中国古典戏曲论著集成·六》，第269页。

② 参阅华玮《〈才子牡丹亭〉作者考述》，载《戏曲研究》第55辑，文化艺术出版社2000年版。

7. **明代传奇全目**

傅惜华编著，人民文学出版社 1959 年出版，为傅氏未完成的《中国古典戏曲总录》八编之一。全目六卷，共著录明代“南戏复兴时期”至“昆曲繁盛时期”传奇 950 种，其中包括有作者姓名可考者 618 种，无名氏作品 332 种。数量较姚燮《今乐考证》、王国维《曲录》著录之明传奇部分，增出三倍有余。对著录的每种作品，均列举名目、版本、存佚、收存情况、作家小传等。书未附“引用书籍解题”、“作家名号索引”、“传奇名目索引”。编者于明代传奇资料信息详备，故而其著录的作品名目及其相关情况比较全面，是一部十分可靠而实用的明传奇目录。另悉编者又曾编有《清代传奇全目》一编，未及出版，书稿不知下落，诚为缺憾！

8. **明清传奇综录**

郭英德编著，河北教育出版社 1997 年出版。本书是编著者在攻读博士学位期间，耗时五年，殚精竭虑，编撰成 100 多万字的明清传奇文献综录，也可看作是迄今最为详备的明清传奇存本总目。全书“搜集了现有完整存本的明清传奇剧目 1 100 多种，对其中的 750 多种作了详尽的叙录，辑其版本，辨其作者，叙其情节，考其本事，评其得失。①”是一部目录兼综述、考评性质的著作。

五、近现代地方戏目录

到目前为止，我们还没有编著出一种包罗全国各种地方戏所有剧目的大型的综合目录。要想查找地方戏剧本目录，只能通过全国剧种辞典②、剧目辞典③等以及“戏曲志”各省、市卷中的相关剧种、剧目词条途径来解决。

一部分地方戏剧种，曾经编纂过该剧种剧目汇目、汇释、汇考、辞典、索引一类的图书，尽管体例不一，但其性质都可视作为该剧种的剧本目录。已经出版的，如：

《秦腔剧目初考》（杨志烈编，陕西人民出版社，1984）

《豫剧传统剧目汇释》（艺生等编，黄河文艺出版社，1986）

《川剧剧目选考》（四川省艺术集成志办公室、中国戏曲志·四川省卷编辑部主编，四川民族出版社，1989）

《川剧剧目辞典》（四川省川剧艺术研究院、四川省川剧学校、四川省川剧剧院编，四川辞书出版社，1999）

《锡剧传统剧目考略》（江苏省文化厅剧目工作室编，上海文艺出版社，1989）

《粤剧剧目通检》（梁沛锦编，三联书店香港分店，1985）

《中国梆子戏剧目大辞典》（杨孟衡等主编，山西人民出版社，1991）

《二人台资料汇编·二人台传统剧目索引》（内蒙古自治区文化局编，内蒙古人民出版社，1961）

《平剧戏目汇考》（杨彭年编，上海会文堂新记书局，1933）

---

① 郭英德：《明清传奇综录·前言》，《明清传奇综录》，河北教育出版社 1997 年版，第 8 页。

② 如《中国戏曲剧种大辞典》，中国戏曲剧种大辞典编辑委员会编，上海辞书出版社 1995 年版。

③ 如《中国剧目辞典》，王森然遗稿，《中国剧目辞典》扩编委员会扩编，河北教育出版社 1997 年版。

《京剧提要》（陈墨香编，载《剧学月刊》3 卷 7 – 10 期、4 卷 1、4、5 – 12 期（1934 年 7 月—1936 年 5 月））

《京剧剧目辞典》（曾白融主编，中国戏剧出版社，1989）

《京剧剧目初探》（陶君起编，上海文艺出版社 1957 年初版，中国戏剧出版社 1963 年再版增订本）

内部刊印的，有《湖南高腔剧目初探》（文忆萱等编，湖南省戏曲研究所 1983 年刊印）、《评剧剧目考略》（铁健编著，黑龙江省艺术研究所《艺术研究》编辑部 1985 年刊印）等。不曾刊印出版的，还有《福建戏曲传统剧目清单》、《湖南省地方戏曲传统剧目总册》、《祁剧剧目分类底册》、《河南省地方戏曲传统剧目初步调查》、《评剧剧目初步调查》、《山西省各剧种剧目调查》、《秦腔剧目分类纪略》、《汉剧传统剧目》、《天沔花鼓传统剧目调查》、《桂剧挖掘传统剧目名单》、《江西省戏曲改进小组剧目调查册》、《婺剧剧目》、《安徽省传统剧目索引》等。①

在上列各种地方戏剧目目录中，陶君起编著的《京剧剧目初探》的编写体例，值得我们重视。此书不仅收罗的京剧剧目数量十分宏富，全书（增订本）共著录 1 380 余种京剧剧目，而且释文涉及多方面内容，包括剧情简介、题材本事、故事渊源、编演简况，以及京剧该剧目与同题材的古典戏曲剧目及其他地方戏剧目的关系等。特别是后者，它提供了有关京剧与古典戏曲、其他地方戏剧目之间的渊源情况，据此可以追溯古典戏曲剧目是如何演化为近现代地方戏剧目，在缺少地方戏综合剧目的情况下，它还可以帮助我们了解京剧剧目与其他地方戏剧目的关系，为京剧及其他地方戏的历史研究提供了有关线索。

---

① 转引自《中国大百科全书·戏曲、曲艺卷》“戏曲作品目录”条，中国大百科全书出版社 1983 年版，第 495 页。

第三章　戏曲综合目录

所谓戏曲综合目录，系指那些不是按照戏曲样式、种类，著录单一性质的戏曲作品目录，而是包罗多种戏曲样式、种类，甚至包括与戏曲相关的理论、音乐、图绘等文献一起进行分类著录的目录。

戏曲综合目录，有繁、简之分。简者，仅录名目，或稍作说明、提示；繁者，不仅著录名目，而且对著录的名目作稍详的介绍或考释，内容通常包括：作者简介、剧情（或内容）概要、本事来源、作品存佚、版本类别、传演情况等等。前者可称“简目型”，后者可称“提要型”；当然也有介于二者之间，不简、不繁的戏曲综合目录。此处的区分，只是相对而言。

以下就按此两类区分，介绍一些比较重要的戏曲综合目录。

一、简目型

简目型的戏曲综合目录，较早出现的，是以下三种：黄文旸的《曲海总目》、支丰宜的《曲目新编》和管庭芬校录的《重订曲海总目》。三者之间，还存在紧密联系，现按其产生时间先后，简述如下：

1. 曲海总目（曲海目）

清·黄文旸编著。黄文旸（1736—?），字时若，号秋平，甘泉（今江苏扬州）人。贡生。清乾隆丁酉四十二年（1777），巡盐御史伊龄阿、历经图思阿等，奉旨在扬州设立机构，审改戏曲剧本，“修改古今词曲”，黄文旸与李经（字理斋，江宁诸生，官广东盐场大使）被聘为“总校”，使他们“得尽阅古今杂剧传奇”。历四年，事竣。又取苏州织造府进呈本，合计剧本千余种，编《曲海》二十卷，未传。据黄文旸《曲海总目》自序说：“阅一年事竣。追忆其盛，拟将古今作者各撮其关目大概，勒成一书。既成，为总目一卷，以记其人之姓氏。”① 此卷记录剧名与作者情况的简本目录，即是《曲海总目》，也叫《曲海目》。

《曲海总目》不见独立成书刊行，现在看到的只有清·李斗《扬州画舫录》卷五“新城北录下”中的转载。共分六大类：（1）“元人杂剧”。著录马致远等有名氏和无名氏的元代杂剧作家作品。（2）“元人传奇”二种附一种。著录《弦索西厢》、《王西厢》

---

① 清·黄文旸：《曲海总目序》，转引自清·李斗《扬州画舫录》，卷五“新城北录下”，江苏广陵古籍刻印社1984年版，第107页。又见《中国古典戏曲论著集成·七》，第317页，文稍异。

两种，并附无名氏《伏虎绦》一种。（3）“明人杂剧”。著录孟称舜等明代有名氏和无名氏的杂剧作家作品。（4）“国朝杂剧”。著录尤侗等有名氏和无名氏的清代杂剧作家作品。（5）“明人传奇”。著录高则诚等有名氏和无名氏的明代戏文、传奇作家作品。（6）“国朝传奇”。著录吴伟业等有名氏和无名氏的清代传奇作家作品。《总目》共收戏曲作品名目 1013 种。《扬州画舫录》在转载这份《总目》同时，还另外附补了焦里堂（循）《曲考》对此目“有所增益”的杂剧 42 种、传奇 26 种，以及叶广平（堂）《纳书楹曲谱》再次所增的前二者皆未备的 20 余种名目。①

《曲海总目》的价值除著录作家、作品数量多之外，借助它还使我们了解过去不太为人所知的清代无名氏作家所作的 200 余种的传奇作品情况，其中很多是首次见于著录。

《曲海总目》脉络清晰，但也有体例不严谨的地方，如将《董西厢》、《王西厢》都列为元人传奇。而明人传奇部分，也掺杂明代戏文乃至宋元戏文。近代吴梅于 1915 年著《曲海目疏证 》曾予以“校订舛误，厘正撰人名氏”②，可以参据。

在清道光后，出现了两种据以上《曲海总目》补充修订而成的戏曲综合目录，这就是支丰宜编纂的《曲目新编》和管庭芬校录的《重订曲海总目》。

2. 曲目新编（《曲目表》）

《曲目新编》是清·支丰宜在《扬州画舫录》卷五所载黄文旸《曲海目》及焦循《曲考》增补的杂剧 42 种、传奇 26 种的基础上，又加以增补而成。支丰宜，字午亭，清道光间江苏镇江人，生平事迹不详。《曲目新编》有道光朴存堂刻本、清末刻本、《重订曲苑》本以及《中国古典戏曲论著集成》第九集排印本。它又名《曲目表》，采用表格形式，将著录的各剧列作五栏，分别是：“国朝传奇”、“国朝杂剧”、“元人传奇”、“明人传奇”、“明人杂剧”。对列入表内的各剧，加有简要注解，注明作者、出处、版刻等情况，使读者一目了然。这是该书的优点。其缺点是归类也有不当之处，如把《雍熙乐府》、《盛世新声》、《词林摘艳》这些曲选都编入明人杂剧补遗部分，有点不伦不类。

3. 重订曲海总目

《重订曲海总目》首先见于清·管庭芬的《销夏录旧五种》稿本（未刻）。今收入《中国古典戏曲论著集成》第七集，署：“清·黄文旸原编，无名氏重订，管庭芬校录”。据管庭芬在同治二年（1863）的跋语：“此卷始见于李斗《扬州画舫录》，惜庞杂无次。咸丰改元春杪，从西吴书估处购得斯册，题曰‘重订’，稍为可读。……为校录一过，聊以志慨。”③ 可见它是管庭芬在咸丰年间买到的《曲海总目》重订本基础上，加以校录而成。也有人认为，《重订曲海总目》是出自管庭芬本人之手，但缺乏根据。《中国古典戏曲论著集成》的以上署名，我认为还是比较审慎和准确的。

《重订曲海总目》对黄文旸的旧《曲海总目》有许多改动，某些作家和作品著录，也予以增补或改订。如高文秀，黄文旸《曲海总目》中只有录一本《双献功》，而在《重订》本中，增加了《谇范雎》、《并头莲》、《画眉》、《班超投笔》四种。有些作家，如庚

① 清·李斗：《扬州画舫录》，卷五，“新城北录下”，同上书，第 107 ~ 116 页。

② 吴梅：《曲海目疏证》，收见王卫民编《吴梅戏曲论文集》，中国戏剧出版社 1983 年版，第 307 ~ 339 页。

③ 清·管庭芬：《重订曲海总目》跋，《中国古典戏曲论著集成·七》，第 372 页。

吉甫、王伯成、侯正卿，在黄文旸《曲海总目》中都没有著录，《重订》本都增加进去了。另外，《重订曲海总目》在作者考订和编排结构方面，也花过一番思量，对旧《曲海总目》有所调整。如“明人杂剧”部分，黄文旸《曲海总目》把孟称舜列为首位，而《重订曲海总目》则把他挪至“国朝杂剧”首位，很显然，在重订者看来，由明入清的孟称舜（约1600—1655之后），当属清人。又如“元人杂剧”中的无名氏作品，《曲海总目》仅收录28种，而《重订曲海总目》增至55种，《托妻寄子》等20余种，俱为新增，并将《曲海总目》中的《谇范雎》、《冤家债主》析出，分别归于高文秀、陈庭玉名下。可见重订者或校录者确是下过一番考订工夫的。

《重订曲海总目》的缺点是许多地方的著录仍不可尽信。因此在使用它时，最好与其他各种曲目参照使用。它的某些增订仍不确切，有的著录也有问题。如：“元人杂剧”秦简夫名下，把《东堂老劝破家子弟》一剧，著录成《东堂老》和《破家子弟》二剧，就是突出的一例错误。

4. 今乐考证

清·姚燮编著。十三卷。包括：“缘起”二卷（戏曲史论、音乐笔记等资料汇辑），“宋剧”一卷（《武林旧事·官本杂剧段数》与《辍耕录·院本名目》校录），“著录”十卷（含“元杂剧”二卷、“明杂剧”一卷、“国朝杂剧”一卷、“金元院本”与“明院本”即金元明三代戏文、传奇三卷、“国朝院本”即清传奇三卷。）全书达20余万言，洋洋大观。

姚燮（1805—1864），字梅伯，一字复庄，号大梅山民。浙江镇海人。道光六年（1826）诸生，十四年中举，三赴会试落第，靠卖文售画为生。著有《大梅山馆集》，并作有《退红衫》、《梅心雪》传奇两种。另外还编校大型曲书《今乐府选》，不曾刊布。姚氏工诗文，善绘画，著作富达40余种、600余卷。

《今乐府选》，亦名《复庄今乐府选》，收元明清戏曲、散曲、诸宫调达429种，全书192册，是金元以来，我国戏曲作品最大规模的一次搜罗汇编。① 《今乐考证》一书的完成，当与作者编辑这部《今乐府选》过程中收集、接触大量公、私戏曲藏书有关。《今乐考证》的面世，最先是1932年由马隅卿（廉）在浙江宁波书肆发现，以重价购之。1935年由北京大学刊印。现收入《中国古典戏曲论著集成》第十集。全书虽不标卷，但实际可以分为上述十三卷。《今乐考证》搜罗宏富，全书共著录宋、金、元、明、清，迄止道、咸年间戏曲作家512位，作品2 300余种，引录前人著作130余种。通过这三个数字，可知《今乐考证》内容空前丰富，是部作家作品目录、评论辑录、资料汇编三者兼备的集大成性质的大著作。

《今乐考证》著录的特点，首先是把作者所能见到的有关资料和前人见解、评论等悉数加以搜罗，颇有戏曲综合目录兼资料汇编的性质。故通过《今乐考证》，我们还可省去很多资料检索任务。《今乐考证》还做了将多种不同文献著录加以综合的工作。例如，《今乐考证》中，元·关汉卿的杂剧，共收录64种之多，超出了《录鬼簿》所著录的59

---

① 另详本书第二编“戏曲版本学”，第四章“戏曲写本述要·二、戏曲写本巡礼·（一）汇抄类·复庄今乐府选”。

种。这是姚燮将《录鬼簿》著录的59种，加上《也是园书目》增出的4种以及未被二者著录的《元曲选》所收的1种，加以参校补充而成。

二是很多考订有参考价值。如《偷甲》、《鱼篮》、《双锤》、《四元》、《万全》五记，黄文旸《曲海总目》、焦循《曲考》、支丰宜《曲目新编》等，皆定为李渔作，王国维《曲录》亦仍此说。而《今乐考证》则把它订作四愿居士撰，并写下如下一段考订文字："案：《曲考》以《偷甲》、《鱼蓝》、《双锤》、《四元》、《万全》五种与笠翁十种并列，云'笠翁所作'；而入《十醋》于无名氏，注云：'龚司寇门客作'。或云系范希哲作。或又以《万全》一种为范氏作。近得五种合刻本，署曰'四愿居士'。笠翁无此号，殆为希哲无疑耶？然读其词，则断非笠翁手笔也。姑列笠翁后，以存疑。"①

《今乐考证》的主要缺点是体例编排比较零乱、混杂，某些作品的定性也有点问题。比如在"金元院本"里，就混入了诸宫调作品。"明院本"里，混入了明人改本戏文，乃至宋元戏文旧篇。还有就是无论南戏，还是元明清三代传奇，都一概称作"院本"，也欠妥当。

5. 曲录

王国维著。六卷。王国维（1877—1927），字静安，一字伯隅，号观堂。浙江海宁人。近代著名历史学家、文字学家和古典文献学家，也是公认的中国近代戏曲史学的奠基者。所著《宋元戏曲考》是中国戏曲史专著的开山之作。《曲录》完成于1908年，是王国维涉及戏曲研究的起步著作。它虽然晚著于《今乐考证》半个世纪，但《曲录》出版时，《今乐考证》却不曾刊布。王国维也没见到过《今乐考证》。所以，《曲录》是王国维独立完成的戏曲综合目录，它可以与《今乐考证》互相参证使用。

王国维著《曲录》时，充分利用前人各种戏曲目录、私家藏书目以及散见于曲论、曲谱与其他文献记载中的曲目材料。全书六卷，著录3 000余种书目，其数量又远远超过《今乐考证》所收。而且全书结构体例安排，比《今乐考证》更加明晰、科学。全书内容编排如下：

卷一，"宋金杂剧院本部"。录宋杂剧283种，全院本690种，宋南戏3种，合计976种。

卷二，"杂剧部上"。收录元杂剧496种。

卷三，"杂剧部下"。收录明清杂剧465种。

卷四，"传奇部上"。收录元明南戏、传奇387种。

卷五，"传奇部下"。收录清传奇815种。

卷六，"杂剧传奇总集部"。收录《元曲选》、《六十种曲》等5种。

"小令套数部"。收录张养浩、曾瑞等专集38种，《太平乐府》、《阳春白雪》等曲选29种。

"曲谱部"。收录《太和正音谱》、《曲律》等15种。

"曲韵部"。收录《中原音韵》等8种。

"曲目部"。收录《录鬼簿》、《曲品》等6种。

---

① 清·姚燮：《今乐考证·著录九·国朝院本》"四愿居士"条，《中国古典戏曲论著集成·十》，第272页。

以上总计曲（剧）目3 139种，曲书101种，涉及作家512人，数量可谓空前宏富。

王国维《曲录》与姚燮《今乐考证》比较，二者都以著录完备并都附以考释文字为其共同特点。所不同之处在于：《今乐考证》的考释文字，重在引用前人记述；《曲录》重在发表编者个人见解。《今乐考证》对材料兼收并蓄，不加选择，以见闻完备为重；《曲录》则着力于疏证辨析，择善而从。相较而言，姚著比较粗疏芜杂，王著相对精审明晰。但《曲录》也有它的不足之处，主要在于它的体例仍存在不纯的弊病。如：第三卷"杂剧部下"，误收三种南戏；第四卷"传奇部上"，阑人《董西厢》、《王西厢》和《天宝遗事诸宫调》。第五卷"传奇部下"，误收归庄《万古愁》散曲一本。第六卷中，将杂剧传奇总集、散曲别集、选集以及曲谱、曲韵、曲目等合成一卷著录，在体例上也欠科学。

继王国维之后，其他近现代人也编纂了大量的戏曲综合目录。诸如：任讷的《曲录初补》①，可与王国维《曲录》配补使用；郑振铎的《西谛所藏善本戏曲目录》（1937年影印手稿本），是郑氏私人藏书目，提供了许多戏曲善本情况；傅惜华的《国剧学会图书馆书目》（1935），是有关重要图书馆馆藏戏曲图书的专门综合目录。此外，首都图书馆编《馆藏中国戏曲书刊目录》（初稿，1959），浙江图书馆编《馆藏古戏曲书目》（1959），福建省图书馆编印《馆藏中国古典戏剧目录》，苏州图书馆编《苏州图书馆馆藏戏曲书目》（1960），中国戏曲研究院图书馆编《中国戏曲研究院藏书目录（中国戏曲之部）》等，都是地方或部门图书馆专门编纂的本图书馆收藏的戏曲综合目录。而其中傅惜华编的《北平国剧学会图书馆书目》和庄一拂编著的《古典戏曲存目汇考》二书，是由个人独立完成的近现代大型戏曲综合目录，更值得我们具体介绍：

6. 北平国剧学会图书馆书目

傅惜华编。三卷。1935年北平国剧学会发行。这本书目的分类方法，与以前所有戏曲综合目录都不太一样，全书分类结构如下：

雅部

　　一、曲律类　二、曲品类　三、丛编类　四、杂剧类　五、传奇类
　　六、散曲类　七、选集类　八、曲谱类　九、弋腔类　十、身段谱类
　　十一、锣鼓谱类

花部

　　一、通论类　二、史料类　三、汇编类　四、皮簧类　五、秦腔类
　　六、横山支调类　七、唰唰类　八、鲁剧类　九、豫剧类　十、苏剧类
　　十一、浙剧类　十二、汉调类　十三、蜀剧类　十四、粤剧类　十五、滇剧类
　　十六、琐录类

其他

　　一、音乐类　二、韵学类　三、影书类　四、弹词类　五、小调类
　　六、话剧类　七、期刊类

---

① 任讷：《曲录初补》，刊《国闻周报》3卷43~46、49~50、4卷2~11期（1926—1927年）。

它不以作家作品为纲，而是以戏曲艺术的种类为纲，以戏曲样式与地方剧种作为分类的主要依据，体现了作者在该书《例言》中说的观点："考研之道，端赖目录。然分类之法，时至今日，尚未见有研讨者，良以中国戏曲因地域与时代关系，组织流别，繁复庞杂，诚难为一精审翔实之分类目录。"编者参据李斗《扬州画舫录》、吴太初《燕兰小谱》的体例，把戏曲分为"雅部"、"花部"两大部类。"雅部者，南北曲及弋腔之类属之；花部者，则皮簧、秦腔、粤剧、滇调诸类是也。"而把曲律、曲品、曲谱、曲论、史料等著及其他无法归属于地方剧种剧的戏剧（曲）样式文本，都列入"其他"类。这是综合戏曲目录著作最早意识到要依据戏曲艺术自身类别加以分类，摆脱过去单纯以文学作家作品文本进行分类的方法，所以是一本别开生面的戏曲综合目录。

本书毕竟是部图书馆馆藏图书的目录，而并非纯粹意义的戏曲综合目录，它对于戏曲之外的馆藏图书，诸如弹词、小调、话剧、期刊一类的书目，亦一并著录，这一点必须特别指出。

7. 古典戏曲存目汇考

庄一拂编著。三编十三卷，并以"近代作品"作为"附录"。这是一部介于简目型与提要型之间，内容不简、性质不繁的戏曲综合目录。1982 年由上海古籍出版社出版。全书分类结构如下：

上编（戏文）
- 卷一　戏文一　宋元时代作品
- 卷二　戏文二　宋元阙名作品
- 卷三　戏文三　明初及阙名作品
  - 有名氏作品
  - 阙名作品

中编（杂剧）
- 卷四　杂剧一　元代作品（上）
- 卷五　杂剧二　元代作品（下）
- 卷六　杂剧三　明代作品
- 卷七　杂剧四　元明阙名作品
- 卷八　杂剧五　清代作品
  - 有名氏作品
  - 阙名作品

下编（传奇）
- 卷九　传奇一　明代作品（上）
- 卷十　传奇二　明代作品（下）
- 卷十一　传奇三　清代作品（上）
- 卷十二　传奇四　清代作品（下）
- 卷十三　传奇五　明清阙名作品

附录（近代作品）

本书是近现代由个人完成、规模空前庞大的戏曲综合目录。著录作品达4 740余种（戏文320余种，杂剧1 830余种，传奇2 590余种），另附录近代作品90余种。比之《今乐考证》、《曲录》二书，又增加了2 600余种，是迄今可见最完备的戏曲综合目录。为著此书，作者耗时达30余年。尽管如此，本书仍有遗漏的著录，这正是我们上述提到的戏曲目录永远具有不完备、也不可能完备的特点的体现。此外，某些题解，包括存佚、作者、版本等情况说明，还有不少误断和舛错的地方。这些已有许多评论指出，这里不再重复。由于该书著录的剧目内容相对完备，是目前古典戏曲研究者所必备并经常使用的一部综合目录。

二、提要型

提要型的戏曲综合目录，是对著录的戏曲名目逐一进行简要说明介绍。上面提到的各种戏曲综合目录，也有些对收录的剧目加以简要说明和注解，但内容相对比较简单而分散，有的无统一体例，时注时不注，随意性很大。这些都不能算是严格意义的提要目录。提要目录必须具备一定体例与规范，对所收录的剧目进行逐项的解释与说明，即使提要的内容有所侧重，也应该具有一定的书写体例与程序。

提要目录最早出现的不是戏曲目录，而是更早的别的书目。较为著名的早期提要目录，如南宋晁公武所著《郡斋读书志》，共提要各种家藏图书24 500余卷，对收录的每本书都校雠异同、论述大意。《百川书志》略仿之，但远不如它的整饬、完备，故还不能归入严格意义的提要目录行列。我们把那些具有一定体例，有意识、有条理集中撰写相关内容提要的一类戏曲目录归为戏曲提要目录。现选择其中比较有代表性的几种，按成书年代先后，介绍如下：

1. 乐府考略　传奇汇考

戏曲提要目录的编纂始于清康熙末年，首先出现的是《乐府考略》和《传奇汇考》两部书。

这两部书的著者不详，成书年代均在康熙五十四年至六十一年（1715—1722）之间。二者都曾以残本形式流传。《传奇汇考》曾有1914年古今书屋版。二书体例亦相接近，都是参证从元至清初间的杂剧、传奇，内容涉及剧情、本事、作者，间附评论文字，可视为简本的戏曲提要目录。后来董康编《曲海总目提要》这部大型戏曲提要目录，就是采用这两部书的多种残本校勘整理而成（详下）。

2. 曲海总目提要　曲海总目提要补编

《曲海总目提要》，董康编著。原书册数不详，现存21册。1928年由大东书局校勘、整理、排印，成书46卷，共提要传奇、杂剧685种（实为684种，其中《元宵闹》一种重出）。

据董康的序言可知，他编这本书，是据《传奇汇考》十钜册和《乐府考略》四函以及另外一种《乐府考略》32册，加以辑录、合并而成。

但是董康错误地认为《传奇汇考》、《乐府考略》二书即是黄文旸“《曲海》所据之蓝本”，因此遂把自己的书，称作《曲海总目提要》，并迳署：“江都黄文旸原本，武进董康校订"①。实际上这一推断是错误的。黄文旸《曲海》不传，不知其详。我们把转载在《扬州画舫录》卷五中的《曲海目》，与流传的《乐府考略》、《传奇汇考》残本相比较，可以发现它们之间有很多差异，可见《曲海总目提要》与黄文旸《曲海》实际没有必然的联系。

《曲海总目提要》的主要内容，包括：剧情梗概介绍、作品本事及题材考据，简附作者简历及短评。1959 年由人民文学出版社再版时，又增加了杜颖陶的注释，并对原书中的一些疏误加以订正。

杜颖陶的注释补订，曾以"伯英"为笔名，于《剧学月刊》第五卷第三、四期合刊上发表，后于 1936 年初，由世界书局成书出版，书名《曲海总目提要拾遗》。《拾遗》是杜氏根据三个残本《传奇汇考》辑录的为《曲海总目提要》所未收或者释文差别较大的条目汇辑成书。杜氏此书 1959 年由人民文学出版社再版时，又加以补充，书名改为《曲海总目提要补编》，作者改署"北婴"。"北婴"、"伯英"，都是杜颖陶的笔名。

《补编》与《提要》二书相加，共著录提要剧目 756 种，对使用者很有参考价值。除剧目内容提要之外，二书还把能够见到的有关材料尽可能地加以收集，故此书又起到资料汇编的作用，是研究戏曲史者不可缺少的参考书。必须指出的是，二书的资料引用，缺乏严格的校核，且不详所据版本，我们在间接引用这些资料时，必须核对文献原文，不宜直接引用。

近现代人编撰的一些戏曲综合提要目录，提要内容往往不是面面俱到，而是有所选择与侧重。如以下两种，提要内容着重于作品版本或存佚情况的说明与交代：

3. 中国戏曲剧目初探

周贻白编著，生前不曾发表，著述年代不详，可能编于周氏 20 世纪三四十年代著《中国戏剧史》期间，今收入沈燮元编《周贻白小说戏曲论集》，齐鲁书社 1986 年出版。

《中国戏曲剧目初探》著录剧目极为宏富，有"宋元南戏"、"元代杂剧"、"明代传奇杂剧"、"清代传奇杂剧"、"皮簧剧"5 个门类，共收剧目 4 632 个，远远超过以前各类戏曲目录专著的著录数量，是 20 世纪上半叶继王国维《曲录》之后又一部完整的戏曲综合目录，由于公之于世太晚、宣传不力，未能引起人们的足够注意。

周氏此目，对收录的作品门类与各个剧目，都作了简要说明与提要。其中剧目提要部分，有关题材内容的说明十分简要，一般仅言"某某事"或"事本某某"，而更详的内容，还是有关剧目版本、存佚情况的交代。兹引著录宋元南戏剧目开头的一节于下，供见一斑：

《赵氏孤儿报冤记》

存，明金陵唐氏世德堂刊本。元剧纪君祥有《冤报冤赵氏孤儿》。事本《史记》。

《孟姜女送寒衣》

存曲十二支：《蒋谱》、《沈谱》、《九宫谱定》、《南词定律》各一支，《九宫正始》八支。元剧郑廷玉有此目。事本《列女传·杞梁妻》。

《王祥行孝》

① 分别参见董康《曲海总目提要》序及该书各卷卷首题署。

存曲八十六支：《蒋谱》五十六支，《沈谱》一支，《雍熙乐府》十一支，《定律》六支，《正始》二支，《九宫大成》十支。元剧王仲文有《感天地王祥卧冰》。事本《晋书》。……①

4. 中国戏曲总目汇编

罗锦堂编著，1966年香港万有图书公司出版。罗氏这部综合目录的特点，是将散曲与戏曲一起进行著录，而且收录范围还不限于作品，还有曲集、曲谱、曲韵、论著，乃至杂著、翻译等，因此规模不小，洋洋一大册。全书结构如下：

一、散曲总目
　　1. 散曲总集
　　2. 元代散曲选集
　　3. 元代散曲专集
　　4. 明代散曲选集
　　5. 明代散曲专集
　　6. 清代散曲集
　　7. 清代杂曲及近人曲集
　　8. 散曲评论及研究杂著
二、戏剧总目
　　1. 全书戏剧选集
　　2. 散本戏剧选集
　　3. 戏曲研究
　　(1) 戏曲丛刊
　　(2) 戏曲评论
　　(3) 戏曲历史
　　(4) 戏曲翻译
　　4. 戏曲杂著
　　(1) 戏曲杂考
　　(2) 戏曲目录
　　(3) 演戏及俳优
　　(4) 曲韵及曲谱

罗氏的这部戏曲综合目录，也属于提要类型，但提要的主要对象是在集子，而不在于个别剧目。同上列周氏目录相似，罗目提要的内容重点，也在于版本说明。兹引该目对《元刊古今杂剧》提要一例于下，供见一斑：

① 周贻白：《中国戏曲剧目初探·一、宋元南戏》，收见沈燮元编《周贻白小说戏曲论集》，齐鲁书社1986年版，第61页。

元刊古今杂剧

元无名氏辑

大正三年（1914）京都帝国大学文科大学用上虞罗氏藏元刊本景印（京都帝国大学文科大学丛书第二）

民国十三年上海中国书店石印本（影印京大本）

民国五十一年台湾世界书局排印校订元刊三十种本（郑骞校订）。

按此书原本没有标书名，为清代黄丕烈旧藏，系取元代北京、杭州单刻本元人杂剧三十种汇编而成；它的总名，即出黄氏题。此集为现存元人杂剧最古的刻本，版式字体，均甚鄙俗，宾白也异常简略，今藏北京图书馆。日本京大所印者，标曰“覆元刊古今杂剧三十种”，卷首有狩野直喜序文。上海中国书店所印者，首载王国维叙录一文。世界书局排印者，首载郑骞先生的校订本序及校订凡例，次载王国维序录、狩野直喜序文、元刊本插图八帧，最后并附录何煌据李开先钞本校王粲登楼一卷。

（以下为三十种剧名及撰者姓名，略）①

对《元刊古今杂剧》版本的沿革、版别、体式等的说明，不可谓不周详，颇多参考价值。

近年集体编撰的大型戏曲提要目录，可以《古本戏曲剧目提要》作为代表。

5. 古本戏曲剧目提要

李修生主编，文化艺术出版社1997年出版。这是今人集体编撰的戏曲综合提要目录。由于在《曲海总目提要》及《曲海总目提要补编》之后发现的古本戏曲剧目数量多出二书收录一倍以上，因此重编一部戏曲综合提要目录就显得十分必要。本书依此宗旨而编纂。编纂历时八年，参与条目撰稿者多达60余人，大多是研究古典戏曲方面的学人、专家，故该提要集中体现了我国现代戏曲目录学研究方面的最新信息和研究成果。本书将宋元至清代中叶的现存戏曲剧目，一剧一目，从剧名、作者、本事、剧情、前人评论、舞台传演、版本类别等方面，逐一加以提要、说明，借此可以了解我国古典戏曲各种存本的面貌。收录的剧目以有存本为对象，是这部《提要》的基本原则，也是它的内容特点。

6. 中国戏曲研究书目提要

原中国艺术研究院戏曲研究所资料室编著，中国戏剧出版社1992年出版。这是一本有关戏曲论著书目的提要目录，共收书目近1 600种，主要收录建国后公开出版的戏曲研究书籍，亦酌情收录部分建国前对戏曲研究具有重要价值的综合性书籍。按照书籍内容门类及专题编排，对收录的书目一一撰写内容提要，包括：书名（正、副题）、作者、版别和内容评介。书末附“书名音序索引”和“编著者音序索引”，以备检索。本书是首次就戏曲论著书籍进行内容提要的专书，对于戏曲学习者和研究者检阅与寻找相关论著，具有方便而实用的价值。

① 罗锦堂：《中国戏曲总目汇编·二、戏剧总目·1. 全本戏剧选集·元刊古今杂剧（三十种）》，《中国戏曲总目汇编》，香港万有图书公司1966年版，第62页。

第四章 藏家书目中的戏曲目录

历代藏书家有编撰藏书目录的习惯。这些藏书目录，通常多按经、史、子、集“四部”传统分类编目。至于难入“四部”部类的戏曲、小说等俗文学作品书目，一些藏家便巧立名目，在“子部”或“史部”之下，设“词曲”、“乐府”、“传奇”、“外史”、“野史”等一类二级、三级子目，将其纳入其中。其中戏曲，多属综合目录，有的单列分类子目，一起著录；有的则合并小说、俗曲、野史等一起著录，显得比较混杂。

不管怎样，历代藏家书目中的这些戏曲综合目录，都值得我们看重。因为藏家所藏图书，多属珍品，藏家的有关著录、题识，见解亦非寻常，因此，藏家书目中的戏曲目录是我们戏曲目录学中十分重要的内容。以下按成书年代先后，介绍这方面的几种重要书目：

一、百川书志

《百川书志》，明·高儒编撰。二十卷。私家藏书目与戏曲密切有关且成书年代较早的，当首推《百川书志》。编撰者高儒，字子醇，号百川子，故藏书名《百川书志》。河北涿州人。高氏出身武弁，嗜书成癖，藏书丰富，斋名“志道堂”。明代武人爱书藏书者不少，最著名的是所谓“南陈北高”。“南陈”，是指福建连江人陈第，撰有《世善堂书目》，但与戏曲无关，这里不需涉及。“北高”，即指高儒。《百川书志》对于戏曲研究的重要性，主要体现于以下三个方面：

第一，该书成书年代较早，所提供的与戏曲有关的信息，正是我们所奇缺的。

《百川书志》卷首作者自序，写于明嘉靖庚子十九年（1540），这意味着《书志》中著录的所有图书都产生于明嘉靖前期及之前。此时，明传奇尚未真正确立，明代戏曲的黄金时代（万历）也未到来。而这时期的戏曲文献资料，对于我们来说，也最感奇缺，因此，《百川书志》记载中的片言只语，都弥足珍贵。《百川书志》仿照南宋藏书家晁公武的《郡斋读书志》的体例，对著录各书，都作了题解。《百川书志》分经、史、子、集四部，九十三门，共收书2 119种，近万卷。作者自序中称本《书志》：“六年考索，三易成编。”可见为了编此书目，高儒费了很大工夫，不仅费时长，而且对著录的各书还用心考释。因此，它所提供的史料信息应当十分可靠。

本书目按传统四部分类法著录。中国古代图书分类的沿革情况，最先是汉·刘向的《别录》，分为六部，书未完成。其子刘歆著《七略》，共分七部，也不传，但《汉书·艺文志》将其主要内容保留下来，得知七部分别是：“辑略”、“六艺略”、“诸子略”、“诗赋略”、“兵书略”、“数术略”、“方技略”，说明当时还不是按四部分类。四部分类法始自魏晋之际。魏元帝景元（260—264）时，秘书郎郑默编《中经》；其后晋武帝咸宁（275—280）时，秘书监荀勖又编《中经新簿》。从此二书开始，把书编成甲、乙、丙、丁四部，依次为经、子、史、集。东晋时，李充编《晋元帝书目》，把以上四部顺序加以调整，改为经、史、子、集。自此之后，这一顺序一直延续了长达千余年。明代高儒编《百川书志》，也依照使用这种顺序的四部分类法。明代其他官藏书目、私家藏书目，也大抵如此。《百川书志》是迄今所见最早把戏曲等俗文学图书纳入“四部”进行著录的私家藏书目，不仅有其开创之功，同时为我们考察传奇确立之前的戏文、杂剧传世剧目情况，提供了十分宝贵的信息，弥补了明前期的戏曲史料不足。

第二是最早将俗文学、俗文艺的图书作为重点内容编入私家书目。

《百川书志》二十卷，一至三卷是“经志”，四至六卷是“史志”，七至十一卷是“子志”，十二至二十卷是“集志”。其中，“史志”中的“传记”、“野史”、“小史”、“外史”各门，著录了成批不被时人所看重的传奇、小说、演义、野史、笔记、稗闻及戏曲，这是本书内容的一大特色。它是我们研究宋金元明俗文学、俗文化的宝贵史料，也是我们研究戏曲不可多得的重要信息和依据。比如，“传记”门著录唐人传奇，“野史”门著录通俗演义，“小史”门著录明人笔记小说，这些都是研究小说史必须参考的资料。卷六“外史”门，著录杂剧、戏文、传奇50余种，它是我们研究戏曲所必须参考的一份重要的戏曲综合目录。由于《百川书志》出现年代较早，表明其收录的各种戏曲于嘉靖前期及嘉靖前期之前即已存世，故其文献价值更为重要，它对于考察这些戏曲作品的原始或早期面目及其流变情况，提供了重要信息。

第三，《百川书志》仿宋·晁公武《郡斋读书志》体例，对著录的图书附有简要题解文字。其中戏曲题解，是我们研究戏曲历史十分重要的文献依据。

以下略举三例说明：

例之一。

《百川书志》卷之六“史志·外史”门，著录朱有燉剧作31本名目，名目之后，有如下一段提要说明：

> 皇明周府殿下锦窠老人全阳翁著。各具四折。详陈搬演科唱，或改正前编，或自生新意，或因物生辞，或寓言警世，或歌唱太平，或传奇近事。密异足骇人心，烟花不污人志。盖处贵盛之时，消磨日月，故发此空中音耳。凡三十一种，总名《诚斋传奇》，异乐府行也。①

这一段题解文字，把所收录的31种朱有燉杂剧作了概括性的描述，它涉及朱有燉杂剧的内容、形式、题材、风格、数量、剧名、刊行等各方面的情况，为我们研究朱有燉杂剧提供了珍贵的资料线索，尽管比较简要，但在有关朱有燉戏曲创作史料十分缺少的情况下，也是不可忽视的。

例之二。

---

① 明·高儒：《百川书志》，古典文学出版社1957年版，《百川书志·古今书刻》合印本，第87页。所收《百川书志》，据观古堂书目丛刻本翻刻。此处的标点为引者所加，下同。

同卷同门对《南西厢》的著录，题解如此：

李日华南西厢记二卷　　海盐崔时佩编集，吴门李日华新增。凡三十八折。①

这个题解虽然非常简略，但对我们研究“南西厢”的演化历史来说，却非常重要。首先，它明白交代了《南西厢》的创作改编经过。过去对明代《南西厢》的创编者究竟是李日华还是崔时佩，曾有不同的说法，有《百川书志》的这条著录，情况就很清楚了。用这条著录材料，对照祁彪佳的《远山堂曲品·能品·西厢》中所说的“实崔时佩笔，李第校增之。人知李（日华）之窃王（实甫），不知李之窃崔（时佩）也。”明代《南西厢》的作者问题可以解决，无需争议。它的原创者应是崔时佩，李日华只是在崔的原作基础上，略作增校而已。其次，更值得我们注意的是《书志》题解中“海盐崔时佩编集，吴门李日华新增”的“海盐”与“吴门”两个地名记载。联系《金瓶梅词话》中写到的“海盐子弟”和“苏州戏子”共唱《南西厢》的描写，以及对照《词话》“海盐子弟”所唱《南西厢》曲词与现传昆曲传奇本大致相同的情况，说明明代海盐腔与早期昆山腔曾共演过《南西厢》，并采用大致相同的《南西厢》脚本，证实海盐腔与早期昆山腔之间，没有不可逾越的鸿沟。“海盐崔时佩”可能是为海盐腔“编集”《南西厢记》；而“吴门（苏州）李日华”，只需对崔编稍作“新增”，便可供“苏州戏子”即早期昆山腔戏班演出。故《百川书志》这条有关《南西厢》的简要题解，为我们研究明代南戏声腔剧种的发展历史提供了参考依据，它既解决了《南西厢》的作者问题，同时也解决了有关明海盐腔与昆山腔关系这个戏曲史上令人长期困惑不解的问题。②

例之三。

《伍伦全备记》，一般都认为是明大学士邱濬所作。可是我们所见的现传本《伍伦全备记》（明世德堂本和新发现的韩国奎章阁藏本），开场中却明白交代它是“戏文弟子新编”。二者说法不同，而且大学士邱濬居然编写俚俗戏文，也有点令人不可理喻。《百川书志》“卷之六·史志·外史”中，对《伍伦全备记》曾作如下著录：

伍伦全备记三卷　　国朝赤玉峰道人琼台邱濬撰。凡二十八段。所述皆名言，借为世劝。天下大伦大理，尽寓于是。言带诙谐，不失其正，盖假此以诱人之观听。苟存人心，必入其善化矣。③

把《伍伦全备记》著录为邱濬撰，最早的书目就是《百川书志》。但是这里却存在着问题。《伍伦全备记》作者是“赤玉峰道人”不成问题。韩国汉城奎章阁藏本《五伦全备记序》中也说是：“赤玉峰道人所作《伍伦全备记》。”可以作为佐证。而“赤玉峰道人”是否即是“琼台邱濬”？却很值得怀疑。明代文献中记及的“玉峰主人”、“玉峰邱先生”、“赤玉峰道人”，很可能是三个不同的人：“赤玉峰道人”，是《伍伦全备记》戏

① 明·高儒：《百川书志》，古典文学出版社1957年版，《百川书志·古今书刻》合印本，第88页。

② 参阅拙文《南戏〈西厢记〉考》，《南戏论丛》，中华书局2001年版，第211237页。

③ 同①，第88页。

文的真实作者；"玉峰主人"，是《钟情丽集》传奇文的作者；"玉峰邱先生"，才是累官大学士的理学家邱濬。这种因名号相同、相近而导致讹传，最后几成公论的事，经常发生。《百川书志》可能也因此之故，将"赤玉峰道人"与"琼台邱濬"画上等号，致使邱濬为《伍伦全备记》作者之说成为铁的事实，这一点是必须加以澄清的。不过《百川书志》题解涉及的有关《伍伦全备记》的其他信息，如果对照现存的明世德堂本，尤其是汉城奎章阁藏本《伍伦全备记》的情况，对我们进一步解决有关这本戏文令人困惑不解的作者问题，却提供了有关的研究信息，详情可参阅拙文《关于奎章阁藏本〈伍伦全备记〉》。①

另外，《百川书志》某些题解中有关戏曲的细微说明，也值得我们加以注意。例如："史・外史志"部分著录郑德辉《㑳梅香》、乔梦符《两世姻缘》、宫大用《范张鸡黍》、郑德辉《王粲登楼》四种晚期元杂剧为"四段锦"；明・马惟厚编《风月囊集》二卷六折，系"改《桂英诬王魁海神记》"；《贞淑秀拜月诉衷肠一卷》，即是元・关汉卿《拜月亭》杂剧等。这些都是以往研究戏曲史者所不曾留意的事。

总之，尽管《百川书志》对我们研究小说、戏曲等俗文学很有参考价值，作者高儒对俗文学的重视也值得肯定，但在使用此书时，也需注意加以甄别，不可绝对盲从其记载。另外，《百川书志》的作者虽然重视俗文学，但毕竟没有完全摆脱封建传统观念，如把俗文学书籍归入所谓的"野史"、"外史"、"小史"门，明显表现出一种歧视、贬低的态度。

二、晁氏宝文堂书目

《晁氏宝文堂书目》产生于嘉靖年间，是明・晁瑮、东吴父子的藏书目。晁瑮字君石，号春陵、镜湖，开州（今属四川开县）人。嘉靖辛丑二十年（1541）进士，官至国子监司业。其子东吴，字叔权，嘉靖癸丑三十二年（1553）进士，选翰林院庶吉士。父子皆喜藏书。

《晁氏宝文堂书目》三卷，分为33个类目。著录的某些书籍，还注明版刻情况，可供考见明代版本源流。而其中收录的有关宋元明三代文学作品，则是我们考察宋元明文学的重要文献依据，向来为研究者所重视。其中与小说、戏曲有关的，主要是卷中"子杂"和"乐府"两类。"子杂"收录小说、话本、传奇、笔记、野史、逸闻；"乐府"收录戏曲，包括杂剧、戏文、传奇、散曲以及少量曲谱、曲目、曲论、传奇文。"子杂"和"乐府"二者收录，合计达354种，数量很多。

《晁氏宝文堂书目》对戏曲研究的重要价值，一方面表现在它著录的俗文学作品名目空前丰富，而且对个别作品，还注明书的版刻情况，使我们对版本源流有所了解。如注《西厢记》："松刻一，京刻一，闽刻一"；注《太和正音谱》有"六本"，又有"宁府本"等之别。另一方面是由于它成书较早，提供了不少有关嘉靖与嘉靖之前的戏曲材料，而这些材料正是我们最不容易得到的。例如：通过《晁氏宝文堂书目》卷中"乐府"，我们得知有较早的现今已不传的《孟姜女贞烈戏文》、《苏秦戏文大全》、《白注荆钗记》等罕

① 拙文：《关于奎章阁藏本〈伍伦全备记〉》，收见《南戏论丛》，第169~181页。

见戏文名目。《晁目》“乐府”还收录有《戏文目录》一书，借此可知戏文专科目录的出现是很早的，可惜不传。杂剧方面，《晁目》“乐府”著录的《子房归山》、《破黄巾》、《关大王月下斩貂蝉》等，都是今天已佚的剧本。另外，还有《传奇目录》，并注明为“北曲”，它是一本我们未见的北杂剧目录。这些都为我们研究明前期戏曲历史，提供了重要的信息资料。

历来研究小说、戏曲史的人都很看重《晁氏宝文堂书目》。戏曲研究者尤其重视卷中“乐府”，一些人还专门就“乐府”著录的名目进行专题分析研究，或单独为文，或在书中专立章节。专题文章，如严敦易所著《〈宝文堂书目·乐府类〉之整理与分析》①，对《宝文堂书目·乐府》收录的名目加以整理和分类，分为杂剧（含未著录与曾著录）、传奇（含南戏、传奇）、散曲（含总集、别集）、其他（含诸宫调、曲谱、曲目、诗词及词话、乐律、传奇文、杂类）三大类、十一小类。尽管这一分类不很精到，但亦有助于我们进一步了解《宝文堂书目》“乐府类”收录各书的性质。再如，邵曾祺著《元明北杂剧总目考略》，也附有《〈宝文堂书目〉和脉望馆抄本中佚名作者的作品》一文，同样把《宝文堂书目》作为元明杂剧总目的一份重要的目录对象加以分析和研究。

《晁氏宝文堂书目·乐府》尽管著录的戏曲名目只有200余种，这对当时的私家藏书来说，已是不少。要想研究明代嘉靖及嘉靖之前的戏曲存目情况，《百川书志》和《晁氏宝文堂书目》是不可缺少的两份重要资料。当然，《宝文堂书目》的著录也有缺陷，这如《四库全书总目提要》所说：“编次无法，类目丛杂，复见错出者不一而足。”例如“乐府”类，不仅包括戏曲、诸宫调、曲谱、曲目、乐律，而且还有诗词、传奇文、杂记等，都混杂一起著录。“子杂”中，虽然以著录野史、稗闻、小说、笔记等为主，但也有散曲、戏曲作品混入其中。例如《风月锦囊》，孙楷第先生曾把它列为“嘉、隆以前元、明旧话本”②，但经本人考察，实际它是部杂曲作品集，很可能即是今存嘉靖刻本《风月（全家）锦囊》作为“首卷续编”的杂曲集《风月锦囊》的前身。③

三、徐氏红雨楼书目

《徐氏红雨楼书目》，四卷，明·徐㶿编，徐㶿字惟起，改字兴公。闽县（今福建闽侯）人。兄徐熥，父徐棉，皆擅文名。家中藏书积数万卷。《红雨楼书目》有作者明万历三十年（1602）自序，又有万历三十二年（1604）的《藏书屋铭》。可知该目万历三十二年最初成书。以后陆续有所增补，直到南明，历经多次补充修订。《藏书屋铭》一文，称家中藏书是：“五典三坟，六经诸子，诗词集说总兼，乐府稗官咸备。”可见收藏范围很广。徐㶿在自序中还说：“积三十年，合先君子、先伯父所储，可盈五万三千余卷”，藏书数量相当之多。

---

① 严敦易：《〈宝文堂书目·乐府类〉之整理与分析》，收见严敦易著《元明清戏曲论集》，中州书画社1982年版，第106～125页。

② 孙楷第：《中国通俗小说书目》卷三“明清小说部甲”，《中国通俗小说书目》，人民文学出版社1982年版，第98～100页。

③ 参阅拙著《风月锦囊考释》第一、第二章，中华书局2000年版，第169页。

《红雨楼书目》分经、史、子、集四部，一部一卷。卷三“子部”中，“小说类”著录笔记、小说558种，“传奇类”著录戏曲包括杂剧、戏文、传奇共140种。在140种戏曲目录中，杂剧列前，戏文、传奇在后，计杂剧名目74种，戏文、传奇名目65种，另有《董解元西厢记》一种，阑入戏文、传奇名目。另外，140种戏曲目录中，《凌霞新剧三十五种》是明·茅维的杂剧集，《乐府珊瑚集二卷》当是戏曲选，亦被阑入戏文、传奇目中。

《徐氏红雨楼书目》，今有上海古典文学出版社1957年与《晁氏宝文堂书目》合排本。此书目的优点是性质、次序安排明确，不相混杂。缺点是失之过简，收录的剧目没有任何注释，对作者、年代、版刻等情况，一无涉及，这就大大减少了它的参考价值。

《徐氏红雨楼书目》“传奇类”著录的戏曲目录，还需值得重视的一点是，有些较显陌生的剧名，很值得我们作进一步的考察和研究。如杂剧目录中的《唐帝妃游春》、《秦观苏轼赏夏》、《戴王访雪》、《勘问吕蒙》、《陈华仙二度十长生》等；戏文、传奇目录中的《传胪记》、《昙阳记》、《李密陈情记》、《十错记》、《续琵琶胡笳记》、《情缘记》等以及陈价夫撰《异梦记》，都是独见或首见于本书目著录，为戏曲目录增添了新的内容。

四、奕庆藏书楼书目

《奕庆藏书楼书目》，五卷，明·祁理孙编著。祁氏山阴（今浙江绍兴）人，祖孙三代都是著名藏书家。祖父祁承㸁（1562—1628），字尔光，号夷度、旷翁、密园老人，亦号澹生堂主人，撰有《澹生堂藏书目》，录书9 000多种，约100 000卷。其中应有不少戏曲藏书。明·臧晋叔编《元曲选》时，曾向他借了二三百本杂剧参校。但在《澹生堂藏书目》集部“余集类”子目“艳诗”附“词曲”里，只著录很少量的散曲、戏曲，如散曲集《雍熙乐府》、戏曲理论《录鬼簿》、剧本集《古今杂剧》等寥寥数种，不知是什么原因。

父祁彪佳（1602—1645），藏书处称“八求楼”，藏书达31 000多卷，但没有编过专门书目。而通过上述《远山堂曲品》、《远山堂剧品》的介绍，我们可以得知，他的藏书是以戏曲丰富著称。

祁理孙（1627— 1667左右），字奕庆，号杏庵。所编《奕庆藏书楼书目》，以前未曾刊印，只有北京图书馆和燕京大学图书馆收藏钞本。1958年上海古典文学出版社曾据燕大图书馆钞本整理付印，书名题《鸣野山房书目》，署“清·沈复粲编”。事后才发现书名和作者皆为误植。《奕庆藏书楼书目》是祁理孙把其父亲祁彪佳和他本人的藏书合起来加以著录的书目，共收书1 600余种，42 600卷，分为五部，包括“经”、“史”、“子”、“集”、“汇”，四部之外，还将丛书另编一部，称“汇部”。把丛书升为一级类目，与四部并列，这是我国图书分类法上的一个创例。后世书目，亦多相仿照。该五部书目，分39个类目和若干子目。戏曲书籍录在“子部”第十类“乐府家”中，下分四个子目：（1）“评谱”。收录沈璟《南曲谱》、王骥德《曲律》、凌濛初《南音三籁》等11种曲谱、理论、词语等类书目，可以看作是戏曲理论性书籍的类目。（2）“传奇”。共收传奇全本556种，162本。这一类中，除阑入《董西厢》诸宫调、《王西厢》杂剧之外，其他大多是《远山堂曲品》中所评述过的明传奇。（3）“杂剧”。收录《元剧百种》、《古今名剧选》、《名剧汇》三种杂剧总集、选集及其细目，实际也大多是《远山堂剧品》所评述的杂剧。(4)“散词”。共16种，主要收录如《雍熙乐府》之类的散曲集子。

通过《奕庆藏书楼书目》，我们可以了解到祁理孙之父祁彪佳的藏曲情况以及他撰写《远山堂曲品》、《远山堂剧品》等书所依据的材料情况。这可与祁氏“二品”相参照，为研究祁彪佳的戏曲理论思想和当时戏曲作品的流行情况，提供了重要的依据。

五、也是园藏书目

《也是园藏书目》，清·钱曾编著。钱曾（1629—1701），字遵王，号也是翁。堂名“述古堂”。江苏常熟人。钱曾是钱谦益曾孙，得谦益旧藏甚多。一生为布衣，以收藏书籍为乐趣，除买书外，还借校传抄，广事增益。“见闻既博，辨别尤精”（《四库全书总目·读书敏求记提要》），对研究书籍非常投入，终成著名的版本学家。他曾据家中丰富的藏书，编撰了《也是园藏书目》、《述古堂书目》和《读书敏求记》三种书目著作。三目详略不同，体例各异，各有专工，各得其用，这里重点介绍与戏曲目录关系最为密切的《也是园藏书目》。该目搜罗最富，收书38 000余种；《述古堂书目》与《读书敏求记》二书，则在考订版本、册数、卷数等方面，用力更精，可以取为参证。

《也是园藏书目》共十卷，分经、史、子、集、藏五部。卷一是经部，卷二至卷四是史部，卷五是子部，卷六至卷七是集部，卷八至卷九是藏部（包括佛家三藏、道藏），卷十是戏曲、小说部。

戏曲、小说部，下分8个子目。8个子目中，与戏有关的是五个，即：(1)古今杂剧。著录341本。内容与前文提到的黄丕烈《也是园藏书古今杂剧目录》基本相同，只是数量上有些变化，“黄目”中仅270种，数量比“钱目”相对要少。细目如“三国故事”，在“钱目”中有21本，而“黄目”只有13本；“教坊编演”杂剧，“钱目”22本，“黄目”只有18本。这些可能是由于也是园所藏杂剧到流入黄丕烈手中时，剧本已有些失佚了。(2)曲谱。收录《录鬼簿》、《太和正音谱》、《曲律》等24种，其中朱权《太和正音谱》等，可称是曲谱，但将王骥德《曲律》、钟嗣成《录鬼簿》也作为曲谱收录，则是定性错误。此外，这类中还收录了一些散曲集子，可见其分类很不严格。(3)曲韵。收录《中原音韵》等7种。(4)说唱。著录《董解元西厢记诸宫调》一种，与戏曲有关系。(5)传奇。收录高则诚《琵琶记》、汤显祖《还魂记》等8种。虽然数量较少，但都是珍本、善本。如著名的《元本琵琶记》，后来清·陆贻典钞校本所据的主要底本，即出于钱曾也是园所收的这个本子。“钱目”所收传奇数量虽然远比祁理孙《奕庆藏书楼书目》(556种)少，但杂剧数量却远远超过“祁目”，因此二者可以起到互补作用。《也是园藏书目》分类也较清晰。当然也存在不妥之处，如上述所举的书目定性错误的例子；另如，把多本头的杂剧《王西厢》与《西游记》都收录进传奇类，也是定性错误。

第五章　索引、简表及其他

除上面所述的单科目录、综合目录和藏书家目录三类戏曲目录基本形式外，戏曲目录还常常以索引、简表、总表、综表、总目、简目、要目、书目、综录、叙录、辑录、提要、举要、录要、辑览、便览、便检、备检、通检、题记、题解等等多种多样的其他形式与名称来体现。其中许多名称是名异实同，以下将它们简单归纳为“索引”、“简表”、“其他”三类，简要说明各类有关情况。

一、索引

索引是将有关名目，通过词头音序、笔画、四角号码等方式进行有序排列，便于读者简捷地检索到所需的材料。索引又称通检、备检、引得（英文 index 的音译）等，通常只是罗列名目，不作有关提要、解说，简明而清晰是其基本特点。

戏曲名目索引，既是检索戏曲资料的一种工具，又可看作是戏曲目录的另一种书写方式，它起到简化、便检与补充戏曲目录的作用。除剧目索引之外，戏曲名目索引还包括戏曲其他各种分支、名物以及戏曲论著专有名词、术语等的名目索引；研究它们的形态，同样可以归入广义的戏曲目录学范畴。

戏曲名目索引有的单独成书、成文，而更多的还是作为某种专门著作的“附录”，附载书末，提供读者检索。例如：

《中国古典戏曲小说研究索引》（于曼玲编，广东高等教育出版社，1992。）

《戏曲理论文章索引（1949—1981）》（中国艺术研究院资料馆报刊组编，1983 年内部刊印。）

《元曲研究资料索引》（张月中主编，河北大学出版社，1992。）

（以上单独成书）

《四十五种论文集古代戏曲研究论文索引》（陈企孟编，载《曲苑》第 2 辑，江苏古籍出版社，1986。）

《国外研究中国戏曲的英语文献索引》（孙玫辑译，载《戏曲研究》第 20 辑，文化艺术出版社，1986。）

《中国戏曲剧种研究资料索引》（董天庆编，载浙江省艺术研究所编《艺术研究》第 8 辑，1990 年内部刊印。）

（以上独立成文）

《作家姓名别号索引》《作品曲牌索引》（隋树森编，《全元散曲》附录，中华书局，1981。）

《南戏研究论著索引》（金宁芬编，《南戏研究变迁》附录，天津教育出版社，1992。）

《优伶姓名索引》（孙崇涛、徐宏图编，《戏曲优伶史》附录，文化艺术出版社，1995。）

《史论概念索引》（叶长海编，《中国戏剧学史稿》附录，上海文艺出版社，1986。）

（以上作为附录）

索引还可以起到一般目录不能替代的作用。例如卷帙浩繁的戏曲百科、志书、集成、大典、辞书、词典等，如果没有索引供作检索，只凭翻检目录去寻找相关内容，往往如同大海捞针。即便本身是戏曲目录著作，有的也仍不能缺少索引。尤其是那些大型的戏曲综合目录、提要目录，如像庄一拂的《古典戏曲存目汇考》、董康的《曲海总目提要》之类，一般都由作者另编，或由后人代编索引，附载书末，作为目录的补充。故戏曲名目索引又可看作是戏曲目录的另一独立的形式。

编纂索引不完全都是机械劳作。某些戏曲索引，还带有研究、考证性质，具有相当高的学术价值。如隋树森编撰的《雍熙乐府曲文作者考》①，依次排列《雍熙乐府》所收各曲的卷数、页数和首句，逐一考据其作者名氏，是一本兼具索引与考证性质的著作，既具有提供检索材料的实用价值，又是很值得我们参考的学术研究成果。

二、简表

采用表格，是人们进行论述、统计、比较的一种常用方式，它又常常作为标记目录的一种形式。如清人支丰宜的《剧目表》，就是以表格形式，著录历朝戏曲剧目。

简要、眉目清楚，是表格的主要好处。因为简，编制者常称“简表”；由于眉目清楚，一览无余，故亦多称“一览表”。某些表格可以容纳、浓缩进文稿的内容大部，常称“总表”；某些表格同时并列多项内容，称作“综表”。此外，还有“对照表”、“统计表”、“沿革表”等等许多形式。这些都曾经被用作表列戏曲目录。

除了剧目表之外，表格还可用作表列剧种、声腔、演员、角色、行当、乐曲、舞美、道具、脸谱、服饰、文献、文物、剧情提要、题材本事、事件摘要、人物行迹等等，它们都是戏曲目录的延伸（尤其是一些包括多项内容的剧目综表），归入广义的戏曲目录范畴。

某些戏曲论著，表格占有很大比重，是全书十分重要的构成内容。如车文明著《20世纪戏曲文物的发现与曲学研究》②，书中所载《戏曲文物资料附表》，篇幅、规模宏大，计35万字，占全书55余万字的大半有余。该表下设“戏台”、“戏曲雕塑”、“碑刻”、“戏画”、“抄刻本”、“舞台题记”、“其他”等7类，计11种分类表；每表各分“名称”、“时间”、“简介”、“发现地”、“公布情况”及“备注”六栏。各栏详为注录，堪称精心制作，洋洋大观，有关戏曲文物的各种情况，被囊括殆尽，可以看作是一份内容周全、分类注录的“戏曲文物目录综表”，具有学科数据库的性质，很有

① 隋树森：《雍熙乐府曲文作者考》，书目文献出版社1985年版。

② 车文明：《20世纪戏曲文物的发现与曲学研究》，文化艺术出版社2001年版。

参考、应用价值。

宋俊华著《中国古代戏剧服饰研究》①，所载《中国古代戏剧服饰资料附表》，与车表同工异曲，表格数量竟多达 42 种，篇幅长达 150 余页，从唐代宫廷乐舞至清宫大戏，著者凡能收集得到的中国古代戏剧服饰种类、形制资料，咸纳其中，可以看作是一份内容详备、分段注录的“中国古代戏剧服饰资料总表”，同样很具有参考、应用价值。

刘水云著《明清家乐研究》附载的《明清家乐情况简表》②，也相类似。该表虽曰“简表”，规模仍大，长计 70 页，它将全书涉及的明清家乐的相关情况加以浓缩与简括，可以看作是一份内容全面、注录明晰的“明清家乐提要总表”。

某些戏曲文献论著，干脆全部以表格形式表述，尽管它不题称为“表”。如周贻白所著《中国戏剧本事取材之沿袭》③ 一文，为了说明中国历代戏曲“取材相同，或直接因袭者”的情况，采用列表形式，分列“宋元南戏”、“元明杂剧”、“明清杂剧传奇”、“皮黄剧”四栏加“备注”，加以对照说明。我们不妨把它看作是份“中国戏曲剧目题材沿革表”，是戏曲提要目录的一种形式。

三、其他

除索引、简表外，某些戏曲文献论著，诸如叙录、考录、书话、札记、题记、钩沉、补录、拾遗等等，尽管不全是或不纯粹是戏曲目录，但却包含戏曲目录性质，可以供作戏曲目录补充材料使用。

叙录，义近“提要”，但撰写时不一定都要按照提要目录的相应严格的体例。如朱崇志编撰的《中国古代戏曲选本叙录》④，将历代产生的 85 种戏曲选本，按产生年代先后排列，逐一加以说明、简介，很有参考、实用价值，性质接近于一份“中国古代戏曲选本提要目录”。

考录，是通过研究、考证手段，将所得文献名目加以罗列叙录。如王国维《宋元戏曲考》第十四章“南戏之渊源及时代”，对 543 章南曲曲调的来源加以考索与归类，可以看作是份“南曲曲调来源分类目录”。类似的，还有金宁芬的《〈张协状元〉曲名考》⑤，考录了《张协状元》戏文 164 种曲名来源；刘水云的《明清家乐选考》⑥，考录了明清两代 115 家家乐的基本情况及其材料依据。这些都同样具有戏曲分支目录的性质。

书话、札记、题记，三者内容性质接近，都是作者对某书（剧）、某文情况的简介与个人见解，我们可以把它们当作提要目录补充使用。书话，如郑振铎《西谛书话》⑦ 所收

① 宋俊华：《中国古代戏剧服饰研究》，广东高等教育出版社 2003 年版。

② 刘水云：《明清家乐研究》，上海古籍出版社 2005 年版。

③ 周贻白：《中国戏剧本事取材之沿袭》，载《周贻白戏剧论文选》，湖南人民出版社 1982 年版。

④ 朱崇志：《中国古代戏曲选本叙录》，收见朱崇志著《中国古代戏曲选本研究》“附录”，上海古籍出版社 2004 年版。

⑤ 金宁芬：《〈张协状元〉曲名考》，金宁芬著《南戏研究变迁》附录，天津教育出版社 1989 年版。

⑥ 刘水云：《明清家乐选考》，刘水云著《明清家乐研究》附录。

⑦ 郑振铎：《西谛书话》，三联出版社 1983 年版。

《劫中得书记》、《劫中得书续记》等各文，对作者经目的各书（剧）情况加以叙录并发表个人认识，尽管所写不完全都是戏曲图书，但其中有关戏曲图书的篇什，可作为我们戏曲图书目录补充资料查证。札记与题记，都是作者阅读笔记的成文形式，它们常常以系列组合方式成文乃至成书。如吴梅的《瞿安读曲记》①（收文89篇）、周贻白的《曲海燃藜》②（收文34篇）等，都属此类。冯沅君的《孤本元明杂剧钞本题记》③，则围绕该种杂剧钞本"穿关"、"题目正名"、"联套程式"、"脱剥杂剧"四项内容，加以校勘与考释，是篇有一定内容范畴和书写规范的同类著述。以上都可以作为戏曲提要目录的补充材料使用。

钩沉、补录、拾遗等，性质一样，均谓对旧有戏曲目录的拾遗补阙。诸如以下各文：

《曲目钩沉录》（叶德均著，收见《戏曲小说丛考》，中华书局，1979年版。）

《曲目丛拾》（周绍良、刘世德著，载《文献》1980年第2辑。）

《明清罕见戏曲存目二十种》《方志著录明清罕见曲目二十二种》（张增元著，分载《文献》总第14辑、1987年第2期。）

《方志著录明清罕见戏曲存目七十七种》（张增元著，载《文史》第24辑，中华书局，1985。）

《明清曲目拾遗》（周巩平著，载《戏曲研究》第38期，文化艺术出版社，1991。）

《宋元戏文拾遗》（黄仕忠著，载《中山大学学报》，1994年第1期。）

《曲目拾遗》（陆萼庭著，收见《清代戏曲丛考》，学林出版社，1995。）

《明清传奇佚曲钩沉》（吴书荫著，《古本戏曲剧目提要》附录，文化艺术出版社，1997。）

《清代剧目补录》（李真瑜著，同上书附录。）

《宋元明初南戏剧目辑佚》（胡雪冈著，《温州南戏考述》第三章第三节，作家出版社，1998。）

---

① 吴梅：《瞿安读曲记》，原载《古今名剧选》、《国学丛刊》等书刊，合辑本收见王卫民编《吴梅戏曲论文集》，第387~465页。

② 周贻白：《曲海燃藜》，收见《周贻白戏剧论文选》，第276~357页。

③ 冯沅君：《孤本元明杂剧钞本题记》，收见冯沅君著《古剧说汇》，作家出版社1956年版，第338~385页。

结束语

综观中国戏曲目录文献，我们可以得到如此的基本认识：中国戏曲目录内容，不可谓不丰富；中国戏曲目录形式，也不可谓不多样；中国戏曲目录学在整个中国戏曲学中所占的内容比重，不可谓不重，地位不可谓不重要。

中国戏曲目录很早就产生像《录鬼簿》这样在中国文学艺术文献学中处于领先地位的单科目录专书，后来又有像《曲海总目提要》这样的别的学科少见的大型综合提要目录问世。近七百年来，中国相继出现钟嗣成、涵虚子、吕天成、祁彪佳、高奕、笠阁渔翁、黄文旸、支丰宜、管庭芬、姚燮、王国维、董康、郑振铎、阿英、傅惜华、杜颖陶、周贻白、陶君起、庄一拂、罗锦堂等及诸多无名氏为构建中国戏曲目录学大厦而兢兢业业、辛勤劳作的成批的戏曲理论家、文献学家，还有为之添砖加瓦、苦心蒐罗的高儒、晁瑮、东吴父子、徐𤊹、祁理孙、钱曾、黄丕烈等一批藏书家。中国戏曲目录学可谓景况并不寂寞，同道不寡，历史悠久绵长，在中国目录学史乃至在整个文献学史上，都有其光辉、显耀的一页。

但是，由于以往只注重目录的编纂实践，缺少深入的理论研究与探讨，使中国戏曲目录学存在的很多问题长期不能解决，许多扭结很难解开。

譬如，纵观中国戏曲目录的大部内容，基本是属于戏曲文学目录性质。它们或按作家次第著录，如《录鬼簿》、《录鬼簿续编》、《太和正音谱》等；或依作品类型归录，如《官本杂剧段数》、《院本名目》、《宋元（戏文）旧篇》等；或照作家、作品优劣品录，如《曲品》、《远山堂曲品》、《远山堂剧品》等；或据体裁、样式分类著录，如《曲海总目》、《今乐考证》、《曲录》等。不管哪种方式，它们大多属于戏曲作家、作品目录，这对于作为高度综合艺术，包容多样艺术成分，拥有多种创作途径与方式的中国戏曲而言，是挂漏至多，很不完备的。

中国戏曲目录不应该只有作家、作品目录，在中国戏曲学已经全方位展开、各方面都有丰硕学术成果的今天，旧有的戏曲目录体制已经很不适应，新的戏曲目录学体系正期待重新建立。新的戏曲目录学体制，应在旧有戏曲目录基础上，重新探讨、研究设置分类方法。它应该是容纳戏曲文学、剧种、声腔、表演、音乐、舞美、服饰、道具、理论、音像资料等等分支，与作为高度综合艺术的戏曲相匹配的综合目录，或各自独立的分支目录。

再譬如，中国戏曲某些部类的归属问题，使编撰戏曲目录者感到棘手，难作定夺。如存目数量很大的宫廷承应戏，剧类体裁杂糅，花雅昆乱不挡，长短大小不一，可它偏又自成整体，无法拆分，你无论是按体裁、剧种、声腔、大小戏归类，都会感到圆凿方纳，很难对号入座。如果将它单独分类立目，则中国戏曲目录就全得按剧目内容或者演出场合分类编排了，那显然又很不科学。此外，跟此问题性质相似的，如目连戏、傩戏等宗教仪式剧与昇平署、车王府等戏曲抄本，究竟是单独立类，还是按剧拆分，也同样不好处理。这些问题都有待探讨与研究。体例不纯，归类龃龉的弊病，在旧戏曲目录编制中时有暴露。王国维《曲录》第六卷，把戏曲作家作品无法容纳的总集、散曲、小令、套曲、曲目、曲韵、曲谱等统统归录一卷，就是明显一例。傅惜华《国剧学会图书馆馆书目》，按戏曲艺术种类编目，是戏曲目录学观念上的一大转变，但是把曲谱、曲律、曲论之类，也分派到"花部"与"雅部"之中，就显得十分勉强。

总之，中国戏曲目录学成果不少，积累丰厚，有待解决的问题亦多，症结依旧，如何建立能够体现与中国戏曲艺术相对应、与现代戏曲学成果相匹配的完整的科学体系，正待我们继续努力。

附　录

一、官本杂剧段数

（据知不足斋丛书本，参校陈氏宝颜堂秘笈本排印）

四水潜夫辑　武林旧事卷第十

争曲六幺	扯拦六幺三哮	教声六幺
鞭帽六幺	衣笼六幺	厨子六幺
孤夺旦六幺	王子高六幺	崔护六幺
骰子六幺	照道六幺	莺莺六幺
大宴六幺	驴精六幺	女生外向六幺
慕道六幺	三偌慕道六幺	双拦哮六幺
赶厥夹六幺	羹汤六幺	索拜瀛府
厚熟瀛府	哭骰子瀛府	醉院陈刻“县”君瀛府
懊陈刻“燠”骨头瀛府	赌钱望瀛府	四僧梁州
三索梁州	诗曲梁州	头钱梁州
食店梁州	法事馒头梁州	四哮梁州陈刻“伊州”
领伊州	钱指甲伊州	闸五伯伊州
裴少俊伊州	食店伊州	桶陈刻“橘”担新水
双哮新水	烧花新水	简帖薄媚陈刻“补”
请客薄媚	错取薄媚	传神薄媚
九妆薄媚	本事现薄媚	打调薄媚
拜褥薄媚	郑生遇龙女薄媚	土地大明乐
打毬大明乐	三爷老大明乐	列女降黄龙
双旦降黄龙	柳玭陈刻“比”上官降黄龙	赶厥胡渭州
单番将胡渭州	银器胡渭州	看灯胡渭州三厥
入寺降黄龙	榆标降黄龙	打地铺逍遥乐
病郑逍遥乐	崔护逍遥乐	瀍湎陈刻“走马”逍遥乐
单打石州	和尚陈刻“石和”那石州	赶厥石州
塑金刚大圣乐	单打大圣乐	柳毅大圣乐
霸王中和乐	马头中和乐	大打调中和乐
喝贴万年欢	托合万年欢	迓鼓儿熙州
骆驼熙州	二郎熙州	大打调道人欢
会子道人欢	双陈刻“打”拍道人欢	越娘道人欢
打勘长寿仙	偌卖姐长寿仙	分头子长寿仙
棋盘法曲	孤和法曲	藏瓶儿法曲

车儿法曲	病爷老陈刻无“老字”剑器	霸王剑器
黄傑进延寿乐	义养娘延寿乐	扯篮陈刻“槛”儿贺皇恩
催妆贺皇恩三偌	封陟中和乐	唐辅采莲
双哮采莲	病和采莲	诸宫调霸王
诸宫调卦册儿	相如文君	崔智韬艾虎儿
王宗陈刻“崇”道休妻	李勉负心	四郑舞杨花
四偌皇州	槛偌宝陈刻“保”金枝磕瓦	浮沤传永成双
浮沤暮云归	老孤嘉庆乐	两相宜万年芳
进笔庆云乐	裴航相遇乐	能知他泛清波
三钓鱼泛清波	五柳菊花新	梦巫山彩云归
青阳观碑彩云归	四小将整乾坤	四季夹竹桃花
禾打千秋陈刻“春”乐	牛五郎罢金征	新水爨
三十拍爨	天下太平爨	百花爨
三十六拍爨	门子打三教爨	孝经借衣爨
大孝经孙陈刻“狐”爨	喜朝天爨	说月爨
风花雪月爨	醉青楼爨	宴瑶池爨
钱手帕爨小字太平歌○“帕”陈刻“拍”		诗书礼乐爨
醉花阴爨	钱爨	
鸅鷅鹯爨“鸅”陈刻“鷝”鷅字无考		借听爨
大彻底错爨	黄河赋爨	睡爨
门儿爨	上借门儿爨	抹紫粉爨
夜半乐爨	火发爨	借衫爨
烧饼爨	调燕爨	棹孤舟爨
木兰花爨	月当听爨	醉还醒爨
闹夹棒爨	扑胡蝶爨	闹八妆爨
锺馗爨	铜博爨	恋双双爨
恼子爨	像生爨	金莲子爨
思乡早行孤	睡孤	迓鼓孤
论禅孤	讳药陈刻“乐”孤	大暮故孤
小暮故孤	老姑陈刻“孤”遣妲	孤惨
双孤惨骨突肉	三孤惨	四孤醉留客
四孤夜宴	四孤好	四孤披头
四孤擂	病孤三乡题	王魁三乡题
强偌三乡题	文武问命	两同心卦铺儿
一井金卦铺儿	满皇州卦铺儿	变猫卦铺儿
白苎卦铺儿	探春卦铺儿	庆时丰卦铺儿
三哮卦铺儿	三哮揭榜	三哮上小楼
三哮文字儿	三哮好女儿	三哮一檐脚
槛哮合房	槛哮店休妲	槛哮负酸

秀才下酸擂
食药酸
论淡
调笑驴儿
鹘打兔变二郎
入庙霸王儿
单背影
单折洗
双搭手
双打毬
双索帽
双养娘
双禁师
围城啄木儿
大双惨
双排军
三入舍陈刻“三合入”
三登乐院公狗儿
三顶戴
三教闹著棋
三献身
打三教庵宇
领三教
卖花黄莺儿
四国朝
泥孤

急慢酸
风流药
医淡
雌虎崔智韬
二郎神变二郎神
单调霸王儿
单顶戴
单兜
双厥送
双顶戴
双三教
双快陈刻“抉”
双罗罗啄木儿
大双头莲
小双惨
醉排军
三出舍陈刻“三出合”
三教安公子
三偌一赁驴
三借窑货儿
三教化
普天乐打三教
三姐醉还醒
大四小将
四脱空

眼药酸
黄元儿
医马
解熊
毁庙
单调宿
单唐突
单搭手
双厥投拜
双园子
双虞候
双捉
赖房钱啄木儿
小双头莲
小双索
双卖妲
三笑月中行
三社争赛
三盲一偌

三京下书三短鞯
满皇州打三教
三姐黄莺儿
四小将
四教化

——录自上海古典文学出版社1956年版《东京梦华录（外四种）》

二、院本名目

（据武进陶氏影元刻断句重印本）

元·陶宗仪著　南村辍耕录卷之二十五

唐有传奇。宋有戏曲、唱诨、词说。金有院本、杂剧、诸宫调。院本、杂剧，其实一也。国朝，院本、杂剧，始厘而二之。院本则五人，一曰副净，古谓之参军。一曰副末，古谓之苍鹘。鹘能击禽鸟，末可打副净，故云。一曰引戏，一曰末泥，一曰孤装，又谓之五花爨弄。或曰，宋徽宗见爨国人来朝，衣装鞵履巾裹，傅粉墨，举动如此，使优人效之以为戏。又有焰段，亦院本之意，但差简耳，取其如火焰，易明而易灭也。其间副净有散说，有道念，有筋斗，有科泛。教坊色长魏、武、刘三人，鼎新编辑。魏长于念诵，武长于筋斗，刘长于科泛，至今乐人皆宗之。偶得院本名目，载于此，以资博识者之一览。

和曲院本

月明法曲	郓王法曲	烧香法曲	送使法曲	上坟伊州
烧花新水	熙州骆驼	列良瀛府	病郑逍遥乐	四皓逍遥乐
四酸逍遥乐	贺贴万年欢	揥廪降黄龙	列女降黄龙	

上皇院本

壶春堂	太湖石	金明池	恋鳌山	六变妆
万岁山	打草阵	赏花灯	错入内	问相思
探花街	断上皇	打毬会	春从天上来	

题目院本

柳絮风	红索冷	墙外道	共粉泪	杨柳枝
蔡消闲	方偷眼	呆太守	画堂前	梦周公
梅花底	三笑图	窄布衫	呆秀才	隔年期
贺方回	王安石	断三行	竞寻芳	双打梨花院

霸王院本

悲怨霸王	范增霸王	草马霸王	散楚霸王	三官霸王
补塑霸王				

诸杂大小院本

乔托孤	旦判孤	计算孤	双判孤	百戏孤
哨啮孤	烧枣孤	孝经孤	菜园孤	货郎孤
合房酸	麻皮酸	花酒酸	狗皮酸	还魂酸
别离酸	三缠酸	谒食酸	三檪酸	哭贫酸
插拨酸	酸孤旦	毛诗旦	老孤遣旦	缠三旦
禾哨旦	哮卖旦	贫富旦	书柜儿	纸襴儿
蔡奴儿	剁毛儿	喜牌儿	卦册儿	绣箧儿
粥碗儿	似娘儿	卦铺儿	师婆儿	教学儿
鸡鸭儿	黄丸儿	棱角儿	田牛儿	小丸儿
丑奴儿	病襄王	马明王	闹学堂	闹浴堂
宽布衫	泥布衫	赶汤瓶	纸汤瓶	闹旗亭
芙蓉亭	壤食店	闹酒店	壤粥店	庄周梦
花酒梦	蝴蝶梦	三出舍	三入舍	瑶池会
八仙会	蟠桃会	洗儿会	藏阄会	打五藏
兰昌宫	广寒宫	闹结亲	倦成亲	强风情
大论情	三园子	红娘子	太平还乡	衣锦还乡
四论艺	殿前四艺	竞敲门	都子撞门	呆大郎
四酸擂	问前程	十样锦	长庆馆	瘸将军
两相同	竞花枝	五变妆	洪福无疆	白牡丹

赤壁鏖兵 穷相思 金坛谒宿 调双渐 官吏不和
闹巡铺 判不由己 大勘刀 同官不睦 闹平康
赶门不上 卖花容 同官贺授 无鬼论 四酸讳偌
闹棚阑 双药盘街 闹文林 四国来朝 双捉婿
酒色财气 医作媒 风流药院 监法童 渔樵问话
斗鹌鹑 杜甫游春 鸳鸯简 四酸提猴 满朝欢
月夜闻筝 鼓角将 闹芙蓉城 双斗医 张生煮海
赊馒头 文房四宝 谢神天 陈桥兵变 双揭榜
蒙哑质库 双福神 院公狗儿 告和来 佛印烧猪
酸卖徕 琴剑书箱 花前饮 五鬼听琴 白云庵
迓鼓二郎 壤道场 独脚五郎 卖花声 进奉伊州
错上坟 医五方 打五铺 拷梅香 四道姑
隔帘听 硬行蔡 义养娘 啮师姨 论秋蝉
刘盼盼 墙头马 刺董卓 锯周朴 四柏板
大论谈 牵龙舟 击梧桐 浲蓝桥 入桃园
双防送 海棠春 香药车 四方和 九头顶
闹元宵 赶村禾 眼药孤 两同心 更漏子
阳阳孤 提头巾 三索债 防送哨 偌卖旦
是耶酸 怕水酸 回回梨花院 晋宣成道记

院幺

海棠轩 海棠园 海棠怨 海棠院 鲁李王
庆七夕 再相逢 风流婿 王子端捲帘记 紫云迷四季
张與梦孟杨妃 女状元春桃记 粉墙梨花院 妮女梨花院 庞方温道德经
大江车注 吴彦举 不抽关 不掀帘 红梨花
玎珰天赐暗姻缘

诸杂院爨

闹夹棒六幺 闹夹棒法曲 望瀛法曲 分拐法曲 送宣道人欢
逍遥乐打马铺 撺彩延寿乐 讳老长寿仙 夜半乐打明星 欢呼万里
山水日月 集贤宾打三教 打白雪歌 地水火风 夜深深三磕胞
佳景堪游 琴棋书画 喜迁莺剁草鞋 太公家教 十五郎
滕王阁闹八妆 春夏秋冬 风花雪月 上小楼衮头子 喷水胡僧
打注论语 恨秋风鬼点偌 诗书礼乐 论语谒食 下角瓶大医淡
再游恩地 累受恩深 送羹汤放火子 擂鼓孝经 香茶酒果
船子和尚四不犯 徐演黄河 单兜望梅花 皇都好景 四偌大提猴
双声叠韵 上皇四轴画 三偌一卜 调猿卦铺 倬刀馒头
河转迓鼓 背箱伊州 酒楼伊州 簑衣百家诗 埋头百家诗
偷酒牡丹香 雪诗打樊哙 抹紭长寿仙 四偌贾诨 四偌祈雨
松竹龟鹤 王母祝寿 四偌抹紫粉 四偌劈马椿 截红闹浴堂

和燕归梁	苏武和番	羹汤六幺	河阳舅舅	偌请都子
双女赖饭	一贯质库儿	私媒质库儿	清朝无事	丰稔太平
一人有庆	四海民和	金皇圣德	皇家万岁	背鼓千字文
变龙千字文	摔盒千字文	错打千字文	木驴千字文	埋头千字文
讲来年好	讲圣州序	讲乐章序	讲道德经	神农大说药
食店提猴	人参脑子爨	断朱温爨	变二郎爨	讲百果爨
讲百花爨	讲蒙求爨	讲百禽爨	讲心字爨	变柳七爨
三跳涧爨	打王枢密爨	水酒梅花爨	调猿香字爨	三分食爨
煎布衫爨	赖布衫爨	双揲纸爨	谒金门爨	跳布袋爨
文房四宝爨	开山五花爨			

冲撞引首

打三十	打谢乐	打八哥	错打了	错取鬼
说狄青	憨郭郎	枝头巾	小闹掴	莺哥猫儿
大阳唐	小阳唐	歇贴韵	三般尿	大惊睡
小惊睡	大分界	小分界	双雁儿	唐韵六贴
我来也	情知本分	乔捉蛇	铛锅釜灶	代元保
母子御头	嘴苗儿	山梨柿子	打淡的	一日一箇
村城诗	胡椒虽小	蔡伯喈	遮截架解	窄砖儿
三打步	穿百倬	般榛子	四鱼名	四坐山
提头带	天下乐	四怕水	四门儿	说古人
山麻秸	乔道场	黄风荡荡	贪狼观	通一母
串梆子	拖下来	哑伴哥	刘千刘羲	欢会旗
生死鼓	捣练子	三晕头	酒槽儿	净瓶儿
卖官衣	苗青根白	调笑令	斗鼓笛	柳青娘
论句儿	请车儿	身边有艺	调刘衮	霸王草
难古典	左必来	香供养	合五百	妳妳嗔
一借一与	已巳己	舞秦始皇	学像生	支道馒头
打调劫	驴城白守	呆木大	定魂刀	说罚钱
年纪大小	打扇	盘蛇	相眼	告假
捉记	照淡	矇哑	投河略通	调贼
多笔	佥押	扯状	罗打	记水求楞
烧奏	转花枝	计头儿	长娇怜	歇后语
芦子语	迴且语	大支散		

拴搐艳段

襄阳会	驴轴不了	抛绣毬	鞭敲金镫	门帘儿
天长地久	眼药里	衙府则例	金含楞	天下太平
归塞北	春夏秋冬	斗百草	叫子盖头	大刘备
石榴花诗	哑谨书	説古捧	唱拄杖	日月山河

胡饼大	背揾地	屋里藏	骂吕布	张天觉
打论语	十果顽	十般乞	还故里	刘金带
四草虫	四厨子	四妃艳	望长安	长安住
骂江南	风花雪月	错寄书	睡起教柱	打婆束
三文两扑	大对景	小护乡	少年游	打青提
千字文	酒家诗	三拖旦	睡马杓	四生厉
乔唱诨	桃李子	麦屯儿	大菜园	乔打圣
杏汤来	谢天地	十隻脚	请生打纳	建成
缚食	毬棒艳	破巢艳	开封艳	鞍子艳
打虎艳	四王艳	蝗虫艳	撅子艳	七捉艳
修行艳	般调艳	枣儿艳	蛮子艳	快乐艳
慈乌艳	眼里乔	访戴众半	陈蔡	范蠡
扯休书	鞭塞	金铃	感吾智	诸宫调
杴机扫竹	雕出板来	套靴	舌智	俯饭
钗发多	襄阳府	仙哥儿		

打略拴搐

星象名	果子名	草名	军器名	神道名
灯火名	衣裳名	铁器名	书集名	节令名
斋菜名	县道名	州府名	相扑名	法器名
乐人名	草名	军名	门名	鱼名
菩薩名				

睹扑名

照天红	著棋名	衮骰子	琴家弄	闷葫芦
握龟				

官职名

说驾顽	敲待制	上官赴任	押剌花赤

飞禽名

青鸨	老鸦	厮料	鹰鹞鵰鹘

花名

石竹子	调狗	散水

吃食名

厨难偌	蘑茹菜

佛名

成佛板	爷娘佛

难字儿

盘驴	害字	刘三	一板子

酒下拴

数酒	三元四子

唱尾声

孟姜女　遮盖了　诗头曲尾　虎皮袍

猜谜

杜大伯　大黄

和尚家门

秃丑生　窗下僧　坐化　唐三藏

先生家门

入口鬼　则要胡孙　大烧饼　清闲真道本

秀才家门

大口赋　六十八头　拂袖便去　绍运图　十二月

胡说话　风魔赋　疗丁赋　牵著骆驼　看马胡孙

列良家门

说卦象　由命赋　混星图　柳簸箕　二十八宿

春从天上来

禾下家门

万民快乐　咬得响　莫延　九斗一石　共牛

大夫家门

三十六风　伤寒赋　合死汉　马屁勃　安排锹镬

三百六十骨节　撒五谷　便痈赋

卒子家门

针儿线　甲仗库　军闹　阵败

良头家门

方头赋　水龙吟

邦老家门

脚言脚语　则是便是贼

都子家门

后人收　桃李子　上一上

孤下家门

朕闻上古　刁包待制　绢儿来

司吏家门

罢笔赋　事故榜

仵作家门

一遍生活

撅俫家门

受胎成气

诸杂砌

模石江　梅妃　浴佛　三教　姜武

救驾　赵娥娥　石妇吟　变猫　水母

玉环　走鹦哥　上料　瞎脚　易基

武则天	告子	拔蛇	鹿皮	新太公
黄巢	恰来	蛇师	没字碑	卧草
衲袄	封碑	锯周朴	史弘肇	悬头梁上

——录自中华书局1980年版《南村辍耕录》

三、南词叙录所载戏文目

（翻刻壶隐居黑格钞本，参校今乐考证等）

明·徐渭著　南词叙录

宋元旧篇：

赵贞女蔡二郎即旧伯喈弃亲背妇，为暴雷震死。里俗妄作也。实为戏文之首。

王魁负桂英王魁名俊民，以状元及第。亦里俗妄作也。周密齐东野语辨之甚详。

陈巡检梅岭失妻	鬼元宵	王祥卧冰
王十朋荆钗记	杀狗劝夫	朱买臣休妻记
莺莺西厢记	司马相如题桥记	陈光蕊江流和尚
孟姜女送寒衣	裴少俊墙头马上	柳耆卿花柳玩江楼
刘锡沉香太子	贺怜怜烟花怨	史弘肇故乡宴
苏小卿月下贩茶船	陈叔万三负心	京娘怨燕子传书
欢喜冤家	乐昌公主破镜重圆	吕洞宾三醉岳阳楼
周处风云记	王月英月下留鞋	刘知远白兔记
赵氏孤儿	苏秦衣锦还乡	赵普进梅谏
董秀英花月东墙记	宋子京鹧鸪天	诈妮子莺燕争春
蒋世隆拜月亭	崔君瑞江天暮雪	王公绰
柳文直正旦贺升平	秋夜銮城驿	秦桧东窗事犯
王孝子寻母	冯京三元记	朱文太平钱
薛云卿鬼做媒	吕洞宾黄粱梦	贾似道木棉庵记
何推官错勘尸	柳毅洞庭龙女	吕蒙正破窑记
苏武牧羊记	孟月梅锦香亭	张孜鸳鸯灯
林招得三负心	唐伯亨八不知音	百花亭
冤家债主	刘文龙菱花镜	刘盼盼
生死夫妻	宝妆亭	教子寻亲
刘孝女金钗记	借烛寻珠	多月亭
闵子骞单衣记高则诚作。	蔡伯喈琵琶记	王俊民休书记

本朝：

崔莺莺西厢记李景云编。
贾云华还魂记溧阳人作。
陈可中剔目记
商辂三元记
冯国珍衣锦还乡
韩信筑坛拜将
桂英诬王魁
孟宗泣竹
花园记
金钱记
罗帕记
香囊记邵文明作。
洪皓使虏记
破镜重圆
忠孝节义方谕生作。
王阳明平逆记
王十朋荆钗记李景云编。
兰蕙联芳楼记教坊本。
玉箫两世姻缘
冯京三元记多市井语。
高汉卿罗囊记
张良圯桥进履
姜诗得鲤
绣鞋记
银瓶记
罗带记
五伦全备邱文庄作。
龙泉记
李白宫锦袍记
文林四景
百行传
中山狼白猿
天赐温凉觥教坊本。
琼奴传教坊本。
岳飞车窗事犯用礼重编。
邹知县湘湖记多实事。
裴度还带记
八不知犀合记
张许双忠记
芙蓉屏记
邓攸弃子抱侄
高文举
鸳鸯记
三益记
娇红记
丽情四景
玉玦记郑若庸作，故事太多。
唐僧西游记

——录自中国戏剧出版社1957年版《中国古典戏曲论著集成·三》

四、谱选古今传奇散曲集总目

（清·张大复《寒山堂曲谱》卷首总目）

张彝宣大复甫选订　　男　继良君辅、继贤君佐同辑

凡所录，只分传奇、散曲二种，各以见谱先后为序，各书具（俱）全名，间考作者姓字、里居。

元传奇

吕蒙正风雪破窑记　　《盛世群贤雍熙乐府》六种之第三种。
孝感天王祥卧冰记
王十朋荆钗记　　《雍熙乐府》六种之第二种，吴门学究敬先书会柯丹邱著。
苏武持节北海牧羊记　　江浙省务提举大都马致远千里著，号东篱。
岳忠孝王东窗事犯记
黄孝子千里寻母记
江流和尚陈光蕊传　　与旧本《百二十家南戏文全锦》不同。
杨德贤女杀狗劝夫记　　古本淳安徐畂仲由著，今本已由吴中情奴、沈兴白、龙犹子三改矣。
董秀英花月东墙记　　九山书会捷讥史九敬先著。

陈巡检梅岭失妻	
朱买臣泼水出妻记	
刘知远重会白兔记	刘唐卿改过。
蔡伯喈琵琶记	东嘉高明著，字则诚，著《柔克斋集》。传奇之首。古本比今本多两出。明周藩刻本。
赵氏孤儿大报仇	明徐元改作《八义记》。
风流李勉三负心记	史九敬先、马致远合著，《雍熙乐府》第四种。
鬼判何推官传	
蒋世隆拜月亭记	吴门医隐施惠字君美著。武林刻本已数改矣，世人几见真本哉。五十八出，按察司刻。
贾充宅韩寿偷香传	
崔君瑞江天暮雪	近人改作《江雪舟记》，一字不易，恬不知耻。
元永和鬼妻传	龙子犹云：洪武间一教谕作。惜未询其姓字。
崔莺莺待月西厢记	此李景云改本，非王实甫作，王本乃北曲杂剧也。
风风雨雨莺燕争春记	《雍熙乐府》第六种，刘一棒著，史九敬先婿。
唐伯亨	此本从里丈钮少雅处假来，前明内府官抄也。
周羽教子寻亲记	今本已五改：梁伯龙、范受益、王陵、吴中情奴、沈予一。
开封府风流合三十	此亦钮丈钞本。
张协状元传	吴中九山书会著。
薛云卿偷赠锦香囊记	
王魁负桂英传	戏文之首。南宋人作也，惜不全。
风流王焕百花亭记	曹子贞学士著。
席雪餐毡忠节苏武传	与前明《牧羊记》不同，今多混为一。此亦钮丈所假，只十五出，戏文之至短者也。
苏秦传	沈采改作《金印记》。
关大王古城会	
孟月梅写恨锦香亭记	近有小说，同一故事。
高文举两世还魂记	
陈叔文负心金钱串记	
乐昌公主破镜重圆记	《中州韵》有《乐昌分镜》，南宋人曲也。
郑将军红白蜘蛛记	《雍熙乐府》第五种。
张资传	李元（玄）玉一笠庵藏本，即《鸳鸯灯》。
郑孔目风雪酷寒亭记	
薛惜惜两美更夫记	曲词淫恶。
章台柳	
金(鼠)银猫李宝闲花记	大都邓聚德著，业卜，字先觉。尚有《三十六锁骨戏文》。三十九出，隆福寺刻本。
史弘肇	
王子高	

岳阳楼	
司马相如	此四种皆在《百二十家戏文全锦》中。
李亚仙诗酒曲江池	明郑若庸改作《绣襦记》。
子母冤家	明官抄，一笠庵假来。
萧淑贞祭坟重会姻缘记	一名《刘文龙传》，《雍熙乐府》第一种，史敬德、马致远合著。
董解元智夺金玉兰传	
志诚总管鬼情集	此《玉谷金莺》所选，世无全本也。
贞节孟姜女	极古拙。
王仙客无双传	墨憨斋赠本，与《明珠记》完全不同。
裴少俊墙头马上目成记	曲白俱美，必才人手迹也。大人已付梓，章邱李中麓公手钞本也。
苏小卿西湖柳记	
崔护谒浆记	隆福寺刊。
赛摩勒传	非红绡事，恶劣。
花花柳柳清明祭柳七记	未见全本。
宋公盟（明）大闹元宵	
西池宴王母瑶台会	前明官钞本也，原题："敬先书会合呈。"
诈妮子调风月记	
子父焚栾城驿	浙江省椽常熟汪元亨著，字协贞，有《归田录》名于世。
韩文公风雪阻蓝关记	
韩湘子三度韩文公记	与前合抄一册。
蒋兰英	
郭华胭脂记	仅见一出，郑德辉著，或云乔梦符也。
金縢记	
松竹梅四友争春记	
范蠡沉西施记	
一合传	

明传奇（略次先后）

投笔记	琼山邱濬字仲深著，文渊阁大学士，意佳词腐。
小春秋	
	以上十九种未刻稿。
钓渔船	
紫琼瑶	
獭镜缘	
双福寺（寿）	
智串旗	
三祝杯	
	以上六种未成。

万寿大庆承应杂剧六种

万国梯航	万家生佛
万笏朝天	万流同归
万善合一	万德祥源

——录自中国艺术研究院音乐研究所藏五册五卷残钞本

五、百川书志·外史

（据观古堂书目丛刻本，参校瞿凤起校旧钞本排印）

明·高儒著　百川书志卷之六史志三

西厢记五卷

钱塘梦一卷

诗论一卷

蒲东崔张珠玉诗一卷

海翁诗集一卷

风月始终诗一卷

元王实甫著。余皆近世名人所作。

词林备要一卷

皇明南京进士及第刘大经新注西厢辞曲。引用诸书故事，集览之类也。

秦月娥误失金环记一卷

此处空撰人一行。各钞本同。

萨真人夜断碧桃花记一卷

此处空撰人一行。各钞本同。

客窗夜话一卷

皇明洪武中天京士夫广阳宋让著。一折，中吕宫，四十二曲。

风月囊集二卷

皇明古汀滅里马惟厚编。改桂英诬王魁海神记也，凡六折。

吕洞宾戏白牡丹飞剑斩黄龙一卷

此处空撰人一行。各钞本同。

邓伯道弃子留侄一卷

元李直夫撰。

〇直原作真，从瞿校钞本改。

秦太师东窗事犯一卷

元金志甫撰。

贞淑秀拜月诉衷肠一卷

元关汉卿撰。太和谱名为拜月亭。续考：明广阳蔡景编。

珍珠龙凰汗衫记三卷

元关汉卿撰。太和谱名为宣华妃。

关大王单刀赴会记一卷

元关汉卿撰。

㑳梅香骗翰林风月杂剧一卷

〇骗原作编，从瞿校钞本改。

元郑德辉撰。

玉萧女两世姻缘杂剧一卷

元乔梦符撰。

死生交范张鸡黍杂剧一卷

元宫大用撰。

醉思乡王粲登楼杂剧一卷

元郑德辉撰。自翰林风月至此四种，即四段锦。

摘翠百詠小春秋一卷

皇明大梁雪舟老人王彦贞赋崔张事武陵春一百首。江东雪崖老人赋绝句一百首。

〇武陵春以下，应作两行，一题一解也。兹从原钞。

甄月娥春风庆朔堂传奇一卷

美姻缘风月桃源景传奇一卷

清河县继母大贤传奇一卷

赵贞姬身后团圆梦传奇一卷

刘盼春守志香囊传奇一卷

宣平巷刘金儿复落娼传奇一卷

福禄寿仙官庆会传奇一卷

神后山秋得驺虞传奇一卷

黑旋风仗义疏财传奇一卷

紫阳仙三度常春梼传奇一卷

东华仙三度十长生传奇一卷

群仙庆寿蟠桃会传奇一卷

瑶池会八仙庆寿传奇一卷

吕洞宾花月神仙会传奇一卷

洛阳风月牡丹仙传奇一卷

天香圃牡丹品传奇一卷

十美人庆赏牡丹园传奇一卷

张天师明断沈钩月传奇一卷

孟浩然踏雪寻梅传奇一卷

小天香半夜朝元传奇一卷

李妙清花裹悟真如传奇一卷

李亚仙花酒曲江池传奇一卷

惠禅师三度小桃红传奇一卷

㧐搜判官乔断鬼传奇一卷

豹子和尚自还俗传奇一卷

兰红叶从良烟花梦传奇一卷

〇良原作自，从瞿校钞本改。也是园目亦作良。

河嵩神灵芝献寿传奇一卷

四时花月赛姣容传奇一卷

南极星度海棠仙传奇一卷

文殊菩萨降狮子传奇一卷

关云长义勇辞金传奇一卷

皇明周府殿下锦窠老人全阳翁著。各具四折。详陈搬演科唱，或改正前编，或自生新意，或因物生辞，或寓言警世，或歌唱太平，或传奇近事。密异足骇人心，

〇足原作或，从瞿校钞本改。烟花不污人志。盖处贵盛之时，消磨日月，故发此空中音耳。凡三十一种，总名诚斋传奇，异乐府行也。

蔡伯喈琵琶记二卷

或曰宋永嘉先生撰。

王十朋荆钗记二卷

此处空撰人一行。各钞本同。

韩寿窃香二卷

元李子中撰。

李日华南西厢记二卷

海盐崔时佩编集，吴门李日华新增。凡三十八折。

五伦全备记三卷

国朝赤玉峰道人琼台邱濬撰。凡二十八段。所述皆名言，借为世劝。天下大伦大理，尽寓于是。言带诙谐，不失其正，盖假此以诱人之观听。苟存人心，必入其善化矣。

韩文公雪拥蓝关记二卷

太和正音谱：元纪君祥之作，有韩文公退之记。赵明远之作，有韩湘之。

〇之当作子。疑赵作为陈半街记。而无名氏中又列升仙会记。赵未详孰作。

——录自古典文学出版社1957年版《百川书志·古今书刻》合排本

六、晁氏宝文堂书目·乐府

（据国家图书馆藏明写本校印）

明·晁瑮撰　晁氏宝文堂书目卷中

西厢记松刻一　京刻一　闽刻一

四节记

碧山乐府

琵琶记

乐府杂录

六朝乐府南监刻二十本

秋碧乐府

荆钗记

教坊记

激楚遗歌

中州乐府集

梨云寄傲

破镜重圆记

白蜘蛛记

香囊记

乐府指迷

拟古乐府

雍熙乐府	太和正音谱六本	拟汉乐府
西涯拟古乐府	铁崖乐府	草堂诗馀
桂州词	掇锦集	浣花集
懒云传奇	诗馀图谱	稼轩馀兴
兰谷新词	古乐府	诗准
乐府诗集	中原音韻	可泉拟汉乐府
卧病江皋	中麓山人小令一本	
月香小桥（桥疑稿字之误。）		太平仙记一本
盛世新声	水宫庆会碧莲池一本	词林摘艳
贫寓兴衰记	蟠桃宴	写情集一本
左慈飞杯	飞剑斩黄龙	刘弘嫁婢
南西厢记一本	乐府杂诗	蚓窍清娱二本
云林清赏	诚斋乐府	彩鸾灯记
河嵩神灵芝庆寿	四时花月赛娇容	
南极星度海棠花吟晚海棠仙	文殊菩萨降狮子	关云长义勇辞金
律吕直解	太平乐府	滑稽馀韵
元遗山乐府	双峰乐府	草堂诗馀
律吕元声	律同	张养浩云莊乐府
归朝乐天	律吕解注	柳公乐章　乐府集
南曲	瞿宗吉乐府遗音	变象新书
诚斋牡丹梅花百咏	稼轩长短句	周美成词
诚斋新录	玉玦记	乐歌
南涧诗馀	南曲次韵	左克明古乐府杭刻
陶情乐府	钟情丽集	王兰卿真烈传奇
班超投笔记	怀春雅集	五代残唐记
江湖切要	八节记	苏秦戏文大全
红梅记	阳关三叠记	浒东乐府后录
浒西山人初度录	汉相如题桥记	一文钱缠到底
尹喜莲嫌夫记	翠红乡儿女两团圆	冯伯玉子弟弃烟花
四金图解	四图用说	乐记补说
律吕新书补注	兴乐要论	古文筌蹄
皇明青宫乐调	黑旋风仗义疏财	叶氏贞节记
陈琳抱妆盒	白注荆钗记	张继宗怒杀烟花女记
雅乐燕乐府	西厢摘锦	苑乐馀音
西游记	小隐馀音	陈子容仁义交朋记
王西楼乐府	朱善真生死姻缘记	韩寿窃香记
秋碧乐府	秦月娥误失金环记	柳梅成仙记
表正风化轮回记	孟姜女贞烈戏文	居仁叟化愚作贤记
洞天玄记	左克明集古乐府	羣英诗馀

邹知县肖山湘湖记	五伦全备	秋碧轩集
南涧乐府	芙蓉屏记	升平词
桃花女杂记	云魔洞四女争夫	古集宫词
近体宫词附录	诗馀图谱三部	中州乐府集
双忠记	司马相如题桥记	松林畅怀词
萨真人夜断碧桃花	馀清集	太和正音谱宁府刻
千家锦	词话总龟	金振远疏财仗义
施阴功神助拜天恩	炳灵公断丹客烧银	尽忠孝路冲教子
秦太师东窗事犯	莽樊哙大闹鸿门会	烂柯山王质观棋
铁拐李度金童玉女	鲁志深喜赏黄花女	铁拐李
走鸦路	东吴小桥哭周瑜（弘治本三国演义二乔字皆作桥。）	
裴少俊墙头马上	陈孝妇守节荆钗	巫娥醉赴阳台梦
女元帅挂甲朝天	无盐女刀扑胭脂马	群花会
三醉岳阳楼	傅玉英贤女配姚期	桃花女
哪吒神力擒巡使	若耶溪渔樵闲话	张昃之一段风流事
压关楼迭挂午时牌	张天师断风花雪月	幽冥神报应风流鬼
罗妙娟恨题卜算子	赵妙喜谋杀亲夫	
东坡梦（坡原误破。今改。）	感天动地窦娥冤	张孱智勘磨盒罗
沙门岛张生煑海	淮南王白日飞升	东堂老劝破家子
老更狂	冲漠子独步大罗天	子房归山
瑶天笙鹤	连环记	破黄巾
关大王单刀会	马陵道	杜牧之诗酒扬州梦
董卓戏貂蝉	羊角哀鬼战荆轲	关大王月下斩貂蝉
李太白醉写定夷书	云台观	丽春堂
贤达妇京娘盗果	赵子龙大闹塔泥镇	别虞姬
庆端阳误宴龙舟会	大罗天群仙庆寿	肃清瀚海平胡传
三氣张飞	浩歌	迷青琐倩女离魂
诸葛亮赤壁鏖兵	豫章三害	
齐景公夹谷大会（谷原误国。今改。）		客窗夜话
周武帝辩三教	五马破曹	卓文君私奔相如
岳飞大破太行山	姻花鬼判	飞刀封箭
㑳梅香谝翰林风月	齐桓公九合诸侯	辅成王周公摄政
北酆大王勘妒妇	金钱记	杨娭复落娼
伍子胥力伏十虎将	吕洞宾三度城南柳	马孟起奋勇大报仇
包待制智赚三件宝	存孝打虎	兰相如夺锦标名
受顾命请诸葛论功	渡天河织女会牵牛	十八学士登瀛洲
莽张飞大闹石榴园	严子陵垂钓七里滩	劈华山神香救母
升仙桥	狗家疃五虎困彦章	苏子瞻风雪贬黄州
范疆帐下斩张飞	孤雁汉宫秋	挂甲朝天

孟姜女死哭长城	汉高皇濯足气英布	庄周梦蝴蝶
三战吕布	玎玎当当盆儿鬼	陈翠娥贞节赏元宵
像生番语罟罟旦	萨真人白日飞升	老莱子水宫庆会碧莲池
降六贼伏龙虎太平仙记	平百夷火烧鹿川寨	志登仙左慈飞杯
刘玄德私出东吴国	岳飞三箭赫金营	开封府张孱勘头巾
汉李陵撞台全忠孝	萧何夜月追韩信	宋庠渡蚁
汉功臣叠士望嗣台	张翼德单战吕布	楚昭公疏者下舡
诸葛亮火烧战舡	张公艺九世同居	明旌表颜母训子
便宜行事虎头牌	孝义感庆会迎慈堂	晋刘阮悮入桃花
花间四友东坡梦	孙玉莲秋月鸾凰记	郑月莲秋夜云窗梦
十探子大闹延安府	包待制智赚生金阁	陈琳抱粧盒
会稽山越王尝胆	乞骸骨两疏见几	泗州大圣降水母
韩鞶翠御水流红叶	山神庙裴度还带记	鼓盆歌庄子叹骷髅
姑真人四圣鉴白猿	冻苏秦衣锦还乡	错送鸳鸯被
江湖遣典	风月囊集	坦庵长短句
杂剧正名	介庵赵宝文雅词	介庵乐府
林下集	后村居士诗录	蔡氏律同
和碧山诗	吕真人九度国一禅师	林泉清趣
锦翠西厢—	皇明铙歌	秋江词
苑洛志乐	汉相如四喜俱全记	山林馀兴
度数图解	词学筌蹄	中麓乐府
诚斋乐府	五柳先生传奇	三贞三贵绒段记
葵轩词	东村乐府	赛公馀漫兴
楼居写情集	湛碧乐府	麻饼记
文武状元龙泉记	古乐府解题	乐府补题
四时悼内	诸仙庆寿记	荆花记
乐吕管见	诗禅智稳集	律吕古义
冯商还妾三元记欠下本	董解元古西厢	豹子和尚自还俗
张翼德力扶雷安天	升仙会	气张飞
为善阴骘玉带记	归田稿	林泉幽赏
乐府群书	传奇目录北曲	戏文目录
杜子美沽酒游春记	吕洞宾花月神仙录	苏增谒墓
西瓜记	罗囊记	春泉乐府
碧山诗馀	诗转新声掇锦集	三馀乐事
吕洞宾度黄龙禅师记	碧山乐府	惠禅师三度小桃红
掐搜判官乔断鬼	御制歌曲	南北锦绣赛丛珠

——录自古典文学出版社 1957 年版《晁氏宝文堂书目·徐氏红雨楼书目》合排本

第二编

戏曲版本学

第一章 戏曲版本的特殊意义

一、版本与版本种类

（一）版本历史简述

印刷书籍发明之前，古人用竹简、木版来记事写书，木版还兼作奏牍。竹为“简”，木为“牍”，合称“简牍”，这是古代书写的基本载体。东汉·王充《论衡·量知篇》云：“截竹为简，破以为牒”，“断木为椠，析之为版”。可见，“版本”这一名称，推其源流，最早是与简牍有关。“版”的原意是木片，引申开来，也指竹片；故“版”的名称，源于简牍。

继“简牍”之后，古人用缣帛记事。缣帛可以卷成轴，一卷轴缣帛，即是“一卷”。“卷”之说，即由缣帛记事的“卷”而来。清·叶德辉《书林清话》卷一说：“今人称书之下边曰书根。乃知‘本’者，因根而计数之词。”可知书的下部为“书根”，此是书本之“本”的语义来源。《说文》曰：“木下曰本”，可知，“本”即是“根”，“根”亦即“本”。一轴缣帛卷好后，下端木头（根）露在外边，故称一卷轴帛书为“一本”。由上述事实可知，“版本”之“本”的本意，即来自于缣帛记事。一说，雕版印刷流行之后，就把印本书称为“版”，把写本书称为“本”。如《书林清话》中所说:“雕版谓之‘版’，藏本谓之‘本’，藏本者，官、私所藏未雕之善本也。”版本名称，由此而来。这是相对接近现代版本概念的解释。

“版”的名称，最早来源于简牍；“本”的名称，来源于缣帛；合称“版本”。古人所言的“版本”概念，与今人不太一样。古人在雕版印刷发明之后，习惯多用“版本”二字作为印本的代称，用以与“写本”相区别。宋·王明清《挥麈录》中，有“蜀中始有版本”的记载。陆游《老学庵笔记》记：“尹少稷日能诵麻沙版本书厚一寸。”朱熹《上蔡语录跋》云：“熹初到括苍，得吴任臣写本一篇，后得吴中版本一篇。”将“版本”与“写本”分得很清楚，“版本”是与“写本”相对而言的，前者指印刷本，后者指手写本，这跟我们现在所谓的版本概念不同。

两宋以来，人们开始重视版本（印本）的不同，曾用多种印本校勘群书，比较异同，于是就有了“版本学”。

从南宋·尤袤的《遂初堂书目》开始，提及不同版本的名称。诸如有：成都的石经本、秘阁本、旧监本、京本、江西本、吉州本等等的区别。《遂初堂书目》可说是我国最早的版本目录书。

“版本”与“版本学”是随着雕版印刷的发明而产生的，在只有写本的时代，是无所谓“版本”和“版本学”的。至于我国雕版印刷何时发明，曾有三种不同说法，即：隋朝说，唐朝说，五代说。一般学者都倾向于唐朝说。现存最古的印本，是敦煌卷子《金刚经》，印于唐咸通九年（868），现藏大英博物馆。当然在雕版印刷出现之前，已有石经，石经刻在石上，把它拓下来，也可以算是印本，它是雕版印刷的前驱。唐与唐以前的书，基本上是写本，印本书（版本书）在宋代亦很珍贵，也很罕见。

唐代雕版印刷的主要是佛经、诗歌、日常必需品，如日历之类。完整的印刷书还未见有关文献记载，更无书籍流传。公元10至14世纪间，是宋、金、元时代，是中国印刷术全面发展的时期。北宋时，雕版印刷中心在汴梁（今开封）。南宋时，浙江杭州、福建建阳、四川眉山，形成三个强有力的印刷文化区域。汴梁、浙江、福建、四川，加上江西，人称为宋代五大雕版印书中心。金代印刷中心在平水（亦称平阳，今山西临汾）。元代印刷中心在杭州、建阳、大都，此时开始刻印戏曲，且有刻本流传至今。明代刻书除浙江、杭州、福建建阳外，还向江苏金陵（南京）、苏州、常州、常熟，江西吉州、抚州、饶州，安徽歙县一带扩展。清继明代遗踪，而在官刻与私刻两方面较前代更求精细。清康熙十二年（1673）朝廷设武英殿，精刻了不少大部头的书，如《钦定十三经注疏》、《钦定二十四史》等，称为“武英殿本”。还用铜活字印刷了万卷大书《古今图书集成》。武英殿又有《聚珍版丛书》，系用木活字排印。私家刻书中的名人自刻，蔚然成风，产生许多“写刻”本。此外，考据、辑刻、校勘之类的书，大量出现。以上就是中国印刷书籍发展的大体历史概况。

（二）版本种类

所谓版本种类，严格意义来说，以前是专指雕版（活字版）印刷出现后产生的书籍种类。但随着书籍的发展，现代概念的版本，还包括印本之外的手抄本、手稿本、影印本、激光照排、缩微胶卷乃至文本的电子传输、下载、扫描等等样式。版本的种类也随着现代复制文本技术的发展而相应作出新的归类。

大而言之，以往的书籍版本，可以粗略地分为两大类，即印本和写本。细分起来，写本按年代不同来分，如有：唐写本、五代写本、宋写本、金写本、明写本（明钞本）、清写本（清钞本）等等。按写本形式来分，如有：稿本、钞本、精钞本、毛钞本（专指明汲古阁主人毛晋家的钞本）、过录本、合钞本、影钞本、传钞本、汇钞本、丛钞本等等。按内容来分，有的本子在抄的过程中加以校正的，称“钞校本”；有的钞校本并附有钞者订正的，称“钞订本”。戏曲写本还有它不同于别的写本的类型。如为适应演出需要，提供艺人所用的写本中，有的是钞写整个戏曲剧本的，称为“总本”；有的是专供剧中各种行当脚色或人物单一使用的，称“角本”、“单头”、“单边”或“单篇”，也称“手记”。相对于其他文体的书籍而言，戏曲的写本却有比较繁多而悠久的历史。

现存最早的南戏剧本《永乐大典戏文三种》，就是钞写本。潮安出土的明宣德写本《刘希必金钗记》戏文是现见最早的戏曲艺人写本。其后又有潮安出土的明嘉靖艺人写本《蔡伯皆（喈）》。明代流散民间的戏曲写本应该不少，但因不易保存，流传后世的仅是寥寥。比较容易保存的倒是藏书家的私家藏曲钞本，最著名的是明·赵琦美家藏《脉望馆钞校本杂剧》，多达340余种元明杂剧写本。

清代民间戏曲写本肯定更多，现在通过努力，还可以不断发现。至于宫廷戏曲，也多以写本、钞本形式保存。如现在保存的几种著名清宫大戏《鼎峙春秋》（三国戏）、《昇平宝筏》（西游戏）、《忠义璇图》（水浒戏）、《昭代箫韶》（杨家将戏）、《劝善金科》（目连戏），还有许多宫廷承应戏、节令戏以及升平署藏曲等，大多是钞本。这跟这些戏曲只供宫内戏班使用，无需大量刊行传布有关。清代王公贵族，也有藏曲、钞曲的嗜好。最著名的当推《车王府藏曲》（蒙古车登巴咱尔王府钞藏戏曲、曲艺），富达四五千册。

印本的种类情况更为复杂，如果分类角度不同，归类与名称也相应不一。下面罗列十种印本的分类方法：

1. 依据刻印时代分。

可有唐卷子本、五代刻本、北宋刻本、南宋刻本、辽刻本、金刻本、元刻本、明刻本、清刻本等。戏曲方面的早期刻本情况如：在前苏联发现的《刘知远诸宫调》，是金刻本；《元刊杂剧三十种》，大多是元大都（今北京）和杭州所刻的元刻本。明、清刻本的戏曲图书则非常之多，具体情况，请详以下有关戏曲刻本的章节介绍。

2. 依据刻印地区分。

每个地区的刻本都有它专门的称呼。其中比较著名的刻本有：

（1）“浙本”：浙本的小概念，单是指杭州刻本。杭州之外，“浙本”细分起来，还包括：衢州本、婺州（金华）本、台州本、明州（宁波）本、温州本、越州（绍兴）本等等。

（2）“闽本”：主要集中在福建建阳和建安二地，故又称“建本”。建安的刻书事业，又集中在麻沙、崇化二坊，号称“图书之府”。麻沙所刻之书，世称“麻沙本”。麻沙与崇化坊的刻本往往刻称“书林”二字，这是他们的专用名词（但也有少数别处的书坊自称“书林”的）。

（3）“蜀本”：四川刻本的简称。蜀本的中心在成都。有大字本、小字本之分。“蜀本”还有成都本、眉山本之别。

（4）“平阳本”：“平阳本”又称“平水本”。平阳即今山西临汾一带，是金代刻书中心地区。

（5）其他：除以上这四个中心之外，与戏曲有关的，尤其明代中期嘉靖之后出现的，比较发达的地区刻本，还有被称为“赣本”的江西刻本，中心在吉州、抚州一带；江苏南京的“金陵本”，苏州的“姑苏本”以及南、北两京的“京本”，等等。

3. 依据印行单位分。

可分为“官刻本”、“家刻本”、“坊刻本”三种基本类型。由官方刻书部门刻的书，叫“官刻本”。刻书家、藏书家自行刻印的，是“家刻本”，亦称“私刻本”。书商、书坊以盈利为目的刊刻发售的图书，是“坊刻本”。这是自五代以来形成的三种基本类型的刻书事业，之后一千多年间，我国刻书出版事业，基本上都是沿着这三类途径发展。

（1）“官刻本”：又可分为中央和地方两类官刻本。

中央刻书机构，有国子监、崇文院、秘书监等。国子监刻的书，称“监本”。宋代“监本”，传世极罕，保留的几种，视为珍本秘笈。明代国子监先设于南京，后迁北京。南京国子监刻的书，叫“南监本”；北京国子监刻的书，叫“北监本”。明代中央司礼监，有下属刻书机构——经厂，其刻之书，名为“经厂本”。明、清宫廷的内府刻本，叫“内府本”。此外，还有“殿本”，常指清代武英殿刻本，如前述的武英殿刻的《二十四史》、

《十三经注疏》等，都颇有名。

地方官刻本，包括“藩府本”（明代藩王府刻本），“府学本”、“州学本”、“县学本”、“郡庠本”、“郡斋本”、“书院本”。清代同光年间，各省设官书局，所刻的书叫“局刻本”。此外，还有“茶盐司本”、“转运司本”、“安抚司本”、“提刑司本”、“漕台本”、“漕院本”等等，名目至为繁多。凡地方政府用公库钱财刻的书，统称“公使库本”。

戏曲的官刻本为数很少，但也有少数几种。如：曲选《词林摘艳》，曾有明“徽藩本”，万历内府本；曲谱《九宫大成南北词宫谱》，有清乾隆内府本；还有周藩刻《诚斋乐府》等。另据清·张大复《寒山堂曲谱》卷首“总目”题注，得知：“元传奇”《蒋世隆拜月亭记》戏文，有“按察司刻”本；《蔡伯喈琵琶记》，有“明周藩（府）本”。总之，缺少官刻本，这是中国古代戏曲版本的一大特点。

（2）“家刻本”（“私刻本”）：可按刻书主人堂名、室名称名。与戏曲有关的较著名的，有明·毛晋的汲古阁所刻《六十种曲》。此外，明末浙江吴兴凌濛初、闵齐伋二家，曾用彩色套版刊印过不少话本、戏曲图书，人称“凌刻本”或“闵刻本”。与戏曲无关的，如清·纳兰性德的“通志堂”本刻书，还有清·鲍廷博“知不足斋”本等，都是很著名的家刻本。有的家刻本直接以刻书主人名字称呼。如，宋刻本中的“黄善夫本”，“周必大本”，明本中的“吴勉学本”，清“许梿本”等等。

（3）“坊刻本”：主要是各地书坊、书堂、书肆、书铺、书棚、书店、书局及福建书林等所刻的图书。名目虽然不同，实质一样，都是以盈利为目的，由书商进行经营的图书版本。一般称“堂”、“坊”的，规模较大，称“棚”、“店”的规模较小。其中金陵唐富春“富春堂”、陈大来“继志斋”，唐锦池“文林阁”、唐氏“世德堂”以及杭州“容与堂”、福建余氏“新安堂”等，都是较著名的刊刻戏曲的书坊，详情见以下介绍。

4. 按刻印情况与形式分。

（1）“精刻本”、“写刻本”：明正德之前，刻书字体逐渐固定用“宋体”，也叫“硬体”。清之后，讲求名家书写刻印，不用固定字模，而用“软体字”，即先请书法家写好，再雕版刻印，叫“精刻本”，又称“写刻本”。

（2）“丛刻本”、“单刻本”：有的图书是把许多内容类似或相近的书编成一套，以丛书形式来刊刻，称为“丛刻本”；有的是单种刊印的，称“单刻本”。也有些是从丛刊中抽出某些销售情况好、质量高的单本进行单独刻印的，也称“单刻本”。

（3）“影刻本”：是影照下来之后，予以模仿重刻的本子。

（4）“覆刻本”：是尽量按原样，恢复原状，进行翻刻的本子。例如日本京都帝国大学曾借用罗振玉所藏的《元刊杂剧三十种》进行覆刻，题为《覆元椠古今杂剧三十种》。

（5）“翻刻本”：只翻刻原书文字，刻版的字模可能不一样的本子。

（6）“三朝本”：是明国子监收集宋国子监底本和元西湖书院本，合三种不同朝代本子进行修补而重刊的刊本的专有名词。

（7）“递修本”：书版残缺，经过多次修补刻印的本子。

（8）“百衲本”：“百衲本”不以一种版本为底本，而是把许多好的版本进行拼凑，合在一起而成为一种版本。喻取僧人所穿“百衲衣”而名之。

（9）“道藏本”：专指以道家经典（道藏）作底本刻印的书。

除以上九种之外，还有其他顾名思义，可以想见版本刻印情况的，如“邋遢本”（印刷马虎，质量极差的刊本）、“大花脸本”（字体不整，墨色不一，刊印模糊的刊本）等的版本名目。

5. 按雕版先后分。

有称为“祖本”、“原刻本”、“初刻本”（以上三者一意，只是叫法不同而已）；还有“重刻本”、“重印本”、“后印本”（初版初印的书是“初印本”，原刻本再次印刷的称“重印本”或“后印本”）、“翻刻本”（依据原书重新刻版印刷）、“仿刻本”（对畅销书进行仿刻仿制，如明、清人多仿印宋刻本）等许多不同名目。

6. 按字体、版节、印刷颜色、装订形式等分。

按字体分，可分为“大字本”、“小字本”；按版节分，可分为“二节版本”（分作上下二栏）、“三节版”（分作上中下三栏）；按印刷颜色分，可分为印红字的“朱印本”，印蓝字的“蓝印本”，红黑相间的“朱墨本”（戏曲中很多见），清代又出现两种颜色以上的彩印的“套印本”（印刷不止一次，套色印刷）；按装订形式分，有外形体积比较小的“巾箱本”，供携带方便，如明嘉靖苏州坊刻本《蔡伯喈琵琶记》，就是“巾箱本”，又称“袖珍本”，二者概念一样。此外，还有“饾版”、“拱花”等版本形式，主要用作套印彩色绘画图书，以突出画面的色彩、深浅、凹凸等效果。

7. 依增删或校勘评点形式分。

（1）“足本”：指没有任何文字脱漏的本子。

（2）“残本”：指本身在刻印时已是残缺不全的本子（非指存本不全的残本概念）。

（3）“增订本”、“补订本”：在原书基础上增订、补订的后印本。

（4）“删本”：出于某种需要，对书的部分内容或文字加以删削、取舍刊印的本子。

（5）“节选本”：从整部书中挑选所需的一部分刻印的本子。与删本概念略为不同，节选本是从全本中予以大段的挑选，删本可能只就少部分甚至个别语句、文字的删改。

（6）“摘汇本”：西班牙皇家图书馆所藏《风月（全家）锦囊》的发现，得知戏曲选本中还有“摘汇本”的形式，它是依据某一主题和艺术形式的需要，摘选作者认为适合的段落汇编而成。

（7）“配本”：是指把一本在不同年代印刷或不同藏地收藏的残缺不全的同种书，予以拼合，使之恢复完整并加以重新刊印的本子。

此外，还有有批有点的“批点本”，有评有注的“评注本”，以及集合众家校勘、批点、评注成果的“汇校本”、“汇评本”、“汇注本”等，这些在戏曲刊本中都大量存在。

8. 依活字类别分。

有“泥活字本”、“木活字本”、“铜活字本”、“铁活字本”、“瓷活字本”等之分。清高宗时，认为称“活字本”不雅，遂改称为“聚珍本”。武英殿聚珍版，就是武英殿用大小木活字刻的书。

9. 按收藏和使用价值分。

如有“孤本”（独一无二存世的本子）、“善本”（或接近原著，或刊印年代古老，或印刷精美的本子）、“珍本”（少见而收藏价值很高的本子）、“秘本”（秘不示人，仅供收藏者内部使用的本子）、“通行本”（大量印行可以随时随地获取的本子）、“俗本”（主要指戏曲、曲艺、唱本等印制比较随便、粗糙，人人可以购取使用的民间坊刻图书）等之分。

10. 按装帧形式分。

这里有个历史演变过程。最早是“卷轴装”，或称“卷子装”，它是缣帛为书的继承，普遍流行于隋唐，如敦煌经卷。金刻大藏经《赵城藏》，也采用这种装帧形式。继之是“旋风装”，将书页贴在卷面上，错落粘连，形同鳞次，故又称“龙鳞装”。其后有“经折装”，“折”、“摺”同，又称“经摺装”。隋唐之后，佛教经卷大量出现，为便于僧徒诵读，便出现折页成叠形式的装帧，所以又称“梵夹装”。后来的奏折和戏目单等，也常用这种形式。这之后便是“蝴蝶装”和“包背装”。这二者的主要区别是：“蝴蝶装”是依书页中缝将文字朝里对折装订，翻阅起来，像似蝴蝶两翼飞翔飘舞，故名；而“包背装”（亦名“裹背装”、“裹后装”）则是依书页中缝将文字朝外对折，然后用纸捻穿订成册，裹以书皮。前者书口藏内，后者书口朝外。“线装”的出现，则更晚一些。“线装”与“包背装”的主要不同，是它不用纸捻穿订，而用绳线穿订成册。明朝中叶以来至清代，一直风行这种装帧形式，一直沿用至今。古本戏曲基本上也是采用这种装帧形式。最后才是“平装”和“精装”书的出现。

二、戏曲版本流变的复杂性

对书籍版本进行研究与鉴定，主要目的是为了辨清文本的真伪、善劣、正讹等，以便获取最准确的文献信息。选择最好，最能反映真实面貌，内容无误，印刷精美的版本，是研究者获取文献的一般原则。然而由于一种书籍往往存在多种不同版本，如“杜诗”版本，竟多至千余种；戏曲版本，如《西厢记》多至200余种，《琵琶记》也有近50种，这就会导致许多复杂情况出现，故而要进行版本研究与鉴定。这也就是章学诚倡导的“辨章学术，考镜源流”（《校雠通义》）的工作之一。书籍版本流变过程中产生的复杂情况，概括起来主要有以下六方面现象。这六方面现象，同样存在于戏曲版本之中。

（一）传刻、传抄过程中造成脱文讹字、错简倒缺等失真现象。

文字、文句、段落、篇章、卷帙、册数等从小到大各个方面，都可能存在由于版本传刻造成失真的情况。

例如，诸种元明早期刻本《文心雕龙》，均缺一篇《隐秀》篇。假如认为原刻本《文心雕龙》就没有《隐秀》篇，那就错了。后来发现明人杨用修本中有《隐秀》篇，《文心雕龙》的篇目就得到补足。

类似现象在戏曲中更不乏其例。如《风月（全家）锦囊》一书的发现之所以重要，除了因为该书是中国最早的戏曲选本，最能反映早期戏曲选本面目这一点之外，还在于它还具有“补阙”和“正误”这两方面的意义。如通行的富春堂本《商辂三元记》，开场只有概述剧情大意的《西江月》一首词。而通常戏文开场多有二首词，另一首词主要用来抒发题旨即作者的编剧思想意图，一般不可缺少。我们就在锦本《商辂》开场中，发现了另一首表达这方面内容的《鹧鸪天》词，显然它是被后来的富春堂本所刊落的（因为二者版本源流一致）。再如《荆钗记》，大多通行版本都缺第四出的【红绣鞋】，第六出的【桂枝香】，第十一出的【三台令】，第十六出的【望远行】，第三十出的【傍妆台】各曲。这些都可以在《风月（全家）锦囊》中找到，由于《风月（全家）锦囊》刊行在前，其他《荆钗记》版本刊印在后，可以肯定是后来传播中脱漏或被删落的结果。《九宫正始》的注解，也可以证实“古本”《荆钗记》都曾有上述诸曲。再如《风月（全家）锦囊》中《紫香囊》一剧，其关目次序与现在汲古阁本《香囊记定本》很不一致，假如肯定刊印年代较早的《风月（全家）锦囊》更接近作品原貌的话，那么晚明的汲古阁本肯定存在错简现象。①

（二）传刻、传抄过程中因乱改书名、卷数乃至撰者姓名造成讹传现象。

例如，元代散曲家张养浩的文集《张文忠公文集》是元刻本，而在《四库全书》中却找不到此书名目，原来它被改名为《归田类稿》收录。假如不核对二书，就会误认为张养浩著有二书。又如，明代评点家陈继儒的《秘籍新书》，原收在《野客丛书》中，共三十卷，而单刻本仅有十二卷，精要部分，尽被删弃，这是任意删改卷数的例子。再如，现在学术界人口相传的《风月锦囊》，原名究竟叫什么，尚不得而知。笔者怀疑该书可能不叫《风月锦囊》。该书由三种分集拼凑而成，包括杂曲集《风月锦囊》、戏曲摘汇《全家锦囊》正编和《全家锦囊续编》。西班牙皇家图书馆藏书目录将其定名为《风月锦囊》，大概是由于作为“续补首卷”的卷名为《新刊耀目冠场擢奇风月锦囊正杂两科全集卷之一》，后人遂以《风月锦囊》书名涵括各编。又由于《文渊阁书目》“诗词”部分又恰巧著录了一种《风月锦囊》，便坐实西班牙所藏该书就是《风月锦囊》。② 由于现在这一书名已为世人所公用，即便不对，也不好随便改动，笔者认为，著文时还以《风月（全家）锦囊》为名更为稳妥。要仍称《风月锦囊》，也应该有个明白说明和交代才是。

（三）传刻、传抄过程中，刻书者任意删改、挖改版刻图记造成鱼龙混杂现象。

明·毛晋曾将汲古阁所刻《十七史》版片转让给洞庭席家，席家一字不改，照样复印，只把图记改了，将原来的“汲古阁刻本”改成“洞庭席氏”，人们不了解，便容易错误地以为此《十七史》真是席家刻本。只有了解汲古阁本《十七史》版式情况者，才可以辨识它的真相。

历史上，像这类出于藏书家的某种私利和书贾坊肆牟利需要，任意篡改，移花接木，以次充好，伪制善本等现象，不乏其例。传统文史中的《史记》、《汉书》、《楚辞章句》等，都有仿制和伪刻的宋版图书；俗文学中的如《红楼梦》程（伟元）本，多经增删改订，却自称采习各家原本，两次印行（程甲本与程乙本），颇多差异，却广为传布，几成通行之势，就是典型的例子。研究《西厢记》版本者常常提到的福建明代刘氏乔山堂刊刻的“刘龙田本《西厢记》”（《古本戏曲丛刊初集》影印），无论标题、出目、版式、行款、字体，都与同时期的闽建熊氏忠正堂所刊的《元本题评音释西厢记》一致，仅卷首分别署刻“书林刘龙田绣梓”、“书林熊龙峰绣梓”不同，其中必有一种是属于挖版伪造的。

---

① 详情参阅孙崇涛、黄仕忠撰《风月锦囊笺校》、孙崇涛著《风月锦囊考释》有关章节，均中华书局2000年版。

② 参阅拙著《风月锦囊考释》第一章《概述》、第二章《杂曲集考述》、第八章《锦本的来去龙脉·四、有关锦本原貌问题》。

（四）两地书法、版刻形式十分接近，如不仔细研究鉴别，容易造成张冠李戴的版别误断现象。

如国际汉学界对《风月（全家）锦囊》为何地刊刻问题，就有两种不同看法：一种看法认为《风月（全家）锦囊》是建阳本，英国牛津大学龙彼得、中国台湾王秋桂教授及某些海外学者曾持此观点。他们的主要理由，是认为《风月（全家）锦囊》的刻本样式与福建建阳麻沙本一样，如上图下文的版式。笔者和一些同仁则认为，《风月（全家）锦囊》不该是建阳本，而应是赣本。为了鉴定锦本刊刻地，笔者曾请教多方专家，包括请教对建本最有研究的建阳方彦寿先生，请他帮助查找建阳地区嘉靖年代有无“詹氏进贤堂”的记载材料。詹氏曾是建阳五大刻书家之一，詹氏就正斋、西清堂、易斋等，都是很著名的书坊，而查证结果，唯独不见有关“进贤堂”一家的记载。南京图书馆杜信孚先生曾编《明代版本综录》一书，其中著录六种“进贤堂”刻本，均注明为“福建书林詹氏进贤堂”①。这也成为众人坚持建阳刻本说的一个依据。然而经查南京图书馆所藏的这六种“进贤堂”刻本的原书，偏偏都没有发现杜录中所注的“建阳”二字，“建阳”显然是编者杜信孚所加。之所以要费时数年，处心积虑地去考究这个看似很琐碎的问题，是因为这问题涉及戏曲史上一个相当重要的问题，即：南戏在温州诞生之后，是如何传布浙江附近各省的。

闽、赣两地的俗文学刻本十分近似，如都曾采用上图下文的版式。因此，寻找进贤堂所在地，确定版本是否为建本，光凭上图下文的版式这一点还是不够的，因为研究版本涉及问题很多，应该审慎为之。

（五）书坊唯利是图，或设备、技术不足，造成刻本粗制滥造的现象。

明代成化年间，北京永顺堂刊刻的《新编刘知远还乡白兔记》是我们公认的中国最早南戏刊本。该刊本的副末开场，有一段副末的告白文字：

> 倘或中间字籍（迹）差讹，马（抹）音等（夺）字，香（乡）谈别字。其腔列调中间，有同名、同字，万望众位做一床锦被遮盖。

公开声明刊本存在严重的字迹错误，语音走样，脱字漏刻，土话、别字连篇等现象，并希望如果腔调中出现与大家名字相同的情况，望予谅解包涵，公开承认刊本粗糙拙劣的现象（就是这样一段告白文字，也是错字、别字连篇）。这种情况在民间坊刻本中是不能避免的。戏文正文中这类例子确实很多。如：“调侃”写成“吊坎”；“依允”写成“伊尹”；“已毕”写成“以卑”；“田鸡”写成“甜鸡”等等。所有俗文学作品，尤其民间坊刻戏曲、唱本，这种现象十分普遍，这是我们进行戏曲版本研究必须面对的事实。

（六）历代统治者任意禁毁，妄加删改，造成大批古籍版本错乱，难以甄别，其中戏曲刊本更为难免。

清·黄文旸《曲海总目》序中提到自己“奉旨修改古今词曲”，故读清以后的某些戏

① 杜信孚：《明代版本综录》卷四，江苏广陵古籍刻印社1983年版，第51页。

曲版本，我们应当考虑到这种“政府行为”的结果。如果只简单地认为凡是戏曲必是民间原本，可能要受骗上当。阅读古代戏曲书籍同阅读其他典籍一样，也必须慎重选择版本，细心比勘异同，推究原貌。

历史上，因书籍版本误读闹出的笑话不少。宋·叶梦得《石林燕语》曾记载过这样一个笑话：考官姚祐曾以“乾为金，坤亦为金，何也?”为题，考试考生，考生大惑不解。后人怀疑这是出题者所据“麻沙本”《周易》之误造成。原文是“乾为金，坤为釜”，印刷粗劣的“麻沙本”，误刻“釜”为“金”，才闹出这个笑话。① 陆深《俨山外集》又记另一则笑话：明初名医戴元礼至南京，路见某庸医在追赶一求诊者，嘱咐他煎药时千万不要忘记放一块“锡”。戴愕然，问其故，庸医答称，出自古方。戴得其书，原来是书本上将“饧”字（古“糖”字，亦作“饻”）误作“锡”，庸医不懂，宁信书本行医②。这些笑话，未必完全真实，但都说明考究书籍版本的重要，往往由于版本粗劣，一字之错，会殃成大事。

通过某些戏曲版本比较，往往在彼此细微的文字差异中，可以发现相当重要的戏曲信息。例如，关汉卿的《望江亭》是旦本，应由女主角正旦谭记儿主唱到底。而第三场【收尾】曲之后，剧中演艄公的李稍竟接唱【马鞍儿】。按杂剧规范，这是不允许的，故戏中杨衙内说：“这厮每扮戏呢。”意谓不该你唱的你唱什么，这是《元曲选》本的情况。经查，明万历顾曲斋本和息机子本，这句话在“戏”字之前还有一“南”字，杨衙内的话作“这厮每扮南戏呢。”这一字之差，事关重要，如果后者更接近关氏原作，说明关汉卿的年代正流行南戏，关氏本人也曾见到南戏演出，并很了解它的演唱体制（南戏与杂剧一角独唱到底不同，它可以由多种角色对唱、轮唱、合唱），同时还说明，杂剧与南戏在当时已有相互交流的可能。

三、戏曲版本涵义的特殊性

戏曲版本鉴定不同于诗词文赋等文类版本鉴定之处，是在于它不仅是为了确定文本的年代、文字真伪、讹正、衍脱等现象，更重要的是，戏曲版本是作为综合艺术的戏曲的综合形态反映。戏曲版本鉴定是我们借以识别文本性质与用途，演剧形态与地域，剧目传布与流变，乃至剧种与声腔、班社与演员、剧场与形制等等各方面情形的重要依据，所以戏曲版本鉴定具有它更丰富、更独特、更重要的内涵。许多有关戏曲史学中的重要认识与见解突破，往往是通过戏曲版本研究得以解决的。

例如，《西厢记》有两三百种版本，这种情况在诗词文赋版本中较少见到。某些热门诗文图书，如杜诗，据说有近千种版本。但造成二者版本数量之多的原因不一样。杜诗版本之多，只是杜诗在传刻过程中产生的不同年代、地区、版式、字体、文字、篇目等的细微差异，而杜诗的内容和基本语句绝不会有太大区别。戏曲则不然。戏曲的不同版本，有时甚至内容差异很大，语句文字几乎面目全非。之所以出现这种现象，原因并不

---

① 宋·叶梦得撰、宇文绍奕考异：《石林燕语》卷八，中华书局1984年版，第115页。按，宋·陆游《老学庵笔记》卷七，亦有类似记载。

② 参阅吴枫《中国古典文献学》第七章第一节“版本”，齐鲁书社1982年版，第188页。

主要是传刻过程造成，主要是由于戏曲版本对戏曲艺术本身存在依附关系所决定。不同的戏曲艺术形态，就会产生不同的戏曲文本，亦即不同的戏曲版本；千变万化的《西厢记》舞台演出状况，就会出现数百种面目不同甚至差异很大的《西厢记》版本。所以研究戏曲版本的意义是识别文本的性质和用途，如确定是案头阅读之本还是演出本，如是演出本，还要判断是在何时何地由何种剧种、声腔演出的本子。我们知道，南曲、北曲就不一样，即使在南曲系统里，昆、弋也不一样，它们不仅演剧形态、演出地域不一，语音、语言也不一。故而戏曲版本是研究剧目传播与流变乃至剧种声腔形态等情况的重要依据。就此意义来说，研究戏曲版本是我们进入研究戏曲艺术历史大门的一道非跨越不可的门槛。

戏曲版本分类，也有其特殊性质和方法。由于分类的着眼点和角度不同，就会有不同的戏曲版本部类区分。大致说来，可以有以下六种不同着眼点或角度的分类方法：

（一）按戏曲文本用途分，有“墨本”与“台本”之分。

主要供作阅读的，是“墨本”；主要供作演出的，是“台本”。二者用途不同，版本面目也不同。“墨本”主要注重文字通畅，不理会舞台演出情况如何；“台本”必须提示舞台演出的相关规范，包括乐曲点板、身段动作提示、穿关装扮规制等等。一般来讲，“墨本”比较整饬、美观；“台本”相对粗糙、拙劣。“墨本”计较商业功利；“台本”侧重艺人实用。二者功用不同，版本面目不同，我们的研究出发点也应有别。例如，广东潮安出土明嘉靖艺人写本《蔡伯喈》和西班牙藏本《风月（全家）锦囊》所收“戏式”《蔡伯喈》，与各种明刊本《琵琶记》，包括早期的凌（濛初）刻臞仙朱墨本、嘉靖姑苏坊刻巾箱本、清·陆贻典抄《元（原）本琵琶记》等相比较，则大异其趣，不可把两者混为一谈。因为前二者是“台本”，反映演出实况，后者都系“墨本”，更多保留原著文字面貌。研究角度不同，取舍亦应有别。若想推究明人演出《琵》剧的真实情况，当然以“台本”为据；如想研究作者创作情形，或整理、校勘传本，主要应取“墨本”为据。

（二）按刊印、流行年代分，有所谓“古本”与“今本”之别。

如明嘉靖姑苏刻本《元本王状元荆钗记》，与后来各种明本《荆钗记》相较，无论曲目、关目都有不同，结局也不一样。钱玉莲与王十朋的重会团圆，有“舟会”与“庙会”之别；“庙会”中，又有“吉安会”与“闽城（福州）会”的不同。① 这些不同，是不同地区、不同时期演出情况在刊本中的反映，研究时必须区别对待。

（三）按文本性质形态分，有“元（原）本”与“改本”不同。

相同的一本戏曲，往往有元（原）本与改本的区别。所谓“元（原）本”，不一定全是原创本，是指它相对接近原创本年代的较早本子。而“改本”则是对“元（原）本”作较多改动甚至改编的后来本子。例如：明万历世德堂刊本《拜月亭记》是元（原）本，明末汲古阁刊本《幽闺记》即是改本；明刊李九我评本《破窑记》是元（原）

① 明嘉靖姑苏刻“元本”，采用“舟会”，即男女主人公王十朋与钱玉莲最后“在楼船相会”团圆。《风月（全家）锦囊》本、明屠赤水批评本、明汲古阁本等，均采用“庙会”，即王、钱二人最后相会于玄妙观。其中屠评本、汲本，谓玄妙观在王十朋任所吉安府，是为“吉安会”；锦本开场【沁园春】词与落诗交代，王、钱相会地点在“闽城”（今福州），此则是“闽城会”。按，今闽南梨园戏传统剧目《王十朋》，亦采用“闽城会”团圆关目。

本，《古本戏曲丛刊二集》所收影抄本《彩楼记》是改本；明万历富春堂本所刊《东窗记》是元（原）本，汲古阁本《精忠记》是改本；明世德堂本《孤儿记》是元（原）本，汲古阁本《八义记》是改本，等等。这些都是不同时期，供演不同剧种声腔的同一剧本的区别，后者这些“改本”，多是依昆剧排场削定的“传奇”本，而前者这些则多是明人改本戏文。尽管二者属于同一题材、同一源流的戏曲脚本，由于供演的戏曲剧种、声腔不同，本子的属性不同，面目亦不同。这样的版本类别区分，也只能存在于戏曲，而不会存在于诗词文赋等其他文类版本，这正是戏曲版本的特殊性。

（四）依刊印书坊（堂）分，可以区分出不同书坊（堂）刊印戏曲版本的类型趋向。

不同书坊、书堂刊印的戏曲，有它不同的版本形式，它是我们用以考察、判断文本性质、剧种形态的一个重要依据。如明代，刊印戏曲著名的书坊，除万历年间的金陵世德堂、富春堂、文林阁、继志斋和时代稍晚的常熟汲古阁等之外，还有姑苏叶氏、吴兴凌氏、闵氏以及福建建阳，广东潮安，江西抚州、吉安等处的书坊也颇有名。

这些不同书坊刊印的戏曲各具特点。这与我们考察、研究戏曲形态十分有关。例如，姑苏叶氏、金陵唐氏世德堂、常熟毛氏汲古阁、吴兴凌氏所刻的某些戏曲刊本，较多保留戏文旧本的真实古朴的面貌。如姑苏叶氏刊《元本王状元荆钗记》，是现见最古老、最近原貌的《荆钗记》戏文刊本。金陵世德堂刊《新刊重订出相附释标注月亭记》、汲古阁刊《白兔记定本》、凌氏翻刻臞仙朱墨本《琵琶记》等，都较多保留了旧戏文的原始面貌。汲古阁所刊的戏曲，虽然年代较晚，但由于毛氏家藏的戏曲不少是古本和善本，所以收入《六十种曲》中的某些戏曲，尽管是明传奇本，但不少仍保留旧本戏文的痕迹。《白兔记定本》就是其中之一。通过研究汲本与出土明成化本《白兔记》戏文以及《南曲九宫正始》所收的“元传奇”即元戏文《刘智远》佚曲（现存57支），发现三者之间有密切的渊源关系，它是我们研究《白兔记》从宋元戏文到明人改本戏文，再到明传奇演变过程的重要依据。① 富春堂、文林阁这些书坊刻印的戏曲，则保存大量类似于后来青阳腔、杂调的本子。继志斋本和大部分的汲古阁本，较多依照昆曲排场、格律、体律加以削定。至于各地方如建本、赣本、潮安本等，则提供了各地戏曲流布情况的丰富资料，便于我们了解明人改本戏文的流布地域及其地方化的情形。

（五）按剧种声腔分，即令同名同源之剧，亦可区分多种不同面目与不同时期的版本系列。

由于剧种、声腔形态与历史时期不同，即便同名、同源流的剧本，也会演化成多种不同面目的版本。如上述出土明成化本《新编刘知远还乡白兔记》，是标准的明人改本戏文，它与其前的“元传奇”《刘智远》戏文和其后的明末汲古阁本传奇《白兔记定本》都属于同一源流系统的《白兔记》版本，可以构成一个包含不同时期、多种面目的同一版本系列。而富春堂本《白兔记》，曾作为弋阳、青阳高腔演出的依据，与前举三种《白兔记》版本完全不同，而与明万历各种青阳腔、徽池雅调选本中的《白兔记》属于同一源流，它们构成另一系列的《白兔记》的版本类别。后来发现《全家锦囊》本《刘知

① 详《成化本〈白兔记〉与“元传奇”〈刘智远〉》等拙文，收见《南戏论丛》，中华书局2001年版。

远》，又与上述两类版本的《白兔记》不同，这是第三种类型的《白兔记》。[1] 如果再发现与锦本《白兔记》同源相类的本子，也可以构成《白兔记》第三系列的版本。可见同样是《白兔记》，由于演唱的剧种、声腔有异，流传的历史时期不一，版本会存在很多很大差异，故研究戏曲必须研究版本，不可将不同面目、不同系列的戏曲版本混为一谈。

（六）按演出实际分，可以区分出不同面目的戏曲脚本。

即使是同样一本戏，由于演出实际情况不同，其所呈现的版本面目也有繁、简、增、删等不同现象。

如同样是广东潮安出土的明宣德写本《刘希必金钗记》戏文，宣德七年的写本为67出，可是封面夹纸保留的宣德六年残稿显示，出数较之七年为少，显然是宣德七年演出时增加了出数。明成化本《白兔记》是台本，是据“越乐班”的演出底本翻刻的，仅有24出，131支曲子，它与比它早的“元传奇”《刘智远》戏文比较，或与比它晚的汲古阁本《白兔记定本》比较，篇幅都简略。可以肯定，这是“越乐班”依舞台演出实际需要加以删改的结果。这类情况，也是戏曲版本所特有的现象。

① 详拙著《风月锦囊考释》第四章“六、刘智远”篇，中华书局2000年版，第108～112页。

第二章　戏曲刻本流布

简单而言，中国古代戏曲刻家，起于元，盛于明，继于清。历史大略如下：

元代戏曲刻家姓氏和书坊堂名，知之不多，只知当时戏曲刻书中心，北方为大都（今北京），南方为杭州。今存《元刊杂剧三十种》，剧目标题中，四种标有“大都新编（刊）”，七种标有“古杭新刊”，便是明证；其余未标刊刻地名的十九种，也不能排除其中还仍有出自大都或杭州所刻的可能。

明代前、中期，北京仍是北方戏曲刻书重镇。如：出土明成化刊本《白兔记》，为北京“永顺堂”所刊；明弘治刊本《西厢记》，为北京“金台岳家”所刊。明中期之后，戏曲刻书重心移至南方。其时，浙江继元而盛，江苏大有后来居上之势。尤其江苏金陵（今南京），书坊林立，蔚为大观。这些书坊大多集中在金陵三山街至内桥一带，如著名的富春堂，牌记多镌：“金陵三山街唐氏富春堂梓行”。清·孔尚任《桃花扇·逮社》写晚明二酉堂书坊堂主蔡益所自夸道：“天下书籍之富，无过俺金陵；这金陵书铺之多，无过俺三山街；这三山街书客之大，无过俺蔡益所。”是种真实的写照。明代金陵书坊数量，据诸家目录所载及刊本牌记统计，接近60家，其中刻过戏曲图书的，计18家（详下）。当时另一刻书中心，便是刻书历史已相当久远的福建。尤其福建建阳，刊本广布，名闻四海，世称“建本”。建阳刻书，又集中麻沙、崇化二里；麻沙刻本，俗称“麻沙版”，其中有许多小说、戏曲等俗文学作品。明中叶以来，随着南戏“四大声腔”（海盐、余姚、弋阳、昆山四腔）的崛起及其在各地的传布与繁衍，在各声腔流行地区，刻印戏曲尤其各种选本，蔚然成风，其中江西抚州、赣州、吉州、饶安、临川，江苏姑苏、常熟，安徽新安，浙江会稽、吴兴，福建建安等地，尤为突出。

清代戏曲刻书继明而盛，虽然坊刻剧本不及明代繁多，但官刻与私刻的曲谱、曲选、汇刻等，却是空前繁富，而且在图书印制质量方面，亦非前代所能企及。另外，随着花部戏曲的兴起，各种地方戏曲的坊刻脚本、唱本，应运而生。这些民间曲本虽然制作简易、粗糙，却很经济实用，有其广泛的销售市场。

以下我们再按照各主要戏曲版本的刻家、分布、历史、刊本名目等情况，分地区加以具体介绍。

一、北京刻本

北京戏曲刻书历史很早，而且元、明、清三代相继不绝。现存最早的元杂剧刻本为《元刊杂剧三十种》（亦称《元刊古今杂剧三十种》），其中以下四种，标题都标明为“大都”（北京）编刻：

大都新编关张双赴西蜀梦
大都新编楚昭王疏者下船
大都新编关目公孙汗衫记
大都新刊关目的本东窗事犯

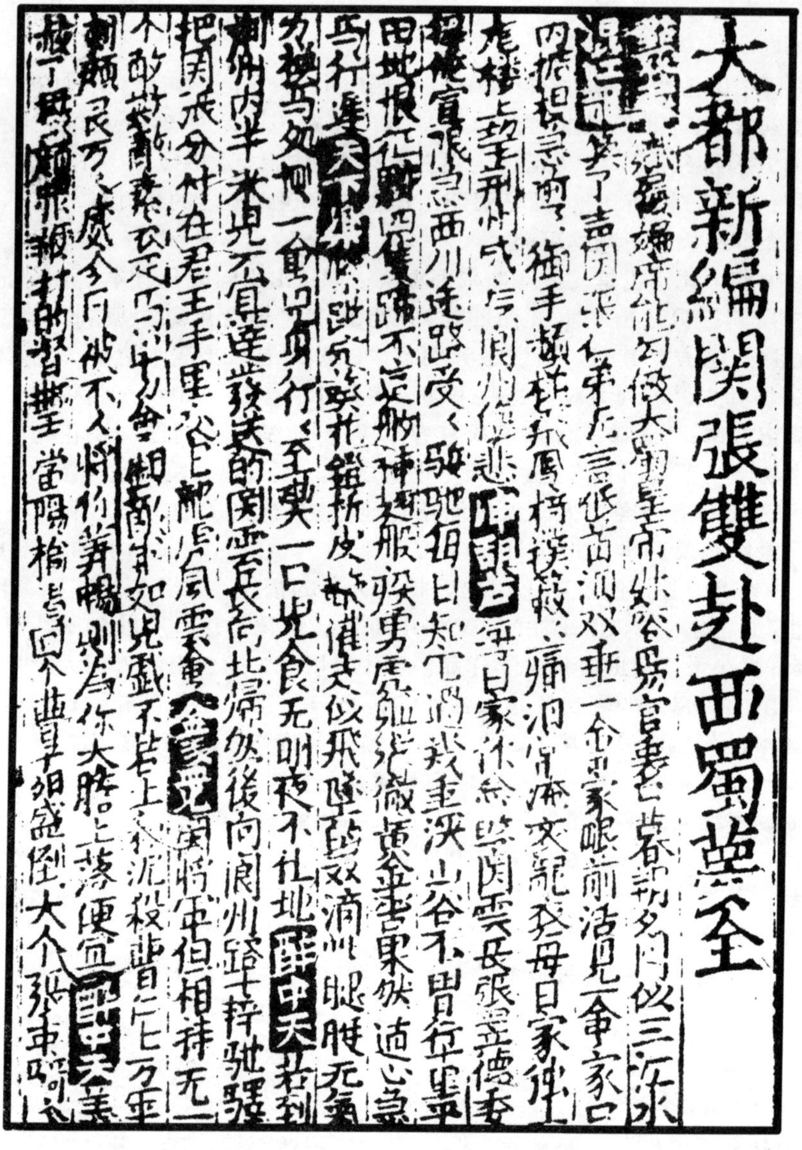
大都新編關張雙赴西蜀夢全

图一　《元刊杂剧三十种·大都新编关张双赴西蜀梦》书影

遗憾的是刊本不曾留下镌有刻家姓氏、刻书年月以及书坊名称、地址等一类文字的牌记，故而有关刻家的具体情况不详。

另据有关资料显示，元大都还可能刻印过南戏刊本。清·张大复《寒山堂曲谱》①卷首《谱选古今传奇散曲集总目》是我们研究古南戏剧目、刊本情况的一份十分重要的资料。该总目“元传奇”部分第42种《金（鼠）银猫李宝闲花记》② 一目之下，曾有如下注文：

大都邓聚德著。业卜，字先觉，尚有《三十六锁（琐）骨戏文》。三十六出，隆福寺刻本。

另外，总目“元传奇”第56种《崔护谒浆记》③，亦注：“隆福寺刊”。隆福寺系北京城内历史悠久而著名的皇家香火寺院④，隆福寺附近一带还一直是闻名的书籍、商品集散地，地址毗邻今北京市中心东四大街，现为著名商场“隆福大厦”所在地。《寒山谱》总目以上注文的重要意义，除透露给我们元代大都居然还有“业卜”而兼作南戏戏文的作者邓聚德这一罕闻的资料信息之外，而且还告知我们，北京隆福寺可能还是元代大都的戏文刊行处。

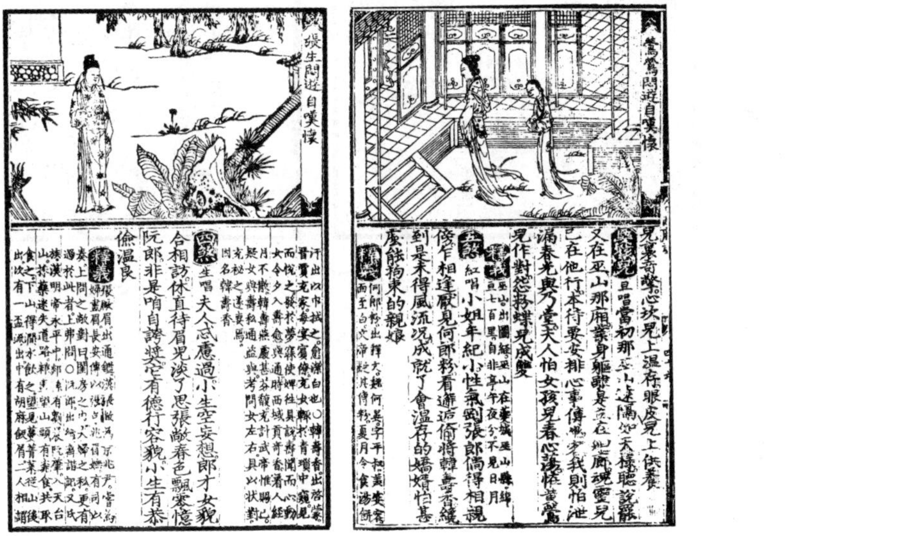

图二 明弘治北京金台岳家刊《新刊大字魁本全相参增奇妙注释西厢记》书影

① 全名《寒山堂九宫十三摄南曲谱》，现存多种抄本，以下引文据中国艺术研究院音乐研究所藏五册、五卷本。该本全目见本书第一编附录四。

② “元传奇”《金鼠银猫李宝闲花记》，《南曲九宫正始》等收佚曲15支，见钱南扬辑《宋元戏文辑佚》，上海古典文学出版社1956年版，第89~93页。

③ “元传奇”《崔护谒浆记》，《南曲九宫正始》收佚曲16支，题“元传奇”《崔护》；此外，《新定九宫大成南北词宫谱》等曲谱，亦间引用，戏名或题《崔护》，或题《觅水记》，参见《宋元戏文辑佚》，第139~142页。

④ 隆福寺，始建年佚考。明景泰四年（1453）、清雍正元年（1723），曾有过两次较大规模的修复；清乾隆十一年（1746），御赐“法镜心宗”、“常乐我净”书匾。

明代北京戏曲刻本，除上面已经提到的著名的明弘治十一年（1498）北京金台岳家所刊《新刊大字魁本全相参增奇妙注释西厢记》和上海嘉定县1967年出土的明成化（1465—1487）北京永顺堂书坊所刊《新编刘知远还乡白兔记》两种外，另据明嘉靖《晁氏宝文堂书目·乐府》著录得知，晁氏家藏的三种《西厢记》中，还有“京刻”一种（另两种为“松刻”与“闽刻”）；河间长君于嘉靖三十七年（1558）所作《琵琶记序》，在论列《琵》剧版本时，也提到有“京本”一种。不过有人认为，后者当系南京刻本。①

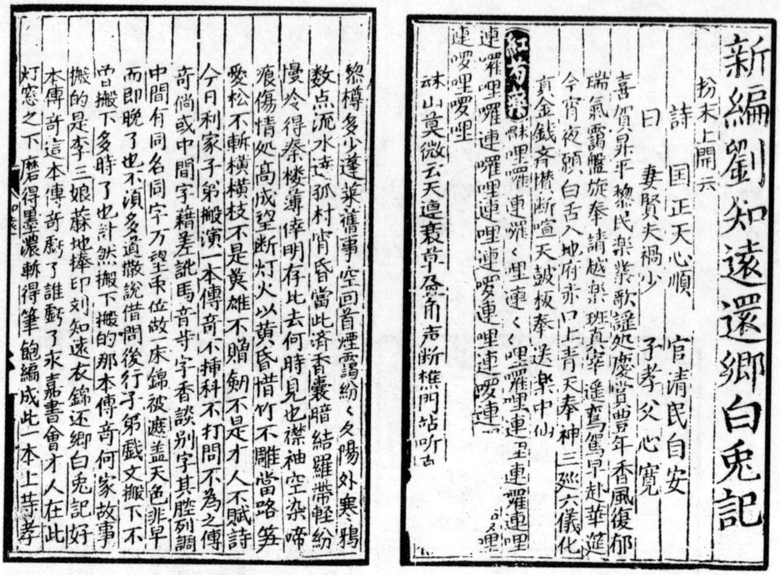
新編劉知遠還鄉白兔記
扮末上開云
詩 国正天心順 官清民自安
曰 妻賢夫禍少 子孝父心寬
喜賀昇平黎民樂業歌謠處慶賞豐年香風復郁
瑞氣靄盤旋奉請越樂班真宰遙鸞駕早赴華筵
今宵夜願白舌入地府赤口上青天奉神三巡六儀化
真金錢齐攢断喧天鼓板奉送樂中仙

图三　明成化北京永顺堂刊《新编刘知远还乡白兔记》书影

清代北京除宫廷、王府、戏班、个人誊写戏曲写本蔚然成风外，民间坊刻戏曲亦不在少数。清代京城的几家著名书坊，如老二酉堂、聚珍堂、宝文堂等，都刊刻、翻印过戏曲或与戏曲有关的图书。

除坊刻、私刻之外，作为明、清两朝国都，北京是皇朝、政府集中地，当然也少不了官刻图书。尽管官刻戏曲图书似凤毛麟角，但据有关资料显示，以下几种都应算是出自京城的官刻曲书：

明曲选《雍熙乐府》，有明嘉靖司理监原刻本；
明曲选《盛世新声》，有明万历二十四年（1596）内府刻本，题《重刊盛世词调》；
明曲选《词林摘艳》，有明万历二十五年（1597）内府本；
“元传奇”《蒋世隆拜月亭记》，有明按察司刻本（据《寒山堂曲谱·总目》著录）；
清修曲谱《钦定曲谱》，有清康熙殿版本；
清修曲谱《新定九宫大成南北词宫谱》，有清乾隆十一年（1746）内府朱墨套印本；

① 参见黄仕忠《琵琶记研究》，广东高等教育出版社1996年版，第254页。

清宫大戏《劝善金科》，有清乾隆武英殿刻五色套印本；
清宫大戏《昭代箫韶》，有清嘉庆十八年（1813）内府刻朱墨套印本。

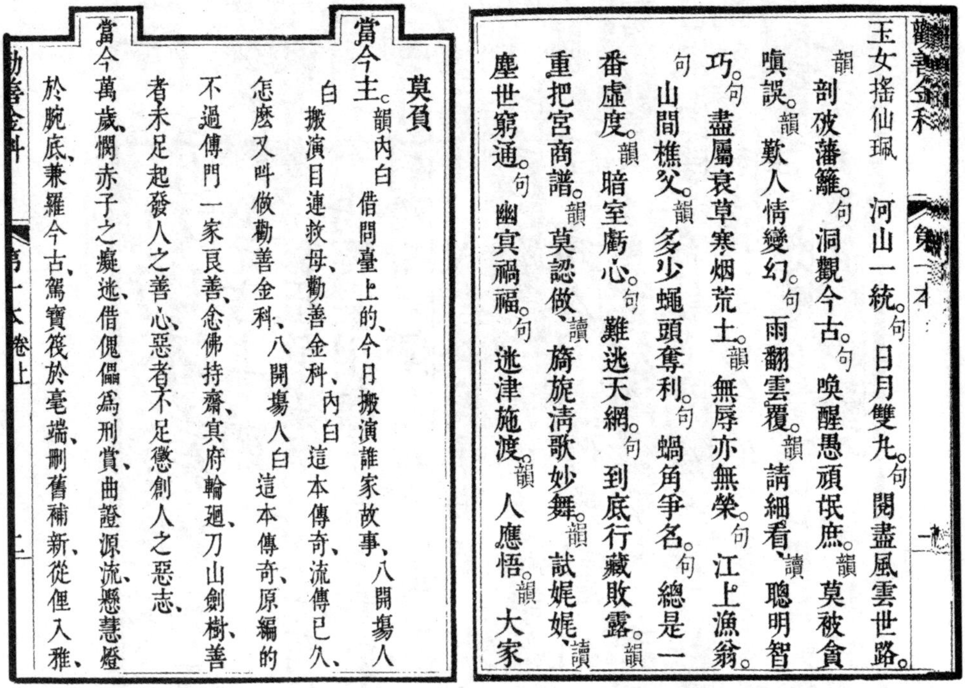
勸善金科
玉女搖仙珮 河山一統。句 日月雙丸。句 閱盡風雲世路。韻 剖破藩籬。句 洞觀今古。句 喚醒愚頑氓庶。韻 莫被貪嗔誤。韻 歎人情變幻。句 雨翻雲覆。韻 請細看、讀 聰明智巧。句 盡屬衰草寒烟荒土。韻 無辱亦無榮。句 江上漁翁。句 山間樵父。韻 多少蠅頭奪利。句 蝸角爭名。句 總是一番虛度。韻 暗室虧心。句 難逃天網。句 到底行藏敗露。韻 重把宮商譜。韻 莫認做、讀 旖旎清歌妙舞。韻 試娓娓、讀 塵世窮通。句 幽冥禍福。句 迷津施渡。韻 人應悟。韻 大家莫負賞今主。韻

內白 借問臺上的、今日搬演誰家故事、八開場人白 搬演目連救母勸善金科、內白 這本傳奇、流傳已久、怎麼又叫做勸善金科、八開場人白 這本傳奇、原編的不過傅門一家良善、念佛持齋、冥府輪迴、刀山劍樹、善者未足起發人之善心、惡者不足懲創人之惡志、當今萬歲、憫赤子之癡迷、借傀儡爲刑賞、曲證源流、懸慧燈於腕底、兼羅今古、駕寶筏於毫端、刪舊補新、從俚入雅、

图四 清乾隆内府刊五色套印本《劝善金科》书影

二、浙江刻本

浙江是我国南曲戏文发源地和明清传奇主要流行省份，由于戏曲繁盛，加之浙江自宋以来就是我国南方印刷、刻书中心，戏曲刊刻事业自然相当发达。早于元代，杭州就同北方大都（北京）并峙，成为南、北刊印杂剧的两大中心。现存《元刊杂剧三十种》就有以下七种标题明确标称为“古杭新刊”：

古杭新刊的本关大王单刀会
古杭新刊的本尉迟恭三夺槊
古杭新刊的本关目风月紫云庭
古杭新刊关目的本李太白贬夜郎
古杭新刊关目霍光鬼谏
古杭新刊关目辅成王周公摄政
古杭新刊小张屠焚儿救母

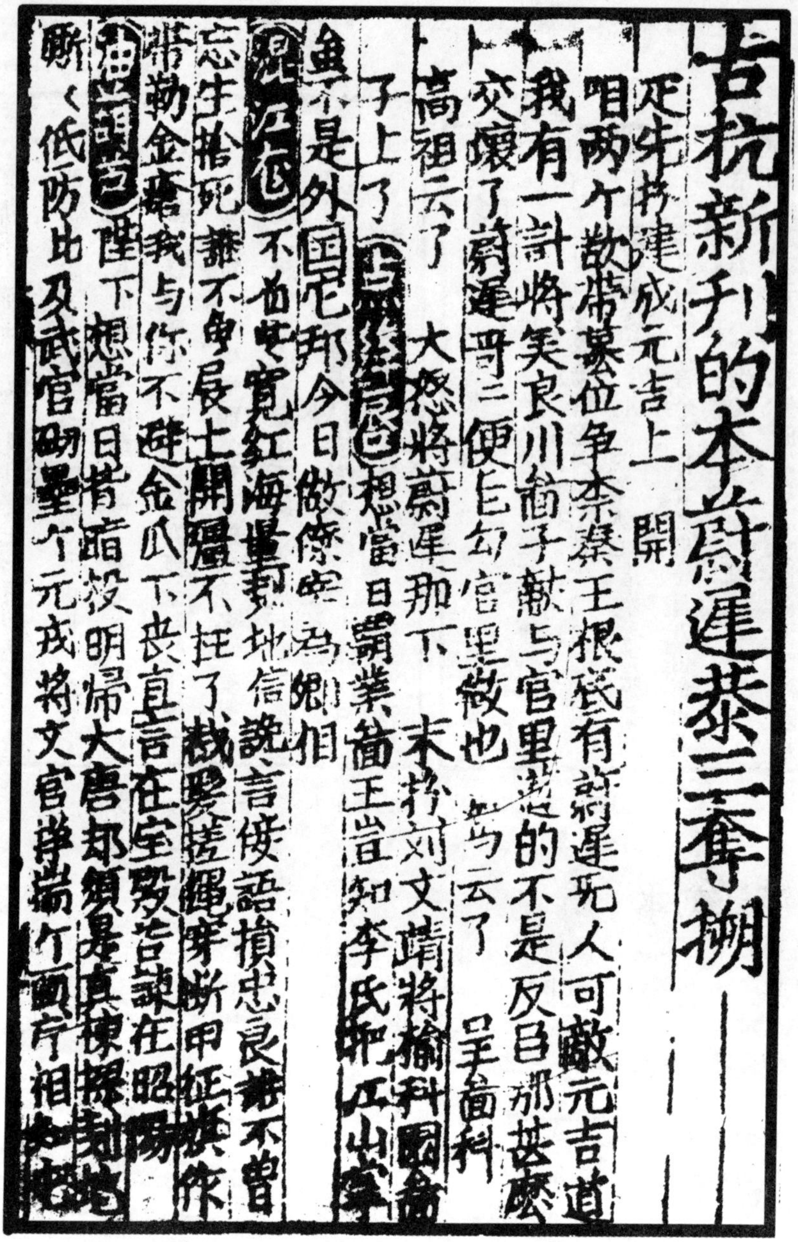

古杭新刊的本尉遲恭三奪搠

正末扮建成元吉上　開

咱兩个欲帶篡位爭奈秦王根底有尉遲死人可敵元吉道

我有一計將美良川圖子獻与官里道的不是反臣那甚麼

交壞了尉遲哥二便臣勾官里敬也　末云了　呈手畫科

高祖云了　大怒將尉遲枷下　末扮刘文靖將榆科園畫

子上了（仙呂點絳唇）想當日覇業圖王豈知李氏那江山穿

魚不是外國宅那今日做條惡為媳相

（混江龍）不爭寬紅海量剽地信讒言佞語損忠良那不曾

忘生捨死誰不曾晨上開疆不枉了栽樹婁搓捏穿斷甲征旗作

帶勸金瘡我与你不避金瓜下喪直言在室殁旨諫在昭陽

（油葫蘆）陛下想當日背暗投明歸大唐却須是真棟擽封他

斷〻低防出及武官勁墨个元戎將文官舉崇个西序相如

图五　《元刊杂剧三十种·古杭新刊的本尉迟恭三夺槊》书影

遗憾的也是同样没有留下书坊牌记，使我们无法了解刻家的具体情况。

明、清两季，浙江更是戏曲兴旺之地，戏曲创作家、批评家等，人才辈出，他们常常兼做戏曲编选、改订和印行工作。其中比较著名的有以下几家：

（一）长兴臧氏博古堂

浙江戏曲刻本最享盛名，影响后世也最大的，当推明万历四十三、四十四年间（1615—1616）由长兴臧（懋循）氏博古堂刊刻的《元曲选》（一名《元人百种曲》）。臧懋循（1550—1620）是晚明著名戏曲家、文学家。字晋叔。万历八年（1580）进士，曾任荆州府学教授、南京国子监博士等职。万历十三年（1585）罢官，隐居故乡，潜心诗文、戏曲创作和编印工作。臧氏编印的《元曲选》对保留与传布元人杂剧精华作出了很大的历史贡献。《元曲选》原刊本校刻精审，插图优美，堪称图书精品。臧氏尚刻有汤显祖《删订玉茗堂传奇》，亦以刻印精美著称。此外，博古堂还另刻有戏曲《校正古本荆钗记》、《改定昙花记》以及弹词、唐诗、古词等其他刊本。

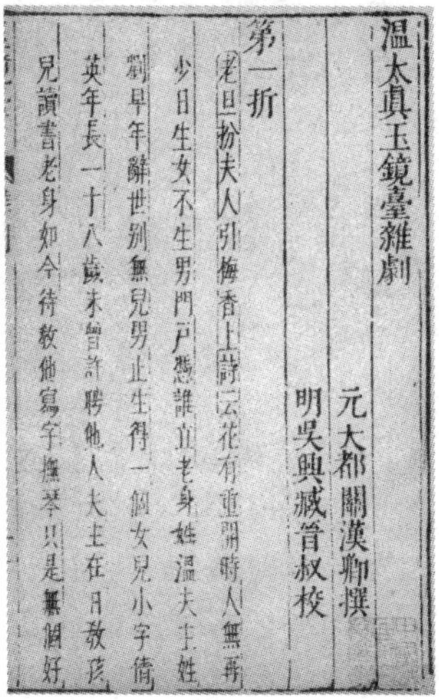
温太真玉鏡臺雜劇
元大都關漢卿撰
明吳興臧晉叔校
第一折
（老旦扮夫人引梅香上詩云）花有重開時人無再少日生女不生男門戶憑誰立老身姓温夫主姓劉早年辭世别無兒男止生得一個女兒小字倩英年長一十八歲未曾許聘他人夫主在日教孩兒讀書老身如今待教他寫字撫琴只是無個好

图六　明万历臧氏博古堂刊《元曲选》书影

（二）杭州虎林容与堂

杭州虎林容与堂曾以刊刻通俗小说百回本《忠义水浒传》（李卓吾批评，黄应光、吴凤台刻插图）享誉文坛，而其戏曲刻本也同样具有十分重要的地位与影响。容与堂的戏曲刻本一大特点，是它大多由著名通俗文学评点家李贽（卓吾）进行批评。如其明万历年间所刻的《西厢》、《琵琶》、《幽闺》、《红拂》、《玉合》、《玉簪》六记，皆系李氏批评，影响与流行都甚广。此六记，明代亦曾合刊，称《容与堂六种曲》①。容与堂戏曲刻书历史，延至明末。如明崇祯十二年（1639）所刊的《张深之先生正北西厢秘本》五卷，由杭州名刻手项南洲镌刻，名画家陈洪绶（老莲）插图，是《西厢记》版本中的珍本，现为《古本戏曲丛刊初集》影印。而崇祯间所刊的《李卓吾先生批评西厢记真本》二卷，“曲状元”王实甫作剧，评点行家李贽作评，著名画家仇英、陈洪绶绘画，雕刻名手项南洲镌刻，更是名家荟萃，强强联手，是中国出版物中少见的精品。

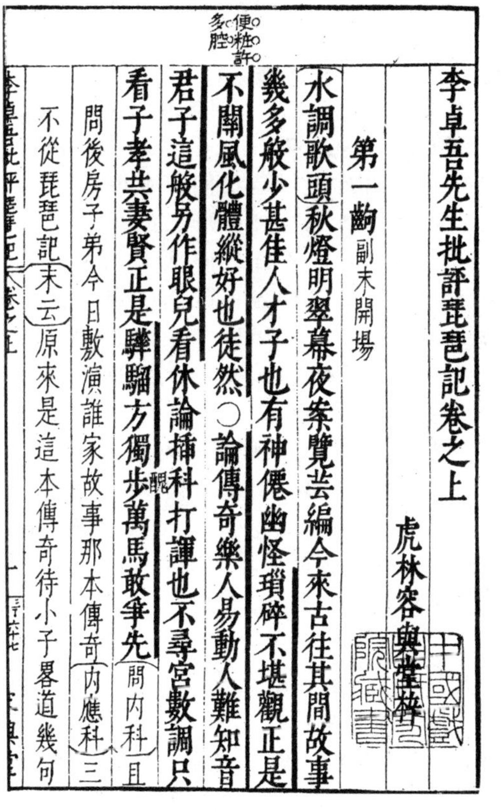
李卓吾先生批評琵琶記卷之上
虎林容與堂梓
第一齣　副末開場
（水調歌頭）秋燈明翠幕夜案覽芸編今來古往其間故事幾多般少甚佳人才子也有神仙幽怪瑣碎不堪觀正是不關風化體縱好也徒然（○）論傳奇樂人易動人難知音君子這般另作眼兒看休論插科打諢也不尋宮數調只看子孝共妻賢正是驊騮方獨步萬馬敢爭先（問内科）且問後房子弟今日敷演誰家故事那本傳奇（内應科）三不從琵琶記（末云）原來是這本傳奇待小子畧道幾句

图七　明万历杭州虎林容与堂刊《李卓吾先生批评琵琶记》书影

① 据悉，日本宫内厅曾藏有此种明刊《容与堂六种曲》的原刊本。见李锐青编《日本见藏中国丛书目初编》，杭州大学出版社1999年版，第522页。

（三）杭州曹氏起凤馆

堂主名曹以杜。明万历间刊刻过《南琵琶记》与《北西厢记》。《琵琶》情况不详；《西厢》题《元本出相北西厢记》，二卷，万历三十八年（1610）刊，由王凤洲、李卓吾作评，汪耕作图，黄一楷、黄一彬兄弟镌刻。按，杭州的许多书坊，像上述容与堂和起凤馆，所聘用的名刻工，除项南洲为杭州本地人外，其余皆为徽籍人，如这里的一楷、一彬黄氏兄弟，还有黄廷均、黄铭、黄应光祖孙三代，都是“迁杭州”的徽州人（见清道光《黄氏宗谱》）。因此，浙版杭州所刊图书颇有徽派作风，难怪有人说，徽派刻书的中心实际是在浙江杭州。

（四）杭州胡氏文会堂

堂主胡文焕，系明代文学家、传奇作家。字德甫，一作德父，号全庵，别署抱琴居士、西湖醉渔。钱塘（今杭州）人。约万历中在世。擅长诗文词曲，兼通古器物鉴赏和医术，是个博学多才之士。著有《诗学字类》、《墨娥小录》等数十种著作和《奇货记》、《犀佩记》、《余庆记》、《三晋记》四种传奇。《群音类选》编入文会堂辑刻的《格致丛书》，卷帙浩繁，内容丰富，可算是明代戏曲选本中规模最为宏大的一种，全书计约46卷，现存残卷39卷，选剧150余折，分为官腔、清腔、诸腔、北腔四大类，另有套曲229套、小令323首。所选之剧，皆据自当时的演出台本，是我们研究明代万历年间戏曲创作情况与舞台形态的重要依据。编印的确切年代不详，而从编入文会堂《格致丛书》的其他各书的胡氏序文都作于万历二十一年至二十四年间（1593—1596）推测，《群音类选》也应当在这几年或相隔不久的年间刊刻。①

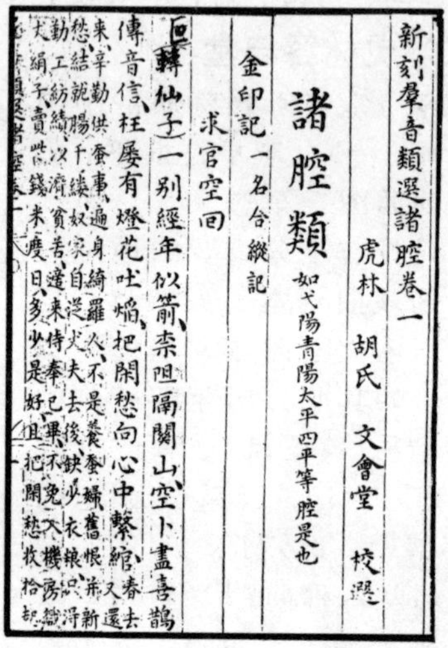
新刻羣音類選諸腔卷一
虎林 胡氏 文會堂 校選
諸腔類 如弋陽青陽太平四平等腔是也
金印記 一名合縱記
求官空回
仙子一別經年似箭，柰阻隔關山，空卜盡喜鵲
傳音信，枉屢有燈花吐焰，把閑愁向心中繫綰。春去又還
来，辛勤供蚕事，遍身綺羅人，不是養蚕婦，舊恨并新
愁結就腸千縷，奴家自從丈夫去後，缺少衣粮，只得
勤工紡績，以濟貧苦，遣来侍奉已畢，不免入機房織
大絹子賣些錢米度日，多少是好，且把閑愁收拾起

图八 明万历杭州虎林胡氏文会堂选刻《群音类选》书影

此外，明万历间，杭州还有天绘楼书坊，曾刻明·屠隆传奇《昙花记》二卷（《古本戏曲丛刊初集》影印）。明末清初期间，杭州仍有几家刻曲的书坊。如凝瑞楼，明崇祯间曾刻传奇《弄珠楼》二卷（《古本戏曲丛刊三集》影印）；汪氏振绮楼，清道光间曾刻清·舒位杂剧集《瓶笙馆修箫谱》等。一些清代杭州作家，多有自己作剧、自行刊印的风气。如康熙年间的徐沁，乾隆年间的夏纶，直至光绪年间的许善长等（书名详下“自刻本”）。

（五）吴兴闵、凌二氏

浙江乌程（今吴兴）闵齐伋、凌濛初两家曾以刊印多色套印本著称于世，在中国书籍印刷史上占有重要一席。两家又以闵氏为代表，其所印之书，世称“闵本”。《四库全书总目提要·六书通》云：“齐伋，字寓五，乌程人，世所传朱墨字版、五色字版，谓之

① 参阅中华书局1980年影印南京图书馆、首都图书馆藏明刊本《群音类选》版的编辑部《前言》。

闵本者，多其所刻。”闵家刊印的朱墨套印本戏曲，比较流行的，有《绣襦记》、《明珠记》、《红拂记》、《红梨记》、《牡丹亭记》、《邯郸记》及《董解元西厢记》等。闵氏还曾将唐·元稹传奇《会真记》一卷、金·董解元诸宫调《董解元西厢记》二卷、元·王实甫杂剧《西厢记》四卷、元·关汉卿杂剧《续西厢记》一卷、明·李日华改本戏文《李日华南西厢记》二卷、明·陆采改本戏文《陆天池南西厢记》二卷和明·李开先杂剧《园林午梦》一卷，加上自己撰作的《五剧笺疑》一卷，辑为一书刊印，题《会真六幻》，为我们寻找与阅读《西厢》戏曲作品，提供了很多便利。闵氏还另刻有《西厢会真传》五卷，采用朱、蓝、墨三色套印，至为罕见，上海图书馆有藏本。

凌濛初（1580—1644）是晚明非常著名的通俗文学家。字玄房，号初成，亦名凌波，别号即空观主人。贡生，四中副榜，授上海县丞。晚擢徐州通判，因不敌李自成军，呕血而死。凌濛初最出色的文学成就是创作和刻印拟话本小说集初刻、二刻《拍案惊奇》（简称“二拍”），他是中国创作拟话本小说数量最多的作家。而在戏曲方面，凌氏亦有多方面的建树，如编撰杂剧《虬髯翁》、《颠倒姻缘》等九种，传奇《合剑记》、《雪荷记》两种，据《玉簪记》改编传奇《乔合衫襟记》，著戏曲理论《谭曲杂扎》，编选曲选《南音三籁》，等等。而从出版事业来讲，凌氏又是明代文人中热心致力通俗文学刊布并取得相当成绩者的一位。凌氏主持刊布的朱墨套印本戏曲，最著名的当推《即空观主人全定西厢记》、臞仙本《琵琶记》两种。尤其凌刻臞仙本《琵琶记》，据称系照明初朱权（道号“臞仙”）藏本翻刻，从其形态来看，确是《琵琶记》古本系统中的一个重要版本。另外，凌延喜校刻之《幽闺怨佳人拜月亭记》、凌玄洲校刻之《红拂记》等，也都是比较著名的凌刻朱墨本戏曲。

吴兴闵、凌二家联姻，长期合作刻书，多达140余种，刻工同用黄一彬、郑圣卿、刘杲卿三人，插图者多是吴门王文衡（字青城），加工方式、图书行款、格式相同，皆以套色本著称于世，很难区分轩轾。他们与江苏常熟毛氏汲古阁，构成晚明江浙文人私刻图书的鼎足，为中国古代戏曲等出版事业，作出了重要贡献。而由闵、凌、毛三家共同策划、合伙刊布的拟话本“三言二拍”，为中国通俗小说历史书写了浓重的一笔，是中国刻书史上的一段佳话。闵、凌二家，刻书事业世代继绍，如闵齐伋儿子闵昭明（字光瑜），凌濛初兄弟凌瀛初、儿子凌汝亨、侄子凌延喜等，都继承了二家的刻书家风。

明代中叶以后，浙江的一批著名戏曲家，在从事戏曲创作、批评同时，还积极兼事戏曲编校、出版工作，为我们留下许多重要的戏曲版本。例如：海昌（今海宁）戏曲家陈与郊，万历年间编刻《古名家杂剧》；著名戏曲理论家、山阴（今绍兴）顾曲斋主人王骥德，万历间编刻《顾曲斋元人杂剧选》（又名《古杂剧》）。二者都是现存明人选刻杂剧中的重要选本。王氏顾曲斋（又署“方诸馆”）还刊刻过《徐文长改本昆仑奴杂剧》、《曲律》等戏曲图书。再如：山阴戏曲家、香雪居主人朱朝鼎，明万历间刊《新校注古本西厢记》，由王骥德校注，徐渭附解，沈璟作评，谢伯英、朱鼎臣合校，毛以遂作序，是个汇集明代戏曲诸多名家共同打造的《西厢记》重要版本。晚明山阴戏曲家孟称舜，不仅戏曲文学创作成就甚高，而由他于崇祯年间辑刻，包括《新镌古今名剧柳枝集》（选杂剧26种）与《新镌古今名剧酹江集》（选杂剧30种）的《古今名剧合选》，为我们保留了成批的元明杂剧和作者本人创作。此外，孟称舜还校刻过元·钟嗣成《录鬼簿》，它是为数不多的古本《录鬼簿》之一。

三、江苏刻本

毗邻浙江的江苏也是我国明、清戏曲极为繁盛的地区，特别是作为明代南戏四大声腔之一的昆山腔发源地，明中叶以来，江苏更成为文人传奇创作和演出的中心，使刊售各类传奇剧本成为当时民间书坊的生财之道。此外，明清时期江苏还出现像赵琦美、毛晋、李笠翁等诸多热衷收集与刊布戏曲剧本的收藏家、藏书家和戏曲家，他们以私藏、私刻形式，刊布了大量的戏曲刊本。以下分各地介绍相关情况：

（一）苏州刻本

苏州，在历史上或在文人笔下，曾有吴州、吴郡、吴中、古吴、平江、长洲等等称呼；苏州城，也别称吴县、吴门、姑苏、金阊等。凡是有以上题署的书坊，皆属苏州刻家。

苏州刻书有比较悠久的历史，宋元间就曾雕刻过浩大的《碛砂大藏经》。对于戏曲书籍，苏州刻家也较早关注。如：明嘉靖姑苏叶氏刻印的《新刻原本王状元荆钗记》与同时期苏州坊刻的《新刊巾箱蔡伯喈琵琶记》，是我们公认的两种南戏早期刊本；又，公认最接近高则诚创作原貌的清·陆贻典抄校本《新刊元本蔡伯喈琵琶记》，其抄据的底本之一，就是嘉靖戊申二十七年（1548）刊的苏州郡刻本，有底本识语“苏州府阊门中街路书铺依旧本命工重刊印行”① 可证。明隆庆三年（1569）顾玄伟编次《西厢记杂咏》，据称插图为故宋画院待诏陈居中所画，郑振铎认为他是吴派版画的画祖。明清以来广为流行的“月光型”插图本通俗小说、戏曲，以苏州刊本最盛。凡是一些戏曲卷首署有“古吴”刊梓或校勘者名号的清代书坊，如笔来斋、方来馆、安雅堂等，也大多在苏州。②

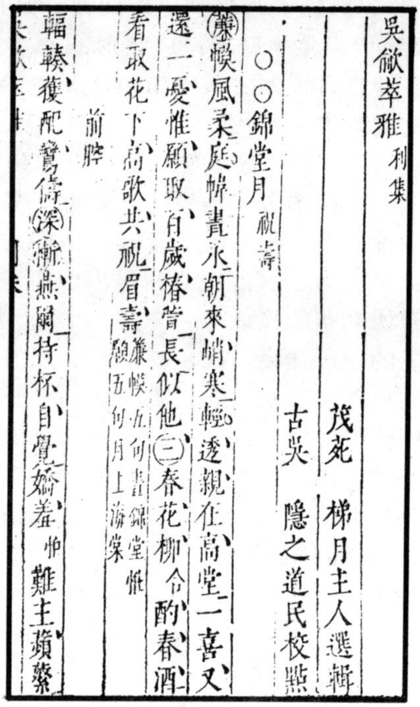
吳歈萃雅 利集
茂苑 梯月主人選輯
古吳 隱之道民校點
○○錦堂月 祝壽
簾幙風柔庭幃晝永朝來峭寒輕透親在高堂一喜又還一憂惟願取百歲椿萱長似他三春花柳今酌春酒看取花下高歌共祝眉壽
前腔
輻輳獲配鸞儔深慚燕爾持杯自覺嬌羞怕難主蘋蘩

图九 明万历苏州辑刻《吴歈萃雅》书影

苏州刊印的戏曲书籍，曲选、曲谱占有相当的比重。比较重要的曲选有：《吴歈萃雅》（长洲（今吴县）梯月主人（周之标）选辑，明万历四十四年古吴章镛刻）、《词林逸响》（明天启三年吴门许氏原刻）、《醉怡情》（清乾隆古吴致和祥坊重刻）、《新镌时尚乐府千家合锦》、《新编时尚乐府新声》（又名《万家合锦》。以上二书，均为清乾隆间苏州王君甫刻）等。清代著名戏曲选本《时兴雅调缀白裘新集》（简称《缀白裘》），也是钱德苍据玩花主人旧编编订，于乾隆间由钱氏设在苏州的宝仁堂初刻发行。曲谱有：

① 见陆抄本《新刊元本蔡伯喈琵琶记》卷上末页题识。参见本书图三十九书影。

② 例如：笔来斋，刊《初刻笔来斋订定二奇缘》（古吴许恒撰、仉倬校）；方来馆，清顺治间刊《方来馆合选古今传奇万锦清音》四卷；安雅堂，刊《还魂记传奇》二卷（今存王任思批点本）。

《九宫谱定》十二卷附总论一卷（清·山东钓史鸳湖逸者辑，清初金阊绿荫堂刊）、《纳书楹曲谱》十九卷（正集四卷、外集三卷、补遗四卷、《四梦全谱》八卷，清·叶堂编撰，清乾隆五十七年长洲叶氏纳书楹刊）、《六一曲谱初集》（清·张余荪校订，清光绪三十四年苏州振新书社刊）等。

苏州刊刻的戏曲作品，重要刊本尚有：传奇集《玉夏斋传奇十种》①（明崇祯苏州玉夏斋重刊）；明·汤显祖戏曲集《玉茗堂四种传奇》（清乾隆六年金阊映雪草堂刊）；《琵琶记》的重要版本《新刻魏浣初先生批点琵琶记》（简称“魏仲雪批点本”。明崇祯古吴陈长卿刊）等。明末传奇作家阮大铖的作品集《石巢传奇四种》，亦由吴门毛恒初刻。

图十　清乾隆苏州王君甫刊行袖珍本《千家合锦》封面与书影

（二）南京刻本

南京，别名金陵、秣陵、江宁、白下、建康、建业、应天府等等，多不胜举。自明太祖朱元璋建都南京之后，南京一度成为明代政治、文化中心，自然也是戏曲与印刷业的繁华胜地。南京可以说是中国历史上刊印戏曲书籍量最大、拥有刻曲书坊数最多的地方。尤其是明清传奇刊本，现在保留下来的几乎大半是金陵刊本。现将刊印过戏曲的金陵几家主要书坊及其刊印的戏曲逐一简介如下：

积德堂　堂主不详。这是现知刊刻戏曲最早的金陵书坊。现存明宣德十年（1435）刊刻的明·刘兑《新编金童玉女娇红记》杂剧，即为积德堂所刊。它是现存最早的南京书坊刊印的戏曲版本，刊本插图也是目前所见较早的中国戏曲插图之一。

① 十种传奇为：《喜逢春》、《长命缕》、《玉镜台》（一名《花筵赚》）、《四大痴》、《黑莲盟》（一名《荷花荡》）、《望湖亭》、《十错认》（一名《春灯谜》）、《鸳鸯棒》、《凤求凰》、《金印合纵记》。除玉夏斋重印本外，还另有明末原刻本、清初山水邻刻本、暖红室刻本等多种刊本。

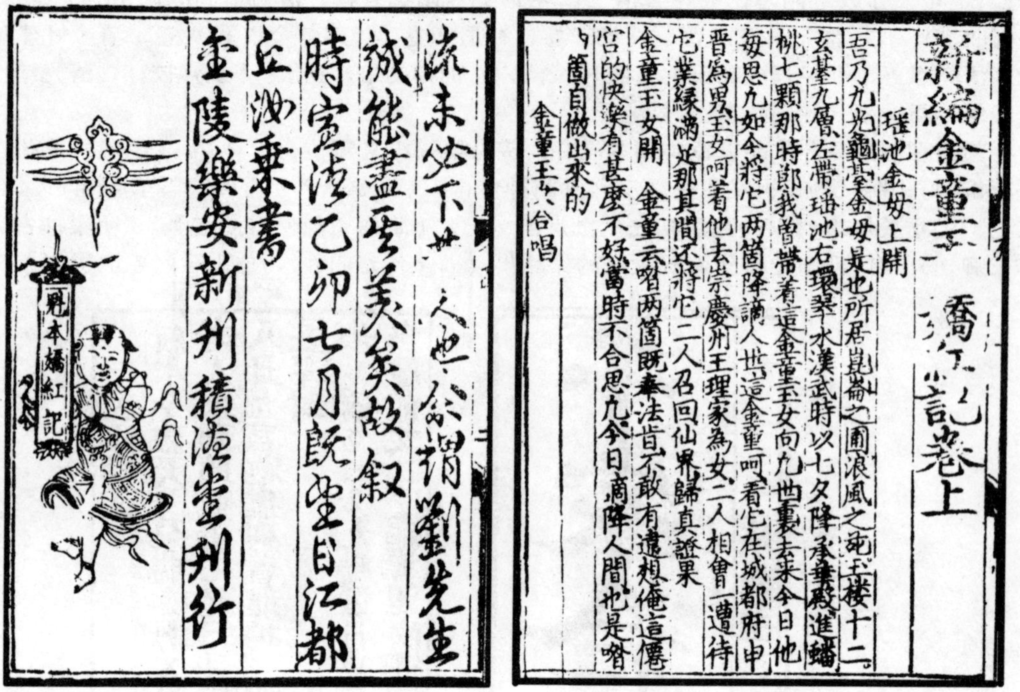

图十一　明宣德金陵积德堂刊《新编金童玉女娇红记》刊记与卷首

少山堂　堂主胡少山。明万历七年（1579）刊《新刻考正古本大字出象释义北西厢》二卷，是《西厢记》明刊本中较早的刊本，现藏日本成箦堂文库。

金陵书坊刊行戏曲数量较多的是以下六家：

世德堂　堂主姓唐，世德堂本《拜月亭记》卷首署："绣谷唐氏世德堂校梓"可证。名不详。按，国家图书馆藏明刊《绣刻演剧》，内收《新刻重订出像附释标注琵琶记》，四卷，白口，单边，双栏，下栏八行，行二十一字，宾白小字双行，上栏空白，刻评注，有插图。正文首页署："东嘉高则诚编次；羊城戴君赐注释；金陵唐晟校梓"，未署书坊名。无论从标题形式、版式特征、插图风格等各方面来看，该本都与世德堂所刊的其他戏曲刊本雷同，故窃以为它也当是世德堂刊本。若然，则为该本"校梓"的唐晟，很可能就是世德堂堂主。

唐晟，字伯成。兄弟唐景，字叔永。兄弟共同经营书业。国家图书馆藏、明万历刻《耳谈类增五十四卷》原题："绣谷唐晟伯成、唐景 叔永梓"可证。①

世德堂是明万历间金陵几家名声显赫的刊印戏曲的书坊之一，刻曲历史从明万历一直延续到清康熙年代刊印《笠翁十种曲》。世德堂戏曲刊本的主要价值是在于它为我们保留了许多相对接近"古本"南戏或明人改本戏文的原始面目，所以多有研究价值。其刊

① 参见王重民《中国善本书提要》，上海古籍出版社1983年版，第397页。按，此五十四卷本，系据署为"金陵书坊世德堂梓"原刻五卷本《耳谈》增订的，参见同书、同页。

本多经“星源游氏兴贤堂重订”，如下列世德堂刊《月亭记》、《还带记》、《香囊记》、《千金记》、《断发记》等各种，卷首均镌有上述字样的题署。游氏兴贤堂详情待考。除万历年间“重订”多种世德堂戏曲刊本外，尚知游氏兴贤堂曾于明隆庆六年（1572），刊梓《新刊书经批注分旨白文便览》十卷，书为游有常等所辑，①可见其从事书业年代较久，游有常或许就是兴贤堂堂主姓名。

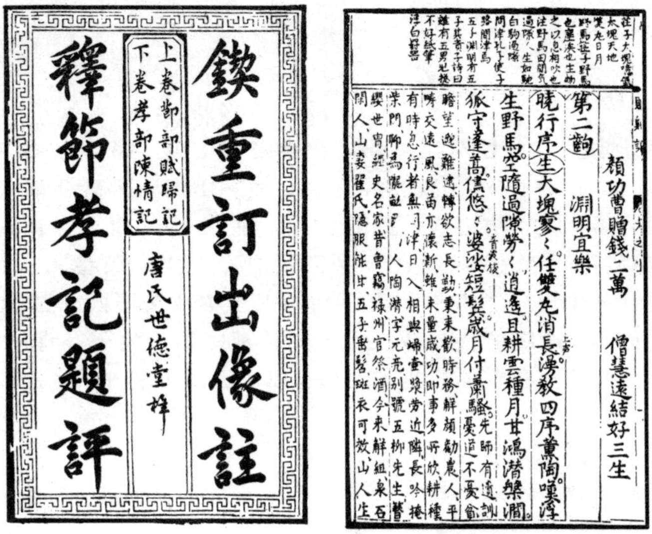

图十二　明万历金陵唐氏世德堂刊《节孝记》封面与书影

保留下来的世德堂本戏曲刊本，现知有以下二十多种：

新刻重订出像附释标注琵琶记四卷
新刻重订出相附释标注月亭记二卷
新刊重订出像附释标注音释赵氏孤儿记二卷
新刊重订出相附释标注裴度香山还带记二卷
新刻重订附释标注出相伍伦全备忠孝记四卷
新锲重订出像注释节孝记题评二卷：
　新刻重订出相附释标注赋归记一卷
　新刻重订出像附释标注陈情记一卷
新锲重订出像附释标注惊鸿记题评二卷
新刻出相双凤齐鸣记二券
新刊重订出相附释标注香囊记四卷
新刊重订出相附释标注千金记四卷

① 参见杨绳信编著《中国版刻综录》，陕西人民出版社1987年版，第49页。

新镌出像注释李十郎霍小玉紫箫记题评二卷
重订出像注释裴淑英断发记二卷
新刻重订出相附释标注节义荆钗记四卷
新刊重订出相附释标注章台柳玉合记二卷
水浒记四卷
红拂记二卷
玉簪记二卷
笠翁传奇十种

富春堂 堂主唐富春，号对溪；堂址在金陵三山街。富春堂本《十义记》卷首署："金陵对溪唐富春梓行"；《白兔记》牌记："金陵三山街唐氏富春堂梓行"可证。富春堂刊刻的戏曲数量，居金陵书坊之首，据说多达百种。① 现知唐富春刊刻的戏曲刊本，最早为明万历五年（1577）刊的《校梓注释圈证蔡伯皆大全》四卷②，而其大部都是万历中期所刊。与世德堂关注刊行"古本"南戏与明人改本戏文不同，富春堂刊行的戏曲侧重于万历年间当时创作、改编的传奇或改本戏文，其中属于弋阳、青阳等"杂调"的刊本占有很大分量。保留的富春堂本戏曲，现知有以下近四十来种：

校梓注释圈证蔡伯皆大全四卷（正文三卷，附录一卷）
新刻出像音注节义荆钗记四卷
新刻出像音注增补刘智远白兔记二卷
新刻出像音注岳飞破虏东窗记二卷
新镌图像音注周羽教子寻亲记四卷
新刻出像音注刘玄德三顾草庐记四卷
新刻出像音注商辂三元记二卷
新刻出像音注花栏南调西厢记二卷
新刻出像音注花栏韩信千金记四卷
新刻出像音注唐朝张巡许远双忠记二卷
新刻出像音注姜诗跃鲤记四卷
新刻出像音注薛平辽金貂记四卷
新刻音注出像韩朋十义记二卷
新刻出像音注刘汉卿白蛇记二卷
新刻出像音注何文秀玉钗记四卷
新刻出像音注苏英皇后鹦鹉记二卷
新刻出像音注薛仁贵跨海征东白袍记二卷

① 吴梅《瞿安读曲记·明传奇·青楼记》："富春刻传奇，共有百种，分十集，按甲、乙、丙、丁字样，每集十种，藏家书目，罕有书此者。余前家居，坊友江君，持富春残剧五十余种求售，有《牧羊》、《绨袍》等古曲。余杖头乏钱，还之，至今犹耿耿也。"见王卫民编《吴梅戏曲论文集》，中国戏剧出版社1983年版，第435～436页。

② 现藏河北省保定市图书馆。卷首署："永嘉高则诚撰；京兆刘弘毅注；豫章谢天祐校；金陵富春堂梓。"

新刻出像音注韩湘子九度文公昇仙记二卷
新刻出像音注释义王商忠节癸灵庙玉玦记四卷
新刻出像音注点板徐孝克孝义祝发记二卷
新刻音注出像齐世子灌园记二卷
新刻出像音注花将军虎符记二卷
新刻出像音注管鲍分金记四卷
新刻出像点板音注李十郎紫箫记四卷
新刻出像音注观世音修行香山记二卷
新刻出像音注王昭君出塞和戎记二卷
新刻出像音注范雎绨袍记四卷
新刻出像音注唐韦皋玉环记四卷
新刻出像音注花栏裴度香山还带记二卷
新刻出像音注吕蒙正破窑记二卷
新刻出像音注宋江水浒青楼记四卷
新刻出像音注司马相如琴心记四卷
重刻出像浣纱记四卷
新刻出相音注劝善目连救母行孝戏文八卷（一百零一出）
镌新编全像三桂联芳记二卷①

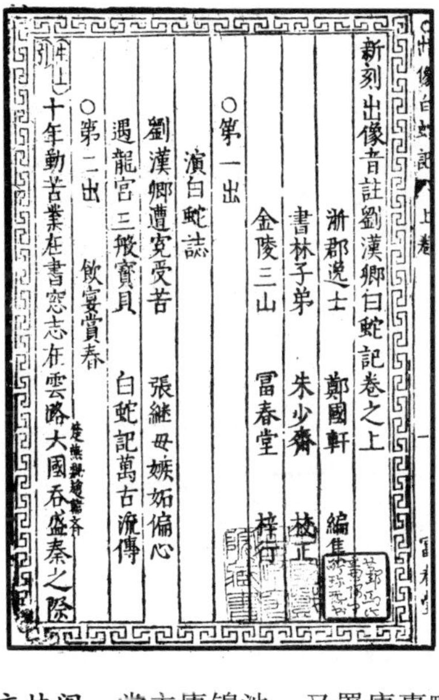
新刻出像音註劉漢卿白蛇記卷之上
浙郡逸士　鄭國軒　編集
書林子弟　朱少齋　校正
金陵三山　富春堂　梓行
○第一出
演白蛇誌
劉漢卿遭窮受苦　張繼母嫉妬偏心
遇龍宮三般寶貝　白蛇記萬古流傳
○第二出　飲宴賞春
引　十年勤苦業在書窗志在雲路大國吞盛秦之際

图十三　明万历金陵唐氏富春堂刊《刘汉卿白蛇记》书影

图十四　明万历金陵唐氏富春堂刊《刘智远白兔记》牌记

文林阁　堂主唐锦池，又署唐惠畴。文林阁本《袁文正还魂记》卷首署："金陵唐锦池梓"；《珍珠记》卷首署："金陵唐惠畴梓"可证。文林阁也是明代金陵万历间的一大

① 《镌新编全像三桂联芳记》，《古本戏曲丛刊二集》据吴晓铃、杜颖陶合藏本影印，云据明德寿堂本，实际它系万历金陵唐对溪刻本，故亦归之于富春堂名下。

书坊，刊印的戏曲数量不少，在金陵书坊中仅次于富春堂，现知有以下二十余种单刊本：

新刻全像胭脂记二卷
新刻全像易鞋记二卷
新刻全像点板张子房赤松记二卷
新刻全像高文举珍珠记二卷
新刻全像观音鱼篮记二卷
新刻全像包龙图公案袁文正还魂记不分卷
新刻全像汉刘秀云台记二卷
新刻全像古城记二卷
新刊校正全相音释青袍记二卷
新刻五闹蕉帕记二卷
新刻狄梁公返周望云忠孝记二卷
重校剑侠传双红记二卷
重校四美记二卷
重刻出像浣纱记四卷
重校义侠记二卷
新刻牡丹亭还魂记四卷
重校拜月亭记二卷
重校投笔记四卷
新刻全像古城记二卷
重校注释红拂记二卷
重校玉簪记三卷
重校锦笺记二卷
重校古荆钗记二卷
重校绣襦记二卷
惊鸿记二卷
霄光记二卷（今存上卷）

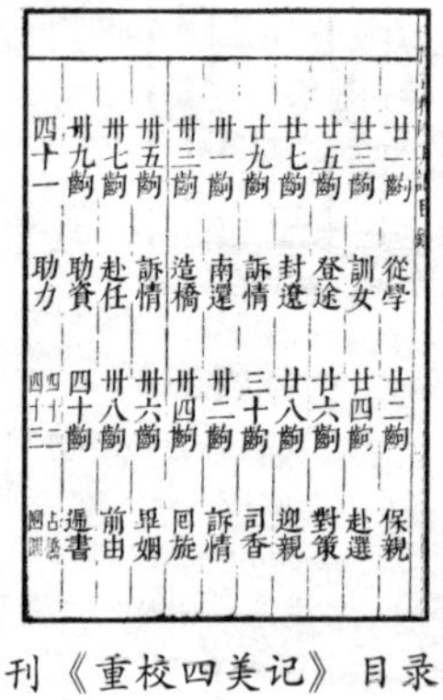

图十五　明万历金陵唐氏文林阁刊《重校四美记》目录与卷端

此外，文林阁还汇刻过《文林阁传奇十种》，收明传奇《还魂记》、《蕉帕记》、《四美记》、《鱼篮记》、《义侠记》、《浣纱记》、《云台记》、《珍珠记》、《易鞋记》、《袁文正还魂记》十本，现藏日本京都帝国大学。①

广庆堂 堂主唐振吾，广庆堂本《东方朔偷桃记》卷首署："金陵唐振吾校梓"可证。

按，明万历间又有堂主署"唐国达"之"广庆堂"者。明刊《新刻张太岳先生集》四十七卷卷首署："江陵叔大张居正著；后学雷思霈、马启图校；绣谷唐国达梓"，封面镌："绣谷唐氏广庆堂刊"，有万历四十年（1612）沈鲤、吕坤二序。② 此"绣谷唐国达"主持的广庆堂，是否与唐振吾主持的广庆堂系一家？不得其详，记之备考。

不仅广庆堂、唐国达等名前加署"绣谷"，金陵世德堂刊《拜月亭记》、《伍伦全备记》、《千金记》等，亦俱署："绣谷唐氏世德堂（校）梓"。曾有论者谓"绣谷"为实指某一地名，误。"绣谷"之义，接近"书林"，谓指绣刻书坊的汇聚之地，犹今之中国内地称美国加州电脑芯片材料盛产地为"硅谷"、港台称"矽谷"相似。金陵世德堂明万历间刊有传奇小说集《绣谷春容》十卷，卷首鲁连居士序，释书名之义，有"绣谷繁华，春容婉丽"③ 句，亦可作为参证。故窃以为，凡是冠以"绣谷"者，皆属指坐落金陵三山街书坊最密集之所的书坊或者坊主人名，不仅金陵唐氏世德堂、唐氏广庆堂如此，唐富春氏富春堂、周曰校氏万卷楼等，亦然。④

广庆堂刊行戏曲常由戏曲家秦淮墨客（纪振伦）协助、合作，替其选辑、校订。广庆堂所刊戏曲作品，主要有：

新编全像点板窦禹钧全德记二卷
新刻出相音释点板东方朔偷桃记二卷
新刻出相点板八义双杯记二卷
新刊出相点板红梅记二卷
新刻出相音释点板留伯仁八黑收精剑丹记二卷
镌新编出像南柯梦记二卷
镌新编全相霞笺记二卷
新刊校正全像音释折桂记二卷
新刻出像葵花记二卷
题塔记（未见）

---

① 参见〔日〕青木正儿著、古鲁重编《中国近世戏曲史·附录三·曲学书目举要》，作家出版社1956年版，第729页。

② 参见王重民《中国善本书提要》著录，上海古籍出版社1983年版，第625页。

③ 参见《中国善本书提要》，第399页。

④ 唐氏世德堂、唐氏广庆堂之例，已见前述。唐富春氏富春堂之例，如万历刻《重修正文对音捷要真传琴谱大全十卷》，署："金陵三山街绣谷对溪书坊唐富春梓"。周曰校氏万卷楼之例，如万历刻《瓦斧漫记》四卷，署："绣谷应贤周曰校刊"。参见《中国善本书提要》，第299、349页。

图十六　明万历金陵唐氏广庆堂刊《八义双杯记》封面与卷首

另有以下几种刊本，仅署唐振吾刊，未署书坊名目，也当归于广庆堂所刊：

新镌武侯七胜记二卷
新编全相点板西湖记二卷
镌新编全像邯郸梦记二卷
新刻出相点板宵光剑二卷

仅署唐振吾刊行的，还有戏曲选本《新刊分类出像陶真选粹乐府红珊》，简名《乐府红珊》，秦淮墨客选辑，卷首有选者万历三十年（1602）序，十六卷，按照内容分类，辑选相关南戏与传奇折子，是一种比较特殊的戏曲选本。①

继志斋　堂主陈大来。继志斋本《五伦传香囊记》卷末牌记：“白下陈大来手书刊布”可证。按，国家图书馆藏《新镌古今大雅南宫词纪》六卷，卷首署：“秣陵陈所闻荩卿粹选，陈邦泰大来辑次”，封面镌：“继志斋原板”五字，知陈氏名邦泰，大来乃字。

与金陵其他各家书坊一般只刻传奇单本或选本而不刻杂剧的情况不同，继志斋则是传奇、杂剧兼刻。所刊杂剧，今存《元明杂剧》四种②及万历二十六年（1598）刊《重校北西厢记》五卷，而传奇仍是继志斋的主要刊本，现知有如下各种：

重校五伦传香囊记二卷
重校义侠记二卷

① 《乐府红珊》十六卷，按作品题材内容，每卷一类，分为以下十六类：庆寿类、伉俪类、诞育类、训诲类、激励类、分别类、思忆类、捷报类、访询类、游赏类、宴会类、邂逅类、风情类、忠孝节义类、阴德类、荣会类。

② 四种杂剧为：《新镌半夜雷轰荐福碑杂剧》一卷、《新镌李太白匹配金钱记》一卷、《新镌铁拐李度金童玉女》一卷、《新镌杜子美沽酒游春杂剧》一卷。

重校埋剑记二卷

重校双鱼记二卷

重校锦笺记二卷

重校旗亭记二卷

重校古荆钗记二卷

重校苏季子金印记二卷

重校韩夫人题红记二卷

重校玉簪记二卷

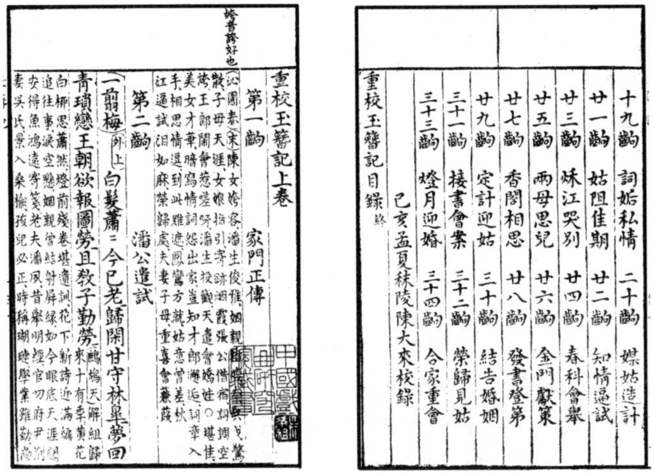

图十七 明万历金陵唐氏继志斋刊《重校玉簪记》目录与卷首

重校琵琶记四卷

重校班仲昇投笔记四卷

重校窃符记二卷

重校紫钗记二卷

重校玉合记四卷（附录一卷）

重校红拂记二卷

重校吕真人黄粱梦境记二卷

重校十无端巧合红蕖记二卷

新镌量江记二卷

重校孝义祝发记二卷

此外，明万历间，继志斋还刊有陈所闻辑的散曲选《新镌古今大雅北宫词纪·南宫词纪》各六卷。

师俭堂 堂主萧腾鸿。师俭堂本《琵琶记》卷首署："书林萧腾鸿梓"可证。按，明泰昌元年（1620）刻《皇明文隽八卷》，卷末牌记："师俭堂萧少衢依京板刻"；封面镌：

“师俭堂萧少渠领绣”。[①] 师俭堂本《玉簪记》署：“书林庆云萧腾鸿梓。”少衢、少渠、庆云，或皆系腾鸿字。

现知师俭堂所刻的戏曲有：

鼎镌陈眉公先生批评西厢记二卷
鼎镌陈眉公先生批评幽闺记二卷
鼎镌陈眉公先生批评琵琶记二卷
鼎镌陈眉公先生批评红拂记二卷
鼎镌陈眉公先生批评玉簪记二卷
鼎镌陈眉公先生批评绣襦记二卷
汤海若先生批评西厢记二卷
西楼记传奇二卷
明珠记二卷
鹦鹉洲二卷
异梦记二卷
麒麟罽二卷

清乾隆十二年（1747），修文堂将上列师俭堂所刊的六种陈眉公批评本戏曲加以汇辑合刊，题作《六合同春》，流行比较普遍。

以上刊行戏曲书籍较多的金陵明代六大书坊中，世德堂、富春堂、文林阁、广庆堂四家堂主皆姓唐，他们之间是否存在裔亲关系，尚未找到相关的证据材料。不详堂主姓名的明代金陵刊行过戏曲的书坊，尚有以下多家：

凤毛馆　明万历间，曾刊明·顾大典传奇《重校白传青衫记》二卷。[②]

两衡堂　明崇祯间，曾刊吴炳传奇五种：《绿牡丹传奇》二卷、《疗妒羹记》二卷、《西园记》二卷、《画中人传奇》二卷、《情邮传奇》二卷，合称《粲花斋新乐府五种》或《石渠五种曲》。按，此曲集明末复由金陵三美堂重刊，今中国社会科学院文学研究所有藏本。两衡堂至清初尚存，顺治间曾刻清·袁于令传奇《西楼梦》二卷，今上海图书馆有藏本。

石渠阁　明崇祯间，曾刊《张玉娘闺房三清鹦鹉墓贞文记》二卷。

文秀堂　明末曾刊《新刊考证全像评释北西厢记》四卷。

乌衣巷　明末曾刊范文若传奇《丽句亭评点花筵赚乐府》二卷、《丽句亭评点鸳鸯棒乐府》二卷。

德聚堂　明万历间，曾刊《剑侠双红记》二卷；崇祯间，曾刊《小青娘风流院传奇》二卷、《新镌绘像传奇双红记》二卷等。

---

① 参见《中国善本书提要》，第480页。

② 杜信孚纂辑：《明代版刻综录》（江苏广陵古籍刻印社1983年版），卷六、页十二，“凤毛馆”条，将堂主定为：“盛以弘，字子宽，潼关卫人。万历二十六年进士，庶吉士，礼部尚书。有《紫气亭集》、《凤毛馆帖》。”未知何据，录以备考。

长春堂 明万历间，曾刊《新镌女贞观重会玉簪记》二卷。

清初，南京的戏曲刻书虽然已远不及明代繁盛，但也有几家书坊仍在刊行戏曲，其中比较著名的是以下三家：

奎壁斋 堂主郑元美，福建莆田人。清初，曾刻传奇选集《绣像歌林拾翠二集》；清顺治间，刻戏曲、散曲选集《新镌南北时尚青昆合选乐府歌舞台》四卷。

翼圣堂 清康熙间，曾刻《笠翁传奇十种》二十卷与《新编缀白裘合选》四卷（明·郁冈樵隐、积金山人合辑，藏北京大学图书馆）。

芥子园 “芥子园”原为清代著名戏曲家李渔在南京的别墅，后亦成为刊行书籍的著名书坊，如后世广为流行的《芥子园画谱》，即由李渔女婿沈心友主持，芥子园刊行。芥子园曾经刊刻过多种戏曲刊本。如：清康熙间，曾刊巾箱本《绘像第六才子书（西厢记）》；重刊明·范文若传奇集《博山堂三种曲》①。雍正间，曾刊汤显祖《牡丹亭还魂记》八卷。今辽宁省图书馆还有芥子园初刻李渔《笠翁传奇十种》二十卷②的藏板。

（三）常熟毛氏汲古阁与《六十种曲》

江苏乃至全国历史上刊行戏曲数量最多，对后世影响与贡献也最大的刻家，则莫过于常熟毛氏汲古阁。汲古阁主人毛晋（1599—1659），名凤苞，字子晋，号汲古主人，明末著名藏书家兼出版家、文献学家。家藏图书84 000余册，多宋元古本与明代善本，建汲古阁、目耕楼储之。少从钱谦益学，学业大进。平生好校勘、誊录秘籍，累计240种，人称“毛钞”。终生购书、印书不辍，家产赀财尽付之。晋死，子毛扆承其业。父子刻书达40余年，计600余种，为中国历代私家刻书最多者。《十三经注疏》、《十七史》、《汉魏六朝百三名家集》、《津逮秘书》等，刊本印行遍国，对后人嘉惠至钜。而汲古阁刊印的《六十种曲》，不但是我国古代篇幅、规模最大的戏曲汇编，它与《元曲选》一起，同时又是我国历代普及最广、影响最大的两种戏曲读本。

《六十种曲》，初名《绣刻演剧》，分做六套，历经多年，前后六次刊行，每次一套10种。初刻于明末，大约于清初，汇集六套重刻，易名《六十种曲》。剧名开列如下：

第一套	琵琶记	荆钗记	香囊记	浣纱记	寻亲记
	千金记	精忠记	鸣凤记	八义记	三元记
第二套	南西厢记	幽闺记	明珠记	玉簪记	红拂记
	还魂记	紫钗记	邯郸记	南柯记	北西厢记
第三套	春芜记	琴心记	玉镜台记	怀香记	彩毫记
	运甓记	鸾鎞记	玉合记	金莲记	四喜记
第四套	绣襦记	青衫记	红梨记	焚香记	霞笺记
	西楼记	投梭记	玉环记	金雀记	赠书记
第五套	锦笺记	蕉帕记	紫箫记	水浒记	玉玦记

① 《博山堂三种曲》为：《鸳鸯棒》二卷、《花筵赚》二卷、《梦花酣》二卷，附《北曲谱》十二卷。

② 《笠翁传奇十种》二十卷为：《怜香伴》、《意中缘》、《凤求凰》、《奈何天》、《玉搔头》、《巧团圆》、《风筝误》、《蜃中楼》、《比目鱼》、《慎鸾交》各二卷。《笠翁传奇十种》除芥子园刻本外，还另有清翼圣堂、经术堂、大知堂、大文堂、宏道堂等多种刻本。

	灌园记	种玉记	双烈记	狮吼记	义侠记
第六套	白兔记	杀狗记	昙花记	龙膏记	飞丸记
	东郭记	节侠记	双珠记	四贤记	牡丹亭记

全书共收元杂剧 1 种（《北西厢记》）、明传奇 58 种。传奇中，汤显祖《还魂记》兼收原作与硕原（徐日曦）改订本《牡丹亭记》；汤氏《紫钗记》与其初稿《紫箫记》并收。在此 60 个戏曲剧本中，《精忠》、《八义》、《三元》、《春芜》、《怀香》、《彩毫》、《运甓》、《鸾鎞》、《四喜》、《投梭》、《赠书》、《双烈》、《龙膏》、《双珠》、《四贤》及硕原改订本《牡丹亭》等十六记，在《六十种曲》出现之前，未见任何刊本；《寻亲》、《鸣凤》、《明珠》、《琴心》、《玉镜》、《金莲》、《青衫》、《明珠》、《水浒》、《狮吼》、《白兔》等各记，虽有别的不同版本，但以汲本为优，故多被后来《古本戏曲丛刊》所采纳影印。《六十种曲》原刻初印本，版式、行款、字体、校勘，均甚精整。由于阅读、流通广泛，历代重刻、重印、补刻、补修、重排、选刻、校注、评注等，不绝如缕。

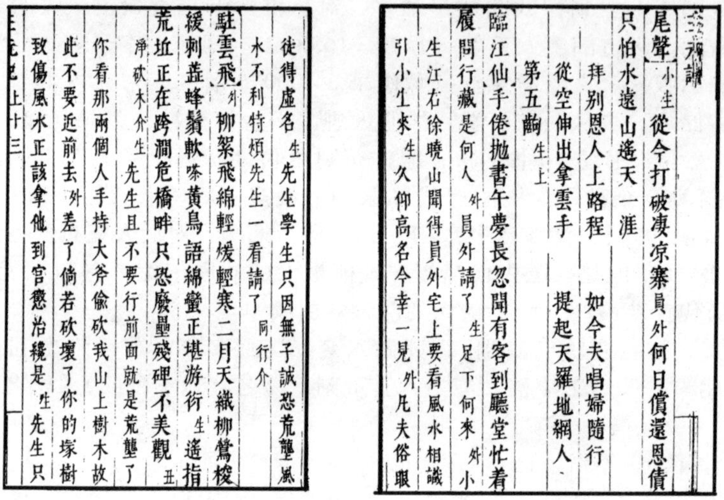
徒得虛名 生 先生學生只因無子誠恐荒壟風
水不利特煩先生一看請了 同行介
駐雲飛 外 柳絮飛綿輕煖輕寒二月天織柳鶯梭
緩刺蓝蜂鬚軟 嗏 黃鳥語綿蠻正堪游衍 生 遙指
荒坵正在跨澗危橋畔只恐廢壘殘碑不美觀 丑
淨砍木介 生 先生且不要行前面就是荒壟了
你看那兩個人手持大斧偷砍我山上樹木故
此不要近前去 外 差了倘若砍壞了你的塚樹
致傷風水正該拿他到官懲治纔是 生 先生只
三元記 上 十三

三元記
尾聲 小生 從今打破凄凉寨 員外 何日償還恩債
只怕水遠山遙天一涯
拜別恩人上路程　如今夫唱婦隨行
從空伸出拿雲手　提起天羅地網人
第五齣 生上
臨江仙 手倦拋書午夢長忽聞有客到廳堂忙着
履問行藏 是何人 外 員外請了 生 足下何來 外 小
生江右徐曉山聞得員外宅上要看風水相識
引小生來 生 久仰高名今幸一見 外 凡夫俗眼

图十八　明末常熟毛氏汲古阁刊《三元记》书影

作为我国一个戏曲文化大省，江苏致力古典戏曲书籍的搜求、整理、编订与刊布者，可谓代不乏人。除上述江苏各地戏曲刻家外，古代另如：明万历间常熟赵琦美（1563—1624），收罗、钞校《脉望馆古今杂剧》300 余种；明末长洲冯梦龙（1574—1646），修改、编订传奇，辑成《墨憨斋定本传奇》14 种；清初无锡邹式金（约 1596—1677），选编明末清初诸家所作杂剧 34 种，辑刻为《杂剧新编》（一名《杂剧三集》）。近代如：长洲吴梅（1884—1939），校订、编集《奢摩他室曲丛》初、二集戏曲 30 余种（全编拟印 152 种，因故未竟）；苏州王季烈（1873—1952），选编、校订《孤本元明杂剧》144 种与曲谱多种。现代如：南京卢冀野（1904—1950），辑刻《元人杂剧全集》与《饮虹簃所刻曲》30 种；扬州任中敏（1897—1991），编辑、校订《新曲苑》34，等等，多不胜数。就连编刻大型戏曲丛书《暖红室汇刻传奇》与《暖红室汇刻传剧》的暖红室主人刘世珩（1875—1937），原籍安徽贵池，却长期生活、工作于江苏南京，晚年落脚上海，实际也可归为江苏近代戏曲编辑家。

上述这些人所从事的主要还是戏曲书籍的编辑、改订、校核等方面的工作，尽管所做的是出版事业中的重要构成部分，但他们未必都亲躬梨枣之事，跟我们这里所称的“刻家”毕竟有别。而相对接近“刻家”性质而且业绩又丰的江苏近代戏曲出版家，则不能不提到——

（四）武进董氏诵芬室戏曲刊本

诵芬室主人董康（1867—1947），字受经，号诵芬室主人。江苏武进人。光绪举人。曾任刑部主事、大理事推事。辛亥革命后，历任大理院院长、司法总长、财政总长等职，并任上海法科大学校长、北京大学教授。抗战爆发后，任伪司法委员长、最高法院院长。抗战胜利后，病死狱中。董氏拥有大量藏书，以宋元及明嘉靖前古本为主，同时留意收购民间小说、戏曲，爱好影印或翻刻成套善本图书，自言“一生以影印异书为唯一之职志”①。曾陆续辑集、刊布《诵芬室丛刊》初编、二编，丛书中收刊以下多套戏曲集子：

梅村先生乐府三种（清·吴伟业撰，收清传奇三种，1616年刊。）
读曲丛刊（董康辑，收曲论七种，单刊本增为九种，1917年刊。）
盛明杂剧初集三十种（明·沈泰等辑，1918年刊。）
盛明杂剧二集三十种（明·沈泰辑，1925年刊。）
石巢传奇四种（明·阮大铖撰，1919年刊。）

除编入丛书外，董氏诵芬室还单行了如下这些戏曲影印本或翻刻本：

杂剧十段锦（明·周宪王等撰，诵芬室影印明嘉靖绍陶室原刻本，收明杂剧十种，1913年刊。）

苏门啸（明·傅青眉撰，诵芬室影印明崇祯敲月斋本，收明杂剧十二种，民国间刊。）

杂剧三集（亦名《杂剧新编》，清·邹式金辑，收明清杂剧三十四种，1941年刊。）

陌花轩杂剧七种（清·黄方胤撰，诵芬室据清顺治原刻本重刻，收清杂剧七种，《杂剧新编》附，1941年刊。）

西厢记五卷（题元·王德信、关汉卿撰，清·毛甡论释，诵芬室影印清康熙学者堂刻本。）

新刊巾箱蔡伯喈琵琶记二卷（东嘉高先生编集，南溪斯干轩较正，民国间影印。）

以上合计，总数量可谓不少。笔者不详诵芬室的出书流程如何，但以董氏的收藏、财力、地位等考量，他刊行这么多的书籍，不可能是完全出于兴趣需要，他必然还要过问书籍的版刻、印行、销售等事宜，所以也把他列入江苏戏曲“刻家”之列。②

董康本人还做了一些与戏曲研究相关的事，如编撰《曲目韵编》（收入《重订曲苑》），据《乐府考略》、《传奇汇考》等残卷，核编、整理成《曲海总目提要》四十六

① 董康：《书舶庸谭》卷一。

② 伦明《辛亥以来藏书纪事诗》（上海古籍出版社1999年版）中说，董氏“尝聚工匠于法源寺刻书，数十年不辍”，董康对于刻书事务，好像十分具体过问。

卷，共收曲目684种，1928年交由上海大东书局排印出版，成为我们研究古典戏曲者案头必备的工具书。董氏的文献著述《书舶庸谭》，亦屡屡涉及戏曲典籍情况。这些功绩都值得我们顺便一提。

四、江西刻本

江西戏曲源远流长，明南戏四大声腔之一的弋阳腔在江西形成，大戏曲家汤显祖诞生于江西，中国最早戏曲选本《风月（全家）锦囊》① 刊布于江西等等现象的出现，都非偶然。早在南宋咸淳（1265—1274）年间，“永嘉戏曲”即早期南戏就已风靡于江西南丰一带，② 之后江西南戏、传奇兴旺不辍。明嘉靖、万历间，江西人编选的戏曲选本迭出，便是明证。江西又是我国印刷业极为发达的地区，两宋时，它与汴梁、浙江、福建、四川合称五大雕版印刷中心；明继宋元遗风，江西抚州、饶州、吉州等地，官刻、私刻成风，刊本闻名遐迩。江西戏曲选家与坊间刻家，为书业射利图计，更多留意于被当时广大观众与普通读者所感兴趣的戏曲舞台演出脚本。跟随折子戏的流行趋势，江西戏曲刻本更以选本为多、为著。以下这些选本，尽管它们不一定完全都在江西本土刊梓，但至少也是经过江西人氏的编选、校勘：

风月（全家）锦囊

含：首卷时兴曲、全家锦囊、全家锦囊续编三编

卷首署：汝水云崖徐文昭集；江右龙峰詹子和校；书林詹氏进贤堂梓

卷首又署：汝水云崖徐文昭辑；书林詹氏仁智斋梓

牌记镌：嘉靖癸丑岁秋月詹氏进贤堂重刊

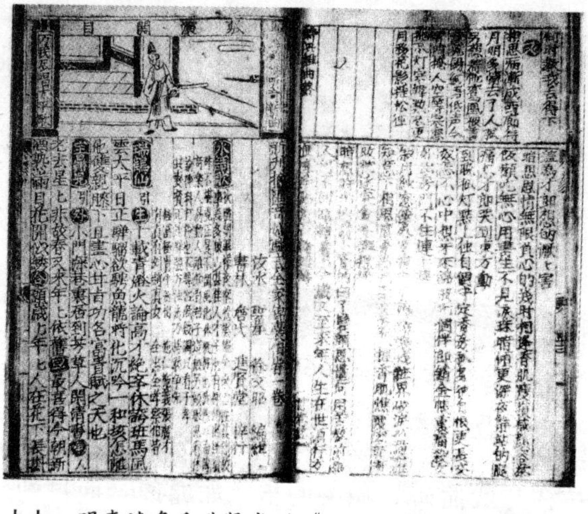

十九　明嘉靖詹氏进贤堂刊《风月（全家）锦囊》书影

① 此选本真实书名，有待进一步探究，《风月（全家）锦囊》为笔者暂拟的书名；锦本刊布的书坊“詹氏进贤堂”，应在江西，而不在福建建阳。以上有关理由，均请参阅拙著《风月锦囊考释》，中华书局2000年版，第3～12、260～264页。

② 参见宋元间刘埙（1240—1319）《水云村稿》卷四《词人吴用章传》。

鼎雕昆池新调乐府八能奏锦　八卷

卷首署：汝川黄文华精选；书林蔡正河绣梓

牌记镌：皇明万历新岁爱日堂蔡正河梓行

新刻京板青阳时调词林一枝　四卷

卷首署：古临玄明黄文华选辑；瀛宾郗绣甫仝纂

牌记镌：万历新岁孟冬月叶志元绣梓

新锲精选古今乐府滚雕新词玉树英　五卷

卷首署：汝川黄文华选辑；书林余绍崖绣梓

牌记残缺

新锲梨园摘锦乐府菁华　六卷

卷首署：豫章刘君锡辑；书林王会云梓

牌记镌：万历庚子岁仲秋月三槐堂王会云绣梓①

鼎刻时兴滚调歌令玉谷调簧　六卷

卷首署：吉州景居士汇选；书林刘次泉绣梓 又署：八景选辑；书林廷礼绣梓

牌记镌：书林廷礼梓行；万历庚戌年孟秋月刊行

梨园会选古今传奇滚调新词乐府万象新　前后二集八卷

卷首署：安成阮祥宇编；书林刘龄甫梓

牌记残缺

新锓天下时尚南北新调尧天乐　二卷②

卷首署：豫章饶安殷启圣汇辑

听秋轩精选万锦娇丽

卷首署：玉茗堂主人点辑

牌记残缺

以上选本的汇辑、编选及校订者，几乎全是江西人氏：编辑《风月（全家）锦囊》的“汝水”云崖徐文昭，选辑《八能奏锦》、《词林一枝》、《玉树英》三种选本的“汝川”、“古临”黄文华，以及点辑《万锦娇丽》的玉茗堂主人汤显祖，都是临川人；辑选《乐府菁华》的“豫章”刘君锡，是南昌人；汇选《玉谷调簧》的“吉州”景居士，是吉安人；汇辑《尧天乐》的“饶安”殷启圣，是波阳人；编集《万象新》的“安成”阮祥宇，是安福一带人；“江右”系江西别称，为《风月（全家）锦囊》作校的“江右”龙峰詹子和，也是江西人。除上列选本外，原藏奥地利维也纳国家图书馆，现影印收入《海外孤本晚明戏剧选集三种》（李福清、李平编，上海古籍出版社 1993 年版）中的选本

① 王氏三槐堂于明万历三十八年（1610），另刻有《新镌徽板音释评林全像班超投笔记》二卷，现藏日本前“台北帝国大学东洋文学会”。该书堂至南明弘光间（1644—1645）尚存，校梓人或署王介蕃，或署王登百。参见《中国善本书提要》，第 346 页。

② 本书书名又题《新选天下时尚南北新调》、《新锓天下时尚南北新调》。潭水燕石居主人取其与《精选天下时尚南北徽池雅调》二卷（署：“闽建书林熊稔寰繍梓”）合刊，书名总题《精选天下时尚新调秋夜月》。刊年不详。今有民国餐秀簃程氏影印本。

残卷《精锲汇编杂乐府新声雅调大明天下春》八卷，尽管刊本残缺刊坊、刊年、刊地等刊记，而从各方面来看，它也当是出自江西的选本，而且刊行年代还可能接近于《风月（全家）锦囊》。①

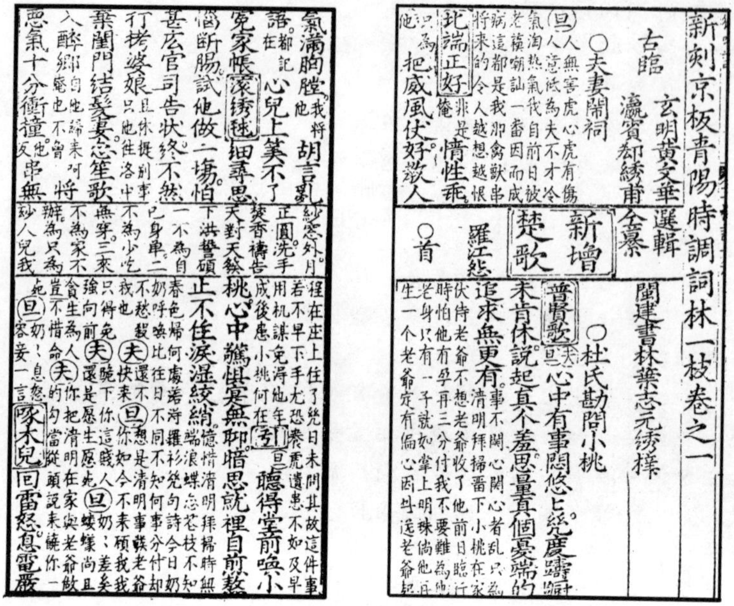

图二十　明万历古临黄文华选辑、闽建叶志元绣梓《词林一枝》书影

五、安徽刻本

安徽版刻（包括文刻、图刻）有很深的历史根底，徽版图书遐迩闻名。特别是安徽歙县虬村黄姓一族，刻书历史自明正统至清道光，继绍400年，刻工薪火相传，名匠辈出。其中很著名的黄应光、黄一彬等人，还常常染指戏曲版刻。

安徽又是青阳滚调戏曲的发祥地，明代嘉靖、万历以来，“青阳时调”、“徽池雅调”，风靡天下，时兴南北。在此情况下，安徽戏曲选家、刻家，自然也会尝鼎此脔。如明万历三十九年（1611）刊刻的《新刊徽板合像滚调乐府官腔摘锦奇音》六卷，署：“徽歙龚正我选辑；敦睦堂张三怀绣梓”。编选者龚正我为“徽歙”即今安徽歙县人；书名既称为“徽板（版）”，刊印者张氏敦睦堂也当是安徽书坊。另外，安徽自明嘉、

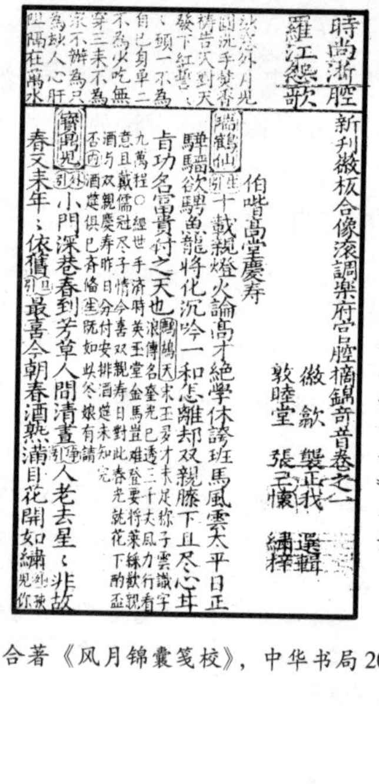

图二十一　明万历徽歙龚正我选辑、敦睦堂张三怀绣梓《摘锦奇音》书影

① 理由与依据，参见拙著《风月锦囊考释》，第13页；笔者与黄仕忠合著《风月锦囊笺校》，中华书局2000年版，第129～139页。

万以来，产生了成批的著名文人戏曲家，如祁门郑之珍，歙县潘之恒、汪道昆、方成培，休宁汪廷讷、阮大铖，宣城梅鼎祚等，他们的创作或理论，也为安徽戏曲私刻与坊刻提供了丰富的文本材料。

安徽戏曲刻家及所刻戏曲，比较著名的，还有如下这些：

祁门郑氏高石山房　主人郑之珍自刊《新编目连救母劝善戏文》三卷，卷首有明万历七年（1579）叶宗春叙，万历十年（1582）自序，卷末有万历十年胡元禄跋。刻板原藏祁门，今归安徽省博物馆。郑之珍（1518—1595），字子玉，号高石，别署高石山人，徽州祁门人。

新安汪氏玩虎轩　堂主汪光华，名汪云鹏。明万历二十五年（1597），刊《元本出相点板琵琶记》三卷。卷首《凡例》有云：“点板黜浙从昆，审经名校。”可见是个昆腔系统的《琵琶记》版本。万历间，玩虎轩又刊《元本出相西厢记》二卷、《新镌红拂记》二卷、《重校孝义祝发记》二卷（以上二记，今仅存上卷，藏国家图书馆）及曲选《赛徵歌集》六卷。

新都黄氏尊生馆　堂主黄正位，安徽新都（新安古地名，即歙州、徽州辖地别称）人。明万历三十七年（1609），编元明杂剧选《阳春奏》，原本收39种，今存13种，《古本戏曲丛刊四集》影印三种。① 明万历间，刊《元本出相点板琵琶记》三卷。按，此本《琵琶记》，除卷首载“新都黄正位著”之《琵琶记题词》等之外，其余与上列玩虎轩本没有太大区别，疑二者中当有一种为翻印。

休宁汪氏环翠堂　堂主汪廷讷，明代著名戏曲作家，生卒年不详，字昌朝，号无如，别署坐隐先生、无无居士、全一真人。安徽休宁人。明万历间官盐运使，左迁宁波府同知。戏曲家沈璟弟子，与汤显祖、张凤翼、屠隆等交好。除自刻所著戏曲《环翠堂乐府》（详以下“自刻本”）外，嘉靖间，还曾编刻明戏曲、散曲作家《陈大声乐府全集》；万历间，曾校梓《袁了凡先生释义琵琶记》二卷、《袁了凡先生释义西厢记》二卷；刻《义侠记》二卷、《窃符记》二卷。《窃符记》藏本，据称为法国伯希和所拥有。此外，万历间，环翠堂还刊刻过王磐《西楼乐府》一卷、梁辰鱼《江东白苎》一卷、冯惟敏《冯海浮山堂词稿》四卷等多种明人散曲集，各集书名，皆冠“坐隐先生精订”字样。

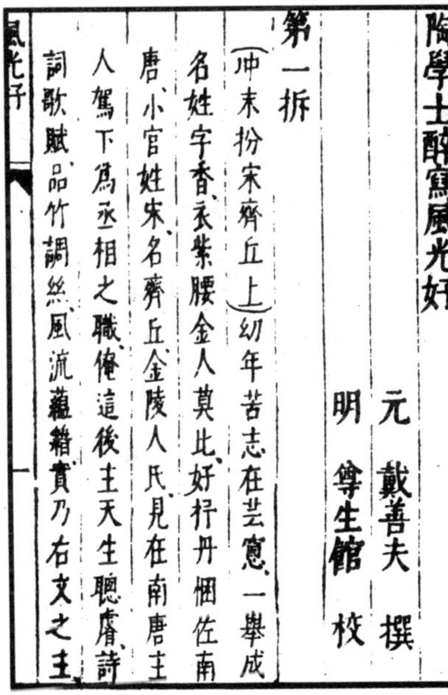
陶學士醉寫風光好
元　戴善夫　撰
明　尊生館　校
第一折
（冲末扮宋齊丘上）幼年苦志在芸窗，一舉成名姓字香。衣紫腰金人莫比，好扞丹悃佐南唐。小官姓宋，名齊丘，金陵人氏，見在南唐主人駕下爲丞相之職。俺這後主天生聰睿，詩詞歌賦品竹調絲，風流蘊藉，實乃右文之主。
風光好

图二十二　明万历新都黄氏尊生馆校刻《阳春奏·陶学士醉写风光好》书影

① 《阳春奏》，国家图书馆藏本存13种，除《古本戏曲丛刊四集》已影印之《陶学士醉写风光好》、《宋太祖龙虎风云会》、《西华山陈抟高卧》3种外，另10种为：《楚襄王梦游高唐记》、《鸱夷子扁舟五湖记》、《陈思王怀旧洛神记》、《张京兆闺阁画眉记》（以上4种均明·汪道昆撰）、《王羲之兰亭显才艺》、《陶处士栗里致交游》、《桓元帅龙山会僚友》、《汉相如昼锦归西蜀》、《卫将军元宵会僚友》、《元微之重访蒲东寺》（以上6种均明·许潮撰）。

歙县黄氏百岁堂 堂主名不详。明万历四十三年（1615），刊《新刻出像点板吕真人梦境记》二卷，署“古歙黄氏百岁堂”刊，今存上卷，日本宫崎内定藏。

浣月轩 堂主姓名不详。明万历间，刊云水道人《新镌全像蓝桥玉杵记》二卷，附散曲《蓬瀛真境》一卷、杂剧《天台奇遇》一卷，卷首有万历三十四年（1606）虎耘山人序。刊本《例言》云：“本传遂出绘像，以便照扮冠服。”可见插图系按照当时舞台人物装扮形象摹刻的，具有历史研究价值。另据称，浣月轩还刊刻过曲选《词林摘艳》，详情有待核实。

清末安徽戏曲刻家，有安徽扒狮竹友斋王贺成，于清光绪六年（1880），校刻李世忠（良臣）编集的大型戏曲台本汇编《梨园集成》，共收全本剧47种，除两种昆剧外，其余45种，均是皮簧腔系剧种的舞台演出本。历史上由安徽刻家首次汇编刊刻如此规模不小的皮簧戏曲台本，亦堪称壮举。

六、闽广刻本

从戏曲剧种声腔历史角度而言，福建、广东两地有着十分密切的渊源关系。明代南戏声腔繁衍，其流布闽南及广东潮州的一支，即形成语音、声腔相近、相通的所谓“潮（州）、泉（州）二部”。明嘉靖四十五年（1566）福建余氏新安堂刊布的《荔镜记》戏文，卷首戏名标称“五色潮泉插科”，剧中不少曲牌，注明为“潮腔”，卷末书坊告白：“重刊《荔镜记》戏文，因前本《荔枝记》，字多差讹，曲文减少，今将潮、泉二部，增入《颜臣》、勾栏诗词、北曲，校正重刊”云云，都是明证。下面所罗列的一些刊本表明，闽、广两地的戏曲刊本也同样存在千丝万缕的关系。因此我们就将两地戏曲刻书情况，综合在一起介绍。

福建本是我国历史上印刷业十分发达的地区，特别是建阳坊刻，久负盛名，刊本人称“建本”，流通、普及全国各地。建本中包括不少民间通俗小说、唱本、戏曲。建阳比较著名的书坊，如刘（朝琯）氏安正堂、余（象斗）氏双峰堂、熊（龙峰）氏忠正堂等，都刊印过传世久远的通俗小说刊本。建阳印行过戏曲的书坊，明确所知，有以下诸家：

余氏新安堂 明嘉靖四十五年（1566），刊《重刊五色潮泉插科增入诗词北曲勾栏荔镜记戏文》全本五十五出，上栏附刻《颜臣》戏文全部唱词。另据故牛津大学龙彼得（Van der Loon）教授查考，新安堂于明万历十四年（1586），还刊印《新刊韩朋十义记》二卷。此记藏法国巴黎国家图书馆，署“余氏自新斋”刊，自新斋殆为新安堂别名。新安堂堂主前后有余绍崖、余幼山、余苍泉诸人。苍泉名良进，又名良堂，籍贯建阳，其书堂又称怡庆堂。①

① 参阅饶宗颐《〈明本潮州戏文五种〉说略》，广东人民出版社1985年版，《明本潮州戏文五种》卷首，第4页。

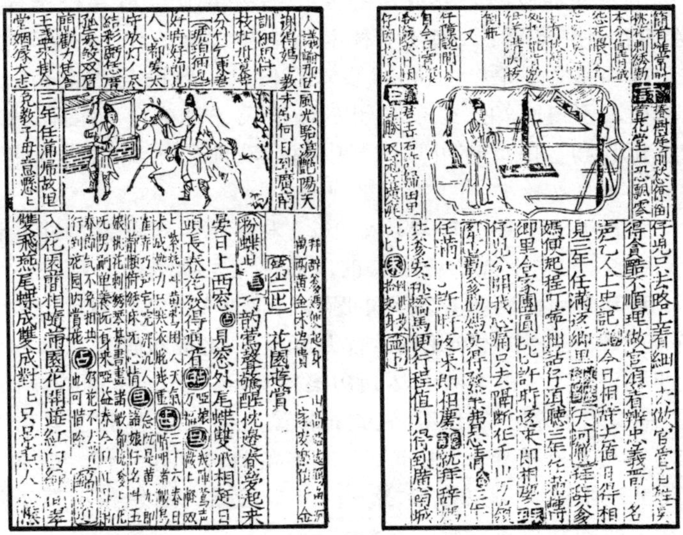

图二十三　明嘉靖余氏新安堂刊《荔镜记戏文》书影

朱氏与耕堂　明万历辛巳九年（1581），刊《新刻增补全像乡谈荔枝记》四卷。此记卷末牌记："万历辛巳岁冬月朱氏与耕堂梓行"可证。据龙彼得教授查考，朱氏与耕堂为建阳书堂，堂主名朱仁斋。① 国家图书馆藏《新刻浙江新编出像题评范睢绨袍记》二卷，署"书林朱仁斋"刊，若按龙氏所考，这本《绨袍记》也当属于与耕堂刊本。

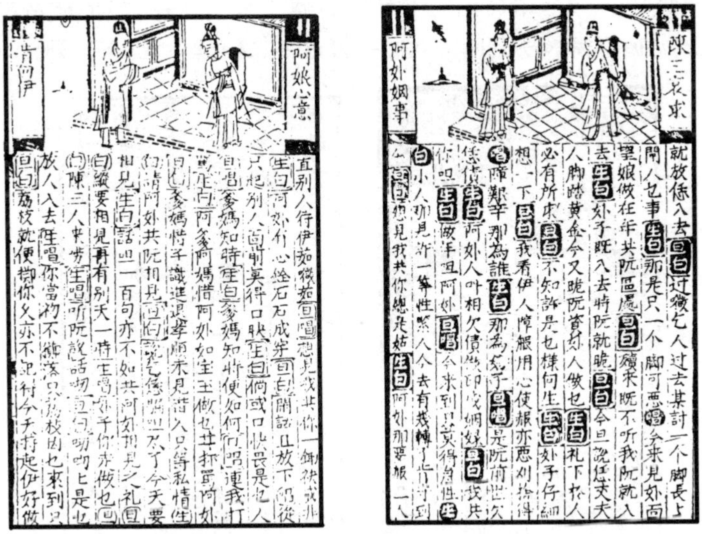

图二十四　明万历朱氏与耕堂刊《乡谈荔枝记》书影

① 参阅饶宗颐《〈明本潮州戏文五种〉说略》，广东人民出版社1985年出版，《明本潮州戏文五种》卷首，第8页。

叶氏南阳堂　《乡谈荔枝记》卷首，另署："书林南阳堂叶文桥绣梓，潮州东月李氏编集"；卷二、卷四卷首，亦署："闽建书林南阳堂叶文桥绣梓"。知：南阳堂为"闽建"即福建建阳书坊；南阳堂堂主是叶文桥；《乡谈荔枝记》曾由与耕堂和南阳堂两个书坊刊印过，究竟孰先孰后，不得而知。广东潮州东月李氏"编集"即创作的戏曲作品，由福建建阳两家书坊竞相刊印，由此亦可见闽、广两地戏曲艺术及戏曲刻印事业密切、沟通情况的一斑。

熊氏忠正堂　明万历二十年（1592）①，刊《重刻元本题评音释西厢记》二卷。忠正堂堂主系熊龙峰，卷首署："上饶余泸东校正，书林熊龙峰绣梓"可证。

刘氏乔山堂　明万历间，刊《重刻元本题评音释西厢记》二卷。乔山堂堂主刘龙田，卷首署："上饶余泸东校正，书林刘龙田绣梓"可证。此本即研究《西厢记》版本者常称的"刘龙田本《西厢记》"，《古本戏曲丛刊初集》影印。按，所谓刘龙田本《西厢》，无论从标题、出目、版式、行款、字体等各方面来看，与上列忠正堂本几乎雷同（仅卷首署："熊龙峰绣梓"，与上书稍异），由于不详刘本的具体刊印年代，故而无法判断二者究竟谁套印谁。熊氏是建阳五大刻书姓族之一，声望甚隆，推想当不至于随意去套印别家的刊本吧？希研究《西厢》版本者慎鉴之。

熊氏种德堂　明万历元年（1573），刊《重订元本评林点板琵琶记》二卷。种德堂为建阳书坊，堂主熊成冶，字冲宇。卷首署："闽建书林冲宇熊成冶刊行"、卷末牌记镌："万历新岁谷旦种德堂绣梓"可证。种德堂为明正统间熊宗立创立的书坊；成冶，盖宗立之后。

除以上镌有明确书坊堂号的建阳戏曲刻本之外，另有一种发现、披露不久的明代闽南戏曲选本《新刻增补戏队锦曲大全满天春》二卷，经人研究认为，它也是闽南刻家所刻。该刊本卷末牌记镌："岁甲辰翰海书林李碧峰、陈我含梓。"原藏英国剑桥大学图书馆，现已影印收入龙彼得辑《明刊闽南戏曲弦管选本三种》(台北南天书局，1992 年影印)。

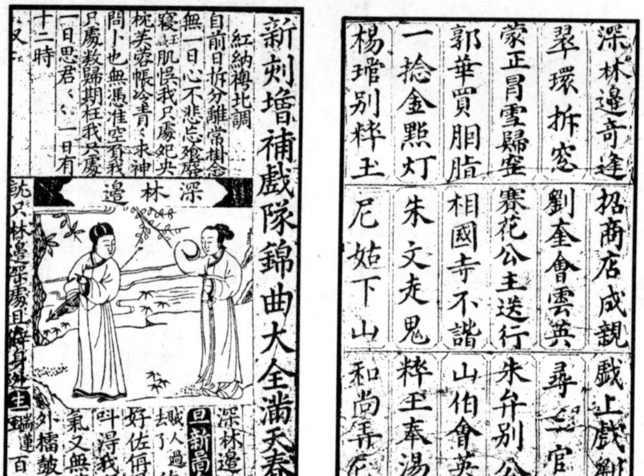

图二十五　明万历瀚海书林李碧峰、陈我《新刻增补戏队锦曲大全满天春》目录与卷首

① 刊年据董康《书舶庸谭》卷一《世部·日本内阁藏书》著录。

据发现并辑刊该刊本的龙彼得教授研究认为："甲辰"当系明万历三十二年（1604）；"翰海"非实指地名，结合李碧峰、陈我含刊梓的其他刊本多镌"澄邑"的情况来考察，它为"海澄"（闽南旧县名，今与龙溪合并为龙海县）别名。① 选本收南戏、传奇散折演出本十八"队"（出），宾白皆用闽南方言，定为闽南刻家所刊，在情理之中。

还有一些戏曲刊本，仅知刻工为建阳人氏，但不能完全肯定即是建阳某书坊刊本。如明万历刻本《新编孔夫子周游列国大成麒麟记》二卷（明·显圣公撰），今存国家图书馆藏本，《古本戏曲丛刊二集》影印，插图镌："素明刻像。"素明即刘素明，系建阳著名刻工，但还不能因此而肯定该刊本就是建阳所刊。至于许多署有"书林"字样而未署坊址的戏曲刊本，一些论者把它们一概归于建阳所刊，恐更难全都坐实。道理很简单：因为别地的某些书坊或刻书人名号之前，也照样可以冠以"书林"的。如上述金陵萧（腾鸿）氏师俭堂以及湖南"古潭"黄（尔昭）氏存诚堂堂名或堂主姓名之前，亦皆署"书林"字样，便是显例。

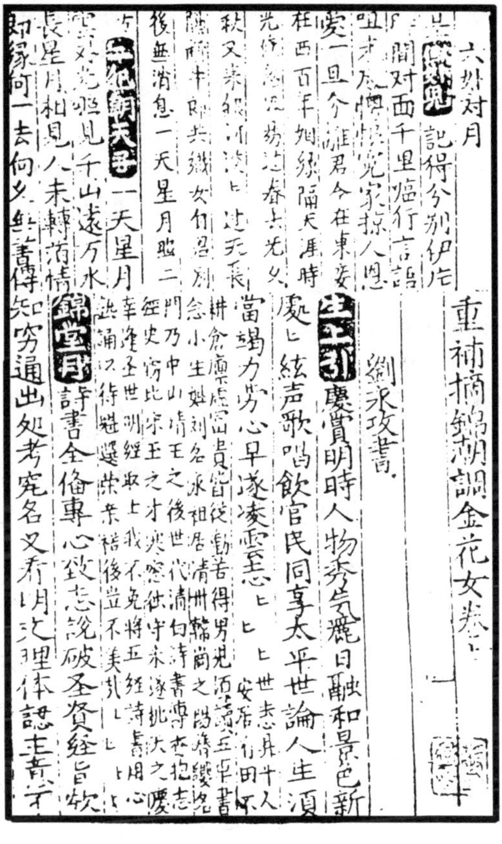
重補摘錦潮調金花女卷上

劉永攻書

图二十六 明刊《摘锦潮调金花女大全（附苏六娘）》书影

广东戏曲刻家情况，迄不甚详。潮安陆续出土的戏文写本，如明宣德写本《刘希必金钗记》、嘉靖写本《蔡伯皆》等以及上述供演于"潮、泉二部"的《荔镜记》戏文刊本，都证明潮州一带在明中叶时戏曲相当繁盛，既如此，戏曲刻家亦当相应存在，只是一时没有具体戏曲刊本供以查证而已。只有下面这种刊本，或许出自潮安刻家之手：

（重补）摘锦潮调金花女大全二卷（上栏附刻《苏六娘》）

该刊本未镌刊行书坊名目及刊印年月等，形态较为古朴，从版式、字体来看，很可能是明嘉靖间所刊，至晚也当是万历初所刊。戏名既称"摘锦潮调"，上栏《苏六娘》演的又是潮州本地故事②，因此它出自潮州刻家之手的可能性很大。

---

① 参阅龙彼得《古代闽南戏曲与弦管之研究》，《明刊闽南戏曲弦管选本三种》，台北南天书局1992年版，英语排印页，第9~11页。

② 参阅饶宗颐《〈明本潮州戏文五种〉说略》，广东人民出版社1985年版，《明本潮州戏文五种》卷首，第9页。

七、平水等其他各地刻本

山西　平水（亦称“平阳”，今山西临汾一带）自古是刻书重镇，金灭北宋，把汴梁书肆及北宋政府书版、部分刻工掠去，移往平水，平水更成为当时的刻书中心，使“平水版”图书享誉久远。如金刻佛经经典《赵城藏》，内容珍贵，卷帙浩繁，刻印精美，极为著名。晋南一带又是金元院本、杂剧的繁荣中心，散落在那一带的雕塑、戏画、碑刻、戏台、抄本等宋金元明戏曲文物，俯拾皆是，迄今仍历历可数。① 平水既是雕版印刷中心，又是戏曲繁荣胜地，按照常理推断，戏曲刻家亦必相当繁伙，然而奇怪的是传世下来的却是十分难觅。唯有经人研究而确定为金平水版的《刘知远诸宫调》残卷的发现，向我们透示了这方面的一点信息。诸宫调与戏曲形成、发展之密切关系，毋庸置疑。元·钟嗣成《录鬼簿》干脆将撰编《西厢记诸宫调》的金·董解元列为“前辈已死名公”之首，并称“乐府”（元曲）“以其创始”。如此，也不妨将刻印这本《刘知远诸宫调》的无名氏刻家视作山西戏曲刻家的“创始”，之后情况，需待新文物的继续发现与研究。

山东　戏曲刻家情况不详，但知在山东章丘出生并在那里从事戏曲创作活动的明代著名戏曲家李开先（1502—1568），他的主要传奇之作《林冲宝剑记》、短剧集《一笑散》以及李氏审选的包括16种元剧刊本的《改定元贤传奇》（残卷）等，今存嘉靖李氏自刻本，当出山东刻家之手。《宝剑记》，有嘉靖二十八年（1549）李氏自刻本；《一笑散》，今残存嘉靖原刻本二种；《元贤传奇》，南京图书馆藏有嘉靖原刻本残卷六种。② 另外，李氏嘉靖间还主持刊刻过《词谑》二卷、《张小山小令》二卷等曲书。

湖南　古代戏曲刻家有迹可求。今存《新刻魏仲雪先生批评投笔记》二卷，《古本戏曲丛刊初集》据明万历书林存诚堂刊本影印。国家图书馆另藏有《鼎镌郑道圭先生评点红杏记》二卷三十六出，著录为“明天启潭阳黄氏存诚堂刻本”。考黄氏存诚堂，堂主名黄尔昭。美国华盛顿国会图书馆藏《新刻张天如先生增补注释启蒙会海玉堂对类》十九卷，署：“艺林存诚堂黄尔昭绣梓”可证。潭阳，古郡、县名。潭阳郡，唐置，元废，故治在今湖南黔阳县；潭阳县，唐置，宋改卢阳县，今为湖南芷江县。据此，约略可断，明万历迄明末间刊行多种戏曲的存诚堂，乃是目前所知唯一的湖南古代戏曲刻家坊名。湖南潭阳存诚堂刊刻戏曲似非孤立现象。因为它会使我们联想到：长沙，古称潭州，宋以来便是刻书重镇；戏曲选本《新刻精选南北时尚昆弋雅调》曾署：“江湖知音者汇选；古潭□□□订定；书林广平堂梓行”；刊梓选本《新锓天下时尚南北徽池雅调》者，为“潭水燕石居主人”。这些同潭阳存诚堂刻曲究竟有否存在某些联系？提供博雅君子教正。

明曲选《新刻点板乐府南音》二卷，署：“洞庭萧士选辑；湖南主人校点”，选、校者均湖南人氏，也可能是湖南刻家刊印。清·杨恩寿撰《坦园传奇》六种，有清光绪长沙杨氏自刻本；清·王夫之撰《龙舟会》杂剧一卷，有清道光二十二年（1842）长沙刻

① 参阅车文明《20世纪戏曲文物的发现与曲学研究》第17～20页及卷末附表，文化艺术出版社2001年版。

② 残存的六种为：《江州司马青衫泪》（元·马致远撰）、《西华山陈抟高卧》（元·马致远撰）、《杜牧之诗酒扬州梦》（元·乔吉撰）、《唐明皇秋夜梧桐雨》（元·白朴撰）、《玉萧女两世姻缘》（元·乔吉撰）、《刘晨阮肇误入天台》（明·王子一撰）。“南图”藏本，《青衫泪》系残本，其余五种完整。

《船山遗书》本，这些都可归于湖南古代戏曲刊本。

湖北 戏曲刻家，仅知有《新镌楚曲十种》，今存四种，分别由汉口永宁巷文升堂、文雅堂和唐氏三元堂三家所刊。清·丁耀亢撰《新修杨忠愍蚺蛇胆表忠记》传奇，除《古本戏曲丛刊五集》影印的清同治刻本外，还另有清同治十一年（1872）湖北崇文书局重刻《杨忠愍公集》所收本。

孔明
祭風台
全部
文陞堂寓在漢口永寧巷上首
大街老岸巷内便是發客不悮

新鐫楚曲十種祭風臺全部第四卷 文陞堂真本
二十三場 付小生占外上 點將
横矛倒目眼睁圓長坂坡前殺氣生吶喊一聲如雷
震獨擋曹兵百萬兵俺張翼德軍師點將在此伺候
小生上 金龍困體翠紅生戰馬冲開百萬兵三進曹營
無人擋正是英雄逞威風俺趙雲軍師點將在此伺
候 占上 小將威名蓋世雄迎鋒對壘占頭功交鋒爭
殺誰敢比血戰沙場逞用浸俺劉封軍師點將在此
伺候 外上 憶惜當年遇英雄爲殺貪官出蒲東堂堂
漢室忠良將四海人称美髯公某漢室關軍師點將
祭風臺 四卷 一 文陞堂

图二十七 清汉口文升堂刊《新镌楚曲十种·祭风台》封面与书影

陕西、河南、四川等这几个西北、华北、西南省份，也都是我国戏曲十分兴旺发达的地区。根据笔者目前所掌握的资料来看，这些省份的戏曲刻家，刊刻戏曲似多在清代地方戏兴盛之后。自清道光至宣统之间，以上各地陆续出现不少以刊印本地地方戏脚本、唱本为主的民间书坊。由于书坊名目至为繁多，所刊剧目多不胜举，现选择其中少量，胪列于下——

陕西 西安，有树德堂、树信堂、德兴堂、德盛堂、裕兴堂、兴兴堂、龙威阁、泉省堂，分别刊有《紫霞宫》、《二度梅》、《和氏璧》、《火焰驹》、《紫竹庵》、《雷峰塔》、《惠风扇》、《祭灵》等；咸阳，有永盛堂，刊有《李彦贵买水》等；合阳，有松林堂，刊有《珍珠衫》等。

光緒九年新刊

紫竹庵全本

省城 裕興堂發行

杜穎陶捐贈

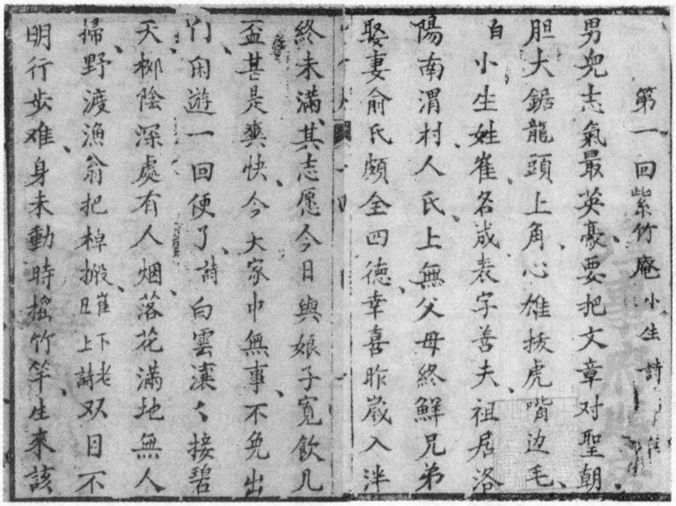

第一回紫竹庵 小生詩

男兒志氣最英豪、要把文章对聖朝。胆大鍇龍頭上角、心雄拔虎背边毛。自小生姓崔名[illegible]表字善夫、祖居洛陽南渭村人氏、上無父母終鮮兄弟、娶妻俞氏頗全四德幸喜髫嵗入泮終未滿其志愿今日與娘子寬飲几盃甚是爽快今大家中無事不免出門閑遊一回便了、詩 白雲濃々接碧天、柳陰深處有人烟、落花滿地無人掃、野渡漁翁把棹搬 且崔上 下老 詩 双目不明行步难、身未動時拄竹竿、生來該

图二十八　清光绪西安裕兴堂刊秦腔剧本《紫竹庵》封面与书影

河南　郑州，有富文斋，刊有《泰山图》等。

四川　晚清至近现代，四川民间坊刻曲本行业极为兴隆发达，各地书坊多以百计，所刊曲本名目，可以千计。①诸如：重庆，有凌云阁、起凤堂、万卷阁、长兴堂、忠恕堂、忠信堂，分别刊有《碧莲教子》、《刁南楼》、《临潼山》、《欢娱楼》、《醉菩提》、《火龙传》等；成都，有明德堂、文盛堂、文义堂、三元堂，分别刊有《孝女坊》、《古城相会》、《独占花魁》、《描容上路》等；合川，有文茂堂、忠恕堂、大文堂、崇兴楼、同兴楼、文明堂，分别刊有《崇祯观本》、《汉阳院》、《相国寺》、《柳木剑》、《锦江楼》、《清官图》等；铜梁，有森隆堂、文金堂，分别刊有《芦花荡》、《博望坡》等；内江，有培文堂，刊有《柳荫记》等；泸州，有三星堂，刊有《三官堂》等；长寿，有万城堂，刊有《双登科》等。多不胜举。

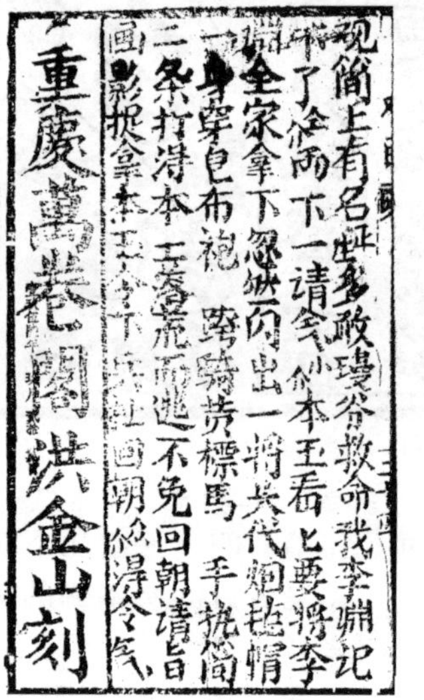

重慶萬卷閣洪金山刻

图二十九　清重庆万卷阁洪金山刻《临潼山》书影

中国各地刊刻过戏曲的书坊，可谓多如牛毛，由于一些刻家在刊记中不镌坊址，使我们很难一一确定各书坊的所在地区，因而也不可能完全弄清戏曲刻家分布的全部情况，以上论列，必定还有不少挂漏。

各地书坊命名，似乎也有点地域特色，它或有助于我们进一步考察、确定书坊坊址，甚至刻家的彼此渊源关系。譬如：金陵、建阳多称“堂”或“斋”；浙江喜称“楼”或

① 详情参见刘效民《四川坊刻曲本考略》一书，中国戏剧出版社2005年版。

"阁"；安徽雅好"轩"与"馆"；陕西崇尚"兴"与"德"；四川讲求"文"与"忠"；建阳爱冠"书林"名目，金陵多镌"绣谷"字样，等等，虽非绝对，但亦有一定参考价值。

八、自刻本

所谓戏曲"自刻本"，包括两层含义：一指戏曲作家自撰、自编、自校、自印的作品。自印，当然也包括以作者本人堂号或室号名义出刊，实际系作者出资委托别的书坊代为刊印的图书；二指戏曲选家以本堂号名义刊行的选本或汇编。上面介绍的各地刻家、刻本情况，实际已经接触到这两类自刻本。前者如：李开先、郑之珍、孟称舜、李渔等戏曲作家，作品俱多自刻；后者如：臧（晋叔）氏博古堂编刻《元曲选》，胡（文焕）氏会文堂编刻《群音类选》，毛（晋）氏汲古阁编刻《六十种曲》等，均是。

后一类情况相当普遍，不必赘述。以下再补充、罗列一批属于作家自撰、自编、自印一类性质的重要自刻本戏曲名目及其藏地情况：

《诚斋乐府》三十一卷，明·朱有燉撰，有明永乐、宣德、正统间自刻本，藏国家图书馆。

《大雅堂杂剧四种》，明·汪道昆撰，有明万历间汪氏大雅堂自刻本，藏国家图书馆。

《金莲记》二卷，明·陈汝元撰，有明万历三十四年（1606）陈氏函三馆自刻本，藏国家图书馆、浙江宁波天一阁。

《环翠堂精订五种曲》，明·汪廷讷撰，有明万历三十六年（1608）汪氏环翠堂自刻本，藏北京大学图书馆。

《诊痴符传奇》四种，明·陈与郊撰，其中，《樱桃梦》二卷，有明万历四十四年（1616）陈氏自刻本，藏国家、浙江图书馆；《灵宝刀》二卷、《鹦鹉洲》二卷，俱有明万历四十五年（1617）陈氏自刻本，藏国家、南京图书馆；《麒麟罽》二卷，有明万历间陈氏自刻本，藏国家图书馆。

《博山堂传奇》三种，明·范文若撰，有明崇祯间范氏博山堂自刻本，藏国家图书馆、上海文物保管委员会。

《剑啸阁传奇》（残本），明·袁于令撰，有明崇祯袁氏剑啸阁自刻本，藏处待查。

《扬州梦传奇》二卷，清·岳端撰，有清康熙四十年（1701）岳氏启贤堂自刻本，藏国家、首都、中国艺术研究院、清华大学图书馆。

《蟾宫操传奇》二卷，清·程镳撰，沈西川评，有清康熙四十五年（1706）程氏自刻本，藏国家图书馆。

《太平乐事》一卷，清·曹寅撰，有清康熙四十八年（1709）曹氏自刻本，藏南京、上海复旦大学图书馆。

《曲波园传奇二种》四卷，清·徐沁撰，有清康熙间徐氏曲波园自刻本，藏国家、北京大学、中国社会科学院文学所、中国艺术研究院、上海、南京图书馆。

《拥双艳三种》六卷，清·万树撰，有清康熙二十五年（1686）万氏粲花别墅自刻本，藏北京大学、中国社会科学院文学所、中国艺术研究院、上海、南京、辽宁、四川图书馆。

《明翠湖亭四韵事》，清·裘琏撰，有清康熙间裘氏绛云居自刻本，藏国家、中国科学院、上海图书馆。

《长生殿传奇》，清·洪昇撰，有清康熙稗畦草堂自刻本（《古本戏曲丛刊五集》影印），藏国家、上海图书馆。

《惺斋五种》十一卷，清·夏纶撰，有清乾隆十五年（1750）夏氏世光堂自刻本，藏上海、辽宁图书馆。

《惺斋新曲六种》十三卷，清·夏纶撰，有清乾隆十八年（1753）夏氏世光堂自刻本，藏国家、首都、清华大学、辽宁、四川等图书馆。

图三十　清乾隆夏氏世光堂自刻本《惺斋新曲六种》封面

《吟风阁杂剧》四卷，清·杨潮观撰，有清乾隆二十九年（1764）杨氏恰好处自刻本，藏国家、首都、上海、南京图书馆。

《写心杂剧十八种》，清·徐爔撰，有清乾隆五十四年（1789）徐氏梦生堂自刻《蝶梦庵词曲》本，藏国家、首都、北京大学、中国社会科学院文学所、上海图书馆。

《花间九奏》，清·石韫玉撰，有清乾隆间石氏花韵庵自刻本（《清人杂剧初集》影印），藏国家、上海图书馆。

《红雪楼九种曲》，清·蒋士铨撰，有清乾隆蒋氏红雪楼自刻本，藏中国艺术研究院、辽宁、湖北图书馆。

《镫月闲情十七种》，又十四种，清·唐英撰，有清乾隆、嘉庆间唐氏古柏堂自刻本，俱藏国家图书馆。

《暗香楼乐府三种》，清·郑由熙撰，有清光绪十六年（1890）郑氏暗香楼自刻本，藏国家、首都、北京师范大学、辽宁等图书馆。

《坦园传奇六种》，清·杨恩寿撰，有清光绪长沙杨氏坦园自刻本，藏辽宁图书馆。

《碧声吟馆丛书六种》，清·许善长撰，选剧六种，有清光绪三年（1877）仁和许氏自刻本，藏南京大学图书馆。

《玉狮堂传奇十种》，清·陈烺撰，有清光绪十一年（1885）武林陈氏玉狮堂自刻本，藏北京师范大学图书馆。

第三章　戏曲写本述要

一、戏曲写本种类

与戏曲刻印本相对应的版本类别，是戏曲稿本及抄写本，统称“戏曲写本”。刻本已见前章所述，本章专谈写本情况。

戏曲写本，是指依赖手写得以保存、留传的戏曲脚本、乐曲、理论、图绘等文献。若按照抄写年代、身份、方式、用途等的不同细加区分，还可分成若干小类别。

按抄写年代不同区分，应有宋写本、元写本、明写本、清写本及近、现代写本之别。宋、元戏曲写本，迄今未曾发现实物。元戏文《宦门子弟错立身》中写到男女主人公延寿马、王金榜私下学戏时用的“掌记”①，可以看作是一种供当时艺人使用，便于演习与记忆的戏曲“金元写本”。明中期文人、戏曲家李开先（1502—1568），家藏“词山曲海”，光他看过的金元杂剧本子，就有1 750多种②，是我们现存本十倍有余，其中当有不少早期原始写本，惜都不传。明代的戏曲写本已保留较多，如潮州出土宣德艺人写本戏文《刘希必金钗记》、嘉靖艺人写本《蔡伯皆（喈）》，藏书家赵琦美抄校的成批《脉望馆钞校古今杂剧》，以及祁彪佳的戏曲理论稿本《远山堂曲品》与《远山堂剧品》等，都可归为明写本。清写本则更普遍。现收入《古本戏曲丛刊五集》的清代传奇，大部分是依据清写本影印。绝大多数的清宫大戏、清昇平署戏曲、蒙古车王府藏曲、北京“百本张”曲本等，则是宫廷、王府、商贾运作的规模宏大的清代戏曲写本。近、现代戏曲作家手稿，藏曲家抄本，以及戏曲艺人台本、戏班辗转传抄的戏曲脚本等，可谓浩如烟海，它们都是近、现代戏曲写本。

按不同书写身份与书写方式区分，有稿本（作家手稿）、家写本（作者家人抄录）、转抄本（他人再次抄录）、传抄本（几经多人过录）、抄校本（原文加上抄者校勘）、抄订本（原文加上抄者改订）、抄点本（戏曲文本加注曲调点板）、精抄本（经人精细过录）、合抄本（多人抄录，合而为一）、汇抄本（系列抄录不同类型的戏曲文本）、丛抄本（系列抄录同类的各种戏曲文本）、单抄本（根据需要与兴趣单独抄录某种戏曲）、总本（全剧抄录，又称“总讲”、“总纲”）、单片（抄录全剧部分脚本，又称“单篇”、“单

① 掌记，宋·周密《武林旧事》卷六“小经纪”，作“掌记册儿”。说明它也可以作为一种小商品，在市场上公开批量发售。

② 李开先《闲居集》卷六《南北插科词序》：“予少时综理文翰之余，颇究心金元戏曲。……《芙蓉》、《双题》、《多月》、《倩女》等一千七百五十余杂剧，靡不辨其品类，识其当行。”见路工辑校《李开先集》，中华书局1959年版，第320页。

边”）、选抄本（选抄全剧或全书、全文中部分内容）等等。以上均属“私抄”。与刻本分“私刻”与“官刻”相似，写本也有“私抄”、“官抄”之别，不过戏曲的“官抄”数量与“私抄”相比，要少许多，仅知有明《永乐大典》抄本戏曲、清宫内府大戏写本、清昇平署戏曲抄本数端（详下）。此外，据清《寒山堂曲谱》总目提示，“元传奇”《唐伯亨》、《子母冤家》、《西池宴王母瑶台会》等，皆有“前明官抄本”，然未见传本，不详究竟。

按不同用途区分，戏曲文本不论刻本、写本，无非两用：一是主要供演，一是主要供读。主要供演的，称“台本”；主要供读的，不妨称“墨本”。当然也有两用兼备的戏曲写本。除此之外，还有一种特殊用途的戏曲写本，叫“进呈本”，它是下级政府、官员或戏班艺人抄录呈送宫廷观览或审查的戏曲本子。至今我们还仍保留不少呈送清廷的戏曲“进呈本”，如国家图书馆所藏清康熙乌丝栏精抄《万寿杂剧》、乾隆乌丝栏精抄《天人普庆》以及清末昇平署诸多“外学”艺人的戏曲写本之类，均是。

二、戏曲写本巡礼

若以剧本种数计算，中国戏曲写本数量，远多于刻本。宫廷、政府、贵族、商贾、藏曲家、个人爱好者抄曲不计，光从无以穷计的历代、全国、各地、各剧种、各戏班艺人手写脚本估量，就是一份永远无法统计的庞大数目。而保留下来的戏曲写本数量，与实际存在过的数量相比，仅是沧海一粟。以下介绍的戏曲写本，只能算是这“一粟”中的部分情况。

现分“汇抄”、“单抄”、“稿本”三个部分，简述我国一批重要的戏曲写本情况：

（一）汇抄类

1.《永乐大典》抄本戏曲

《永乐大典》是我国历史上最大的类书，编纂于明永乐（1403—1424）年间。全书抄录历代书籍 22 877 卷，订为 11 095 册。明嘉靖（1522—1566）间重录二部。明亡时，永乐原本被毁。八国联军入侵，嘉靖本又毁于兵燹，现存仅约 3%。

《永乐大典》也曾抄录有成批的戏曲剧本，这是我们迄今所知最早由政府出面组织汇抄的写本戏曲。根据明·姚广孝等撰《永乐大典目录》（清灵石杨氏刊《连筠簃丛书》本）提示，《永乐大典》“戏”字韵部与“剧”字韵部，分别抄录一批南曲戏文与北曲杂剧剧本。

抄录的杂剧名目，见《永乐大典目录》卷五十四，载《大典》卷二〇七三七至卷二〇七五七“剧”字韵，共抄录杂剧二十一卷、剧目百余个。这百余个杂剧，有的今存同题传本，有的同见于其他杂剧目录著录，并无太多需要引起特别关注的情况。

需要特别关注的是戏文目录。《永乐大典》抄录的戏文名目，见《永乐大典目录》卷三十七，载《大典》卷一三九六五至卷一三九九一“戏”字韵，共抄录戏文二十七卷、剧目三十三种。名目过录如下：

卷一三九六五　戏文一　　赵氏孤儿报冤记
卷一三九六六　戏文二　　孟姜女送寒衣

卷一三九六七	戏文三	王祥行孝
卷一三九六八	戏文四	忠孝蔡伯喈琵琶记
卷一三九六九	戏文五	乐昌公主破镜重圆
卷一三九七〇	戏文六	孟月梅写恨锦香亭
卷一三九七一	戏文七	杨德贤妇杀狗劝夫
卷一三九七二	戏文八	金鼠银猫李贤（宝）
卷一三九七三	戏文九	刘文龙
		王俊民休书记
卷一三九七四	戏文十	曹伯明错勘赃
卷一三九七五	戏文十一	苏小卿月夜泛茶船
卷一三九七六	戏文十二	三负心陈叔文
卷一三九七七	戏文十三	莺燕争春诈妮子调风月
卷一三九七八	戏文十四	风流王焕贺怜怜
卷一三九七九	戏文十五	秦太师东窗事犯
卷一三九八〇	戏文十六	柳耆卿诗酒玩江楼
卷一三九八一	戏文十七	陈巡检妻遇白猿精
卷一三九八二	戏文十八	董秀英花月东墙记
		包待制判断盆儿鬼
卷一三九八三	戏文十九	崔莺莺西厢记
卷一三九八四	戏文二十	吕蒙正风雪破（窑）记
卷一三九八五	戏文二十一	张资鸳鸯灯
卷一三九八六	戏文二十二	薛云卿鬼做媒
卷一三九八七	戏文二十三	唐伯亨因祸致福
卷一三九八八	戏文二十四	郑孔目风雪酷寒亭
卷一三九八九	戏文二十五	朱文鬼赠太平钱
		王瑞兰闺怨拜月亭
卷一三九九〇	戏文二十六	镇山朱夫人还牢旦
		何推官错认尸
卷一三九九一	戏文二十七	小孙屠
		张协状元
		宦门子弟错立身

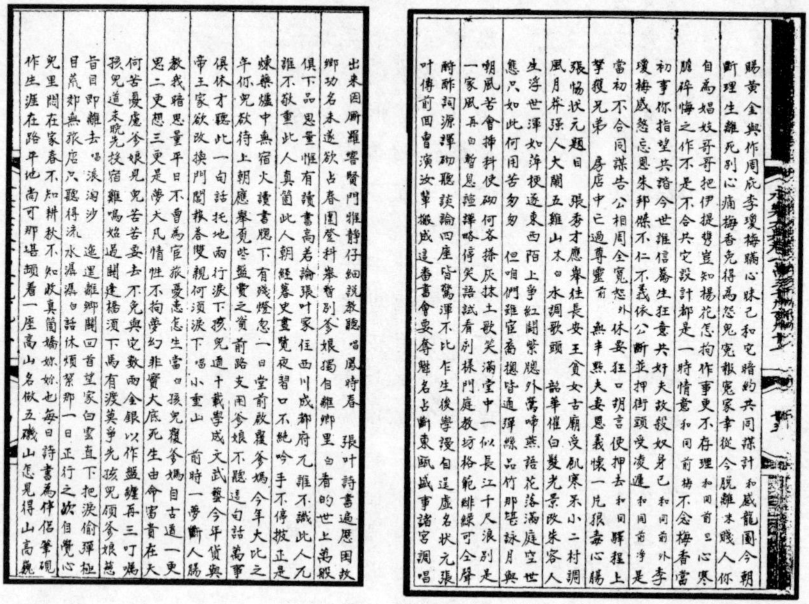

图三十一　明《永乐大典》卷一三九九一《张协状元》等戏文三种书影

以上二十七卷、三十三种《永乐大典》写本戏文，今仅幸存嘉靖重录本最末一卷、三种戏文，于1920年由叶公绰在伦敦发现携归。原本得而复失，今不知下落，现在流行的是《古本戏曲丛刊初集》根据当时北京图书馆过录本的影印本以及后来的排印本、校注本等，此即人们习称的《永乐大典戏文三种》。即使仅存一卷，而且还是过录本及翻刻本，其研究与艺术实践探求价值都非常巨大。该书披露于世后，国内外研究者不计其数。近年京、昆剧种据它改编演出的《张协状元》、《宦门子弟错立身》两剧，满台生辉，产生深远影响，广被观众认知。

2. 脉望馆钞校古今杂剧

脉望馆是明代藏书家常熟赵琦美（1563—1624）的斋名。赵氏家藏大批元明杂剧，其中多数为内府抄本及于小谷抄本，还有部分《古名家杂剧》、《息机子元人杂剧选》等刻本。明万历四十二年（1614）始，赵氏予以辑校，此即世人所称的《脉望馆钞校本古今杂剧》。这批杂剧几经辗转，后为清代藏书家、也是园主人钱曾所收藏，故又称《也是园古今杂剧》。

脉望馆所藏古今杂剧，原有多少种，不得而知。钱曾收藏时，存341种。清乾、嘉年间，转到藏书家黄丕烈手中时，缺71种，存270种。① 至1938年，郑振铎收购这批图书时，仅得242种。其中包括写本172种，刻本70种。刻本中，《古名家杂剧》本55种，《息机子元人杂剧选》本15种；写本中，内府抄本92种，于小谷抄本32种，不明来源

① 参见黄丕烈《也是园藏书古今杂剧目录》，收入《中国古典戏曲论著集成》第七集，中国戏剧出版社1959年版，第377～405页。

抄本48种。

1941年，近人王季烈从现存242种《脉望馆钞校本古今杂剧》中，挑选孤本及希见之本144种（刻本6种，写本138种），加以编辑校订，书题《孤本元明杂剧》，由商务印书馆排印出版。1957年，中国戏剧出版社据原书纸型重印，订为精装四册。1958年，《古本戏曲丛刊四集》出版，全数影印现存《脉望馆钞校本古今杂剧》，由此，人们始可普遍得窥这批现存本的全豹。

刻本姑不论，这里只谈写本。现存172种脉望馆杂剧写本中，别处不见的孤本，多达132种。这是一笔极其珍贵的戏曲文献遗产，它大大拓展了元明杂剧研究的天地。例如：关汉卿的剧作，脉望馆钞校杂剧写本中，补出别处不见的《邓夫人苦痛哭孝存》（抄内府本）与《 状元堂陈母教子》（抄内府本）；《西厢记》作者王实甫的剧作，补出了别处不见的《吕蒙正风雪破窑记》（抄内府本）。这些对于我们研究这两位元剧大家的创作情况，提供了新的作品依据。类似情况还见于郑廷玉等别的元剧作家及其写本杂剧。

脉望馆钞校本杂剧大多数都经过赵琦美本人校勘，或以写本校刻本，或以刻本校写本，或用此写本、刻本来校另写本、刻本，卷末还附以跋语，说明校勘过程，所据底本、校本，作品、作者考释以及校录日期等情况，工作做得极为认真而细致，为我们研究元明杂剧版本情况，提供了许多有用的参考依据。

需要特别提出的是，在现存脉望馆钞校本杂剧中，有102种抄自内府写本或以内府写本为校本的剧本，都附注“穿关”即穿戴关目，详列各折戏的登场人物及其穿戴的衣冠袍带、鞋履、服饰、发式、头面、髯口、砌末等等名目，如实记录了明代宫中戏曲演出的情况，为我们研究当时戏曲舞台艺术形象，提供了十分宝贵的资料。

3. 清宫大戏写本（附康、乾内府戏文、传奇抄本）

清康熙以降，宫廷作兴搬演大题材、大制作的连台本戏，动辄十大本、二百数十出，世称这些连台本戏为“清宫大戏”。由于它只供内廷享用，剧本除少数付印外，多数是以写本形式保留（有的还辗转传抄）。现将各清宫大戏的重要写本名目及其相关情况罗列于下：

昇平宝筏 演唐僧取经故事。清·张照等撰。十本，不分卷，二百四十出，清内府抄本，足本藏故宫博物院，《古本戏曲丛刊九集》影印。

忠义璇图 演水泊梁山故事。清·周祥钰、邹金生等撰。十本，不分卷，二百四十出，清宫南府抄本，藏国家图书馆，《古本戏曲丛刊九集》影印。

鼎峙春秋 演三国演义故事。清·周祥钰、邹金生等撰。主要写本有：

(1) 十本，二十卷，二百四十出，清内府抄本，孔德学校旧藏，《古本戏曲丛刊九集》影印。

(2) 十本，二十卷，二百四十出，清乾隆抄本，藏上海图书馆。

(3) 不分卷，清内府朱墨抄本，藏故宫博物院。

昭代箫韶 演宋杨家将故事。清·王廷章等撰。十本，二十卷，二百四十出，清朱墨抄本，藏国家图书馆。①

① 刻本《昭代箫韶》，有故宫藏清嘉庆十八年（1813）内府刻朱墨套印本，《古本戏曲丛刊九集》影印。清光绪间，慈禧太后命人将它翻成皮簧演出。皮簧本有清昇平署本，藏处不详。

劝善金科 演目连救母故事。除刻本①外，另有两个不同的重要写本：

(1) 十本，二十卷，首一卷，二百四十出，清·张照等撰，清乾隆内府五色抄本，藏浙江大学图书馆。

(2) 十本，不分卷，二百三十七出，撰者不详，清雍正朱丝栏转抄康熙旧本，原藏北京孔德学校图书馆，今归首都图书馆。②

盛世鸿图 演宋太祖赵匡胤下南唐故事。撰者不详。重要写本有三：

(1) 三本，六卷，六十七出附提纲，清乾隆内府精抄本，藏中国艺术研究院图书馆。

(2) 十三段，一百零四出，清内府抄本，藏国家图书馆。

(3) 六卷，七十出，清内府抄本。《古本戏曲丛刊九集》据 (2) (3) 两种合并影印。

封神天榜 演封神演义故事。撰者不详。十本，不分卷，二百四十出，清内府抄本，藏国家图书馆，《古本戏曲丛刊九集》影印。

楚汉春秋 演刘邦、项羽争雄故事。撰者不详。十本，不分卷，二百四十出，清内府抄本，藏国家图书馆，《古本戏曲丛刊九集》影印。

如意宝册 演平妖传故事。撰者不详。有两个重要写本：

(1) 十本，不分卷，一百四十二出，清嘉庆内府抄本，藏中国艺术研究院图书馆。

(2) 十本，不分卷，一百四十二出，清道光内府抄本，藏首都图书馆，《古本戏曲丛刊九集》影印。

铁旗阵 演杨家将征辽故事。撰者不详。十五段，不分卷，一百零三出，清昇平署抄本，藏故宫博物院，《古本戏曲丛刊九集》影印。

混元盒 又名《阐道除邪》。演明世宗时神道除妖故事。撰者不详。三卷，八十四出，清抄本，藏大连市图书馆。另有首都、上海图书馆二种清抄藏本。

除大戏写本外，康、乾两朝内府还抄写过许多戏文、传奇等的单本或零折。如康熙朝，抄写过《千金记》、《玉簪记》、《金貂记》等；乾隆朝，所知更多，有：《跃鲤》、《古城》、《千金》、《浣纱》、《鸣凤》、《狮吼》、《进瓜》、《红梨》、《江流》、《风云会》、《长生殿》、《玉杯记》、《雅观楼》、《长生宝箓》、《锋剑春秋》等等各记。某些乾隆朝的内府抄本，还抄写得极为用心而精致，如《进瓜记》、《江流记》、《狮吼记》等，都是采用四色精抄。

4. 清昇平署戏曲抄本

清廷戏剧管理机构，历经三个时期的变迁：一是清初，承袭明代旧制，由教坊司管

---

① 刻本《劝善金科》，有清乾隆武英殿五色套印本，《古本戏曲丛刊九集》影印。

② 除此写本外，据悉，康熙旧本《劝善金科》还有另外两个抄本：一为康熙内府宋体字精抄本，十卷，二百三十五（佚卷一下册九～二十二出），原为延秋阁旧物，后为傅惜华所藏，今归中国艺术研究院图书馆；二为朱墨抄本二百四十出，藏处不详，蒋星煜《清代中叶上海著名连台本戏剧作家张照》（载《上海戏剧》1962 年第 9 期）提及。详戴云《康熙旧本〈劝善金科〉管窥》（载《湖南社会科学》2004 年第 5 期）一文。

理；二是由康熙经雍正、乾隆、嘉庆至道光七年（1827）初，由南府（内学）、景山（外学）管理；三是从道光七年二月起至宣统，由昇平署管理。上述清宫大戏写本，二、三时期兼有。在南府、景山时期，各类型戏曲写本，都有若干保留。而保留数量更多的清宫写本戏曲，还数昇平署时期的抄本。

昇平署戏曲抄本的详细名目，分别参见《昇平署内学目录》、《昇平署外学目录》（载《故宫博物院赠刊》）、《清昇平署志略》（王芷章著，商务印书馆1937年版）、《北平图书馆藏清昇平署曲本目录》（王芷章《清代伶官传》附录，中华书局1936年版）、《本学门所藏清昇平署剧本目录》（刘澄清编，载《北京大学研究所国学门周刊》第11、13期，1925年12月23日、1926年1月6日）、《国立中央研究院历史语言研究所善本剧曲目录》（吴晓铃编，载《图书季刊》新2卷3期，1940年9月）及《清代杂剧全目》卷七至卷十（傅惜华编著，人民文学出版社1981年版）等目录资料。名目十分繁多，数量很大，不胜一一转录。

昇平署戏曲抄本，后来大部散落民间。现收藏较多的机构，有国家图书馆、故宫博物院、中国第一历史档案馆、北京大学图书馆、首都图书馆（吴晓铃旧藏）、中国艺术研究院图书馆（傅惜华旧藏）、上海图书馆（周明泰旧藏）等。

昇平署承应演剧的性质及题材内容，基本上承南府时期，大约归为四类：

一曰“九九大庆”。即皇族成员庆寿演出。多属承应小戏。如保留下来的昇平署抄本《九九大庆》五十二卷（藏国家图书馆），包括：“皇太后万寿承应”（收《云日增辉》、《人天普庆》等五卷）、“皇帝万寿承应”（收《老佛西来祝圣寿》、《宝镜开祥》等十三卷）、“皇后千秋承应”（收《万寿骈臻》、《万年太平》等四卷）、“皇子千秋承应”（收《纯阳祝国》一卷）、“贵妃祝寿承应”（收《恭祝千秋》、《喜洽祥和》各一卷）、“亲王祝寿”（收《昇平集庆》、《益金阶恭祝无疆》等二十七卷）。

图三十二 清昇平署抄承应戏《祥符太极》封面与卷首

二曰“法宫雅奏”。宫廷各类喜庆日子演出。亦多承应小戏。如保留的昇平署抄本《法宫雅奏》四十八卷（藏国家图书馆），包括：“皇上大婚承应”、“皇子成婚承应”（均收《列宿遥临》、《双星永庆》各一卷）、“皇上定婚承应”（收《红丝协吉》、《璧月呈祥》各一卷）、“诞生承应”（收《慈云赐类》、《吉曜充庭》各一卷）、“洗三承应”（收《大士显灵》、《群仙呈枝》各一卷）、“弥月承应”（收《山川钟秀》、《福寿呈祥》各一卷）、“献捷承应”（收《八佾舞虞庭》一卷）、“大架还宫承应”（收《神霄清跸》、《群星拱护》各一卷）、“迎銮承应”（收《庆昌期吉曜承欢》一卷）、“行幸翰苑承应”（收《群仙导路》、《学士登瀛》各一卷）、“行围承应”（收《行围得瑞·献舞称觞》一卷）、“召试咏古承应”（收《边臣进石》、《翰苑献诗》各一卷）、“酒宴承应”（收《柳营会饮》、《玉马归朝》等二十七卷）。

三曰“月令承应”。取每月发生的故事，应时、应节扮演的节庆承应小戏。例如：元旦，承应《喜朝五位》、《岁发四时》等；立春，承应《早春朝贺》、《对雪题诗》等；上元，承应《万花向荣》、《紫姑占福》等；端午，承应《灵符济世》、《蒲剑闲邪》等；七夕，承应《仕女乞巧》、《银河鹊渡》等；……名目至为繁细。国家图书馆藏昇平署抄本《月令承应》，分为二十个节庆，共收各种节庆承应剧目计八十八卷（出）。

四曰“朔望承应”。每逢阴历初一（朔日）、十五（望日）演出的戏。早期朔望承应，主要是在祭祀礼仪之后演戏娱神，昇平署时期只是娱人，已无娱神作用。与以上三类主要属于承应小戏性质不同，昇平署的朔望承应演出，主要演出连台本大戏。上列各种清宫大戏剧目，昇平署朔望承应也曾演出，这从现存昇平署戏曲抄本中得到反映。例如：《忠义璇图》，国家图书馆藏有昇平署原抄本十本二百四十出；《昭代箫韶》，原中国戏曲研究院资料室（今属中国艺术研究院图书馆），藏有昇平署抄本过录本四十本；《铁旗阵》，中国艺术研究院藏有昇平署抄本过录本二十二本、一〇四出与二十四本各一种；《混元盒》，故宫博物院藏有昇平署原抄本四本三十二出；等等，多不胜举。昇平署后期，皮簧、乱弹等地方戏勃兴，大批民间艺人应召入宫听差，这时宫中大戏演出，剧种、剧目也向这方面倾斜，此情况同样也在现存昇平署戏曲抄本中得到反映。如中国艺术研究院图书馆所藏昇平署戏曲抄本过录本中，就有《征西异传》二十九本、《彭公案》六本、《雁门关》八本、《五雷阵》六本、《十粒金丹》八本、《儿女英雄传》八本、《德政坊》（即《大红袍》）十六本等连台戏剧目。

研究包括京剧皮簧在内的近代地方戏历史，昇平署戏曲抄本是一批相当重要的文献依据。南府、景山时期，清廷演戏主要是昆剧与弋阳腔，昇平署时期，特别是清咸丰以后，“外学”艺人频繁参与宫中演出，当时京城流行的秦腔、皮簧等地方戏戏班被带入宫内演出，与昆剧、弋阳腔平分秋色。而到了光绪、宣统间，演出大部分已是秦腔、皮簧戏了。这些情况，可以在昇平署戏曲写本剧目中得到较全面地反映。如据光绪“文武昆乱大小戏本总账”记载，共有昆腔戏194种，乱弹戏259种；另据宣统“戏本总账”记载，共有昆腔戏115种，皮簧戏291种，梆子戏59种，备用剧本67种。①

其次，通过昇平署戏曲抄本，我们还可以了解到当时某些著名戏曲演员或班社创编

① 参据周传家、程炳达主编《北京戏剧通史·明清卷》，北京燕山出版社2001年版，第436~437页。

及演出剧目的第一手情况。以皮簧戏为例，某些抄本曾注明系某位演员所使用，如：《探母·回令》，注明为谭鑫培、时小福所用；《宇宙锋》，为鲍福山、孙怡云所用；《岳家庄》，为陈德霖、王楞仙所用；等等。某些抄本可以确定为某班社或某位演员所首创、首演，例如：《德政坊》，为四大徽班之一的四喜班编演，执编者刘三；《碧游宫》，俞润仙编演；《错中错》，田际云编演；《骂王朗》、《胡迪骂阎》，汪笑侬编演；等等。这些可以为京剧的历史研究，提供具体依据。

昇平署戏曲抄本还包括戏装谱、脸谱、扮相谱、曲谱及档案等重要而丰富的戏曲资料。曲谱中，不仅有京剧皮簧，还有不少昆曲谱。昆曲谱中，不仅有各种著名昆剧传奇全谱，还有不少当时擅场的折子戏曲谱以及清工谱。通过这些记录音乐、图像的资料，我们可以找到有关当时戏曲舞台艺术实践情况的可靠实例。近年出版的《北京图书馆藏昇平署戏曲人物画册》（北京图书馆出版社 1998 年版）、《故宫珍本丛刊》（海南出版社陆续影印出版）等书，可为不易目睹原本的读者提供昇平署戏曲的部分形象与文字（剧本与档案）的间接资料。

5. 车王府曲本

“车王府曲本”是指清代北京蒙古车布登札布王府所藏的成批戏曲、曲艺手抄本。原为北京孔德学校于 20 世纪 20 年代分两批从北京书肆购得，现分藏国家、首都、北大、中国艺术研究院及台北“中央研究院”史语所等图书馆，中山大学语言历史研究所曾抄录副本一套（共 1 494 种）。1991 年北京古籍出版社影印了首都图书馆藏本（共 1 585 种）。

“车王府曲本”数量相当繁富，具体数目，各家统计不一：或云 4 400 余册（《中国大百科全书·戏曲曲艺卷》）；或云 1 444 种、5 131 册（雷梦水《书林琐记·车王府抄藏曲本的发现和收获》，《学林漫录》第 9 辑，中华书局 1980 年版）；或云 1 787 种、4 681 册（郭精锐《车王府曲本与京剧的形成》第二章《车王府曲本》，汕头大学出版社 1999 年版）；或云继首批发现之 5 131 册后，再次发现 2 358 册，另流藏日本（长泽规矩也原藏，今归东京大学东洋文化研究所）48 册（合计 7 537 册）。① 最新的统计，为 2 010 种，其中戏曲 993 种、曲艺 1 017 种。②

“车王府曲本”包括戏曲（含昆曲、皮簧、高腔等各类）及子弟书、鼓词、岔曲、牌子曲、马头调、时调等曲艺。其中戏曲写本，有人根据 849 种、1 158 册的统计，包括：高腔 116 种，昆曲 108 种，皮影 13 种，木偶 2 种，乱弹（京剧）591 种，乐调本 19 种；乱弹剧作的编写、抄录年代，约于清乾隆五十五年至光绪末年（1790—1908）之间。③ 大致反映了“车王府曲本”的基本类型与其抄录年代的面貌。这无疑是一份数量宏富、价值至高的戏曲文献。特别是对京剧形成、发展的历史研究，更具独有的价值。如占车王府曲本过半的皮簧戏写本中，有 500 余种不与陶君起《京剧剧目初探》（著录 1 300 余种）相重复，它大大增加了我们对京剧剧目创作情况的历史认识。戏曲史家王季思先生

① 〔日〕田仲一成：《关于车王府曲本》，收见吴敢、杨胜生编《古代戏曲论坛》，澳门文星出版社 2003 年版，第 419 ~ 420 页。

② 见仇江《车王府曲本总目》，载《中山大学学报》2000 年第 4 期；又见仇江、张小莹《车王府曲本全目及藏本分布》，载刘茂烈等著《车王府曲本研究》，广东人民出版社 2000 年版。

③ 郭精锐：《车王府曲本的抄录年代》，收见注①书，第 426 ~ 429 页。

曾给“车王府曲本”的历史价值以极高的评价：“从文化史的角度看，它为我们提供清代由盛而衰阶段的民情、风俗、宗教信仰、民族关系等等方面的第一手资料。从戏曲史的角度看，它填补了昆剧高踞剧坛到京剧代之而起的一段过渡期间的空白。单就这两点说，它在近代的发现，将可与安阳甲骨、敦煌文书并提。”①

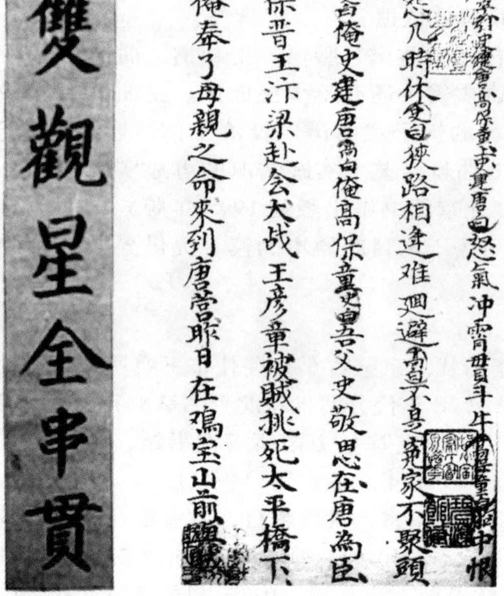

图三十三　清车王府抄本《双观星》书签与首页

6. 百本张写本戏曲（附别埜堂写本戏曲）

清代北京市集庙会上，曾流行一种由小作坊专门抄写发售的民间戏曲唱本。这些小作坊，较著名的有张姓百本堂、李姓聚春堂、宝姓别埜堂等，其中历史悠久、出品丰富、营业最发达的，当以百本堂为首屈一指。据称，该堂开张历史，可以追溯到清乾隆年代，晚至宣统末、民国初，还仍在经营，历史长达百余年。百本堂主人姓张，名号不详，自称“百本张”；其抄写发售的曲本封皮上，几乎无例外地都盖有一长方形木章，上书墨印文字两行：“别还价。百本张”。

“百本张”写本包括：戏曲（昆曲、弋腔、皮簧、梆子等剧本）与曲艺（子弟书、大鼓书、八角书、莲花落、时调小曲等曲本）两大类。有关它抄售的书籍种类、经营方式、书堂历史及堂址等情况，在傅惜华旧藏“百本张”《二簧戏目录（甲本）》中保留的一则“百本张”启事里，曾有较明确的说明：

本堂专抄名班昆弋、二簧、梆子、西皮，子弟岔曲、赶板、翠岔、代牌子、琴腔，

① 王季思：《清蒙古车王府藏曲本》序，北京古籍出版社1991年版。

小曲、马头调，大鼓书词，莲花落，工尺字，东西两韵子弟书，石派大本书词，真不二价，不误主顾。逢七逢八，在护国寺东碑亭；逢九逢十，在隆福寺西角门祖师殿。本堂寓北京西直门内大街，高井儿胡同，东小胡同，路北门。世传四代，起首第一，四远驰名。①

“百本张”历代抄售的曲本数量，无法统计。光是刘半农1929年从北京琉璃厂一家书店发现的80余包“百本张”写本，就计：“昆弋”剧本460种，“二簧”剧本570种，“子弟书”314种，“马头调”250种，“岔曲”122种，“赶板”125种，“琴曲”8种，“群曲”1种，“牌子曲”85种，“快书”28种，“大鼓书”96种，“莲花落”31种，“西江月”3种，“湖广调”12种，“边关调”2种，“福建调”2种，“济南调”2种，“乐亭调”1种，“鲜花调”1种，“十朵花”2种，“太平年”2种，“荡湖船”2种，“大四景”2种，“十杯酒”1种，“纱窗外”1种，“绣九洲”1种，共2 124种。② 数量与名目，都至为繁多。

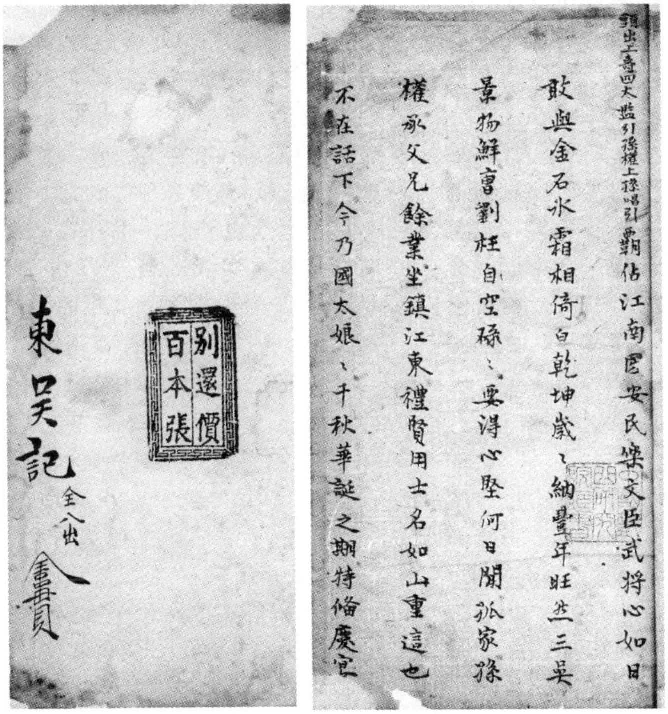

图三十四　清北京百本张抄《东吴记》封皮与首页

① 转引自傅惜华《百本张戏曲书籍考略》，载张静庐辑注《中国近代出版史料二编》，（上海）群联出版社1954年5月版，第319～320页。

② 见傅惜华《百本张戏曲书籍考略》，上注书第329页。另据该文交代，这批“百本张”写本，曾经刘半农建议，全部由“中央研究院”历史语言研究所购藏，后因抗日战争时期从南京运往西南途中不幸船沉江底，全部淹没，使之得而复失。

"百本张"写本戏曲的剧目情况，傅惜华旧藏"百本张"《二簧戏目录（甲本）》著录："二簧"戏217种，附录"昆腔"剧本43种、曲谱22种。① 中国艺术研究院图书馆还另藏有《百本张高腔戏目录》，著录高腔剧目204种，按照剧目挑梁行当加以分类，如：（1）吉庆戏：《赐福》、《八仙》、《封相》、《封侯》等；（2）红净戏：《挑袍》、《古城》、《河梁》、《挡曹》等；（3）黑净戏：《赏军》、《打朝》、《耕田》、《钓鱼》等；（4）贴净戏：《山门》、《别古寄信》等；（5）老生戏：《扫秦》、《扫松》、《祭姬》等；（6）三髯戏：《闻铃》、《昆阳》、《醒梦》等；（7）贴生戏：《救主》、《盘合》、《十面》、《乍冰》等；（8）老旦戏：《扫地》、《盟誓》、《油滑》、《六殿》等；（9）青衫戏：《吃糠》、《奇逢》、《哭城》等；（10）花衫戏：《寄柬》、《拷红》、《鬼辩》、《思凡》等。另列有"整本戏"目若干，如：《倒铜旗》、《蜈蚣岭》、《反五关》、《金印记》、《青石山》、《通天犀》、《神州擂》、《瓦桥关》、《党人碑》、《一匹布》、《荷珠记》、《下河南》、《千里驹》、《锦囊计》、《棋盘会》等等。

由于是单册抄写，零售四方，"百本张"写本剧目更不易保留。现存多少，分藏何处，需待作进一步调查和统计。保存"百本张"写本戏曲较多的中国艺术研究院图书馆，藏有《东吴记》、《血手记》、《背凳子》、《打龙袍》、《功勋会》、《黄金台》、《黄鹤楼》、《苦肉计》、《牧羊圈》、《清官册》、《双摇会》、《四郎探母》、《天水关》、《问樵闹府》、《五台会兄》、《宇宙锋》、《雅观楼》、《锦囊计》等；另有傅惜华旧藏"百本张"写本《八仙》、《五星》、《三多》、《遐龄》、《蟠桃会》、《福禄寿荣》等吉庆戏多种。

类似"百本张"的，京城还有另一家宝姓"别埜堂"。它的写本内容、种类、格式等，几乎与"百本张"无异，甚至连封皮所盖木章也相似，书作："别还价。别埜堂"。二者究竟有何关系，有待查证。今存"别埜堂"《文武戏目录》与《影戏目录》两份，藏中国艺术研究院图书馆，通过它们，大致可以了解该堂写本戏曲的基本情况。"别埜堂"写本戏曲，现存有：《洪羊洞》、《钓金龟》、《打龙袍》、《百寿图》、《白良关》、《回龙阁》、《回令》、《善宝庄》、《太平桥》、《五雷阵》、《鱼肠剑》、《遇皇后》、《忠报国》、《朱砂痣》、《状元谱》等。

7. 复庄今乐府选

《复庄今乐府选》，简名《今乐府选》，是清代文学家、戏曲理论家姚燮（1805—1864）编校的大型戏曲汇抄本。姚燮，字梅伯，号复庄，又号大楳山民。浙江镇海人。工诗善文，平生著述富达40余种、600余卷。著有传奇《退红衫》、《梅心雪》二种，戏曲理论《今乐考证》一种。《复庄今乐府选》是我们迄今所见个人抄录、编校规模最宏大的戏曲作品汇抄。现知共收金、元、明、清四代诸宫调、杂剧、南戏、传奇、散曲430种，包括："衢歌"（清曲）5种、"弦索"（诸宫调）1种、"元杂剧"92种、"明杂剧"25种、"国朝杂剧"（清杂剧）40种、"元院本"（元多本杂剧）2种、"明院本"（元明南戏、传奇）71种、"国朝院本"（清传奇）174种、"元散曲"2种、"明散曲"8种、"国朝散曲"（清散曲）8种、"耍词"（时调）2种。细目见本编附录二。收罗范围广泛，品种繁多，其中尤以清代传奇为著，数量近占一半。如王翊《词苑春秋》、湖上逸人《双

① 见傅惜华《百本张戏曲书籍考略》，《中国近代出版史料二编》第319～321页。另有"百本张"《二簧戏目录（乙本）》，著录剧目与"甲本"大同小异，参见同文、同书，第321～322页。

奇会》等20多种，均属海内孤本或罕见之本。所收传奇选折，多与《六十种曲》等常见传本有异，具有研究价值。姚氏对收录的作品，还进行了校订工作，一些作品还写有校语、评语。姚氏做这项浩大而艰巨的文献工作，旷日持久，耗费巨大精力，非常人所能承担，正如郑振铎所称赞："像他那样的有罗网古今一切戏曲于一书的豪气的人，恐怕自古到今还不曾有过第二人！"（郑振铎《姚梅伯的〈今乐府选〉》）。

《复庄今乐府选》长期以孤籍秘笈身份深藏图书馆，一般人不易见阅。现知这批戏曲丛抄本，共有192册，藏处如下：浙江图书馆藏110册，宁波天一阁藏57册，国家图书馆藏2册，以上共计169册；23册不知下落。另悉，台北"国家图书馆"亦藏16册，包括"衢歌"5种、"弦索"1种、"元杂剧"57种，因未睹原物，不知其与大陆各藏本关系如何，记之备查。

8. 其他诸家戏曲丛抄

类似姚燮那样长期坚持成批抄曲、校曲、藏曲的人，还不是个别，尤其自清初以来，直至近现代，抄、藏戏曲，几乎成为戏曲爱好者、研究者以及某些从业者的一种风尚。长期坚持抄、藏戏曲的，不乏其人。他们的戏曲丛抄本及藏抄本，往往挂名主人的书室或堂号。现罗列其中几家于下：

康熙沈氏咏风堂　堂主沈兆熊。生平不详。沈氏咏风堂抄曲年代，主要在清康熙间，下及雍正初年。如：康熙二十六年（1687），抄《双冠诰》；康熙五十二年（1713），抄《绣襦记》；康熙五十五年（1716），抄《幽闺记》；雍正二年（1724），抄《后西游记》等。清代沈姓家族似乎有世代抄曲、藏曲的传承习惯。考其年代，上起顺治，下及乾隆。沈兆熊之外，以下几位抄曲的沈姓人士，或许都是同族中人：沈仁甫，顺治七年（1650）抄《鲛鮹记》；沈闰生，雍正二年（1724）抄《正昭阳》，雍正某年抄《窃符记》；沈文彩，乾隆十五年（1750）抄《长生殿》。乾隆以降，尚有咸丰沈柏生、光绪沈记景秀堂、清末沈景丞等辈，都以抄曲闻世。其间关联情况莫详，记之备考。

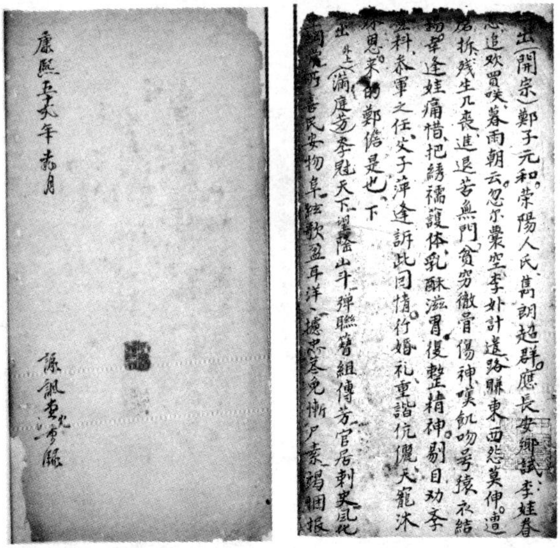

图三十五　清康熙沈氏咏风堂抄本《绣襦记》卷首与卷末

乾隆曹氏维雅堂　堂主有著录为曹春山，但未必完全可靠。按，某些图书馆著录所称的“曹抄本”戏曲，实际情况非常庞杂：年代上起乾隆，下及近代；堂名包括金玉堂、处德堂、维雅堂等；堂主则有曹春山、曹广庆、曹茂林、曹馥林、曹达江，直至近代曲家曹心泉等。他们彼此间是否都有继承关系，需做进一步研究。其中较早的为金玉堂，之后有维雅堂、处德堂。金玉堂收藏并重订过上述康熙沈氏咏风堂的诸多手写本，重订本封面往往注写题记，如：康熙二十六年沈抄曹藏《双冠诰》，题：“乙卯清和金玉堂曹”；康熙五十二年沈抄曹藏《绣襦记》，题：“乙卯小阳金玉堂曹”；康熙五十五年沈抄曹藏《幽闺记》，题：“乙卯嘉禾金玉堂曹”；等等。维雅堂侧重自行抄曲，如乾隆间，抄写过《群芳献瑞》、《锡福呈祥》、《群仙永庆》、《方朔呈祥》、《彩云呈瑞》、《八仙庆集》等一批吉庆戏，之后还抄写过《白罗衫》、《吐绒记》等一批传奇。他如：以嘉庆曹广庆名义抄写的，有《赐火棍》等；以嘉庆曹茂林名义抄写的，有《四英传》等；以道光处德堂名义抄写的，有《蝴蝶梦》等；以道光曹馥林名义抄写的，有《查河北》等；以咸丰维雅堂名义抄写的，有《聚宝盆》等；以同治曹春山名义抄写的，有《长生乐》等；以同治曹达江名义抄写的，有《报恩缘》等；以同治曹记处德堂名义抄写的，有《未央天》等；以近代曹心泉名义抄写的，有《清忠谱》等。不可胜数。前后似可构成一个清代戏曲的“曹抄系列”，它跟上述“沈抄系列”，都是中国戏曲文献学历史上十分特别的“抄曲现象”。

咸、同杜氏瑞鹤山房　瑞鹤山房主人杜双寿（1836—?），为清咸丰、同治间著名昆曲艺人。原名世荣，小名阿五，字步云。苏州人。工小旦。曾入三庆班。咸丰十年（1860），由苏州织造选送入京，供奉于昇平署。翌年，得恭亲王奕䜣赏识，资助其组王府科班“全福昆腔班”，任班主。并承应宫中演出。[①]清咸丰十一年至同治十年（1861—1871）间，为了演出之需，曾抄写昆曲脚本四十五种与昆剧表演理论《明心宝鉴》等一册。现订为“四函四十一册”，藏北京大学图书馆，题《戏曲四十六种》。名目、函数、册数及抄录年代情况如下：

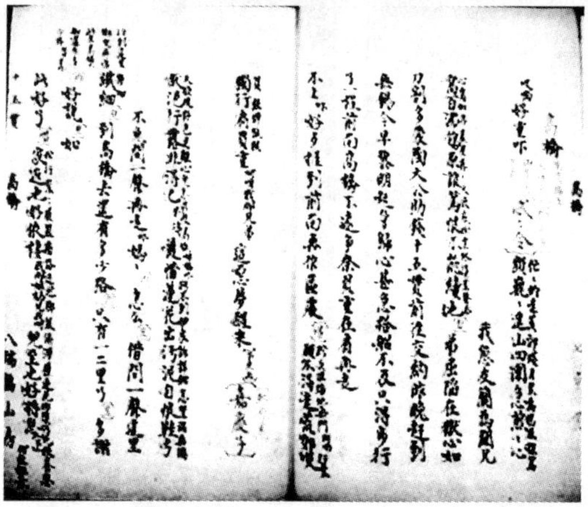

图三十六　清同治杜氏瑞鹤山房抄本《十五贯·高桥》书影

① 参阅吴新雷《一部总结表演艺术经验的理论杰作——清代吴永嘉原本〈明心鉴〉评介》一文，《中国戏曲史论》，江苏教育出版社1996年版，第284页。

第一函：第1册：蝴蝶梦　　咸丰十一年抄
第2册：十五贯　　同治元年抄
第3册：双红记　　同治元年抄
第4册：翠屏山　　咸丰十一年抄
第5册：衣珠记　　咸丰十一年抄
第6册：双冠诰　　咸丰十一年抄
第7册：义侠记　　咸丰十一年抄
第8册：翡翠园　　咸丰十一年抄
第9册：狮吼记　　同治元年抄
第10册：西楼记　　同治元年抄
第二函：第1册：红楼梦　　同治元年抄
第2册：一种情、南柯梦、紫玉钗、吟风阁　　同治二年抄
第3册：八义记　　同治三年抄
第4册：嘉兴乐、庆元宵　　同治十年抄
第5册：明心宝鉴、梨园原序、梨园辨讹、见闻杂记　　同治元年抄
第6册：金雀记、疗妒羹、惊鸿记　　同治元年抄
第7册：钗钏记全部　　同治元年抄
第8册：双珠记　　同治元年抄
第9册：风筝误　　同治元年抄
第10册：雷峰塔上卷　　同治元年抄
第11册：雷峰塔下卷　　同治元年抄
第12册：三元报、儿孙福　　同治三年抄
第三函：第1册：金锁记　　同治二年抄
第2册：金盆捞月　　同治七年抄
第3册：三笑姻缘上卷　　同治元年抄
第4册：三笑姻缘下卷　　同治元年抄
第5册：绣襦记　　同治元年抄
第6册：鸣凤记　　同治四年抄
第7册：千钟记　　同治三年抄
第8册：千金记　　同治三年抄
第9册：满朝笏　　同治二年抄
第10册：艳云亭　　同治四年抄
第四函：第1册：幽闺记　　同治二年抄
第2册：邯郸梦　　同治二年抄
第3册：一捧雪　　同治二年抄
第4册：金印记　　同治二年抄
第5册：寻亲记上卷　　同治元年抄
第6册：寻亲记下卷、后亲记　　同治元年抄

第7册：浣纱记　　同治元年抄
第8册：白兔记　　同治二年抄
第9册：红梨记　　同治元年抄

这些名目反映了清咸丰末至同治间京城宫廷、王府昆剧擅场剧目的大致情况。这批昆剧抄本大多是舞台演出脚本，附注工尺谱、身段谱及动作科范提示，对于研究当时舞台表演艺术，很有参考价值。杜氏抄订的昆剧表演理论《明心宝鉴》，即是闻名后世的《梨园原》原本（另详“（二）单抄类·戏曲理论”），它实据陈金雀抄本转录。陈金雀，号煦棠，道、咸间著名苏州昆曲伶人（其女即梅兰芳祖母），亦为当时抄曲大家。除《明心鉴》之外，陈氏还另抄订有《螭虎钏》、《十全福》等一批戏曲剧本。

近代许氏饮流斋　室主许之衡（1877—1934），近代戏曲家。字守白，号饮流，又号曲隐道人。广东番禺人。室名饮流斋，偶名环翠楼。清光绪二十九年（1903）贡生，日本明治大学卒业。历任北大、北师大、北平女子文理学院国文教授。著有曲学论著《曲律易知》及传奇数种。平生嗜好抄藏、考订戏曲孤本、善本，计有《双忠记》、《胭脂记》、《金丸记》、《五福记》、《潜龙佩》、《宵光剑》、《祝发记》、《投笔记》、《玉麒麟》、《三报恩》、《崖山烈》、《金貂记》、《玉梅亭》、《鹦鹉洲》、《灵宝刀》、《双鱼记》、《一种情》、《紫钗记》、《邯郸梦》《旗亭记》、《双金榜》、《花筵赚》、《云台记》、《凤求凰》、《想当然》、《元宵闹》、《倒浣纱》、《占花魁》、《麒麟阁》、《太平钱》、《朝阳凤》、《未央天》、《聚宝盆》、《扬州梦》、《阴阳判》等数十种明清传奇。其中，《宵光剑》下卷，《古本戏曲丛刊初集》影印；《玉梅亭》二卷，《古本戏曲丛刊五集》影印；《双忠记》等三十来种，《绥中吴氏藏抄本稿本戏曲丛刊》影印。①

现代梅氏缀玉轩　缀玉轩主人梅兰芳（1894—1961），不仅是京剧表演大师，同时还是一位著名的抄曲、藏曲家。在丰富的缀玉轩戏曲藏本中，既有刻本，又有为数不少的写本，总量可以千计。② 写本中，既有相当数量的著名南戏与明清传奇过录本，如《香囊记》、《还带记》、《金丸记》、《幽闺记》、《杀狗记》、《金印记》、《鲛绡记》、《虎符记》、《鸾鎞记》、《紫钗记》等，还有不少较为罕见的清以来的昆弋剧本，诸如《凤奇缘》、《凤凰楼》、《金兰谊》、《临潼会》、《花莲会》、《三奇侠》、《顺风旗》、《万年欢》、《万珠夜》、《宜男佩》、《酒色财气》、《为善最乐》之类。其中某些剧本，系从陈金雀写本过录的，如《风流配》、《倒浣纱》等。梅氏缀玉轩抄本戏曲，现多数藏于梅兰芳纪念馆与中国艺术研究院图书馆。

现代程氏玉霜簃　玉霜簃主人程砚秋（1904—1958），不仅与梅兰芳等同列京剧“四大名旦”，同时也与梅兰芳一样，是位著名抄曲、藏曲家。玉霜簃戏曲藏本数量，“粗计总数，大约近千，刻本极少见”③，大多数是写本。其中既有《双忠记》、《还带记》、《虎符记》、《百顺记》、《五福记》、《双珠记》、《金印合纵记》一类明清传奇抄本，还有为数

① 《绥中吴氏藏抄本稿本戏曲丛刊》，吴书荫主编，北京学苑出版社2004年3月初版。

② 有关缀玉轩的藏曲具体情况，可另详傅惜华：《缀玉轩所藏戏曲草目》（1933年刊）、《缀玉轩藏曲志》（1934年刊）、《记缀玉轩藏内府钞本》（载《大公报》1935年1月22、23日）等资料。

③ 杜颖陶：《记玉霜簃所藏钞本戏曲》，载《剧学月刊》2卷3、4期（1933年）。

更多的比较罕见的剧目，特别是对清代苏州派剧作家作品的精心收集与抄录，是玉霜簃藏曲的重要特色。如李玉的《万里圆》、《千钟禄》，朱佐朝的《五代荣》、《石麟镜》、《渔家乐》、《四奇观》（合著），叶稚斐的《琥珀匙》、《四大庆》（合著），张彝宣的《读书声》等等，多赖玉霜簃抄录、《古本戏曲丛刊》影印，得以保留与传布。

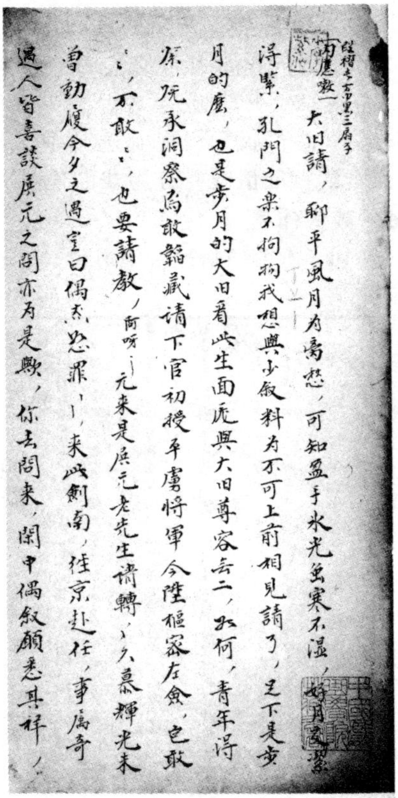
大旧請，卿平風月为离愁，可知盈手水光虽寒不湿，好月交潔
浔紫，孔門之衆不拘拘，我想與少叙料为不可上前相見請了，足下是步
月的麼，也是步月的大旧看此生面庞與大旧尊容去二，如何，青年浔
京，阮承洞察为敢緇藏請下官初授平虜将軍今陞樞密左僉，已敢
〻，不敢〻，也要請教，阿呀〻，元来是虞元老先生請轉〻，久慕輝光未
曾劾履今夕之遇，宜曰偶然，恕罪〻，来此剣南，往京赴任，事属奇
遇，人皆喜談，虞元之聞亦为是歟，你去問来，閑中偶叙願悉其祥，

图三十七 程氏玉霜簃藏清抄本《双珠记·月下》书影

清代以来的抄曲、藏曲家，名声可数的，还有许多。诸如：清初太原王氏曲局，抄录《天宫宝传奇》等；康熙龚氏永睦堂，抄录《水浒记》等；康熙王氏兴庆阁，抄藏《鹣钗记》等；雍正葛氏瑞宜堂，抄藏《翠屏山》等；乾隆卢氏雅雨楼，抄藏《玉尺楼》等；乾隆萃雅堂，抄藏《千秋鉴》等；乾隆懋德堂，抄藏《百顺记》等；乾隆义竹斋，抄录《小忽雷》等；嘉庆载福堂，抄藏《飞石缘》等；嘉庆愿学堂，抄藏《单柜缘》等；嘉庆至德书屋，抄藏《黄袍郎》等；道光听雨楼，抄藏《如意针》等；道光秋水堂，抄藏《延安关》等；道光洗心斋，抄藏《双挂印》等；咸丰燕翼堂，抄藏《富贵双全》等；同治敦伦堂，抄藏《阴阳镜》等；……不胜枚举。至于清末光绪、宣统间，所知则更多，有常兰亭、聚卷堂、集英堂、得顺堂、景秀堂、秋水堂、余庆堂、万卷阁、景龢堂、姚远楼等等众多的抄曲、藏曲室名、堂号。有清一代，抄写戏曲者，堪称接踵摩肩，不可胜数。

近现代的著名抄曲、藏曲室家，尚有古吴莲勺庐、海盐朱希祖氏、鄞县马（廉）氏不登大雅堂、东至周（明泰）氏几礼居、吴兴周（越然）氏言言斋、高阳齐（如山）氏百舍斋、长乐郑振铎氏、大兴傅（惜华）氏碧蕖馆或曲盦、绥中吴（晓铃）氏双榗书屋等，还有傅芸子、张次溪、阿英、王古鲁、孙楷第、周贻白、赵万里、赵景深、任二北、王芷章、［台］郑骞、［英］龙彼得、［俄］李福清等一批海内外戏曲史学家与文献学家，俱皆广事蒐罗，庋藏繁富，善本不乏，恕不一一陈述。

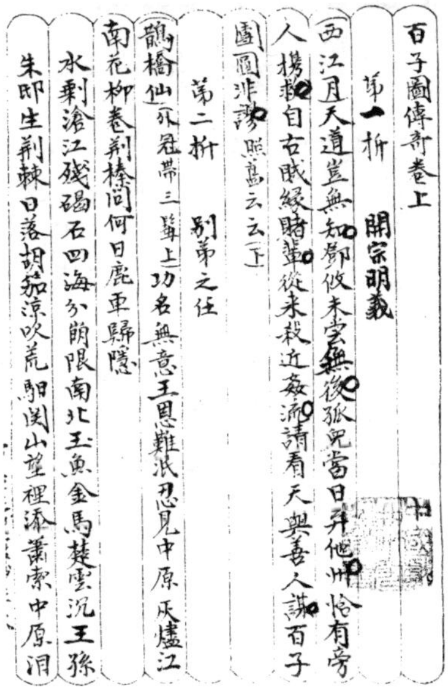
百子圖傳奇卷上
第一折 開宗明義
西江月 天道豈無知，鄧攸未嘗無後，張兜當日弃他嗣，恰有旁
人携救，自古賦緣睹輩，從来救近姦淫，請看天與善人，誅百子
團圓非謗，照常云云（下）
第二折 別弟之任
鵲橋仙（外冠帶三隨上）功名無意，王恩難汎，忍見中原灰燼，江
南花柳荊榛，問何日鹿車歸隱
水剰滄江殘碣，石四海分崩，限南北，玉魚金馬，楚雲沉，王孫
朱邸生荊棘，日落胡笳涼，吹荒驛，関山望裡添蕭索，中原泪

图三十八 古吴莲勺庐抄本《百子图传奇》书影

（二）单抄类

“单抄类”戏曲中亦不乏珍贵之本。其中有些已被《古本戏曲丛刊》、《善本戏曲丛刊》（台湾学生书局版）、《明本潮州戏文五种》、《古本琵琶记汇编》等所影印，有的是尚未公诸于世的孤本。现挑选其中比较重要的一部分，根据笔者所了解的影印本所据底本及孤本的藏处情况，分为戏曲作品与戏曲理论两类，罗列如下：

1. 戏曲作品

《新刊元本蔡伯喈琵琶记》二卷，元·高明撰，清康熙十三年（1674）陆贻典抄校本。①

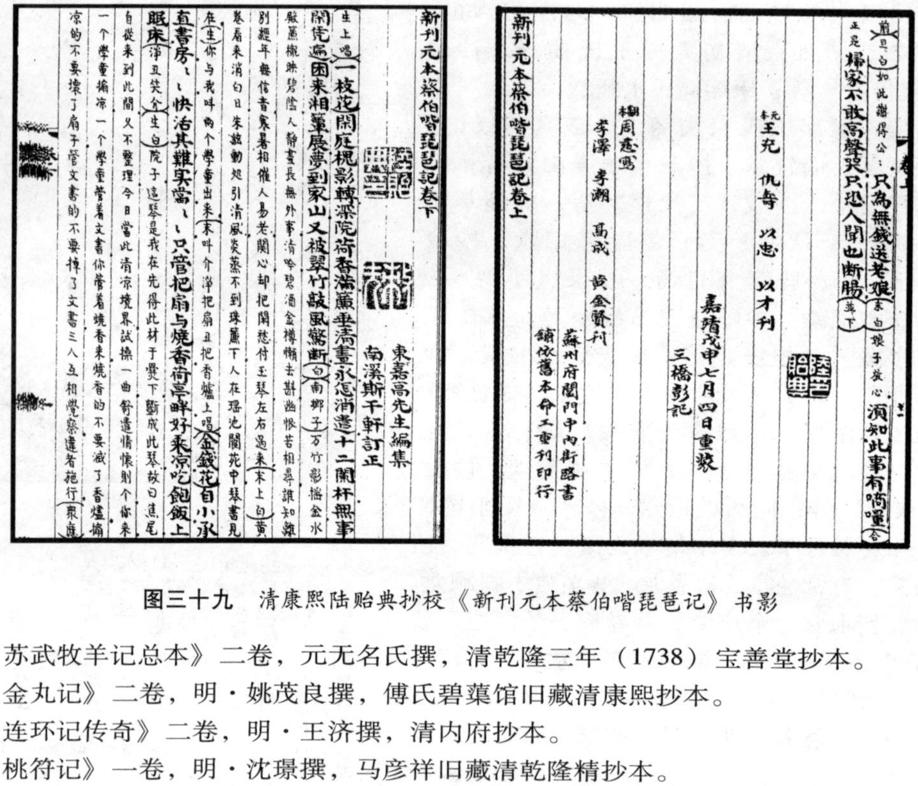

图三十九　清康熙陆贻典抄校《新刊元本蔡伯喈琵琶记》书影

《苏武牧羊记总本》二卷，元无名氏撰，清乾隆三年（1738）宝善堂抄本。

《金丸记》二卷，明·姚茂良撰，傅氏碧蕖馆旧藏清康熙抄本。

《连环记传奇》二卷，明·王济撰，清内府抄本。

《桃符记》一卷，明·沈璟撰，马彦祥旧藏清乾隆精抄本。

（以上《古本戏曲丛刊初集》影印）

《彩楼记》一卷，无名氏撰，清内府抄本。

《上林春》二卷，明·姚子翼撰，清转抄明崇祯十二年（1639）写录本。

《抄白遍地锦》二卷，明·姚子翼撰，傅氏碧蕖馆旧藏清康熙抄本。

① 该写本的朱墨套印本，见《古本琵琶记汇编》影印，浙江瑞安市人民政府编纂，孙崇涛主编，中华书局2007年线装版。

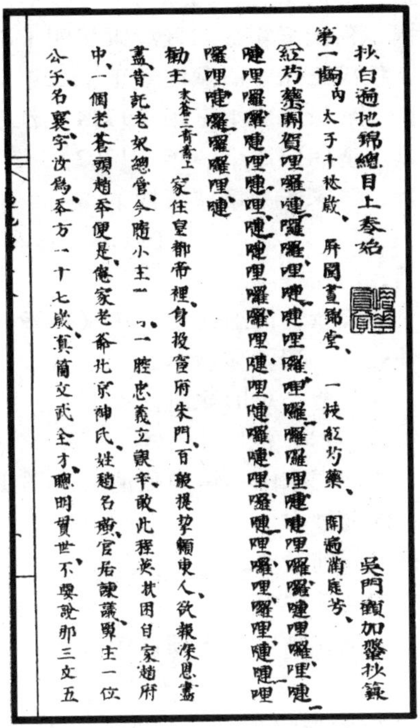
扒白遍地錦總目上卷始 吳門顧加鑿抄籙
第一齣 內太子千秋歲、屏開畫錦堂、一枝紅芍藥、開遍滿庭芳、
紅芍藥開賀哩囉嗹囉囉哩嗹嗹哩囉哩囉囉哩嗹嗹哩囉囉嗹哩囉哩嗹一
嗹哩囉囉嗹哩嗹哩嗹嗹哩囉囉哩嗹哩嗹囉嗹哩囉嗹哩囉哩囉哩嗹嗹哩
囉哩嗹囉囉囉哩嗹
勸主 末蒼三青衣上 家住皇都帝裡、身投宦府朱門、百般提挈傾東人、欲報深恩盡
蓋昔託老奴總管、今隨小主一 心一腔忠義立艱辛、敢比程英杵臼自家趙府
中、一個老蒼頭趙季便是、俺家老爺北京神氏、姓趙名璵、官居諫議、單主一位
公子、名襄字汝爲、年方一十七歲、眞箇文武全才、聰明貫世、不要說那三文五

图四十　清康熙吴门顾加鏧抄录《抄白遍地锦》卷首

《钗钏记》二卷，明·明月榭主人撰，清康熙抄本。
《崖山烈传奇》二卷，明·朱九经撰，清康熙二年（1663）抄本。
《翠屏山传奇》二卷，明·沈自晋撰，清雍正九年（1731）葛氏瑞宜堂抄本。
《全本千祥记总纲》二卷，明·无心子撰，清康熙六十一年（1722）芸晖堂抄本。
（以上《古本戏曲丛刊二集》影印）
《五福记》二卷，明·郑若庸撰，程氏玉霜簃旧藏清初抄本。
《窃符记》二卷，明·张凤翼撰，清雍正沈闰生抄本。
《金锁记》二卷，明·叶宪祖撰，清内府精抄本。
《灵犀佩》二卷，明·许自昌撰，明天启四年（1624）查味芹抄本。
《双螭璧》二卷，明·邹玉卿撰，清康熙三十一年（1692）抄本。
《千钟禄》二卷，清·李玉撰，清康熙四十七年（1708）徐子超抄本。
《意中人》二卷，清·李玉撰，民国古吴莲勺庐藏抄本。
《万里圆》二卷，清·李玉撰，程氏玉霜簃藏旧抄本。
《麒麟阁》四卷，清·李玉撰，清初抄本。
《五代荣》二卷，清·朱佐朝撰，程氏玉霜簃旧藏清抄本。
《石麟镜》二卷，清·朱佐朝撰，程氏玉霜簃旧藏清抄本。
《吉庆图》一卷，清·朱佐朝撰，梅氏缀玉轩旧藏清嘉庆二十四年（1819）抄本。
《御雪豹》二卷，清·朱佐朝撰，梅氏缀玉轩旧藏清初抄本。
《十五贯》（一名《双熊梦》）二卷，清·朱素臣撰，清顺治七年（1650）抄本。
《朝阳凤》二卷，清·朱素臣撰，“宁府”、“养志堂”藏清康熙抄本。

《聚宝盆》一卷，清·朱素臣撰，梅氏缀玉轩旧藏清乾隆抄本。

《琥珀匙》二卷，清·叶稚斐撰，程氏玉霜簃旧藏清康熙四十六年梨园抄本。

《御袍恩》二卷，清·邱园撰，程氏玉霜簃旧藏清雍正十二年杭城岱瞻抄本。

《如是观》二卷，清·张彝宣撰，清康熙五十三年（1714）江宁马子元抄本。

《紫琼瑶》二卷，清·张彝宣撰，清康熙四十一年（1702）天喜堂抄本。

《醉菩提》二卷，清·张彝宣撰，国家图书馆藏清抄本。

（以上《古本戏曲丛刊三集》影印）

《葛衣记》二卷，明·顾大典撰，清初抄本。

《性天风月通玄记》一卷，明·兰茂撰，清道光十九年（1839）云间道人抄本。

《虎口余生》四卷，清·遗民外史撰，清乾隆抄本。

《续琵琶》二卷，清·曹寅撰，怀宁曹心泉旧藏清抄本。

《正昭阳》二卷，清·雍正二年（1724）沈闰生抄本。

《风云会》二卷，清·李玉撰，法国国家图书馆旧藏清《环翠山房集》抄本。

《一品爵》二卷，清·李玉撰，同前抄本。

《万寿冠》二卷，清·朱佐朝撰，同前抄本。

《文星现》二卷，清·朱素臣撰，同前抄本。

《女昆仑》二卷，清·裘琏撰，清是亦轩抄《玉湖楼传奇》本。

（以上《古本戏曲丛刊五集》影印）

《新编全像南北插科忠孝正字刘希必金钗记》六十七出，广东潮安出土明宣德六年（1431）胜寺梨园写本。

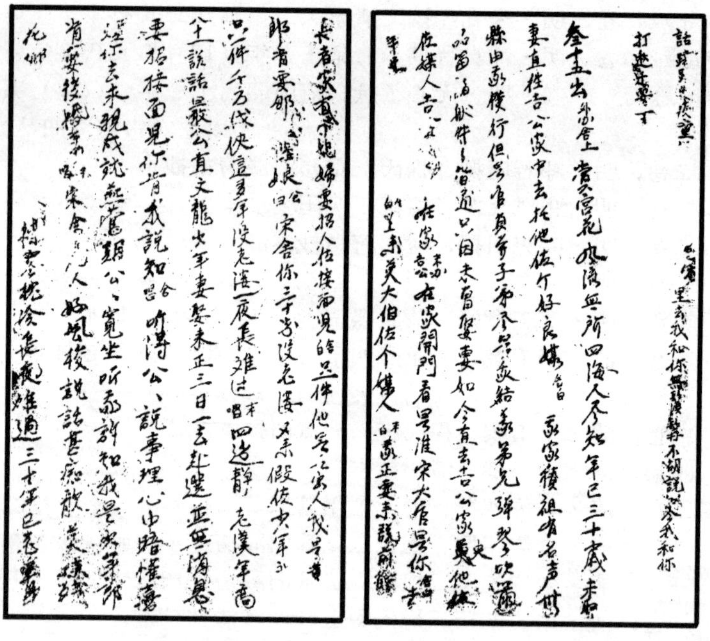

图四十一　广东潮安出土明宣德胜寺梨园写本《刘希必金钗记》书影

《蔡伯皆（喈）》二册①，广东揭阳出土明嘉靖间艺人写本。

（以上《明本潮州戏文五种》影印）

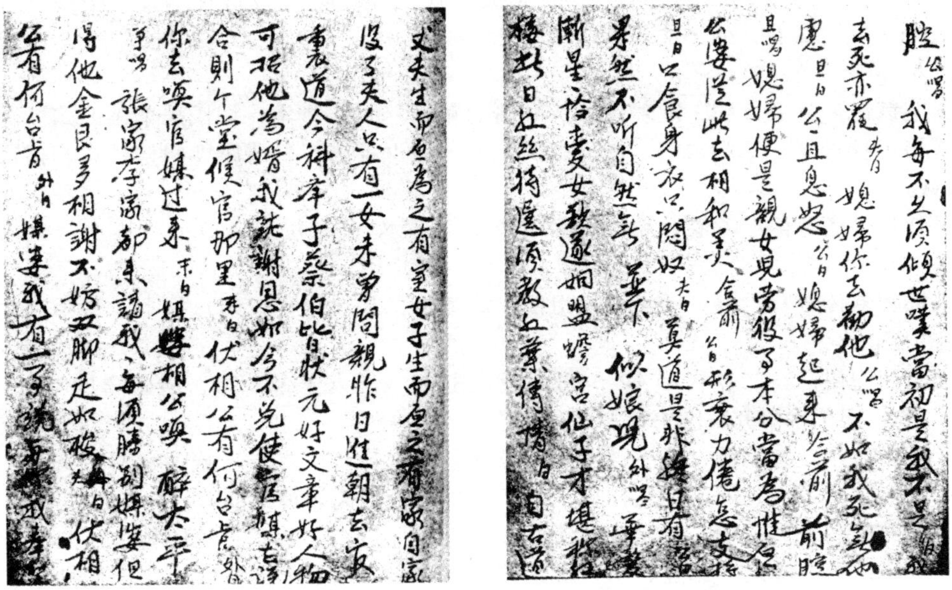

图四十二　广东揭阳出土明嘉靖艺人写本《蔡伯皆（喈）》书影

《歌代啸》一卷，冲和居士撰（或云徐渭撰），袁石公订，清道光山阴沈氏鸣野山房精抄本，藏江苏省立图书馆。

（南京国学图书馆影印）

《四婵娟》四卷，清·洪昇撰，清抄本，藏国家图书馆。

（《清人杂剧二集》影印）

《朱景昭批评西厢记》十六套，元·王实甫撰，关汉卿续，朱璐批评，旧抄本，藏吴氏双梧书屋。

《如意缘传奇》二卷，信天斋癯道人编次，清乾隆四十七年（1782）抄本，藏吴氏双梧书屋。

（以上《绥中吴氏藏抄本稿本戏曲丛刊》影印）

《还带记》不分卷，明·沈采撰，程氏玉霜簃旧藏清顺治抄本，藏中国艺术研究院图书馆。

《千金记》二卷，明·沈采撰，清康熙五十三年（1714）盛紫仙抄本，藏中国艺术研究院图书馆。

① 一册为“总本”上卷，计54页；一册为“生本”，计38页。该写本在1958年揭阳县西寨村出土时，原共五册，另三册已被毁损无存。除《明本潮州戏文五种》影印残存本外，另有《古本琵琶记汇编》（瑞安市人民政府编纂，孙崇涛主编，中华书局2007年线装套印版）影印广东省博物馆原藏本。

《浣纱记》下卷，明·梁辰鱼撰，清乾隆二十五年（1760）龚天佑抄本，藏中国艺术研究院图书馆。

《一笑散》(附《词谑》)，明·李开先撰，清·陆贻典校，清初抄本，藏国家图书馆。

《桃符记》二卷，明·沈璟撰，清康熙六十一年（1722）杨俊生抄本，傅氏碧蕖馆旧藏。①

《坠钗记》二卷，明·沈璟撰，清顺治七年（1650）抄本，傅氏碧蕖馆旧藏。

《格正牡丹亭》二卷，明·汤显祖撰，清·钮少雅格正，清康熙间精抄本，傅氏碧蕖馆旧藏。

《牡丹亭还魂记》八卷，明·汤显祖撰，清康熙五十九年（1720）抄本，藏南京图书馆。

《邯郸梦传奇》二卷，明·汤显祖撰，清乾隆二十一年（1756）抄本，藏中国艺术研究院图书馆。

《金锁记传奇》二卷（串本），明·叶显祖（一说袁于令）撰，清乾隆四年（1739）抄本，藏中国艺术研究院图书馆。

《祥麟现》二卷，明·姚子翼撰，清乾隆元年（1736）抄本，藏国家图书馆。

《红梨记》二卷，明·徐复祚撰，清康熙抄本，傅氏碧蕖馆旧藏。②

《八义记》二卷，明·徐元撰，清乾隆二十年（1755）抄本，傅氏碧蕖馆旧藏。

《十错认春灯谜记》二卷，明·阮大铖撰，清康熙四十年（1701）张深仙抄本，藏中国艺术研究院图书馆。

《钵中莲》四出，明佚名撰，清嘉庆南府抄本，藏中国艺术研究院图书馆。③

《串本七国传》不分卷，清·李玉撰，清康熙抄本，藏中国艺术研究院图书馆。

《麒麟阁》二卷，清·李玉撰，清康熙十七年（1678）清芬堂藏抄本，现藏中国社会科学院文学研究所图书馆。

《渔家乐》二卷，清·朱佐朝撰，清抄本（二十八出），程氏玉霜簃旧藏。④

《艳云亭》全本总纲，清·朱佐朝撰，清康熙、雍正间云晖堂抄本，藏中国艺术研究院图书馆。

《翡翠园全本》，清·朱素臣撰，清三庆班精抄本，藏中国艺术研究院图书馆。

《琥珀匙》二卷，清·叶稚斐撰，清康熙四十六年（1707）杨俊生抄本，藏中国艺术研究院图书馆。

《快活三传奇》二卷，明末清初·张彝宣撰，养志堂旧藏明崇祯八年（1635）姑苏卞瑞甫抄本，藏中国艺术研究院图书馆。

《金印合纵记》，明·高一苇改订，清康熙十七年（1678）抄本，程氏玉霜簃旧藏。

《女昆仑传奇》二卷，清·裘琏撰，清初是亦轩抄本，藏国家图书馆。

---

① 据悉，台北“国家图书馆”另藏有清康熙四十七年(1708)张仲云抄本，未详究竟。

② 另有清雍正十年（1732）抄本《红梨记》，藏北京大学图书馆。

③ 《钵中莲》，现存明万历四十八年（1620）最早抄本，十六出，程氏玉霜簃旧藏，排印本收见孟繁树、周传家编校《明清戏曲珍本辑选》（中国戏剧出版社 1985 年版）。又有清昇平署抄本，藏国家图书馆。

④ 据悉，巴黎、台北“国家图书馆”及近人赵景深、葛绳甫等，都另藏有《渔家乐》的不同抄本。

《烂柯山传奇》二卷，无名氏撰，清康熙六十年（1721）邗江陈益儒抄本，藏中国艺术研究院图书馆。

《游仙阁传奇》二卷，清·陆继放撰，清乾、嘉间写本，傅氏碧蕖馆旧藏。

《群英会传奇》，无名氏撰，清道光七年（1827）年抄本，藏首都图书馆。

《古本青阳腔剧本四种》（拟名），藏中国艺术研究院图书馆，包括：

《金印记》不分卷，清同治八年（1869）孙存诚抄本；

《三元记》十二回，清道光十五年（1835）百帝村北社抄本；

《涌泉记》十四回，清百帝村北社孙篆桂抄本；

《剔目记》第三至第十回，清抄本。

《老徽戏剧本八集》（拟名）①，藏中国艺术研究院图书馆，包括：

［闲情乐意］

《女中魁》，清道光二十八年（1848）抄本；

《西皇庄》，清道光三十年（1850）抄本。

［啸傲烟霞］

《梅降雪》，清咸丰三年（1853）抄本；

《春秋配》二本，清咸丰三年（1853）抄本。

［洋腔新抄］

《访贤》，清咸丰七年（1857）锦城管子朴抄本。

［洋腔杂集］

《男绑子》、《岳王传》、《黑风帕》，清咸丰十一年（1861）抄本。

［式歌且舞］

《战长沙》、《徐州》、《沙陀国》、《定中原》、《醉妃》，清同治元年（1862）抄本；

《葵花潭》、《群妖会》，清抄本。

［革故鼎新］

《采仙桥》、《御状》、《三关》、《五相泊》，清同治二年（1863）抄本。

［俯唱遥吟］

《吟诗》、《祭风台》、《芦花河》、《荐诸葛》，清同治三年（1864）抄本。

［洋腔集锦］

《回朝》、《摔琴》、《祭塔》、《击掌》、《朝歌城》，清同治二年（1863）抄本。

（以上未曾影印）

2. 戏曲理论（含曲谱、曲韵、曲目等）

已经付梓出版的古代戏曲理论汇编，以原中国戏曲研究院编校的《中国古典戏曲论著集成》（中国戏剧出版社 1959 年初版）最为齐备，该书共收唐宋元明清五代戏曲论著 48 种，出版四十多年来，一直为广大戏曲工作者、学习者所广泛使用。但该书问世后，我们陆续发现一些比之它所收更好的同书另一版本，或者可以用来对《集成》本作进一步校勘的重要异本。它们多属写本，其中比较重要的，如：

① 此八集及集名，都是后人所编定，故仍将它们归于“单抄类”。

《青楼集》，元·夏庭芝撰，清·赵魏抄本，藏北京大学图书馆。①

《娄江尚泉魏良辅南词引正》，明·魏良辅撰，明·文徵明手书，毗陵吴昆麓较正，金坛曹含斋嘉靖丁未（1547）叙。②

《曲品》，明·吕天成撰，清乾隆辛亥五十六年（1791）伽蝉杨志鸿抄本，杭州杨文莹丰华堂旧藏，现藏清华大学图书馆。③

《明心鉴》，（清）吴下吴永嘉古亭原本，茂苑杜双寿步云抄订，藏北京大学图书馆。④

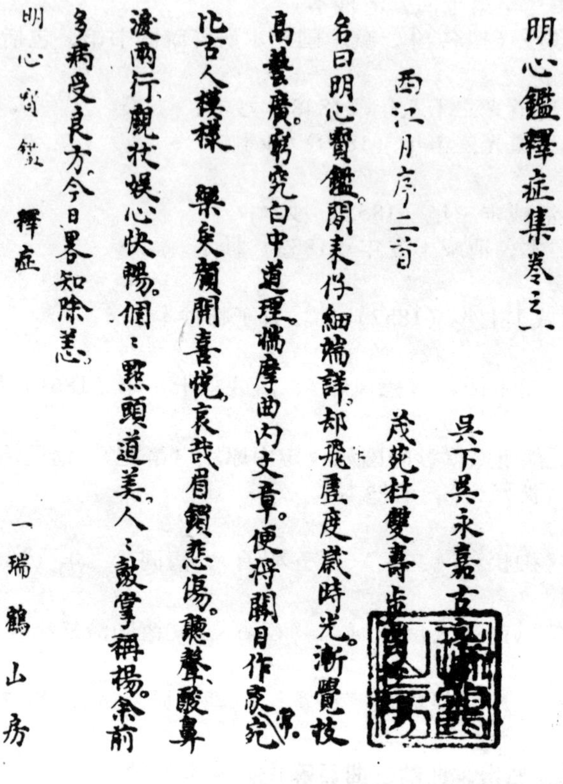
明心鑑釋症集卷之一
吳下吳永嘉古
西江月序二首
茂苑杜雙壽步
名曰明心寶鑑，開來件細端詳，郤飛虛度歲時光，漸覺技高藝廣，窮究白中道理，揣摩曲內文章，便將關目作究，比古人模樣　笑顏開喜悅，哀哉眉鎖悲傷，聽聲酸鼻淚兩行，觀杖娛心快暢，個個點頭道美，人人鼓掌稱揚，余前多病受良方，今日略知除恙。
明心寶鑑　釋症　一瑞鶴山房

图四十三　清同治杜氏瑞鹤山房抄订《明心鉴》卷端

① 《中国古典戏曲论著集成》第二集所收《青楼集》，采用清末叶德辉辑《双楳景闇丛书》本为底本，校以明万历抄《说集》本、清顺治宛委山堂刻《重校说郛》等。有关赵魏抄本的具体情况，可另详笔者与徐宏图合著《青楼集笺注·前言》（中国戏剧出版社1990年版）。

② 《中国古典戏曲论著集成》第五集所收魏良辅《曲律》，采用明·周之标辑《吴歈萃雅》所附刊本为底本，校以明·许宇选录《词林逸响》、《吴骚合编》附刻本。

③ 《中国古典戏曲论著集成》第六集所收吕天成《曲品》，采用清末民初暖红室本、吴梅藏本、《曲苑》本及北京大学图书馆藏清河郡本等四种版本综合而成。

④ 《中国古典戏曲论著集成》第九集所收《梨园原》，题“清·黄旛绰等著”，采用1917年无名氏抄校梦菊居士辑本为底本，其篇幅仅为北大藏本的一半。有关杜双寿抄订本的具体情况，可另详本书第172页注①揭示的吴新雷文和该文所附点校本及陈金雀传抄之《梨园原序》等重要资料。

当然，未曾被《中国古典戏曲论著集成》所收辑的重要戏曲论著写本，还有许多。诸如：

《汇纂元谱南曲九宫正始》不分卷，明·徐于室、清·钮少雅编纂，清初朱墨精抄本。

（北平戏曲文献流通会、台北学生书局《善本戏曲丛刊》影印）

《寒山堂新定九宫十三摄南曲谱》①，清·张大复编纂，藏中国艺术研究院、北京大学等图书馆。

《北词谱》十四卷、《臆论》一卷、《附录》一卷，② 明·徐庆卿撰，清抄本，藏国家图书馆。

《南词便览》不分卷，清·张大复汇订，清抄本，郑振铎旧藏，现归国家图书馆。

《元词备考》五卷，清·张大复辑订，清康熙二十七年（1688）□君玉抄本，藏国家图书馆。

《南九宫谱大全》卷数不详（存七卷），明·沈自晋重定、清·胡介祉增补，稿本，藏国家图书馆。

《中州全韵》十九卷，清·范善溱编撰，清嘉庆抄本，藏首都图书馆。

《乐府考略》不分卷，无名氏撰，清抄本，藏上海图书馆。③

《集芳班戏目》，无名氏编，清道光九年（1829）吴金凤抄本，中国艺术研究院图书馆藏有过录本。

等等，多不胜列，它们都可考虑被纳入《中国古典戏曲论著集成》增订本的收辑范畴。

（三）稿本类

作者戏曲创作与论著手稿，或经人过录的誊写稿，或后人批注、补订的原始稿本等，都可以归于“稿本类”戏曲写本。其中有的今已翻刻或影印，有的仍以“孤本”身份一直藏于公私书库。由于书写稿本不易保存，年代久远的已经毁失殆尽，存世的大抵以清以来著作居多。现略举值得我们留意的若干名目及其藏处情况于下：

《新撰云龙会传奇》不分卷（一名《英雄概》），清·沈起凤撰，清中叶稿本，藏中国艺术研究院图书馆。

《漱玉堂传奇三种》六卷，清·孙郁撰，清康熙十四年（1675）稿本，藏国家图书馆。

《红雨绿雪楼三种》，清·罗梅江撰，清稿本，傅氏碧蕖馆旧藏，转藏中国艺术研究院图书馆。

《补天石传奇八种》，清·周乐清撰，清·谭光祜订谱，清道光稿本，藏山东省

① 俗称《寒山堂曲谱》，有多种写本残卷存世，详情参见拙文《寒山谱·锦本与戏文辑佚》，《南戏论丛》，中华书局2001年版，第182～185页。

② 此谱当是清·李玉更定的《北词广正谱》原稿。

③ 另有清抄十卷本《乐府考略》，藏南京图书馆。

图书馆。

《温经楼传奇杂剧》（拟名），清·孔广林撰，清嘉庆十七年（1812）手稿本，藏首都图书馆。①

《春灯玉簪记》、《春灯雁书记》各一卷，清·黄治撰，清稿本，藏国家图书馆。

《新编何文秀玉钗记》一卷，明·明心一山人原著，清·陈则清改编，稿本，藏上海图书馆。

《普天庆》、《古殷鉴》、《后怀沙》、《电球邮》、《警黄钟》、《悬岙猿》等传奇，清·洪炳文撰，清稿本，藏浙江温州市图书馆。

《南词叙录》，明·徐渭撰，清·何义门批、补，清鲁氏壶隐居黑格写本，钱塘丁氏旧藏，现归南京图书馆。

《顾曲杂言》一卷，明·沈德符撰，清·李文田校注并跋，清稿本，藏国家图书馆。

《远山堂曲品》、《远山堂剧品》，明·祁彪佳撰，明山阴祁氏远山堂稿本，藏上海图书馆。

《剧说》六卷，清·焦循撰，"焦循手录"本，藏国家图书馆。

三、戏曲写本利弊

戏曲写本是我们继承戏曲文化遗产，从事戏曲学术研究和进行剧目推陈出新改编演出不可或缺的文献依据。

中国古代的一些著名戏曲作家及其创作情况，往往赖其存世的戏曲写本，才为人们所知。例如，清代李玉、朱朝佐、朱素臣、叶稚斐、张彝宣等一批创作成就很高的"苏州派"作家群体，他们创作的戏曲作品，原多以"孤本"写本存世，如果没有后来这些写本的影印或传刻，他们将永久湮没无闻，也就谈不上后人的重视、研究及其剧本改编演出了。1956年浙江昆苏剧团改编演出的《十五贯》，曾获得"一本戏救活一个剧种"的巨大成功，追究根源，首先它得归功朱素臣原著《双熊梦》清初顺治抄本的保留。

中国古代某些十分重要的戏曲作品，较古老者，如明嘉靖抄《永乐大典戏文三种》（现存转录本）、明宣德写本《刘希必金钗记》等，稍近者，如万历末年抄《钵中莲》、清抄《渔家乐》等，迄今还仍旧以"孤本"写本身份存世，研究者及改编者欲睹其庐山真面目，还得设法取读写本原件或其复制件。再如有关古代青阳腔的面目，以前仅凭几种明代选刻本所选零折散段，得窥万历擅场情况一二，《古本青阳腔剧本四种》写本的发现，可使我们进一步了解到清代青阳腔流布及全本演出的面貌，这就是该写本存在的价值。在所有戏曲文献不可能（也没有必要）全都成为印刷品、普及四方的今天，戏曲写本依旧是我们直接阅读和进行资讯数字化处理的必不可缺少的对象，有其永久存在、保留的价值。

需要特别强调的是写本中的作者手稿本与艺人手写台本，它的原创、诚信的属性，

① 另有：清嘉庆十七年紫芝堂清稿本《温经楼游戏翰墨》所收孔氏剧本，藏中国艺术研究院图书馆；清嘉庆稿本《幼髯孔氏所撰传奇杂剧三种》，藏上海图书馆。

是任何刊印本所不具备的。手稿是作者心血的遗泽，真实刻印下作者创作心态与创作甘苦的斑迹。艺人手写本是戏曲演员舞台实践的记录和依据，表记了作者文本如何被转换为舞台综合立体艺术的过程。某些戏曲班社抄录的剧本，是该班社或某演员对剧本进行舞台处理的记录，具有很高的研究价值与文物价值。如现存写本戏曲中，就有清代进京"四大徽班"之"三庆班"抄录的《翡翠园全本》与"春台班"抄录的《火焰山总讲》（均藏中国艺术研究院图书馆），还有上面已经提及的谭鑫培、时小福、鲍福山、孙怡云、王楞仙、陈德霖等著名艺人的演出用本，这些写本揭示了从清乾隆徽班进京始至清末皮簧称盛间京都剧坛班社、演员的活动情形，是我们研究京剧形成、发展历史的可靠凭据，同时它们又是值得后人缅怀和珍藏的历史纪念品，具有珍贵的文物价值。

戏曲写本的局限与缺陷也是显然的。不易保存与传布不广是其主要弊端。大批戏曲写本多被历史洪流淘洗殆尽，成为永久无法弥补的历史损失。如今为了取阅某一"孤本"写本，得需颇费周折，乃至长途跋涉，劳而不获；为之"劳民伤财"，司空见惯。而许多庋藏海外的戏曲写本，对于多数读者来说，只好"望洋兴叹"。

其次，许多戏曲写本在保留原生形态值得我们看重的同时，其粗糙、拙劣与难以辨识，又给人制造阅读困难。一些写本中错字、别字、俗字、同音假借字等的大批使用，除了供人了解演出曲白读音和书写习惯，利于探讨戏曲实践形态外，又会使人产生误读与歧解。因此，戏曲写本的珍藏、复制与校勘、整理，都不能偏废。

第四章　戏曲版本鉴定

图书版本鉴定是一项极其复杂而艰深的工作。首先，它需有多方面的文化知识储备，如必须具有文字、音韵、书法、绘画、版刻、墨色、印章、纸张、印刷、装帧以及历史、典章、制度、风尚、习俗等等各方面的有关知识。其次，还需要长期、大量接触相关图书，积累丰富的“经眼”经验。而作为戏曲版本鉴定，除了上述条件之外，还需特别的掌握戏曲的艺术规律，了解戏曲舞台的呈现方式，懂得各类戏曲的文学体制特点，具备进行考察、判断版本的丰富的戏曲文献、史论知识。如今有各种文物鉴定专家，熟稔文史图书版本亦不乏其人，但谁也不敢自命和妄称他人为“戏曲版本鉴定专家”，可见深谙此道的不易。本章只是提出一些有关戏曲版本鉴定方面的常识，提供学习者参考。首先得从一般古籍图书知识说起。

一、古籍装帧与版本术语

（一）古籍装帧

中国古籍大致经历了简策制度（战国、秦汉）、卷轴制度（六朝至唐、五代）和册叶制度（唐、五代以来）三个基本历史段落。其中册叶制度，按照书籍装帧的历史演化，又有以下先后不同的形制：

1. 经折装（梵夹装）

盛行于唐后期至北宋中叶间。经折装的装帧方法是按照折叠式一正一反地把长幅纸张叠成册子，册子上下用面积相等于册叶的薄木板夹住。由于经折装跟印度梵夹贝叶经相似，而且在中国也常常用来装潢佛经，所以也被叫做“梵夹装”。经折装虽然不常见于南宋之后的普通图书，但旧时戏班书写戏码，还有某些人家做红白喜事的礼单、邀客名单之类，时常还会用到它。

图四十四　经折装

2. 旋风装（龙鳞装）

一说，旋风装系由经折装改装而来，即将经折装首、末两页用粘贴剂固定在连成张的封底、封面纸上，就成了旋风装。由于翻动书页，状如旋风，故名。旋风装的另一说，是又名“龙鳞装”，即将书页如下图四十六那样，鳞次张贴在衬纸上。“逐页翻飞，展卷至末，仍合为一卷。”其书页，也称“旋风页”（宋·张邦基《墨庄漫录》）。旋风装流行不广，流行年代接近经折装。

图四十五　旋风装

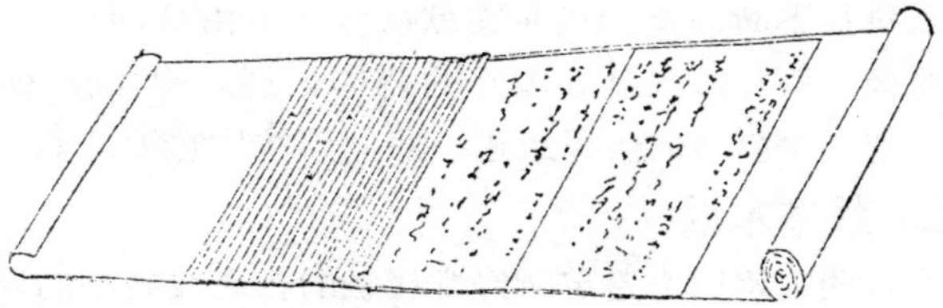

图四十六　龙鳞装

3. **蝴蝶装**

盛行于宋元。它以版心中线为准，版面向里对折，各页对齐重叠，用粘贴剂粘在一起，再用硬纸连背裹住作封面。每页一面有字，一面空白。打开书叶，以版心为中轴，两边各半页，状如蝴蝶展翅，故名。

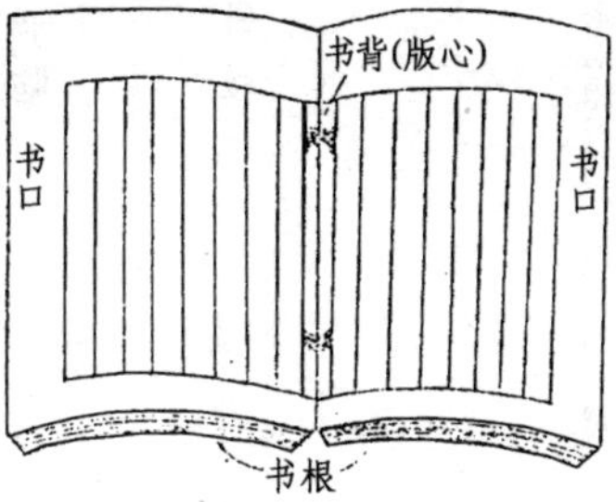

图四十七　蝴蝶装

4. **包背装**

包背装起于南宋后期，盛于元至明代中叶。如曾收抄过成批戏文与杂剧的大型类书明《永乐大典》就是包背装。包背装是将书页背对背地正折起来，使文字露在外头，背面折封在里头。它将蝴蝶装版心朝里的装潢方式，改为版心朝外，阅读、使用起来更为方便。

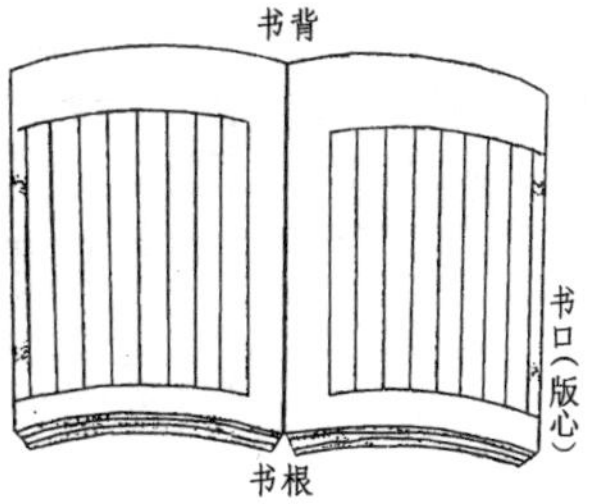

图四十八　包背装

5. **线装**

大约兴起于明中叶，沿用至清末民国间，直到被洋装书所取代。而现在印制某些古书还仍用线装，如著名的《古本戏曲丛刊》，全用线装。包背装的装订方式是在书脊处逐页粘连而成，这样既费事又不坚固，后来改为打孔、穿纸捻、裹封面成册，这就为线装开辟道路。线装与包背装最主要的区别，就是改穿纸捻为穿绳线，使书籍装订更为坚固，不易散页。

对于戏曲古籍而言，今日所见，绝大多数是线装。历史上，它应该有过包背装，乃至还有过蝴蝶装、旋风装、经折装之类。

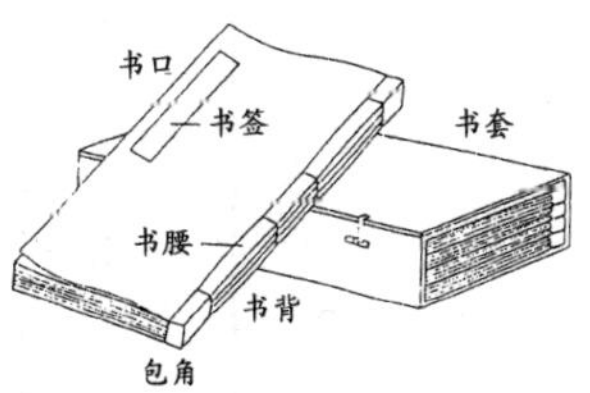

图四十九　线　装

随着科技不断进步，戏曲文献载体，也由从前单一的纸质书本，向着声频、视频如录音、录像、影片、视盘等多元的载体拓展。中国图书在经历上述三个历史制度之后，目前正向着一个崭新的阶段迈进，我们不妨称它为“数码制度”。

(二) 版本术语

先将戏曲古籍版本鉴定所经常接触的普通线装书的外形与版式，用图例展示如下：

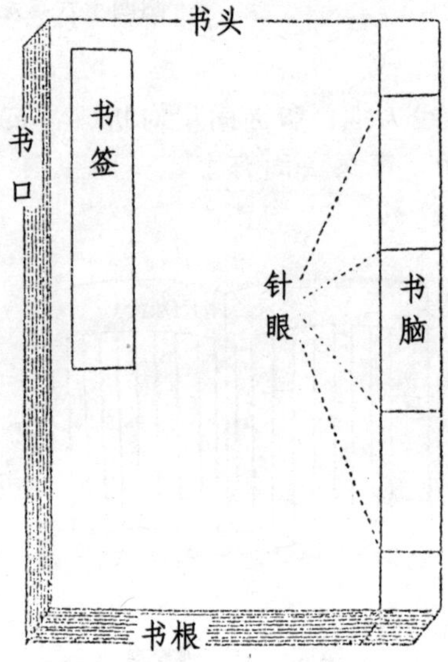

图五十　线装书外装

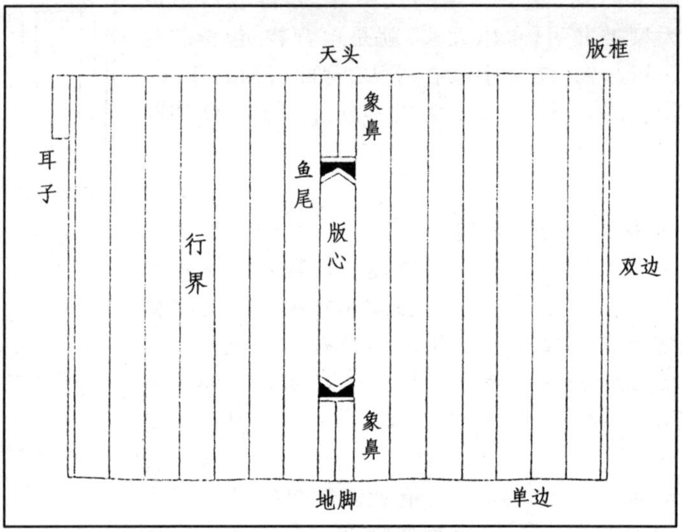

图五十一　线装书版式

再将版本鉴定中经常用到的相关名词术语，分作以下四部分，简释如次：

1. 书页部分

版面 书页上印版所占的面积。

版框 版面四周。

天头、地脚、边 版面以外的余纸，上边叫天头，下边叫地脚，左右叫边。

阑（栏）线 构成版框的线，也叫栏线、边线。一道直线的，叫单边或单阑（栏）；两道直线的，叫双边或双阑（栏）。阑（栏）线除用直线外，也有用花栏（用花纹组成栏线）、竹节栏（用一节一节竹子图形构成栏线）、博古栏（用各种古乐器图纹构成栏线）等。

朱丝栏、乌丝栏 朱是红色，乌是黑色。阑（栏）线行格印红者，叫朱丝栏；印黑者，叫乌丝栏。依颜色俗称，叫"红格"、"黑格"或"墨格"，另外还有"蓝格"。用来称抄本，则称"朱丝栏抄本"、"乌丝栏抄本"或"红格抄本"、"黑（墨）格抄本"，以及"蓝格抄本"等。一般明人多用蓝格，清人多用红格与黑格（朱丝栏与乌丝栏）。

行、行界 版面用直线分成行，行线称行界，也有少数不用界行的版面。

行款 指书中正文的行数与字数。同一种书，不同时期、不同刻家所刻印的行款字数往往不同，因此"行款"也是区别版本的一种重要根据。清·江标辑有《宋元行格表》，可据以考证宋元版本。

版心（中缝） 居于版面中央、用以折分书页上下面的一行。也叫"中缝"。

书口、黑口、白口 书页正中的折缝处，俗称"书口"。为使书页折叠整齐，书口上下端，有的加印供作折缝标记黑线的，称"黑口"；不加印黑线的，称"白口"。黑线粗的，称"大黑口"；黑线细窄的，称"小黑口"或"细黑口"。书口上端加印黑线的，称"上黑口"；书口下端加印黑线的，称"下黑口"；上下端都加印黑线的，称"上下黑口"。为了便于检阅，书口多刻有书名（或戏名）、卷次、页次、每卷小题（或戏的每出出名）以至书坊堂名、刻工姓名、镌刻字数等。

鱼尾 在版心中缝处常刻有形状如同鱼尾巴的图记，习称"鱼尾"。鱼尾多刻在书页的版心上节或下节，用作折叠书页的标记。只刻一个鱼尾的，叫"单鱼尾"；刻两个鱼尾的，叫"双鱼尾"。鱼尾黑的叫"黑鱼尾"，白的叫"白鱼尾"；此外还有"线鱼尾"、"花鱼尾"等（如图五十二）。明万历金陵富春堂书坊所刻的传奇，多采用花栏、花鱼尾。

象鼻 黑口本版心上下的黑线，好似大象的鼻子垂在胸前，所以又称"象鼻"。

耳子 版框左栏或右栏外上角，刻有一个小长方格，样子像只贴在脸庞（版框）边的耳朵，俗称"耳子"。耳子内一般填刻小题（卷名、篇名等）。

单节版、二节版、三节版 版面图文通栏刊印的，称"单节版"。多数戏曲图书为单节版，其插图另页单面刊印，常称"出像"或"出相"；若是双面连式插图，常称"全像"

图五十二 鱼 尾

或“全相”。版面截作上下两部分或上中下三部分，其间用横栏划分，称“二节版”或“三节版”。戏曲图书如明弘治本《西厢记》、选本《风月（全家）锦囊》为二节版，前者上图下文，后者上图或零曲、下戏曲摘汇；明嘉靖刊《荔镜记》戏文、选本《大明天下春》为三节版，前者上下文、中图，后者上中下皆文，但三节所刊的内容、体裁、行款不一。

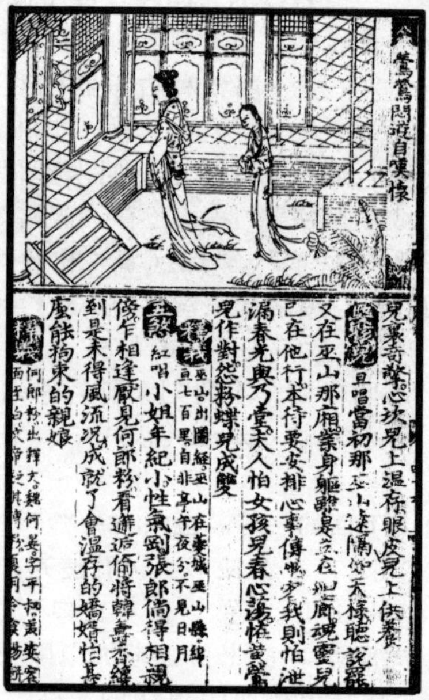

图五十三　二节版

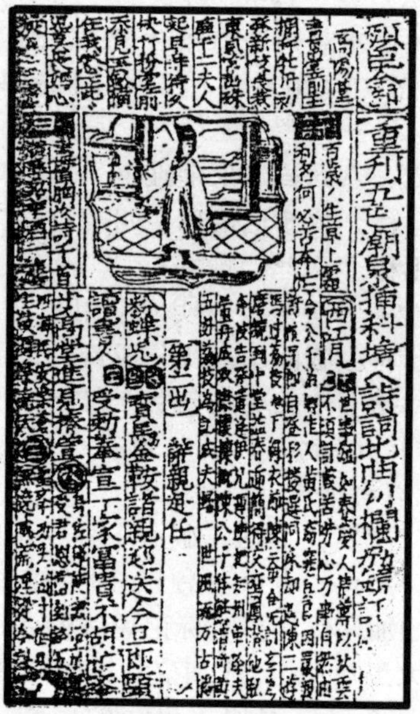

图五十四　三节版

2. 书册部分

书衣（书皮）　装订于书册前后，用来保护书文的空白纸张。它类似人穿衣护体，故名书衣，俗称“书皮”。书皮有单、双页之分，单页的叫“扣皮”，双页的叫“筒子皮”。

书签、签题、题签　书衣上用以题写书名而另外粘贴的纸签（也有用丝织品的），叫“书签”。书签一般为长方形，颜色有别书衣，通常呈湖色或白色，粘贴于书衣左上方。书签上题写的书名，称“签题”；为提高书的身价，请名家题写书名，称某某人“题签”。

书头、书根　书册最上端的部位，叫“书头”；最下端的部位，叫“书根”。

书脑　书册穿孔订线的右侧长条形部位。

书脊（书背）　书册装订线右端顶头部位。也叫“书背”。

书角、包角　书脑与书脊的上下两头，称“书角”。书角最易磨损，比较珍贵的书，常用湖色或蓝色的绫子将书角包起，叫做“包角”。

封面（书名页）　封面又称“书名页”，多在书衣内的第一页，整面镌刻边框与文字。一般形式是在边框内刻三行文字：中间一行刻书名（戏名），右行刻著作人或编选者姓名，左行刻某某藏版或梓行。封面是版本鉴定的一种重要依据。完整的明清戏曲刊本多有封面。

扉页（护页、副页） 书衣内另加的空白纸页，又称“护页”、“副页”。加在前面的叫“前扉”，加在后面的叫“后扉”。藏书家、学者常在扉页上头写题跋、识语，使扉页成为版本鉴定与学术研究的重要依据。

衬纸、金镶玉 为了延长书籍的使用寿命，或修补已经有所破损的书页，就在书页折里处逐页夹衬一张新纸，叫“衬纸”。有的衬纸，比原书的天头、地脚各长出几分，以避翻检图书手指接触版面。古籍原书纸旧色黄，喻之为“金”；衬纸崭新洁白，喻之为“玉”；如此加衬新纸的古籍，形象称之，曰“金镶玉”。

书套 为了更好地收藏和保护图书，用草板纸（马粪纸）为里，外敷以布（多用蓝布），围裹书册前后左右四面而露书头、书根的外套，谓之“书套”。有的书套四边折叠，可以四面围裹书册，名“四合套”。大型戏曲丛书《古本戏曲丛刊》，每集百来种，每种戏名另书于书根，每十种加装一书套，称作“一函”，一集十函，尽管丛书所收剧本数量巨大、剧名繁多，检索仍然方便。

3. 题文部分

标题（大题） 通常指书名的全称，被刻于书的封面及各卷卷首、卷末处，又称“大题”。大题文字形式一般都比较繁复，戏曲剧本更是如此，各种冠词架床叠屋，是我们用来进行版本鉴定十分有用的依据。

小题（出目） 卷名、篇名等各种二级、三级以至更下一级的子目，都可统称“小题”。就戏曲剧本及选本而言，小题主要是指各出的出名。

题署 一般古书的卷首，都会有各种各样的题名，如：某某人著撰，某某人编集，某某人或某某书坊刊梓，某某人校正之类，这些题名，总称“题署”，是进行版本鉴定首先要考量的依据。题署落款的末词常常省略作一字，单用撰、集、编、辑（或缉）、选、梓、校、订、阅等等，需要一一明白其含义。

编次、校梓 题署落款末词作二字的，常见“编次”与“校梓”字样。编次即著撰，校梓即刊印兼带校对。如《绣刻演剧》所收《新刻重订出像附释标注琵琶记》卷首题署：“东嘉高则诚编次；羊城戴君赐注释；金陵唐晟校梓”。

牌记（木记、书牌子） 刻书者往往在书的序目之后或卷末镌刻刻家姓名、堂号、刊梓年月等，并作艺术加工，刻成钟形、鼎形、琴形、荷叶莲花龛形或长方木牌形等各种不同形式。它统称“牌记”，又称“木记”，俗称“书牌子”。其作用类似洋装书的版权页，是我们确定版刻书坊与刊梓年代最可靠的依据。

刊记 刻书者往往在刊本的适当位置（或卷末，或眉栏，或封面，位置不一），刊载一些有关堂号、堂址、藏板、书价、版权声明等一类文字，其性质类似于启示与广告，对牌记与封面镌刻的内容起着补充作用。这类文字，可总称“刊记”。

前叙（序） 作者著书后，为说明著书经过、宗旨，或简介书之内容、读法等，常有自作序言，或请名家、师长、戚友、同仁作序推介，以壮声色。这些序言一般冠载卷首，故称“前序”。“序”，古人多用“叙”字，有时也用“志”、“题辞”、“题记”一类名目代替。

后跋 跋文与序言，无论内容、性质、作用，没有太多实质区别。由于跋文多载于书的正文之后，故称“后跋”。不过古书中也有不少跋文是同序言一起载于卷首的。

题跋 所谓“题跋”，与序（叙）、跋没有明显界别，一般来看，题跋篇幅都相对简短。

识语 识语通常是比题跋更简短的文字。内容多为书籍的收藏者交代、记录收藏经过、版本来源等。有的识语未经刊印，由作者直接书写在书的前、后扉页上。识语是我们进行版本鉴定必须留意的参考依据。

墨丁、埋鸭头 印刷的书页正文中，偶见有四方或长方的黑块，如■或▌，俗称“墨丁”。墨丁表示缺文，而在某些戏曲刊本中，可能还是人为的有意涂印，以防他人盗用曲调等。如出土明成化刊“越乐班”脚本《刘知远还乡白兔记》，一些曲牌被打上墨丁，意图或出于此。这种现象，俗称“埋鸭头”。

墨围、圈围 书中文字四周用墨方格框起来，叫“墨围”，常用以表示注解、批文、小标题等。在戏曲刊本正文中，更常见的还是用圆圈或椭圆形符号，将表示科、介、唱、白、滚及脚色名目等的字圈起来，以示醒目，不妨称之为“圈围”。

阴文、阳文 为了区分与醒目，一些刊本文字有意用阴文（笔画镂空）、阳文（笔画凸现）两种不同字体排印。某些戏曲刊本中的曲牌、脚色名目乃至表示唱、白、科、介的提示，常用阴文，以示与曲、白阳文区分。

句读、点板 通常古籍正文不加任何标点，阅读者按照断句，加以圈点，称“句读”。“句”指句末停顿，通常用○号；“读”（音 dòu）谓句间语气停顿，一般用丶号。韩愈《师说》：“彼童子之师，授之书而习其句读者。”句读是习学、攻书的必修课程。治曲亦然。而某些戏曲刊本为便阅读与使用，曲、白文字已按文意与格律，添印句读符号。有的还附刻曲调的板眼符号，习称“点板”。这些句读与点板符号，是戏曲音乐格律的印记，是我们进行戏曲版本鉴定的一种参考依据，它对确定刊本年代与剧类性质十分有用。

软体（楷体） 手写楷书字上版的书，其字体在清刻本中叫“软体字”，又称“楷体”。

硬体（宋体） 刻书字体横平竖直、横轻垂重的方块字，俗称“宋体”，又称“硬体”。这是相对软体而言，是明代中后期以来形成的印刷体，现代仍多沿用。明末毛氏汲古阁刊印的诸多戏曲刊本，就是比较典型的硬体字版本。

白文 没有任何注释、批文一类附加文字，仅刻正文的刊本，称“白文”或“白文本”。

眉批 书写或刻印在版面顶栏的批家评语。

夹批 书写或刻印在正文中间的批家评语。

总批 眉批与夹批一般针对正文段落、局部内容，总批则是针对全文乃至全书整体内容的总评语，也称“总评”。戏曲总批有的置于每出之后，也有冠载卷首或附载卷末的。

音注 即对正文某字读音的注释。有的零散注在眉栏，各注对准正文位置；有的成批注在篇末或出末。音注方式有的用反切，有的注写：“读如××”字样。音注的位置与方式，同样可供版本鉴定参据。

释义 即对正文个别名词、语汇的解释，内容范围小于批语。释义文字位置一般同于音注，有的将二者混合编排。

叙录 附载于书本之内，主要是针对本书各种版本情况的综合简介。

附录 附载于书本之内的相关参考文献，诸如作者本传、碑志、前人评语、作品本事材料，等等。卷首、卷末皆可附载，有的另辑作一卷，作为正文的“附卷”。

4. 装印部分

有关古装书装帧与印制方面的名词术语，我们在介绍版本类别一章中已有所涉及，现在根据戏曲版本研究中经常遇到的术语名词，再补充一部分：

元本 古人所称“元本”，并非都指元代版本。“元”通“原”，“元本”的更多含义，是指原先或早期的版本。如明人王世贞《艺苑卮言》论及高则诚《琵琶记》原貌时，曾说：“谓则诚元本止《书馆相逢》。又谓《赏月》、《扫松》二阕，为朱教谕所补。”清·陆贻典抄校《新刊元本蔡伯喈琵琶记》，是公认的《琵琶记》早期版本，而根据陆氏识语交代，它抄据的底本是两个明代早期刊本，而非“元代版本”，就是显例。

谚解本 古代高丽人为了学习汉字，常取中文图书作范本，用韩文加以译解，这类版本，专称“谚解本”。谚解本的底本保留了中国戏曲、小说等一些与传本面目不甚相同的汉文版本，为中国古籍版本流变研究提供了别开生面的参考依据。如韩国奎章阁在收藏与明世德堂面目有异的另一古本《伍伦全备记》戏文同时，还另收藏有谚解本《伍伦全备》。

巾箱本（袖珍本） “巾箱”是古时装头巾一类小物品的小箧，为了方便，也把手头常看的小本头书装在巾箱内随身携带，于是这些小本头书就有“巾箱本”的别称，其义实与“袖珍本”相同。如明嘉靖苏州坊刻《新刊巾箱蔡伯喈琵琶记》，就是重要的古本《琵琶记》之一。明万历刊《赛徵歌集》、清乾隆刊《千家合锦》等戏曲选本，都是巾箱本，也称袖珍本。

配本 取分藏不同处的相同或相似的残本，合配成一个完整的本子，称“配本”。《古本戏曲丛刊》各集中影印的底本，一些就是采用配本。

聚珍本（木活字本） 明清时期，木活字印本图书盛行。清高宗乾隆以“活字”名称不雅，遂改称“聚珍版”，刊印《武英殿聚珍版丛书》。木活字本又称聚珍本，即始于此。后来用木活字印书的民间书坊，亦喜用“聚珍”称自己所印的图书乃至堂号。如清道光间，京城隆福寺有“聚珍堂”书坊，曾用木活字印行了早期皮簧剧本《极乐世界》等一批作品。

石印本 用石材制版印刷的刊本。

影钞本 照原本影摹的写本。

覆刻本、影刻本 依照原本字体、行款翻刻的刊本，称“覆刻本”。如《元刊杂剧三十种》，1914 年日本京都帝国大学请当时著名刻手陶子麟照原本覆刻重刊，故书题《覆元椠古今杂剧三十种》。先影印原书底版再行覆刻的，就叫“影刻本”。

写刻本 依照作者手稿或书家过录本进行翻刻的刊本。在清代，十分流行写刻精本。

缩印、拼版 为了保留古籍原貌，又节省纸张、造价，减少书籍体积、售价，现代印刷常采用缩小古籍版面加以影印，此称“缩印”；一个缩印版面上，拼印多幅原书版面的技术，称“拼版”。如上海古籍出版社影印的《二十五史》、浙江古籍出版社编印的《历代散曲汇纂》等，都是采用这种拼版缩印方式。

挖刻 书贾盗版、作伪，往往把原刻本牌记、题署等挖掉，改刻作自家所刻，人谓此种移花接木的冒充行径为“挖版”。在戏曲、小说等俗文学刊本中，挖版图书屡见不鲜。

赝本　书贾为提高书籍身价，或有意假托珍本、善本，或冒名名家著述、评注，这类以假乱真的版本，称“赝本”。

二、戏曲版本鉴定的方法与依据

参照一般古籍版本鉴定方法，并结合戏曲书籍特点及戏曲艺术特征，现提出有关戏曲古籍版本鉴定的以下十个方面的方法与依据，附以相关实例，提供操作者参考：

（一）据牌记、封面、刊记

打开古籍，着手版本鉴定，首先要查验出版者在正文之外自己制作的与本书版本有着密切关系的三件东西，即：牌记、封面与刊记。

1. 牌记

无论家刻、坊刻，一般戏曲古籍刊本多有牌记刻于卷末或序目之后。通过牌记，我们可以直接了解刻家的姓名、堂记（或书铺名，或私家书室名）、刊印年月、堂（室）址等。故而查验牌记是我们进行戏曲版本鉴定最简捷也是首先必须做的事。

有时，牌记即使不能全部解决戏曲鉴定中的相关问题，却提示这些相关问题深入探讨的线索。例如：

西班牙皇家图书馆藏明刊选本《风月（全家）锦囊》，牌记镌：“嘉靖癸丑岁秋月詹氏进贤堂重刊”。牌记告示该刊本以下几点明确信息：（1）明嘉靖三十二年（1553）“重刊”；（2）刻家为“詹氏”；（3）堂号为“进贤堂”。

与此同时，牌记又连带提示以下两个需要做进一步深入探究的问题：（1）刊本有无“初刊”？有的话，当刊于何时？（2）“进贤堂”堂址在何处？

若拿此牌记对照刊本正文的各处题署，又会派生出另外三个问题：（1）刊本中《新刊摘汇续编赛全家锦大全双兰花记》，卷首另署：“汝水云崖徐文昭缉；书林詹氏仁智斋梓”。此“仁智斋”与“进贤堂”关系如何？是不同的两家书坊呢，还是同一家（“仁智斋”系詹氏斋名，“进贤堂”为书坊堂名）？（2）刊本中《新编奇妙赛全家锦大全忠义苏武牧羊记》，卷首另署：“江右龙峰詹子和校”。此“龙峰詹子和”是否即是刻家“詹氏进贤堂”堂主的名、字？（3）为刊本作校的詹子和，系“江右”即江西人氏，刊本编选者，又是“汝水”即江西临川人徐文昭，牌记所镌“詹氏进贤堂”的堂址，是否也在江西？

可见刊本牌记具有明确告示与引申提示的双重作用，值得我们认真、仔细揣摩。再如：

英国剑桥大学图书馆藏明刊选本《新刻增补戏队锦曲大全满天春》，牌记卷：“岁甲辰翰海书林李碧峰陈我含梓”。牌记明确告示的信息是刊本为李碧峰、陈我含二位所刊。其次，结合选本题材内容、采用闽南方言以及题署“书林”诸项来看，可以基本肯定它是福建建阳刊本。

牌记遗留下来需要继续探究的问题是：（1）“甲辰”具体指哪一年？（2）“翰海”谓何处？故牛津大学龙彼得教授，通过考证、研究认为：“甲辰”当系明万历三十二年

（1604）；“翰海”应指福建海澄（今与龙溪合并，称龙海县）。①

2. **封面**

封面的作用类似牌记，但它更强调在藏板、剧名形式方面的详细交代。例如：

明万历金陵陈氏继志斋刻《荐福碑》杂剧，封面题：“镌出像半夜雷轰荐福碑杂剧，继志斋原板”。

明万历金陵唐氏广庆堂刻《全德记》传奇，封面题：“出像点板窦禹钧全德记，广庆堂藏板”；《八义记》传奇，封面题：“镌点板出相八义双盃记，金陵广庆堂校梓”。

也有特意加刻刻书年月的封面。例如：

清乾隆十二年（1747）修文堂翻刻明万历师俭堂刻六种陈继儒批评的传奇，合称《六合同春》，封面题：“乾隆丁卯年重刻，陈眉公先生批评，六合同春，修文堂梓行”。

清乾隆三十四年（1769）恰好处刊《吟风阁》杂剧，封面题：“乾隆己丑重镌，吟风阁，恰好处藏板”。此书于清嘉庆二十五年（1820），由屋外山房重刻，行款已发生变化，封面题云：“嘉庆岁次庚辰，板藏锦官子云亭，吟风阁，式堂曹应谷、朴亭吴巩、古山陆光宗同校，屋外山房重刻”。

封面对牌记起着一定的补充说明作用，所以也是我们进行戏曲版本鉴定同样不能忽略的依据。

3. **刊记**

刊记比之牌记与封面，更不拘内容和形式。上举嘉庆版《吟风阁》封面所题，亦可视为由刊记变相而来的一种形式。

跟此例相似的，还如明万历刊传奇选本《月露音》，封面题：“出像校正无差，月露音，静常斋藏板，不许翻印”，另钤长方朱文木记，文曰：“杭城丰东桥三官巷口李衙刊发，每部纹银捌钱，如有翻刻，千里究治”。

有的刊记性质类似商业广告，却为我们进行戏曲版本鉴定与戏曲研究留下不可多得的珍贵资料。例如：明嘉靖四十五年（1566）福建建阳余氏新安堂刻《重刊五色潮泉插科增入诗词北曲勾栏荔镜记戏文》，卷末眉栏上，有如下一段刊记：

> 《重刊荔镜记戏文》，计有一百五叶。因前本《荔枝记》字多差讹，曲文减少，今将潮、泉二部，增入《颜臣》、勾栏诗词、北曲，校正重刊，以便骚人墨客闲中一览，名曰《荔镜记》。买者须认本堂余氏新安云耳。
>
> 嘉靖丙寅年

这则刊记，不仅交代了《荔镜记》戏文的刊印书坊、年代、堂主姓氏、刊本叶数，还说明了《荔镜记》的来源（据《荔枝记》改编）、性质（属潮、泉二部声腔）、刊本所载内容（除《荔镜记》戏文外，上栏增刊《颜臣》戏文曲文、杂曲诗词及北曲小令）及改编本《荔镜记》与原本《荔枝记》之不同等重要情况。

---

① 参阅龙彼得《古代闽南戏曲与弦管之研究》，载龙彼得辑《明刊闽南戏曲弦管选本三种》，台北南天书局1992年版，卷首英语页。

有的刊记与牌记两相结合，兼具二者的作用。例如：明弘治十一年（1498）北京金台岳家所刊《新刊奇妙全相注释西厢记》卷终牌记，同时又是一则内容十分详尽的刊记，其文如下：

尝谓：古人之歌诗，即今人之歌曲。今人之歌曲，虽所以吟咏人之性情，荡涤人之心志，亦关于（乎）世道不浅矣。世治歌曲之者犹多，若《西厢》，曲中之翘楚者也。况闾阎小巷，家传人诵。作戏搬演，切须字句真正。唱与图应，然后可令市井刊行；错综无伦，是虽登垄之意，殊不便人之观，反失古制。本坊谨依经书，重写绘图，参订编次，大字魁本，唱与图合。使寓于客邸、行于舟中闲游坐客，得此一览，始终歌唱了然，爽人心意，命锓梓刊印，便于四方观云。

弘治戊午季冬金台岳家重刊印行

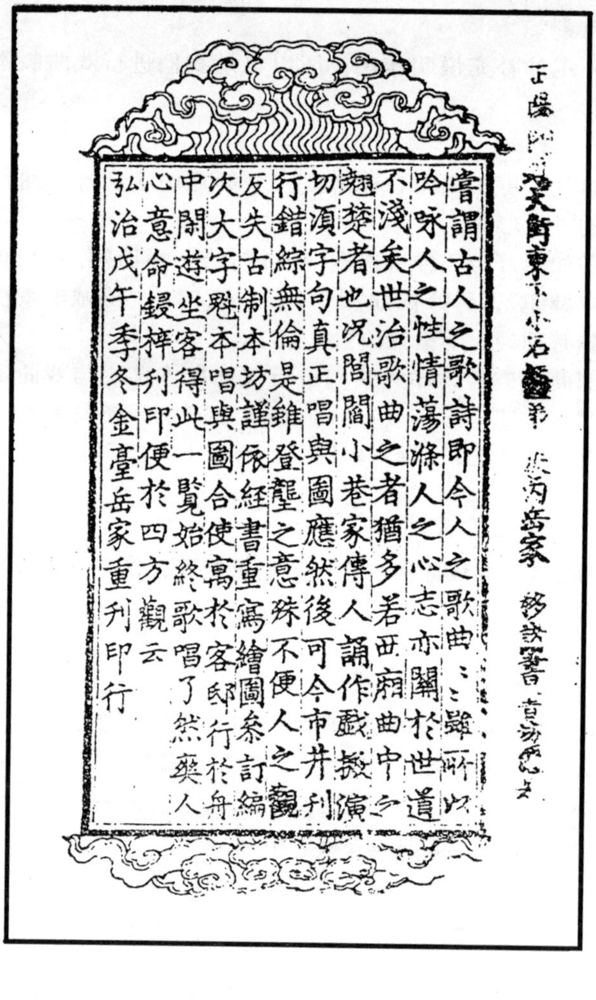
嘗謂古人之歌詩即今人之歌曲〻〻雖所以
吟咏人之性情蕩滌人之心志亦關於世道
不淺矣世治歌曲之者猶多若西廂曲中之
翹楚者也況閭閻小巷家傳人誦作戲搬演
切須字句真正唱與圖應然後可令市井刊
行錯綜無倫是雖登壟之意殊不便人之觀
反失古制本坊謹依經書重寫繪圖參訂編
次大字魁本唱與圖合使寓於客邸行於舟
中閑遊坐客得此一覽始終歌唱了然爽人
心意命鋟梓刊印便於四方觀云
弘治戊午季冬金臺岳家重刊印行

图五十五　明弘治北京金台岳家刊《西厢记》刊记

这则刊记兼牌记，详细阐述了刊行宗旨、刊本特色、刻家姓氏及刊印年代等各项内容，它既是对刊本的介绍，又是刻家的自我宣传广告。

（二）据序跋、题识、藏章

序跋、题识、藏章三项，与牌记、封面、刊记一样，也非刊本正文，但与版本鉴定关系非常密切。

1. 序跋

不少戏曲古籍正文前后刻有作者、刊者或作者师友、长辈、后学、同仁所写的序、跋。一般序文刻在正文之前，跋文刻在正文之后，故云“前序”、“后跋”。由于作序跋者是作者本人或与作者关系密切的人，对写作情况十分了解，而且序跋的写作时间一般都与书的付梓年代间隔不远，因此戏曲序跋是我们进行戏曲版本鉴定，确定版本性质、来源、变迁、成书与刊梓时间等很重要的参考依据。

例如，明代戏曲家李开先的《宝剑记》，今存明嘉靖间原刻本（藏国家图书馆）。书前有雪蓑渔者《宝剑记序》和姜大成《宝剑记后序》，均作于嘉靖丁未二十六年（1547）。雪蓑渔者序中称“闻其（李开先）对客洒翰，如不经意，才两阅月而脱稿矣”。联系李开先《闲居集·市井艳词序》中所说“《登坛》及《宝剑记》，脱稿于丁未夏”，从而确定《宝剑记》的成书时间为嘉靖二十六年，该不成问题。然而有论者把雪蓑渔者和姜大成作序的年代，迳作为《宝剑记》原刻本的付印年代，却成了问题。因为，《宝剑记》原刻本除刊有撰于嘉靖二十六年的雪蓑渔者、姜大成两篇序之外，还另刊有王九思撰于嘉靖己酉二十八年（1549）的跋文《书宝剑记后》，因此《宝剑记》的最早刊本当刊于嘉靖二十八年或其后。这就是序跋提供我们的鉴定刊本年代的依据之例。

再如，通行本《青楼记》① 中的作者夏庭芝《青楼集志》，写作年代署作“至正己未”。元代至正无己未年，此处的题署肯定有误。后来我们在北京大学图书馆获见清·赵魏（晋斋）抄校的《青楼集》另一重要本子，该本《青楼集志》的写作年代，署“至正庚子”，显然无误。按至正庚子，即至正二十年（1360），恰在至正十六年（1356）张士诚据平江，夏庭芝家产被毁，迁居泗北之后，它与夏庭芝借撰《青楼集》以寄托昔日繁华旧梦的情怀是完全对上号的。由北大本的这个年代题署，我们可以确定赵抄本所据底本的精确与重要。这就是序跋对版本鉴定作用的又一例子。

2. 题识

历代学者、戏曲爱好者或藏书家、藏曲家，在他们得到自己喜爱的图书后，往往加以考据，将个人认识及研究心得，直接书于卷首或卷尾、前扉或后扉之上，内容多有关本书价值、版刻时代、流传情况及个人得书经过等。这些后来添写于版本之上的文字，有的叫“题跋”（篇幅略长），有的叫“识语”（篇幅相对简短），还有“志语”、“题后”、“题××”、“跋××”等等题名，可总称其为“题识”，它是我们进行版本鉴定十分有用的凭据。

例如，清代著名藏书家陆贻典，在抄校《元本蔡伯喈琵琶记》之后，写了一则题作《旧题校本琵琶记后》的题识：

---

① 《中国古典戏曲论著集成》第三集所收本，此本以清末叶德辉辑《双楳景闇丛书》本为底本进行校点。

适钱子遵王出示《琵琶》一编，系嘉靖戊申刻之郡肆者。已，又手一册示余，首脱一叶有奇，末脱二叶，上下刓敝，仅存墨阑，而字刻颇类欧、颜，纸色亦极苍古。计叶二十八行，行三十字。分上下二卷，每卷自首至尾，尽卷为度，别无折数、名目，曲、白尤与今本径庭。下卷首行标《元本琵琶记》，信未经后人改窜者也。用校郡刻，元本首简脱处，郡本居然满列，寻其行墨，巧相配合。自此以后，两本某字、某处，毫发无爽；只末第三叶后幅，元本横裂其半，方有异同。考之存字部位，亦不相合，始知郡本即从此本翻刻，踵残阙而补缀之，并前后三叶，俱属补入，或未足深据也。按，元本文三桥识云："嘉靖戊申七月四日重装"；而郡本亦云："嘉靖戊申岁刊"。又，郡本识云："苏州（府）阊门中街路书铺依旧本重刊"。而三桥实为郡人，其所以来，盖可信不诬云。

戊戌三月五日虞山陆贻典识

这则题识详细交代了抄校《元本蔡伯喈琵琶记》所据底本面貌、抄校方法、经过等的具体情况，为我们对此抄校本的性质及其版本源流的认识与研究，提供了重要的参考依据。

藏家藏书渐富，题识积之愈丰，于是集腋成裘，辑为专书者，每每有之。这些专书是很有学术价值的文献学著作。如明人徐𤊹的《红雨楼题跋》、清人黄丕烈的《士礼居藏书题跋》、近人郑振铎的《西谛题跋》等，对于我们进行戏曲版本鉴定，有着直接或间接的关系。

3．藏章

藏章即藏书印，是藏书者对图书拥有所有权的凭记。既有官方或公家图书馆的藏章，也有个人或家族的藏章，还有加盖"御藏"、"御宝"一类的皇家藏章。珍贵的古籍，历经不同年代、不同藏家之手，往往藏章遍布，留下该书辗转相传的历史印记，是我们考察版本价值的依据之一。如明刊《新刊巾箱蔡伯喈琵琶记》，原本藏章多达数十种，便是一例。

藏章不完全等同一般公私图章，它刻写的文字内容、形式比较随意和多样，举凡姓氏、名号、别署、堂号、居室名、藏书处、记事印、鉴别章、箴言、警语、座右铭等等，无所不备。有的藏章有意彰显藏者情致、兴趣、爱好、追求等，乃至调侃自嘲，打情骂俏，亦所不辞。如明清藏曲（书）家中，曾有"一腐儒"（陈继儒）、"橘里清赏"（何良俊）、"开卷一乐"（毛晋）、"老去诗篇浑漫与"（朱彝尊）、"小珊三十年精力所聚"（缪荃孙）等一类形式不拘、内容别出心裁的藏章。明澹生堂主人祁承㸁（戏曲理论家祁彪佳之父）有藏书印，刻云："澹生堂中储经籍，主人手校无朝夕，读之欣然忘饮食，典衣市书恒不给，后人但念阿翁痴，子孙益之守弗失"，堪称藏书章中文字长度与内容随心所欲之最。

检验藏章，我们可以了解戏曲版本的诸多信息。例如，明万历雕虫馆刻《元曲选》上头，钤有"无悔斋藏"、"曾在赵元方家"、"元方审定"、"人生一乐"等多方藏章，我们通过它们，知道该刊本为赵元方无悔斋所出，曾经赵氏审定，藏者对收藏此本极为珍爱与喜悦等情况。

（三）据书名格式

各年代、各书坊刊印的戏曲图书，有它相对固定的标题格式，往往在戏名前头，加上诸多统一或类同的冠词，我们可以凭此进行版本鉴定，以确定某些未署刊行书坊及刊印年代的版本。

以明代万历间几家刊印戏曲较多的书坊所刊传奇标题为例，常见的冠词如（具体戏名，参见本编第三章《戏曲刻本流布》，不另列）：

金陵富春堂本，戏名前，多冠“新刻出像音注”（或添“增补”、或添“花栏”二字）；
金陵世德堂本，戏名前，多冠“新刊（或“新锲”）重订出像（或“出相附释标注”）”；
金陵广庆堂本，戏名前，多冠“新刻出相（或“全像”）音释点板”；
金陵文林阁本，戏名前，多冠“新刻全像”或“重校”；
金陵继志斋本，戏名前，几乎全冠“重校”二字；
金陵师俭堂本，戏名前，常冠“鼎镌陈眉公先生批评”；
杭州虎林容与堂本，戏名前，常冠“李卓吾先生批评”。

此外，另如：明末长洲冯氏墨憨斋刊订传奇，戏名之前，多冠“墨憨斋重定（或“新定”）”字样；常熟毛氏汲古阁刊订传奇，戏名之后，多缀“定本”二字等。这些都是相对固定的戏名格式。

了解戏名（书名）格式，可有助于戏曲版本鉴定。例如，国家图书馆藏《绣刻演剧》，内收《新刻重订出像附释标注琵琶记》四卷，未刊书坊名称，而从它的版式（白口，单边，双栏，下栏曲白，上栏评注）、行款（下栏八行，行二十一字，宾白双行小字）、插图风格等方面来看，绝类于明万历金陵唐氏世德堂的刊本，如果再以它的戏名格式又完全雷同于世德堂其他传奇戏名格式作为根据，则确定此本亦是世德堂所刊，又多了一层理由。

某些戏曲刊本，戏名（书名）中，如果嵌有“古杭”、“大都”、“国朝”、“大明”等一类字样，它对我们确定版本编刊朝代与地点，提供比较可靠的佐证。例如，戏曲选本《精刻汇编新声雅杂乐府大明天下春》①，一看书名，就知道这是明人编印的刊本。“古杭”是元人对南宋旧都临安的习称，故据此确定收入多种“古杭新刊”的《古今杂剧三十种》为元代杭州刊本，应无疑问。

某些戏曲选本，由于目录残缺不全，我们仅知正文出（折）目，却不知全剧剧名，在此情况下，刻于刊本书口上的剧目简名，可以帮上大忙。如明万历青阳腔选本《尧天乐》下卷下层，选有《鲁秋胡桑园戏妻》一折，书口镌刻《烈女传》，由此得知青阳腔全本秋胡戏的剧名，即是一例。

---

① 《精刻汇编新声雅杂乐府大明天下春》，原藏奥地利维也纳国家图书馆，李福青、李平主编《海外孤本晚明戏剧三种》影印，上海古籍出版社1993年版。

（四）据避讳

在封建时代，著文写字必须避开直书帝王、尊长名字，乃至回避与其名字同音或接近的字，而采用改字、代字、缺笔、空字等方式代替，此即所谓“避讳”。例如：

宋高宗名赵构，不仅“构”字要避讳，与“构”同音与接近的“遘媾覯购篝耩诟逅句钩酤彀够”等五十五字均需避讳；①

明光宗名朱常洛避“常”，作“尝”；避“洛”，作“雒”。

清圣祖名玄烨，玄，书写时除缺末笔外，或改写“元”字。《千字文》首句“天地元（玄）黄”，即出于此。烨，以“煜”代，兼避“弦”、“炫”、“兹”、“晔”诸字。

避讳之俗起于周秦，盛于唐宋，严于明清，相沿两千余年，虽是中国文化中的一种畸形现象，但却有助于我们研究历史文物和鉴定古籍的刊行年代。它同样适用于戏曲版本鉴定。

例如，首都图书馆藏有一种清宫目连大戏抄本《劝善金科》，原为北京孔德学校旧藏，十本，二百三十七出，内容、情节与明·郑之珍《目连救母劝善戏文》多有不同，说明它并非是郑本的翻版或改编。根据剧内宾白有：“幸逢大清康熙二十年十二月二十日，因天下荡平，广颁赦诏，十恶之外，咸赦除之”，“今奉大清康熙皇帝二十年十二月恩诏，免灾奢罪”② 等语，可知它是康熙年间曾经演出的旧本，这跟董含《莼乡赘笔》记康熙二十二年命梨园演目连传奇的事实正相吻合，③ 说明清廷目连大戏实际早于乾隆张照编纂《劝善金科》之前就已有旧本存在。那么，首都图书馆现藏的这部《劝善金科》是否就是康熙旧本原本？由于此抄本避的是雍正（胤禛）讳，如“真”、“镇”、“慎”、“贞”等字，皆缺末笔，可以据以断定，该抄本当是雍正年间转抄康熙旧本，或系雍正转抄本的重抄本。正由于这个雍正转抄康熙旧本的存在，可使我们进而理清清廷目连戏历经康熙、雍正、乾隆三朝的演化过程。

学者们对历代避讳现象多有研究，从而形成所谓“避讳学”，产生诸多相关著述，陈垣《史讳举例》④ 是这方面的一部总结性的著作，可以作为我们查证历代避讳情况的工具书。

（五）据刻工及写、画人姓名

某些戏曲刊本，在版心下端雕镌有刻工、写工姓名，或在插图、画像上头附刻画者、刻者姓名，这些姓名往往成为我们断定刊本情况的重要依据。如刻工中，杭州项南洲，金陵刘希贤，徽州黄应组、黄应光、黄一彬，新安洪国良，建安刘素明等，都是一代名手。他们除镌刻其他图书外，也都曾染指戏曲版刻，我们可以利用他们所刻的其他图书的年代，来印证、确定其所刻戏曲刊本的年代、坊址等情况。徽州歙县黄姓一族，刻书世代继绍，薪火相传400年，今有《黄氏宗谱》可供查证，我们更可以利用它间接获取戏曲版本鉴定的旁证资料。写工、画工姓名的作用也同样。如给戏曲作过插图或画像的

---

① 《淳熙重修文书式》（据《绍定礼部韵略》），陈垣《史讳举例》附，中华书局2004年版，第127页。

② 转引自戴云《试论康熙旧本〈劝善金科〉》一文，《戏曲研究》第64辑，中国戏剧出版社2004年版，第391～392页。

③ 参见张庚、郭汉城主编《中国戏曲通史》下册，中国戏剧出版社1981年版，第283页。

④ 陈垣《史讳举例》，著于1928年。1962年中华书局出版繁体竖排本，今有简体横排《国学入门丛书》本，中华书局2004年版。

陈洪绶（老莲）、蔡仲寰、王文衡、钱榖、汪耕等，都是非常著名的版画作家，仇英（十洲）更是名享四海的明代书画家，他们的生平、行迹情况，多少能够通过相关资料间接获取，我们可以利用这些资料作为戏曲版本鉴定的依据。

现将部分明清戏曲刊本的刻工及写、画人姓名情况，开列于下，提供参阅：

明清部分戏曲刊本刻工及写、画人姓名简目

戏（书）名	书坊或编刊者	年代	写画人	刻工	备注
古杂剧二十种	山阴王氏顾曲斋	明万历		黄一楷、黄一凤、黄吉甫、黄端甫、黄翔甫、黄原明、黄桂芳、黄庭芳等	吉甫字德修；原明字德新
元人百种曲	长兴臧氏博古堂	明万历		黄应光、黄应瑞等	据各家著录
李卓吾批评诸种传奇	杭州虎林容与堂	明万历	赵璧等	黄应光、吴凤台、谢茂阳、姜体乾等	赵璧字无瑕
李卓吾批评北西厢记	杭州虎林容与堂	明万历	无瑕模	黄应光	
元本出相北西厢记	武林杜氏起凤馆	明万历	汪耕	黄一楷、黄一彬	
元本出相南琵琶记	武林杜氏起凤馆	明万历	汪耕	黄一楷、黄一彬	
青楼韵语	武林刻本	明万历	张梦徵	黄一彬、黄端甫、黄桂芳	
新校注古本西厢记	山阴朱氏香雪居	明万历	钱榖	黄应光	
诊痴符传奇四种	海昌陈与郊自刻	明万历	钱榖		
徐文长改本昆仑奴	山阴王氏方诸馆	明万历		黄应光	
徐文长批评西厢记		明万历		黄应光	
徐文长批评琵琶记		明万历		黄应光	
考正古本北西厢	金陵胡氏少山堂	明万历		佘仁	
重校红蕖记	金陵陈氏继志斋	明万历	何龙	刘大德	何龙字禹门，新安人；大德，宛陵（今宣城）人
重校千金记	金陵陈氏继志斋	明万历	仇英		
重校北西厢记	金陵陈氏继志斋	明万历	汪耕摹像		
陈眉公批评西厢记	金陵萧氏师俭堂	明万历	熊莲泉	刘素明	
陈眉公批评幽闺记	金陵萧氏师俭堂	明万历	蔡仲寰	刘素明	

戏（书）名	书坊或编刊者	年　代	写画人	刻　工	备　注
陈眉公批评玉簪记	金陵萧氏师俭堂	明万历	刘素明	刘素明	
西楼记	金陵萧氏师俭堂	明万历	餐霞子、熊莲泉	刘素明	
明珠记	金陵萧氏师俭堂	明万历		刘素明	
麒麟罽	金陵萧氏师俭堂	明万历		刘素明	
重校北西厢记	王敬乔三槐堂	明万历		刘次泉	
吴歈萃雅	长洲周氏刻本			章镛	
目连救母劝善戏文	祁门郑氏高石山房	明万历		黄铤、黄钫	钫，《黄氏宗谱》作榜
大雅堂杂剧四种	徽歙汪氏大雅堂	明万历		黄伯符	伯符名应瑞
元本出相西厢记	新安汪氏玩虎轩	明万历	汪耕	黄鏻、黄应岳	
环翠堂传奇	休宁汪氏环翠堂	明万历	汪耕	黄应组	
环翠堂乐府西厢记	休宁汪氏环翠堂	明万历		陈聘洲、陈震東	
蓝桥玉杵记	浣月轩	明万历	汪樵云		
红梨记	吴兴闵氏	明泰昌	王文衡	刘杲卿	
红拂记	吴兴闵氏	明天启	王文衡		
牡丹亭还魂记	吴兴闵氏	明天启	王文衡	汪文佐、刘升伯	
凌刻琵琶记	吴兴凌氏	明天启	王文衡	刘杲卿、郑圣卿	
凌刻西厢记	吴兴凌氏	明天启	王文衡	黄一彬	
万壑清音	止云居士选辑	明天启		黄光宇	
太霞新奏	顾曲散人选编	明天启		黄光宇	
词林逸响	吴门许氏	明天启		赵邦贤	
彩笔情词	杭州虎林刻本	明天启		黄君倩	
吴骚合编	张师龄刻本	明崇祯		项南洲、汪成甫、洪国良	
檗花斋五种曲	金陵两衡堂	明崇祯		项南洲	
张深之先生正北西厢秘本		明崇祯	陈洪绶	项南洲	

戏（书）名	书坊或编刊者	年代	写画人	刻工	备注
李卓吾先生批点西厢记真本		明崇祯	陈洪绶、魏先、陆玺、陆棨、高尚友、仇英等	项南洲	
鸳鸯冢娇红记	山阴孟氏刻本	明崇祯	陈洪绶	项南洲	
燕子笺		明崇祯	陆武清	项南洲	
诗赋盟传奇	武林张氏白雪斋	明崇祯		项南洲	
苏门啸杂剧	敲月斋	明崇祯	陆武清	洪国良	
怡春锦	冲和居士编选	明崇祯		洪国良	
缠头百练二集	冲和居士编选	明崇祯		洪国良	
西楼梦传奇	吴县袁氏剑啸阁	明崇祯		郭卓然	
秦楼月	文喜堂	清顺治	顾云臣	鲍承勋	承勋字天锡，旌德人
第六才子书西厢记	怀永堂	清康熙	程致远	郑炳元	
笠翁十种曲	金陵翼圣堂	清康熙	胡念翼、王瑞生、肇祯等	王君佐、蔡思璜等	
曲波园两种曲	会稽徐氏曲波园	清康熙	王赞	王君佐	
六合同春	修文堂	清乾隆	蔡仲襄、萧庆云等	刘素明、陈聘洲、陈凤洲	辑印明师俭堂六种陈眉公批评本

古代书商多善作假，见有别处好的刻本，即行复刻，冒充原本，谋取私利。在此过程中，也往往疏忽大意，露出马脚，如粗心大意刻错了某些名不见经传的刻工姓名，成了我们进行版本辨伪的凭据。例如，徽州翻刻杭州本的《牡丹亭还魂记》，作伪者煞费苦心，连插图原刻者的姓名也照刻不漏，似很周到，但却把新安黄姓刻工“端甫”，误刻作“瑞甫”，作伪迹象，昭然若揭。像这种情况，刻工及写、画人的姓名就成为我们进行戏曲版本鉴定的一种手段。

（六）据行款、版式

行款谓版面正文的行数与字数，版式则指整个版面的规格，包括行款、阑边、版节（阑数）、书口等方面的特征。由于各书坊刊印的书籍行款、版式是相对固定的，只要掌握其既有刊本的行款、版式特点，就可以以其类推，去鉴定、判断同书坊的其他版本。

现将明代刊印传奇数量较多的几家书坊的刊本行款、版式情况，列表比较如下：

明版戏曲行款、版式举例

书坊名	版框高宽	行数	每行字数	版式特征
世德堂	22×13	8	21	双栏，上栏无行界，刻眉批；单边；白口，单鱼尾
富春堂	19×13	10	21	单栏；花栏，双边；白口，单鱼尾，版心刻堂名
文林阁	21×14	11	20	双栏，上栏无行界，刻音注；单边；白口，无鱼尾
广庆堂	21×14	10	20	双栏，上栏无行界，刻音注；单边；白口，无鱼尾
继志斋	21×14	10	20	双栏，上栏加中线，刻音注；单边；白口，无鱼尾
师俭堂	20×14	9	24	单栏；单边；白口，无鱼尾，版心刻堂名
容与堂	22×14	10	曲文22、宾白21	双栏；上栏刻眉批；单边；白口，单鱼尾，版心刻堂名
墨憨斋	21×14	8	21	单栏；单边；白口，无鱼尾
汲古阁	20×13	11	曲文19、宾白18	单栏；横单边，竖双边；白口，无鱼尾

了解已有戏曲版本行款与版式，对于鉴别其他戏曲版本有时十分有用。例如，国家图书馆藏明刊《绣刻演剧》，内收《新刻重订出像附释标注琵琶记》一种，四卷，双栏，上栏无行界，刻眉批，下栏曲文8行，每行21字，宾白小字双行，单边，白口，单鱼尾。卷首仅署“金陵唐晟校梓”，未署书坊名目，故而不详出自哪一家书坊。通过检验，发现它的行款与版式完全相同于金陵唐氏世德堂所刊的其他各种戏曲刊本，因此我们可以断定它也该是世德堂刊本，同时结合刊本题署，我们还可进而获知过去不曾了解的世德堂堂主姓名叫“唐晟”的信息。

（七）据字体、纸质、墨色

刊印本的字体、纸质与印刷墨色，是确定版本刊印年代及地区的重要依据。它同样适用于戏曲版本鉴定。这些方面的知识十分专业，细细区分起来，名目至为繁多，现择其同戏曲版本相关的内容，略叙大体。

1. 字体

北宋早期，刻书多用欧（阳询）体，瘦劲有力，俊俏秀丽，转折带角，字形偏长。北宋后期，渐行颜（真卿）体，雄伟朴厚，骨肉丰满，间架开阔，字形方正。南宋日趋柳（公权）体，笔画挺拔，起落顿笔，横轻直重，字形略瘦。以地区言，两宋汴梁与浙本多欧体，蜀本多颜体，闽本多柳体，赣本、徽本，欧、柳间有之，金之平阳，稍近于柳，《刘知远诸宫调》可见大体。

元代初期，犹存晚宋、平阳余绪。之后，赵（孟頫）体崛起，为时所重，渐成世风。赵体隽美秀逸，笔锋婉转，优雅潇洒，字形端丽，《元刊杂剧三十种》粗具大略。

明代刻书字体几经流变，大体来说，是：早期（洪武至正德）承元遗风，多类赵体，笔锋软滑圆括，成化本《白兔记》、弘治本《西厢记》等明刊戏曲稍近之。中期（嘉靖、隆庆）极力模仿宋人，字体整齐方正，得宋人风而略显板滞，嘉靖刻本《风月（全家）锦囊》、《荔镜记》戏文等，略见一斑。晚期（万历至崇祯）逐步向长方形宋体字演化，此即所谓长宋体，金陵诸家坊刻戏曲，大抵类是。

至明末清初，演为最普遍流行的仿宋体，亦称硬体，俗称方块字。字形方正，笔画横细竖粗，汲古阁刊本戏曲，颇得神韵。康熙以降，与硬体盛行同时，软体字亦渐成气候。所谓“软体”，即“写体”，名家书写上版，名匠精心镌刻，书法、雕功兼具，堪为精品，至于不入流于“书品”行列的清刻本戏曲，一时还难觅刊本实例。

知其以上大概，或有助于我们鉴定戏曲。如20世纪80年代，曾于北京中国书店发现几叶早期《西厢记》刊本残叶，一时惊呼为“元本”发现。但仔细检验它的字体，还有插图风格、形式等，距离元人刻本尚远，只能说是一种比较接近明代早期的刊本。

2. 纸质

刊本纸张的品种、质量，亦随印刷年代、地区及付印者身份等的不同而显多种多样。

一般说来，宋代浙本，多白麻纸、黄麻纸；蜀本多白麻纸。白麻纸正面洁白光润，背面略显粗糙。黄麻纸用黄檗染过，味苦，可以防虫蛀，千年不坏。宋代白、黄麻纸一般纸纹（俗称“帘纹”）稍宽，约一指半。建本多竹纸，色黄质劣，帘纹宽至二指和二指以上。金平水版近浙本。

元代印本仍用白麻纸、黄麻纸，间用茧纸、罗纹纸。茧纸洁白光亮，质细而薄。罗纹纸洁白柔软，有明显横纹。元代中期以后，多用黄麻纸，且帘纹变窄，约仅一指。元建本仍多用竹纸。

明代好的印本用白麻纸和绵纸，普通书籍用竹纸和毛边纸。“白绵纸”（皮纸），有厚薄两种，御制《永乐大典》写本用的就是厚的。万历以后，普通书多用竹纸，色微黄，较薄，日久易脆，而帘纹较之宋元变窄，仅约一指。毛边纸产于江西，米黄色，正面稍光，背面粗涩，质地略脆。笔者在西班牙皇家图书馆目睹的《风月（全家）锦囊》原书，用的就是毛边纸，此也可作为锦本系江西所刊的一证。

清代印书用纸，等类繁多。最上等的是开化纸，洁白细薄，柔软耐久，无帘纹，因产于浙江开化而得名，南方俗称“桃花纸”。《四库全书》写本、武英殿刻本、康熙《钦定曲谱》等，俱用之。名家著作亦偶用开化纸。其次连史纸，白而匀细，为学士、名公所重。较普通的书用竹纸，黄白不等，多数坊间戏曲多用竹纸。

3. 墨色

墨色可以用作鉴别官刻、私刻、坊刻图书的手段，通常的情况是：官刻比较考究，用墨不吝工本，墨色自然最佳，色泽浓黑而有光泽，经久不受潮、不掉色，有的还加进香料，开卷书香扑鼻。私刻次之。坊刻为省工本，不用好墨，有的还以黑煤代替，致使字迹漫漶，版面浓淡不匀，甚至秽浊不堪。后者的情况，在坊刻戏曲刊本中屡见不鲜。

（八）据插图形式与风格

镌刻插图是通俗小说、戏曲等俗文学刊本的重要特色。插图的不同形式与风格是显示刊本年代和刊印地区的表征之一。

以年代言，元代至明代嘉靖间，普遍流行上图下文的插图形式，如元至治刊平话五种、明弘治本《西厢记》、嘉靖本戏曲选本《全家锦囊》及嘉靖末年本《荔镜记》戏文等，均如此。明万历至明末，流行图文分页。有的插图刻成单面单幅，刊本标题多冠称“出像”或“出相”，如万历金陵世德堂、富春堂的诸多刊本；有的双面连幅，刊本标题多冠称“全像”或“全相”，如万历金陵文林阁、继志斋、广庆堂的部分刊本。明崇祯以后至清代，盛行一种单幅圆图，俗称“月光型”插图，如明崇祯原刊《一笠庵四种曲》、清康熙徐沁自刻《曲波园传奇二种》及清顺治方来馆刊戏曲选本《万锦清音》等的插图均是。

以地区言，上图下文的形式，更多见于建本，京本、赣本亦偶有；金陵与浙本，时兴图文分页，更多采用“出像（相）”与“全像（相）”；“月光型”插图，以江苏尤其苏州刊本为盛。

再以插图风格言，一个地区有一个地区流行的式样，一家书坊有一家书坊惯用的版式。不仅京本、浙本、徽本、建本、赣本、金陵本等风格各异，即使同一地方，不同书坊的插图也会有许多差别。就拿风格最相接近的万历金陵富堂与世德堂两家书坊插图比较，二者都很重视人物表现，人物形象占据画面很大、很重位置，二者都线条粗犷，泼辣有力，重视镌刻的阴阳、黑白效果，注意构图与线条变化，而且版式相似，图之上方，均横刻图目。但仔细比较，还是可以发现二者的一些不同特征，如：世本人物线条较之富本细弱，黑白处理也不像富本大胆，世本图目均作四字，图目两旁饰以云纹，而富本图目四至七八字不等，字框横贯上栏，别无纹饰，等等。现列二图于下，供读者对比。

图五十六　明万历金陵世德堂刊《还带记》插图

图五十七　明万历金陵富春堂刊《韩朋十义记》插图

（九）据藏书家目录与版本著作

这一条道理自明，不需多加解说。本书《戏曲目录学》编，已对各种戏曲专科目录及著录戏曲的藏书家综合书目的内容、用途等一一作过评介，兹不重复。我们可以根据戏曲种类，去查对相关戏曲目录及藏书家藏书目录以确定版本性质。至于诸家目录不载的版本，当然要另当别论。

古代没有关于戏曲版本的专门著作，近现代人编著的戏曲目录与戏曲辞典、提要等，大部都有版本说明，前者如傅惜华《中国古典戏曲总录》①、庄一拂《中国古典戏曲存目汇考》等，后者如齐森华等主编《中国曲学大辞典》、李修生主编《古本戏曲剧目提要》等。至于近现代戏曲的版本情况，可以通过各省卷的戏曲志以及为各剧种编纂的辞典、手册等获悉。

（十）据戏曲体制、形式及特征

戏曲版本是作为综合艺术的戏曲体制、形式及特征的综合反映，只有熟稔戏曲艺术特点及其历史演化，才能综合上述版本鉴定各种手段，做好戏曲版本鉴定工作。

戏曲体制、形式及特征是随着戏曲流行的年代、种类、声腔、板式等等的不同而呈现多种多样的面目。以年代言，有宋、金、元、明、清及近、现、当代的不同年代的戏曲形态及其文本面目。以种类言，宋元南戏、金元院本、元明杂剧、明人改本戏文、明清传奇、近现代地方戏及当代革新戏曲，体裁不同，文本面貌各异。以声腔言，北弋、南昆、东柳、西梆，种类繁多，旁支杂出，语音、唱调各自不一，语汇、文字随之相移，剧目版本自然不同。以板式言，曲牌、板头、加滚、帮衬、格律、规则各有讲头，版本样子当然有别。只有充分掌握这些有关知识，才能使它成为鉴定戏曲版本的得力手段。

试以“南西厢”的版本演化为例说明。

根据文献目录、叙录及引录，证实至晚元代就有“元传奇”即元南戏《西厢记》行世。原剧今佚。而从《南曲九宫正始》等曲谱征引的近30多支的佚曲来看，它跟王实甫《西厢记》杂剧南辕北辙，毫无瓜葛。由于元代南、北《西厢》曲调不同，剧本文辞没有相袭、相窜现象，版本自然各呈面目。被《正始》所引的“元传奇”《西厢记》，据称是元人（实际当是元末明初人）李景云所撰，实际它已是个改本，反映的是元末或明初“南西厢”的版本面貌②，与元戏文《西厢记》原本面貌当不完全相同。这种不同，是元代南、北《西厢》演剧种类、体制、艺术特征不同的呈现。

明代“南西厢”，根据文献著录和现传本，现知主要有以下几种版本：

（1）《李日华南西厢记》二卷，海盐崔时佩编集，吴门李日华新增，凡三十八折。今佚，明·高儒《百川书志》卷之六“史·外史”著录。

（2）《南西厢记》一本，今佚，明嘉靖《晁氏宝文堂书目》卷中“乐府”著录。

（3）《新刻出像音注花栏南调西厢记》（又题《新刻出像音注李日华南西厢记》）二卷，三十六折，今存明万历金陵富春堂刊本，《古本戏曲丛刊初集》影印。

（4）《南西厢记》二卷，三十四出，署：“明姑苏李日华编本”，首载梁伯龙《南西

① 《中国古典戏曲总录》，计划八编，编者生前完成五编，今出版四编，即：《元代杂剧全目》（作家出版社1957年版）、《明代杂剧全目》（作家出版社1958年版）、《明代传奇全目》（人民文学出版社1959年版）、《清代杂剧全目》（人民文学出版社1981年版）。另有《清代传奇全目》，书稿未知下落；《宋金元杂剧院本全目》、《宋元戏文全目》、《中国古典戏曲研究书目》三编未编。

② 明·徐渭《南词叙录》“本朝”戏文目，著录“李景云编”《崔莺莺西厢记》，当即此本。

厢记叙》，明万历刊本，中国艺术研究院图书馆转藏傅惜华旧藏本。

(5)《新刊合并陆天池西厢记》二卷，三十七折，明·陆采编撰，周居易校梓，傅惜华旧藏，《古本戏曲丛刊初集》、明·闵遇五《六幻西厢》、暖红室刻传剧等，均据以影印或翻刻。

(6)《南西厢记定本》二卷，三十六出，明末毛氏汲古阁原刊，汲古阁辑刻《六十种曲》寅集收。

以上六种明版"南西厢"，(1)(2)本俱佚，难详究竟，而据《百川书志》著录"海盐崔时佩编集，吴门李日华新增"提示，(1)本可能原系明南戏海盐腔演出本，吴门（苏州）李日华欲使之成为昆山腔演出本，就对它做了一番"新增"即改订工作。根据有关史料分析，海盐、昆山二腔有着十分密切的渊源关系，彼此并无难以逾越的鸿沟，海盐腔演出本只需稍加改动，即可付之昆山腔演出。这从现存的(3)本中仅有第五折注明为"新增"，其余都不见注的现象中，也间接获得证实。

作为明前期南戏四大声腔之一的昆山腔，与经魏良辅等改造过后的"水磨调"即成熟的昆山腔，毕竟不完全一致。它反映在戏曲文本上，二者面目肯定会有诸多不同。后之明清人对此情形不察，往往以昆曲（水磨调）格律衡量李日华之本，对李本多加指责，不知戏曲声腔嬗变会使戏曲版本发生变异的道理。

(4)(6)两本基本一致，版本没有太多差异（只有出目与个别场次稍作变动）。这是由于这两个版本都是根据明代已经成熟的昆剧演出本刻印。

至于(5)本，产生年代与李日华改本相接近，都在嘉靖年间，其时，昆剧（水磨调）尚未完全成立。编者陆采是位著名文人，踌躇满怀，另起炉灶，改编《南西厢》，出发点既是对明人"南西厢"蹈袭《王西厢》文辞不满的一种逆反，又想与王实甫匹敌，不愿叨沾《王西厢》文辞余唾。文本面目（版本）自然与众迥然不同。但是它没有留下任何歌场痕迹，只能把它看成是"南西厢"文本中的"异类"——一个案头看本而已。

清代至近代的某些南曲声腔剧种，如弋阳、四平以及个别地方戏，常迳取王实甫《北西厢》作为演出文本。这是由于这些声腔剧种演唱时"字多音少，一泄而尽。又有一人启口，数人接腔者，名为一人，实出众口。故演《北西厢》易甚。"① 一些研究者仅据剧本版本，而无视戏曲演出实际，推论出这些是元代北曲杂剧的"遗音"或直接继承者，实在是一种误解。文本的相同，不一定就是演剧种类的等同，故而戏曲版本鉴定，还应该结合文本之外的，如演唱曲调音乐、舞台表演特点等等，进行综合考察。这就是戏曲版本鉴定与其他文类版本鉴定不完全相同的地方。

总之，以上有关《南西厢》版本演化的情况，说明考察、鉴别戏曲版本离不开对戏曲体制、形式、特征及其历史流变情况的深入了解。②

---

① 清·李渔：《闲情偶寄》，《中国古典戏曲论著集成》第七集，1959年版，第33页。

② 具体可另详拙文《南戏〈西厢记〉考》，《南戏论丛》，中华书局2001年版，第211~237页。

三、善本戏曲的确定

（一）有关“善本”含义

关于“善本”概念，清末张之洞提出三条基本标准：“善本之义有三：一足本（无缺卷，未删削）；二精本（一精校，二精注）；三旧本（一旧刻，二旧抄）。”并说：“善本非纸白墨新之谓，谓其为前辈通人用古刻数本精校细勘付刊，不讹不缺之本也。”① 再次强调善本需是符合“古刻”、“精校细勘”、“不讹不缺”三条标准的概念。

清人丁丙在《善本书室藏书志》编辑条例中，对“善本”确定四条准则：“一曰旧刻”、“二曰精本”、“三曰旧抄”、“四曰旧校”，除未提“足本”要求外，其余与张之洞所提标准并无实质区别。

三条标准中，“足本”、“精本”两条，可算是绝对标准，至于“旧本”，是个相对的历史概念。例如，明人可以宋元旧椠为“旧本”，清人视明嘉靖前之刻本为“旧本”，近、现代人则将清乾隆作为衡定“善本”时限，亦即“旧本”的标准，当代学者还有力主善本年代下限应至辛亥革命（如戴海南著《版本学概论》，巴蜀书社 1989 年版）。

实际“旧本”未必即“善本”，“善本”也非必是“旧本”不可。古书在流传过程中，历经天灾、人祸、虫蛀、鼠啮，幸存于今，诚为珍贵，具有文物价值，而且由于年代久远，相对接近原著、原刊，值得我们重视，但是“旧本”不绝对件件真实可靠，本本琳琅可宝。相反，某些经过近现代人精心整理、校勘的版本，超越甚至可以替代历代其他同书传本，为学界所重，即使不是“旧本”，却有资格把它定作“善本”。如近代学者张元济先生主持编校的百衲本《二十四史》，撷集历代正史最善版本，编纂得体，校勘精审，质量优于以往旧编，堪称是《二十四史》的“善本”，即是一例。

李致忠同志曾提出“善本”应具备历史文物性、学术资料性与艺术代表性的看法，并认为凡具备这三方面特点，或具备其中之一二者，均可视为善本。② 吴枫主张：“凡是较古的典籍，校勘精审，错误较少，字体清晰，纸地优良，墨色纯正，板式大方，装帧美观，都可作为选择善本的参考条件。”③《现代汉语词典》释“善本”词条：“古代书籍在学术或艺术价值上比一般本子优异的刻本或写本。”均对“善本”持以弹性而宽泛的标准：只要是好的、有价值的版本，就是“善本”。

以上说明，在现代人心目中，“善本”确实没有办法明确规定出几条具体的标准。这是由于各门学科的性质、功用、历史等各不相同，反映各学科成果的文本形态也不会相同，所以衡量各学科的所谓“善本”标准就不可能一致。举个简单的例子来说，如果都要按目前多数图书馆确定以清代乾隆作为“善本”时限的话，那么像近代各新兴学科，还有外文翻译本，以及戏曲学中的京剧学等，就将永世不可能有“善本”文献了。因此，“善本”的具体标准，应视学科的不同而定。

（二）戏曲善本标准

那么，戏曲“善本”标准应该如何确定？这里笔者提出三条基本标准，附加相关说

---

① 清·张之洞：《𬨎轩语·语学篇》。

② 李致忠：《善本浅论》，载《文物》（月刊）1978 年第 12 期。

③ 吴枫：《中国古典文献学》，齐鲁书社 1982 年版，第 190 页。

明，提供参考：

1. **原本**

这里所谓的戏曲“原本”，可以包括以下多层次的概念：一指作者原稿本，也可包括根据作者手稿誊写的过录本及家写本；二指原版初印本；三指在所有现存版本中，数它最接近原稿及原版的刻本或写本，但前提必须是：（1）原稿及原版已经丧失无存；（2）存有其后续的版本，也就是说，对于其他后续版本而言，它就是“原本”。由于上述版本都最接近或相对接近作者原创，至为珍贵，所以当以“善本”看待。

以上所叙各层次中，第一、第二两种情况（原稿本与初印本），不乏其例，我们在《刻本流布》与《写本述要》两章中，都已有所罗列。第三种情况的例子，如：相对于其他元杂剧版本，收进《元刊杂剧三十种》的各剧，可以看作是最接近元人杂剧原创面貌的“原本”。再如，在众多版本的杂剧《西厢记》、南戏《琵琶记》、明人改本戏文《白兔记》、戏曲论著《录鬼簿》中，我们不妨分别以明弘治北京金台岳家刻本《西厢记》、清·陆贻典抄本《元本蔡伯喈琵琶记》、出土明成化北京永顺堂刻本《刘知远还乡白兔记》、明写本《说集》本《录鬼簿》为“原本”。

2. **稀本**

“稀本”谓稀存、稀见之本，包括：海内、海外“孤本”，存而数量极少的本子，以及十分不易见阅的本子。上述“原本”中的手稿本，一般仅有单种，所以它同时也是“稀本”；多数初版本与现存最早刻本及写本，存世不多，也身兼“稀本”双重属性。物以稀为贵，正由于稀少，失而不可再得，故必须以“善本”对待。

例如：南京图书馆藏明·李开先编刻的《元贤传奇》残本六卷、浙江图书馆等处藏《复庄今乐府选》等，是海内孤本；西班牙埃斯科里亚尔皇家图书馆藏明嘉靖戏曲选本《风月（全家）锦囊》、韩国汉城奎章阁藏朝鲜教诲厅印制《新编劝化风俗南北雅曲五伦全备记》等，是海外孤本；明嘉靖刻本《荔镜记》戏文原本，仅存两本，分藏于日本和英国，可算是存世极少的“稀本”；大批清宫昇平署戏曲抄本、清“百本张”写本戏曲等，多系公私库存秘笈，不便轻易示人，对于一般读者来说，也就成了“稀本”。

“稀本”之所以称“善”，除因稀为贵之外，还因为它常常是最“缺”。以《风月（全家）锦囊》为例，它的珍贵除因它是海外孤本、见之不易外，还因为它是我们迄今所见中国最早刊行的戏曲选本，由于它的发现，填补了我们对于从宋元南戏终结到明传奇确立之间的一段漫长的中国戏曲历史认识的空白。而这段空白历史认识的造成，是由于以前缺少相关戏曲文献，锦本发现如似别见洞天。

3. **足本**

“足本”含义很清楚，是指保存完整或比较完整的“原本”与“稀本”，而不包括那些普遍流传的全本，也不包括年代虽早、数量虽少但只存极少量片断的残文断简。后者如：20 世纪在中国书店发现的早期《西厢记》记残页，尽管它的刊印年代可能比现存最早的《西厢记》全本明弘治本还要早，但它毕竟只有寥寥数页，不能成“本”，把它看成是文物还可，却不足以成为《西厢记》的一个“善本”。

以上有关戏曲“善本”的三条标准是综合衡量的，如果充分具备其中一、二条，或基本兼具其中二、三条者，都该算是戏曲“善本”。

为什么不把“精本”（精校、精注、精刻、精抄、精订）也作为戏曲“善本”的标准之一呢？这是由于戏曲文献的特点，特别是戏曲版本有别于其他文类版本的特殊性所决定。我们在前文已经说明：“粗糙”是戏曲文献的四大特点之一；戏曲文献的“粗糙”，在显示戏曲文本拙劣的同时，又恰恰保留着戏曲形态的“存真”，体现了它的可贵价值。故对戏曲文献的“粗糙”，应持一分为二的态度，不要一味认为，凡是“粗糙”，必然不“善”。尤其作为戏曲舞台艺术综合反映的许多戏班台本、艺人写本一类戏曲版本，往往在其“粗糙”中体现了真实，“粗糙”正是它的“善”处所在，而许多经过精校、精刻、精抄、精订的剧本，反而在原生态方面打了折扣。因此，我们不好把“精本”作为衡量戏曲的“善本”标准。如果仅只从“读本”考虑，希望看到校勘精审、注释精详、印刻精美或抄写工整的剧本，那要另当别论了。

至于目前图书馆以清代乾隆作为“善本”时限的标准，对于戏曲版本来说，则颇不合适。譬如，乾隆过后的嘉庆，乃至道光、咸丰年间的戏曲写本，对今人而言，已经相当珍贵，岂可将它们排除于戏曲“善本”行列之外？再譬如，若以乾隆为界，像京剧皮簧与多数近代地方戏以及现代改良戏曲等的戏曲文献，它们都产生于乾隆之后，岂不永久不可能有“善本”存在了。因此，戏曲文献“善本”的时限标准，应该根据各种戏曲具体历史情况不同而定，不能采用统一的固定标准。

结束语

中国戏曲版本之学，既具有中国传统古籍版本学的共性特点，又具备它自身为别的学科文类版本学所不具备的特殊性。戏曲文献对于戏曲艺术实践紧密依附性的鲜明特点，决定戏曲版本的涵义、类别、流变方式以及鉴定方法等，都有它自身独特的规律与特点。例如，随着戏曲艺术不断实践而形成的，戏曲版本用途有“台本”与“墨本”之分、刊布时期有“古本”与“今本”之别、文本形态有“原本”与“改本”不同、刊印方式有“家刻”与“坊刻”差异、所据声腔有“正音”与“杂调”区分、所依排场有“繁本”与“简本”出入等等，都是别的文类版本所没有或罕见的现象。这些正是戏曲版本学学习、研究的精髓所在。

戏曲刻家分布及其刊刻时间、地点等，都同戏曲艺术流布情况紧密相关。如元代大都与杭州，是杂剧流行的南、北两大中心，故两地所刻杂剧必多。明清传奇最为繁盛之地是在江、浙，故金陵、苏州、杭州、吴兴等地，必然成为戏曲刻家聚集之所。当然，刻印戏曲也同某地版刻历史传统有关。福建之建阳，江西之抚州、吉安，安徽之徽州，四川之成都等地，既是戏曲繁盛之地，又是版刻历来兴旺区域。

写本比重大、数量多，是戏曲版本区别其他文类版本的一大特色。戏曲写本的驳杂、粗糙、零散和不易保存，增加了我们对于戏曲版本整理、研究、保管、传输等方面的难度，但戏曲写本的原创、诚信属性，是任何刻印本戏曲所不具备的。它往往最真实地记录了戏曲作者的创作状况和戏曲艺人舞台实践的原生形态，是我们进行戏曲科学研究最可珍惜的文献依据。

随着现代科学技术的不断进步，戏曲版本今已不限于刻本与写本两类。录音带、录像带、唱片、影片、幻灯片、电脑磁盘等等，如今都可用作戏曲文本、图像、音响版本的载体；今后随着科技的继续进步，更多、更先进的新型载体，还将层出不穷。故而戏曲版本学研究，亦需不断调整观念和方法，跟随时代的进步而进步。

学习、了解必要的戏曲版本学知识和掌握戏曲版本鉴定的基本手段与方法，是我们从事戏曲研究和进行戏曲文献管理必须具备的前提与条件。如果把学习、掌握戏曲目录学比作是进入戏曲学“大门”的话，学习、掌握戏曲版本学，就是一道必跨的“门槛”。然而，“师父领进门，修行靠自身”，提供戏曲版本知识和戏曲版本鉴定的要领与方法，要想使之成为实际操作本领，还需通过自己长期不断的实践经验积累。

附　录

一、脉望馆钞校本古今杂剧存目

明·赵琦美辑

孤雁汉宫秋一卷	元	马致远撰	古名家本
马丹阳三度任风子一卷	元	马致远撰	钞本
吕洞宾三醉岳阳楼一卷	元	马致远撰	古名家本
江州司马青衫泪一卷	元	马致远撰	古名家本
半夜雷轰荐福碑一卷	元	马致远撰	古名家本
西华山陈抟高卧一卷	元	马致远撰	古名家本
孟浩然踏雪寻梅一卷	元	马致远撰	息机子本
开坛阐教黄粱梦一卷	元	马致远撰	古名家本
苏子瞻风雪贬黄州一卷	元	费唐臣撰	钞本
四丞相歌舞丽春堂一卷	元	王实甫撰	古名家本
吕蒙正风雪破窑记一卷	元	王实甫撰	钞本
死生交范张鸡黍一卷	元	宫天挺撰	息机子本
杜蕊娘智赏金线池一卷	元	关汉卿撰	古名家本
刘夫人庆赏五侯宴一卷	元	关汉卿撰	钞本
单刀会一卷	元	关汉卿撰	钞本
赵盼儿风月救风尘一卷	元	关汉卿撰	古名家本
温太真玉镜台一卷	元	关汉卿撰	古名家本
望江亭中秋切鲙旦一卷	元	关汉卿撰	息机子本
钱大尹智宠谢天香一卷	元	关汉卿撰	古名家本
邓夫人苦痛哭存孝一卷	元	关汉卿撰	钞本
钱大尹智勘绯衣梦一卷	元	关汉卿撰	古名家本
包待制三勘蝴蝶梦一卷	元	关汉卿撰	古名家本
感天动地窦娥冤一卷	元	关汉卿撰	古名家本
山神庙裴度还带一卷	元	关汉卿撰	钞本
尉迟恭单鞭夺槊一卷	元	关汉卿撰	钞本
状元堂陈母教子一卷	元	关汉卿撰	钞本
唐明皇秋夜梧桐雨一卷	元	白朴撰	古名家本
董秀英花月东墙记一卷	元	白朴撰	钞本
裴少俊墙头马上一卷	元	白朴撰	古名家本
保成公径赴渑池会一卷	元	高文秀撰	钞本
好酒赵元遇上皇一卷	元	高文秀撰	钞本

刘玄德独赴襄阳会一卷	元	高文秀撰	钞本
立成汤伊尹耕莘一卷	元	郑光祖撰	钞本
锺离春智勇定齐一卷	元	郑光祖撰	钞本
㑳梅香骗翰林风月一卷	元	郑光祖撰	息机子本
醉思乡王粲登楼一卷	元	郑光祖撰	古名家本
迷青琐倩女离魂一卷	元	郑光祖撰	古名家本
虎牢关三战吕布一卷	元	郑光祖撰	钞本
张子房圯桥进履一卷	元	李文蔚撰	钞本
同乐院燕青博鱼一卷	元	李文蔚撰	钞本
破苻坚蒋神灵应一卷	元	李文蔚撰	钞本
庄周梦蝴蝶一卷	元	史樟撰	钞本
张孔目智勘魔合罗一卷	元	孟汉卿撰	古名家本
陶学士醉写风光好一卷	元	戴善夫撰	古名家本
东堂老劝破家子弟一卷	元	秦简夫撰	息机子本
孝义士赵礼让肥一卷	元	秦简夫撰	息机子本
陶母剪发待宾一卷	元	秦简夫撰	钞本
宋上皇御断金凤钗一卷	元	郑廷玉撰	钞本
布袋和尚忍字记一卷	元	郑廷玉撰	息机子本
楚昭公疏者下船一卷	元	郑廷玉撰	钞本
看财奴买冤家债主一卷	元	郑廷玉撰	息机子本
包龙图智勘后庭花一卷	元	郑廷玉撰	古名家本
断冤家债主一卷	元	郑廷玉撰	钞本
宋太祖龙虎风云会一卷	元	罗贯中撰	古名家本
诸葛亮博望烧屯一卷	元	□□撰	钞本
庞涓夜走马陵道一卷	元	□□撰	钞本
忠义士豫让吞炭一卷	元	杨梓撰	古名家本
锦云堂美女连环记一卷	元	□□撰	息机子本
苏子瞻醉写赤壁赋一卷	元	□□撰	古名家本
郑月莲秋夜云窗梦一卷	元	□□撰	钞本
王月英元夜留鞋记一卷	元	□□撰	息机子本
河南府张鼎勘头巾一卷	元	孙仲章撰	古名家本
朱砂担滴水浮沤记一卷	元	□□撰	钞本
货郎旦一卷	元	□□撰	钞本
敬德不伏老一卷	元	□□撰	钞本
施仁义刘弘嫁婢一卷	元	□□撰	钞本
刘千病打独角牛一卷	元	□□撰	钞本
断杀狗劝夫一卷	元	萧德祥撰	钞本
大妇小妻还牢末一卷	元	李致远撰	钞本
讲阴阳八卦桃花女一卷	元	王晔撰	钞本

玎玎当当盆儿鬼一卷	元	□□撰	钞本
刘玄德醉走黄鹤楼一卷	元	朱凯撰	钞本
玉清庵错送鸳鸯被一卷	元	□□撰	古名家本
关云长千里独行一卷	元	□□撰	钞本
孟光女举案齐眉一卷	元	□□撰	钞本
存孝打虎一卷	元	□□撰	钞本
狄青复夺衣袄车一卷	元	□□撰	钞本
摩利支飞刀对箭一卷	元	□□撰	钞本
降桑椹蔡顺奉母一卷	元	刘唐卿撰	钞本
罗李郎大闹相国寺一卷	元	张国宾撰	古名家本
马丹阳度脱刘行首一卷	元	杨景贤撰	古名家本
阀阅舞射柳蕤丸记一卷	元	□□撰	钞本
百花亭一卷	元	□□撰	钞本
龙济山野猿听经一卷	元	□□撰	古名家本
二郎神醉射锁魔镜一卷	元	□□撰	古名家本
汉钟离度脱蓝采和一卷	元	□□撰	古名家本
李云英风送梧桐叶一卷	元	李唐宾撰	古名家本
赵匡义智娶符金锭一卷	元	□□撰	息机子本
包待制智赚生金阁一卷	元	武汉臣撰	息机子本
包待制智斩鲁斋郎一卷	元	关汉卿撰	古名家本
张公艺九世同居一卷	元	□□撰	息机子本
月明和尚度柳翠一卷	元	李寿卿撰	古名家本
独步大罗天一卷	明	丹丘先生撰	钞本
卓文君私奔相如一卷	明	丹丘先生撰	钞本
刘晨阮肇误入天台一卷	元	王子一撰	息机子本
黄廷道夜走流星马一卷	明	黄元吉撰	古名家本
吕洞宾三度城南柳一卷	明	谷子敬撰	古名家本
铁拐李度金童玉女一卷	明	贾仲名撰	古名家本
吕洞宾桃柳升仙梦一卷	明	贾仲名撰	古名家本
萧淑兰情寄菩萨蛮一卷	明	贾仲名撰	古名家本
荆楚臣重对玉梳一卷	明	贾仲名撰	古名家本
翠红乡儿女两团圆一卷	明	杨文奎撰	息机子木
洞天玄记一卷	明	杨慎撰	古名家本
司马入相传奇一卷	明	桑绍良撰	钞本
灌将军使酒骂座记一卷	明	斛园居士撰	古名家本
金翠寒衣记一卷	明	斛园居士撰	古名家本
渔阳三弄一卷	明	徐渭撰	古名家本
玉通和尚骂红莲一卷	明	□□撰	古名家本
木兰女一卷	明	徐渭撰	古名家本

黄崇嘏女状元一卷	明　徐渭撰	古名家本
僧尼共犯传奇一卷	明　冯惟敏撰	钞本
东华仙三度十长生一卷	明　朱有燉撰	古名家本
群仙庆寿蟠桃会一卷	明　朱有燉撰	古名家本
吕洞宾花月神仙会一卷	明　朱有燉撰	古名家本
惠禅师三度小桃红一卷	明　朱有燉撰	钞本
张天师明断辰钩月一卷	明　朱有燉撰	钞本
洛阳风月牡丹仙一卷	明　朱有燉撰	钞本
清河县继母大贤一卷	明　朱有燉撰	古名家本
赵贞姬身后团圆梦一卷	明　朱有燉撰	古名家本
刘盼春守志香囊怨一卷	明　朱有燉撰	古名家本
李亚仙花酒曲江池一卷	明　朱有燉撰	古名家本
紫阳仙三度常椿寿一卷	明　朱有燉撰	古名家本
福禄寿仙官庆会一卷	明　朱有燉撰	钞本
十美人庆赏牡丹园一卷	明　朱有燉撰	钞本
善知识苦海回头一卷	明　朱有燉撰	古名家本
瑶池会八仙庆寿一卷	明　朱有燉撰	钞本
黑旋风仗义疏财一卷	明　朱有燉撰	钞本
伍子胥鞭伏柳盗跖一卷		钞本
十八国临潼斗宝一卷		钞本
田穰苴伐晋兴齐一卷		钞本
后七国乐毅图齐一卷		钞本
吴起敌秦挂帅印一卷		钞本
守贞节孟母三移一卷		钞本
汉公卿衣锦还乡一卷		钞本
运机谋随何骗英布一卷		钞本
随何赚风魔蒯彻一卷		钞本
韩元帅暗度陈仓一卷		钞本
司马相如题桥记一卷		钞本
马援挝打聚兽牌一卷		钞本
云台门聚二十八将一卷		钞本
汉姚期大战邳仝一卷		钞本
孝义士赵礼让肥一卷	元　秦简夫撰	钞本
寇子翼定时捉将一卷		钞本
邓禹定计捉彭宠一卷		钞本
十样锦诸葛论功一卷		钞本
曹操夜走陈仓路一卷		钞本
阳平关五马破曹一卷		钞本
走凤雏庞统掠四郡一卷		钞本

周公瑾得志娶小乔一卷		钞本
张翼德单战吕布一卷		钞本
莽张飞大闹石榴园一卷		钞本
关云长单刀劈四寇一卷		钞本
寿亭侯怒斩关平一卷		钞本
关云长大破蚩尤一卷		钞本
刘关张桃园三结义一卷		钞本
张翼德三出小沛一卷		钞本
张翼德大破杏林庄一卷		钞本
陶渊明东篱赏菊一卷		钞本
长安城四马投唐一卷		钞本
立功勋庆赏端阳一卷		钞本
贤达妇龙门隐秀一卷		钞本
招凉亭贾岛破风诗一卷		钞本
众僚友喜赏浣花溪一卷		钞本
魏征改诏风云会一卷		钞本
程咬金斧劈老君堂一卷	元　郑光祖撰	钞本
徐茂公智降秦叔宝一卷		钞本
小尉迟将斗将将鞭认父一卷		钞本
尉迟恭鞭打单雄信一卷		钞本
十八学士登瀛洲一卷		钞本
唐李靖阴山破虏一卷		钞本
李嗣源复夺紫泥宜一卷		钞本
飞虎峪存孝打虎一卷	元　陈以仁撰	钞本
压关楼叠挂午时牌一卷		钞本
存仁心曹彬下江南一卷		钞本
八大王开诏救忠臣一卷		钞本
杨六郎调兵破天阵一卷		钞本
焦光赞活拿萧天佑一卷		钞本
宋大将岳飞精忠一卷		钞本
十探子大闹延安府一卷		钞本
张于湖误宿女真观一卷		钞本
女学士明讲春秋一卷		钞本
赵匡胤打董达一卷		钞本
穆陵关上打韩通一卷		钞本
相国寺公孙汗衫记一卷	元　张国宾撰	钞本
海门张仲村乐堂一卷		钞本
王闰香夜月四春园一卷	元　关汉卿撰	钞本
女姑姑说法陞堂记一卷		钞本

清廉官长勘金环一卷			钞本
雷泽遇仙记一卷	明	□□撰	钞本
若耶溪渔樵闲话一卷			钞本
徐伯株贫富兴衰记一卷			钞本
薛包认母一卷			钞本
认金梳孤儿寻母一卷			钞本
四时花月赛娇容一卷	明	朱有燉撰	钞本
王文秀渭塘奇遇记一卷			钞本
月夜淫奔记一卷	明	□□撰	钞本
风月南牢记一卷	明	□□撰	钞本
秦月娥误失金环记一卷			钞本
释迦佛双林坐化一卷	明	□□撰	钞本
观音菩萨鱼篮记一卷	明	□□撰	钞本
许真人拔宅飞升一卷	明	□□撰	钞本
孙真人南极登仙会一卷	明	□□撰	钞本
吕翁三化邯郸店一卷	明	□□撰	钞本
吕纯阳点化度黄龙一卷	明	□□撰	钞本
边洞玄慕道升仙一卷	明	□□撰	钞本
李云卿得悟升真一卷	明	□□撰	钞本
王兰卿真烈传一卷	明	康海撰	钞本
太平仙记一卷	明	陈自得撰	钞本
瘸李岳诗酒玩江亭一卷	元	戴善夫撰	钞本
太乙仙夜断桃符记一卷	明	□□撰	钞本
南极星度脱海棠仙一卷	明	朱有燉	钞本
张天师断风花雪月一卷	元	吴昌龄撰	钞本
时真人四圣锁白猿一卷	明	□□撰	钞本
猛烈哪吒三变化一卷	明	□□撰	钞本
二郎神锁齐天大圣一卷	明	□□撰	钞本
灌口二郎新健蛟一卷	明	□□撰	钞本
二郎神射锁魔镜一卷			钞本
鲁智深喜赏黄花峪一卷			钞本
梁山五虎大劫牢一卷			钞本
梁山七虎闹铜台一卷			钞本
王矮虎大闹东平府一卷			钞本
宋公明排九宫八卦阵一卷			钞本
黑旋风双献功一卷	元	高文秀撰	钞本
奉天命三保下西洋一卷	明	□□撰	钞本
宝光殿天真祝万寿一卷	明	教坊编演	钞本
众群仙庆赏蟠桃会一卷	明	教坊编演	钞本

祝圣寿金母献蟠桃一卷	明	教坊编演	钞本
降丹墀三圣庆长生一卷	明	教坊编演	钞本
众神圣庆贺元宵节一卷	明	教坊编演	钞本
祝圣寿万国来朝一卷	明	教坊编演	钞本
争玉板八仙过沧海一卷	明	教坊编演	钞本
庆丰年五鬼闹锺馗一卷	明	教坊编演	钞本
河嵩神灵芝庆寿一卷	明	教坊编演	钞本
庆贺长春节一卷	明	教坊编演	钞本
贺万寿五龙朝圣一卷	明	教坊编演	钞本
众天仙庆贺长生会一卷	明	教坊编演	钞本
庆冬至共享太平宴一卷	明	教坊编演	钞本
贺升平群仙祝寿一卷	明	教坊编演	钞本
庆千秋金母贺延年一卷	明	教坊编演	钞本
广成子祝贺齐天寿一卷	明	教坊编演	钞本
黄眉翁赐福上延年一卷	明	教坊编演	钞本
感天地群仙朝圣一卷	明	教坊编演	钞本

——录自中华书局 1959 年至 1962 年出版的《中国丛书综录》

二、复庄今乐府选存目

清·姚燮编纂

衢歌（清曲 5 种）

迎銮新曲一卷　清　厉鹗撰

百灵效瑞四折

康衢新乐府一卷　清　吕星垣撰

万寿蟠桃　万里安澜　万卷琅環　万国梯航

浙江迎銮词二卷　清　王文治撰　一作清梁廷枬撰

卷上　三农得澍　龙井茶歌　祥征冰茧　海宇歌恩

卷下　灯燃法界　葛岭丹炉　仙酝延龄　瑞献天台　瀛波清宴

太平乐事一卷　清　曹寅（柳山居士）撰

第一出开场　第二出灯赋　第三出山水清音　第四出太平有象

第五出风花雪月　第六出龙袖骄民　第七出货郎担　第八出日本灯词

第九出卖痴獃　第十出丰登大庆

万寿图一卷八折　清　击壤民撰　一作无名氏撰

开场　宣化　多士　农乐　惠工　利商　集祥　大庆

弦索（金诸宫调 1 种）

西厢四卷　　金　董解元撰

元杂剧（元杂剧 92 种）

汉宫秋一卷四折　　元　马致远撰

第一折驾幸　　第二折夺艳　　第三折郊饯　　第四折秋忆

陈抟高卧一卷四折　　元　马致远撰

第三折辞官　　第四折避扰

黄粱梦一卷四折　　元　马致远撰

第二折谪边　　第三折雪引　　第四折醒悟

岳阳楼一卷四折　　元　马致远撰

第二折茶幻　　第三折索妇

青衫泪一卷四折　　元　马致远撰

第一折春访　　第二折赚嫁　　第三折舟遇　　第四折面圣

任风子一卷四折　　元　马致远撰

第三折休妻

荐福碑一卷四折　　元　马致远撰

第一折欢遇　　第三折轰碑

窦娥冤一卷四折　　元　关汉卿撰

第一折强婚　　第二折诬服　　第三折监斩

中秋切鲙一卷四折　　元　关汉卿撰

第一折强配　　第二折设计　　第三折赚剑　　第四折反坐

鲁斋郎一卷四折　　元　关汉卿撰

第一折权索　　第二折献妻

玉镜台一卷四折　　元　关汉卿撰

第一折觌艳　　第二折诈媒　　第三折避吾　　第四折谳合

蝴蝶梦一卷四折　　元　关汉卿撰

第四折赦封

救风尘一卷四折　　元　关汉卿撰

第一折阻嫁　　第二折落阱　　第三折乔嫁　　第四折脱阱

谢天香一卷四折　　元　关汉卿撰

第三折邀宠

金线池一卷四折　　元　关汉卿撰

第一折筹嫁　　第二折情愤　　第三折池宴　　第四折断配

墙头马上一卷四折　　元　白朴撰

第二折双逃　　第三折园别　　第四折悲认

梧桐雨一卷四折　　元　白朴撰

第三折赐缳　　第四折雨梦

两世姻缘一卷四折　　元　乔吉撰

第一折诉别　　第二折病嘱　　第三折逼婚　　第四折殿配

金钱记一卷四折　　元　乔吉撰

第一折遗钱　　第二折闯园

扬州梦一卷四折　　元　乔吉撰

第一折醉晤　　第三折嘱媒

风花雪月一卷四折　　元　吴昌龄撰

第一折仙降　　第二折病劝　　第三折壚讯　　第四折赦桂

东坡梦一卷四折　　元　吴昌龄撰

第三折唤梦

玉壶春一卷四折　　元　武汉臣撰

第一折情约　　第一折挠欢　　第三折私闹

老生儿一卷四折　　元　武汉臣撰

第一折计逐　　第二折散钱　　第三折赚钥　　第四折认儿

生金阁一卷四折　　元　武汉臣撰

第一折夺妻　　第二折妪愤　　第三勾鬼

丽春堂一卷四折　　元　王德信撰

第二折赌闹　　第三折恩召

倩女离魂一卷四折　　元　郑光祖撰

第一折饯别　　第二折魂随　　第三折寄书　　第四折魂归

王粲登楼一卷四折（存第三折）　　元　郑光祖撰

㑇梅香一卷四折　　元　郑光祖撰

第一折听琴　　第二折简约　　第三折阻缘　　第四折赐婚

忍字记一卷　　元　郑廷玉撰（佚）

后庭花一卷　　元　郑廷玉撰（佚）

楚昭公一卷　　元　郑廷玉撰（佚）

看钱奴一卷　　元　郑廷玉撰（佚）

范张鸡黍一卷　　元　宫天挺撰（佚）

留鞋记一卷　　元　曾瑞卿撰（佚）

度柳翠一卷　　元　李寿卿撰（佚）

张生煮海一卷　　元　李好古撰（佚）

罗李郎一卷　　元　张国宾撰（佚）

薛仁贵一卷　　元　张国宾撰（佚）

合汗衫一卷　　元　张国宾撰（佚）

秋胡戏妻一卷　　元　石君宝撰（佚）

曲江池一卷　　元　石君宝撰（佚）
魔合罗一卷　　元　孟汉卿撰（佚）
酷寒亭一卷　　元　杨显之撰（佚）
潇湘雨一卷　　元　杨显之撰（佚）
东堂老一卷　　元　秦简夫撰（佚）
赵礼让肥一卷　　元　秦简夫撰（佚）
柳毅传书一卷　　元　尚仲贤撰（佚）
气英布一卷　　元　尚仲贤撰（佚）
单鞭夺槊一卷　　元　尚仲贤撰（佚）
竹叶舟一卷　　元　范康撰（佚）
风光好一卷　　元　戴善夫撰（佚）
赵氏孤儿一卷　　元　纪君祥撰（佚）
黑旋风一卷　　元　高文秀撰（佚）
铁拐李一卷　　元　岳伯川撰（佚）
儿女团圆一卷　　元　杨文奎撰（佚）
灰阑记一卷　　元　李潜夫撰（佚）
救孝子一卷　　元　王仲文撰（佚）
燕青博鱼一卷　　元　李文蔚撰（佚）
勘头巾一卷　　元　孙仲章撰（佚）
红梨花一卷　　元　张寿卿撰（佚）
李逵负荆一卷　　元　康进之撰（佚）
竹坞听琴一卷　　元　石子章撰（佚）
伍员吹箫一卷　　元　李寿卿撰（佚）
虎头牌一卷　　元　李直夫撰（佚）
陈州粜米一卷　　〔佚名〕撰（佚）
合同文字一卷　　〔佚名〕撰（佚）
来生债一卷　　元　刘君锡撰（佚）
小尉迟一卷　　〔佚名〕撰（佚）
冻苏秦一卷　　〔佚名〕撰（佚）
马陵道一卷　　〔佚名〕撰（佚）
杀狗劝夫一卷　　〔佚名〕撰（佚）
争报恩一卷　　〔佚名〕撰（佚）
鸳鸯被一卷　　〔佚名〕撰（佚）
昊天塔一卷　　〔佚名〕撰（佚）
隔江斗智一卷　　〔佚名〕撰（佚）

赚蒯通一卷　　〔佚名〕撰（佚）
百花亭一卷　　元　陆进之撰（佚）
谇范雎一卷　　元　高文秀撰（佚）
朱砂担一卷　　〔佚名〕撰（佚）
桃花女一卷　　〔佚名〕撰（佚）
碧桃花一卷　　明　贾仲名撰（佚）
抱妆盒一卷　　〔佚名〕撰（佚）
梧桐叶一卷　　元　李唐宾撰（佚）
冤家债主一卷　　〔佚名〕撰（佚）
谢金吾一卷　　〔佚名〕撰（佚）
神奴儿一卷　　〔佚名〕撰（佚）
货郎旦一卷　　〔佚名〕撰（佚）
冯玉兰一卷　　〔佚名〕撰（佚）
举案齐眉一卷　　〔佚名〕撰（佚）
连环计一卷　　〔佚名〕撰（佚）
盆儿鬼一卷　　〔佚名〕撰

明杂剧（明杂剧25种）

悮入桃源一卷　　明　王子一撰（佚）
刘行首一卷　　明　杨景贤撰（佚）
还牢末一卷　　明　李致远撰（佚）
城南柳一卷　　明　谷子敬撰（佚）
牡丹仙一卷　　明　朱有燉撰（佚）
对玉梳一卷四折　　明　贾仲名撰
第一折逐客　　第二折拒婚　　第三折途遇　　第四折合梳
金童玉女一卷四折　　明　贾仲名撰
第一折豪述　　第二折尘锢　　第三折梦悟　　第四折双修
萧淑兰一卷四折　　明　贾仲名撰
第一折拒犇　　第二折寄词　　第三折病忆　　第四折慰愿
北邙说法一卷　　明　叶宪祖撰
团花凤一卷四折一楔子　　明　叶宪祖撰
楔子　　第一折井援　　第二折庭讯　　第三折卖钗　　第四折堂合
眼儿媚一卷四折　　明　孟称舜撰
第一折幽会　　第二折审解　　第三折词送　　第四折慰愿
桃花人面一卷五折　　明　孟称舜撰
第一折乞浆　　第二折忆情　　第三折题门　　第四折泣诗　　第五折缘合

死里逃生一卷四折　明　孟称舜撰

第一折计陷　第二折踏阱　第三折脱险　第四折除奸

花前一笑一卷五折　明　孟称舜撰

第一折追艳　第二折园遇　第三折许姻　第四折缘遂　第五折表情

脱囊颖一卷四折　明　徐阳辉撰

第一折笑躄　第二折艳刎　第三折谢罪　第四折定纵

有情痴一卷　明　徐阳辉撰

鱼儿佛一卷四折　明　释湛然撰　寓山居士重编

第一折劝夫　第二折禅引　第三折阴勘　第四折双修

不伏老一卷五折　明　冯惟敏撰

第一折入场　第二折仆诮　第三折赌饮　第四折别叹　第五折胪唱

僧尼共犯一卷四折　明　冯惟敏撰

第一折奸露　第二折说赃　第三折断合　第四折发配

渔阳弄一卷一折　明　徐渭撰

翠乡梦一卷二折　明　徐渭撰

第一折破戒　第二折迷悟

雌木兰一卷二折　明　徐渭撰

第一折乔扮　第二折凯归

曲江春一卷四折　明　王九思撰

第一折感时　第二折典衫　第三折投庄　第四折游陂

簪花髻一卷一折　明　沈自征撰

鸳鸯梦一卷四折一楔子　明　叶小纨撰

楔子　第一折台宴　第二折雨感　第三折恸友　第四折仙指

国朝杂剧（清杂剧40种）

通天台一卷二折　清　吴伟业撰

第一折哭帝　第二折梦送

临春阁一卷四折　清　吴伟业撰

清平调一卷（一名李白登科）　清　尤侗撰

吊琵琶一卷四折　清　尤侗撰

第一折承宠　第二折出关　第三折魂归　第四折吊冢

读离骚一卷四折　清　尤侗撰

第一折决隐　第二折制歌　第三折沉湘　第四折招魂

桃花源一卷四折　清　尤侗撰

第一折赋归　第二折送酒　第三折溪别　第四折生祭

黑白卫一卷四折　清　尤侗撰

第一折试剑　　第二折配镜　　第三折避刺　　第四折会师

郁轮袍一卷四折　　清　黄兆森撰

第二折学巧　　第三折假伶

梦扬州一卷四折　　清　黄兆森撰

第一折访姬　　第三折索姝　　第四折圆艳

饮中仙一卷四折　　清　黄兆森撰

第二折观舞　　第四折聚仙

蓝桥驿一卷四折　　清　黄兆森撰

第二折乞浆　　第三折觅玉

拟连厢词一卷　　清　毛奇龄撰

卖嫁　　放偷

买花钱一卷四折　　清　徐石麒撰

第一折湖遇　　第二折诏宣　　第三折赐配

大转轮一卷四折　　清　徐石麒撰

第一折诗愤　　第二折天勘　　第三折断史　　第四折天奖

拈花笑一卷　　清　徐石麒撰

浮西施一卷　　清　徐石麒撰

梦花因一卷四折　　题鸥波亭长撰

第一折桃渡恨情　　第二折柳亭絮别　　第三折遗芳草梦　　第四折证果花圆

一片石一卷四折　　清　蒋士铨撰

第一折梦楼　　第二折访墓　　第三折祭碑　　第四折宴阁

第二碑一卷六折（又名后一片石）　　清　蒋士铨撰

第一折赓韵　　第二折留香　　第三折上塚　　第四折寻诗

第五折题坊　　第六折书表

四弦秋一卷四折　　清　蒋士铨撰

第一折茶别　　第二折改官　　第三折秋梦　　第四折送客

昆明池一卷二折　　清　裘琏撰

第一折百官应制　　第二折延清独步

集翠裘一卷二折　　清　裘琏撰

第一折佞臣输裘　　第二折马奴嘲裘

鉴湖隐一卷四折　　清　裘琏撰

金龟换酒　　梦游帝居　　百僚祖道　　宝珠易饼

旗亭馆一卷三折　　清　裘琏撰

读诗种情　　冒雪访友　　歌诗谐偶

芦花絮一卷四折　　清　唐英撰

露芦　　归诘　　诣婿　　谏圆

北孝烈一卷四折　　题青霞寓客撰

第一折凶逞　第二折烈殉　第三折魂诉　第四折雪仇

圆香梦一卷四折一楔子　清　梁廷枏撰

楔子　第一折泣别　第二折警梦　第三折禅忏　第四折仙指

江梅梦一卷四折　清　梁廷枏撰

第一折制赋　第二折幽会　第三折骂逆　第四折泣梦

花间九奏一卷　清　石韫玉撰

琴操参禅　对山救友

青溪笑二卷　题蓉鸥漫叟撰

卷上　泛月　吟秋　浣纱　伤春

卷下　说艳　家宴　盟心　皈禅

牡蛎园一卷四折　题雪樵居士撰

寻秋　雪忆　游湖　话别

吟风阁四卷　清　杨潮观撰

卷一　送风　行雨　樵歌　大江西小姑送风　李卫公替龙行雨　快活山樵歌九转　穷阮籍醉骂财神　温太真晋阳分别　邯郸郡错嫁才人

卷二　贺兰山太白救汾阳　夜香台隽母训儿　河南郡汲黯发仓　鲁仲连却金浮海　吴解元不嫌瞽妇　吴季子挂剑重交情

卷三　杨伯起暮夜却金　曹彬下江南不杀一人　荀灌娘突围救父　信陵君感义葬如姬　东方朔偷桃　蝶仙度东坡

卷四　张志和西塞浮家　祭泸水忙牙姑迎神　凝碧池力士祭海青　达摩西归大葱岭　老婢进言莱公罢宴

修箫谱一卷　清　舒位撰

卓女当垆　樊姬拥髻　酉阳修月　博望访星

列子御风一卷　清　舒位撰

艳禅一卷　清　王复撰

四时春一卷　清　单瑶田撰

题风　悲诗　访秀　筹東

凌波影一卷四折　清　黄燮清撰

第一折梦订　第二折仙怀　第三折达诚　第四折赋艳

盂兰梦一卷　清　严保庸撰

饮酒读骚一卷（又名乔影）　清　吴藻撰

园林午梦一卷　明　李开先撰

元院本（元多本杂剧 2 种）

西厢记四卷十六折　元　王德信撰

卷一　第一折佛殿奇逢　第二折僧访假寓　第三折墙角联吟

第四折斋坛闹会

卷二　第五折白马解围　第六折红娘请宴　第七折夫人停婚

第八折莺莺听琴

卷三　第九折锦字传情　第十折妆台窥简　第十一折乘夜逾墙

第十二折倩红问病

卷四　第十三折月下佳期　第十四折堂前巧辩　第十五折长亭送别

第十六折草桥惊梦

西游记四卷　元　吴昌龄撰（佚）

明院本（元明戲文、传奇 71 种）

琵琶记五卷　元　高明撰（佚）

荆钗记三卷　元　柯丹邱撰（佚）

幽闺记三卷　元　施惠撰（佚）

精忠记一卷　明　姚茂良撰（佚）

三元记一卷　明　沈受先撰（佚）

千金记一卷　明　沈采撰（佚）

香囊记二卷　明　邵璨撰（佚）

邯郸记四卷　明　汤显祖撰（佚）

南柯记四卷　明　汤显祖撰（佚）

牡丹亭口卷（存一卷）　明　汤显祖撰（佚）

紫钗记五卷　明　汤显祖撰（佚）

紫箫记三卷　明　汤显祖撰（佚）

玉玦记　明　郑若庸撰（佚）

绣襦记　明　郑若庸撰（佚）

鸾鎞记一卷　明　叶宪祖撰（佚）

金锁记二卷　明　单本撰（佚）

蕉帕记三卷　明　单本撰（佚）

明珠记三卷　明　陆采撰（佚）

怀香记一卷　明　陆采撰（佚）

红拂记一卷　明　张凤翼撰（佚）

祝发记一卷　明　张凤翼撰（佚）

青衫记二卷　明　顾大典撰（佚）

浣纱记二卷　明　梁辰鱼撰（佚）

种玉记二卷　明　汪廷讷撰（佚）

狮吼记二卷　明　汪廷讷撰（佚）

义侠记二卷　明　沈璟撰（佚）

望湖亭一卷　明　沈璟撰（佚）

翠屏山二卷　明　沈璟撰（佚）

桃符记二卷　明　沈璟撰（佚）

钗钏记二卷　月榭主人撰（佚）

双珠记二卷　明　沈鲸撰（佚）

鲛绡记二卷　明　沈鲸撰（佚）

彩毫记二卷　明　屠龙撰（佚）

昙花记六卷（存五至六卷）　明　屠龙撰

卷五　第四十二折天界　第四十三折说法　第四十四折会勘
第四十五折鬼叹

卷六　第四十八折东游　第五十折西游　第五十二折降凡
第五十三折悟道

水浒记一卷　明　许自昌撰

第五折发难　第九折慕义　第十九折纵骑　第二十三折感愤
第二十六折召衅　第三十一折冥感

四喜记二卷　明　谢谠撰

卷上　第四折入宫　第五折亭偶　第十一折赏夏　第十八折闺闷

卷下　第二十折旅邸　第二十八折苑逢　第三十一折赐婚
第三十四折梦怀　第三十六折重会　第四十一折江村

金莲记四卷　明　陈汝元撰（佚）

节孝记一卷　明　高濂撰

第七折全节　第十一折矢志　第十二折得信　第十五折收虎
第十六折释难　第二十折舟拯　第二十六折详梦
第二十七折春店　第二十九折见女　第三十折殿圆

玉簪记二卷　明　高濂撰

卷上　第八折谈经　第十一折闹会　第十四折幽情　第十六折寄弄
第十七折耽思　第十八折叱谢

卷下　第十九折词媾　第二十一折姑阻　第二十三折追别
第二十四折占儿　第二十六折相宽

琴心记　明　孙柚撰（佚）

双烈记二卷　明　张四维撰

卷上　第十一折奇遇　第十二折就婚　第十四折惜别
第十六折从征　第十八折酬功　第二十五折归省

卷下　第二十九折计定　第三十五折虏遁　第三十八折辨冤
第三十九折决疑　第四十二折行游

鸣凤记四卷　明　王世贞撰

卷一　第三折命将　第五折异议　第六折争朝　第七折通宦

卷二　　第九折哭夏　　第十四折修本　第十五折劾奸　第十六折死节

卷三　　第二十六折辞亲　　第二十九折赴义　　第三十折谪戍

　　　　第三十三折争宠

卷四　　第三十四折会边　　第三十五折女工　　第三十六折准奏

　　　　第四十折献首

分金记一卷　　明　叶良表撰

第十二折辞家　　第十六折拜月

八义记一卷　　明　徐元撰

第十三折争朝　　第十五折触槐　　第三十一折出宫　　第三十四折换儿

第三十六折赴义　　第四十折阴陵　　第四十一折报复

梦磊记二卷　　明　史盘撰

卷上　　第十二折月夜诉苦　　第十五折夺亲　　第十六折代嫁

　　　　第十八折就错

卷下　　第二十折交疑　　第二十三折遇婢　　第三十三折抡魁

　　　　第三十四折重会

双缘舫一卷　　明　史盘撰

投纱　　惊噩　　争婚

春芜记二卷　　明　王錂撰

卷上　　第四折宴赏　　第六折说剑　　第十二折邂逅　　第十四折宸游

卷下　　第十六折候约　　第十七折诉愿　　第十九折悲秋

　　　　第二十折讯病

玉镜台二卷　　明　朱鼎撰

卷上　　第五折刺绣　　第六折请昏　　第十二折新亭　　第十三折闻鸡

　　　　第十四折称王　第十六折绝裾　第二十二折闺思

卷下　　第二十五折得书　　第二十六折敦反　　第三十一折系狱

　　　　第三十三折狱寄　　第三十四折拆书　　第三十七折苏狱

　　　　第三十八折赏雪

焚香记二卷　　明　王玉峰撰

卷上　　第十二折饯别　　第十四折立志　　第十八折辞婚

　　　　第二十四折构祸　　第二十六折陈情

卷下　　第二十七折明冤　　第三十二折传笺　　第三十四折虚报

　　　　第三十八折往任

龙膏记三卷　　明　杨珽撰

卷上　　第二折旅况　　第四折买卜　　第七折闺病　　第八折投膏

　　　　第九折开阁　　第十一折传情

卷中　　第十二折邂逅　　第十八折脱难　　第二十折访旧

　　　　第二十二折错媾　　第二十三折砥节

卷下　　第二十五折空访　　第二十六折巧遘　　第二十七折诉因

　　第二十九折偿缘　第三十折游仙

红梨记三卷　明　徐复祚撰

卷上　第二折诗要　第四折匿蹟　第六折赴约　第八折脱禁
　　第十一折错认
卷中　第十二折投雍　第十四折路叙　第十五折诉衷
　　第十六折托寄　第十七折潜窥
卷下　第十九折亭会　第二十一折咏花　第二十三折花婆
　　第二十六折闺虑　第二十九折三错

贞文祠三卷　明　孟称舜撰

卷上　贞怨　签卜　私讯　死要　仆詈
卷中　忠愤　成仁　忆远　魂离　梦游　情陨
卷下　哭墓　会梦　情断　同殉　立祠

撮盒圆二卷　题磊道人撰

卷上　第七折觅寓　第八折订友　第九折月窥　第十折认姑
　　第十一折湖泊　第十四折闯闺　第十五折烈志
卷下　第十七折假冠　第十八折巧遘　第二十四折舟宴
　　第二十五折续胶　第二十六折鱼服　第二十七折泄名

想当然一卷　明　卢柟撰

假试　后梅遇

醉乡记一卷　明　孙锺龄撰

第十一折睡乡　第十五折攒琴　第十七折解纷　第二十三折谐榜
第二十七折虫语　第三十三折乞巧　第三十四折评桂　第三十五折降祉
第四十三折慰缘

燕子笺三卷　明　阮大铖撰

卷上　第五折合围　第六折写像　第九折骇像　第十一折题笺
　　第十二折拾笺　第十六折驼泄
卷中　第十八折闺痊　第十九折伪缉　第二十二折拒挑
　　第二十八折闺忆　第三十一折劝合　第三十二折招婚
卷下　第三十五折笺合　第三十六折辨奸　第三十八折奸遁
　　第三十九折双逅　第四十二折诰圆

白兔记二卷　〔佚名〕撰

卷上　第二折访友　第三折报社　第四折祭赛　第五折留庄
　　第十折逼书　第十二折分别
下卷　第三折强逼

杀狗记　〔佚名〕撰（佚）

霞笺记　〔佚名〕撰（佚）

飞丸记　〔佚名〕撰（佚）

玉环记　〔佚名〕撰（佚）

赠书记　〔佚名〕撰（佚）

寻亲记　〔佚名〕撰（佚）

金雀记　〔佚名〕撰（佚）

彩楼记一卷　明　王錂撰

拾柴　泼粥

运甓记二卷　〔佚名〕撰　一作吾丘瑞撰

卷上　第八折嗔鲊　第九折弃官　第十一折翦逆　第十二折渡江
第十六折灯宴　第十九折新亭

下卷　第二十一折运甓　第二十二折绝裾　第二十五折纫衣
第二十六折移镇　第三十五折死节　第三十八折致奠

锦笺记二卷　明　周履靖撰

卷上　第十折传私　第十八折重晤　第二十六折遥访　第二十八折蜡书

卷下　第三十四折代选　第三十五折草奏　第三十六折协奏
第三十八折咸遂

投梭记一卷　明　徐复祚撰

第十折应聘　第十一折谋窜　第十四折出关　第十六折赴宴
第二十八折闺叙　第二十九折获丑　第三十一折奠江

玉合记二卷（存上卷）　明　梅鼎祚撰

第五折邂逅　第七折参成　第九折调约　第十一折义姤
第十三折醒负　第十七折言祖　第二十三折西幸

四贤记四卷（存卷四）　〔佚名〕撰

第三十一折告贷　第三十三折泣夜　第三十五折邂逅
第三十六折寻亲　第三十七折会母

节侠记二卷　明　许三阶撰

卷上　第四折忠忤　第六折直谏　第九折送别　第十三折春游
第十四折订访

卷下　第二十一折南征　第二十二折奇偶　第二十三折寄衣
第二十四折围猎　第二十七折遁荒

国朝院本（清传奇174种）

秣陵春五卷　清　吴伟业撰

卷一　第五折揽镜　第六折赏音　第七折惜杯　第八折仙媒
第九折杯影

卷二　第十折示要　第十一折庙市　第十三折决婿　第十四折镜影
第十五折思镜

卷三　第十六折觑怒　第十七折影现　第十八折见姑
第二十折遇猎　第二十二折仙婚

卷四　第二十三折影衅　第二十六折宫饯　第二十七折叙影
第二十六折魂飘　第三十折冥拒　第三十一折辞元
卷五　第三十二折影归　第三十四折杯圆　第三十五折诘病
第三十八折笺恨　第四十折真婚　第四十一折仙祠

钧天乐二卷　清　尤侗撰
卷上　第二折歌哭　第六折浇愁　第九折悼亡　第十折祷花
第十二折哭友　第十五折哭庙
卷下　第十六折送穷　第二十二折地巡　第二十五折仙访
第二十六折入月　第二十七折世巡　第三十折闺叙

桃花扇二卷　清　孔尚任撰
卷上　第五折访翠　第十一折投辕　第十三折哭主　第十七折拒媒
第十八折争位
卷下　第二十三折寄扇　第二十八折题画　第三十五折誓师
第三十八折沉江　第四十折余韵

花筵赚四卷　明　范文若撰
卷一　第四折乞花　第六折闺逗　第八折调扇　第十折谕逆
第十一折宵觇
卷二　第十二折夜窘　第十三折媒赚　第十四折镜聘
第十五折赋架
卷三　第十六折妒梦　第十七折移眷　第十九折遇故
第二十一折闹婚
卷四　第二十二折妒警　第二十三折闺绽　第二十五折痴索
第二十七折哗醉

鸳鸯棒三卷　明　范文若撰
卷上　第六折坠莲　第八折鞠香　第十二折诀别　第十三折择坦
第十四折涎赚　第十五折闺卧
卷中　第十六折饰魔　第十九折背刃　第二十折沉玉　第二十二折绝婚　第二十三折恚剔　第二十四折帘瞥
卷下　第二十五折鹁泣　第二十六折剑械　第二十七折病吃
第二十八折警魅　第二十九折絮觏　第三十折复欢

梦花酣一卷　明　范文若撰
磽卧　宵遁

西楼记二卷　明　袁于令撰
卷上　第十三折空缄　第十四折空泊　第十五折集艳
第十六折离魂　第二十折错梦　第二十三折矢节
卷下　第二十四折饯席　第二十七折泣试　第二十九折载月
第三十二折护姬　第三十五折重逢

珍珠衫一卷　明　袁于令撰

哭花　欹动

鹔鹴裘二卷　明　袁于令撰

卷上　著书　新寡　调弦　琴挑　情动　赂婢　盟心

卷下　当垆　题桥　就征　忆远　岐爱　寄吟

醉月缘一卷　清　薛旦撰

第七折赠绫　第九折弹词　第十六折习词　第二十折谈心　第二十七折梦幻

永团圆二卷　清　李玉撰

卷上　第四折侠士赠裘　第五折看会生嫌　第十一折贞女異梦

第十四折计定移星　第十五折公堂断配

卷下　第二十二折江女解危　第二十六折设谋擒贼

第二十八折看录明缘　第二十九折斋馆讯囚　第三十折江纳劝女

一捧雪二卷　清　李玉撰

卷上　第五折豪宴　第九折醉泄　第十折谮赝　第十五折代戮

第十六折讦发　第十八折勘首

卷下　第二十折诛奸　第二十一折哭瘗　第二十四折徙置

第二十七折勍恶　第二十八折塚遇　第三十折杯圆

麒麟阁　清　李玉撰（佚）

清忠谱　清　李玉撰（佚）

风云会　清　李玉撰（佚）

万事足　明　冯梦龙撰（佚）

女丈夫　明　冯梦龙撰（佚）

双雄记　明　冯梦龙撰（佚）

琥珀匙　清　叶稚斐撰（佚）

九莲灯　清　朱佐朝撰（佚）

牡丹图二卷　清　朱佐朝撰

卷上　第四折花宴　第七折献图　第八折骑劫　第九折驿赚

第十折拾图　第十二折舟梦

卷下　第十三折假报　第十四折真报　第十五折游湖　第十八折打虎

第二十折月宴　第二十一折廷问　第二十八折殿圆

渔家乐二卷　清朱佐朝撰

卷上　第三折卖书　第七折谏父　第十折做亲　第十一折离宫

第十二折错哄　第十三折端阳　第十四折分别

卷下　第十五折藏舟　第十七折离舟　第二十一折计抢

第二十二代嫁　第二十四刺梁　第二十八羞父

艳云亭一卷　清　朱佐朝撰

痴诉　点香

党人碑一卷　清　邱园撰（佚）
十五贯二卷　清　朱㿥撰（佚）
聚宝盆一卷　清　朱㿥撰（佚）
双官诰二卷（存下卷　收第二十、二十三至二十八折）　清　陈二白撰
樱桃梦三卷　清　陈与郊撰
卷上　第二折听讲　第三折入梦　第四折谒姑　第五折议亲
第七折猎饮　第八折破嗔　第九折幽期　第十折遣试
第十一折觉贪
卷中　第十二折访道　第十三折游街　第十四折报喜　第十五折逆旅
第十六折迎吠　第十七折义激　第十九折狭邪　第二十折清谈
第二十一折呓语　第二十二折幻侠
卷下　第二十三折疟戏　第二十六折晤仙　第二十八折渔色
第二十九折送妾　第三十折诈传　第三十一折互妾
第三十二折还朝　第三十三折遂陷　第三十四折退思
第三十五折出梦
灵宝刀一卷　清　陈与郊撰
第三折烧香　第六折拷陷　第八折橐馇　第十三折送别
第十四折强娶　第十六折谋替　第十八折仗义　第二十折悲痛
第二十一折锄强　第二十三折哀鸣　第二十四折酬恩　第二十七折投山
绾春园一卷　明　沈嵊撰
再贻诗　疑配
息宰河三卷　明　沈嵊撰
卷上　第二折酋警　第三折出守　第六折义感　第十折避乱
第十一折受降
卷中　第十二折释艳　第十三折泣变　第十四折狼逼
第十六折量移　第十七折奇刺　第十八折遘章
卷下　第二十折雌伏　第二十二折祷月　第二十八折卜合
第二十九折醮圆　第三十折小登
人天乐一卷　明　黄周星撰
第四折福纲　第八折天食　第九折不淫　第十折天衣
第二十二折解冤　第二十三折馘魔　第二十四折赎女　第二十六折仙联
第二十八折意园　第二十九折天园　第三十一折救鬼　第三十二折凡圆
忠孝福二卷　清　黄兆森撰
卷上　第八折巡诀　第十一折忠殉　第十三折哭骸　第十四折礼魂
卷下　第二十二折投诚　第二十六折闺述　第二十七折访迹
第二十八折谒祠
红言情三卷　清　王翃撰
卷上　静夜思　私怜露　纳　鱼津夜渡　淮宴　鱼归　复

卷中　　秋吟　哭　秋怜　遘　客艰　江春晓妆　移藩
卷下　　归　京第　私怜锡字　言情　情言　合　荐玉

词苑春秋一卷　　清　王翃撰

晤别　　红语　　悲喜

醉菩提一卷　　清　张大复撰

打坐　　石洞　　醒妓　　天打　　莲花　　当酒　　捐金　　佛圆

长生殿六卷　　清　洪昇撰

卷一　　定情　　春睡　　幸恩　　献髮
卷二　　复台　　疑谶　　闻乐　　制谱
卷三　　偷曲　　夜怨　　絮阁　　窥浴
卷四　　密誓　　警变　　埋玉　　冥追
卷五　　情悔　　哭像　　神诉　　看袜
卷六　　尸解　　弹词　　见月　　雨梦　　得信

玉门关一卷　　题青城山樵撰

第二折投笔　　第六折草疏　　第七折毁功　　第十四折临海
第十七折入关　　第十八折旅贡

布袋锦一卷　　题臞道人撰

第四折醉吟　　第二十二折嗔回　　第三十折脱囚

新灌园二卷　　明　张凤翼撰

卷上　　第十五折匿嗣　　第十六折收佣　　第十八折邂逅　　第二十折推食
卷下　　第二十一折夜祭　　第二十五折登楼　　第三十二折迎立
　　　　第三十四折祭墓

长命缕二卷　　明　梅鼎祚撰

卷上　　第八折释囮　　第十折拒诱　　第十三折懐贞　　第十四折宴劳
　　　　第十七折导师
卷下　　第十八折禅逅　　第二十折抒幽　　第二十一折证缕
　　　　第二十三折慕化

广寒香四卷　　清　汪光被撰

卷一　　第四折庭谏　　第五折壮游　　第七折侠概　　第八折邸殴
　　　　第九折园遘
卷二　　第十折昼月　　第十三折巧赚　　第十四折悔过　　第十五折玩结
　　　　第二十一折遇主
卷三　　第二十二折情逗　　第二十四折游月　　第二十五折托媒
　　　　第二十六折允婚　　第二十七折遇故
卷四　　第二十八折嫁婢　　第二十九折误娶　　第三十折亲迎
　　　　第三十一折惊婚　　第三十二折完璧

阴阳判二卷　　清　查慎行撰

卷上　　第八折嘱诀　　第十一折却金　　第十六折河控　　第十八折挟刃

第十九折归释

卷下 第二十一折阴拘 第二十二折神判 第二十三折冥叹

第二十五折劝仆

双奇会二卷 题湖上逸人撰

卷上 逢侠 辞家 奸构 烈殉 侠拯 诛逆

脱阱 慈训 啸聚

卷下 歼寇 途攫 神示 惊变 创守 番叙

窘谒 陷阱 双合

红梅记一卷 明 周朝俊撰

第四折杀妾 第五折折梅 第七折瞥见 第九折充婿 第十三折幽会

第十六折脱难 第十七折鬼辩 第十七折新改鬼辩 第十九折调婢

第二十折秋怀 第二十四折恣宴 第二十九折改妆

香鞋记一卷 清 石琰撰

第十二折改妆 第二十三折窥祭 第二十七折愁病 第三十三折嘲笑

酒家佣二卷 明 陆弼钦虹江撰

卷上 骂佞 四妆 饯行 请尸

卷下 幽欢 途别 庭辩 哭奠 归隐

游子鉴二卷 题半隐主人撰

卷上 第二折遇妓 第五折情逃 第六折庵诱 第七折惊梦

第八折庵晤

卷下 第九折露约 第十一折被赚 第十五折结盟 第十六折慰病

第十九折阴判

精忠旗一卷 清 李梅实撰

效节 复地 哭帝 愤刺 阴讯

青雀舫一卷 明 徐阳辉撰

酿酒 巧遇

祷河冰一卷 清 罗小隐撰

贞叹 巡河 冰冻 漕泊 履冰 开冰 祠宴

双鸳祠一卷 清 仲振履撰

第二折心病 第三折殉夫 第四折冥鉴 第五折闺侠 第六折灵诉

第八折歌赛

桂花塔一卷 清 左潢撰

第三折史宴 第四折述谱 第五折送别 第六折赏春 第七折斋塌

第九折贺塔

珊瑚玦二卷 清 周稚廉撰

卷上 第三折儒报 第五折扬熛 第六折饯帅 第七折分玦

第八折矢贞 第九折慈拯 第十三折立嗣

卷下 第十四折寻妻 第十六折觃况 第十九折会舅 第二十一折园遇

第二十四折闹澧　第二十六折诲觅　第二十七折合玦

元宝媒三卷　清　周稚廉撰

卷上　第二折财源　第三折郭遇　第四折豪劫　第六折路拯
第八折还金

卷中　第十折牝虐　第十二折途穷　第十四折恩酬　第十五折奏圣
第十六折豪焰

卷下　第十八折义赎　第二十二折冤鞫　第二十六折宫赐
第二十七折发财

双忠庙三卷（存中下卷）　清　周稚廉撰

卷中　止刺　义释　衔点　剖明

卷下　出须　学画　祭主　殿吁　换装

芙蓉峡一卷　清　林以宁撰　一作錢石臣撰

第十七折缔盟　第二十三折定计　第二十四折飞剑　第二十六折露机
第二十八折闹婚　第三十一折设饯　第三十三折双隐

扬州梦二卷　清　嵇永仁撰

卷上　第五折惋才　第七折聘鬟　第九折露纵　第十折惊座
第十二折授计

卷下　第十三折痛美　第二十一折邮会　第二十七折逼阱
第二十八折筵目　第二十九折青楼

玉尺楼四卷（存第一、二卷）　清　朱亣撰

卷一　第五折献箴　第六折才傲　第八折构衅　第九折较才
第十一折听莺　第十二折选婢

卷二　第十三折冷诮　第十四折仇誉　第十五折强聘
第十七折遇祠　第十八折袭美

旗亭记二卷　清　金兆燕撰（佚）

一斛珠三卷　清　程枚撰（佚）

拜针楼二卷　清　汪墅撰（佚）

珍珠塔一卷　清　张恺勋撰（佚）

锦香亭一卷　清　石琰撰（佚）

百花舫一卷　题紫虹道人撰（佚）

晋春秋四卷　清　蔡廷弼撰（佚）

量江记三卷　明　畲翘撰（佚）

议大礼一卷　清　刘晕撰（佚）

洒雪堂二卷　明　梅孝己撰（佚）

风流棒二卷　清　万树撰（佚）

念八翻二卷　清　万树撰（佚）

空青石二卷　清　万树撰（佚）

绿牡丹二卷 明 吴炳撰（佚）
画中人二卷 明 吴炳撰（佚）
西园记二卷 明 吴炳撰（佚）
乞食图二卷 清 钱维乔撰（佚）
六如亭五卷 清 张九钺撰（佚）
花萼吟一卷 清 夏纶撰（佚）
无瑕璧一卷 清 夏纶撰
第六折焚驿 第八折烹铁 第十折哭尸 第十二折拒挑
第二十一折邸逐 第二十八折解围
瑞筠图一卷 清 夏纶撰
第七折题画 第十二折教忠 第十六折西市 第二十折狱庇
第二十二折忆子 第三十二折旌节
广寒梯二卷 清 夏纶撰
卷上 第十一折悯祸 第十二折慨赠 第十四折入泮 第十六折闺陷
第十七折鉴馨
卷下 第十八折馈米 第十九折环救 第二十一折填榜
第二十四折痴警 第三十二折卺圆
杏花村一卷 清 夏纶撰
第四折购刀 第八折报仇 第二十一折监閙 第二十八折见父
南阳乐三卷 清 夏纶撰
卷上 第四折探病 第五折神救 第十一折演阵 第十五折围府
第十七折遣将
卷中 第二十二折掘塚 第二十三折江奠 第二十五折忠诉
第二十六折擒丕 第二十九折战江
卷下 第三十二折泣楼 第三十三折权降 第三十四折妃旋
第三十五折舟忆 第三十七折献俘 第四十折嗣统
奈何天四卷（存一至三卷） 清 李渔撰
卷一 第四折惊丑 第五折隐妒 第六折逃禅 第七折媒欺
第八折倩优
卷二 第九折误相 第十一折醉卺 第十三折软诓 第十四折狡脱
第十五折分扰
卷三 第十六折妒遣 第十八折改图 第十九折逼嫁 第二十折调美
第二十一折巧怖
凤求凰 清 李渔撰（佚）
巧团圆 清 李渔撰（佚）
满床笏 清 李渔撰（佚）
玉搔头三卷（存中、下卷） 清 李渔撰

卷中　第十四折抗节　第十七折雠玉　第十八折得像　第十九折侦误
　　第二十一折闻警　第二十二折极谏
卷下　第二十四折错获　第二十五折误投　第二十六折谬献
　　第二十七折得寔　第二十折媲美

风筝悮（存上卷）　清　李渔撰
第七折题鹞　第八折和鹞　第十一折鹞悮　第十三折惊丑
第十四折遣试　第十八折艰配　第十九折议亲

比目鱼　清　李渔撰（佚）
慎鸾交　清　李渔撰（佚）
蜃中楼　清　李渔撰（佚）
意中缘　清　李渔撰（佚）
怜香伴　清　李渔撰（佚）
富贵仙　清　李渔撰（佚）
双错卺　清　李渔撰（佚）
合欢锤　清　李渔撰（佚）
雁翎甲　清　李渔撰（佚）

香祖楼四卷　清　蒋士铨撰
卷一　第一折转情　第二折兰因　第五折兰怨　第七折怜兰
　　第九折嫁兰
卷二　第十折录功　第十一折觞芰　第十三折兰啼　第十五折缘终
　　第十六折恨始
卷三　楔子情纪　第十七折守情　第十八折哭柬　第二十四折怀驿
　　第二十六折献馘
卷四　第二十七折访叶　第二十八折殉情　第三十折纤恨
　　第三十一折楼园　第三十二折情转

空谷香　清　蒋士铨撰（佚）

临川梦二卷（存下卷）　清　蒋士铨撰
第十五折寄曲　第十六折访梦　第十七折集梦　第十八折花庆
第十九折说梦　第二十折了梦

冬青树二卷　清　蒋士铨撰
卷上　辞宫　题驿　私葬　守正　浩歌
卷下　柴市　饿殉　碎琴　西台　勘狱

雪中人一卷　清　蒋士铨撰
第一折弄香　第三折角酒　第五折联狮　第六折放鹤　第九折挂弓
第十三折赏石　第十五折花交　第十六折蝶聚

桂林霜二卷　清　蒋士铨撰
卷上　遣遁　再遣　幽禁　释帖　移帐

卷下 完忠 烈殉 私葬 归骸

梦中缘三卷 清 张坚撰

卷上 第五折题帕 第九折奇逢 第十二折拾帕 第十三折帕订 第十七折见妹

卷中 第十八折送茶 第十九折莲盟 第二十一折夜别 第二十四折醋诗 第三十四折美合

卷下 第三十六折闺叙 第三十九折窥宴 第四十三折犯纲 第四十四折代迎 第四十六折戏圆

怀沙记三卷 清 张坚撰

卷上 第八折疏原 第十一折泣耕 第十三折质子 第十六折蝶宴 第十八折著骚

卷中 第十九折卜居 第二十二折大招 第二十四折天问 第二十六折山鬼 第二十七折渔父 第二十八折投渊

卷下 第二十九折魂游 第三十折湘宴 第三十一折现果 第三十三折升天

玉狮坠二卷 清 张坚撰

卷上 第六折并泊 第七折闻筝 第十折追订 第十一折伏狮

卷下 第十二折胶筝 第十九折毁奁 第二十折逾垣 第二十四折误祭

梅花簪三卷 清 张坚撰

卷上 第十折抢亲 第十二折闻嫁 第十四折舟误 第十八折禁侠 第十九折诉情

卷中 第二十一折天榜 第二十五折簪忆 第二十七折点监 第二十八折逃狱 第二十九折诘病

卷下 第三十一折市簪 第三十二折悔悟 第三十五折赏月 第三十九折负荆

双报应二卷（存上卷） 清 嵇永仁撰

第六折拈酸 第七折议诉 第九折逼卖 第十一折病闹 第十二折生离 第十三折全节

文星榜 清 沈起凤撰（佚）

报恩缘三卷（存中、下卷） 清 沈起凤撰

卷中 引缘 填榜 闺念 洞别 急计 伪试 闺谑

卷下 夺状 泣报 猿隐 空访 双赚 鼎圆

伏虎韬四卷 清 沈起凤撰

卷一 第一折开宗 第二折说法 第三折采风 第五折乔逼 第六折卖身

卷二 第七折选妾 第八折奇枷 第十折伏吼 第十三折催试 第十五折闺谑 第十六折婢戏

卷三 第十七折巧合 第十八折丐诨 第二十折双套

第二十一折扑蝶　第二十二折托赌
卷四　第二十三折述笑　第二十四折诱醮　第二十五折定计
第二十六折醋报　第二十七折诡逼　第二十八折妒圆

地行仙五卷（存三至五卷）　清　吴震生撰
卷三　第二十五折耸尉　第二十八折谒尼　第二十九折絮影
卷四　第三十五折诲郑　第三十七折醒源　第三十八折得苏
第三十九折猎狗　第四十折勦隐
卷五　第四十一折负冉　第四十二折讯秽　第四十三折礼佛
第四十四折话鸳　第四十五折会昙

寒香亭五卷　清　李凯撰
卷一　第四折笺和　第六折和笺　第八折词感　第九折巷遇
第十折絮别
卷二　第十三折空访　第十四折谪订　第十五折拾笺　第十七折劫花
第十八折疑赝　第十九折追艳
卷三　第二十折边衅　第二十二折拯玉　第二十三折鸿罹
第二十四折途艰　第二十六折劝试
卷四　第二十六折闻喜　第二十九折商避　第三十折梦因
第三十折萍依　第三十三折辞婚　第三十四折策愤
卷五　第三十折哀忆　第三十七折计剿　第三十八折闺圆
第三十九折乔议　第四十折梅婚

东海记一卷　清　王曦撰
第三折劝嫁　第七折法场　第九折旱魃　第十折梦感

八宝箱一卷　清　夏秉衡撰
第十八折曲宴　第十九折听箫　第二十二折迎仙
第二十三折途叹　第二十五折沉箱

马上缘二卷　清　吴梅岑撰
卷上　显化　订姻　双擒　营醋　法护　靖寇　狱叙
卷下　逃禅　斩订　闺饯　烈到　坚拒　情疑　美圆

琵琶侠四卷　清　董达章撰
卷一　第一折怜才　第二折诗摈　第三折傲筵　第四折侠影
第六折织狱
卷二　第十折却聘　第十五折拯幽　第十六折狱慨　第十七折侠吟
第十八折急难
卷三　第十九折辨诬　第□折诗愤　第□折侠弹
第二十五折访谢　第二十六折骂座
卷四　第二十折训姬　第二十九折南游　第三十折载侠
第三十一折祠别　第□折诗梦

鱼水缘三卷　清　周书撰

卷上　第四折庵觏　第七折梦诧　第八折赠簪　第九折解佩
第十折拷衿　第十一折惊遁　第十三折炫奸
卷中　第十四折忆美　第十五折萍合　第十八折露衷　第二十一折难订　第二十二折借骑　第二十三折旅别　第二十四折虎媒
卷下　第二十五折逢喜　第二十六折私揣　第二十七折掷簪
第二十八折婚捷　第二十九折谑素　第三十折愁配
第三十一折调香

后一捧雪一卷　清　胡云壑撰

第六折祭叔　第八折送学　第十折冥报　第十七折刺差
第二十折激夫

芝龛记六卷　清　董榕撰

卷一　第一折忠饯　第四折莲瑞　第五折双忆　第六折翰通
卷二　第八折仙引　第十二折双征　第十三折夜击　第二十二折昙援
卷三　第二十四折右判　第二十五折左巡　第二十六折擒梃
第二十九折勤王
卷四　第三十折四援　第三十一折御略　第三十三折双贞
第三十四折骂珰
卷五　第三十六折招魂　第三十九折酝闯　第四十折召对
第四十二折城姻　第四十五折郧会
卷六　第五十一折吊藩　第五十二折救父　第五十三折荆梦
第五十六折题阁　第五十七折江还

载花舲四卷　清　徐沁撰

卷一　第二折幻想　第三折论心　第四折促赴　第五折怜丑
第六折贡异
卷二　第七折遇述　第八折胜集　第九折企重　第十折会舟
第十二折对庆　第十三折情媒
卷三　第十四折却嫁　第十七折歌送　第十八折祖别　第二十折豪抢
第二十一折逼窘　第二十三折依避
卷四　第二十五折病占　第二十六折经临　第二十七折设计
第二十九折寻踪　第三十折唱情　第三十一折舟会

楼云石三卷　清　黄图珌撰

卷上　心许　密约　双残　惊变　复生　哭女
卷中　倡乱　避兵　据吴　驿会　逐婿
卷下　穷途　雪遇　闺思　说亲　石圆

双仙记三卷　清　崔应阶撰

卷上　第四折谋刺　第五折闺遇　第七折弃官　第十一折探关
第十二折闺盼　第十三折击贼
卷中　第二十折卖苹　第二十二折遇仆　第二十四折赎苹

第二十六折谪陵　第二十七折驿计　第二十八折茶晤
卷下　第二十九折得书　第三十一折觅药　第三十二折矫诏
第三十三折回生　第三十五折婚隐

石榴记四卷　清　黄振撰
卷一　花誓　神感　惊春　谈兵　搜遗
卷二　展骥　梦圆　哭变　寄笺　情赠
卷三　践约　谋陷　乔禁　双探　途穷
卷四　琴叹　狱捷　逼娶　团花

鹤归来一卷　清　瞿颉撰
赐宴　赴关　双忠　哭殓　赴难

芙蓉楼四卷　清　张衢撰
卷一　惊变　追舟　客遇　奠遇
卷二　种情　叹试　诗醋　玩月
卷三　幽疾　私探　寄书　悼伤
卷四　接书　哭墓　借尸　见母　影圆

玉节记四卷　清　张衢撰
卷一　妻梅　得像　花梦　哄房　惊寇　议合
卷二　智全　庭慰　仙逢　冰语　疑婚
卷三　叙姻　送行　掠美　脱难　索姝　诧腐
卷四　画意　荡寇　识真　遇友　见岳

千金寿一卷　清　沈筠撰
第三折夷门　第六折盟台　第八折谇秦　第九折诤朝　第十一折义激
第十二折窃符　第十□折夺军

绣帕记二卷　清　谢坤撰
卷上　第十六折习词　第二十折谈心　第二十四折泣秋　第二十七折梦幻
卷下　第二十八折赎妾　第三十二折吐真　第三十四折病遇　第三十六折帕圆

十二金钱二卷　清　谢坤撰
卷上　第四折赠钱　第六折夺钱　第七折索钱　第八折踏镜
卷下　第十五折闹县　第十六折侣盟　第十二折沙话　第二十二折遇旧

血梅记一卷　清　谢坤撰
第七折观灯　第十一折纳聘　第十六折海市　第二十折侠赠
第二十二折探试　第二十六折酬愿

黄河远一卷　清　谢坤撰
第四折访旧　第六折哭鬟　第十四折前慕　第十八折后慕　第二十二折雪楼　第二十四折分隐

兰桂仙三卷　清　左潢撰

卷上　第一折仙饯　第三折春园　第六折守殒　第七折哭守

第八折写经

卷中　第九折刲股　第十折邻惊　第十一折仙忆　第十二折萱萎

第十四折埋香

卷下　第十五折哭妹　第十六折恤烈　第十九折迎舟　第二十折仙圆

仲氏红楼四卷　清　仲振奎撰

卷一　第五折葬花　第九折禅戏　第十一折扇笑　第十四折听雨

第十五折补裘　第十六折试情

卷二　第十七折花寿　第十九折诔花　第二十折焚帕

第二十二折鹃啼　第二十五折哭园　第二十八折后梦

卷三　第三十折礼佛　第三十五折返魂　第三十七折单思

第四十折寄泪　第四十四折哭梦

卷四　第四十五折花悔　第四十七折偿恨　第四十八折说梦

第四十九折劝婚　第五十六折勘梦

红楼散套二卷　清　吴镐撰

卷上　葬花　警曲　听秋　剑会

卷下　痴诔　走魔　焚稿　诉愁

陈氏红楼五卷　清　陈锺麟撰（佚）

海烈妇二卷　清　沈受宏撰（佚）

后七子四卷　题拥书主人撰（佚）

合浦珠一卷　题芙蓉山樵撰（佚）

续牡丹亭一卷　题静庵撰（佚）

雷峰塔一卷　题岫云词逸撰（佚）

富贵神仙一卷　清　郑含成撰（佚）

影梅庵三卷　清　彭剑南撰（佚）

香畹楼四卷　清　彭剑南撰（佚）

鸳鸯镜二卷　清　黄燮清撰（佚）

茂陵弦三卷　清　黄燮清撰（佚）

帝女花二卷　清　黄燮清撰（佚）

桃谿雪二卷　清　黄燮清撰（佚）

烂柯山一卷　清〔佚名〕撰（佚）

名山志一卷　清〔佚名〕撰（佚）

金钿盒　清〔佚名〕撰（佚）

梅花楼一卷　清〔佚名〕撰

露意　慰琬

绿华轩一卷　清〔佚名〕撰

默契　砥节　情感

宵光剑一卷　清〔佚名〕撰　一作徐复祚撰

相面　扫殿　闹庄　救青　功宴

天宫宝一卷　清〔佚名〕撰

第十一折控宪　第十七折店遇　第二十二折舟遇

凤雏圆五卷　清〔佚名〕撰

卷一　第二折双窘　第三折奇援　第四折坊浑　第五折惊婚　第六折乔激　第七折改探

卷二　第八折醉闹　第九折赝嫖　第十折夜劫　第十一折逼露　第十二折计阻　第十三折赚辱

卷三　第十四折泄报　第十五折神护　第十六折途救　第十七折盘婿　第十八折错怒　第十九折斥奸

卷四　第二十折谋陷　第二十一折设套　第二十二折群讴　第二十三折述愤　第二十四折覆套　第二十五折密操

卷五　第二十六折猎遇　第二十七折救储　第二十八折惊获　第二十九折硬婚　第三十折集商　第三十一折闺议　第三十二折覆赚　第三十三折锦圆

南楼梦一卷　清　冯延年撰

春郊　订盟

情邮记一卷　清〔佚名〕撰　一作清吴炳撰

半盒　补盒　追车　惊遣

桐叶记一卷　清〔佚名〕撰　一作清沈玉亮撰

咏心

鸳鸯冢一卷　清〔佚名〕撰　一作清沈玉亮撰

断袖　絮鞋

七子圆二卷　清〔佚名〕撰

卷上　第二折诗社　第七折奸议　第八折伏阙　第九折饯韩　第十二折血柬　第十三折求救　第十四折谒当

卷下　第十折出狱　第十七折熬茶　第二十五折豹房　第二十七折别妻　第二十八折南游　第二十九折诉情　第三十三折责子

慈悲愿一卷　清〔佚名〕撰

回回

翡翠园一卷　清　朱㿥撰

拜年　谏父　恩放　副审　封房　盗牌　杀舟　脱逃

蝴蝶梦一卷　清〔佚名〕撰

叹骷　搧坟　毁扇　病幻　吊孝　说亲　回话　做亲　劈棺

盘陀山一卷　清〔佚名〕撰

第二十五折卖烟

升平宝筏一卷　清　张照撰

第四折水帘　第五折访道　第六折魔消　第七折借宝　第八折献袍
第十一折除牒　第十五折领兵　第十六折偷宴　第十七折捉怪
第十八折脱逃

丹凤忠二卷　清〔佚名〕撰

卷上　第五折斥奸　第十折上本　第□折秋审　第□折归天
卷下　第□折求救　第□折获解　第□折会稿　第□折法场

定心猿一卷　清〔佚名〕撰

第七折降魔　第二十一折北饯

花神报一卷　清〔佚名〕撰

援贞　鞫狱

千忠戮二卷　清　李玉撰

卷上　第一折结姻　第二折廷议　第三折矢忠　第四折靖难　又四折烧宫　第五折披剃
卷下　第七折草诏　第八折别史　第九折搜诰　第十折惨睹　第十一折庵会　第十二折双忠

情中义一卷　清〔佚名〕　撰

第五折下山　第八折相扑　第十折捉鬼　第十四折激变
第十六折出征　第十七折擒高　第十九折结义　第二十二折越墙

红玉簪一卷　清〔佚名〕　撰

梳妆　偷情　妒醋　拷打

醉西湖一卷　清〔佚名〕　撰

叹琴　骇变　禁泣　缘悮

元散曲（元散曲 2 种）

小山小令二卷　元　张可久撰

乔氏小令一卷　元　乔吉撰

明散曲（明散曲 8 种）

六如曲一卷　明　唐寅撰

击节余音一卷　明　冯惟敏撰

山堂杂曲一卷　明　冯惟敏撰

归田小令二卷　明　冯惟敏撰

山堂附录一卷　明　冯惟敏撰

江东白苎二卷　明　梁辰鱼撰

续江东白苎二卷　明　梁辰鱼撰

乐府词余一卷　明　黄峨撰

国朝散曲（清散曲 8 种）

西堂乐府一卷　　清　尤侗撰
叶儿乐府一卷　　清　朱彝尊撰
北乐府小令一卷　　清　厉鹗撰
道情十首一卷　　清　郑燮撰
黍香集一卷　　清　徐石麒撰
渔鼓曲一卷　　清　颜孝嘉撰
棣萼香词二卷　　清　宋征璧等撰
有正味斋曲二卷　　清　吴锡麒撰

耍词（明时调 2 种）

夹竹桃一卷　　明　冯梦龙撰
挂枝儿二卷　　明　冯梦龙撰

——参据本目录的各种传钞、传印本合成

附注：本人所见《复庄今乐府》目，计有：浙江省图书馆善本部藏、张宗祥编《复庄今乐府选详目》；浙江宁波天一阁藏、大梅山馆校录《复庄今乐府总目》；台北“国图”藏、大梅山馆校录《复庄今乐府总目》残页；以及几种排印本综合目录中之《复庄今乐府》目录。今予以参校，合成此目，题称“存目”，俾好之者存阅。

——著　者

第三编

戏曲校勘学

第一章　戏曲校勘的任务

一、校勘的前提条件

戏曲校勘的文字对象，包括戏曲文本的字、词、句、段、篇；文体包含曲调（曲牌、曲辞）、宾白（独白、对白、旁白等）、科文（脚色名目、科泛提示），三者相间。此外，宾白中还会涉及诗（上、下场诗）、词（副末开场、人物家门自白引用）以及对偶、骈体文之类。文字部件有大有小，文体结构韵散结合，所以从事戏曲校勘者，必须具备丰富的文学修养，多方面的文字语言学功底。

戏曲校勘，只有在掌握戏曲版本方面的基础知识之后，方可进行。因为做任何文本的校勘工作，首先是定好底本，而定底本的基础，就是掌握足够的版本知识。清人段玉裁曾言："校书定是非最难。是非有二：曰底本之是非，曰立说之是非。必先定底本之是非，而后可断其立说之是非。""不先正底本，则多诬古人；不断其立说之是非，则多误今人。"①明确告知我们，校书定是非的前提两难之一就是定底本，故校勘学的知识及其运用是建筑在版本学基础之上的。戏曲校勘也不应当例外。

校勘在我国起源很早，相传孔子的七世祖——周末宋国大夫正考父就曾进行过《商颂》的校正工作，事见《国语·鲁语下》记鲁大夫闵马父对景伯语②。这是我们迄今所知我国历史上的校勘之始。正考父的生活年代，大约在公元前9世纪末至前8世纪初。在正考父之后二百年，至孔子本人，亦精于校书。《论语·卫灵公》篇，曾记孔子的话说："吾犹及史之阙文也。"说明孔子是经过认真校勘后，才发现古史的阙疑文字的。但这些校勘工作，尚处于偶一为之的阶段。至东汉刘向时，才首次建立起校书的专业队伍，分工合作，校勘群书，并取得辉煌成绩。魏晋南北朝时，国家政府机构很重视校勘、整理典籍，如西晋武帝时的荀勖，东晋初年的李定，南朝梁之伍昉等人，都曾奉命率众校书。隋唐时期，校书规模进而扩大，出现了虞世南、颜师古等一批负责组织校书的名儒。宋代的校书量多且重，曾有专门负责此项工作的机构——"崇文院"，校书工作颇多见效。

---

① 清·段玉裁：《经韵楼集·与诸同志论校书之难》。

② 《国语·鲁语下》："闵马父谓昔正考父校商之名《颂》十二篇于周太师，以《那》为首。"《诗经·商颂·那》小序，也有类似记载："《那》，祀成汤也。微子至于戴公，其间礼乐废坏，有正考甫者，得《商颂》十二篇于周之大师，以《那》为首。"

明、清两代国家校书规模更为空前，明之《永乐大典》、清之《四库全书》，皆成果斐然。校勘大家戴震，入四库之后，朝夕校书，四年校书凡十七种，皆成善本，即是显例。

除政府之外，历代名儒、学者、藏书家本人也很重视校勘工作，出现了许多校勘名家。如唐之刘知几，宋之郑樵，明之毛晋，清之章学诚等，不可胜数。尤其清代乾、嘉以降，校勘之学可谓登峰造极，出现了成批造诣很深的朴学大师兼校勘大家，如卢文弨，顾千里，王念孙、王引之父子，钱大昕、钱大昭兄弟及何焯（义门）、阮元、段玉裁、戴震、俞樾、孙诒让等，多不胜举。他们博览群书、学养深厚、治学谨严、造诣至高。这些大家的共同特点都是有坚实的国学基础，而这一点恰是做好任何校勘工作的前提条件。

我们仅以其中的孙诒让为例，说明这个问题。孙诒让，人称“末代大儒”，学术成就突出，章太炎誉之为清代“三百年绝等双”。作为有清一代最后一位国学大师，孙氏毕生著作等身，其中最杰出的学术贡献主要有三：

1. 历时二十余年，整理、校勘《周礼正义》。该书采用以本书解本书，对汉人旧说不勉强牵附，对旧注既尊重又不墨守，使之成为有清一代最后也是最好的一部解经之著。

2. 是我国真正的甲骨文研究的开山鼻祖。孙诒让 1904 年著《契文举例》，这是世界上第一部破译甲骨文的著作。1905 年，孙氏又刊《名原》，摭拾金石、甲骨证说，此系以甲骨文考证古文字之始。

3. 著述《墨子间诂》，复活墨学。《墨子》在唐韩愈之后无人解读，俞樾在《墨子间诂·序》中说：“唐以来，韩昌黎外，无一人能知墨子者。传诵既少，注释亦稀。乐台旧本，久绝流传。阙文错简，无可校正。古言古字，更不可晓。而墨学尘薶终古矣。”“瑞安孙诒让仲容，乃集诸说之大成，著《墨子间诂》。凡诸家之说，是者从之，非者正之，阙者补之。……盖自有《墨子》以来，未有此书也。”梁启超《近三百年学术史》评之：“眼光远出诸家之上”，“考订流别，精密闳括，尤为向来读子书者所未有。盖自此书出，然后《墨子》人人可读。现代墨学复活，全由此书导之。”孙诒让的一本校勘训诂之作，竟可复活墨子一门学问，由此可见校勘之学的重要。同时也说明要做好这一工作，非有如孙诒让一样深厚的学养、坚实的国学基础，是很难办到的。

我国历史上也出现过一些戏曲校勘方面的重要成果。如：明代赵琦美抄校元明杂剧，成《脉望馆抄校本古今杂剧》；明代臧晋叔选校元杂剧，编《元人百种曲》即《元曲选》；明代王骥清、凌濛初校定《西厢记》，王校称《新校注古本西厢记》，凌校为《西厢记》五本；此外，还有晚明孟称舜对《録（录）鬼薄（簿）》的校定等。近现代在戏曲校勘学方面的成果则更多。如：王国维校定的《録（录）鬼薄（簿）》，王季烈校定的《孤本元明杂剧》，任二北的《教坊记笺订》，郑骞、徐沁君校的《元刊杂剧三十种》，王季思的《西厢记校注》，钱南扬的《永乐大典戏文三种校注》、《元本琵琶记校注》，吴晓铃等人编校的《关汉卿集》，王季思主编、中山大学中文系同仁编校的《金元戏曲》以及中国戏曲研究院编校的《中国古典戏曲论著集成》等等，都是在戏曲学术界颇有影响的戏曲编校著作。这些优秀的戏曲校勘编纂之著，都是由于编校者具有丰富的戏曲专业知识和深厚的国学基础的结果。

二、戏曲校勘的目的和任务

校勘，又作“校刊”、“校雠”。校，即校对、考核、校正，就是经过仔细校对后，辨其差讹，求其正确。《说文》无“勘”字，有人认为“勘”即“刊”。“刊”的原义为刊落、削除。现义“刊”或“勘”，就是比勘，即通过比勘，选择其中最准确的东西。关于“校雠”，刘向在《别录》中的解释很有意思：“校雠，一人读书，校其上下，得谬误为校；一人持本，一人读书，若冤家相对曰雠。”据他的解释，校雠的原意，就是要求我们对待书籍要时时提高警觉，就像冤家相对，始终保持存疑态度。

书籍校勘的目的，概言之，是六个字：求正，存真，务通。求正，即通过校勘求得正确的文献依据；存真，即通过校勘恢复文献的本来面目；务通，即通过校勘扫除文献的文字障碍。这也是戏曲校勘的目的。以下分别具体言之：

（一）通过校勘，求得戏曲文本、文献正确而可靠的依据

戏曲文本、文献作为古籍之一，在长期的传写、传刻过程中，必然产生许多谬误和失真现象。其中，有的属有意篡改，有的属各种需要增删，再加之刊印戏曲的多半是设备不完善的民间书坊，其粗糙、拙劣程度必然较其他书籍尤甚，这些都无疑加大了戏曲校勘的难度和工作量。

通常古书因漏一字或误一字而铸成内容大错的现象时有发生。漏字例，如《汉书·刘歆传》与《文选》都收录了刘歆的《移书让太常博士》一文，其中有这样一段记载，说：鲁恭王坏孔子宅，得古文于坏壁中。天汉年（前100—前97），“孔安国献之，遭巫蛊仓卒之难，未及施行”。巫蛊之祸是汉武帝时统治集团的内部斗争。而据《史记·孔子世家》记载，孔安国是武帝时博士，“至临淮太守，早卒”。说明孔安国卒于司马迁著《史记》之前，根本未逢“巫蛊之难”。这样问题就出现了：究竟是《汉书》、《文选》所选一文的说法对呢，还是《史记》的记载正确？长期以来成为一桩疑案。直至清代阎若璩作《古文尚书疏证》，对此进行了辨析。阎氏认为，献书者当是孔安国后人，只是一时没有找到证据。后来他读到荀悦的《汉纪》，其中的《成帝纪》说：“鲁恭王坏孔子宅，得古文《尚书》，多十六篇。武帝时，孔安国家献之，会巫蛊事，未列于学官。”在“孔安国”三字之后，多一“家”字，于是献古文《尚书》的年代由此可解，同时它也证明了《汉书》、《文选》的错误，二者都漏了一个“家”字①。一字之漏，一错千年。

误字例。《吕氏春秋·慎行论·察传篇》载：孔子弟子卜商（子夏）“之秦过卫”时，见一人读史记曰：“晋师三豕涉河。”子夏正之曰：“非也，是己亥也。”原来，“己亥”古字写作“[illegible]”，与“[illegible]”（三豕）相近，便错误地把记载时间（己亥）当作记载动物（三豕），此即所谓“鲁鱼亥豕”典故的出处，成为经典笑话。

古人刻书错误最多的年代，正是戏曲刊刻最盛的时代。清·顾炎武《日知录》卷十八“别字”条曾载：

---

① 清·朱彝尊亦有类似的见识。朱彝尊《曝书亭集》卷五十八《尚书古文辨》说：“安国之卒，本在太初以前。若巫蛊事发，乃征和二年，距安国之没，当已久矣。《汉纪》：‘孝成帝三年，刘向典校经传，考集异同，于《故尚书》云：“武帝时，孔安国家献之。”’则知安国已没，而其家献之。《汉书》、《文选》录本流传，偶脱去‘家’字耳。”

> 山东人刻《金石录》，于李易安《后序》："绍兴二年，元黓岁，牡丹朔。"不知"壮月"之出于《尔雅》，而改为"牡丹"。凡万历以来所刻之书，多"牡丹"之类也。

讥讽了明代万历以来坊间刻书的拙劣。

不仅错刻，还有错抄的现象。宋·洪迈《容斋随笔·四笔》卷三载：

> 曾纮所书陶渊明《读山海经》诗："形夭无千岁，猛志固常在。"取《山海经》参校，则曰："刑天，兽名也，口中好衔干戚而舞。"乃知"刑天舞干戚"，与下文相应，五字皆讹。

至于戏曲，在长期传写、传刻过程中，错误更多，主要有以下八种现象：

1. 脱字

脱字，又称"脱文"，简称"脱"或"夺"，就是在传抄、传刻过程中缺少了文字。如明刊《金印记》第十二出"金钗典卖"中，旦曰："家中（事）纵有天来大、海样深，一旦都丢罢。""事"字原脱，应据文意补上。①

脱文也有成段脱掉的。如明富春堂本《三元记》，开场只有一段交待剧情的【西江月】词和四句下场诗，缺了一段抒发作者创作旨意的词。《风月（全家）锦囊》本的出现，才为我们补足了这首抒发作者创作意旨的【鹧鸪天】②。因《风月锦囊》本早于富本，故【鹧鸪天】词显为富本在传刻中脱落掉的。这种情况通过《风月（全家）锦囊》与传本的比勘，我们发现在《郭华》、《还带记》、《牧羊》、《白兔记》、《胭脂记》、《破窑记》等传本中也都或多或少地存在。详情可参阅拙著《风月锦囊考释》、《风月锦囊笺校》，兹不赘述。

此外，戏曲中的某些脱文也有故意为之的。如明成化本《白兔记》，一些曲牌有意用墨丁涂抹，这或许是艺人为防止别的戏班蹈袭曲调、守住自己的看家本领而故意采用的"埋鸭头"措施。

2. 衍字

衍字，又称"衍文"，简称"衍"，是在传刻、传抄过程中增加了多余的文字。如明刊《金印记》第五出"洒扫花亭"【驻马听】第三支，有"粉蝶儿飞去又飞来，莺声巧啭在花枝外"，"外"字既失韵，又与文义不通，可断为衍字。删去"外"字，"枝"字恰好叶韵。③

戏曲的脱文、衍字现象，常常可以通过戏曲文体格律来加以辨识。例如：明刊《金印记》"家门正传"的【西江月】："醒炎凉世态，只恁轻贫重富，所贵在多才。知音高着眼，大喝采声来。"其中"醒炎凉世态"句，按【西江月】词律，应为六字句，现作五字，且文义不通，疑脱一字。又如，同戏第三十出"用计敌秦"【包字令】首四句，原作："点起诸邦百万兵，

---

① 拙校《金印记》，中华书局"明清传奇选刊"《连环记·金印记》合印本，1988年版，第37页。

② 参见孙崇涛、黄仕忠《风月锦囊笺校》，中华书局2000年版，第459页。

③ 拙校《金印记》，第8页。全曲如下："春日迟迟，称（趁）此双亲未老时。只见园苑好景，沉醉东风，称人心意。粉蝶儿飞去又飞来，莺声巧啭在花枝外。莫负良时，人生百岁能有几？"

万兵；听得金鼓喊声频，声频。”二、四两句，原只重叠一、三句的末二字，但按【包字令】常格，其二、四两句应为三字句，即重叠上句末三字，这里系脱掉“百”、“喊”两字，应按律增补。以下两首【前腔】亦同。①

3. 误字

误字，也称“讹字”，简称“误”或“讹”，包括错字、别字、缺笔字等现象。这种现象，其他古书亦常见之。如通行本《战国策·赵策》曾记“左师触詟愿见太后”，而在《史记·赵世家》中，却作“左师触龙言愿见太后”。直排古书“触龙言”，可能会排成“触詟”，孰对孰错？这一疑案直至20世纪60年代马王堆汉代帛书《战国纵横家》出土，作“触龙言”，才证实通行本《战国策》之误。

也有既误又脱的现象，这种情况更难校勘。如《绣襦记》第三出“伪儒乐聘”中有一段净（乐道德）的家门自白，《六十种曲》本作：“功名蹭蹬，豪杰之气已灰；家业凋零，浩然之气已馁。和光棍惟以利欲是图。”末句不知所云。取凌氏明刊朱墨本校之，则知此处应作：“功名蹭蹬，豪杰之气已灰；家业凋零，浩然之气久馁。和光混俗，惟以利欲是图；假义盗仁，何曾慊欺在念。”原来，《六十种曲》本错一字（“混”作“棍”），需正一字（“已馁”之“已”，应正作“久”），漏十一字（“混”、“假义盗仁，何曾慊欺在念”）。《六十种曲》本连脱带误，若无凌氏朱墨本作校，恐怕又是戏曲史上的疑案了。②

此外，还有缺笔造成的错误。如《宦门子弟错立身》第十二出中的一段：“（末卜上白）雁飞不到处，人被名利牵。合才勾栏散罢，对门茶店中叫孩儿去，不知甚人在那里？如今走一遭。”“合才”意不明。钱南扬《永乐大典戏文三种校注》注“合”为“似应作‘适’”③。其实“合才”释作“恰才”更好，“恰”作“合”，乃属缺笔之误。

戏曲中的误字，也可依音律予以辨正。如明刊《金印记》第十一出“琴剑西游”【金珑璁】：“利名两字转添凄楚，奔波万里遥。知甚日到秦都？”“遥”字失韵，依韵疑为“途”之误。又，第16出“一家耻笑”【绣带儿】：“（旦）闻说道儿夫信息，停梭试问来由。（净）秦邦内音信回来，休得要皱破双眉。”“眉”字亦失韵，当误。若将“双眉”正作“眉头”，则既与文意无碍，且又合韵了。

校勘工作是非常细致的，尤其戏曲，文意、韵律、曲格、剧本体制形式等等许多方面的知识都要一一考虑进去。有的古籍出版部门缺乏戏曲校勘能力，所校戏曲，常多有误，不能轻信。如扬州广陵古籍刻印社校刊发行的明成化本“白兔记”，其中四处“宾州太原府”都未校出。从历史地理来看，五代时的“宾州”不在山西，而在广西柳州之南，北宋辽时，宾州在今吉林长春之北，跟太原府没法搭边，故原本中的“宾州”，显为“并州”之误。

另外还需注意，戏曲曲牌的误刻更是家常便饭，俯拾皆是。经常见到的，诸如：【解三酲】刻成【解三醒】，【绛都春】刻成【降都春】，【红衲袄】刻成【红纳袄】，【转山子】刻成【转仙子】，【五更转】刻成【五更传】，【幞头钱】刻成【撲头钱】，【斗黑蟵】刻成【斗黑麻】，【黑蟵序】刻成【黑麻序】，等等。

---

① 参阅拙校《金印记》，第1、103页。

② 参阅本人校注《绣襦记》，上海文艺出版社1989年版《中国十大古典悲喜剧集》，第149页。

③ 钱南扬：《永乐大典戏文三种校注》，中华书局1979年版，第249页，注㊴。

4. 倒字

倒字，亦称“倒文”，简称“倒”，顾名思义，就是文字次序颠倒。文字次序颠倒对于戏曲而言，有两种情况：一种是在传写、传刻过程中由于疏忽把字句抄倒、刻倒了；另一种情况并非出于疏忽，而是由于过分强调、计较戏曲格律、韵律等形式要求，而忽视了内容、语法、修辞的规范，结果故意把文字颠倒了。下面我们以《风月（全家）锦囊》一书的校勘为例①，各举几个例子来说明这两种情况。

例之一。《风月（全家）锦囊》《新增苏氏自叹》篇【四朝元】第三段：“青春憔悴，傍妆台懒画眉。任绿云撩乱，粉销看腻，金钏松玉臂。”（页15）“金钏”底本原作“钏金”，根据意义，显为“金钏”之倒，所以应把它改正、再倒回来。同样，同书《全家锦续编窦滔迴文记》中重见这段文字（页690），亦倒，亦应正作“金钏”。这是明显的意义上的倒文现象，是在传写、传刻过程中抄倒或刻倒造成的，必须恢复过来。恢复之后，还必须出校原文，并说明订正的依据及理由。

例之二。《风月（全家）锦囊》《新增木兰记》篇【喝潮生】曲：“东边来的是好打猎狪狪，西边来的是好杀人鞑靼。”（页26）“鞑靼”原作“靼鞑”，据意义订正，因为“鞑靼”才是一般通用语。

例之三。《风月（全家）锦囊》《新增皇罗袍》七首之五：“我想人生在世，死生富贵自有归期。逢花不采也须痴，风流不欲成何济？那莺莺小姐，妖娆罕希。相思展转，无计可施。拜求长老明传示。”（页67）“妖娆”原倒作“娆妖”，据意义订正没问题。问题是“罕希”也属倒文，是“希罕”之倒，为什么不予订正呢？因为这里的“罕希”，是为了求押韵故意颠倒的，且文意勉强可通，故未予订正，让其保留原状。因此戏曲倒文应视不同情况作不同处理。

例之四。《风月（全家）锦囊》《新增楚江秋后联清江引》之“三秋别恨”【楚江秋】：“拈香也是差，山盟也是差，负心不道干休罢。”（页101）“山盟”原作“盟山”，可能是为与上句“拈香”对偶而有意颠倒的，但于义不通，所以根据词义并参据《大明天下春》中所录同曲，将它正作“山盟”。

上面举了若干《风月（全家）锦囊》倒文校勘的例子，可以看出戏曲两类倒文现象及其不同的处理方法：其一是完全意义上的倒文；其二是出于文字形式和格律要求而故意作的倒文。前一类倒文情况，可据文章迳改，后一类倒文处理起来则要慎重，校勘时要不要倒回来，不仅要看本身的字面意义、有无内证，还要看是否有其他旁证材料作为依据。即使订正了，也得交代依据。因为格律需要造成的倒字现象，不仅普遍存在于戏曲文本中，诗词中也多存在，这可说是中国韵文学作品中的一种特殊现象。

5. 错简缺叶（页）

汉之前的文字刻在竹简上，竹简串连成卷时，往往会出现次序颠倒或缺少断简的情况，此即所谓“错简”。现在不用竹简，但“错简”一词仍保留下来，用作称书籍篇幅顺序颠倒、错乱的现象。至于“缺叶”，很好理解，即指缺少了其中整叶（页）的篇幅。下面仍以《风月（全家）锦囊》校勘为例，说明这类情况。

例之一。《风月（全家）锦囊》《时兴骂娼妓一封书带过雁儿落》篇，有“相思病渐加，

---

① 以下引文及所注页数，均据孙崇涛、黄仕忠《风月锦囊笺校》，中华书局2000年版。

佳人黄瘦杀"一段（页97）。细加勘酌，可以发现，它不属于本篇内容。因为它的句格、内容，均与上段无关，当是另一首【楚江秋】被误刻窜入本篇的。这就是错简造成的现象，我们得把它判别出来。鉴别此类错简现象不太容易，一需认真审阅曲辞内容，二需熟悉戏曲的格律知识。

例之二。《风月（全家）锦囊》有《四拗子》曲文数段（页116），由于曲牌原脱，原本有残句"宜宴饮。交人不住思鲊"九字，紧接前篇《新增王十朋南北祭江》【折桂令】曲之后，中间无题目，若不仔细审阅，很容易误以为仍是王十朋"祭江"的段落内容。但一经仔细审阅，发现它不仅内容与"祭江"无关，而且它的叙写方式是按照月份顺序分段，每月一首，前头整整缺了一至九月的段落内容。原来这是一段既错简又缺叶（页）的曲文。查证原书总目，发现《王十朋南北祭江》【折桂令】之前，有《四拗子》一题，才知这是既错简又缺叶（页）造成的结果。有意思的是，底本中缝叶（页）码编排丝毫无误，42页紧接43页，这是怎么一回事呢？原来中间一叶（页）原已残缺，书坊"进贤堂"采用旧版重刊时，不曾发现，而径加重新编叶（页）码，以至将错误掩盖得天衣无缝。即使如此，我们在校勘时，仍要把它分辨出来才是。

例之三。《风月（全家）锦囊》【北一封书】篇，末尾有"汉刘王，怒发嗔，咬定牙眼骂歹臣。……"一首（页137）。曲前既不按照各首通例，题"又"字，格律亦与以上几首迥异，肯定不是【北一封书】曲，而且所叙为昭君题材，内容与前头各首【一封书】不符，据此可以判断它不是同一曲牌之曲，而是由于错简或缺叶（页）造成了它曲羼入本篇的结果。

另外，此数曲总题【北一封书】及题下数曲原本亦残缺，究竟缺几曲，无法确知。《北一封书》之题是据卷首总目并审其句格相合者而补题的。

校勘戏曲中的错简现象，与校勘诗词文赋等文体不同，它有更多别的依据：一是戏曲音乐的格律依据。曲牌有相对固定的联套方式，支曲有严格的乐句组合格式。二是词语依据。曲牌定格、定句、定韵、定声，有曲谱可以查证。三是剧目、曲题、文意等内容方面的判断依据。比如：曲辞内容与剧目题材不符，其间必有错简或脱叶（页）的现象；曲题与文意相戾，其中可能存在错简或脱叶（页）。四是它书的旁证。例如一剧被选入选本，可取选本参证；曲谱引剧曲作为谱例，可以谱例校全本剧曲；曲论、序跋、记载称引剧曲，亦可取作校勘之资等等。这些都是戏曲校勘的特殊之处。

缺叶（页）现象在其他书籍中也常存在。王国维曾经得到一本明钞本《张说之文集》（25卷），这部书原有明嘉靖刊本，在未见钞本前，人们都认为刻刊本是很全的，但见了钞本后，经校勘才发现，刊本中间不仅缺了两叶（页），卷三还缺一篇文章，其间脱行几十处。如果没有钞本的发现，刊本中的缺、脱现象是很难发现的。

戏曲中的缺叶（页）现象就更多了。《古本戏曲丛刊》影印的一些戏曲本子中常留有许多空白叶（页），注明"阙"叶（页），就是最好的说明。《永乐大典戏文三种》中的《宦门子弟错立身》，在传抄过程中也严重缺叶（页）。《风月（全家）锦囊》不仅多处缺叶（页），甚至还缺了整整四卷。这些例子，多不胜举。

6. 妄增、误删

妄增，即随便增加篇幅、语句、文字或段落。误删，则是将原有的文字错误地删掉。这两种现象，在流传的所有古籍文献中都曾普遍存在，但在戏曲中，却有其特殊性，即：增，未必都是"妄"增；删，也不完全是"误"删。戏曲文本中的"增"与"删"，可能是出于某种需要而有意为之的。对此，我们在进行校勘时，应区别于诗文校勘，视其具体情况区别对待。现举例说明如下。

增例。《风月（全家）锦囊》本《伯喈》，较其他版本的《琵琶记》，新增了六支【清江引】和三支【尾声】。这些曲子显然不是高则诚原著中所有，而是艺人出于演出需要，有意添加的，故而保留在作为艺人台本的“戏式”《伯喈》之中。

还有，《琵琶记》原著没有“文场选士”一出，但《六十种曲》本却有此一出，显为增出。对此，明人凌濛初在其《琵琶记凡例》中曾经指出：“时本《琵琶》大加增减，如‘考试’一折，古本所无。”今有锦本《伯喈》和潮安出土明嘉靖艺人写本《蔡伯喈》皆无“考试”一出，可证凌氏之说是有依据的。

戏曲中的删改现象，也不完全出于疏忽造成，也可能是出于统一格式需要，有意为之。如《六十种曲》本为了统一开场格式，有的作品就删掉了后房子弟的问答文字。如《绣襦记》第一出，《六十种曲》本只有一首阐述剧情大意的【沁园春】词和四句下场诗，中间以“问答照常”而略之。《绣襦记》开场实际不是这样，取比较接近原著的凌氏朱墨本校之，发现【沁园春】和下场诗之前，还有抒发作者情怀意旨的词调【凤凰阁】（嗟梦蝶）及“问内科”与后行子弟问答的一大段文字。这些显然是被《六十种曲》编者为统一体例、格式而有意删去。

还有的演出本为了适应演出需要，有意精减了剧情、关目、场次。以《白兔记》为例，《六十种曲》本计三十三出，而明成化本仅有二十四出，较前者少九出。为什么如此？一个原因是在于演出场合不同，作为明代“越乐班”演出本的成化本，在演出时，为了减省头绪，突出剧情主线，对《白兔记》全本作了必要的精简处理。另一个原因是出于剧团本身的演出能力，可能“越乐班”条件不足，演全部《白兔记》演员不够或演不了，所以才删掉那些与剧情主线关系不大的过场戏、闲情之笔以及无能力演出的武戏等场出。①

再如，《风月（全家）锦囊》本《伯皆》，也较通行本《琵琶记》少了八出，其中有的是高则诚原著中就没有的，如上述“考试”一出，有的也可能是出于演出需要，有意删掉的。

总之，上述所谓“妄增”、“误删”，仅是从戏曲文本角度而言，若从戏曲搬演角度来说，究竟算不算“妄”增、“误”删，还得据戏曲的具体情况分别看待，然后在进行校勘时作出正确的处理。

7. 体例舛错

在戏曲中，体例舛错的现象俯拾皆是，概括起来，常见的有以下几种情况：

一是宾白与曲文互舛。有的是刻字模式一样，不作大字曲文与小字宾白区分，结果造成曲白相窜；有的虽以大、小字区分曲白，却将曲文误以小字刻之、宾白误以大字刻之，造成曲白颠倒。例如《风月（全家）锦囊》《晓行序》篇最末一句：“尘世上总虚劳，到不如收拾行囊归去着，反做成一场话柄，被外人笑杀了。”（页34）本篇系杂曲，字下加点数语，亦当为曲文，原本却以小字刻之，这就会使人误以为这二十个字为宾白。

又如《风月（全家）锦囊》《金开梧桐》篇之“秋”：“正好东篱赏菊，乐意忘忧，逢时且进杯中酒宽怀。”（页41）“宽怀”两字，原本以大字刻之，但它实非曲文，按格律以及“春”、“夏”、“冬”各篇体例，此当作小字“也罗”才是。

① 参阅拙文《成化本〈白兔记〉艺术形态探索·关于关目与结构的安排》，《南戏论丛》，第272~281页。

二是曲牌和曲文的句格舛错、误标。曲牌错误，如《风月（全家）锦囊》《新增僧家记》篇，其第一支曲题作【北斗音唇】（页56），而北曲曲牌根本没有【北斗音唇】，此曲牌当系【北斗鹌鹑】之讹。

音乐句格结构上的错误。如《风月（全家）锦囊》《淘金令》篇（页49），共四首，每首末尾都该有一句“合唱”：“叹我为人，未报亲思，昊天罔极。”第二、第四首末均题“合前”，即合唱同本调，符合此曲的乐句结构体式，但第三首末尾却脱落了“合前”二字，这就造成曲文音乐句格上的错误，所以必须加以校补。

三是脚色名目缺标或误标。

四是科文符号误标或脱落。

这两种错误，在古代戏曲刊本、钞本中随处可见，具体例子就不必一一细举了。

8. **白字、俗字**

白字，即错别字。但有的错别字是属于有意错写的，如缺笔字、土造字。俗字，即不通行的简化字、通假字、谐音字等等，其中有的是当时民间常用文字，但后来也不通行了。不了解俗文学刊本、钞本中的这些白字、俗字，很可能会造成误读、误校。《张协状元》戏文第五出有一句净白：“嗽叫副末的过来。”“嗽”字，钱南扬先生注为“唊”的别体，借作拟声字“嘚”，为“呼唤奴仆之声。”①但如此解释，转折太多，且无法解释下面的末白：“未做得事，先自嗽将来。”钱先生给第二个“嗽”加了引号，当作动词来用，显得十分勉强。其实这里若从俗字角度去考虑，问题就容易解决。这个“嗽”字，实际上就是“喊”字的俗字，“嗽”作“喊”解，上下文就全通了。宋元明三代，以“嗽”字代“喊”，并非偶见。智者千虑，必有一失，南戏研究大家钱先生也难免考虑不周。

有的具有时代特色的俗字，在校勘、整理戏曲文本时必须予以保留，不宜随便改动。如扬州广陵印书社翻刻成化本《白兔记》，将原本中的“祝咐”，都改作“嘱咐”，大无必要。因为当时就是写作“祝咐”的，保留原样，可以体现刊本的时代特征，且无碍于阅读理解，若将它翻成现代词的写法，反而显得多余了。

以上戏曲传写、传刻中的八种错误现象，并非孤立、单一的存在，它们往往多种同时交叉出现。所以我们要通过仔细校勘，认真判断、求正，以取得戏曲文本、文献最为准确而可靠的依据。这是我们进行戏曲校勘首要的目的和任务。

（二）通过校勘，恢复戏曲文本、文献的真实面貌

这是戏曲校勘的目的任务之二，简单地说，就是“存真”。存真和求正两个概念既有联系，但又不完全一样。“正”，是正确；“真”，是真实。有的真实是本来面貌，却不一定正确；有的经后人改正了，是正确的，却已不是本来面貌了。存真离不开求正，求正是存真的前提，在恢复戏曲文本文献本来面目的过程中，时刻包含着是否正确的判断，二者相辅相成。

要想做到存真，有两个先决条件：一是慎重选择底本，二是认真进行辨伪。下面分别加以解说。

1. **慎选底本**

什么是底本？清人段玉裁在《经韵楼集·与诸同志论校书之难》中说：“何为底本？著书

---

① 钱南扬：《永乐大典戏文三种校注》，第35页，注解①。

者之稿本也。”认为底本即是作者的手稿本。现在我们所讲的底本，已经是推而广之了，它既指手稿本，也包括那些最接近作者手稿面貌的本子。

底本的选择，首选是手稿本，若无手稿本，则选善本作为依据。那么，何为善本？对此，历来标准不一，理解不同。

清人张之洞《輶轩语·语学篇》“读书宜求善本”条，对“善本”的解释是：“善本之义有三：一足本（无阙卷，未删削）；二精本（精校，精注）；三旧本（旧刻旧钞）。”

清人丁丙《善本书室藏书志》“编辑条例”对“善本”的标准，论述则更详细，现摘要如下：

> 一曰旧刻。宋元遗刊，日远日鲜；幸传至今，固宜球图视之。
>
> 二曰精本。朱氏一朝，自万历后，剞劂固属草草，然近溯嘉靖以前，刻书多翻宋椠，正统、成化，刻印尤精，足本、孤本，所在皆是。
>
> 三曰旧钞。前明姑苏丛书堂吴氏、四明天一阁范氏，二家之书，半系钞本。至国朝小山堂赵氏、知不足斋鲍氏、振绮堂汪氏，多影抄宋元精本，笔墨精妙，远过明钞。
>
> 四曰旧校。校勘之学，至乾嘉而精。出仁和卢抱经、吴县黄荛圃、阳湖孙星衍之手者，尤校雠精审，朱墨烂然，为艺林至宝。补脱文，订误字，有功于后学不浅。

以上张之洞所说的三条与丁丙的四条关于善本的标准，可谓如出一辙，意思不谋而合。它们都可作为我们选择善本的参考标准，同样适用于戏曲文本、文献。

不过，戏曲又有其特殊之处。因为“曲无定本”，戏曲得视校勘目的来定其善本标准；校勘目的不同，善本的涵义就不完全相同。比如，戏曲读本和台本的善本标准就不相同；同为台本，由于演出的剧种、状态、时期不同，善本标准也不完全一样。如果是为了整理一种读本，选择的原则应该是选古老的、最接近原创面貌的足本作为善本；如果是为了整理、校勘一种反映舞台演出风貌的台本，那就应该选择最接近舞台演出状态的台本作为善本。

除了“善本”，还有两个概念要区别清楚，一是“珍本”，一是“孤本”。“孤本”，顾名思义，就是独一无二的本子，是唯一的版本。但孤本未必都是善本，因为少的不一定就是最好的，善本也可能是普遍流行的本子。“珍本”则兼具孤本和善本的双重特性，就是既好且少的本子。

戏曲校勘底本的选择，未必非善本莫属，有些通行的本子，虽然广泛流传，但仍有被选作底本的可能和必要。比如，山西师大戏曲文物研究所组织搞的《六十种曲评注》①，就是以通行的《六十种曲》本作底本。王季思的著名校注本《西厢记》，底本是较常见的民国暖红室翻刻明末凌濛初刻本《西厢记》。

总之，戏曲校勘要视其目的和需要不同来定底本，这是戏曲校勘与其他文本校勘工作的不同之处。

2．认真辨伪

古书的辨伪，历来为人所重视。梁启超在《中国历史研究法》中，对古书的辨伪总

① 黄竹三、冯俊杰主编：《六十种曲评注》，吉林人民出版社2001年版。

结了如下十二条方法：

(1)“其书前代从未著录或绝无人征引而忽然出现者，什有九皆伪。”

(2)“其书前代虽有著录，然久经散佚，乃忽有一异本突出，篇数及内容与旧本完全不同者，十有九皆伪。”

(3)“其书不问有无旧本，但今本来历不明，不可轻信。”

(4)“其书流传之绪，从他方面可以考见，而因以证明今本题某人旧撰为不确者。”

(5)“其书原本经前人称引，确有佐证，而今本与之歧异者，则今本必伪。”

(6)“某书题某人撰，而书中所载事迹在本人后者，则其书或全伪或一部分伪。”

(7)“其书虽真，然一部分经后人窜乱之迹，既确凿有据，则对于其书之全体，须慎加选择。”

(8)“书中所言确与事实相反者，则书必伪。”

(9)“两书同载一事绝对矛盾者，则必有一伪或两俱伪。”

(10)“各时代之文本，盖有天然画，多读书者自能知之。故后人伪作之书，有不必从字句求枝叶之反证，但一望文体，即能断其伪者。”

(11)“各时代之社会状态，吾人据各方面资料可以推见崖略，若某书中所言其时代之状态与情理相去悬绝者，即可断为伪。”

(12)“各时代之思想，其进化阶段自有一定，若某书中所表现之思想与其时代不相衔接者，即可断为伪。”

这十二条古书辨伪方法，同样适用于戏曲，不过戏曲又有它自身的特点。比如，明刻本戏曲的掺假现象相当严重，一些自题“精刻”、“精校”、“精镌”等等，实则未然，它只是商业性的宣传运作而已。清人就相对比较严谨。对明代这种刻书现象，后人多有指责，如清人叶德辉《书林清话》（卷七）、顾炎武《日知录》、杭世骏《欣托斋藏书记》、黄廷鉴《校书说》等著中，都有指责明人好篡改图书的言论。所以对待明刻，尤其明中叶以来的戏曲图书，更应慎重辨伪，一些自称“孤本”的未即孤本，一些以“精刻”、“精选”、“精镌”标榜自诩的，往往十分粗劣失真。

其次，戏曲底本的确认和辨伪，还需注重戏曲文本所依托的是何剧种、声腔这一实际。比如，校青阳腔的本子，就不能全以昆山腔的格律来衡量，否则就可能张冠李戴，无法校清。像某些明人改本戏文，如明刊《金印记》（《古本戏曲丛刊初集》影印），不是昆山腔本子，就不能全以昆曲曲谱来定格，南曲谱如《南词定律》、《九宫大成》之类，只能作为校勘参考，不能作为衡量该本格律的唯一标准。

戏曲文本、文献的存真，除了上面所讲的选好底本与认真辨伪两点之外，还要注意利用以下三方面的物质条件：

一是尽量搜集和充分占有尽可能多的不同相关与相似的版本，供作参校。

二是充分利用旧校、旧注和相关的记载资料及工具书，供作解疑。

三是重视利用出土文物、资料，供作参证。

（三）通过校勘，为读者提供可读可用的戏曲文本、文献

这是戏曲校勘的目的任务之三，简言之，为“务通”，即通过校勘，努力为读者扫除

文字障碍，使之成为使用者可读可用的读本。

戏曲校勘既要认真审慎，力求存真，不轻易改动原文，即使有所改动，也要出注、出校，说明改在何处以及改动的依据。但是也不能过于拘泥，不敢越雷池半步。为了“务通”，该整理改动的地方，还得加以整理改动，需要校订的地方，要敢于动手，显误之处，甚至可以径改。校勘曲文时，文意、格律并重，如果文意与格律发生抵牾，还应以文意为重，因为校勘的终极目的是“务通”，是要为读者提供一种既存真不误，又通行可用的读本。为了做到“务通”，还需要加上现代新式标点，按照现代书写格式，使之具有可读性和习用性。

总之，要做好戏曲校勘工作，实现上述戏曲校勘三方面的目的任务，要求戏曲校勘者必须具备扎实的文学与语言功底，充分拥有戏曲文学和戏曲艺术方面的丰富的专业知识，熟练掌握戏曲艺术的舞台规律与戏曲文本的特点、规律及体例。

第二章　戏曲校勘的基本方法

戏曲校勘与所有古籍文献的校勘方法具有共同点，但亦有它自身的特殊性。著名历史学家、国学大师陈垣先生在总结历代校勘成就基础上，加上自己的实践经验，在《元典章校补释例》中，概括提出了校勘的四种基本方法：对校法、本校法、他校法、理校法，为众所公认，并适合所有校勘工作。下面我们结合戏曲校勘的具体特点与方法，对这四种校勘基本方法，逐一予以简介：

一、对校法

对校，即用同一部书的祖本与其他不同版本进行比勘、对照，将不同之处记录下来。凡校一部书，首先采用的就是对校法。陈垣“校法四例”中说：

一为对校法。即以同书之祖本或别本对读，遇不同之处，则注于其旁。刘向《别录》所谓“一人持本，一人读书，若怨家相对者”，即此法也。此法最简便，最稳当，纯属机械法。其主旨在校异同，不校是非，故其短处在不负责任，虽祖本或别本有讹，亦照式录之；而其长处则在不参己见，得此校本，可知祖本或别本之本来面目。故凡校一书，必须先用对校法，然后再用其他校法。①

通过对校，做到尽量恢复、保存古籍的原貌。因此对校的目的，主要在于校异同，而非定是非。对校在一般情况下，是不轻易掺入校者己见的，但不轻易掺入己见，并非意味完全不做任何判断。在对校过程中，如发现明显是非，还是要进行判断的，并对明显的错误加以订正。比如，汪原放在整理校勘《红楼梦》时，曾以胡适保存的清乾隆五十七年（1792）所刊“程乙本”的翻刻本为底本，同清道光十三年（1832）所刻版本进行对校，发现前者有很多错误。如程乙本第四回写道：“（宝钗）自父母死后，见哥哥不能安慰母心，他便不以书字为念，只留心针黹家计等事，好为母亲分忧代劳。”“父母死后”，这是很明显的错误，因为宝钗的母亲薛姨妈还健在，并在整部《红楼梦》中有很多有关她的活动描写，怎么能说“父母死后”呢？像这样的明显错误，就必须根据道光十三年本改正。类似错误还如，元春生于“甲申年正月丙寅”，程乙本第五十九回写元妃薨

① 陈垣：《校勘学释例》卷六《校例》第四十三“校法四例”，中华书局2004年版，第129页。

于十二月十九日，“已交卯年寅月”，说“存年四十二岁”。但按上述元春生年推算，元春实际存年应为三十一岁为是，程乙本显然有误，因此也必须根据道光本予以改正。以上二例说明，即使对校法是以恢复原貌为主旨，不轻易掺入己见，但对于明显的错误，还是需要判断出来，并加以订正的。

戏曲采用对校法，也会碰到类似情况，也必须进行判断与选择。不过戏曲采用对校，又会经常遇到两种特殊情况，需要加以特别强调和说明：

其一，作为戏曲的文本，采作对勘的不同版本，必须是属于同一种戏曲样式，或同一声腔源流，或属同一版本系统的。比如：杂剧本子，不能用传奇本对校；青阳腔本子，不能用昆山腔本子对校；根本不属于同一个版本系统的本子，也不能对校。

版本系统不同的例子，如南戏《白兔记》。从“元传奇”《刘智远》到明成化本《白兔记》，再到明末汲古阁本《白兔记定本》，这是一个版本系统，它们可以互校。但明万历富春堂本《白兔记》，就不属于这一《白兔记》版本系统了。富本是明万历年间另行创作的，它与“元传奇”版本系列虽是同一戏剧题材，情节内容也大致相似，却分属两个无关的版本系统，故不能以富本《白兔记》去校成化本或汲古阁本的《白兔记》。至于《风月（全家）锦囊》本的《刘智远》，又属另一类型的《白兔记》版本系统，也不能拿它与前面两种版本进行对校（可以参校，因为锦本与“元传奇”版本系列有关。详情参阅拙撰《风月锦囊考释》及《风月锦囊笺校》“刘智远”卷）。这是我们进行戏曲对校时需要注意的第一个问题。

其二，戏曲的改本现象十分普遍，戏曲文本总是处于不断改动的状态，这就有了墨本与台本即案头本与演出本的区别。同样一种墨本或台本，又有不同时期、不同状态的改本区别。这些区别，决定了戏曲的对校法，不能以台本与墨本、改本与原本进行对校。如果它们之间属于同一版本系列，或彼此有关，可以互校，但也只能出校罗列异文，提供参考，而不能随便据以改动。当然，如果改本确实好，并能订正原本的明显错误，也还是要根据实际情况加以指出，并加确定的。

以《琵琶记》校勘为例。以往公认最好、最接近高则诚原作面貌的《琵琶记》本子，是清人陆贻典钞校本《新刊元本蔡伯皆琵琶记》（《古本戏曲丛刊初集》影印），钱南扬先生曾据此校以明嘉靖苏州坊刻巾箱本和《九宫正始》所引“元传奇”《蔡伯皆》佚曲等材料，著《元本琵琶记校注》，影响广泛。但是，陆钞本是否全是最好、最接近原貌的《琵琶记》呢？它虽然号称“元（原）本”，但毕竟出自清人之手钞校。陆钞“元本”的原貌程度究竟如何？随着“戏式”锦本《伯皆》与潮安出土明嘉靖写本《蔡伯皆》等的出现，我们终于又有新的材料依据来判断这一点。

“戏式”《全家锦囊·伯皆》是舞台演出本（下称“锦本”），由进贤堂“重刊”于嘉靖三十二年（1553），如有初刊，年代当更早于此。它比起陆贻典的钞校年代，早数百年。锦本虽是“戏式”台本，我们仍可以通过它与钱校陆钞本作对照，发现它的某些文字，有更胜于后者的地方。试举数例如下：

例之一。钱著《元本琵琶记校注》（据1980年上海古籍出版社新版，下称“钱校本”）页6“生”（蔡伯喈）唱【锦堂月·前腔换头】曲：“……明年知他健否安否？叹兰玉萧条，一朵桂花难茂。”锦本作：“明年知他健否？怕兰玉萧条，一朵桂花难茂。”按照【锦堂月】曲牌格律，锦本“明年知他健否”六字句合律，且比钱校本“健否安否”

更简洁。另外，“明年知他……”属未然之事，事情尚未发生，何“叹”之有？故锦本用“怕”字，更为合理。

例之二。钱校本页28“外”（蔡公）唱【太师引】曲：“……你贪鸳侣守着凤帏，多误了鹏程鹗荐的消息。”锦本作：“……你贪恋鸳侣，守着亲帏，多误了鹏程鹗荐的消息。”同样的意思，锦本的表达更为婉折，也更切合“外”（父亲）的身份及他在家人面前责备“生”（儿子）辞试目的的语气。

例之三。钱校本页129“贴”（牛小姐）唱【梁州序·前腔换头】曲：“……只见荷香十里，新月一钩，此景佳无限。”锦本作：“……风送荷香十里，新月银钩，此景佳无限。”荷香不可用“只见”，锦本作“风送”，明显要好于陆钞本。明汲古阁本或许也发现了此句的问题，“只见”已改作“只觉”，但仍不及锦本“风送”之佳。

今有锦本《伯皆》和潮安出土的明嘉靖钞本《蔡伯皆》，较之钱先生校注《元本琵琶记》的年代，已有了更多可供对校《琵琶记》文本的资料依据，因此重新整理、校勘一种“古本”《琵琶记》的任务，正被提上戏曲文献工作者的工作日程。

总之，对校法虽然旨在恢复底本的原貌，一般不作改动，但也不意味着完全不作判断，对于原则性的是非必须判断，对于明显的错误，还得选择、改正，对于有比之底本更好的异文，也需要罗列出来，以资读者参考。

对校法如果再加细分的话，又有不同的具体方法与说法，如有互校、通校、汇校，辑校等等；用作对校的版本，也有不同名目，如底本、校本、参校本等等。这些不同做法及其名目，是根据不同情况来确定采用的。假如我们要校勘、编纂一部诸宫调集，其中《董西厢》的校勘，由于它的版本种类较多，必须选择其中最好的一个版本作底本，采用“汇校法”。做时要尽可能多地占有它的不同版本，通过各种版本的比勘，改正底本明显错误，并罗列不同版本的重要异文，从而获得《董西厢》所有重要版本的面貌。而其中《天宝遗事》诸宫调的校勘，由于它没有定本，原文资料散见于各种曲谱、曲选，因此只能采用“辑校法”。可以以收录《天宝遗事》佚曲最多的曲选《雍熙乐府》作为基础，与散见其他各书的《雍熙乐府》所未收或重见的曲子进行补校与互校。这种既辑录又校勘的方法叫辑校，属于对校法中一种比较特殊的方法。至于其中《刘知远诸宫调》，因为它只有一个残本，别无他本作为参校，我们无法进行对校，只能采用对校之外的其他校勘方法了。

二、本校法

本校法，又称内校法，或本证法、内证法。即用本书前后文字的互证来校本书，或据本书本文文意来判断正误，或以本书本文句式、用韵、语法、修辞、结构等规律，勘其异同，判其是非，补其缺漏。陈垣“校法四例”说：

二为本校法。本校法者，以本书前后互证，而抉摘其异同，则知其中之缪误。吴缜之《新唐书纠缪》，汪辉祖之《元史本证》，即用此法。此法于未得祖本或别本以前，最宜用之。予於《元典章》曾以纲目校目录，以目录校书，以正集校新集，得其节目讹误者若干条。至于字句之间，则循览上下文义，近而数页，远而数卷，属词比事，抵牾自见，不必尽据异本也。①

先举诗词为例。《诗经·周南·汉广》第一章：

南有樛木，不可休息。汉有游女，不可求思。
汉之广矣，不可泳思。江之永矣，不可方思。

前人曾通过内证，发现其中存在文字疏误。唐·孔颖达《毛诗正义》云："诗之大体，韵在辞上。疑'休'、'求'字为韵，二字俱作'思'，但未见如此之本，不敢辄改耳。"唐·陆德明《经典释文》说："旧本皆尔。本作'休思'，此以意改耳。"孔、陆二氏均认为，"休息"当作"休思"，这是从《汉广》一诗的用韵及文体格式作出的判断，没有别的旁证，所以它是本校法、内证法。

再看戏曲例子。出土明成化本《白兔记》遍见文字残脱，其末出有以下三支曲子（□号代表底本残缺字）：

（旦）怎知今日子母团圆，□□□和（贺）喜，百岁效于飞。
（贴）怎知今日子母团圆，大家齐和（贺）喜，□□□□□。
（净）怎知今日子母团圆，大家□□□，□□效于飞。

这三支曲子不见于任何版本的《白兔记》，亦未见其他曲书引用，无法进行对校，补正缺字，但可以根据三曲的曲格、上下句式，把曲中所缺字全部补齐：第一支所缺的三字，应是"大家齐"，第二支缺的句，是"百岁效于飞"；第三支缺的五字是"齐和（贺）喜，百岁"。这就是本校补缺字之例。戏曲曲有定格，科有体例，白有规则，我们可以充分利用它的这些特点进行内校。

三、他校法

他校法，即用别的书籍校本书，或以相关的资料来进行互校，判断是非，厘定正误。陈垣"校法四例"说：

三为他校法。他校法者，以他书校本书。凡其书有采自前人者，可以前人之书校之，有为后人所引用者，可以后人之书校之，其史料有为同时之书所并载者，可以同时之书校之。此等校法，范围较广，用力较劳，而有时非此不能证明其讹误。丁国钧之《晋书校文》，岑刻之《旧唐书校勘记》，皆此法也。②

他校法常见的有以下四种具体情况：

① 陈垣：《校勘学释例》卷六《校例》第四十三"校法四例"，中华书局2004年版，第130页。
② 陈垣：《校勘学释例》卷六《校例》第四十三"校法四例"，中华书局2004年版，第131页。

其一，本书引用他书之文，用他书原文校本书。

本书引他书之文，又分两种情况，一是明引，二是暗引。明引，即逐字逐句照录原文；暗引，即不引原文，只引用他书的意思或典故。前者如，《史记》、《汉书》常引用《尚书》等古文材料，引用是否准确，就要取《尚书》来校对。戏曲亦常如此。戏曲曲文或剧中人物宾白常常引《四书》、《五经》作典，或套用前人诗词文赋。但是，作为民俗文艺，戏曲中的这些引用有很大随意性，我们在校勘时，必须一一加以查证，看它是否引用准确、得当。

例之一。明刊本《金印记》第四十一出“踏雪空回”，净（苏秦母）白引《诗》云：“哀哀父母，生我劬劳。”“欲报深恩，昊天罔极。”这是明引。取《诗经》原文校对，“欲报深恩”，《诗经·蓼莪》篇原句作“欲报之德”。① 这明明白白就是刊本明引错误，应该出校说明。

例之二。明刊本《金印记》第二出“季子自叹”，生（苏秦）白：“自思珠玑万斛，肯怀宝以迷邦；奎璧盈踵，必席珍而待价。”这是暗引。其中“奎璧”，不知所云，当系“圭璧”之误。《诗经·淇澳》：“有匪君子，如金如锡，如圭如璧。”当出于此。② 这是通过他校法发现剧本暗引错误之例。像这类错误，往往较难发现，它要求校勘者要有深厚的文学功底，熟悉各种用典，并善于使用相关工具书，才能发现并予以纠正。

例之三。明刊本《金印记》第十八出“刺股读书”，生（苏秦）唱【驻云飞】夹白：“（白）这是《尚书》，傅说版筑傅巖，他（曲）一旦脱了胥縻，大旱为霖雨。”这也是暗引典故。其中“傅”，刊本误作“俥”，以《尚书·说命》正之。“胥縻”，刊本作“靡胥”，亦误，以《汉书·楚元王传》“胥靡之”句校之，并取明继志斋本、玉夏斋本《金印记》对校，改作“胥縻”。③ 这里所用，已非一种他校方法，而是将他校法与对校结合起来交替使用。

其二，以他书引用本书之文校本书。

举一个戏曲之外的例子。

《史记·李斯列传》有这样一句话：“夫以秦之彊，大王之贤，由灶上骚除，足以灭诸侯，成帝业，为天下一统，此万世之一时也。”《太平御览》卷四六一亦引此传，“由”字作“如老妪”三字。二者孰对孰错？证之唐·司马贞《索引》：“言秦欲并天下，若炊妇扫除灶上之不净，不足为难。”可见唐代司马贞时所见的《史记》该传，本有“如老妪”三字，由此可证《太平御览》所引为是，通行本应该据以校正或说明。④

这种方法在戏曲校勘中也经常使用。钱南扬先生在校注《永乐大典戏文三种》时，常常以《南曲九宫正始》所引的曲子及注文材料来校《张协状元》，即属此法。另外，戏曲校勘也可以借用曲论、序跋等材料引用的曲文来校对剧本原文。这也是一种以他书证本书的方法。

其三，用出土文物资料来校本文。

---

① 详拙校《金印记》，第126页。

② 详拙校《金印记》，第3页。

③ 详拙校《金印记》，第64页。

④ 汉·司马迁：《史记》卷八十七《李斯列传》，中华书局校点本1959年版，第8册，第2541页。

上文所举以汉马王堆出土《战国纵横书》来校《战国策》和《史记》的“触龙言愿见太后”句之例，即属此例。

戏曲中亦有类似例子。如明·凌濛初《琵琶记凡例》曾经指出“‘考试’一折，古本所无”，是否如此？此前并无他本作证。随着潮安明嘉靖写本《蔡伯皆（喈）》的出土，其中果无“文场选士”一折，从而证实凌氏所言不诬。此外，《全家锦囊·伯皆（喈）》亦无“考试”一段，或许锦本所据的原本，本来就没有此出，它亦进一步证实了凌濛初的说法。

其四，用他文相类语句校本书。

例如，《元刊杂剧三十种·关张双赴西蜀梦》第一折【金盏儿】曲：“宣的个孝堂里关美髯，纸播□汉蚰（张）飞。”次句费解，且无别本可供校对。徐沁君依据《乐府群珠》卷四无名氏【普天乐】《美色》：“行里坐里茶里饭里相随定，恰便似纸幡儿引了人魂灵。”《盛世新声》亥集【醉太平】：“送殡处将着个纸幡儿挑。”《永乐大典》戏文《小孙屠》【锦缠道】：“挑着个纸幡儿招展，痛苦伤情。”等他文语句，校正元刊本中的“纸播”为“纸幡”，模糊不清的□字，当儿“儿”字。“纸幡儿”又与上句“孝堂里”正相应成文。① 堪称是很好的他校之例。

除上述四种常规方法之外，戏曲还另有一种特殊的他校方法，即用他本之格律，来证本文格律之正误，这是戏曲音乐结构在校勘学中的特殊使用。

例如，钱南扬校注陆钞本《元本琵琶记》第十四出，净（惜春）唱【桂枝香】曲：“想他每就里，将人轻贱。”此句锦本《伯皆》作：“想他每就里，想他每就里，将人轻贱。”“想他每就里”句重叠。据《南曲九宫正始》册三仙吕宫过曲【桂枝香】引“元传奇”《蔡伯皆》，此曲此句亦迭，由此可证锦本比之陆钞本更合古体。钱南扬校注本采用出校说明。② 这就是戏曲利用它本身的音乐格律、结构，来校勘它自身正误的一种方法。

四、理校法

理校法，就是在既无校本，亦无他书引文等材料可资校勘的情况下，单凭本书内容、文字、音韵、训诂、修辞、语法等（戏曲还要加上曲文句格、用韵、曲牌组合规律、脚色行当、体制特点等）来进行校勘整理。陈垣“校法四例”说：

> 四为理校法。段玉裁曰：“校书之难，非照本改字不讹不漏之难，定其是非之难。”所谓理校法也。遇无古本可据，或数本互异，而无所适从之时，则须用此法。此法须通识为之，否则卤莽灭裂，以不误为误，而纠纷愈甚矣。故最高妙者此法，最危险者亦此法。③

理校法是一种大胆而高难度的校勘方法，要掌握它，需要很深的专业功底，故陈垣

---

① 徐沁君：《新校元刊杂剧三十种》，中华书局1980年版，第4页、第7页校记〔二〇〕。

② 钱南扬：《元本琵琶记校注》，上海古籍出版社1980年版，第88页注⑦。

③ 陈垣：《校勘学释例》卷六《校例》第四十三“校法四例”，中华书局2004年版，第133页。

先生称之为校勘诸法中“最高妙者此法，最危险者亦此法”。

这种方法在校勘文体常多不规范的戏曲剧本时，是一种不可缺少的手段。

例之一。明刊《金印记》第四十二出“封赠团圆”，原刊本自第四曲【风入松】以下至【山坡羊】之前，并写成一段，给人造成整段都是【风入松】曲文的错觉。我们可以参酌明继志斋本、玉夏斋本《金印记》以及【风入松】格律，可以把这一大段曲文分成【风入松】九支与【犯衮】一支，并在【风入松】本调之后的每支曲文之前，加补【前腔】或【风入松】、【犯衮】等曲牌名目，使之符合戏曲联套规格。这就是理校之法。①

例之二。明刊《金印记》第四十二出“封赠团圆”最后两支曲子，原刊本未标曲牌，曲词紧接上曲【风入松】。本人在校勘此句时，发现此两支曲文与【风入松】格律相距甚远，显然这里有曲牌脱漏现象。根据曲文句格，我曾断其为两支【金钱花】，并予以补标曲牌。② 后来，我又发现自己的曲牌补订有误，原来【金钱花】句格几同于【红绣鞋】，哪个对？这涉及曲牌使用常识问题。【金钱花】常为净、丑所唱，是用于冲场的粗曲；而【红绣鞋】，则常常用作团圆一类的正规而喜庆的场面。这里既是“封赠团圆”，曲牌显然以【红绣鞋】为是。这个例子说明，进行戏曲剧本理校时，光凭曲牌句格还不够，还需懂得戏曲曲牌运用于剧情的知识。这也是戏曲进行理校难度更大的原因所在。

例之三。《绣襦记》第三十一出“襦护郎寒”第三支众合唱曲子“小乞儿捧定一个瓢”，底本（明刊《六十种曲》本）未标曲牌，窜入【沽美酒】曲中，格律相戾，本人依据明万历刊《群音类选·官腔类》卷七《绣襦记·安邑遭逢》将它析出，并补题为【前腔（沽美酒)】（以下两支【沽美酒】亦参此补题)③。王季思先生主编的《中国戏曲选》中册亦选《绣襦记》该出，将这支曲子订作【莲花落】。④ 我以为欠妥。因为无论从曲文内容，还是格律形式来看，此曲都与其后的四支【莲花落】不相一致，不能因为其末句有“哩哩莲花哩哩莲花落也”，就认定它也是【莲花落】（这句“哩哩莲花哩哩莲花落也”，是曲文中的唱词，不是【莲花落】曲子中的伴唱形式）。依据格律应该确定这支曲子是【沽美酒】的【前腔】。再看紧接其后的这支“一年才过不觉又是一年春……”曲，《六十种曲》本未题曲牌名目，而凌刻朱墨本题作【前腔】，也明显有误。这一点我们比较一下它与前腔的曲文形式就能看出来。那它是什么曲呢？我们根据它的曲文内容和形式，为它补订作【莲花落】。这才是【莲花落】，其明显的标志是曲中每句唱词之后，都有“哩哩莲花哩哩莲花落也”，或者“哈哈莲花落也”这样的伴唱形式。它后面还有三支曲子，形式和它一致，其中都有“莲花落也”的伴唱，内容分别是“一年春尽不觉又是一年夏”、“一年夏尽不觉又是一年秋”、“一年秋尽不觉又是一年冬”，在内容上与上头有承接性，共同构成春、夏、秋、冬四曲，因此可以一并补题作【莲花落】。⑤

以上校勘的所有判断，都是根据曲文格律、句式、内容、形式等作出的，这是一种

---

① 详拙校《金印记》，第127～131页。

② 详拙校《金印记》，第132页。

③ 详拙校《绣襦记》，《中国十大古典悲喜剧集》，第225～228页。

④ 王季思主编：《中国戏曲选》，人民文学出版社1998年版，中册，第580～583页。

⑤ 参阅拙校《绣襦记》，《中国十大古典悲喜剧集》，第225～227页。

典型的理校法。难度大不用说，还难免出现差错，所以这也是最危险、最不容易掌握的一种校勘方法。

我们在校勘中，常会碰到“参证”、“参校”、“旁证”等一类术语，这些术语在理校中的使用率也是最多的，这也是理校法难度大的体现。

第三章　戏曲校勘体例

本章以古曲戏曲剧本的校勘整理为主要内容，按照校勘部件的大小以及校勘操作的通常顺序，从以下九个方面，介绍戏曲校勘的通行体例。

一、断句与标点

这是戏曲校勘首先碰到的问题。校勘戏曲之前，要通读文本，而通读就得有正确的断句，即句读（dòu）。句读准确，才有准确无误的语句理解和正确的标点使用，否则，就会造成理解上的歧义，甚至错误。如《导论》中所举，明人祝允明《猥谈》中有关南戏起源的一段记述："南戏出于宣和之后，南渡之际，谓之'温州杂剧'。""南渡之际"四字属上（前用顿号），或属下（去掉下面逗号）的不同句读方式，就会关系到南戏起源具体时间的很不相同的理解的例子。说明对于同样一段文献，由于句读不同，会产生很不相同的意义判断。类似例子，我们在《导论》中还举过一些，可参阅。

就戏曲校勘而言，曲文的句读，可以借助曲谱，按格律断句，加上现代标点。曲文的句格，通常与文意相统一，韵脚也往往落在句读处，因此曲文句格是标点的基本依据。但有时格律亦与文意相矛盾，这时曲文标点句读，还得依从文意，按照文意使用标点。

试举一例：汤显祖《邯郸记》第十四出"东巡"【莺画眉】"合"句有："今朝有幸云霄里得近天颜微笑"。【莺画眉】，一作【黄莺学画眉】，商调过曲【黄莺儿】犯黄钟宫过曲【画眉序】，其最末二句，按【画眉序】格律，各体俱作七言、六言各一句。所以此处的"合"，若按格律，应读作："今朝有幸云霄里，得近天颜微笑"。如此句读，文意虽然勉强可通，但"今朝有幸云霄里"句，终感别扭。钱南扬先生遂据文意，将它读作："今朝有幸，云霄里得近天颜微笑。"① 尽管不甚合律，但文从字顺，更便于理解文意，于唱曲也无碍。此例说明，戏曲曲文句读最好是文意、格律兼顾，当不能兼顾时，还是以文意为重。

标点符号的使用，要严格按照国家颁布的统一标准（见本编附录一），同时也需体现戏曲文本通常使用的某些规范。如在曲文标点符号使用方面，一般要遵从以下原则：

尽可能多用逗号、句号；

---

① 钱南扬校点：《邯郸记》第十四出"东巡"【莺画眉】，《汤显祖集·戏曲集》，上海人民出版社 1973 年版，第四册，第 2342 页。

间用冒号、问号、分号；

少用叹号、顿号、引号；

一般不用破折号、省略号、书名号；

绝对不用着重号、间隔号、括号、连接号。

在宾白句读方面，也得遵从多用逗号、句号的原则，而其他各种标点符号的使用，则稍较曲文宽松。比如，宾白句读中，可以适量地使用一些叹号、顿号、引号，也不排斥使用省略号、破折号、书名号，但着重号、间隔号、括号、连接号之类，仍绝对不用。

戏曲校勘标点符号使用之所以作如此要求，主要是为了使经校点之后的戏曲文本面目尽可能的干净简洁，不宜太杂、太繁、太琐碎。宾白尽管是散文体，但也得遵从这一基本原则，不过有时当逗号、句号之外的其他符号使用可以起到加强宾白语气或辅助语意的作用时，亦不妨适当采用。至于曲文，由于曲情、曲意主要是靠音乐来显示，故无需用标点的多样化来体现它。

二、文字与校订

这是戏曲校勘中大量碰到的工作，也是戏曲校勘最主要的组成部分。我们在本编第一章中介绍过的戏曲在长期传钞、传刻过程中产生的八种常见失真现象，在戏曲文字校勘中也同样大量遇到。八种现象中的脱字、衍字、误字、倒字、白字、俗字等多种现象，都属于文字校勘范畴，这说明文字校订在戏曲校勘工作中所占的分量是最重的。

戏曲文字校勘体例与校记写法，与其他文体有共同规律，现逐一介绍如下：

（一）补脱文

通常格式：“××……”字下（或上），脱（或“疑脱”）“××……”字，据××补。脱，亦可写作“夺”。

明显脱文，可据文意迳补。一般的补脱，都要在校记中说明依据。疑脱，一般不补，在校勘记或校注中指明即可。各举曲文一例：

迳补例。《小孙屠》戏文第三出“李琼梅卖酒”旦（李琼梅）、梅（梅香）合唱【麻婆子】曲：“对景对景空题恨，赢得闷上心；止愁止愁青春过，年华暗逐人。”第三句中的第二个“止”字，原脱，可按文意与句式迳补，无需多加说明理由与依据。①

据补例。《古本戏曲丛刊初集》影明本《南柯梦》及明汲古阁本《南柯记定本》第十一出“引谒”生（淳于棼）唱【绛都春序·前腔】：“猛然心跳，便衣衫未整，造次穿朝。”“便衣衫”下，均原脱“未整”二字，可据叶堂《纳书盈玉茗堂四梦曲谱》与暖红室本补。又，同剧第十九出“荐佐”周田唱【神仗儿】：“蒙恩点注，蒙恩点注。南柯太守，淳郎推举，做司宪司农前去。来阙下叫山呼，来阙下叫山呼。”“来阙下叫山呼”叠

① 参见钱南扬《永乐大典戏文三种校注》，第226页。

② 分别参见：钱南扬校注《南柯梦记》第十一出“引谒”，人民文学出版社1981年版，第45页；钱南扬校点《南柯记》第十九出“荐佐”，上海文艺出版社1973年版《汤显祖集·戏曲集》，第2160页；钱南扬校注《南柯梦记》第71页，注⑥。

句原脱，应据黄钟过曲【神仗儿】句格及《叶谱》补。①

疑补例。明世德堂本《拜月亭记》戏文第十三折“瑞兰逃军”【渔家傲】曲：“（合）那曾经地覆与天翻，受苦。”“受苦”句，不合律，且“苦”字与全曲所押之韵亦不合，疑有脱字。汲古阁本《幽闺记》第十三出“相泣路歧”同曲，“苦”字下，有“时”字，作“受苦时”，可出校文说明，世本宜补“时”字，提供阅著参考。

（二）删衍字

通常格式：“××……”字下，衍“××……”字，据××删。或者：“××……”字下，疑衍“××……”字，当删。

把多余的衍字、衍文删除，首先得交待哪些字是衍字、衍文，然后说明删除的依据是什么。

例之一。明刊《重校金印记》第十四出“落第去秦”净（店婆）唱【倒拖船】曲头二句：“算来一日五贯五钞，五贯五。”按【倒拖船】首句定格，当为七字句，“钞”字属衍，可据明玉夏斋本删。②

例之二。明刊《重校金印记》第十九出“埋怨三叔”末（叔公）唱【大迓鼓·前腔】曲：“只图他贵显，谁知他命里，受这灾迍。”原本“只图他”下，有“身皆”二字，于义不通，且失律，当属衍文，可据明继志斋本删。③

（三）改错字

通常格式：“××……”字误，据××改。或者：“××……”字疑误，当作“××……”。

直接指出哪几个字误，或疑误；改正依据是什么。不能改的，亦需指出错误所在。在改错字过程中，遇有多次相同错误的现象，只需在首次出现时出校记，并在校记中注明“余同”或“下同”即可，以下可以迳改，不必一一重复校改与说明。

例之一。钱南扬《永乐大典戏文三种校注》之《宦门子弟错立身》第十二出生（延寿马）唱【调笑令】曲：“打一声哨子响半日，一会道牙牙小来来胡为。”“哨子”，原误作“哨土”，显误，故钱校本迳改作“哨子”，不必说明理由。④

例之二。明刊《重校金印记》第一出“家门正传”末念【水调歌头】词：“尚且鹏程九万，未遂龙门三级，风月且舒怀。”“级”字原本误作“汲”，据文意改。下面刊本中又出现“级”作“汲”的同样错字并加校改的情况，故只需在此条校记中要写明“下同”⑤，以下不必出校说明。

（四）乙倒字

通常格式：“××……”，原作（或“倒作”）：“××……”，据××乙。

---

① 参见钱南扬校点《南柯记》第十九出“荐佐”，《汤显祖集·戏曲集》，第2160页。又见钱校注本《南柯梦记》第71页，注⑥

② 参见拙校《金印记》，第42页。

③ 参见拙校《金印记》，第66页。

④ 参见钱南扬《永乐大典戏文三种校注》，第244页。

⑤ 参见拙校《金印记》，第2页。

文字顺序明显颠倒，可直接改正，但要说明依据、理由。

例之一。明刊《重校金印记》第十八出“刺股读书”生（苏秦）唱【驻云飞】曲：“他一旦脱了胥縻，大旱为霖雨。”“胥縻”，原倒作“靡胥”，据明继志斋本、玉夏斋本及《汉书·楚元王传》“胥靡之”句乙。①

例之二。《风月（全家）锦囊》杂曲集《新增木兰记》篇【喝潮生】曲：“东边来的是好打猎狪狪，西边来的是好杀人鞑靼。”“鞑靼”，原倒作“靼鞑”，据义乙。②

（五）正别体

别体字，包括白字、别字、土造字、不常用或无时代特征的俗体字、缺笔字、谐音字以及戏曲曲牌中的常误字、不规范字等等，我们在整理成现代汉语戏曲文本时，一般都需（按校例）加以校正。

通常格式：“××……”字，原作“××……”，据××正，或今正。

例之一。明刊《重校金印记》第二十五出“魏国招贤”丑（秀才）唱【三捧鼓】曲之二：“身穿一领皂褙，裹一顶破头巾，大袖趋跄街上行。”“趋跄”原作“趍鎗”，按通行字体正。③

例之二。明汲古阁本《白兔记》第十九出“挨磨”，“丑诨介”，原作“丑浑介”，“浑”字显误，据义正。

例之三。钱南扬《永乐大典戏文三种校注》注《宦门子弟错立身》第十二出末（王恩深）唱【金蕉叶】曲：“敢一个小哨儿喉咽韵美”句：“哨，原误作‘捎’，今正。哨儿，即哨子。”④

除以上五方面有关文字校订事项外，目前为了普及戏曲读物与推广简化汉字，各出版社出版的戏曲古籍，不少也采用简化字排印。这就要求从事戏曲编校者必须准确做好字体由繁到简的“转换”工作。使用的简化字，必须严格按照国家有关部门审定、颁布的《简化字总表》（见本编附录二），对于底本中存在的不规范的简化字、土造字等，要尽量舍弃并纠正，而对于那些由于简化之后容易产生歧义的字，必要时应采用校记或注释予以说明。

三、语汇与疏证

语汇以词语及词组形式出现，因此对语汇的校勘包含着校勘者对词语及词组的理解、判断和选择，必要时还要加以疏证，以说明理解、判断和选择的理由。因此语汇校勘实际包含校勘与训诂的双重任务，是将二者结合起来的校勘方法。有时还需进行相当深入的考证，旁征博引，转弯抹角，以取得文本真实面目的依据。

例之一。前举明刊《重校金印记》第十八出“刺股读书”【驻云飞】生（苏秦）唱曲：“他一旦脱了胥縻，大旱为霖雨。”“胥縻”原本作“靡胥”，据明继志斋本、玉夏斋

① 参见拙校《金印记》，第60页。

② 参见拙校《风月锦囊笺校》，第26页。

③ 参见拙校《金印记》，第87页。

④ 钱南扬：《永乐大典戏文三种校法》，第249页，注㊹。

本及《汉书·楚元王传》"胥靡之"句改正。这里对"胥縻"一词的校勘，就属于语汇疏证，其中包含训诂内容，对词语内容与写法有判断，有选择，还有旁证材料作为依据。

例之二。明柳浪馆批评本《紫钗记》第二十七出"女侠"旦（霍小玉）唱【月儿高】曲："嫌单爱偶，迭的腰肢瘦。"胡士莹校注本《紫钗记》，以柳本为底本，取汲古阁《六十种曲》本等互校，校注"迭的"一词云："柳本原作'软的'，今从汲本。迭的，犹够的。"① 这里的校改，包含了校注者对语汇的疏证，如果没有对"迭的"一词的确切理解，如果没有汲古阁本作为校正依据，都是很难做到的。

例之三。钱南扬《永乐大典戏文三种校注》对《宦门子弟错立身》第十二出生（延寿马）唱【越调·斗鹌鹑】"猛杀了镣丁锃底"句中的"锃底"一词，曾作如下注解：

> 《〈诗词曲语辞〉汇释》并云："锃底之义未详。"案："锃"，疑是"镘"字之误。《古今杂剧》关汉卿《金线池》一折【金盏儿】："前门里统镘客，后门里一个使钱勤。""统镘"与"使钱"对文，故"镘"即是"钱"。也称"镘的"，《太平乐府》卷八钟继先《自序丑斋套》【哭皇天】："设答了镘的，梦撒了寮丁。"这里的"镣丁"、"镘底"，也是同义互用。②

钱先生从"锃"疑为"镘"，"镘的"即"镘底"，"镣丁"、"锃底"同义互用，均作"钱"解，并证以《古今杂剧·金线池》、《太平乐府》钟继先套曲等材料，绕了很大弯子，对"锃底"一词的原意进行疏证，很见功夫。这也是在校勘时对语汇书写正本溯源、求真存正所采用的一种方法，是校勘的更高境界。

语汇校勘不完全等同于文字校勘，虽然它也有对字数、文字正讹、衍脱、增改等现象的校订，但更多是着眼于对词语本身的理解、判断和选择，并说明这种理解、判断和选择的理由、依据。所以语汇校勘与文字校勘二者是既相依存、联系，又各有侧重与不同。

语汇校勘记写书的常格："××……"，当作"××……"；或："××……"，释作（疑作）"××……"。

像这种"当作"、"释作"、"疑作"，只属判断，一般不改动原文，只需出校说明。另一种不作改动的方式，是在校记中罗列、出校各种异文，供别人参考、选择。通常写作："××"，××本作"××"；××本作"××"；……如果一旦做了改动，则写作："××"，据××本，改作"××"。

四、曲牌与曲律

曲牌校勘涉及曲律问题。曲文格律又称词格或句格。支曲词格（句格）包括：句数、字数、句式、韵律、四声平仄、正衬、合头等项内容。南曲套曲，还包括引子、过曲、尾声、隔尾、本调、前腔、前腔换头；北曲套曲，则有宫调、本调、幺篇、尾声、联套

---

① 胡士莹校注：《紫钗记》第二十七出"女侠"，人民文学出版社 1982 年版，第 102 页，注③。

② 钱南扬：《永乐大典戏文三种校注》，第 246 页，注⑦。

规则等。戏曲文本曲有定格、套有定规，我们进行校勘，必须掌握这些规律。支曲使用，又与宫调、曲序有关，而宫调、曲序，南北曲又多差异。对此，除了下面要介绍到的各种曲谱之外，我们建议再阅读以下这些书籍，可以帮助我们进一步掌握这方面的一些常识：

王季烈《螾庐曲谈》
许之衡《曲律易知》
吴梅《顾曲麈谈》、《曲学通论》
王守泰《昆曲格律》
青木正儿《元人杂剧概说》
李玉等《北词广正谱》附北曲联套范式
蔡莹《元剧联套述例》

就是说，曲牌的校勘，除曲牌、格律之外，联套方式也是值得注意的一项。

曲牌本身的校订，除了校异本，还得参考有关曲谱，对照曲文，是否与该曲牌句格相符。我们要做的工作还有：原不分支曲，合并为一段的曲文，要一一予以析出。如明刊《重校金印记》末出的【红绣鞋】，原本不标曲牌，曲词紧接上曲【风入松】，连写成一段，我们就得根据格律，将其析出，并补标曲牌。原不标“前腔”、“前腔换头”的，也要按本调格律分出（换头一般在前腔的偶数曲上）。如明刊《重校金印记》末出九支【风入松】曲并一支【犯衮】，原本并写成一段，容易使人误以为它是一大段【风入松】，我们就得按照【风入松】的格律，并参照其他版本（如明继志斋本、玉夏斋本等），将其一一分出，并补标各支曲牌名目。

南曲有引子、尾声，有的还有隔尾（即一出戏中有两个尾声的，中间那个尾声叫隔尾），据此我们可以判断其每出戏的曲牌联套情况。北曲曲牌组合也有规律可循，可参阅《北词广正谱》所附联套范式及上列《元剧联套述例》等书。发现曲牌有误的，需据曲谱加以校正，通常要说“正”，或说“据××……曲谱正”，交代所根据的曲谱。曲牌异名者，如南曲【中央闹】即【四边静】，【大河蟹】即【胜葫芦】，【燕归梁】即【风马儿】，【卖花声】即【浪淘沙】，【双凤翘】即【女冠子】，【桂枝香】又名【疏帘淡月】，【一封书】又名【秋江送别】，【泣颜回】又名【杏坛三操】，等等，以及南曲【尾声】又名【馀文】、【意不尽】、【十二时】，北曲【尾声】常题【煞】或【煞尾】。这些知识，戏曲校勘者都需了解，只有这样，才能顺利校订曲牌、支曲和套曲。

对于某些没有相应校本的底本中的曲牌，如果有异见，也可在校勘记中提出参考意见，甚至还可以酌情校改。如《元刊杂剧三十种》中的关汉卿剧作《西蜀梦》是个孤本，没有他本可校。故《关汉卿戏剧集》① 仅采用别的校本成果予以校录，曲牌一仍其旧。而徐沁君《新校元刊杂剧三十种》不仅成批校订曲白，而且还对该剧的某些曲牌进行了校改，如：第一折【醉中天】改订为【醉扶归】，【尾】改订为【赚煞】；第三折【收尾】

① 《关汉卿戏剧集》，北京大学中文系《关汉卿戏剧集》编校小组编校，人民文学出版社1976年出版。

改订为【煞尾】；第四折【尾】改订为【随煞尾】等。①

五、科白与符号

科，即科泛（一作“科汎”），指舞台的动作。科文是科泛说明，亦即对舞台动作的提示。白，即宾白，即剧中脚色的话语。科、白常连带脚色名目，三者经常交互连用，我们在校勘时，要采用相应的符号予以标示，通常都用〔〕号或（）号。

戏曲古籍中一种常见错误，即科白符号使用十分随意，缺乏规范。如有时标，有时不标，有时误标。所以校勘时必须予以统一，未标者补之，误标者正之。

其次，要注意宾白的脚色名目标注不能缺漏。比如，前头是“旦白”，后头是“生白”，如果把“生”字漏标了，前后文岂不全都成了“旦白”。或者脚色已经更换，宾白仍旧保留，这样内容必大相径庭。这些错误在校勘时都得仔细区分出来。考订脚色名目标注，一定要与考察舞台实际情况相结合，才能发现问题，才能对文本错误予以补正。

科白符号全书要统一，文字书写格式通常比曲文小一号或低一格另起，或用不同字体区分曲白。总之，要设法使科白与曲文的区别令读者一目了然。

六、场出与标题

戏曲分出、分场，反映在文本上，北曲杂剧多分为四折一楔子（亦有不受此限制的，如明徐渭《四声猿》四个杂剧，《狂鼓吏》仅一折，《玉禅师》、《雌木兰》各二折，《女状元》为五折）。南戏、传奇场出不固定，出（折）数多寡不等。北曲杂剧与南曲戏文、传奇分出分场的原则亦不同：北曲杂剧按宫调体式区分，一个宫调套曲，即为一折；南戏、传奇按人物上下场的断续形式区分（并非剧情段落），出场人物演戏一段，即是一出，清场之后，人物重新登场，即是另一出的开始。

早期的本子，无论杂剧、南戏，均不标明折数或出数，更无出（折）目。如《元刊杂剧三十种》、《永乐大典戏文三种》、出土明成化本《白兔记》及《风月（全家）锦囊》中的南戏选折等，都如此。但是不标折、出，并不等于没有折、出，仅仅是不曾写明而已，实际的折、出还是存在，而且一目了然，判断的依据，就是根据上述分折（杂剧）、分出（南戏、传奇）的原则，即北曲杂剧看一套宫调曲子是否已经唱完，南曲戏文、传奇，看场上人物已否全数下场。至于我们校勘时是否要标出折、出序数与出（折）目，需据我们统一的体例来定。标与不标都得在“前言”或“凡例”中加以说明交代。

与场出有关的折数、出目、卷次、题目正名之类，基本上要依据底本，不宜过多更改。但必要时也可加以调整，或改正，或删除。比如传奇，多分四卷或上下两卷，整理时可以保留原卷数，也可以去掉，但去或留都要有所交代。

七、阙脱与校补

阙脱与校补，先要交代某处阙、阙什么、阙多少，然后再说明根据什么加以校补。

---

① 徐沁君校点：《新校元刊杂剧三十种·一、大都新编关张双赴西蜀梦》，中华书局1980年版，上册，第3、4、15、22页。

校补可以补在正文中间，也可以附在校记中供作参考，根据实际情况而定。例如明刊《重校金印记》，别本有不同的开场文字，与它差异甚大，距离较远，不宜在“重校”本的校点本正文中补改，又由于这些不同开场文字很有参考价值，所以要采取附录的办法，把它过录在校勘记中①。而明刊《绣襦记》，也有汲古阁《六十种曲》本和凌氏朱墨本两个不同开场文字，由于彼此出入不大，而朱墨本较汲本更为完整，故可在以汲本为底本的正文中，直接取前者来校补后者。②

一般而言，大段的异文，并有参考价值的，要视情况，采取附录异文的办法，如上述《重校金印记》的开场。无法校补的，要注明底本某处某叶（页）原阙或疑阙多少页、多少字。确知所阙字数的，正文中按对等字数，用□号标之；无法确知字数的，通常用▭号表示，并在校文中注明约阙多少字。如《风月锦囊》首卷杂曲集《新增赵五娘弹唱》篇，第二曲末三句：“我心爱杀，眼中瞧他，怎□□□。”底本原作残阙二字，这里则按句格，订作阙三字。又，同书《精选续编赛全家锦三国志大全二卷》，其二、三、四图题横额俱阙，但不详字数，故均以▭号表示。③

另外，大段、成叶（叶）的残阙，必要时还要在校文中交代所阙的内容、剧情，或提出相关的质疑，以便于阅读参考。如钱南扬先生在校注《小孙屠》戏文时，发现在第十六出（谋杀孙必达）与第十七出（小孙屠被捕）之间，剧情不相联贯，甚至相矛盾，其间必有严重缺脱现象，于是就在第十七出的正文开头，加上删节号“……”，并做校记，详加说明。④

八、错简与说明

错简，指底本篇幅次序凌乱或衔接错误。校勘错简时，我们要做的工作，就是加以指出，说明在何处错简，正确的面目该是怎样，依据、理由是什么。如《风月锦囊笺校》对首卷杂曲集中《时兴骂娼妓一封书带过雁儿落》一篇的校勘，其中“相思病渐加，佳人黄瘦杀”一段，校者认为，这是另一首【楚江秋】由于错简窜入本篇的，在校记中说明理由如下：“本段内容与篇题及上段所写内容均无关，审其句式，当是另首【楚江秋】误刻窜入本篇。”⑤

错简现象必要时要加以调整。但无论调整与否，凡遇错简，都要明白加以说明，切不可听凭存在而不顾。

九、其他注意事项

除上述有关戏曲文本正文校勘的各项内容外，某些戏曲文本还有其他一些附件材料，

---

① 参见拙校《金印记》，第2页，校勘记〔六〕。

② 参见拙校《绣襦记》，《中国十大古典悲喜剧集》，第143～144页。

③ 参见拙校《风月锦囊笺校》，第24页、第579～581页。

④ 参见钱南扬《永乐大典戏文三种校注》，第314页，校注①。

⑤ 参见拙校《风月锦囊笺校》，第98页，校〔三〕。

如注音、释义、评点、附录等等，这些内容是否进行校勘，应据实际需要及校本形式决定取舍。

校者自增的附录，如作者传记、年谱、年表、题材本事、辑评之类，也要根据校本需要，决定是否采用。这些自增的附录材料，都要详细交代出处，包括书名、篇名、卷数、所据版本等。其校勘体例，应与正文一致，但可以比正文稍为简约。

此外，除上述九个方面的校勘细节要求之外，在总体上，校勘过程中还另需注意以下事项：

1. 丛书、套书体例要统一，必要时要加总凡例，或在总序、前言中作交代。

2. 校文书写要尽量简约，写法、格式前后要一致。多人合作的大型戏曲文献校勘，必须统一校文书写格式、规范。

3. 要尽量保持文本原始面貌，不轻易改动原文。重要的改动，都必须有所交代。无法判定的，要尽量出校异文，不轻易作判断，提供读者选择。

4. 原则上不以后来之本去校正早前底本。如果后来之本确有根据或有助文意理解者，可出校异文。但切不可取不同系统（如不同声腔、不同剧种、不同源流版本）进行对校。而对于确有参考价值的不同系统的别本，可采取出校异文，作为参考。

第四章　曲谱述略

校勘古籍都需要凭借一些工具书，像辞典、辞书、方志、年表、谱牒之类，而戏曲校勘尤其戏曲剧本的曲文校勘，最不可缺少的工具书就是曲谱。曲谱是校勘戏曲曲文的重要依据，必须认真选择，取用得当。为此，首先应该掌握曲谱的有关知识。

根据曲谱的内容性质，我们可以把通常使用的曲谱分为四类：北曲类、南曲类、南北曲合谱类、专腔类。下面就每类中主要的、有代表性的曲谱加以介绍：

一、北曲类

相对于数量丰富的南曲谱来说，单独成书的北曲谱，数量十分有限，需要重点介绍的，仅以下三种：

（一）中原音韵

《中原音韵》是元代曲家周德清编撰的一部北曲韵书。周德清（约1277—1365），号挺斋，江西高安人。《中原音韵》虽说是一部韵书，但近代曲学家任讷却评之为“盖以一书而兼有曲韵、曲论、曲谱、曲选四种作用”①，故亦可视之为我国最早出现的北曲曲谱。

《中原音韵》始作于元泰定甲子年（1324），中经多次修改，于元至正二年（1342）左右正式刊行。行世版本甚多，较早的是常塾瞿氏铁琴铜剑楼所藏的影印元刊本，明代较早的刊本是正统辛酉六年（1441）的讷庵本（中华书局1978年影印），还有万历刊《啸余谱》所收本。《中国古典戏曲论著集成》第一集所收，系采用影印元刊本为底本，参较明《啸余谱》本等②，以下介绍及引文，均据此本。

从音韵学的价值来看，《中原音韵》把曲韵分为十九部（东钟、江阳、支思、齐微、鱼模、皆来、真文、寒山、桓欢、先天、萧豪、哥戈、家麻、车遮、庚青、尤侯、侵寻、监咸、廉纤），首次揭示了“平分阴阳”、“入派三声”的北曲特殊韵律，这不仅对后世北曲填词产生了重大而深远的影响，而且推动了整个音韵学的研究，开创了所谓“今音韵学派”，即从实用语言出发，与仅从书面语言出发研究音韵的“古音韵学派”不同的音韵学派。

除了十九部韵谱之外，《中原音韵》“正语作词起例”对北曲曲律、曲论也作了总结，特别是其中的“作词十法”（一、知韵，二、造语，三、用事，四、用字，五、入声作平

① 任讷：《作词十法疏证》，中华书局1924年版，第1页。

② 参见《中国古典戏曲论著集成·中原音韵提要》，《中国古典戏曲论著集成》第一集，第171～172页。

声，六、阴阳，七、务头，八、对偶，九、末句，十、定格）尤为精华，它是古代曲学中最早关于北曲填词技法的系统理论总结。

从曲谱角度看待，《中原音韵》最重要的价值，还在于它对北曲谱的厘定。这包括两方面的内容：一是335章北曲调名谱以及有关“名同音律不同”与“句字不拘可以增损”的一类曲牌的归纳，还有对十七宫调声情特征的总结；二是有关作词法总结的“作词十法”中，“末句”所列68首曲牌的末句谱式，与“定格”所举36首例曲的格律分析，可以把它们看作是北曲格律简谱，二者共同构成后世北曲格律谱的雏形，为北曲谱的制定起着筚路蓝缕的作用。也正是在这个意义上，我们才视《中原音韵》为我国最早出现的北曲简谱。

《中原音韵》作为北曲谱来看待，主要内容体现于两个方面：

其一，厘定北曲调名谱，并明确宫调归属。《中原音韵》把所收335章北曲曲牌依次归属于十二宫调，分别是：黄钟24章，正宫25章，大石调21章，小石调5章，仙吕42章，中吕32章，南吕21章，双调100章，越调35章，商调16章，商角调6章，般涉调8章。它为后来《太和正音谱》的十二宫调334章曲牌的归属奠定了基础（《太和正音谱》的宫调归属可以说基本上是沿用了《中原音韵》）。另外，其曲牌排序，也基本体现了北曲的联套框架。

其二，“作词十法”中的“末句”、“定格”二法，厘定了北曲格律简谱。其中“末句”，共辑68首北曲曲牌末句的平仄、名目、谱式等；“定格”分析了36首北曲例曲的谱式。周德清主张，北曲列谱的关键，是调有定格、句有定式、字有定声，这成为我国历代制谱所遵循的基本原则。

（二）太和正音谱（“乐府”部分）

《太和正音谱》是一部内容庞杂，包含戏曲目录、理论、批评、史科、曲律等多方面内容的曲学论著。其中的“乐府”部分，人们习惯上视之为北曲格律谱。明代程明善辑《啸余谱》，其第五卷收《太和正音谱》“乐府”部分，略加修订，直接定名为《北曲谱》。

《太和正音谱》“乐府”是继《中原音韵》之后出现的最完备的北曲谱。其内容特点，是按照《中原音韵》制定的十二宫调，把334章北曲曲牌分别加以归属，详列曲牌名目（包括异名）、句式、平仄、谱例，从而确立了北曲的谱式。今天我们可以用它校元曲杂剧的格律①，这也是该谱最重要的价值。

《太和正音谱》一书，自王国维始定为朱权所编，相沿几成定论，近年有学者对此提出异议。现在我们暂据明人署此书著者的习惯②，题它为“涵虚子编撰”。

由于《太和正音谱》问世较早，对后来明、清两代编撰的北曲谱都有极大影响，其宫调、曲牌的编排次序、例曲选用等，多为后来各种北曲谱所蹈袭。除了上述《啸余谱》外，他如《博山堂北曲谱》（明·范文若编）、《钦定曲谱》（清·王奕清等编）中的北曲

① 参阅本书第一编第二章《太和正音谱》条。

② 影写明洪武间刻本《太和正音谱》等，俱题“丹邱先生涵虚子编”或“元涵虚子著”。参阅《中国古典戏曲论著集成》第三集，第4~8页，《太和正音谱提要》。

部分，乃至明《北词广正谱》、清《九宫大成》北曲部分，都深受它的影响。

（三）北词广正谱

关于《北词广正谱》的编者，据曲谱卷首吴伟业的序文："李子元玉……闲采元人各种传奇、散套及明初诸名人所著中之北词，依宫按调，汇为一书。复取华亭徐于室所辑，参而订之"，一般人都把它归于李玉名下。然而现见的《北词广正谱》刊本，则多署作："华亭徐于室原稿，茂苑钮少雅乐句，吴门李玄玉更定，长洲朱素臣同阅"，说明《北词广正谱》的编撰实经多人之手，故定它为"徐于室、李玉等编"，似更合适。

《北词广正谱》在曲谱史上首次以十七宫调为系统列谱。十七宫调依次为：黄钟宫、正宫、仙吕宫、南吕宫、中吕宫、道宫、大石调、小石调、高平调、歇指调、般涉调、商角调、商调、宫调、角调、越调、双调。较《中原音韵》、《太和正音谱》多了道宫、高平调、歇指调、宫调、角调五个宫调，另外还增加了各宫调下的曲牌、谱例，并附加板式、正衬、节奏和注解。

《北词广正谱》的文献价值，主要在于其所引的曲目及部分谱式有利于我们校勘北曲剧曲的异文和钩沉杂剧佚文佚曲（赵景深先生即据此谱为主，编著《元人杂剧钩沉》）。这部分文献功绩，首先应归之于徐于室的原稿《北词谱》①。《北词谱》中汇列了元及明初43位杂剧作家的124种作品。其中50种为当时不常见、40种为今无传本者，另10种有元刊或明钞本传世。这些可供我们考证某些剧曲、散曲的撰主及存佚情况。

除保存戏曲文献的价值外，《北词广正谱》对其所收例曲皆点明板式、分辨节奏的做法，最为后人所称道。其次，它对北词联套的总结、归类，也是一大贡献。

《北词广正谱》版本很多，常见的是据清康熙年间所刻青莲书屋《一笠庵北词广正谱》十八卷本进行翻印或影印的各种本子。

（四）弦索辨讹及其他

北曲谱除上面介绍的三种之外，还有一些，但内容多相蹈袭，这里不再详细介绍。除上述三种以及曾经提到的《啸余谱》、《九宫大成》、《钦定曲谱》中的北曲谱外，还需知道明曲学家沈宠绥所著的《弦索辨讹》一书。明清人常以"弦索"或"弦索调"代指北曲演唱及北曲曲谱。《弦索辨讹》以《北西厢》剧曲、时曲以及《千金记》、《焚香记》等传奇中的北曲为例，采用图谱形式，为演唱者指明吐音、咬字方法，故其主要特点是重口法和唱法，故亦具有北曲谱的性质。此外，《盛世新声》、《词林摘艳》、《雍熙乐府》等曲选，也是我们在校勘中经常用到的。它们虽非曲谱，但其中所选的北曲作品，对我们校勘北曲套式，有一定参考价值。

二、南曲类

南曲谱不仅比北曲谱数量多，而且每种曲谱之间又有较密切的渊源、承继关系，因此在分别介绍南曲谱的各主要曲谱情况的同时，还有必要对它们之间的源流、承袭关系

① 《北词谱》，稿本，十四卷，另《臆论》一卷、《附录》一卷，今藏国家图书馆。关于此谱与《北词广正谱》的关系及其异同情况比较，可参阅王钢《记徐庆卿〈北词谱〉》（《文史》第三十一辑）、周维培《曲谱研究》（江苏古籍出版社，1997年版）第二章第四节"从《北词谱》到《北词广正谱》"。

进行梳理。

（一）元谱与陈、白氏二谱

最先出现的南曲谱，是所谓“元人《九宫十三调词谱》”，简称《元谱》，今已不存。最先披露并引用该《元谱》材料的是明·徐于室、钮少雅的《南曲九宫正始》。在清人冯旭的《正始》序文中，还曾明确称它是“大元天历间《九宫十三调谱》”。但《南曲九宫正始》的注文中多用简名《元谱》，从未提及其编撰的具体年代，故冯旭所言，并无其他材料作为确据，不足为凭。

关于《元谱》的发现，据《正始》钮少雅自序称，它是徐于室在明天启乙丑年（1625）发现的。《正始》在订谱过程中，常据此《元谱》格律，去订正“时谱”、“今谱”之误。至于对《元谱》具体成书年代，全谱面貌如何，体例怎样以及它所依据的“元人原文古调”等情况究竟如何，修谱者并未详细说明，这些都有待我们作进一步考证。据钱南扬先生研究认为，《元谱》中的十三调谱是“宋谱”，九宫谱是“元谱”。是否如此，亦需作进一步考证。

继《元谱》之后出现的接近《元谱》的南曲谱，即明·蒋孝在《旧编南九宫谱》序文中提到的陈、白二氏的《九宫》与《十三调》二谱。此二谱是蒋孝编谱的主要依据。明·王骥德在《曲律》中亦提到：“《九宫》谱有词，《十三调》无词。”所说情况，正与我们所见的“蒋谱”面目相合。

上述《九宫正始》所引《九宫十三调词谱》（《元谱》）及“蒋谱”序文提及的陈、白二氏《九宫》、《十三调》二谱，我们只能对其作基本面貌的判别，因为它们没有完整的谱子流传下来。但它们是后来各种南曲谱编撰的依据是可以肯定的。以下介绍有全谱流传下来的几种主要南曲谱。

（二）南九宫十三调词谱

明·蒋孝编。又名《旧编南九宫谱》，简称《旧谱》或《蒋谱》。后来沈璟所编《增定查补南九宫十三调曲谱》，亦名《重定南九宫词谱》，简称《南曲谱》、《沈谱》等，“增订”、“查补”、“重定”，都是与蒋孝此“旧谱”相对称而名。编者蒋孝，字惟忠，长洲武进人，嘉靖二十三年（1544）进士。生平事迹不详。

《蒋谱》今存最早、最完善的版本是《玄览堂丛书》三集影印明三径草堂本。此谱有蒋孝本人撰于明嘉靖二十八年（1549）的自序。其时，作为舞台艺术的昆剧尚未真正形成，故不能以“蒋谱”作为昆曲谱看待，用它校元明戏文，似更为适合。据蒋氏自序，其谱是据陈、白二氏“所藏《九宫》、《十三调》二谱”，“辑南人所度曲数十家，其调与谱合及乐府所载南小令者，汇成一书，以备词林之阙。”但实际上，它只有“九宫”。“九宫”之下，每调一曲；“十三调”则有目无词。

《蒋谱》是现存最早的完型的南曲谱。“九宫”共辑曲牌478种，每调例曲一支，不标正衬，不点板式，不注平仄，亦无句读，故只能算是一种南曲谱的雏形。入谱作品，既有当时流行的戏文，也有元明南散曲（共85支）。最令人重视的是该谱收录的31种戏文中的415支支曲，提供了宋元明初南曲戏文剧目及其曲文的材料，是我们研究南戏与校勘戏文的重要依据。虽然《蒋谱》的体例是仅列曲词，不定格式，但可以用它引用的这些谱例来校勘戏文，并借它来比较、研究宋元南戏与明传奇的格律关系。

（三）增订查补南九宫十三调曲谱

明·沈璟编，共二十二卷。曾有许多别称，诸如：《南曲全谱》、《南词全谱》、《南九宫谱》、《增订九宫曲谱》、《重定南九宫词谱》、《南九宫十三调曲谱》、《增订南九宫十三调词谱》等等。明丽正堂刊本署《增订查补南九宫十三调曲谱》，堪称诸名称中之最长、最全者。姑采之。通常简称为《南曲谱》或《沈谱》。编者沈璟（1553—1610），字伯英，号宁庵，别署词隐生，江苏吴江人，明万历二年（1574）进士，累官光禄寺丞，是明代中期的著名曲学家。

《沈谱》的编定年代无法确考，据旁人有关记载推知，大致成于明万历二十五年（1597）之前。其时，明传奇创作已经进入全盛时期。《沈谱》是在《蒋谱》的基础上，根据当时昆曲传奇的演唱实际，在修谱中主要做了以下四方面的工作①：

第一，辨别体制，分厘宫调；

第二，参补新调，增校新曲；

第三，考定四声，并署平仄；

第四，分别正衬，附点板眼。

《蒋谱》九宫有词，十三调无词。《沈谱》一方面对九宫谱参补新调和做了上述四点补订工作，另一方面是删去了十三调，间取其中有曲可查者，附在九宫谱之后。全书共选录曲牌719支，其中取九宫611支，取十三调62支，新增46支，较之《蒋谱》内容更广、更为完善。它可以作为我们校勘昆曲传奇曲文格律的主要依据之一。因为《沈谱》是在《蒋谱》出现大约五十年之后编定的，那时已是昆曲传奇确立并盛行的时期，故可视之为昆曲谱，用以校勘查对昆曲传奇格律。

《沈谱》主要版本除明代丽正堂原刻本外，还有明代文治堂刊本，以及明《啸余谱》与清《钦定曲谱》中的南曲谱部分等。

（四）广缉词隐先生增订南九宫词谱

明·沈自晋编，二十六卷。又名《南九宫新谱》，简名《南词新谱》或《新谱》。

《新谱》是在《沈谱》流行四十年之后修订的，它是在《沈谱》基础上，借阅并吸收冯梦龙《墨憨斋词谱》稿本的有关资料编订而成。《墨憨斋词谱》是冯梦龙不曾编完的残稿，冯氏遗稿曾嘱交沈自晋去完成。冯谱曾流入内府，今不知存亡。冯梦龙“详于古而忽于今”的制谱原则，与沈自晋“备于今而略于古”②的制谱原则正好可以彼此互补，所以沈自晋在修谱过程中对冯谱材料常加征引，或吸收，或两存，或不从，“凡论列未备者，时从其说，且捐己见而裁注之，必另注冯稿云何，非予见所及也”③，故而冯谱的面貌，散见《新谱》各处，得见大略。

钱南扬先生曾据以辑《冯梦龙墨憨斋词谱辑佚》，共辑得192曲冯谱的诠解材料，收入钱著《汉上宧文存》④一书，可以参阅。

---

① 以下引用周维培《曲谱研究》之说，江苏古籍出版社1997年版，第116~120页。

② 见明·沈自晋：《南词新谱》卷首《重定南词全谱凡例续纪》。

③ 同前注。

④ 钱南扬：《汉上宧文存》，上海文艺出版社1980年版，第30~62页。

《新谱》又在《沈谱》基础上，对旧南曲谱作了再一次的增加大量新曲、更换例曲、改订谱式格律、增加注释内容等方面的工作，使之成为最完备的明代南曲谱。《新谱》实际已包含了《沈谱》的全部内容，故而《新谱》出，大有取代沈谱的作用，成为我们校勘昆曲传奇格律的常备曲谱。

《新谱》编者沈自晋（1583—1665），字伯明、长康，号西来，别署鞠通生。江苏吴江人。沈璟侄。《新谱》的版本主要有清初沈氏不殊堂原刻本，北京大学、中国书店都曾据以影印。

（五）汇纂元谱南曲九宫正始

简称《南曲九宫正始》、《九宫正始》，甚或《正始》。署："云间徐于室辑，茂苑钮少雅订"。原有清初朱墨精钞本，多经曲折延宕，直至1936年才由北平戏曲文献流通会据以影印刊布。这是迄今所见南曲谱中最为完备完善，也最有实用价值的一种。

《九宫正始》自明天启五年（1625）由徐于室始辑，崇祯九年（1636）徐卒，钮继，至崇祯十五年（1642）脱稿，清顺治六年（1649）再次更定，前后历时二十四年，九易其稿始成。长期的编纂修订，使之在文献搜订与制作上都达到了当时南曲格律谱的最高成就。其主要贡献与价值体现在以下三方面：

其一，博辑古剧，精校曲文，细辨作者，详列曲例，提供大量罕见文献。

其二，正、变体罗列详备，格律选析精当，具有较高实用价值。

其三，腔格厘定恰当，点板标准准确，为研究昆曲音乐、格律，提供可靠依据。

总之，《九宫正始》是迄今所见古代最为准确、详备、可靠的一部南曲谱，其中采用的不少古剧资料，也是南戏研究的重要依据。根据这些资料，冯沅君曾著《南戏拾遗》，钱南扬增订旧著《宋元南戏百一录》为《宋元戏文辑佚》，可见它对南戏研究的贡献之著。冯沅君在《南戏拾遗》导言中，称它"贡献大极了"，共总结了五点贡献："可借以辑已佚的元剧"；"可借以校明剧"；"可借以校辑散曲"；"可借以正曲律"；"可借以得其他史料"。① 除其中第三点指散曲之外，其余皆同南戏研究有关。因此，《九宫正始》也是我们辑佚、参校南戏文本与格律的重要依据。

《九宫正始》卷首无总目，影印本订作十册，使用十分不便。现补列各册宫调名目及其所引曲牌数目如下，以备检索：

册一　黄钟宫（引子9，过曲48）
册二　正　宫（引子12，过曲62）
　　　大石调（引子5，过曲9）
册三　仙吕宫（引子18，过曲82）
册四　中吕宫（引子13，过曲65）
册五　南吕宫（引子28，过曲88）
册六　商　调（引子13，过曲40）
册七　越　调（引子8，过曲56）

① 冯沅君：《〈南戏拾遗〉导言》，《冯沅君古典文学论文集》，山东人民出版社1980年版，第137页。

　　　　双　调（引子28，过曲17）
册八　仙吕入双调（引子9，过曲120）
册九　黄钟调（慢词11，近词35）
　　　　正宫调（慢词7，近词31）
　　　　大石调（慢词10，近词18）
　　　　仙吕调（慢词14，近词31）
　　　　中吕调（慢词12，近词54）
　　　　南吕调（慢词25，近词63）
　　　　商　调（慢词11，近词14）
　　　　越　调（慢词8，近词34）
册十　双　调（慢词缺，近词71）
　　　　羽　调（慢词6，近词27）
　　　　道宫调（慢词5，近词18）
　　　　般涉调（慢词1，近词4）
　　　　小石调（慢词7，近词16）
　　　　商黄调（缺）
　　　　高平调（引子2，过曲7）
　　　　不知宫调（引子17，过曲42）

（六）寒山堂新定九宫十三摄南曲谱

简称《寒山堂曲谱》。清·张大复编。张大复，一名彝宣，字心其，号寒山子，室名寒山堂，是位剧作甚丰的戏曲家，与著《梅花草堂笔谈》的清人张大复不是同一个人。此谱不曾刊行，只有各种残钞本传世，其中最完备的，当推中国艺术研究院音乐研究所所藏的五卷五册本。另有北京大学、中国艺术研究院音乐研究所等处共藏的十四卷本及不分卷本，可与前者互补。①

《寒山堂曲谱》与《九宫正始》性质相似，谱内收录“元传奇”即旧戏文资料也很多，在研究与校勘南戏方面更显重要。其五卷本卷首总目及其题注（参见本书第一编附录四）更是一份有关南戏作者、版本研究的重要参考依据。

除以上介绍的几种南曲谱外，明清间的南曲谱，尚有《九宫谱定》（明·查继佐编，清金阊绿荫堂刻本）、《新编南词定律》（清·吕士雄等编，清康熙香云阁刻本）以及前面提及的明·冯梦龙《墨憨斋词谱》，还有下面专腔类要介绍的清·王正祥所编《新定十二律昆腔谱》、《新定十二律京腔谱》以及众多昆曲谱，都属于南曲类曲谱。

① 详情可参阅拙文《寒山谱·锦本与戏文辑佚》第一节“关于《寒山堂曲谱》”，《南戏论丛》，中华书局2001年版，第182～185页。

三、南北曲合谱类

清初制作曲谱蔚然成风，其中一个重要特色，就是官修的南北曲合谱与昆曲工尺谱大量涌现。有关昆曲工尺谱的情况，留待下面专腔类中介绍，这里先着重介绍两种官修南北曲合谱及性质相似的吴梅《南北词简谱》。

（一）钦定曲谱

清·王奕清、陈廷敬等编，是清代最早出现的南北曲合谱，修于康熙五十四年(1715)，是奉康熙帝之命修纂，今有内府殿本、扫叶山房影印内府本及中国书店影印本等。

该谱凡十二卷，其中一至四卷，取《中原音韵》、《南村辍耕录》、《唱论》、《太和正音谱》中的相关内容，订为“北曲谱”；五至十二卷，取沈璟《南曲谱》、查继佐《九宫谱定》的内容，订为“南曲谱”。卷首有“凡例”、“诸家论说”、“九宫谱定论说”等内容。该谱虽然对所收曲牌、谱例做过一些标注、考订、辨正工作，但总体来看，因系节录各曲谱有关内容拼凑而成，内容杂糅，且仓促成篇，比较粗糙，不足为凭。但作为第一部编纂的南北曲合谱，《钦定曲谱》却直接影响了后来《九宫大成》等官修南北曲合谱的完成，在曲谱史上亦有它不可磨灭的功劳。

（二）九宫大成南北词宫谱

简称《九宫大成》，清·周祥钰等编纂，是清乾隆年间集中一批御用文人与乐师共同编纂的大型南北曲合谱。全谱共分宫、商、角、徵、羽五函，凡八十二卷，其中南曲五十一卷，北曲三十卷，曲论一卷，是我国曲学史上最为庞大的曲谱工程。该谱虽名为“九宫”，实则按十三调列谱。它综合南北曲的格律、谱式，附以曲调工尺，是部兼具填词、度曲两用的大型音乐谱。其中共辑南曲曲牌1 513章，北曲曲牌581章，合计2 094章，又北套188种，南北合套36种，堪称是南北曲合谱的集大成之作。其主要特点在于博采广取，主要贡献在于：谱式格律分析得体；校勘颇具功力；工尺乐谱详备。其编纂体例，亦十分特别。它虽名为“九宫”，实按十三调列谱，应以十二月，每月分辖南、北曲各一宫调，如遇闰月，则用“仙吕入双角”。全谱结构大略如下：

正月	南仙吕宫	引子34	正曲11	集曲149
	北仙吕调	支曲81	北套24	
	南北合套	2		
二月	南中吕宫	引子23	正曲68	集曲53
	北中吕调	支曲56	北套20	
	南北合套	2		
三月	南大石调	引子18	正曲35	集曲5
	北大石角	支曲25	北套10	
	南北合套	2		
四月	南　越调	引子21	正曲70	集曲20
	北　越角	支曲45	北套18	
	南北合套	2		

五月	南　正宫	引子 18	正曲 42	集曲 60
	北　高宫	支曲 43	北套 14	
	南北合套　2			
六月	南小石调	引子 18	正曲 45	集曲 11
	北小石角	支曲 29	北套 5	
	南北合套　2			
七月	南高大石调	引子 18	正曲 49	集曲 15
	北高大石角	支曲 23	北套 4	
	南北合套　2			
八月	南南吕宫	引子 27	正曲 66	集曲 104
	北南吕调	支曲 33	北套 25	
	南北合套　2			
九月	南　商调	引子 21	正曲 35	集曲 97
	北　商角	支曲 41	北套 13	
	南北合套　2			
十月	南　双调	引子 19	正曲 36	集曲 26
	北　双角	支曲 126	北套 13	
	南北合套　2			
十一月	南黄钟宫	引子 16	正曲 56	集曲 44
	北黄钟调	支曲 55	北套 11	
	南北合套　2			
十二月	南　羽调	引子 17	正曲 34	集曲 17
	北　平调	支曲 24	北套 14	
	南北合套　2			
闰　月	仙吕入双角	北合套　11		

《九宫大成》有清乾隆内府朱墨套印本，1923 年古书流通处据以影印。据悉今人还有校点和翻谱本问世，版本情况不详。

（三）南北词简谱

近代曲学家吴梅（1884—1939）编纂。它是吴梅先生长年从事戏曲曲律研究的结晶。全书共十卷。卷首采诸家论说，订为“北曲谱说”、“南曲谱说”二篇。始著于 1920 年，成于 1931 年。其中，一至四卷为“北词简谱”，五至十卷为“南词简谱”。在谱式体例和编纂格局上，《南北词简谱》主要取法王奕清的《钦定曲谱》，但比之简要。《简谱》仅收曲调 1 191 种。其中北曲 322 调，分黄钟、正宫、大石、小石、仙吕、中吕、南吕、双调、越调、商调、商角、般涉十二宫调；南曲 869 调，比之北曲十二宫调，缺商角调，而增出道宫、羽调，订为十三宫调。每宫调定笛色，附套数格式；每曲定正格、别正衬、注用法。其辑录的标准是常见、通用的曲牌，故《简谱》是一种比较简易实用的南北曲合谱，常为今人校勘戏曲时所备用。

《简谱》在吴梅生前不曾出版，吴梅逝世之后，1939 年由弟子卢前付梓刊行，此为重庆白沙石印本，但印数甚少，不易见到。建国后，华东师范大学中文系曾以手刻油印方式内部发行，被使用者广为采用。

南北曲合谱除上述三种之外，还有清无名氏所编《曲谱大成》。现仅存残钞本数种，分藏首都图书馆、国家图书馆等处，见者不广，用之更乏，无需具体介绍。

四、专腔类

专腔类曲谱是指那些专门为某一剧种声腔，乃至专为某一曲家或某一戏曲剧本所谱的专用的曲谱。

（一）昆曲谱

为某一剧种声腔而谱的专腔谱，传世最多的是昆曲工尺谱，其中较著名的有：

《纳书楹曲谱》（清·叶堂编，清乾隆原刊本。）
《吟香堂曲谱》（清·冯起凤编，清乾隆刻本。）
《遏云阁曲谱》（清·王锡纯、李秀云编，清刻本，兼采曲白。）
《六也曲谱》（殷溎深原稿，张怡庵增订，上海朝记书庄1922年初版。）
《集成曲谱》（王季烈、刘凤叔辑订，上海商务印书馆1924年石印本。）
《与众曲谱》（王季烈辑订，上海商务印书馆1940年排印本。）
《粟庐曲谱》（俞宗海、俞振飞辑订，1953年俞振飞手写影印本。）
《振飞曲谱》（俞振飞等辑订，上海文艺出版社1982年版。）
《昆曲大全》（张怡庵辑、殷溎深订谱，上海世界书局1925年石印本。）
《新定十二律昆腔谱》（清·王正祥编，清停云室刻本。）

以上昆曲曲谱虽然属于唱腔乐谱，但对于我们校勘传奇曲文和核查曲律同样有用。

（二）新定十二律京腔谱

该谱与上列《新定十二律昆腔谱》均为清人王正祥于清康熙中叶编定。王正祥，生卒年与事迹不详，仅知他字瑞生，号竹友主人，茂苑（今苏州）人。其谱称为“京腔谱”，那么何谓“京腔”？清·李斗《扬州画舫录》卷五云：“两淮盐务列蓄花、雅两部，以备大戏。雅部即昆山腔；花部为京腔、秦腔、弋阳腔、梆子腔、罗罗腔、二簧调，统谓之乱弹。”京腔系“花部”重要声腔。清·李调元《剧话》谓：“弋腔始弋阳。……京谓京腔，粤俗谓之高腔，楚蜀间谓之清戏。”清·刘廷玑《在园杂志》亦称“变弋阳腔为四平腔、京腔……”。王正祥在《京腔谱·凡例》中指出：“弋腔之名何本乎？盖因起自江右弋阳县”，“盛行于京都者，更为润色其腔。”又在《京腔谱·总论》中进一步解释说：“是谱也，不谓之弋腔谱，而谓之京腔谱者，言非世俗之腔所可同年语也。”可知“京腔”，实即弋阳腔流变的“弋腔”。所谓“京腔谱”，即是总结清初盛行于北京地区的弋腔的格律、音乐与体制的专腔谱。《京腔谱》的意义在于：它是我国古代戏曲史上最早出现，也是唯一的全面反映弋阳腔音乐体制与剧目情况的曲谱文献，它对弋阳腔的特点，如滚调、滚白以及曲调系统、曲牌名目、剧目等，都作了理论性的总结。

王正祥的《京腔谱》（也包括他编纂的《昆腔谱》）之独特性，还在于编者在编谱时采用了与以往不同的视角。王正祥认为，宫调之于曲牌，只是名称上的规范，名存而实亡，并无音乐上的实际意义，故而他编谱尽弃宫调于不顾，打破了以往相沿既久的曲谱宫调模式，而采取不同的认识角度。编者按照古乐十二律（黄钟、大吕、太簇、夹钟、姑洗、中吕、蕤宾、林钟、夷则、南吕、无射、应钟）与传统律历中的月令论相结合，以之统辖所有曲牌，制订谱式。他对所有南曲曲牌进行重新整理归类，其成果对于今之曲律研究，有一定参考、借鉴价值。但他过分偏激地否认长期已经约定俗成的宫调概念，以古乐十二律与月令论取而代之，这难免会造成戏曲作曲家与伶人认识混乱，感到无所适从。

在《京腔谱》与《昆腔谱》中，王正祥首先排列了每一月律的联套"次序"，这是戏曲音乐史上首次对南曲套式的归纳。《京腔谱》共辑套式57套，犯调15套。其次，他还把每一月律内的曲牌再分作本律引、联套、兼用、单用、尾五类，分析了它们各自的用途，对曲牌的性质进行归类。这也是王氏曲谱的一大贡献。此外，《京腔谱》所列的剧目，反映了清初京腔的演出情况，对于我们研究弋阳腔源流、发展以及昆、弋二腔的关系，提供了研究依据。

（三）全谱

专为某一种作品所谱的曲谱，称为"全谱"。它也应该属于专腔类曲谱。例如：

《格正还魂记词调》（清·钮少雅格正、胡介祉校核，附载1919年刊《暖红室汇刻传剧·玉茗堂还魂记》。）

《玉茗堂四梦全谱》（又名《纳书楹四梦全谱》，附载《纳书楹曲谱》，清·叶堂订谱，清乾隆刊本。）

《北西厢全谱》（北曲清唱谱）（清·叶堂订谱，清乾隆六十年（1795）重刻本。）

《琵琶记曲谱》（殷溎深编，商务印书馆1929年版①。）

《长生殿曲谱》（石成甫编，群众图书馆1932年版。）

《博山堂北曲谱》（明·范文若改定　清康熙芥子园重刻本②。）

《吟凤阁谱》（杂剧点板谱）（清·杨潮观编，清乾隆三十九年（1774）恰好处原刻本，嘉庆二十五年（1820）屋外山房重刊。）

近现代地方戏勃兴，剧种声腔繁盛，戏曲音乐各成体系，百花竞放，蔚为大观。各剧种声腔的曲谱数不胜数，无法备叙。详情可以参阅《中国戏曲音乐集成》各卷，从略。

---

① 除《琵琶记曲谱》外，殷氏尚编订有以下多种昆曲全谱：《拜月亭记曲谱》（1921）、《南西厢记曲谱》（1921）、《牡丹亭曲谱》（1921）、《荆钗记曲谱》（1924）、《长生殿曲谱》（1924），俱有上海朝记书庄石印本。

② 包括：范氏所作《鸳鸯棒》、《花筵赚》、《梦花酣》三种北曲全谱。

结束语

戏曲校勘学是以研究、总结戏曲校勘实践成果为主要内容的戏曲文献学的门类之一。它基于戏曲目录学、戏曲版本学之上，又贯穿中国文字、声韵、训诂、校雠、文史、典章等各学传统规范，并同戏曲艺术的实践与理论专业知识紧密相关。因而，做好戏曲校勘的前提，是校勘者必须具备多方面坚实、深厚的中国国学与戏曲艺术学的基础和素养。

戏曲校勘学又是戏曲编纂学的基础与前提。不能做好校勘，也就无法进行各种戏曲文献的编纂工作，包括各类戏曲文本的编辑、遴选、校释、评介等，还涉及以现代科技手段进行文本的复制、改造与传输工作。校勘不好，编、释易生差错；校勘不精，编纂成果形同空中楼阁；校勘错误，谬误流传，良好愿望适得其反。校勘作用，可谓大矣！

戏曲校勘学是实践性很强的戏曲文献学门类，掌握它，固然需要了解戏曲校勘的一般原理、规律与方法等知识，而更重要的，还是把这些知识运用于校勘实践操作，在操作中掌握要领，在操作中加深知识理解，并在操作中积累、总结更丰富的经验与方法。学会游泳，需要教练，但更需要的还是自己跳进水中搏击。

戏曲校勘的方法、规律、体例等，还需要我们在校勘实践中进一步地去摸索、积累、总结、归纳和完善。没有前人的经验总结可供参照，也没有一成不变的方法可作灵丹妙药，一切都得从我们做起，一切都需从头探索。本编所讲，只为本学科的建立抛砖引玉，并非固定不变的定式。

附　录

一、中华人民共和国国家标准：标点符号用法

(GB/T15834—1995，国家技术监督局1995年12月13时批准，1996年6月1日起实施)

1．范围

本标准规定了标点符号的名称、形式和用法。本标准对汉语书写规范有重要的辅助作用。

本标准适用于汉语书面语。外语界和科技界也可参考使用。

2．定义

本标准采用下列定义。

句子　sentence

前后都有停顿，并带有一定的句调，表示相对完整意义的语言单位。

陈述句　declarative sentence

用来说明事实的句子。

祈使句　imperative sentence

用来要求听话人做某件事情的句子。

疑问句　interrogative sentence

用来提出问题的句子。

感叹句　exclamatory sentence

用来抒发某种强烈感情的句子。

复句、分句　complex sentence，clause

意思上有密切联系的小句子组织在一起构成一个大句子。这样的大句子叫复句，复句中的每个小句子叫分句。

词语　expression

词和短语（词组）。词，即最小的能独立运用的语言单位。短语，即由两个或两个以上的词按一定的语法规则组成的表达一定意义的语言单位，也叫词组。

3．基本规则

3．1　标点符号是辅助文字记录语言的符号，是书面语的有机组成部分，用来表示停顿、语气以及词语的性质和作用。

3．2　常用的标点符号有16种，分点号和标号两大类。

点号的作用在于点断，主要表示说话时的停顿和语气。点号又分为句末点号和句内点号。句末点号用在句末，有句号、问号、叹号3种，表示句末的停顿，同时表示句子的语气。句内点号用在句内，有逗号、顿号、分号、冒号4种，表示句内的各种不同性质的停顿。

标号的作用在于标明，主要标明语句的性质和作用。常用的标号有 9 种，即：引号、括号、破折号、省略号、着重号、连接号、间隔号、书名号和专名号。

4. 用法说明

4.1 句号

4.1.1 句号的形式为“。”。句号还有一种形式，即一个小圆点“.”，一般在科技文献中使用。

4.1.2 陈述句末尾的停顿，用句号。例如：

a）北京是中华人民共和国的首都。

b）虚心使人进步，骄傲使人落后。

c）亚洲地域广阔，跨寒、温、热三带，又因各地地形和距离海洋远近不同，气候复杂多样。

4.1.3 语气舒缓的祈使句末尾，也用句号。

例如：请您稍等一下。

4.2 问号

4.2.1 问号的形式为“?”。

4.2.2 疑问句末尾的停顿，用问号。例如：

a）你见过金丝猴吗?

b）他叫什么名字?

c）去好呢，还是不去好?

4.2.3 反问句的末尾，也用问号。例如：

a）难道你还不了解我吗?

b）你怎么能这么说呢?

4.3 叹号

4.3.1 叹号的形式为“!”。

4.3.2 感叹句末尾的停顿，用叹号。例如：

a）为祖国的繁荣昌盛而奋斗!

b）我多么想看看他老人家呀!

4.3.3 语气强烈的祈使句末尾，也用叹号。例如：

a）你给我出去!

b）停止射击!

4.3.4 语气强烈的反问句末尾，也用叹号。例如：

我哪里比得上他呀!

4.4 逗号

4.4.1 逗号的形式为“,”。

4.4.2 句子内部主语与谓语之间如需停顿，用逗号。例如：

我们看得见的星星，绝大多数是恒星。

4.4.3 句子内部动词与宾语之间如需停顿，用逗号。例如：

应该看到，科学需要一个人贡献出毕生的精力。

4.4.4 句子内部状语后边如需停顿，用逗号。例如：

对于这个城市，他并不陌生。

4.4.5　复句内各分句之间的停顿，除了有时要用分号外，都要有逗号，例如：

据说苏州园林有一百多处，我到过的不过十多处。

4.5　顿号

4.5.1　顿号的形式为“、”。

4.5.2　句子内部并列词语之间的停顿，用顿号。例如：

a）亚马孙河、尼罗河、密西西比河和长江是世界四大河流。

b）正方形是四边相等、四角均为直角的四边形。

4.6　分号

4.6.1　分号的形式为“；”。

4.6.2　复句内部并列分句之间的停顿，用分号。例如：

a）语言，人们用来抒情达意；文字，人们用来记言记事。

b）在长江上游，瞿塘峡像一道闸门，峡口险阻；巫峡像一条迂回曲折的画廊，每一曲，每一折，都像一幅绝好的风景画，神奇而秀美；西陵峡水势险恶，处处是急流，处处是险滩。

4.6.3　非并列关系（如转折关系、因果关系等）的多重复句，第一层的前后两部分之间，也用分号。例如：

我国年满十八周岁的公民，不分民族、种族、性别、职业、家庭出身、宗教信仰、教育程度、财产状况、居住期限，都有选举权和被选举权；但是依照法律被剥夺政治权利的人除外。

4.6.4　分行列举的各项之间，也可以用分号。例如：

中华人民共和国的行政区域划分如下：

（一）全国分为省、自治区、直辖市；

（二）省、自治区分为自治州、县、自治县、市；

（三）县、自治县分为乡、民族乡、镇。

4.7　冒号

4.7.1　冒号的形式为“：”。

4.7.2　用在称呼语后边，表示提起下文。例如：

同志们，朋友们：

现在开会了。……

4.7.3　用在“说、想、是、证明、宣布、指出、透露、例如、如下”等词语后边，表示提起下文。例如：

他十分惊讶地说：“啊，原来是你！”

4.7.4　用在总说性话语的后边，表示引起下文的分说，例如：

北京紫禁城有四座城门：午门、神武门、东华门和西华门。

4.7.5　用在需要解释的词语后边，表示引出解释或说明。例如：

外文图书展销会。

日期：10月20日至11月10日

时间：上午8时至下午4时

地点：北京朝阳区工体东路16号

主办单位：中国图书进出口总公司

4．7．6　总括性话语的前边，也可以用冒号，以总结上文。例如：

张华考上了北京大学，在化学系学习；李萍进了中等技术学校，读机械制造专业；我在百货公司当售货员：我们都有光明的前途。

4．8　引号

4．8．1　引号的形式为双引号“ “”” 和单引号“ ‘’”。

4．8．2　行文中直接引用的话，用引号标示。例如：

a）爱因斯坦说：“想像力比知识重重要，因为知识是有限的，而想像力概括着世界上的一切，推动着进步，并且是知识进化的源泉。”

b）“满招损，谦受益”这句格言，流传到今天至少有两千年了。

c）现代画家徐悲鸿笔下的马，正如有的评论家所说的那样，“神形兼备，充满生机”。

4．8．3 需要着重论述的对象，用引号标示。例如：

古人对于写文章有个基本要求，叫做“有物有序”。“有物”就是要有内容，“有序”就是要有条理。

4．8．4　具有特殊含义的词语，也用引号标示。例如：

a）从山脚向上望，只见火把排成许多“之”字形，一直连到天上，跟星光接起来，分不出是火把还是星星。

b）这样的“聪明人”还是少一点好。

4．8．5　引号里面还要用引号时，外面一层用双引号，里面一层用单引号。例如：

他站起来问：“老师，‘有条不紊’的‘紊’是什么意思？”

4．9　括号

4．9．1　括号常用的形式是圆括号“（）”。此外还有方括号“［］”、六角括号“〔〕”和方头括号“【】”

4．9．2　行文中注释性的文字，用括号标明。注释句子里某些词语的，括注紧贴在被注释词语之后；注释整个句子的，括注放在句末标点之后。例如：

a）中国猿人（全名为“中国猿人北京种”，或简称“北京人”）在我国的发现，是对古人类学的一个重大贡献。

b）写研究性文章跟文学创作不同，不能摊开稿纸搞“即兴”。（其实文学创作也要有素养才能有“即兴”。）

4．10　破折号

4．10．1　破折号的形式为“——”。

4．10．2　行文中解释说明的语句，用破折号标明。例如：

a）迈进金黄色的大门，穿过宽阔的风门厅和衣帽厅，就到了大会堂建筑的枢纽部分——中央大厅。

b）为了全国人民——当然也包括自己在内——的幸福，我们每一个人都要兢兢业业，努力工作。

4．10．3　话题突然转变，用破折号标明。例如：

“今天好热啊！——你什么时候去上海？”张强对刚刚进门的小王说。

4. 10. 4　声音延长，象声词后用破折号。例如：

"呜——"火车开动了。

4. 10. 5　事项列举分承，各项之前用破折号。例如：

根据研究对象的不同，环境物理学分为以下五个分支学科：

——环境声学；

——环境光学；

——环境热学；

——环境电磁学；

——环境空气动力学。

4. 11　省略号

4. 11. 1　省略号的形式为"……"，六个小圆点，占两个字的位置。如果是整段文章或诗行的省略，可以使用十二个小圆点来表示。

4. 11. 2　引文的省略，用省略号标明。例如：

她轻轻地哼起了《摇篮曲》："月儿明，风儿静，树叶儿遮窗棂啊……"

4. 11. 3　列举的省略，用省略号标明。例如：

在广州的花市上，牡丹、吊钟、水仙、梅花、菊花、山茶、墨兰……春秋冬三季的鲜花都挤在一起啦！

4. 11. 4　说话断断续续，可以用省略号标示。例如：

"我……对不起……大家，我……没有……完成……任务。"

4. 12　着重号

4. 12. 1　着重号的形式为"."。

4. 12. 2　要求读者特别注意的字、词、句，用着重号标明。例如：

事业是干出来的，不是吹出来的。

4. 13　连接号

4. 13. 1　连接号的形式为"—"，占一个字的位置。连接号还有另外三种形式，即长横"——"（占两个字的长度）、半字线"-"（占半个字的长度）和浪纹"~"（占一个字的长度）。

4. 13. 2　两个相关的名词构成一个意义单位，中间用连接号。例如：

a）我国秦岭—淮河以北地区属于温带秀风气候区，夏季高温多雨，冬季寒冷干燥。

b）复方氯化钠注射液，也称任—洛二氏溶液（Ringer - Locke solution），用于医疗和哺乳动物生理学实验。

4. 13. 3　相关的时间、地点和数目之间用连接号，表示起止。例如：

a）鲁迅（1881—1936）中国现代伟大的文学家、思想家和革命家。原名周树人，字豫才，浙江绍兴人。

b）"北京——广州"直达快车。

c）梨园乡种植的巨峰葡萄今年已经进入了丰产期，亩产1000公斤~1500公斤。

4. 13. 4　相关的字母、阿拉伯数字等之间，用连接号，表示产品型号。例如：

在太平洋地区，除了已建成投入使用的HAW—4和TPC—3海底光缆之外，又有TPC—4海底光缆投入运营。

4．13．5　几个相关的项目表示递进式发展，中间用连接号。例如：

人类的发展可以分为古猿—猿人—古人—新人这四个阶段。

4．14　间隔号

4．14．1　间隔号的形式为“·”。

4．14．2　外国人和某些少数民族人名内各部分的分界，用间隔号标示。例如：

列奥纳多·达·芬奇

爱新觉罗·努尔哈赤

4．14．3　书名与篇（章、卷）名之间的分界，用间隔号标示。例如：

《中国大百科全书·物理学》

《三国志·蜀志·诸葛亮传》

4．15　书名号

4．15．1　书名号的形式为双书名号“《》”和单书名号“〈〉”。

4．15．2　书名、篇名、报纸名、刊物名等，用书名号标示。例如：

a）《红楼梦》的作者是曹雪芹。

b）你读过鲁迅的《孔乙己》吗？

c）他的文章在《人民日报》上发表了。

d）桌上放着一本《中国语文》。

4．15．3　书名号里边还要用书名号时，外面一层用双书名号，里边一层用单书名号。例如：

《〈中国工人〉发刊词》发表于 1940 年 2 月 7 日。

4．16　专名号

4．16．1　专名号的形式为“______”

4．16．2　人名、地名、朝代名等专名下面，用专名号标示。例如：

司马相如者，汉 蜀郡 成都人也，字长卿。

4．16．3　专名号只用在古籍或某些文史著作里面，为了跟专名号配合，这类著作里的书名号可以用浪线“～～～～”。例如：

屈原放逐，乃赋离骚。左丘失明，厥有国语。

5.　标点符号的位置

5．1　句号、问号、叹号、逗号、顿号、分号和冒号一般占一个字的位置，居左偏下，不出现在一行之首。

5．2　引号、括号、书名号的前一半不出现在一行之末，后一半不出现在一行之首。

5．3　破折号和省略号都占两个字的位置，中间不能断开。连接号和间隔号一般占一个字的位置。这四种符号上下居中。

5．4　着重号、专名号和浪线式书名号标在字的下边，可以随字移行。

6.　直行文稿与横行文稿使用标点符号的不同

6．1　句号、问号、叹号、逗号、顿号、分号和冒号放在字下偏右。

6．2　破折号、省略号、连接号和间隔号放在字下居中。

6．3　引号改用双引号“『　』”和单引号“「　」”。

6．4　着重号标在字的右侧，专名号和浪线式书名号标在字的左侧。

二、简化字总表

（1986 年 6 月 24 日国务院批准重新发表）

关于重新发表《简化字总表》的说明

为纠正社会用字混乱，便于群众使用规范的简化字，经国务院批准重新发表原中国文字改革委员会于 1964 年编印的《简化字总表》。

原《简化字总表》中的个别字，作了调整。“叠”、“覆”、“像”、“囉”不再作“迭”、“复”、“象”、“罗”的繁体字处理。因此，在第一表中删去了“迭〔叠〕”、“象〔像〕”，“复”字字头下删去繁体字〔覆〕。在第二表“罗”字字头下删去繁体字〔囉〕，“囉”依简化偏旁“罗”类推简化为“啰”。“瞭”字读“liǎo”（了解）时，仍简作“了”，读“liào”（瞭望）时作“瞭”，不简作“了”。此外，对第一表“余〔餘〕”的脚注内容作了补充，第三表“讠”下偏旁类推字“雠”字加了脚注。

汉字的形体在一个时期内应当保持稳定，以利应用。《第二次汉字简化方案（草案）》已经国务院批准废止。我们要求社会用字以《简化字总表》为标准：凡是在《简化字总表》中已经被简化了的繁体字，应该用简化字而不用繁体字；凡是不符合《简化字总表》规定的简化字，包括《第二次汉字简化方案（草案）》的简化字和社会上流行的各种简体字，都是不规范的简化字，应当停止使用。希望各级语言文字工作部门和文化、教育、新闻等部门多作宣传，采取各种措施，引导大家逐渐用好规范的简化字。

国家语言文字工作委员会

1986 年 10 月 10 日

中国文字改革委员会
中华人民共和国文化部
中华人民共和国教育部

关于简化字的联合通知

（1964 年 3 月 7 日）

根据国务院1964年2月4日关于简化字问题给中国文字改革委员会的批示：“同意你会在报告中提出的意见：《汉字简化方案》中所列的简化字，用作偏旁时，应同样简化；《汉字简化方案》的偏旁简化表中所列的偏旁，除了四个偏旁（讠、饣、纟、钅）外，其余偏旁独立成字时，也应同样简化。你会应将上述可以用作偏旁的简化字和可以独立成字的偏旁，分别作成字表，会同有关部门下达执行”，现特将这两类字分别列表通知如下。

一、下列 92 个字已经简化，作偏旁时应该同样简化。例如，“爲”已简化作“为”，“僞嬀”同样简化作“伪妫”。

愛爱	罷罢	備备	筆笔	畢毕	邊边	參参	倉仓	嘗尝
蟲虫	從从	竄窜	達达	帶带	黨党	動动	斷断	對对

隊队　爾尔　豐丰　廣广　歸归　龜龟　國国　過过　華华
畫画　匯汇　夾夹　薦荐　將将　節节　盡尽　進进　舉举
殼壳　來来　樂乐　離离　歷历　麗丽　兩两　靈灵　劉刘
盧卢　虜虏　鹵卤　録录　慮虑　買买　麥麦　黽黾　難难
聶聂　寧宁　豈岂　氣气　遷迁　親亲　窮穷　嗇啬　殺杀
審审　聖圣　時时　屬属　雙双　歲岁　孫孙　條条　萬万
爲为　烏乌　無无　獻献　鄉乡　寫写　尋寻　亞亚　嚴严
厭厌　業业　藝艺　陰阴　隱隐　猶犹　與与　雲云　鄭郑
執执　質质

二、下列40个偏旁已经简化，独立成字时应该同样简化（言、食、系、金一般只作左旁时简化，独立成字时不简化）。例如，“魚”作偏旁已简化作“鱼”旁，独立成字时同样简化作“鱼”。

貝贝　賓宾　産产　長长　車车　齒齿　芻刍　單单　當当
東东　發发　風风　岡冈　會会　幾几　戔戋　監监　見见
龍龙　婁娄　侖仑　羅罗　馬马　賣卖　門门　鳥鸟　農农
齊齐　僉佥　喬乔　區区　師师　壽寿　肅肃　韋韦　堯尧
頁页　義义　魚鱼　專专

三、在一般通用字范围内，根据上述一、二两项规定类推出来的简化字，将收入中国文字改革委员会编印的《简化字总表》中。

《简化字总表》说明

1. 本表收录1956年国务院公布的《汉字简化方案》中的全部简化字。关于简化偏旁的应用范围，本表遵照1956年方案中的规定以及1964年3月7日中国文字改革委员会、文化部、教育部《关于简化字的联合通知》的规定，用简化字和简化偏旁作为偏旁得出来的简化字，也收录本表内（本表所说的偏旁，不限于左旁和右旁，也包括字的上部下部内部外部，总之指一个字的可以分出来的组成部分而言。这个组成部分在一个字里可以是笔画较少的，也可以是笔画较多的。例如“摆”字，“扌”固然是偏旁，但是“罢”也作偏旁）。

2. 总表分成三个表。表内所有简化字和简化偏旁后面，都在括弧里列入原来的繁体。

第一表所收的是352个不作偏旁用的简化字。这些字的繁体一般都不用作别的字的偏旁。个别能作别的字的偏旁，也不依简化字简化。如“習”简化作“习”，但“褶”不简化作“衵”。

第二表所收的是：一、132个可作偏旁用的简化字；二、14个简化偏旁。

第一项所列繁体字，无论单独用或者作别的字的偏旁用，同样简化。第二项的简化偏旁，不论在一个字的任何部位，都可以使用，其中“讠、饣、纟、钅”一般只能用于左偏旁。这些简化偏旁一般都不能单独使用。

在《汉字简化方案》中已另行简化的繁体字，不能再适用上述原则简化。例如

“戰”、“過”、“誇”，按《汉字简化方案》已简化作“战”、“过”、“夸”，因此不能按“单”、“呙”、“讠”作为偏旁简化作“戦”、“過”、“诱”。

除本表所列的146个简化字和简化偏旁外，不得任意将某一简化字的部分结构当作简化偏旁使用。例如“陽”按《汉字简化方案》作“阳”，但不得任意将“日”当作“昜”的简化偏旁。如“楊”应按简化偏旁“𠃓（昜）”简化作“杨”，不得简化作“杻”。

第三表所收的是应用第二表的简化字和简化偏旁作为偏旁得出来的简化字。汉字总数很多，这个表不必尽列。例如有“车”旁的字，如果尽量地列，就可以列出一二百个，其中有许多是很生僻的字，不大用得到。现在为了适应一般的需要，第三表所列的简化字的范围，基本上以《新华字典》（1962年第三段，只收汉字八千个左右）为标准。未收入第三表的字，凡用第二表的简化字或简化偏旁作为偏旁的，一般应该同样简化。

3. 此外，在1955年文化部和中国文字改革委员会发布的《第一批异体字整理表》中，有些被淘汰的异体字和被选用的正体字繁简不同，一般人习惯把这些笔画少的正体字看作简化字。为了便于检查，本表把这些字列为一表，作为附录。

4. 一部分简化字，有特殊情形、需要加适当的注解。例如“干”是“乾”（gān）的简化字，但是“乾坤”的“乾”（qián）并不简化；又如“吁”是“籲”（yù）的简化字，但是“长吁短叹”的“吁”仍旧读xū；这种一字两读的情形，在汉字里本来常有，如果不注出来，就容易引起误会。又如以“余”代“餘”，以“复”代“覆”，虽然群众已经习惯了，而在某些情况下却不适宜，需要区别。又如“么”和“幺”有什么不同，“马”字究竟有几笔，等等。诸如此类可能发生疑难的地方，都在页末加了脚注。

1964年5月

简化字总表

（1986年新版）

第一表

不作简化偏旁用的简化字

本表共收简化字350个，按读音的拼音字母顺序排列。本表的简化字都不得作简化偏旁使用。

A

碍〔礙〕　肮〔骯〕　袄〔襖〕

B

坝〔壩〕　板〔闆〕　办〔辦〕　帮〔幫〕　宝〔寶〕　报〔報〕
币〔幣〕　毙〔斃〕　标〔標〕　表〔錶〕　别〔彆〕　卜〔蔔〕
补〔補〕

C

才〔纔〕 蚕〔蠶〕① 灿〔燦〕 层〔層〕 搀〔攙〕 谗〔讒〕
馋〔饞〕 缠〔纏〕② 忏〔懺〕 偿〔償〕 厂〔廠〕 彻〔徹〕
尘〔塵〕 衬〔襯〕 称〔稱〕 惩〔懲〕 迟〔遲〕 冲〔衝〕
丑〔醜〕 出〔齣〕 础〔礎〕 处〔處〕 触〔觸〕 辞〔辭〕
聪〔聰〕 丛〔叢〕

D

担〔擔〕 胆〔膽〕 导〔導〕 灯〔燈〕 邓〔鄧〕 敌〔敵〕
籴〔糴〕 递〔遞〕 点〔點〕 淀〔澱〕 电〔電〕 冬〔鼕〕
斗〔鬥〕 独〔獨〕 吨〔噸〕 夺〔奪〕 堕〔墮〕

E

儿〔兒〕

F

矾〔礬〕 范〔範〕 飞〔飛〕 坟〔墳〕 奋〔奮〕 粪〔糞〕
凤〔鳳〕 肤〔膚〕 妇〔婦〕 复〔復〕〔複〕

G

盖〔蓋〕 干〔乾〕③〔幹〕 赶〔趕〕 个〔個〕 巩〔鞏〕
沟〔溝〕 构〔構〕 购〔購〕 谷〔穀〕 顾〔顧〕 刮〔颳〕
关〔關〕 观〔觀〕 柜〔櫃〕

H

汉〔漢〕 号〔號〕 合〔閤〕 轰〔轟〕 后〔後〕 胡〔鬍〕
壶〔壺〕 沪〔滬〕 护〔護〕 划〔劃〕 怀〔懷〕 坏〔壞〕④
欢〔歡〕 环〔環〕 还〔還〕 回〔迴〕 伙〔夥〕⑤
获〔獲〕〔穫〕

J

击〔擊〕 鸡〔鷄〕 积〔積〕 极〔極〕 际〔際〕 继〔繼〕
家〔傢〕 价〔價〕 艰〔艱〕 歼〔殲〕 茧〔繭〕 拣〔揀〕
硷〔鹼〕 舰〔艦〕 姜〔薑〕 浆〔漿〕⑥ 桨〔槳〕 奖〔獎〕
讲〔講〕 酱〔醬〕 胶〔膠〕 阶〔階〕 疖〔癤〕 洁〔潔〕
借〔藉〕⑦ 仅〔僅〕 惊〔驚〕 竞〔競〕 旧〔舊〕 剧〔劇〕
据〔據〕 惧〔懼〕 卷〔捲〕

① 蚕：上从天，不从夭。

② 缠：右从㢆，不从厘。

③ 乾坤、乾隆的乾读 qián（前），不简化。

④ 不作坯。坯是砖坯的坯，读 pī（批），坏坯二字不可互混。

⑤ 作多解的夥不简化。

⑥ 浆、桨、奖、酱：右上角从夕，不从夕或⺥。

⑦ 藉口、凭藉的藉简化作借，慰藉、狼藉等的藉仍用藉。

K

开〔開〕 克〔剋〕 垦〔墾〕 恳〔懇〕 夸〔誇〕 块〔塊〕
亏〔虧〕 困〔睏〕

L

腊〔臘〕 蜡〔蠟〕 兰〔蘭〕 拦〔攔〕 栏〔欄〕 烂〔爛〕
累〔纍〕 垒〔壘〕 类〔類〕① 里〔裏〕 礼〔禮〕 隶〔隸〕
帘〔簾〕 联〔聯〕 怜〔憐〕 炼〔煉〕 练〔練〕 粮〔糧〕
疗〔療〕 辽〔遼〕 了〔瞭〕② 猎〔獵〕 临〔臨〕③ 邻〔鄰〕
岭〔嶺〕④ 庐〔廬〕 芦〔蘆〕 炉〔爐〕 陆〔陸〕 驴〔驢〕
乱〔亂〕

M

么〔麽〕⑤ 霉〔黴〕 蒙〔矇〕〔濛〕〔懞〕 梦〔夢〕 面〔麵〕
庙〔廟〕 灭〔滅〕 蔑〔衊〕 亩〔畝〕

N

恼〔惱〕 脑〔腦〕 拟〔擬〕 酿〔釀〕 疟〔瘧〕

P

盘〔盤〕 辟〔闢〕 苹〔蘋〕 凭〔憑〕 扑〔撲〕 仆〔僕〕⑥
朴〔樸〕

Q

启〔啓〕 签〔籤〕 千〔韆〕 牵〔牽〕 纤〔縴〕〔纖〕⑦
窍〔竅〕 窃〔竊〕 寝〔寢〕 庆〔慶〕⑧ 琼〔瓊〕 秋〔鞦〕
曲〔麯〕 权〔權〕 劝〔勸〕 确〔確〕

R

让〔讓〕 扰〔擾〕 热〔熱〕 认〔認〕

S

洒〔灑〕 伞〔傘〕 丧〔喪〕 扫〔掃〕 涩〔澀〕 晒〔曬〕
伤〔傷〕 舍〔捨〕 沈〔瀋〕 声〔聲〕 胜〔勝〕 湿〔濕〕
实〔實〕 适〔適〕⑨ 势〔勢〕 兽〔獸〕 书〔書〕 术〔術〕⑩

---

① 类：下从大，不从犬。
② 瞭：读 liǎo（了解）时，仍简作了，读 liào（瞭望）时作瞭，不简作了。
③ 临：左从一短竖一长竖，不从刂。
④ 岭：不作岺，免与岑混。
⑤ 读 me 轻声。读 yāo（夭）的么应作幺（么本字）。吆应作吆。麽读 mó（摩）时不简化，如幺麽小丑。
⑥ 前仆后继的仆读 pū（扑）。
⑦ 纤维的纤读 xiān（先）。
⑧ 庆：从大，不从犬。
⑨ 古人南宫适、洪适的适（古字罕用）读 kuò（括）。此适字本作逝，为了避免混淆，可恢复本字逝。
⑩ 中药苍术、白术的术读 zhú（竹）。

树〔樹〕　帅〔帥〕　松〔鬆〕　苏〔蘇〕〔囌〕　虽〔雖〕　随〔隨〕

T

台〔臺〕〔檯〕〔颱〕　态〔態〕　坛〔壇〕〔罎〕　叹〔嘆〕
誊〔謄〕　体〔體〕　粜〔糶〕　铁〔鐵〕　听〔聽〕　厅〔廳〕①
头〔頭〕　图〔圖〕　涂〔塗〕　团〔團〕〔糰〕　椭〔橢〕

W

洼〔窪〕　袜〔襪〕②　网〔網〕　卫〔衛〕　稳〔穩〕　务〔務〕
雾〔霧〕

X

牺〔犧〕　习〔習〕　系〔係〕〔繫〕③　戏〔戲〕　虾〔蝦〕
吓〔嚇〕④　咸〔鹹〕　显〔顯〕　宪〔憲〕　县〔縣〕⑤　响〔響〕
向〔嚮〕　协〔協〕　胁〔脅〕　亵〔褻〕　衅〔釁〕　兴〔興〕
须〔鬚〕　悬〔懸〕　选〔選〕　旋〔鏇〕

Y

压〔壓〕⑥　盐〔鹽〕　阳〔陽〕　养〔養〕　痒〔癢〕　样〔樣〕
钥〔鑰〕　药〔藥〕　爷〔爺〕　叶〔葉〕⑦　医〔醫〕　亿〔億〕
忆〔憶〕　应〔應〕　痈〔癰〕　拥〔擁〕　佣〔傭〕　踊〔踴〕
忧〔憂〕　优〔優〕　邮〔郵〕　余〔餘〕⑧　御〔禦〕　吁〔籲〕⑨
郁〔鬱〕　誉〔譽〕　渊〔淵〕　园〔園〕　远〔遠〕　愿〔願〕
跃〔躍〕　运〔運〕　酝〔醞〕

Z

杂〔雜〕　赃〔贜〕　脏〔臟〕〔髒〕　凿〔鑿〕　枣〔棗〕
灶〔竈〕　斋〔齋〕　毡〔氈〕　战〔戰〕　赵〔趙〕　折〔摺〕⑩
这〔這〕　征〔徵〕⑪　症〔癥〕　证〔證〕　只〔隻〕〔衹〕
致〔緻〕　制〔製〕　钟〔鐘〕〔鍾〕　肿〔腫〕　种〔種〕
众〔衆〕　昼〔晝〕　朱〔硃〕　烛〔燭〕　筑〔築〕　庄〔莊〕⑫

---

① 厅：从厂，不从广。

② 袜：从末，不从未。

③ 系带子的系读 jì（计）。

④ 恐吓的吓读 hè（赫）。

⑤ 县：七笔。上从且。

⑥ 压：六笔，土的右旁有一点。

⑦ 叶韵的叶读 xié（协）。

⑧ 在余和馀意义可能混淆时，仍用馀。如文言句“馀年无多”。

⑨ 喘吁吁，长吁短叹的吁读 xū（虚）。

⑩ 在折和摺意义可能混淆时，摺仍用摺。

⑪ 宫商角徵羽的徵读 zhǐ（止），不简化。

⑫ 庄：六笔。土的右旁无点。

桩〔樁〕　妆〔妝〕　装〔裝〕　壮〔壯〕　状〔狀〕　准〔準〕
浊〔濁〕　总〔總〕　钻〔鑽〕

第二表

可作简化偏旁用的简化字和简化偏旁

本表共收简化字 132 个和简化偏旁 14 个。简化字按读音的拼音字母顺序排列，简化偏旁按笔数排列。

A

爱〔愛〕

B

罢〔罷〕　备〔備〕　贝〔貝〕　笔〔筆〕　毕〔畢〕　边〔邊〕
宾〔賓〕

C

参〔參〕　仓〔倉〕　产〔產〕　长〔長〕①　尝〔嘗〕②　车〔車〕
齿〔齒〕　虫〔蟲〕　刍〔芻〕　从〔從〕　窜〔竄〕

D

达〔達〕　带〔帶〕　单〔單〕　当〔當〕〔噹〕　党〔黨〕
东〔東〕　动〔動〕　断〔斷〕　对〔對〕　队〔隊〕

E

尔〔爾〕

F

发〔發〕〔髮〕　丰〔豐〕③　风〔風〕

G

冈〔岡〕　广〔廣〕　归〔歸〕　龟〔龜〕　国〔國〕　过〔過〕

H

华〔華〕　画〔畫〕　汇〔匯〕〔彙〕　会〔會〕

J

几〔幾〕　夹〔夾〕　戋〔戔〕　监〔監〕　见〔見〕　荐〔薦〕
将〔將〕④　节〔節〕　尽〔盡〕〔儘〕　进〔進〕　举〔舉〕

K

壳〔殼〕⑤

---

① 长：四笔。笔顺是：丿𠂉𠂇长。

② 尝：不是賞的简化字。賞的简化字是赏（见第三表）。

③ 四川省酆都县已改丰都县。姓酆的酆不简化作邦。

④ 将：右上角从夕，不从夕或爫。

⑤ 壳：几上没有一小横。

L

来〔來〕　乐〔樂〕　离〔離〕　历〔歷〕〔曆〕　丽〔麗〕①
两〔兩〕　灵〔靈〕　刘〔劉〕　龙〔龍〕　娄〔婁〕　卢〔盧〕
虏〔虜〕　卤〔鹵〕〔滷〕　录〔録〕　虑〔慮〕　仑〔侖〕
罗〔羅〕

M

马〔馬〕②　买〔買〕　卖〔賣〕③　麦〔麥〕　门〔門〕　黾〔黽〕④

N

难〔難〕　鸟〔鳥〕⑤　聂〔聶〕　宁〔寧〕⑥　农〔農〕

Q

齐〔齊〕　岂〔豈〕　气〔氣〕　迁〔遷〕　佥〔僉〕　乔〔喬〕
亲〔親〕　穷〔窮〕　区〔區〕⑦

S

啬〔嗇〕　杀〔殺〕　审〔審〕　圣〔聖〕　师〔師〕　时〔時〕
寿〔壽〕　属〔屬〕　双〔雙〕　肃〔肅〕⑧　岁〔歲〕　孙〔孫〕

T

条〔條〕⑨

W

万〔萬〕　为〔爲〕　韦〔韋〕　乌〔烏〕⑩　无〔無〕⑪

X

献〔獻〕　乡〔鄉〕　写〔寫〕⑫　寻〔尋〕

Y

亚〔亞〕　严〔嚴〕　厌〔厭〕　尧〔堯〕⑬　业〔業〕　页〔頁〕
义〔義〕⑭　艺〔藝〕　阴〔陰〕　隐〔隱〕　犹〔猶〕　鱼〔魚〕

---

① 丽：七笔。上边一横，不作两小横。

② 马：三笔。笔顺是：㇆马马。上部向左稍斜，左上角开口，末笔作左偏旁时改作平挑。

③ 卖：从十从买，上不从士或土。

④ 黾：从口从电。

⑤ 鸟：五笔。

⑥ 作门屏之间解的宁（古字罕用）读 zhù（柱）。为避免此宁字与寧的简化字混淆，原读 zhù 的宁作㝉。

⑦ 区：不作匸。

⑧ 肃：中间一竖下面的两边从八，下半中间不从米。

⑨ 条：上从夂，三笔，不从攵。

⑩ 乌：四笔。

⑪ 无：四笔。上从二，不可误作旡。

⑫ 写：上从冖，不从宀。

⑬ 尧：六笔。右上角无点，不可误作尭。

⑭ 义：从乂（读 yì）加点，不可误作叉（读 chā）。

与〔與〕　云〔雲〕

Z

郑〔鄭〕　执〔執〕　质〔質〕　专〔專〕

简化偏旁

讠〔言〕①　饣〔飠〕②　𠃓〔昜〕③　纟〔糹〕　〢又〔臤〕

𫇧〔𤇾〕　〢⺈〔臨〕　只〔戠〕　钅〔金〕④　𭕄〔𦥯〕

睾〔睪〕⑤　𢀖〔巠〕　亦〔䜌〕　呙〔咼〕

第三表

应用第二表所列简化字和简化偏旁得出来的简化字

本表共收简化字1753个（不包含重见的字。例如“缆”分见“纟、〢⺈、见”三部，只算一字），以第二表中的简化字和简化偏旁作部首，按第二表的顺序排列。同一部首中的简化字，按笔数排列。

爱

嗳〔噯〕　嫒〔嬡〕　叆〔靉〕　瑷〔璦〕　暧〔曖〕

罢

摆〔擺〕〔襬〕　罴〔羆〕　䆉〔穲〕

备

惫〔憊〕

贝

贞〔貞〕	则〔則〕	负〔負〕	贡〔貢〕	呗〔唄〕	员〔員〕
财〔財〕	狈〔狽〕	责〔責〕	厕〔厠〕	贤〔賢〕	账〔賬〕
贩〔販〕	贬〔貶〕	败〔敗〕	贮〔貯〕	贪〔貪〕	贫〔貧〕
侦〔偵〕	侧〔側〕	货〔貨〕	贯〔貫〕	测〔測〕	浈〔湞〕
恻〔惻〕	贰〔貳〕	贲〔賁〕	贳〔貰〕	费〔費〕	郧〔鄖〕
勋〔勛〕	帧〔幀〕	贴〔貼〕	贶〔貺〕	贻〔貽〕	贱〔賤〕
贵〔貴〕	钡〔鋇〕	贷〔貸〕	贸〔貿〕	贺〔賀〕	陨〔隕〕
涢〔溳〕	资〔資〕	祯〔禎〕	贾〔賈〕	损〔損〕	贽〔贄〕
埙〔塤〕	桢〔楨〕	唝〔嗊〕	唢〔嗩〕	赅〔賅〕	圆〔圓〕
贼〔賊〕	贿〔賄〕	赆〔贐〕	赂〔賂〕	债〔債〕	赁〔賃〕
渍〔漬〕	惯〔慣〕	琐〔瑣〕	赉〔賚〕	匮〔匱〕	掼〔摜〕
殒〔殞〕	勚〔勩〕	赈〔賑〕	婴〔嬰〕	啧〔嘖〕	赊〔賒〕

① 讠：二笔。不作⻈。

② 饣：三笔。中一横折作㇆，不作乚或点。

③ 𠃓：三笔。

④ 钅：第二笔是一短横，中两横，竖折不出头。

⑤ 睾丸的睾读gāo（高），不简化。

帻〔幘〕	债〔債〕	铡〔鍘〕	绩〔績〕	溃〔潰〕	溅〔濺〕
赓〔賡〕	愦〔憒〕	愤〔憤〕	蒉〔蕢〕	赍〔賫〕	蒇〔蕆〕
婧〔腈〕	赔〔賠〕	赕〔賧〕	遗〔遺〕	赋〔賦〕	喷〔噴〕
赌〔賭〕	赎〔贖〕	赏〔賞〕①	赐〔賜〕	赒〔賙〕	锁〔鎖〕
馈〔饋〕					
赖〔賴〕	赪〔赬〕	碛〔磧〕	殨〔殨〕	赗〔賵〕	腻〔膩〕
赛〔賽〕	襀〔襀〕	赘〔贅〕	撄〔攖〕	槚〔檟〕	嘤〔嚶〕
赚〔賺〕	赙〔賻〕	罂〔罌〕	镄〔鐨〕	箦〔簀〕	鲗〔鰂〕
缨〔纓〕	璎〔瓔〕	聩〔聵〕	樱〔櫻〕	赜〔賾〕	篑〔簣〕
濑〔瀨〕	瘿〔癭〕	懒〔懶〕	赝〔贗〕	豮〔豶〕	赠〔贈〕
鹦〔鸚〕	獭〔獺〕	赞〔贊〕	赢〔贏〕	赡〔贍〕	癞〔癩〕
攒〔攢〕	籁〔籟〕	缵〔纘〕	瓒〔瓚〕	臜〔臢〕	赣〔贛〕
趱〔趲〕	躜〔躦〕	戆〔戇〕			

笔

滗〔潷〕	

毕

荜〔蓽〕	哔〔嗶〕	筚〔篳〕	跸〔蹕〕

边

笾〔籩〕	

宾

傧〔儐〕	滨〔濱〕	摈〔擯〕	嫔〔嬪〕	缤〔繽〕	殡〔殯〕
槟〔檳〕	膑〔臏〕	镔〔鑌〕	髌〔髕〕	鬓〔鬢〕	

参

渗〔滲〕	惨〔慘〕	掺〔摻〕	骖〔驂〕	毵〔毿〕	瘆〔瘮〕
碜〔磣〕	穇〔穇〕	糁〔糝〕			

仓

伧〔傖〕	创〔創〕	沧〔滄〕	怆〔愴〕	苍〔蒼〕	抢〔搶〕
呛〔嗆〕	炝〔熗〕	玱〔瑲〕	枪〔槍〕	戗〔戧〕	疮〔瘡〕
鸧〔鶬〕	舱〔艙〕	跄〔蹌〕			

产

浐〔滻〕	萨〔薩〕	铲〔鏟〕

长

伥〔倀〕	怅〔悵〕	帐〔帳〕	张〔張〕	枨〔棖〕	账〔賬〕
胀〔脹〕	涨〔漲〕				

尝

鲿〔鱨〕	

① 赏：不可误作尝。尝是嘗的简化字（见第二表）。

车

轧〔軋〕　军〔軍〕　轨〔軌〕　厍〔厙〕　阵〔陣〕　库〔庫〕
连〔連〕　轩〔軒〕　诨〔諢〕　郓〔鄆〕　轫〔軔〕　轭〔軛〕
匦〔匭〕　转〔轉〕　轮〔輪〕　斩〔斬〕　软〔軟〕　浑〔渾〕
恽〔惲〕　砗〔硨〕　轶〔軼〕　轲〔軻〕　轱〔軲〕　轷〔軤〕
轻〔輕〕　轳〔轤〕　轴〔軸〕　挥〔揮〕　荤〔葷〕　轹〔轢〕
轸〔軫〕　轺〔軺〕　涟〔漣〕　珲〔琿〕　载〔載〕　莲〔蓮〕
较〔較〕　轼〔軾〕　轾〔輊〕　辂〔輅〕　轿〔轎〕　晕〔暈〕
渐〔漸〕　惭〔慚〕　皲〔皸〕　琏〔璉〕　辅〔輔〕　辄〔輒〕
辆〔輛〕　堑〔塹〕　啭〔囀〕　崭〔嶄〕　裤〔褲〕　裢〔褳〕
辇〔輦〕　辋〔輞〕　辍〔輟〕　辊〔輥〕　椠〔槧〕　辎〔輜〕
暂〔暫〕　辉〔輝〕　辈〔輩〕　链〔鏈〕　翚〔翬〕　辏〔輳〕
辐〔輻〕　辑〔輯〕　输〔輸〕　毂〔轂〕　辔〔轡〕　辖〔轄〕
辕〔轅〕　辗〔輾〕　舆〔輿〕　辘〔轆〕　撵〔攆〕　鲢〔鰱〕
辙〔轍〕　錾〔鏨〕　辚〔轔〕

齿

龀〔齔〕　啮〔嚙〕　龆〔齠〕　龅〔齙〕　龃〔齟〕　龄〔齡〕
龇〔齜〕　龈〔齦〕　龉〔齬〕　龊〔齪〕　龌〔齷〕　龋〔齲〕

虫

蛊〔蠱〕

刍

诌〔謅〕　㑇〔㑳〕　邹〔鄒〕　㤘〔㥮〕　驺〔騶〕　绉〔縐〕
皱〔皺〕　趋〔趨〕　雏〔雛〕

从

苁〔蓯〕　纵〔縱〕　枞〔樅〕　怂〔慫〕　耸〔聳〕

窜

撺〔攛〕　镩〔鑹〕　蹿〔躥〕

达

㳠〔澾〕　闼〔闥〕　挞〔撻〕　哒〔噠〕　鞑〔韃〕

带

滞〔滯〕

单

郸〔鄲〕　惮〔憚〕　阐〔闡〕　掸〔撣〕　弹〔彈〕　婵〔嬋〕
禅〔禪〕　殚〔殫〕　瘅〔癉〕　蝉〔蟬〕　箪〔簞〕　蕲〔蘄〕
冁〔囅〕

当

挡〔擋〕　档〔檔〕　裆〔襠〕　铛〔鐺〕

党

谠〔讜〕　傥〔儻〕　镋〔钂〕

东

冻〔凍〕 陈〔陳〕 岽〔崬〕 栋〔棟〕 胨〔腖〕 鸫〔鶇〕

动

恸〔慟〕

断

簖〔籪〕

对

怼〔懟〕

队

坠〔墜〕

尔

迩〔邇〕 弥〔彌〕〔瀰〕 祢〔禰〕 玺〔璽〕 猕〔獼〕

发

泼〔潑〕 废〔廢〕 拨〔撥〕 䥽〔鏺〕

丰

沣〔灃〕 艳〔艷〕 滟〔灧〕

风

讽〔諷〕 沨〔渢〕 岚〔嵐〕 枫〔楓〕 疯〔瘋〕 飒〔颯〕
砜〔碸〕 𩙧〔䫻〕 飔〔颸〕 飕〔颼〕 飗〔飀〕 飘〔飄〕
飙〔飆〕

冈

刚〔剛〕 㧏〔掆〕 岗〔崗〕 纲〔綱〕 㭎〔棡〕 钢〔鋼〕

广

邝〔鄺〕 圹〔壙〕 扩〔擴〕 犷〔獷〕 纩〔纊〕 旷〔曠〕
矿〔礦〕

归

岿〔巋〕

龟

阄〔鬮〕

国

掴〔摑〕 帼〔幗〕 腘〔膕〕 蝈〔蟈〕

过

挝〔撾〕

华

哗〔嘩〕 骅〔驊〕 烨〔燁〕 桦〔樺〕 晔〔曄〕 铧〔鏵〕

画

婳〔嫿〕

汇

㧟〔擓〕

会

剑〔劊〕　郐〔鄶〕　侩〔儈〕　浍〔澮〕　荟〔薈〕　哙〔噲〕
狯〔獪〕　绘〔繪〕　烩〔燴〕　桧〔檜〕　脍〔膾〕　鲙〔鱠〕

几

讥〔譏〕　叽〔嘰〕　饥〔饑〕　机〔機〕　玑〔璣〕　矶〔磯〕
虮〔蟣〕

夹

郏〔郟〕　侠〔俠〕　陕〔陜〕　浃〔浹〕　挟〔挾〕　荚〔莢〕
峡〔峽〕　狭〔狹〕　惬〔愜〕　硖〔硤〕　铗〔鋏〕　颊〔頰〕
蛱〔蛺〕　瘗〔瘞〕　箧〔篋〕

戋

刬〔剗〕　浅〔淺〕　饯〔餞〕　线〔綫〕　残〔殘〕　栈〔棧〕
贱〔賤〕　盏〔盞〕　钱〔錢〕　笺〔箋〕　溅〔濺〕　践〔踐〕

监

滥〔濫〕　蓝〔藍〕　尴〔尷〕　槛〔檻〕　褴〔襤〕　篮〔籃〕

见

苋〔莧〕　岘〔峴〕　觃〔覎〕　视〔視〕　规〔規〕　现〔現〕
枧〔梘〕　觅〔覓〕　觉〔覺〕　砚〔硯〕　觇〔覘〕　览〔覽〕
宽〔寬〕　蚬〔蜆〕　觊〔覬〕　笕〔筧〕　觋〔覡〕　觌〔覿〕
靓〔靚〕　搅〔攪〕　揽〔攬〕　缆〔纜〕　窥〔窺〕　榄〔欖〕
觎〔覦〕　觏〔覯〕　觐〔覲〕　觑〔覷〕　髋〔髖〕

荐

鞯〔韉〕

将

蒋〔蔣〕　锵〔鏘〕

节

栉〔櫛〕

尽

浕〔濜〕　荩〔藎〕　烬〔燼〕　赆〔贐〕

进

琎〔璡〕

举

榉〔櫸〕

壳

悫〔慤〕

来

涞〔淶〕　莱〔萊〕　崃〔崍〕　徕〔徠〕　赉〔賚〕　睐〔睞〕
铼〔錸〕

乐

泺〔濼〕　烁〔爍〕　栎〔櫟〕　轹〔轢〕　砾〔礫〕　铄〔鑠〕

离

漓〔灕〕　篱〔籬〕

历

沥〔瀝〕　坜〔壢〕　苈〔藶〕　呖〔嚦〕　枥〔櫪〕　疬〔癧〕
雳〔靂〕

丽

俪〔儷〕　郦〔酈〕　逦〔邐〕　骊〔驪〕　鹂〔鸝〕　酾〔釃〕
鲡〔鱺〕

两

俩〔倆〕　唡〔啢〕　辆〔輛〕　满〔滿〕　瞒〔瞞〕　颟〔顢〕
螨〔蟎〕　魉〔魎〕　懑〔懣〕　蹒〔蹣〕

灵

棂〔欞〕

刘

浏〔瀏〕

龙

陇〔隴〕　泷〔瀧〕　宠〔寵〕　庞〔龐〕　垄〔壟〕　拢〔攏〕
茏〔蘢〕　咙〔嚨〕　珑〔瓏〕　栊〔櫳〕　䶮〔龑〕　昽〔曨〕
胧〔朧〕　砻〔礱〕　袭〔襲〕　聋〔聾〕　龚〔龔〕　龛〔龕〕
笼〔籠〕　詟〔讋〕

娄

偻〔僂〕　溇〔漊〕　蒌〔蔞〕　搂〔摟〕　嵝〔嶁〕　喽〔嘍〕
缕〔縷〕　屡〔屢〕　数〔數〕　楼〔樓〕　瘘〔瘻〕　褛〔褸〕
窭〔窶〕　瞜〔瞜〕　镂〔鏤〕　屦〔屨〕　蝼〔螻〕　篓〔簍〕
耧〔耬〕　薮〔藪〕　擞〔擻〕　髅〔髏〕

卢

泸〔瀘〕　垆〔壚〕　栌〔櫨〕　轳〔轤〕　胪〔臚〕　鸬〔鸕〕
颅〔顱〕　舻〔艫〕　鲈〔鱸〕

虏

掳〔擄〕

卤

鹾〔鹺〕

录

箓〔籙〕

虑

滤〔濾〕　摅〔攄〕

仑

论〔論〕　伦〔倫〕　沦〔淪〕　抡〔掄〕　囵〔圇〕　纶〔綸〕
轮〔輪〕　瘪〔癟〕

罗

萝〔蘿〕　啰〔囉〕　逻〔邏〕　猡〔玀〕　椤〔欏〕　锣〔鑼〕
箩〔籮〕

马

冯〔馮〕　驭〔馭〕　闯〔闖〕　吗〔嗎〕　犸〔獁〕　驮〔馱〕
驰〔馳〕　驯〔馴〕　妈〔媽〕　玛〔瑪〕　驱〔驅〕　驳〔駁〕
码〔碼〕　驼〔駝〕　驻〔駐〕　驵〔駔〕　驾〔駕〕　驿〔驛〕
驷〔駟〕　驶〔駛〕　驹〔駒〕　驺〔騶〕　骀〔駘〕　驸〔駙〕
驽〔駑〕　骂〔罵〕　蚂〔螞〕　笃〔篤〕　骇〔駭〕　骈〔駢〕
骁〔驍〕　骄〔驕〕　骅〔驊〕　骆〔駱〕　骊〔驪〕　骋〔騁〕
验〔驗〕　骏〔駿〕　骎〔駸〕　骑〔騎〕　骐〔騏〕　骒〔騍〕
骓〔騅〕　骖〔驂〕　骗〔騙〕　骘〔騭〕　骛〔騖〕　骚〔騷〕
骞〔騫〕　骜〔驁〕　蓦〔驀〕　腾〔騰〕　骝〔騮〕　骟〔騸〕
骠〔驃〕　骢〔驄〕　骡〔騾〕　羁〔羈〕　骤〔驟〕　骥〔驥〕
骧〔驤〕

买

荬〔蕒〕

卖

读〔讀〕　渎〔瀆〕　续〔續〕　椟〔櫝〕　觌〔覿〕　赎〔贖〕
犊〔犢〕　牍〔牘〕　窦〔竇〕　黩〔黷〕

麦

唛〔嘜〕　麸〔麩〕

门

闩〔閂〕　闪〔閃〕　们〔們〕　闭〔閉〕　闯〔闖〕　问〔問〕
扪〔捫〕　闱〔闈〕　闵〔閔〕　闷〔悶〕　闰〔閏〕　闲〔閑〕
间〔間〕　闹〔鬧〕①　闸〔閘〕　钔〔鍆〕　阂〔閡〕　闺〔閨〕
闻〔聞〕　闼〔闥〕　闽〔閩〕　闾〔閭〕　闿〔闓〕　[illegible]〔[illegible]〕
阁〔閣〕　阀〔閥〕　润〔潤〕　涧〔澗〕　悯〔憫〕　阆〔閬〕
阅〔閱〕　阃〔閫〕　阄〔鬮〕②　[illegible]〔[illegible]〕　娴〔嫻〕　阏〔閼〕
阈〔閾〕　阉〔閹〕　阊〔閶〕　阍〔閽〕　阌〔閿〕　阋〔鬩〕③
阐〔闡〕　阎〔閻〕　焖〔燜〕　阑〔闌〕　裥〔襇〕　阔〔闊〕
痫〔癇〕　鹇〔鷳〕　阕〔闋〕　阒〔闃〕　搁〔擱〕　锏〔鐧〕

①　②　③門字头的字，一般也写作門字头，如鬧、鬮、鬩写作閙、祃、㤬。因此，这些斗字头的字可简化作门字头。但門争的門应简作斗（见第一表）。

锎〔鐦〕 阙〔闕〕 阖〔闔〕 阗〔闐〕 榈〔櫚〕 简〔簡〕
谰〔讕〕 阚〔闞〕 蔺〔藺〕 澜〔瀾〕 斓〔斕〕 㘓〔囒〕
镧〔鑭〕 躏〔躪〕

黾

渑〔澠〕 绳〔繩〕 鼋〔黿〕 蝇〔蠅〕 鼍〔鼉〕

难

傩〔儺〕 滩〔灘〕 摊〔攤〕 瘫〔癱〕

鸟

凫〔鳧〕 鸠〔鳩〕 岛〔島〕 茑〔蔦〕 鸢〔鳶〕 鸣〔鳴〕
枭〔梟〕 鸩〔鴆〕 鸦〔鴉〕 䴓〔鳾〕 鸥〔鷗〕 鸨〔鴇〕
鸧〔鶬〕 窎〔窵〕 莺〔鶯〕 鸪〔鴣〕 捣〔搗〕 鸫〔鶇〕
鸬〔鸕〕 鸭〔鴨〕 鸯〔鴦〕 鸮〔鴞〕 鸲〔鴝〕 鸰〔鴒〕
鸳〔鴛〕 鸵〔鴕〕 袅〔裊〕 鸱〔鴟〕 鸶〔鷥〕 鸾〔鸞〕
䴔〔鵁〕 鸿〔鴻〕 鸷〔鷙〕 鸸〔鴯〕 鸴〔鷽〕 鸼〔鵃〕
鸽〔鴿〕 鸹〔鴰〕 鸺〔鵂〕 鸻〔鴴〕 鹈〔鵜〕 鹇〔鷴〕
鹁〔鵓〕 鹂〔鸝〕 鹃〔鵑〕 鹆〔鵒〕 鹄〔鵠〕 鹅〔鵝〕
鹑〔鶉〕 鹒〔鶊〕 䴖〔鶄〕 鹉〔鵡〕 鹊〔鵲〕 鹋〔鶓〕
鹌〔鵪〕 鹏〔鵬〕 鹐〔鵮〕 鹚〔鷀〕 鹕〔鶘〕 鹖〔鶡〕
䴗〔鶪〕 鹗〔鶚〕 鹘〔鶻〕 鹜〔鶩〕 鹙〔鶖〕 鹛〔鶥〕
鹤〔鶴〕 鹣〔鶼〕 鹞〔鷂〕 鹡〔鶺〕 䴘〔鷉〕 鹧〔鷓〕
鹥〔鷖〕 鹦〔鸚〕 鹨〔鷚〕 鹫〔鷲〕 鹩〔鷯〕 鹪〔鷦〕
鹬〔鷸〕 鹰〔鷹〕 鹯〔鸇〕 鹭〔鷺〕 䴙〔鸊〕 鹳〔鸛〕

聂

慑〔懾〕 滠〔灄〕 摄〔攝〕 嗫〔囁〕 镊〔鑷〕 颞〔顳〕
蹑〔躡〕

宁

泞〔濘〕 拧〔擰〕 咛〔嚀〕 狞〔獰〕 柠〔檸〕 聍〔聹〕

农

侬〔儂〕 浓〔濃〕 哝〔噥〕 脓〔膿〕

齐

剂〔劑〕 侪〔儕〕 济〔濟〕 荠〔薺〕 挤〔擠〕 脐〔臍〕
蛴〔蠐〕 跻〔躋〕 霁〔霽〕 鲚〔鱭〕 齑〔齏〕

岂

剀〔剴〕 凯〔凱〕 恺〔愷〕 闿〔闓〕 垲〔塏〕 桤〔榿〕
觊〔覬〕 硙〔磑〕 皑〔皚〕 铠〔鎧〕

气

忾〔愾〕 饩〔餼〕

迁

跹〔躚〕

佥

剑〔劍〕　俭〔儉〕　险〔險〕　捡〔撿〕　猃〔獫〕　验〔驗〕
检〔檢〕　殓〔殮〕　敛〔斂〕　脸〔臉〕　裣〔襝〕　睑〔瞼〕
签〔簽〕　潋〔瀲〕　蔹〔蘞〕

乔

侨〔僑〕　挢〔撟〕　荞〔蕎〕　峤〔嶠〕　骄〔驕〕　娇〔嬌〕
桥〔橋〕　轿〔轎〕　硚〔礄〕　矫〔矯〕　鞒〔鞽〕

亲

榇〔櫬〕

穷

䓖〔藭〕

区

讴〔謳〕　伛〔傴〕　沤〔漚〕　怄〔慪〕　抠〔摳〕　奁〔奩〕
呕〔嘔〕　岖〔嶇〕　妪〔嫗〕　驱〔驅〕　枢〔樞〕　瓯〔甌〕
欧〔歐〕　殴〔毆〕　鸥〔鷗〕　眍〔瞘〕　躯〔軀〕

啬

蔷〔薔〕　墙〔墻〕　嫱〔嬙〕　樯〔檣〕　穑〔穡〕

杀

铩〔鎩〕

审

谉〔讅〕　婶〔嬸〕

圣

柽〔檉〕　蛏〔蟶〕

师

浉〔溮〕　狮〔獅〕　蛳〔螄〕　筛〔篩〕

时

埘〔塒〕　莳〔蒔〕　鲥〔鰣〕

寿

俦〔儔〕　涛〔濤〕　祷〔禱〕　焘〔燾〕　畴〔疇〕　铸〔鑄〕
筹〔籌〕　踌〔躊〕

属

嘱〔囑〕　瞩〔矚〕

双

㧐〔㩳〕

肃

萧〔蕭〕　啸〔嘯〕　潇〔瀟〕　箫〔簫〕　蟏〔蠨〕

岁

刿〔劌〕　哕〔噦〕　秽〔穢〕

孙

荪〔蓀〕　狲〔猻〕　逊〔遜〕

条

涤〔滌〕　绦〔縧〕　鲦〔鰷〕

万

厉〔厲〕　迈〔邁〕　励〔勵〕　疠〔癘〕　虿〔蠆〕　趸〔躉〕
砺〔礪〕　粝〔糲〕　蛎〔蠣〕

为

伪〔僞〕　沩〔溈〕　妫〔媯〕

韦

讳〔諱〕　伟〔偉〕　闱〔闈〕　违〔違〕　苇〔葦〕　韧〔韌〕
帏〔幃〕　围〔圍〕　纬〔緯〕　炜〔煒〕　祎〔禕〕　玮〔瑋〕
韨〔韍〕　涠〔潿〕　韩〔韓〕　韫〔韞〕　韪〔韙〕　韬〔韜〕

乌

邬〔鄔〕　坞〔塢〕　呜〔嗚〕　钨〔鎢〕

无

怃〔憮〕　庑〔廡〕　抚〔撫〕　芜〔蕪〕　呒〔嘸〕　妩〔嫵〕

献

谳〔讞〕

乡

芗〔薌〕　飨〔饗〕

写

泻〔瀉〕

寻

浔〔潯〕　荨〔蕁〕　挦〔撏〕　鲟〔鱘〕

亚

垩〔堊〕　垭〔埡〕　挜〔掗〕　哑〔啞〕　娅〔婭〕　恶〔惡〕〔噁〕
氩〔氬〕　壶〔壺〕

严

俨〔儼〕　酽〔釅〕

厌

恹〔懨〕　厣〔厴〕　靥〔靨〕　餍〔饜〕　魇〔魘〕　黡〔黶〕

尧

侥〔僥〕　浇〔澆〕　挠〔撓〕　荛〔蕘〕　峣〔嶢〕　哓〔嘵〕
娆〔嬈〕　骁〔驍〕　绕〔繞〕　饶〔饒〕　烧〔燒〕　桡〔橈〕
晓〔曉〕　硗〔磽〕　铙〔鐃〕　翘〔翹〕　蛲〔蟯〕　跷〔蹺〕

业

邺〔鄴〕

页

顶〔頂〕　顷〔頃〕　项〔項〕　顸〔頇〕　顺〔順〕　须〔須〕
颃〔頏〕　烦〔煩〕　顼〔頊〕　顽〔頑〕　顿〔頓〕　颀〔頎〕
颁〔頒〕　颂〔頌〕　倾〔傾〕　预〔預〕　庼〔廎〕　硕〔碩〕
颅〔顱〕　领〔領〕　颈〔頸〕　颇〔頗〕　颏〔頦〕　颊〔頰〕
颉〔頡〕　颖〔穎〕　颌〔頜〕　颋〔頲〕　滪〔澦〕　颐〔頤〕
蓣〔蕷〕　频〔頻〕　颓〔頹〕　颔〔頷〕　颍〔潁〕　颗〔顆〕
额〔額〕　颜〔顔〕　撷〔擷〕　题〔題〕　颙〔顒〕　颛〔顓〕
缬〔纈〕　濒〔瀕〕　颠〔顛〕　颟〔顢〕　颞〔顳〕　颡〔顙〕
嚣〔囂〕　颢〔顥〕　颤〔顫〕　巅〔巔〕　颥〔顬〕　癫〔癲〕
灏〔灝〕　颦〔顰〕　颧〔顴〕

义

议〔議〕　仪〔儀〕　蚁〔蟻〕

艺

呓〔囈〕

阴

荫〔蔭〕

隐

瘾〔癮〕

犹

莸〔蕕〕

鱼

鱽〔魛〕　渔〔漁〕　鲂〔魴〕　鱿〔魷〕　鲁〔魯〕　鲎〔鱟〕
蓟〔薊〕　鲆〔鮃〕　鲏〔鮍〕　鲅〔鮁〕　鲈〔鱸〕　鲇〔鮎〕
鲊〔鮓〕　䲟〔鮣〕　稣〔穌〕　鲋〔鮒〕　鲍〔鮑〕　鲐〔鮐〕
鲞〔鯗〕　鲝〔鮺〕　鲚〔鱭〕　鲛〔鮫〕　鲜〔鮮〕　鲑〔鮭〕
鲒〔鮚〕　鲔〔鮪〕　鲟〔鱘〕　鲗〔鰂〕　鲖〔鮦〕　鲙〔鱠〕
鲨〔鯊〕　噜〔嚕〕　鲡〔鱺〕　鲠〔鯁〕　鲢〔鰱〕　鲫〔鯽〕
鲥〔鰣〕　鲩〔鯇〕　鲣〔鰹〕　鲤〔鯉〕　鲦〔鰷〕　鲧〔鯀〕
橹〔櫓〕　氇〔氌〕　鲸〔鯨〕　鲭〔鯖〕　鲮〔鯪〕　鲰〔鯫〕
鲲〔鯤〕　鲻〔鯔〕　鲳〔鯧〕　鲱〔鯡〕　鲵〔鯢〕　鲷〔鯛〕
鲶〔鯰〕　藓〔蘚〕　䲡〔鰌〕　䲠〔鰆〕　鲿〔鱨〕　鳊〔鯿〕
鲽〔鰈〕　鳁〔鰛〕　鳃〔鰓〕　鳄〔鰐〕　镥〔鑥〕　鳅〔鰍〕
鳆〔鰒〕　鳇〔鰉〕　鳌〔鰲〕　歔歔〔炄〕　䲢〔鰧〕　鳒〔鰜〕
鳍〔鰭〕　鳎〔鰨〕　鳏〔鰥〕　鳑〔鰟〕　癣〔癬〕　鳖〔鱉〕
鳙〔鱅〕　鳛〔鰼〕　鳕〔鱈〕　鳔〔鰾〕　鳓〔鰳〕　鳘〔鰵〕
鳗〔鰻〕　鳝〔鱔〕　鳟〔鱒〕　鳞〔鱗〕　鳜〔鱖〕　鳣〔鱣〕
鳢〔鱧〕

与

屿〔嶼〕 欤〔歟〕

云

芸〔蕓〕 昙〔曇〕 叆〔靉〕 叇〔靆〕

郑

掷〔擲〕 踯〔躑〕

执

垫〔墊〕 挚〔摯〕 贽〔贄〕 鸷〔鷙〕 蛰〔蟄〕 絷〔縶〕

质

锧〔鑕〕 踬〔躓〕

专

传〔傳〕 抟〔摶〕 转〔轉〕 䏝〔膞〕 砖〔磚〕 啭〔囀〕

讠

计〔計〕 订〔訂〕 讣〔訃〕 讥〔譏〕 议〔議〕 讨〔討〕
讧〔訌〕 讦〔訐〕 记〔記〕 讯〔訊〕 讪〔訕〕 训〔訓〕
讫〔訖〕 访〔訪〕 讶〔訝〕 讳〔諱〕 讵〔詎〕 讴〔謳〕
诀〔訣〕 讷〔訥〕 设〔設〕 讽〔諷〕 讹〔訛〕 䜣〔訢〕
许〔許〕 论〔論〕 讼〔訟〕 讻〔訩〕 诂〔詁〕 诃〔訶〕
评〔評〕 诏〔詔〕 词〔詞〕 译〔譯〕 诎〔詘〕 诇〔詗〕
诅〔詛〕 识〔識〕 诌〔謅〕 诋〔詆〕 诉〔訴〕 诈〔詐〕
诊〔診〕 诒〔詒〕 诨〔諢〕 该〔該〕 详〔詳〕 诧〔詫〕
诓〔誆〕 诖〔詿〕 诘〔詰〕 诙〔詼〕 试〔試〕 诗〔詩〕
诩〔詡〕 诤〔諍〕 诠〔詮〕 诛〔誅〕 诔〔誄〕 诟〔詬〕
诣〔詣〕 话〔話〕 诡〔詭〕 询〔詢〕 诚〔誠〕 诞〔誕〕
浒〔滸〕 诮〔誚〕 说〔說〕 诫〔誡〕 诬〔誣〕 语〔語〕
诵〔誦〕 罚〔罰〕 误〔誤〕 诰〔誥〕 诳〔誑〕 诱〔誘〕
诲〔誨〕 诶〔誒〕 狱〔獄〕 谊〔誼〕 谅〔諒〕 谈〔談〕
谆〔諄〕 谉〔譒〕 谇〔誶〕 请〔請〕 诺〔諾〕 诸〔諸〕
读〔讀〕 诼〔諑〕 诹〔諏〕 课〔課〕 诽〔誹〕 诿〔諉〕
谁〔誰〕 谀〔諛〕 调〔調〕 谄〔諂〕 谂〔諗〕 谛〔諦〕
谙〔諳〕 谜〔謎〕 谚〔諺〕 谝〔諞〕 谘〔諮〕 谌〔諶〕
谎〔謊〕 谋〔謀〕 谍〔諜〕 谐〔諧〕 谏〔諫〕 谞〔諝〕
谑〔謔〕 谒〔謁〕 谔〔諤〕 谓〔謂〕 谖〔諼〕 谕〔諭〕
谥〔謚〕 谤〔謗〕 谦〔謙〕 谧〔謐〕 谟〔謨〕 谠〔讜〕
谡〔謖〕 谢〔謝〕 谣〔謠〕 储〔儲〕 谪〔謫〕 谫〔譾〕
谨〔謹〕 谬〔謬〕 谩〔謾〕 谱〔譜〕 谮〔譖〕 谭〔譚〕
谰〔讕〕 谲〔譎〕 谯〔譙〕 蔼〔藹〕 槠〔櫧〕 谴〔譴〕

谵〔譫〕 谳〔讞〕 辩〔辯〕 谠〔讜〕 雠〔讎〕① 谶〔讖〕
霭〔靄〕

饣

饥〔饑〕 饦〔飥〕 饧〔餳〕 饨〔飩〕 饭〔飯〕 饮〔飲〕
饫〔飫〕 饩〔餼〕 饪〔飪〕 饬〔飭〕 饲〔飼〕 饯〔餞〕
饰〔飾〕 饱〔飽〕 饴〔飴〕 饳〔飿〕 饸〔餄〕 饷〔餉〕
饺〔餃〕 饻〔餏〕 饼〔餅〕 饵〔餌〕 饶〔饒〕 蚀〔蝕〕
饹〔餎〕 饽〔餑〕 馁〔餒〕 饿〔餓〕 馆〔館〕 馄〔餛〕
馃〔餜〕 馅〔餡〕 馉〔餶〕 馇〔餷〕 馈〔饋〕 馊〔餿〕
馐〔饈〕 馍〔饃〕 馎〔餺〕 馏〔餾〕 馑〔饉〕 馒〔饅〕
馓〔饊〕 馔〔饌〕 馕〔饢〕

𠃓

汤〔湯〕 扬〔揚〕 场〔場〕 旸〔暘〕 饧〔餳〕 炀〔煬〕
杨〔楊〕 肠〔腸〕 疡〔瘍〕 砀〔碭〕 畅〔暢〕 钖〔鍚〕
殇〔殤〕 荡〔蕩〕 烫〔燙〕 觞〔觴〕

纟

丝〔絲〕 纠〔糾〕 纩〔纊〕 纡〔紆〕 纣〔紂〕 红〔紅〕
纪〔紀〕 纫〔紉〕 纥〔紇〕 约〔約〕 纨〔紈〕 级〔級〕
纺〔紡〕 纹〔紋〕 纬〔緯〕 纭〔紜〕 纯〔純〕 纰〔紕〕
纽〔紐〕 纳〔納〕 纲〔綱〕 纱〔紗〕 纴〔紝〕 纷〔紛〕
纶〔綸〕 纸〔紙〕 纵〔縱〕 纾〔紓〕 纼〔紖〕 咝〔噝〕
绊〔絆〕 线〔綫〕 绀〔紺〕 绁〔紲〕 绂〔紱〕 绋〔紼〕
绎〔繹〕 经〔經〕 绍〔紹〕 组〔組〕 细〔細〕 䌷〔紬〕
绅〔紳〕 织〔織〕 绌〔絀〕 终〔終〕 绉〔縐〕 绐〔紿〕
哟〔喲〕 绖〔絰〕 荮〔葤〕 荭〔葒〕 绞〔絞〕 统〔統〕
绒〔絨〕 绕〔繞〕 绔〔絝〕 结〔結〕 绗〔絎〕 给〔給〕
绘〔繪〕 绝〔絕〕 绛〔絳〕 络〔絡〕 绚〔絢〕 绑〔綁〕
莼〔蒓〕 绠〔綆〕 绨〔綈〕 绡〔綃〕 绢〔絹〕 绣〔綉〕
绥〔綏〕 绦〔縧〕 鸶〔鷥〕 综〔綜〕 绽〔綻〕 绾〔綰〕
绻〔綣〕 绩〔績〕 绫〔綾〕 绪〔緒〕 续〔續〕 绮〔綺〕
缀〔綴〕 绿〔綠〕 绰〔綽〕 绲〔緄〕 绳〔繩〕 绯〔緋〕
绶〔綬〕 绸〔綢〕 绷〔繃〕 绺〔綹〕 维〔維〕 绵〔綿〕
缁〔緇〕 缔〔締〕 编〔編〕 缕〔縷〕 缃〔緗〕 缂〔緙〕
缅〔緬〕 缘〔緣〕 缉〔緝〕 缇〔緹〕 缈〔緲〕 缗〔緡〕
缊〔緼〕 缌〔緦〕 缆〔纜〕 缓〔緩〕 缄〔緘〕 缑〔緱〕
缒〔縋〕 缎〔緞〕 辔〔轡〕 缞〔縗〕 缤〔繽〕 缟〔縞〕

① 雠：用于校雠、雠定、仇雠等。表示仇恨、仇敌义时用仇。

缣〔縑〕 缢〔縊〕 缚〔縛〕 缙〔縉〕 缛〔縟〕 缜〔縝〕
缝〔縫〕 缡〔縭〕 潍〔濰〕 缩〔縮〕 缥〔縹〕 缪〔繆〕
缦〔縵〕 缨〔纓〕 缫〔繅〕 缧〔縲〕 蕴〔藴〕 缮〔繕〕
缯〔繒〕 缬〔纈〕 缭〔繚〕 橼〔櫞〕 缰〔繮〕 缳〔繯〕
缲〔繰〕 缱〔繾〕 缴〔繳〕 辫〔辮〕 缵〔纘〕

〢又

坚〔堅〕 贤〔賢〕 肾〔腎〕 竖〔豎〕 悭〔慳〕 紧〔緊〕
铿〔鏗〕 鲣〔鰹〕

辒

劳〔勞〕 茕〔煢〕 茔〔塋〕 荧〔熒〕 荣〔榮〕 荥〔滎〕
荦〔犖〕 涝〔澇〕 崂〔嶗〕 莹〔瑩〕 捞〔撈〕 唠〔嘮〕
莺〔鶯〕 萤〔螢〕 营〔營〕 萦〔縈〕 痨〔癆〕 嵘〔嶸〕
铹〔鐒〕 耢〔耮〕 蝾〔蠑〕

〢𠂉

览〔覽〕 揽〔攬〕 缆〔纜〕 榄〔欖〕 鉴〔鑒〕

只

识〔識〕 帜〔幟〕 织〔織〕 炽〔熾〕 职〔職〕

钅

钆〔釓〕 钇〔釔〕 钌〔釕〕 钋〔釙〕 钉〔釘〕 针〔針〕
钊〔釗〕 钗〔釵〕 钎〔釺〕 钓〔釣〕 钏〔釧〕 钍〔釷〕
钐〔釤〕 钒〔釩〕 钖〔鍚〕 钕〔釹〕 钔〔鍆〕 钬〔鈥〕
钫〔鈁〕 钚〔鈈〕 钘〔鈃〕 钪〔鈧〕 钯〔鈀〕 钭〔鈄〕
钙〔鈣〕 钝〔鈍〕 钛〔鈦〕 钘〔鈃〕 钮〔鈕〕 钞〔鈔〕
钢〔鋼〕 钠〔鈉〕 钡〔鋇〕 钤〔鈐〕 钧〔鈞〕 钩〔鈎〕
钦〔欽〕 钨〔鎢〕 铋〔鉍〕 钰〔鈺〕 钱〔錢〕 钲〔鉦〕
钳〔鉗〕 钴〔鈷〕 钺〔鉞〕 钵〔鉢〕 钹〔鈸〕 钼〔鉬〕
钾〔鉀〕 铀〔鈾〕 钿〔鈿〕 铎〔鐸〕 钹〔鏺〕 铃〔鈴〕
铅〔鉛〕 铂〔鉑〕 铄〔鑠〕 铆〔鉚〕 铍〔鈹〕 钶〔鈳〕
铊〔鉈〕 钽〔鉭〕 铌〔鈮〕 钷〔鉅〕 铈〔鈰〕 铉〔鉉〕
铒〔鉺〕 铑〔銠〕 铕〔銪〕 铟〔銦〕 铷〔銣〕 铯〔銫〕
铥〔銩〕 铪〔鉿〕 铞〔銱〕 铫〔銚〕 铵〔銨〕 衔〔銜〕
铲〔鏟〕 铰〔鉸〕 铳〔銃〕 铱〔銥〕 铓〔鋩〕 铗〔鋏〕
铐〔銬〕 铏〔鉶〕 铙〔鐃〕 银〔銀〕 铛〔鐺〕 铜〔銅〕
铝〔鋁〕 铡〔鍘〕 铠〔鎧〕 铨〔銓〕 铢〔銖〕 铣〔銑〕
铤〔鋌〕 铭〔銘〕 铬〔鉻〕 铮〔錚〕 铧〔鏵〕 铩〔鎩〕
揿〔撳〕 锌〔鋅〕 锐〔鋭〕 锑〔銻〕 锒〔鋃〕 铺〔鋪〕
铸〔鑄〕 嵚〔嶔〕 锓〔鋟〕 锃〔鋥〕 链〔鏈〕 铿〔鏗〕
锏〔鐧〕 销〔銷〕 锁〔鎖〕 锄〔鋤〕 锅〔鍋〕 锉〔銼〕
锈〔銹〕 锋〔鋒〕 锆〔鋯〕 铹〔鐒〕 锔〔鋦〕 锕〔錒〕

锎〔鐦〕　铽〔鋱〕　铼〔錸〕　锇〔鋨〕　锂〔鋰〕　锧〔鑕〕

锘〔鍩〕　锞〔錁〕　锭〔錠〕　锗〔鍺〕　锝〔鍀〕　锫〔錇〕

错〔錯〕　锚〔錨〕　锛〔錛〕　锯〔鋸〕　锰〔錳〕　锢〔錮〕

锟〔錕〕　锡〔錫〕　锣〔鑼〕　锤〔錘〕　锥〔錐〕　锦〔錦〕

锨〔鍁〕　锱〔錙〕　键〔鍵〕　镀〔鍍〕　镃〔鎡〕　镁〔鎂〕

镂〔鏤〕　锲〔鍥〕　锵〔鏘〕　锷〔鍔〕　锶〔鍶〕　锴〔鍇〕

锾〔鍰〕　锹〔鍬〕　锿〔鎄〕　镅〔鎇〕　镄〔鐨〕　锻〔鍛〕

锸〔鍤〕　锼〔鎪〕　镎〔鎿〕　镓〔鎵〕　镋〔钂〕　镔〔鑌〕

镒〔鎰〕　𫔎〔鍽〕　镑〔鎊〕　镐〔鎬〕　镉〔鎘〕　镊〔鑷〕

镇〔鎮〕　镍〔鎳〕　镌〔鐫〕　镏〔鎦〕　镜〔鏡〕　镝〔鏑〕

镛〔鏞〕　镞〔鏃〕　镖〔鏢〕　镚〔鏰〕　镗〔鏜〕　𫔭〔鐯〕

镘〔鏝〕　镩〔鑹〕　镦〔鐓〕　𫔶〔鐥〕　镨〔鐠〕　镧〔鑭〕

镥〔鑥〕　镤〔鏷〕　镢〔鐝〕　镣〔鐐〕　镫〔鐙〕　镪〔鏹〕

镰〔鐮〕　镱〔鐿〕　镭〔鐳〕　镬〔鑊〕　镮〔鐶〕　镯〔鐲〕

镲〔鑔〕　镳〔鑣〕　镴〔鑞〕　镶〔鑲〕　䦆〔钁〕

𭕄

峃〔嶨〕　学〔學〕　觉〔覺〕　搅〔攪〕　喾〔嚳〕　鲎〔鱟〕

黉〔黌〕

𠬤

译〔譯〕　泽〔澤〕　怿〔懌〕　择〔擇〕　峄〔嶧〕　绎〔繹〕

驿〔驛〕　铎〔鐸〕　萚〔蘀〕　释〔釋〕　箨〔籜〕

圣

劲〔勁〕　刭〔剄〕　陉〔陘〕　泾〔涇〕　茎〔莖〕　径〔徑〕

经〔經〕　烃〔烴〕　轻〔輕〕　氢〔氫〕　胫〔脛〕　痉〔痙〕

羟〔羥〕　颈〔頸〕　巯〔巰〕

亦

变〔變〕　弯〔彎〕　孪〔孿〕　峦〔巒〕　娈〔孌〕　恋〔戀〕

栾〔欒〕　挛〔攣〕　鸾〔鸞〕　湾〔灣〕　蛮〔蠻〕　脔〔臠〕

滦〔灤〕　銮〔鑾〕

呙

剐〔剮〕　涡〔渦〕　埚〔堝〕　㖞〔喎〕　莴〔萵〕　娲〔媧〕

祸〔禍〕　脶〔腡〕　窝〔窩〕　锅〔鍋〕　蜗〔蝸〕

附　录

以下 39 个字是从《第一批异体字整理表》摘录出来的。这些字习惯被看作简化字，附此以便检查。括弧里的字是停止使用的异体字。

呆〔獃騃〕	迹〔跡蹟〕	麻〔蔴〕	席〔蓆〕	韵〔韻〕
布〔佈〕	秸〔稭〕	脉〔脈〕	凶〔兇〕	灾〔災〕
痴〔癡〕	杰〔傑〕①	猫〔貓〕	绣〔繡〕	札〔剳劄〕
床〔牀〕	巨〔鉅〕	栖〔棲〕	锈〔鏽〕	扎〔紮紥〕
唇〔脣〕	昆〔崑崐〕	弃〔棄〕	岩〔巖〕	占〔佔〕
雇〔僱〕	捆〔綑〕	升〔陞昇〕	异〔異〕	周〔週〕
挂〔掛〕	泪〔淚〕	笋〔筍〕	涌〔湧〕	注〔註〕
哄〔閧鬨〕	厘〔釐〕	它〔牠〕	岳〔嶽〕	

下列地名用字，因为生僻难认，已经国务院批准更改，录后以备检查。

黑龙江

铁骊县改铁力县

瑷珲县改爱辉县

青　海

亹源回族自治县改门源回族自治县

新　疆

和阗专区改和田专区

和阗县改和田县

于阗县改于田县

婼羌县改若羌县

江　西

雩都县改于都县

大庾县改大余县

虔南县改全南县

新淦县改新干县

新喻县改新余县

鄱阳县改波阳县

寻邬县改寻乌县

广　西

鬱林县改玉林县

① 杰：从木，不从术。

四　川

酆都县改丰都县

石砫县改石柱县

越嶲县改越西县

呷洛县改甘洛县

贵　州

婺川县改务川县

鳛水县改习水县

陕　西

商雒专区改商洛专区

盩厔县改周至县

郿县改眉县

醴泉县改礼泉县

郃阳县改合阳县

鄠县改户县

雒南县改洛南县

邠县改彬县

鄜县改富县

葭县改佳县

沔县改勉县

栒邑县改旬邑县

洵阳县改旬阳县

汧阳县改千阳县

此外，还有以下两种更改地名用字的情况：（1）由于汉字简化，例如辽宁省瀋阳市改为沈阳市；（2）由于异体字整理，例如河南省濬县改为浚县。

第四编

戏曲编纂学

第一章　戏曲编纂分类叙录

戏曲编纂就是对戏曲的原始文献进行再次或多次的重新整理、编辑、加工或加上诠解的工作。它既包括对戏曲作品（剧本、剧曲）的整理、编辑、加工和诠解，也包括对戏曲作品之外的，如戏曲史料、评论以及与戏曲作品有关的作家生平、作品本事等其他文献资料的整理和编校。本编主要介绍戏曲作品的编纂，也兼及与戏曲作品相关的史料、理论等方面的编纂。

就戏曲作品而言，它的编纂方式很多，归纳起来，大致可分为六类：一、汇编类；二、选编类；三、辑佚类；四、笺解类；五、校注类；六、综合类。下面，我们通过各类中具有代表性的戏曲编纂书籍的评介，以说明各门类戏曲编纂的作用、特点及编纂方法。

一、汇编类

汇编类戏曲的基本特点在于文献汇总，“求全求备”是此项工作的基本要求。但它也有大汇总与小汇总之别。大汇总内容广，范围宽，可以包括各种体裁、各个年代、不同作家的戏曲文献的汇总。如《古本戏曲丛刊》，就将不同朝代、不同时期、不同体裁（杂剧、戏文、传奇、清宫大戏）和不同形式（钞本、刊本）的戏曲作品汇总在一起。台湾版的《善本戏曲丛刊》，则是包括各个朝代的戏曲选本与重要曲谱的汇总。

小汇总范围相对较小，它只针对某一戏曲具体体裁、品种、样式，如《京剧丛刊》、《散曲丛刊》；或某一朝代作品，如《全元戏曲》、《全明戏曲》（待编）；或某一体裁与某一朝代兼顾，如《全元散曲》；或某一范围史料文献汇总，如《清代燕都梨园史料》、《中国古典戏曲序跋汇编》等等。小汇总还包括作家总集编纂，如《关汉卿集》、《高则诚集》等，以及戏曲钩沉辑佚，如《元人杂剧钩沉》、《宋元戏文辑佚》等。

如何做好这些汇编工作，下面我们通过有关书籍的介绍，逐一加以说明。

1. 古本戏曲丛刊

这是一部大型古典戏曲作品的汇编总集，由“古本戏曲丛刊编辑委员会”编辑。20世纪50年代由郑振铎先生倡议并主持，80年代后由吴晓铃先生继任此项工作。

该丛刊编纂原计划十分宏大。郑振铎先生曾满怀豪情地预言：“这将是古往今来的一部最大的我国传统戏曲作品的结集！”① 在《丛刊·初集》序言中，郑振铎先生曾提出了

① 吴晓铃：《重纂〈古本戏曲丛刊〉抒怀》，载香港《大公报》1983年3月4日~7日。

编纂此书的宗旨和构想："初集收西厢记及元明两代戏文、传奇一百种；二集收明代传奇一百种；三集收明清之际传奇一百种。此皆拟目已定。四、五集以下，则收清人传奇。或更将继之以六、七、八集，收元明清三代杂剧，并及曲选、曲谱、曲目、曲话等有关著作。若有余力，当更搜集若干重要的地方古剧，编成一、二集印出。期之三四年，当可有一千种以上的古代戏曲，供给我们作为研究之资，或可作为推陈出新的一助。此愿甚弘，但我们是有信心能够完成这个工作的。"① 遗憾的是郑先生于1958年因飞机失事去世，加之"文化大革命"十年耽搁，致使该计划未能完全实现。但仅就现在已经完成的大半而言，它已为我们的戏曲研究、创作提供了极大的便利。可以这么说，今日如果没有《古本戏曲丛刊》在案，进行中国古典戏曲研究，就如同无米之炊，无从着手。

以下将已出版的各集情况，简单介绍如下：

初集。1954年商务印书馆影印620部。收元·王实甫《西厢记》杂剧三种和元·杨梓《敬德不伏老》、元·吴昌龄《西游记》、明·刘兑《金童玉女娇红记》、明·徐渭《四声猿》元明杂剧四种以及《永乐大典》戏文三种与元明戏文、传奇91种，共101种（目录仅列100种，《敬德不伏老》杂剧附在《金貂记》传奇之后，未曾单独列目）。

二集。1955年商务印书馆影印540部。收明人改本戏文与明传奇100种，其中以明万历年间刊刻的名作最为醒目。

三集。1957年商务印书馆影印450部。收明清之际传奇100种。该集最值得称道的是把众多的苏州派的作家作品集中在一起。所收多为梨园钞本，尽管粗糙，但对研究来说，却很重要。

以上初、二、三集是我们研究宋元明清戏文、传奇作品善本的主要依据。

四集。1958年商务印书馆影印1 000部。收编元明杂剧100册，包括以下八个总集、376本杂剧作品：

《元刊杂剧三十种》（据原本影印，共30本。）

《古杂剧》（明·王骥德辑，据明万历顾曲斋本影印，共20本。）

《脉望馆钞校本古今杂剧》（明·赵琦美辑，据赵氏稿本影印，共242本。）

《古名家杂剧》（明·陈与郊辑，据明万历本影印，共10本。）

《杂剧选》（明·息机子辑，据明万历二十六年本影印，共11本。）

《阳春奏》（明·黄正位辑，据明万历三十七年本影印，共3本。）

《元明杂剧四种》（明·无名氏辑，据明万历本影印，共4本。）

《古今名剧合选》（明·孟称舜辑，据明崇祯本影印，共56本（其中《新镌古今名剧柳枝集》26本，《新镌古今名剧酹江集》30本））。

以上合计收元明杂剧376本，几乎网罗了除《元曲选》之外的所有元明杂剧的主要总集、选集、单刊本和单钞本。凡今传世的元明杂剧剧本，除遗漏《元曲选》中所收的19种外，余皆收罗殆尽。值得提出的是，该集中所收的顾曲斋辑本、孟称舜辑本都是聚众家所藏，配成全帙的。

---

① 郑振铎：《古本戏曲丛刊初集序》，载《古本戏曲丛刊初集》第一册卷首，又收见郑振铎《西谛书话》，生活·读书·新知三联书店1983年版，第706～707页。

五集。1984 年上海古籍出版社影印。此集为吴晓铃接手丛刊编纂事务后所续编的两集之一。收明代及清初传奇作品 85 种。值得注意的是其中有好些以前我们所未见的明清刊本、钞本。明刊本如：

《裴淑英断发记》（明世德堂万历十四年刊本，相传为明·李开先撰，原为日本神田喜一郎所藏，属海外孤本。国内有文披露，但久未见世。）

《李丹记》（明·刘还初撰，以前仅见于《徐氏家藏书目》著录，题“四明大雅堂编，云间陈眉公评”。此亦首次披露。）

清刊本，如清人丁耀亢所撰的以下四种传奇，原均藏秘阁，“丛刊五集”首次面世：

《化人游》（清顺治野鹤斋刊本。）

《赤松游》（清顺治刊本。）

《新编杨椒山表忠蚺蛇胆》（清顺治刊本。）

《西湖扇》（清康熙重刊本。）

明钞本，如梅兰芳缀玉轩旧藏的明钞顾大典《葛衣记》；清钞本，如康熙年间钞明·沈君谟撰《一合相》等，亦均为首次面世。

五集清钞本中最为抢眼的还是李玉、朱佐朝，朱皠等苏州派作家的多种传奇作品。此外，还有清传奇名著《桃花扇》、《长生殿》，也都被影印收入最早而不易获见的清康熙原刊本。

九集。1964 年中华书局影印。主要收清宫大戏 10 种。其中重要的有：

《忠义璇图》（清·周祥玉、邹金生等编，影印清宫南府钞本。）

《鼎峙春秋》（清·周祥玉、邹金生等编，影印清内府钞本。）

《昇平宝筏》（清·张照编，影印清昇平署钞本。）

《劝善金科》（清·张照编，影印清内府钞本。）

《昭代箫韶》（清·王庭章编，影印清嘉庆南府朱墨套印本。）

此外，还有《封神天榜》、《楚汉春秋》、《盛世鸿图》、《如意宝册》、《铁旗阵》等，共计 10 种，每种多作 10 本、240 出，订为 124 册，可谓洋洋大观。

需要说明的是，“九集”为何会提前问世？原来郑振铎先生 1958 年去世，《丛刊》编纂工作中途停顿。1961 年中国社科院文学所承担编纂任务，由吴晓铃先生主持该项工作，进行“五集”以下的编纂，于是先选较易编辑的清宫大戏作为第九集，提前面世。其后十年内乱，编纂工作再度终止，直至 1982 年又重新恢复编纂，始有“五集”问世。至今仍缺编六、七、八、十共四集。

自郑振铎先生 1952 年开始着手编纂《古本戏曲丛刊》至今已历半个世纪，中间几经曲折，编纂工作只完成原来设想的不到一半的工程。有关《丛刊》的全部编辑计划，吴晓铃先生在《重纂〈古本戏曲丛刊〉抒怀》一文中，曾作过如下的描述：

我们计划编辑《古本戏曲丛刊》正集十四集。除已刊初集至四集和九集外，五集收清代顺治、康熙和雍正三朝的传奇；六集收乾隆一代的传奇；七集收嘉庆和道光两朝的传奇；八集收咸丰、同治、光绪、宣统四朝和辛亥革命初朝的传奇；十集收清代内廷大戏和各种类型的庆典承应剧本；十一集和十二集收明、清以来杂剧；十三和十四集收各集缺失，为之补遗；如卷帙仍难容纳，则再增十五集以足之。此外，编就正集之后，另编外集以辅之；外集初编收明、清之戏曲选本；二编收曲目、曲韵、曲律、曲品、曲话以及有关史料及评论。复拟另为编辑《古本散曲丛刊》三集，收元明清及辛亥以来之散曲总集及别集，庶并戏曲十七集共汇为二十集，及以相互生发启迪，则祖国曲学旧籍囊括无遗矣。①

设想不可谓不宏伟，但由于种种原因限制，事与愿违，迄今仍难以使郑、吴两先生的设想付诸实现。

《古本戏曲丛刊》是典型的古典戏曲作品总集，是我国古典戏曲作品一次空前规模的大汇编，它对于戏曲研究工作所起的重要作用难以估量。但它的编纂工作也仍存缺遗，最主要的是两点：

其一，所收的戏曲刊本、钞本仍非完备，如大量的海外孤本大部被遗漏，不曾收入。

其二，由于编纂工作几经周折、变更，编、刊工作同步进行，难免造成前后体例不一，各集主题变更，从整体上看，它还欠周密设计，有点零乱驳杂之嫌。

但瑕不掩瑜，《古本戏曲丛刊》的成绩仍是显著、巨大的，它影响广远，嘉惠后学，成为古典戏曲研究者须臾不可离身的案头必备之书，是现代戏曲编纂工作中最具效果和影响力的一份硕果。

2. **善本戏曲丛刊**

王秋桂主编，中国台湾学生书局 1984 年始刊，目前已刊六辑，共收戏曲选集、曲谱等 42 种。其中曲选 34 种，曲谱 8 种，精装 10 册，洋洋大观。各辑主题及内容如下：

第一辑。收弋阳腔和徽调系统的戏曲选集 9 种。包括：《乐府菁华》、《玉谷新簧》、《摘锦奇音》、《词林一枝》、《八能奏锦》、《大明春》、《徽池雅调》、《尧天乐》、《时调青昆》。

第二辑。收昆腔系统的戏曲选集 8 种。包括：《乐府红珊》、《吴歈萃雅》、《珊瑚集》、《月露音》、《词林逸响》、《怡春锦》、《万锦娇丽》、《歌林拾翠》初集、二集。

第三辑。收曲谱 5 种。包括：《旧编南九宫谱》、《增定南九宫曲谱》、《南词新谱》、《九宫正始》、《新定十二律京腔谱》。

第四辑。收曲选 11 种。包括：《风月锦囊》、《群音类选》、《乐府清音》、《赛徵歌集》、《万壑清音》、《玄雪谱》、《南音三籁》、《醉怡情》、《乐府歌舞台》、《千家合锦》、《万家合锦》。

第五辑。收曲选 6 种。包括：《缀白裘》、《审音鉴古录》、《彩笔情辞》、《太霞新奏》、《万花小曲》、《丝弦小曲》。

第六辑。收曲谱 3 种。包括：《北词广正谱》、《纳书楹曲谱》、《九宫大成南北词宫谱》。

该套丛刊所收的一部分曲选，为海内所罕见，如《万锦娇丽》、《乐府清音》、《万家合锦》、《丝弦小曲》等。其中有许多海外孤本，如：原藏牛津大学图书馆的《乐府菁华》、原藏大英图书馆的《乐府红珊》、原藏西班牙皇家图书馆的《风月锦囊》，还有清

① 吴晓铃：《重纂〈古本戏曲丛刊〉抒怀》，香港《大公报》1983 年 3 月 4 日 ~7 日。

康熙原刊本的《新定十二律京腔谱》等，都是在原刊数百年之后的再次刊布，因此该套丛书的编纂、出版对于戏曲研究的作用与意义都相当重大。

继《善本戏曲丛刊》之后，陆续发现的海外孤本戏曲选本，还有《玉树英》、《万象新》、《大明天下春》、《满天春》等多种，这些都有待该套丛书继续收编。编纂任务似未全部完成。

与《古本戏曲丛刊》侧重刊印戏曲作品全本有别，《善本戏曲丛刊》的选题侧重于选本与曲谱，因此二者可以互为补充，相得益彰，为古典戏曲研究者掌握戏曲古籍基本文献提供了极大的便利。

《古本戏曲丛刊》与《善本戏曲丛刊》的编纂均出于近人与今人之手，其刊印的共同特点都是利用现代印刷技术手段，采取影印方式，除对版式作统一处理，并加编者的必要文字说明外，基本反映了书籍的原始面貌，因此使用起来，跟使用原版图书几乎无异。它们等同于第一手文献资料，对研究者固然十分必要，但对于一般读者来说，要想使书籍得到推广，恐怕更多的还得依赖重编，或利用现代印刷技术进行复制，否则很难推广。清人姚燮编纂《复庄今乐府选》，采集金元明清四朝戏曲、散曲多达429种，工程不可谓不浩大。郑振铎曾经赞叹姚氏豪气旷古未有，但毕竟限于技术、财力等原因，使该套钞本丛书无法公之于众，长期束之书阁，令读者与研究者不能亲密接触，非常遗憾。就是上述两种近人、今人编纂的大汇编戏曲丛刊，迄今还是限于种种条件而未成完璧。所以戏曲的汇编工作数量更多的还属于小汇编，或按历史朝代，或依戏曲样式，或据内容门类，分门别类地进行。这些小汇编，细分起来，又有总集、别集、集成、史料汇编等类别，现选各类别中较有代表性的书籍评介如下：

3.《全元戏曲》等元代戏曲作品汇编

元代是我国戏曲史上第一个丰收季节，它为后人留下第一批堪称洋洋大观的戏曲文本。以传本计，元代杂剧、戏文两类作品，合计近200种，还有一定数量的残文佚曲；以存目计，则逾700种；至于佚失不见著录的作品，更难以估计。如何将全部的元代戏曲传本（含残文佚曲）加以汇编出版，以呈终元一代戏曲之胜，是从事元代戏曲研究几代人的夙愿，也是广大古代戏曲爱好者、学习者和研究者的共同期盼。

前人曾为此作过努力。如学者卢前，曾编辑《元人杂剧全集》。此书仅出八集，计收元杂剧全本77种、残曲22种，于1935年至1936年间由上海杂志公司陆续出版，但计划未能全部完成而中辍。再说，当时《脉望馆钞校本古今杂剧》也未发现，即使卢氏将书如数编成出版，也说不上是部名符其实的“全集”。

海外杨家骆也编过《全元杂剧》初编、二编、三编及外编，于1962年至1963年间由中国台湾世界书局印行，共汇辑元人杂剧212种，另编有《全元杂剧补编》，收录散见他书的元杂剧异文与佚文，但仍非十分完备，且止限于杂剧，未暇顾及元代戏文。

编纂一套全面搜罗元代杂剧和戏文全集的任务，终于由广州中山大学研究群体通力合作完成，这就是王季思主编，吴国钦、黄天骥、苏寰中等十多位中山大学同仁参与辑校的《全元戏曲》。此书共十二卷，600余万字。1990年至1998年间由人民文学出版社陆续出版。

《全元戏曲》收录全部现存元代杂剧与戏文，包括残文佚曲。其中杂剧八卷，计收255种；戏文四卷，计收146种；可说是对元代戏曲文本的一次空前规模的搜集。除点校、辑录文本外，《全元戏曲》还对所收作品分别撰有作者小传、剧目说明、校记。部分作品还附录重要异本或异文，如：关汉卿《关大王独赴单刀会》杂剧，以明脉望馆钞本为底本，参校各本，同时附录元刊本《古杭新刊的本关大王单刀会》及《九宫大成南北词宫谱》卷六十五所收《单刀会》零曲，并对后者作了考释说明，认为它“可能是《单刀会》杂剧的另一个本子的佚曲”①；南戏《刘知远白兔记》，以明汲古阁本为底本，参校同系统的各本及曲谱所引曲文，因鉴于明成化本副本开场一出较底本繁复，且近古貌，遂列于篇末，作为附录。编者这样做，目的是在于“努力使全书兼备资料性、可读性、学术性”。

在编写《全元戏曲》过程中，不可回避地会碰到两个棘手的问题：其一，如何对待明代文人加工本问题；其二，明脉望馆所抄佚名作者杂剧的年代归属问题。编者考察了戏曲文本流传演变所具有的不同于诗文的自身独特规律，而认为“元人剧目已无本初意义的‘古本’、‘真本’可求，它们只是在演出、流传过程中趋向定型，而没有绝对的、一字不易的定本”②，从而确定了两条相应的处理原则：第一，经明人加工过的杂剧和南戏作品，其剧目只要是有关文献（如《录鬼簿》、《太和正音谱》、《永乐大典目录》、《南词叙录》等）已经著录为元代作品的，均视为元人之作。对此类作品，本书以明代文人加工本为底本，参校其他抄本或坊刻本，重要异文一一出校，使读者从中辨识各种本子之间的关系以及明人加工的情况。第二，对脉望馆所抄佚名作者之杂剧，进行全面考察，从多方面加以辨析，视证据是否充足，而分别采取予以收编、暂予收录和不予收编的三种不同做法，出发点是避免不应有的遗漏，以符合《全元戏曲》必须求全的要求。

《全元戏曲》1986 年着手编辑，1991 年告竣，历时六年，凝结了中山大学老、中、青三代学人的心血，但由于书出众手，在体例方面尽管有主编通审，仍难免存在不尽一致的地方。又由于采取边编辑、边交稿、边出版的流水作业印行程序，致使后来发现的问题不易得到提早改正。希望这些方面的缺陷，在本书再版时，能够得到补正。

4.《全元散曲》及其他散曲总集

《全元散曲》可视为按作品品种与朝代二者兼具的散曲汇编的代表。其性质与《全唐诗》、《全宋词》之类相似。近人隋树森编，1964 年中华书局初版。若以编者 1947 年着手编纂至全书问世计算，前后共历十七年，可见做好一种戏曲小汇编亦非易事。

关于隋氏编纂此书的宗旨，其书前《自序》提到三点：“第一，现存的曲集，无论是元人别集或元、明选本，其中都有一些罕见的本子，有几种还是海内孤本，想要找到这些书，不是很容易的。第二，元代的散曲作家，有别集流传下来的只有张养浩、乔吉、张可久、汤式四人，其余作家的作品，都是零碎地分散在若干种曲选、曲谱、词集以及不属于词曲类的书里面。想要知道元代都有哪些散曲作家，每位散曲作家各写过哪些作品，这也不是很容易的。尤其元代散曲作家流传下来的作品数量一般比较少，即使是一位比较重要的作家，往往也未必有几十首甚至未必有十几首曲子，研究这些作家，更有看到他们现存全部作品的必要。第三，元曲是一种通俗文学，曲集的精刊本和精钞本比

① 王季思主编：《全元戏曲》，人民文学出版社 1990 年版，第一卷，第 86 页。

② 《全元戏曲·前言》，《全元戏曲》，第一卷，第 12 页。

较少，如果不经过一番整理和校勘，读起来往往很不方便。”① 可见其编书的目的，一是求全，即所收散曲不仅本子要全，而且作家作品也要全；二是便于阅读。这两点也造成了编者编书之难。但由于编者努力本着这样的原则去编书，所以《全元散曲》才成为迄今所见搜罗元代散曲最完备的本子，别的类似集子很难取代它。② 该书共辑录元人小令 3 853 首，套曲 457 套，残套、残曲不计。面对如此庞杂而浩繁的材料，编者采用以散曲作者为经、以时代为纬的编排方式，作者生卒年可考者或虽不可考但在《录鬼簿》中有记载者，以时代先后排列，每家之曲先小令，后套曲，有残曲、残句照收。宫调次序，北曲依《北词广正谱》，南曲按沈璟《南曲谱》。作品详注出处，曲末附以校记。各家均撰生平小传。书前罗列引用书目，交代全名、简称及所据版本；书后附作家姓名、别号索引和作品曲牌索引，以供检索。全书不仅搜罗广博、校勘严谨，而且所采用的多为善本，故有此一编，终元一代的散曲作品、作家的生平简历、作品的出处和版本等，俱皆详备，可以大大减省寻找元人散曲文献之劳，其重要学术价值毋庸多言。

与《全元散曲》类似的散曲总集还有以下几种：

《元人小令集》（陈乃乾编，上海开明书店 1935 年版。）

《全明散曲》（谢伯阳编，齐鲁书社 1994 年版。）

《全清散曲》（凌景埏、谢伯阳编，齐鲁书社 1985 年版。）

此外，另有浙江古籍出版社 1998 年版《历代散曲汇纂》，汇辑缩印《阳春白雪》、《太平乐府》、《乐府新声》、《乐府群玉》、《雍熙乐府》、《北宫词纪》、《南宫词记》、《吴骚合编》、《清人散曲选刊》等九种元明清三代重要散曲集于一书，是收录历代散曲作品较为完备的合刊本，便利读者检阅散曲文献，是编刊文献的成功之举。但本书所做的主要是影印、合刊的工作，同我们这里所说的戏曲编纂工作毕竟有别。

5.《关汉卿戏曲集》及其他戏曲作家别集

《关汉卿戏曲集》，吴晓铃等编，中国戏剧出版社 1958 年版。

该书收集了现存的关汉卿杂剧 18 种。其编纂体例按作品故事发生时代先后排列。编校者采用九种善本戏曲版本加以详校，每种杂剧之后，都附有校记。该书后附录有三：（1）关汉卿杂剧辑佚；（2）关汉卿散曲辑存；（3）关汉卿杂剧全目；并一一交代所根据的材料依据。可见编者的编辑宗旨是尽可能全面地搜罗关汉卿所有著作资料。相传关汉卿所作的 18 种杂剧中，有的存疑，有的是被人否认，但该集采取全收，以免遗漏。不仅如此，为了做到搜罗更为全面，对关氏的杂剧、散曲残文亦一一加以辑佚。总之，该书的编纂宗旨是对关汉卿作品尽可能做到包罗无遗，因此它是我们了解关汉卿作品创作的最完备的文献依据。

除此之外，已出版的关汉卿的集子尚有：北京大学中文系《关汉卿戏剧集》编校小组编《关汉卿戏剧集》（人民文学出版社 1976 年版），王学奇、吴振清、王静竹校注《关

---

① 隋树森：《全元散曲·自序》，《全元散曲》，中华书局 1964 年版，第 1～2 页。

② 尽管如此，《全元散曲》仍难免还有遗珠之憾。具体情况，可详以下各文：陈加《〈全元散曲〉补遗》（《文献》1980 年第 2 期）、卢润祥《〈全元散曲〉拾遗》（《晋阳学刊》1981 年第 3 期）、杨栋《〈全元散曲〉拾遗》（《河北师院学报》1992 年第 3 期）、王钢《〈全元散曲〉续补》（《河北师院学报》1995 年第 3 期）。

汉卿全集校注》（河北教育出版社 1988 年版），吴国钦校注《关汉卿全集》（广东高等教育出版社 1988 年版），马欣来辑校《关汉卿集》（山西人民出版社 1996 年版）等多种。

类似关汉卿的戏曲作家别集，主要的还有以下这些：

《李开先集》（路工辑校，中华书局 1952 年版。）

《汤若士集》（洪葭卿编校，上海上杂公司 1936 年版。）

《汤显祖集》（徐朔方编校诗文集，钱南扬编校戏曲集，上海人民出版社 1971 年版。）

《沈璟集》（徐朔方辑校，上海古籍出版社 1991 年版。）

《高则诚集》（张宪文、胡雪冈辑校，浙江古籍出版社 1992 年版。）

《蒋士铨戏曲集》（周妙中点校，中华书局 1993 年版。）

《唐英集》（张发颖、刁云展整理，辽沈书社 1991 年版。）

《古柏堂传奇集》（周育德校点，上海古籍出版社 1987 年版。）

《乔吉集》（李修生等编校，山西人民出版社 1988 年版。）

《郑光祖集》（冯俊杰校注，山西人民出版社 1991 年版。）

《石君宝戏曲集》（黄竹三校注，山西人民出版社 1991 年版。）

《李行道、孔文卿、罗贯中集》（延保全校注，山西人民出版社 1993 年版。）

《吴昌龄、刘唐卿、于佰渊集》（张继红校注，山西人民出版社 1993 年版。）

《张凤翼戏曲集》（隋树森、秦学人、侯作卿校点，中华书局 1994 年版。）

《郑延玉集》（颜慧云、陈襄民校注，中州古籍出版社 1997 年版。）

《马致远全集校注》（傅丽英、马恒君校注，语文出版社 2002 年版。）

《沈自晋集》（张树英校点，中华书局 2004 年版。）

《李开先全集》（卜键校点，文化艺术出版社 2004 年版。）

《梁辰鱼集》（吴书荫编集校点，上海古籍出版社 1998 年版。）

《李玉戏曲集》（陈古虞等点校，上海古籍出版社 2004 年版。）

编纂某戏曲作家别集的形式，实际古已有之。不过古人编纂的戏曲作家别集书名，习惯上多数或以堂号，或以室名，或以别署，或以道号，或以主人亭台楼阁为名，与今人多数迳以作家姓名为名不同。此外，也有以作品主题为书名的。诸如：明·朱有燉杂剧集，称《周宪王乐府》，或《诚斋乐府》，或《诚斋传奇》；明·汤显祖传奇集，称《玉茗堂四梦》；明·阮大铖传奇集，称《石巢传奇》；明·徐渭杂剧集，称《四声猿》；明·汪道昆杂剧集，称《大雅堂乐府》；清·李渔传奇集，称《笠翁十种曲》；清·杨潮观杂剧集，称《吟风阁杂剧》；明·沈璟杂剧、传奇合集，称《属玉堂传奇》；清·尤侗杂剧、传奇合集，称《西堂乐府》；清·唐英杂剧、传奇合集，称《古柏堂传奇》等等，均不是以作家姓氏题称书名。

此外，还有以作者“堂”、“楼”、“轩”、“园”等命名的。诸如：“白雪楼”（明·孙钟龄）、“博山堂”（明·范文若）、“粲花轩”（清·吴炳）、“玉燕堂”（清·张坚）、“红雪楼”（清·蒋士铨）、“玉狮堂”（清·陈烺）、“坦园”（清·杨恩寿）、“藏园”（清·蒋士铨）、“漪园”（清·永恩）、“蛰园”（清·徐家礼）等等，多不胜举。还有的作家别集以别号、堂号、室名号加上逸趣之词题名。诸如：清·孔广林的戏曲、散曲集，名《温经楼游戏翰墨》；清·唐英杂剧、传奇选本，名《蜗寄居室灯月闲情》等等。这些应该成为学习戏曲文献者的常识，尽管集子未标明作者姓名、字号与“戏曲”二字，但一看书名就应该知道它是某位戏曲作家的别集或专集。

6.《中国地方戏曲集成》及各地区剧目汇编

为了促进地方戏曲剧目的交流，扩大上演剧目，并为国内外戏曲研究者提供参考文献，由中国戏剧家协会主编，各省（直辖市、自治区）文化局分编，中国戏剧出版社于1958—1963年间，陆续出版了由各省、市、自治区分卷构成的《中国地方戏曲集成》。曾出北京市、上海市、湖北省、江苏省、浙江省、广东省、安徽省、山东省、江西省、山西省、内蒙古自治区和东北三省（辽宁、吉林、黑龙江）等共十四卷，共收121个地方剧种368个剧目，计722万字。这是中国地方戏剧目的一次空前规模的大汇编，尽管该集曾于1963年停止了编辑出版，全书计划未竟，但从已出的各卷来看，它涉及的地方戏剧种之多、收编的地方戏剧目之富，都是历来所不曾有的。

与编辑出版《中国地方戏曲集成》同时或前后，许多省、市、自治区还单独汇编、刊印了本地区剧种的传统剧目，其中已刊印的有：

《京剧汇编》106册，北京市戏曲编导委员会、北京市戏曲研究所编。

《传统剧目汇编》32册，上海市传统剧目编辑委员会编。

《河北梆子汇编》22册，天津市河北梆子汇编编辑委员会编。

《河北戏曲传统剧目汇编》7册，河北省戏曲研究室编。

《河北梆子传统剧目汇集》73册，河北省戏曲研究室编。

《山西地方戏曲资料——传统剧目汇编》3册，山西省文化局戏曲工作研究室编。

《陕西传统剧目汇编》56册，陕西省文化局编。

《甘肃传统剧目汇编》9册，甘肃省文化局编。

《浙江戏曲传统剧目汇编》16册，中国戏剧家协会浙江分会编。

《安徽省传统剧目汇编》54册，安徽省文化局剧目研究室编。

《江西戏曲传统剧目汇编》17册，江西省文化局剧目工作室编。

《福建传统剧目选集》30册，福建省文化局剧目工作室、福建省戏曲研究所编。

《河南地方戏曲汇编》4册，河南省剧目工作委员会编。

《河南传统剧目汇编》13册，河南省剧目工作委员会编。

《湖北地方戏曲丛刊》37册，湖北地方戏曲丛刊编辑委员会编。

《湖南戏曲传统剧本》66册，湖南省戏曲工作室编。

《粤剧传统剧目汇编》25册，中国戏剧家协会广东分会、广东省文化局戏曲研究室编。

《广西戏曲传统剧目汇编》66册，广西壮族自治区文化局戏曲工作室、广西壮族自治区戏曲研究室编。

《川剧传统剧本汇编》33册，川剧传统剧目汇编编辑室编。

《云南地方戏曲传统剧目资料汇编》1册，云南省文化局、中国戏剧家协会云南分会编。

以上共计671册，收入传统剧目4 780种。① 这项工作在十年动乱间中断，没有把这

① 以上资料，参据《中国大百科全书》戏曲、曲艺卷，中国大百科出版社1983年版，第494页。

批征集或记录的传统戏曲作品全部刊印出来，直至1977年之后，部分省市如山西、陕西、湖北、湖南等地方恢复了这项工作，并陆续公开出版。

7.《中国古典戏曲论著集成》及其他曲论汇编

《中国古典戏曲论著集成》，中国戏曲研究院编，中国戏剧出版社1959年初版，1980年再版。收唐宋元明清五朝戏曲论著及相关论著48种，订为10册，是有关戏曲论著空前规模的一次汇编。其前虽然也有类似汇编，但数量远不及该集成之富。如：1917年董康辑《读曲丛刊》，辑戏曲论著7种；1940年任二北辑《新曲苑》，辑34种；1921年陈乃乾编《曲苑》，辑14种；1925年再出的《重订曲苑》，扩为20种。这些都远不及《中国古典戏曲论著集成》所辑论著的数量。

该《集成》的优点在于：其一，不仅所收论著数量多，较为全面，而且还收进了一些较为罕见的本子。如明·祁彪佳的《远山堂曲品》、《远山堂剧品》，以前只有稿本和黄裳的校录本，是《集成》首次把它加以校勘收入集子出版。还有一些采用了不易见到的善本，如《录鬼簿》，以较罕见的善本明《说集》本校以明天一阁蓝格本；天一阁蓝格本后所附《录鬼簿续编》，亦是凭借《集成》首次单独校勘刊印。其二，《集成》对所收各种论著撰写的“提要”与“校勘记”的内容都比较精详。每一种论著之前，均有详细交代作者、内容、版本等情况的“提要”；正文之后，都附有十分详尽的“校勘记”，罗列各种版本的异文，故借此一本，就可以纵览其他各种主要版本的面目。因此本书自出版以来，广为研究者、读者所使用，成为大家案头必备的曲论集子。

但该书现在看来亦存在一些缺陷，主要是：其一，所收的论著仍非完备。一些还应该收入的重要论著没有收入。例如：清·李斗《扬州画舫录》论戏曲部分，唐·南卓《羯鼓录》，以及宋·周密《武林旧事》中的“官本杂剧段数”与元·陶宗仪《南村辍耕录》中的“院本名目”等，都是相当重要而且常用的戏曲文献论著，该收都未收。另外，1940年任二北辑编的《新曲苑》中的诸多古代戏曲论著，《集成》亦遗落未收。① 相反，该书却收录了一些与戏曲关系不甚密切的著作，如清·平步青《小栖霞说稗》，其中只有几条记载与戏曲本事有关，大部分是有关小说内容的。像这类笔记，实际数不胜数，为什么《集成》独收《小栖霞说稗》一种？不如干脆不收为宜。其二，一些更好的善本书的陆续发现，说明该书有更换版本或重新编校的必要。如明·吕天成的《曲品》，《集成》本采用的是以暖红室本为底本，与其他几种通行本进行汇校，今有清·杨志鸿钞本，更具权威性。再如《梨园原》，吴新雷先生在北大图书馆发现一部内容更为丰富、更为完整的《明心鉴》，作者亦非托名“黄幡绰”，而署“吴下吴永嘉古亭原本，茂苑杜双秦步云钞订”，内容竟多出《集成》本一倍，它不包含在《梨园原》之中，而是单独成书，比之《集成》所收本更有价值。② 另如《青楼集》，《集成》本采用的是明《说集》本，今

---

① 如：元·卓从之《中州乐府音韵类编》、明·胡应麟《少室山房曲考》、明·蒋一葵《尧山堂曲纪》、明·周晖《周氏曲品》、明·张大复《梅花草堂曲谈》、明·程羽文《程氏曲藻》、明·冯梦龙《太霞曲语》、清·查继佐《九宫谱定总论》、清·刘廷玑《在园曲志》、清·周祥钰《大成曲谱论列》、清·焦循《易余曲录》、清·袁栋《书隐曲说》、清·梁绍壬《两般秋雨庵曲谈》、清·陈栋《北泾草堂曲论》等。

② 详情参见吴新雷《一部总结表演艺术经验的理论杰作——清代吴永嘉原本〈明心鉴〉评介》一文及所附吴永嘉《明心鉴》原文点校，《中国戏曲史论》，江苏教育出版社1996年版，第282~306页。

因为又有北大图书馆藏清·赵魏钞本这一重要版本的发现，表明《集成》本有重新进行校勘乃至更换底本的必要①。可见，由于新善本、新版本的不断发现，使出版时间已经久远的《集成》有重新修订的必要和可能，不然，一成不变，必会陈旧、过时。

与《中国古典戏曲论著集成》性质类似的戏曲论著集成，重要的还有如下数种：

《古典戏曲声乐论著丛编》（傅惜华编，人民音乐出版社 1957 年版。）

《中国古典戏曲序跋汇编》（蔡仪编，齐鲁书社 1989 年版。）

《中国古典编剧理论资料汇编》（秦学人、侯作卿编，中国戏剧出版社 1985 年版。）

《古典戏曲美学资料集》（隗芾、吴毓华编，文化艺术出版社 1985 年版。）

8.《清代燕都梨园史料》及其他戏曲史料汇编

《清代燕都梨园史料》是一部既断代（清）亦限地（北京）的戏曲史料汇编。张次溪编纂，曾分正、续两编，先后出版。正编 1934 年由北平邃雅斋书店排印出版，收吴元长《燕兰小谱》等戏曲论著及史料 38 种；续编 1937 年由松筠阁书店排版出版，收冒鹤亭《云郎小史》等戏曲论著史料 13 种。1988 年中国戏剧出版社将正、续两编合排出版，共收清代乾隆至宣统延及民国初年 200 余年间有关北京戏曲演出活动、班社沿革、艺人生平传略、梨园掌故等史料 51 种，是我们研究清代、尤其当时北京戏曲历史不可或缺的一手材料。

但本书亦有其不足，其一是，它只涉及当时北京社会“梨园”的戏曲演出史料，而未涉及内廷演出，而后者却是清代北京戏曲活动的一项重要内容。因此，作为一部清代北京戏曲史料汇编看待，它还仍不算完备。近人王芷章著有《清代伶官传》、《清昇平署志略》②，今人丁汝芹著有《清代内廷演戏史话》③，这些都是对这方面的内容补充。其二是，书中所收的著作未必是最好版本。例如铁桥山人等撰《消寒新咏》，书中所收的是乾隆六十年（1795）宏文阁本，只是一个提要式的简本。1986 年周育德在首都图书馆发现该书的宏文阁原刊本，共四卷，内容大大超过《梨园史料》所收本。所以我们现在要看《消寒新咏》，就需要看 1986 年周育德校刊本④，而用不上《清代燕都梨园史料》所收本了。

类似《清代燕都梨园史料》的戏曲史料汇编，另外还如：

《方志著录元明清曲家传略》（赵景深、张增元编，中华书局 1987 年版。）

《元明清三代禁毁小说戏曲史料》（王利器辑录，上海古籍出版社 1981 年版。）

《优语集》（任二北编著，上海文艺出版社 1981 年版。）

《福建戏史录》（福建省戏曲研究所编，福建人民出版社 1983 年版。）

至于内部刊印的戏曲理论资料与史料汇编的书籍，如《戏剧工作文献资料汇编》正、续编（《戏曲研究》编辑部、吉林省戏剧创作评论室评论辅导部合编，1984—1985 年刊印）、《河北地方剧种史料汇编》（河北省文化局艺术处等编）、《浙江戏曲志资料汇编》

---

① 参见孙崇涛、徐宏图《青楼集笺注·前言》，中国戏剧出版社 1990 年版，第 1 ~ 19 页。

② 王芷章：《清代伶官传》，中华书局 1936 年版；《清昇平署志略》，商务印书社 1937 年印行。

③ 丁汝芹：《清代内廷演戏史话》，紫禁城出版社 1999 年版。

④ 周育德校刊：《消寒新咏》，中国戏曲艺术中心编纂“中国戏曲资料丛书”之一，1986 年北京内部刊印。

（《中国戏曲志·浙江卷》编辑部编，1985—1987年刊印）之类，则多得无法统计，兹不罗列。

除上述戏曲种类总集、戏曲作家别集、戏曲论著集成、戏曲史料汇编等四类小汇编类型外，戏曲的汇编形式还有很多。诸如：或按某一戏曲题材作品汇编，有：《水浒戏曲集》，傅惜华编，古典文学出版社1958年出版第一册，上海古籍出版社1985年出版第二册；《聊斋志异戏曲集》，关德栋、车锡伦编，上海古籍出版社1983年版；《红楼梦戏曲集》，阿英编，中华书局1978年版。或按某作家汇编相关的资料，如：《关汉卿研究资料》，李汉秋、袁有芬编，上海古籍出版社1988年版；《汤显祖研究资料汇编》，毛效同编，上海古籍出版社1986年版。或按某一作品汇编相关资料，如：《琵琶记资料汇编》，侯百朋编，书目文献出版社1989年版；《十五贯戏曲资料汇编》，路工、傅惜华编，作家出版社1957年版。或将某作者论著加以汇编，如：《王国维戏曲论文集》，中国戏剧出版社1957年版；《吴梅戏曲论文集》，王卫民编，中国戏剧出版社1983年版等等。

总之，无论是哪一种性质或哪一种类型的汇编，它们的基本要求，首先是要力争做到一个“全”字。为了做到“求全求备”，有时甚至可以“宁滥勿缺”，如对某些存疑的作品或资料，采取“附录”或其他形式，尽可能将其囊括进去再说，免使遗漏。不然，一旦失收，就失去了汇编的意义。

其次，汇编不是作品或资料的简单拼凑，它总得按照一定科学的、便于读者使用与检索的方式，合理安排全书的编辑体例。

再次，凡属汇编，必须选择善本作为依据，过录要准确无误，校勘要精审细致，出处要交代明确。只有这样，才能提高该汇编在读者心目中的信任度。

二、选编类

选编，就是编纂选集、选本，即从全部作品或资料中，按照某一具体需要，挑选其中部分加以整理、编辑成书。这类编纂相当普遍，从古迄今传统绵延不绝。其具体类型及编纂方式也很多，采取哪一种形式，当视选编的对象、内容、目的、作用而定。根据选编的目的与作用，戏曲选编的角度与形式，大致可以区分为汇选、精选、类选、摘选四类。下面我们结合具体实例，分类加以介绍。

（一）汇选

汇选的主要目的，就是编纂者把他认为应该专门成编保留的作品或资料单独选出加以汇辑成书。汇选具有双重意义，即又选又汇，既可汇辑戏曲全本，亦可选辑其中的片段或残出。现以《元刊杂剧三十种》、《六十种曲》、《古本琵琶记汇编》三书为例说明之。

1. 元刊杂剧三十种（附校本）

该书又称《元刊古今杂剧三十种》，是一种汇辑见存的元刊杂剧单本剧成编的重要选编本。

辑选元刊杂剧的工作，最早可以追溯到明人李开先（1502—1568）。李氏家藏曲书甚富，有“词山曲海”之称。李开先曾据家藏元剧千余种，与门人共同精选，订定十六种，编为十六卷，题名《改定元贤传奇》，这是目前所知最早的元刊杂剧汇选。该书原藏常熟瞿氏铁琴铜剑楼，后归乌程张氏适园。过去都认为被携藏台北“中央图书馆”，今知南京图书馆尚存六个残卷，其中《陈抟高卧》、《扬州梦》、《梧桐雨》、《两世姻缘》、《误入天台》五本保存完好，还有一种是《青衫泪》残本。①

《元刊杂剧三十种》现知最早为清苏州黄丕烈（荛圃）所藏。黄氏斋名士礼居，故此书曾名《士礼居旧藏古今杂剧》。黄氏之前，书藏同郡何氏，据称，何氏藏书原为李开先家藏，故学术界曾有人推测，《元刊杂剧三十种》的最早来源，可能与李氏家藏元杂剧有关系。但据解玉峰一文介绍的《改定元贤传奇》，其中仅《陈抟高卧》与《元刊杂剧三十种》所选一样，其他名目均不同，故其是否与李氏家藏有关，还是个有待进一步研究的问题。《元刊杂剧三十种》民国初年归浙江上虞罗振玉，后归北平图书馆，即今国家图书馆前身。该书近代的最早刊布是在1915年，由日本京都帝国大学向罗振玉借来原书，由当时著名的刻书人陶子麟加以覆刻，故书名题作《覆元椠古今杂剧三十种》，1924年由上海中国书店照相石印，使之成为普遍流行之本。后来改题《元刊杂剧三十种》，由王国维叙录，考定作者，并重新排列各剧次序。今《古本戏曲丛刊》四集所收本，则是据国图罗氏旧藏本影印。以上是有关本书来龙去脉的大致情况。

《元刊杂剧三十种》是现存最早的元杂剧元刊本的选编汇辑本。其中十六种又见于明刊本或明钞本，包括《元曲选》十三种，《脉望馆钞校本古今杂剧》三种，其余十四种皆为孤本。《元刊杂剧三十种》是比较接近元代杂剧原始面目的刊本，虽然是种汇选本，却是把较接近原始面貌的元杂剧刊本加以汇辑保存下来。但也有人认为，《元刊杂剧三十种》仍非元人杂剧原貌，它还是经过后人修订过的本子。

若以善本标准衡量，《元刊杂剧三十种》本绝非“善本”。它所选录的剧本，行款、格式各不一致，而且错字、衍字、难辨字、俗字等现象十分普遍，曲目混杂，还有漏刻、误刻曲牌等现象。此三十种剧本的刊刻地也不统一，其中题“大都新编（刊）”的四种，题“古杭新刊”的七种，余皆不署刊刻地点，且有许多不同的署题方式。可见《元刊杂剧三十种》编纂成书时，各剧并未统一体例，保持原本比较芜杂的原样。因此重新校订《元刊杂剧三十种》，使之变得通行可读，就显得很有必要。近现代学者曾为它做过多种校订本，现知有：

《校订元刊杂剧三十种》（郑骞校订，台北世界书局1962年版。）

《新校元刊杂剧三十种》（徐沁君校点，中华书局1980年版。）

《元刊杂剧三十种新校》（宁希元校点，兰州大学出版社1988年版。）

《新校订元刊杂剧三十种》（〔日〕田中谦二等校订，1987年起刊于日本佐贺大学教养部学报。）

以上各校本中，郑校问世最早，开元刊杂剧校勘之风；徐校殿后，颇多详审；宁校成稿在前，出版在后，它既汲取徐校的某些精粹，亦多有校者精心独到之处；日校成书未见，情况不详，据称是“最为详备的一部校订本”②。

---

① 详情参阅解玉峰《读南图馆藏李开先〈改定元贤传奇〉》一文，载《文献》（季刊）2001年第2期。

② 齐森华等主编：《曲学大辞典》，浙江教育出版社1997年版，第635页。

2. 六十种曲（附《梨园雅调六十种曲》）

《六十种曲》主要是明传奇剧本汇选，另收元杂剧《北西厢》一种。汤显祖《牡丹亭》选入两种版本：一为《还魂记定本》，一为硕园改本《牡丹亭记》；汤显祖《紫钗记》及其初稿《紫箫记》二种并收。曾分六套，每套十种，先后分批刻印。明末崇祯间常熟毛氏汲古阁原刊，历时三年，先后六次刊刻。初印本未题总名《六十种曲》，每套题名“绣刻演剧”或“绣刻演剧十本”。每套书前均有弁语，署名分别为“阅世道人”、“得闲主人”、“静观道人”、“闲闲道人”、“思玄道人”，署名方式相近，有人疑为同一人所署，或许都是毛晋本人。至于所收六十种曲的编辑顺序，原来有人以为并无明确主旨，它是毛氏以得到本子的先后为序，随得随刻，情况就如毛氏编刻《宋六十家名词》一样。但据近人研究，并非如此。按照每套所选剧目及弁语来看，应该每套都有一个内容中心。例如：第一套所选《琵琶记》、《荆钗记》、《香囊记》、《浣纱记》、《寻亲记》、《千忠记》、《精忠记》、《鸣凤记》、《八义记》、《三元记》十本，均是表现“纯忠孝，真节义”的主题；第二套所选《南西厢》、《幽闺记》、《明珠记》、《玉簪记》、《红拂记》、《还魂记》、《紫钗记》、《邯郸记》、《南柯记》、《北西厢》十本，均是描写“丽情流逸”的爱情剧；第三套所选《春芜记》、《琴心记》、《玉镜记》、《怀香记》、《彩毫记》、《运甓记》、《鸾镩记》、《玉合记》、《金莲记》、《四喜记》十本，均是写才子风流韵事的作品，而且目录中每剧名下还标注“朱玉”、“相如”、“温峤”、“李白”等剧中男主人公姓名，以表明其所描写的“才子”对象；第四套所选《绣襦记》、《青衫记》、《红梨记》、《焚香记》、《霞笺记》、《西楼记》、《投梭记》、《玉环记》、《金雀记》、《赠书记》十本，均为敷演妓女爱情故事，目录中每剧名下也标出“亚仙”、“兴奴”等女主人公的名字；第五套所选《锦笺记》、《蕉帕记》、《紫箫记》、《水浒记》、《玉玦记》、《灌园记》、《种玉记》、《双烈记》、《狮吼记》、《义侠记》十本，则是偏重于“离奇”、“怪诞”、“龟毛兔角”之作；第六套所选《白兔记》、《杀狗记》、《昙花记》、《龙膏记》、《飞丸记》、《东郭记》、《节侠记》、《双珠记》、《四贤记》、《牡丹亭记》十本，既无弁语，剧目内容亦不集中，编者意图不明，似为拾遗补阙。这种分析若符合实际，则《六十种曲》尽管没有总序合跋说明编书宗旨，而且先后分批刊刻，合而观之，还是有它总的汇编意图与事先规划的，因此具有它一定的完整性。

《六十种曲》清初合刊，始有该题名。1935 年开明书店最初排印出版，1954 年文学古籍刊行社用开明本重印，由吴晓铃进行文字校订，恢复了初印本的排印次序，并增排了第二至第五套的四篇弁语。1958 年、1982 年中华书局又多次重印，广为发行，使本书成为我国流传最广泛的戏曲选本之一。

关于《六十种曲》的编者毛晋及汲古阁的情况，我们在版本学编中已经作过介绍，兹不重复。

《六十种曲》作为一种戏曲汇选本，其重要价值是在于它保存了明传奇主要作家主要作品的大部。如汤显祖的《四梦》及《紫箫记》，沈璟的主要传奇，元明南戏的代表作品“五大传奇”（《荆》、《刘》、《拜》、《杀》、《琵琶》）以及明传奇中一些很有影响的重要作品，如《浣纱记》、《鸣凤记》、《焚香记》、《千忠记》、《玉簪记》、《狮吼记》等。以前无刊本流行的十六种明传奇，因赖《六十种曲》的收辑而得以保留，它们是：《精忠记》、《八义记》、《三元记》、《春芜记》、《怀香记》、《彩毫记》、《鸾镩记》、《运甓记》、

《四喜记》、《投梭记》、《赠书记》、《双烈记》、《龙膏记》、《双珠记》、《四贤记》及硕园改本《牡丹亭记》。其次，由于毛氏家藏丰富，善本秘笈甚丰，使许多戏曲孤本、善本凭借《六十种曲》得以保存和流传，如汲本《白兔记》、《鸣凤记》、《青衫记》、《水浒记》、《狮吼记》等，它们的底本都是较好而富有研究价值的。而《杀狗记》，《六十种曲》本是该剧唯一传世的完整版本。

但作为一种汇选本，该书的缺憾也是存在的。其一是对收入的作品没有作过认真校订，原本错误较多，不够精细。其二是还有一些十分重要的明传奇被它漏收，例如《宝剑记》、《红梅记》、《连环记》、《娇红记》等，在明传奇中地位很高，却不见于《六十种曲》，令人感到美中不足。

《六十种曲》在选剧方面还有几点令人困惑的地方。其一，作为一种明传奇汇选本，它为何要单收元人杂剧《北西厢》？这或许是编者出于以下三方面的文献考虑：一是作为多本杂剧的《北西厢》，体裁较接近传奇；二是因《元曲选》未收《北西厢》，《六十种曲》收之，似有特意予以保存之意；三是好像有意拿它与集子中的《南西厢》相对照，故将两者同收在一套之内同时刊出。其二，既然已收汤显祖“四梦”，为何还另收汤氏《紫钗记》未完成的初稿《紫箫记》？这可能与毛氏特别看好汤显祖有关，他有意保留汤氏戏曲创作的全部作品。另外，对《紫箫记》的评价，时人多有訾议，毛晋则独具只眼，认为它很有价值，故收入以表明他个人的看法。其三，为何要两收《还魂记》的版本？而且收了还是并不出名的徐（日曦）氏硕园的改本？这可能是由于毛晋对硕园改本情有独钟之故，毛氏认为，只要改本改得好就吸收，尽管改者徐日曦是个无名之辈，也不应当例外。从以上三方面来看，可以反映出毛晋汇选《六十种曲》的思想原则，说明他在选编此书时，是渗透着鲜明的个人见解和评判标准的。

除《六十种曲》外，据悉明清间还另有一种今已失传的《梨园雅调六十种曲》，见日本《唐本类书考》（有延宽四年即清乾隆十六年、公元1751年序）卷中，页49～50。傅惜华先生《明代传奇全目》“引用书目解题”亦列有此条书目①。说明它在清乾隆十六年之前尚存世，并传至日本，但今已不知下落。从它所收的剧目来看，除一种清初本之外，其余都是明传奇。遗憾的是我们无法获见原书，未详所收剧本的具体情况。

3. 古本琵琶记汇编

瑞安市人民政府编纂，孙崇涛主编，中华书局2007年线装、套印出版。高则诚《琵琶记》版本种类无虑百种，本书汇编了学术界较为公认的以下五种古本系统的《琵琶记》：西班牙皇家图书馆藏本《新刊摘汇奇妙戏式全家锦囊伯皆》、揭阳出土钞本《蔡伯皆》、《新刊巾箱蔡伯喈琵琶记》、凌（濛初）刻臞仙本《琵琶记》、清·陆贻典钞校《新刊元本蔡伯喈琵琶记》，目的是使所有古本《琵琶记》版本汇集一帙，便于阅读与研究。为了更好地推广古本，编纂者还对所收的版本原文，一一作了校录。

以上我们所列举的三种戏曲汇选本子，无论是《元刊杂剧三十种》、《六十种曲》，还

---

① 傅惜华：《明代传奇全目·引用书目解题》：“《梨园雅调六十种》，明无名氏辑。明末刻本。卷数不详。此集收明人传奇五十九种，清初人传奇一种。其中确多稀见珍本，唯惜原书今已不见流传，仅存目录，载于《汇刻书目》。”《明代传奇全目》，人民文学出版社1959年版，第535页。

是《古本琵琶记汇编》，从它们当初编辑的意图来说，目的就是想把编者认为应该单独编辑保留的作品汇辑在一起刊出，所以这种选编是属于又汇辑又编选的性质。这种汇选工作，直至近现代，还继续在做，编者把认为有保存价值的戏曲文本或资料加以“辑选”出版。如今人孟繁树、周传家辑选的《明清戏曲珍本辑选》、戴云辑选的《目连戏曲珍本辑选》① 等，辑选、汇录了中国艺术研究院原戏曲研究所资料室等部门所藏的戏曲珍本资料，所做的也是类似性质的工作。

（二）精选

精选，即从众多戏曲存本、存出或其他戏曲文献中挑选出自己认为较好并切合编纂主题的部分，加以汇编成书。戏曲作品的精选，既可选全本，亦可选场出（折），二者分别以《元曲选》与《缀白裘》作为代表例子。

1. 元曲选

《元曲选》，选辑元人杂剧一百种（包括少量元明之际作品），故又名《元人百种曲》，明·臧晋叔（1550—1620）选编，是现存流行最为广泛的元杂剧选编本。虽然所选元杂剧数量已经达到今存世元杂剧总数的三分之二。但就臧氏选刊的年代而言，他只是从他当时所见的大批元杂剧中精选出部分，所以它的性质是属于精选本。关于选剧的标准，编者在《元曲选序言》及《负苞集·寄谢在杭书》中都有所交代，即所谓：“以尽元曲之妙”，明确表示要挑选元杂剧中最精彩的部分，使人从他的选本中看到元杂剧的精华，使后之作者“有所取则”。臧氏当时所见元杂剧有 300 多种，来源主要有三：一是从著名藏书家湖北麻城刘承禧家借得的宫廷内府御戏监过录本 200 种；二是臧氏自己家藏的秘本；三是当时的流行坊刻本。据人统计，入选《元曲选》的作品，采自李开先《改定元贤传奇》、陈与郊《古名家杂剧》、息机子《古今杂剧选》等书约七十种；采自刘承禧家藏的宫廷御戏监钞本约二十余种。合计百种。于明万历四十四年（1616）编成并刊行于世。需要说明的是该书虽名《元曲选》，而其中有六个本子据考不是元杂剧，而是元明之际甚或明代作品。

《元曲选》的性质显然与《元刊杂剧三十种》不同，后者是选择所见所有元刊本杂剧的汇编，故称之为“汇选”，《元曲选》则是从大量现存元杂剧作品里经过认真筛选、校定的选本。从收入《元曲选》的作品亦可见其精选的性质，如元曲四大家的代表作，都被悉数收入；有的虽非名家之作，但由于作品很有影响，亦被收入，如纪君祥的《赵氏孤儿》、康进之的《李逵负荆》、尚仲贤的《柳毅传书》、无名氏的《陈州粜米》等等。

其次，臧晋叔对所选作品进行了整理加工，用臧氏自己的话来说，就是对所收作品

---

① 《明清戏曲珍本辑选》，孟繁树、周传家编校，中国戏剧出版社 1985 年版。本书选辑了以下几种珍本戏曲：一、程氏玉霜簃藏明万历四十七年钞本《钵中莲》传奇，附录清嘉庆抄本《钵中莲》；二、清·玩花主人重编、钱德苍增补《缀白裘》选集；三、早期秦腔剧目三种：清乾隆三十八年抄本《回府刺字》、嘉庆十年抄本《画中人》、嘉庆十三年抄本《刺中山》；四、清代早期楚曲（汉调）剧本五种：《英雄志》、《李密降唐》、《祭风台》、《临潼斗宝》、《青石岭》。《目连戏曲珍本辑选》，戴云辑选，台湾“民俗曲艺”丛书之一，施合郑民俗文化基金会 2000 年版。选辑珍本目连戏剧本三种：一、中国艺术研究院戏曲研究所资料室藏《康熙旧本劝善金科》残卷；二、国家图书馆藏《傅罗卜传奇》；三、中国艺术研究院戏曲研究所资料室藏《湘剧大目犍连》钞本。

进行“参伍校订”、“删抹繁芜”、“（修改）其不合作者”。经他修订的杂剧本子，大多科白齐全，文字通顺易懂，提高了语言的表现技巧，并加上对曲文韵律、正衬等方面的加工，使之更为精密。同时也不可避免地渗透了编者本人的思想理念，反映了他所处时代的舞台观念。对此，后人有所指责，说他“窜改”，致令元剧面目失真。但总体来看，臧晋叔还是比较忠实原作的，他的修订工作并未伤筋动骨。

第三，臧晋叔调整、统一了元杂剧的体例，无论曲调、宫调的编排，曲文、宾白、科文、折目、题目正名等的范式等，都做了统一处理。每折之后，还附以音注，便于读者阅读。这些工作，从编纂学的角度来衡量，无疑是有意义的。

其实，与臧晋叔同时或略早，元杂剧的精选工作，已经在进行。如收入《古本戏曲丛刊》四集的五种集子①，也都该属于元明杂剧的精选本，均流传不广，唯独《元曲选》得以广泛流传，这也体现了臧晋叔所做工作的历史功绩。

2. 缀白裘

《缀白裘》就是从许多散出中进行精选编纂成集的例子。本书是明末清初戏曲散出的精选集，版本多达二三十种，有关各种版本的源流、具体内容、编者及刊印过程等情况，都十分复杂，一言难尽，不可一概而论。详情可参阅吴新雷先生《舞台演出本选集〈缀白裘〉的来龙去脉》、台湾林峰雄先生《舶载书目所录缀白裘全集释义》等文。②

概言之是：在清乾隆二十九至三十九年之间汇编出版的通行本《缀白裘》之前，就曾经出现过明刻本、清康熙本、雍正本、乾隆四年本等多种早期的《缀白裘》刊本；各刊本的编者、卷数及所选剧目、出目等，亦各不相同。各种《缀白裘》刊本之间关系有交叉，情况比较复杂，不能以一种而统论所有版本的《缀白裘》。下面我们介绍的，仅就通行本而言。

《缀白裘》一书选编的初衷，诚如现见最早刊出的《缀白裘合选》（藏北京大学图书馆）封面的告白所言：“集千腋以成裘，精益求精，和五鲭而作脍。诚曲谱之金声，梨园之雅奏也。一唱三叹者珍之。”③ 明确表示，本书编选目的，就是从当时舞台演出本中，精选出脍炙人口的场出，使之“集腋成裘”，以供爱好者同阅和演唱者使用。

《缀白裘》现见最初的刊本④仅是昆曲传奇选出，后来刊印的各版，又按照当时戏曲演出实际，不断进行调整和增删，直至今之通行本十二辑（曾名《缀白裘新集》），已补选进诸如“梆子腔”、“乱弹腔”、“西秦腔”、“高腔”等地方声腔剧种的出目。

《缀白裘》的最早编者是玩花主人，生平不详，只知其为明末苏州人。通行本的编者

---

① 此五种分别是：明万历间刊顾曲斋本《古杂剧》（王骥德辑，选剧二十种）、明万历二十六年刊《杂剧选》（息机子辑，选剧十一种）、明万历间刊《古名家杂剧》（陈与郊辑，选剧十种）、明万历三十七年刊《阳春奏》（黄正位辑，今存剧三种）、明万历刊《元明杂剧》（明无名氏辑，今存剧四种）。

② 吴新雷：《舞台演出本选集〈缀白裘〉的来龙去脉》，收见吴著《中国戏曲史论》，江苏教育出版社1996年版，第203～219页；林峰雄：《舶载书目所录缀白裘全集释义》，收见林著《中国戏剧史论稿》，台湾“国家出版社”1995年版，第79～136页。

③ 转引自吴新雷《舞台演出本选集〈缀白裘〉的来龙去脉》，《中国戏曲史论》，第204页。

④ 清康熙戊辰二十七年（1688）金陵翼圣堂补刻郁冈樵隐、积金山人同辑《新编缀白裘合选》四卷，今藏北京大学图书馆。

是钱德仓。钱氏字沛思，苏州人，清乾隆时人。少年富于才学，然久困场屋，屡试不第，雅好音律，优游于酒肆歌场，以辑《缀白裘》作为“糊口”生计。上述二位编者的真实关系应是：玩花主人是《缀白裘》全书的最早编者，钱德仓是通行本编者，而并非如现在某些戏曲史书、辞书所讲的那样，玩花主人编了第一集，然后由钱德苍续编后面的十一集。

通行本十二集，每集四卷，共四十八卷。计收昆剧八十七种、438 出，杂剧、高腔、乱弹腔、梆子腔等 59 出。乾隆四十二年（1777），又把十二集调整合刊，成为目前的流行本。入选的昆剧传奇出目与传本多有出入，可见它是根据当时艺人的实际演出本加以订定的，这可以帮助我们了解当时昆剧舞台的处理情况。更值得我们重视的是，该选本把现在罕见的当时的高腔、乱弹等“花部”剧目名段保留下来，其价值诚如胡适 1937 年给汪协和校订本所作的序言中所说：“（从明末到清初）这一百几十年爱读曲子的人大概都从这部《缀白裘》里欣赏明、清两代的传奇名著的精华。”说明《缀白裘》保留了明清传奇中名著的精华。文献学家赵万里的序言也说过类似的话：“有了《今古奇观》，《三言》、《二拍》的精华都被保留下来。有了《缀白裘》，明清两朝的戏曲精华也都保存下来了。”这就是作为散出精选本的《缀白裘》的功绩。

类似《缀白裘》的选本，明、清两代还有很多，据统计，光明代就多达四十多种。这些选本书名上头，往往冠以“精选”、“拾萃”、“摘锦”、“擢奇”、“时尚”等好听的冠词，具有商业广告性质，目的为招徕购买者。精选的内容角度亦各种各样，有的光就剧目，有的专注于声腔，有的则是某一种地方戏的剧目选萃，如数年前从剑桥大学图书馆发现并刊布的明万历三十二年（1604）刻本《新刻增补戏队锦曲大全满天春二卷》，就是一种当时福建闽南地方戏的选刻本。

3. 戏曲选

现当代的戏曲精选本，层出不穷，不可胜叙。各时期、各地区、各剧种声腔、各题材类别、各艺术流派、各戏曲著名表演艺术家，都几乎出版过相关剧目或代表唱腔的精选本。就全国范围的精选本而言，可以原中国戏曲研究院编纂、1958—1963 年间中国戏剧出版社陆续出版的《戏曲选》一书作为代表。该选集所收剧目，大部系由各省、市、自治区文化局挑选、推荐的优秀剧目，包括京剧、昆剧、川剧、粤剧、柳子戏、豫剧、晋剧、越剧、上党梆子、闽剧、汉剧、楚剧、梨园戏等三十多个剧种的代表性剧目。这些剧目大多是经过长期舞台演出检验而富有思想意义与艺术生命力的作品。共出六卷，计收剧目 46 本。对所收剧目，除刊载剧本外，另附各剧剧照、选曲及编、导演的经验体会或评论文章。因此，纵览全集，可以了解新中国成立以来各地戏曲事业发展的轨迹和各地方剧种的基本面貌。

（三）类选

明代中叶以来，随着传奇创作、演出的繁盛，出现了大批传奇选本。这类选本的特点是，不选全本，仅选全本中的部分场出段落，反映了当时明传奇舞台演出折子戏的实际情况。其编辑的方法，一是类选，一是摘选。摘选情况我们在后面介绍，这里先介绍类选。

类选，即按分类选编。分类原则，或按剧种声腔，或按内容题材，下面各举一例：

1. 群音类选

《群音类选》是一部以戏曲声腔进行分类的我国古代大型戏曲散出（含杂曲）选本。全名《新刻群音类选》。明·胡文焕编。原卷数不详，估计应为四十六卷。今残佚“官腔”前五卷、“北腔”三卷以及卷首可能有的序跋、题辞、凡例、总目之类。据分析，原书四十六卷的结构，大致这样：

“官腔类”二十六卷。卷首题注残缺，“官腔类”三字系据所选内容和以下体例确定。“官腔”指当时流行的昆曲传奇。

“诸腔类”四卷。《新刻群音类选》“诸腔”卷一卷首“诸腔类”题注云：“如弋阳、青阳、太平、四平等腔是也。”诸腔目录曾注：“右戏文二十三种、套数五十出。”① 可见所选的是当时昆曲之外的其他南曲传奇作品。

“北腔类”六卷。由于卷首目录、正文首页及卷二、卷三皆残缺，不知“北腔”具体何指。而据所选内容推测，“北腔”似指当时尚能演出的北杂剧，如《西厢记》、《园林午梦》、《黄花峪打蔡纥缩》等，还指南北曲混杂的所谓“饶戏”②，如《王昭君和番》、《浣纱记》、《千金记》等选折，以及卷五题注涉及的“北之清曲”、“杂剧中脍炙人口者”③ 等。

“清腔类”八卷。《新刻群音类选》“清腔”卷一“清腔类”题注：“谓非戏中曲也。”收南北套曲和小令。

以上四类、四十四卷系《群音类选》正编。另有：《群音□选》二卷，当系后来的续编，亦分收“官腔类”、“诸腔类”及散曲各若干。

据统计，《群音类选》之现存残本，共存折子戏157种，小令323首，套曲229套。④ 这是一份极为丰富而珍贵的戏曲史料，对于明中叶的戏曲研究至为重要，应该对它进行专门的分类研究。

《群音类选》编于明万历中期，具体编年不详，它被列入胡氏所编《格致丛书》之一，而《格致丛书》中其他各书的序文大致都作于万历二十一年（1593）至二十四年（1596）之间，故《群音类选》的编刻时间，亦应与此接近。当时正是明传奇趋于鼎盛，昆曲与诸腔都发展得如火如荼的时期。仔细研究分析《群音类选》的剧目和声腔状况，是我们研究当时舞台演出实际的重要依据。这是由于《群音类选》编者的立足点是在于戏曲演出的实际，它着眼于戏曲的声腔类别，这很有别于以往的戏曲选本。入选《群音类选》的折子戏，也往往与传奇传本多有出入，它却是当时舞台演出真实面目的反映。

其次，《群音类选》保存了大批罕见的剧目、折子戏，尤为可贵的是它保存了许多已佚作品的片段，如：《龙泉记》、《葛衣记》、《义乳记》、《凤簪记》、《椒觞记》、《蓝田记》、《夺解记》、《鞋鞨记》、《玉香记》、《玉钗记》、《分钗记》、《分钱记》、《十孝记》、

---

① 《群音类选》，中华书局1980年影印本，第1452、1453页。

② 《群音类选》“北腔”卷四，《王昭君和番》题注：“与《宁胡记》不同。此戏南北相杂，音韵不谐多，诸腔中之饶戏也。姑入于此。”《群音类选》，中华书局1980年影印本，第1867页。

③ 《群音类选》“北腔”卷五，“仙吕”题注：“此下皆系北之清曲。然杂剧中脍炙人口者，亦多择出。”《群音类选》，中华书局1980年影印本，第1891页。

④ 中华书局编辑部：《群音类选·前言》，《群音类选》，中华书局1980年影印本，第7~8页。

《青琐记》、《泰和记》、《狐白裘记》、《弹铗记》、《三生传玉簪记》、《合璧记》、《锟铻记》、《庡㢈记》、《五鼎记》、《符节记》、《玉鱼记》、《呼庐记》、《合剑记》、《织锦记》、《宁胡记》、《绣衣记》、《盍簪记》、《罗囊记》、《渔樵记》、《种德记》、《黑鲤记》、《金兰记》、《犀合记》、《玉如意记》、《阳关记》、《二兰记》、《赛四节记》、《胶漆记》、《白海棠记》、《琼台记》、《东厢记》、《高唐记》、《京兆记》、《洛神记》、《江天暮雪记》、《海神记》、《定扇记》、《四豪记》、《晬盘记》、《断机记》、《访友记》、《茶船记》、《琼琚记》、《长城记》，以及胡氏自己创作的《馀庆记》、《犀珮记》等，这些都是我们进行戏曲研究难得的首见资料。此外，在《群音□选》卷一“北腔类”中，居然还选有以北曲谱写的南戏题材《赵五娘写真》及传奇题材《海神》、《千金》、《连环》、《香囊》、《玉环》、《绣襦》各记的选段，真是别开生面，闻所未闻。另外，“诸腔类”作为附录保存的小戏《小尼姑》，对于我们进一步探索“尼姑下山”、“僧尼调戏”的历史源流以及它与目连戏的关系，提供了新的线索和依据。①

《群音类选》原有两个残卷，分存南京图书馆和国家图书馆，1980 年中华书局将其辑订影印合刊。王秋桂主编，台湾学生书局 1987 年出版的《善本戏曲丛刊》第四辑，亦收编影印。二者为研究者的阅读与研究提供了极大的方便。

2．乐府红珊

《乐府红珊》是按照题材内容进行归类选编的折子戏选集。全名《新刊分类出像陶真选粹乐府红珊》，共十六卷。原刊本可能已佚，台湾学生书局版《善本戏曲丛刊》第二辑据大英图书馆藏清嘉庆庚申五年（1800）积秀堂覆刻本影印。编选者题“秦淮墨客”，即戏曲家纪振伦。原由明万历金陵唐振吾刊行。② 卷首有“秦淮墨客”万历壬寅三十年（1602）序。全书十六卷，分为十六种题材类目，包括：“庆寿类”、“伉俪类”、“诞育类”、“训诲类”、“激励类”、“分别类”、“思忆类”、“捷报类”、“访询类”、“游赏类”、“宴会类”、“邂逅类”、“风情类”、“忠孝节义类”、“阴德类”、“荣会类”。每类收三、四折至十余折不等，全书共收 65 个剧目、100 个折子，内容题材广泛，涉及的剧目范围几乎涵盖明万历年间上演的主要昆曲传奇剧目，借此我们可以了解当时传奇上演、流传剧目的实际情况。

按照戏曲剧本的题材内容，进行分类编选，《乐府红珊》似为创例。这样做的好处，是为读者或演唱者根据所需，尽快挑选出所要的折子，为迎合使用场合——或欢庆，或祈祷，或闲适，或追思等等——提供了便利，反映了当时戏曲及书业市场的一种需求。

《乐府红珊》编者纪振伦，字春华，号秦淮墨客，江宁（今南京）人。生卒年与行绩均不详，约明万历三四十年间在世。所作传奇有《七胜记》、《三桂记》、《折桂记》等，经他校订的传奇有《宵光剑》、《西湖记》等，俱由金陵唐振吾氏广庆堂刊行，由此可以推定，《乐府红珊》的原刊书坊，亦应是与纪氏长期联手合作的广庆堂。

---

① 本人认为，《群音□选》“北腔类”所收的《赵五娘写真》、《小尼姑》等剧目，很可能是明代民间编演的单独成剧的小戏。详情参阅拙文《明代小戏浅论》，收见拙著《戏曲十论》，台北“国家出版社”2005 年版，第 241 ~264 页。

② 唐振吾曾是明万历金陵著名书坊广庆堂堂主，其所刻戏曲，或署广庆堂堂名，或署“金陵唐振吾校梓”。详见本书“版本学”编第二章“戏曲刻本流布”。

（四）摘选

与“类选”不同，“摘选”不以声腔剧种或内容题材进行归类选编，而纯粹以剧目作为单元，挑选编者认为较好的部分编纂成书。亦举二例于下：

1. 风月（全家）锦囊

《风月（全家）锦囊》是我国迄今所见刊行年代最早的戏曲（含杂曲）选本，原书藏西班牙埃斯科里亚尔皇家图书馆，是海外孤本，今有台湾《善本戏曲丛刊》第四辑所收影印本，中华书局孙崇涛、黄仕忠合著《风月锦囊笺校》排印本。原书名不详，从所选各卷名称看，多称“新刊摘汇奇妙戏式全家锦囊××记”或“新刊摘汇奇妙全家锦囊续编××记”，姑名《风月（全家）锦囊》，而学术界则习惯称之为《风月锦囊》。从它各卷卷名看，它是一个戏曲摘选本。摘选的原则，一是“奇妙”，二是“戏式”，即摘选当时舞台演出本中的新鲜而美妙的部分。所摘片段基本以完整的场出为单位，也有部分段落。摘选篇幅有长有短，长如：《琵琶记》摘选了通行本四十二出中间的三十四出，《北西厢》摘选了通行本五本二十一折中的五本十一折；短如：《高文举登科记》、《郭华》、《江天暮雪》、《八仙庆寿》等，只选了一、二出。全书共摘选41种剧目，包括戏文34种，杂剧3种，未详者4种。另外，杂曲卷中，还可考出未注出处的戏文、杂剧剧曲、剧目13种16套。①

编者徐文昭，刊行者詹氏进贤堂，刊印年代署嘉靖癸丑三十二年（1553）“重刊”。徐文昭、进贤堂的具体情况，均有待深入考证。笔者倾向，该书当是江西刻本，反映了明中叶江西地区的戏曲形态。

由选入《风月（全家）锦囊》作品的具体内容以及该刊本刊行的年代来考察，该书最重要的价值是极大地丰富了我们对于从宋元南戏终结到明传奇正式确立的200余年间戏曲认识的空白，对南戏发展和传奇形成的研究，提供了第一手资料，对解答和纠正中国戏曲史中诸多现象具有重大意义。《风月（全家）锦囊》的重要价值，与其说是由于它的“最早”，不如说是由于它的“最缺”。《风月（全家）锦囊》的价值是多方面的，它提供的学术信息极为丰富而重要，编纂的体例又很有特点，由于笔者已有《风月锦囊考释》与《风月锦囊笺校》（与黄仕忠合著）两书面世，有关详情，不再重复了。

2. 大明天下春

全名《精刻汇编新声雅杂乐府大明天下春》，刊年、选编者及原书卷数均不详，现存四至八卷。据现存的五个残卷统计，共收传奇九十六出，涉及45个剧目，俗曲294首。全帙篇幅相当浩大。残卷中保存了许多已佚或罕见的剧目，如《咬脐记》、《忠荩记》等。现藏奥地利维也纳国家图书馆，今有上海古籍出版社1993年影印《海外孤本晚明戏剧选集三种》所收本。该书虽未见刊年，但可以肯定的是，它绝非如影印本书名所示的系“晚明”之本。因为该集中栏所收的好些杂曲，同明嘉靖“重刊”的《风月（全家）锦

① 详拙著《风月锦囊考释》第二章“杂曲集考述·二、剧曲考索”，《风月锦囊考释》，中华书局2000年版，第35～54页。

囊》首卷杂曲集所选相同,① 这表明它与《风月（全家）锦囊》不仅刊印年代相接近，而且杂曲作者及本书编印地点亦可能相同，即都是明嘉靖间在江西编刊的选本。

除上面介绍的两种摘选本外，另如明正德十二年（1517）刻的《盛世新声》、嘉靖四年（1525）刻的《词林摘艳》、嘉靖十年（1531）刻的《雍熙乐府》等杂曲、戏曲选本，亦可归入此类，尽管它们所选并非完全是戏曲作品，却包含诸多戏曲成分，是我们戏曲研究不可或缺的选本。

附：万历青阳腔选本

选编类戏曲除上述四小类外，还有某一书坊专门选辑某一戏曲样式的选本。如《顾曲斋元人杂剧选》（明万历王骥德顾曲斋编刊）、《玉夏斋传奇十种》（明末玉夏斋编刊）、《文林阁传奇十种》（明万历文林阁编刊）等等。也有集中某一单种戏曲声腔选编的，如现在传世的明万历间编刊的青阳腔选本特别之多，它是编选以“滚调”为主要特征的青阳腔的散出剧目的选本。它们也属于摘选性质的选本。这类刊本已经发现的，主要有下面这些：

《新刻京板青阳时调词林一枝》四卷（明黄文华选辑，郗绣甫同纂，万历新岁书林叶志元梓。）

《鼎雕昆池新调乐府八能奏锦》六卷（明汝川黄文华精选，万历新岁爱日堂蔡正河梓行。）

《鼎刻时兴滚调歌令玉谷新簧》六卷（又名《鼎镌精选增补滚调时兴歌令玉谷新簧》，明吉州景居士汇选，万历三十八年（1610）书林刘次泉绣梓。）

《新刊徽板合像滚调乐府官腔摘锦奇音》六卷（明徽歙龚正载选辑，书林张三怀刊，万历三十九年（1611）书林敦睦堂梓。）

《鼎锲徽池雅调南北官腔乐府点板曲响大明春》六卷（明教坊掌教司扶摇程万里选，后学庠生冲怀朱鼎臣集，闽建书林拱唐金魁梓。）

《新锓天下时尚南北徽池雅调》二卷（闽建书林熊稔寰汇辑，潭水燕石居主人刊梓。）

《新锓天下时尚南北新调尧天乐》二卷（明豫章饶安殷启圣汇辑。（注）燕石居主人合上书同刊，总题《秋夜月》。）

《新选南北乐府时调青昆》不分卷（明江湖黄儒卿汇选，书林四梓馆绣梓。）

《新锲精选古今乐府滚调新词玉树英》五卷（明汝川黄文华选辑，书林余绍崖绣梓。）

《梨园会选古今传奇滚调新词乐府万象新》二集八卷（明安成阮祥宇编，书林刘龄甫梓。）

《新锲梨园摘锦乐府菁华》六卷（明豫章刘君锡辑，万历二十八年（1600）书林三槐堂王会云梓。）

三、辑佚类

辑佚类的戏曲编纂，就是把散见各书的同一剧目的残文佚曲或同书同文的戏曲文献

---

① 参见孙崇涛、黄仕忠《风月锦囊笺校》之《新增楚江秋后联清江引》、《北一封书》等篇，《风月锦囊笺校》，中华书局2000年版，第98~106、129~139页。

资料，按照内容与体例加以钩沉、编集在一起，以恢复剧目或戏曲文献的完整或部分面貌。这方面较有影响的著作，简介如下：

1.《宋元戏文辑佚》与《宋元南戏百一录》

《宋元戏文辑佚》，钱南扬辑录，上海古典文学出版社1956年出版。本书是钱南扬先生从事南戏辑佚工作达数十年之久的最后成果。钱先生1934年著《宋元南戏百一录》，由哈佛燕京学社出版（《燕京学报专刊》之九）。该书据蒋孝《旧编南九宫谱》、沈璟《南九宫十三调曲谱》、吕士雄《新编南词定律》及《九宫大成》、《词林摘艳》等书，共辑得宋元南戏残曲45本，补遗一本。这是当时对宋元南戏最早、最全的辑佚本。与《百一录》差不多同时出版的赵景深的《宋元戏文本事》，涉及的戏文名目与佚曲，不及《百一录》之富。1936年，《南曲九宫正始》发现并刊布，冯沅君、陆侃如先生据以著《南戏拾遗》，扩大了钱、赵二氏的辑佚工作。后来钱先生遂在旧著基础上又吸收、综合了赵、冯等书的辑佚成果，重新据《南曲九宫正始》，并增加了《南词新谱》等资料，加以辑佚，完成了这部《宋元戏文辑佚》。全书共辑得戏文119本，外加不注年代戏文1本、佚名3本，合计123本，是宋元戏文佚文数量空前的搜集和汇编，成为我们研究宋元南戏不可缺少的重要书籍。

《宋元戏文辑佚》对所辑各本戏文一一作了叙录，包括著录情况、本事来源、作品流传状况等；对所辑残文佚曲，按照剧情先后和联套方式加以串连，每段之间都加剧情介绍说明；对所辑的每支曲，一一注明来源出处、戏名题注、版本依据。所以这种辑佚汇编工作，实际已包含很深的编辑和研究内容。毕竟由于《宋元戏文辑佚》成书较早，今天看来，它仍有不完善之处，主要在于：其一，辑佚工作仍有继续补充的必要。钱先生当时未见的材料，如《风月（全家）锦囊》、各种《寒山堂曲谱》资料，以及新出土和国外回传的戏文资料等，如今都可以作为《辑佚》的补充。就连钱先生当时已见的书籍，亦有被遗漏的地方，如《雍熙乐府》册15有题名《悲思》【皂罗袍】四支，实际出自南戏《陈巡检梅岭失妻》，《辑佚》漏收。其二，一些佚曲的描写内容及其在戏文中的位置，《辑佚》也有某些判断失误的地方。如《王祥卧冰》戏文，由于锦本《王祥》的发现，对照《宋元戏文辑佚》，发现它不仅漏收了某些佚曲，而且书中所收的佚曲的排序，也有部分差错。① 因此，在《辑佚》基础上，做个补遗和订正的工作，不仅必要，而且目前具备这样的条件。

2.《宋元戏文本事》与《南戏拾遗》

《宋元戏文本事》，赵景深辑编，上海北新书局1934年9月出版。本书是最早问世的宋元戏文佚文残曲辑编专书。此书根据《南九宫谱》、《新编南九宫词》、《雍熙乐府》、《九宫大成谱》四书，共辑得《王焕》、《王魁》等50种宋元戏文的佚文残曲，附加本事说明，编撰成《王焕和王魁》、《陈巡检梅岭失妻》、《四种恋爱戏文》等九篇短文。其编制方法，颇不同于前人各类辑佚之著，它将文献资料的钩稽、辑录与辑佚者的研究、考辨结合起来，并使之通俗可读，表明编著者对于文献考述研究工作实现普及性、可读性的追求。

---

① 参见拙著《风月锦囊考释》第五章“一、王祥”，中华书局2000年版，第128~131页。

《宋元戏文本事》与稍后问世的钱南扬《宋元南戏百一录》（1934 年 12 月刊布），在编著者互不知情的情况下，同时从事宋元戏文佚文残曲的辑佚工作，二者去其重复，收录宋元南戏作品共计 56 种，大大地推进了宋元南戏的研究进程。学者评称："读者得此一编（《宋元南戏百一录》），和《宋元戏曲史》合看，庶几宋金元三朝的南戏和北剧的流变，都可以明知指掌。"① 但事过不久，由于 1936 年《南曲九宫正始》的蓦然面世，书中大量补出的宋元戏文佚文残曲材料，又需在赵、钱二书的基础上，再作进一步的辑录工作。陆侃如、冯沅君合署的《南戏拾遗》，做了这方面的工作。《南戏拾遗》，刊于 1936 年《燕京学报》专号之十三，哈佛燕京学社出版。此书依据《南曲九宫正始》，搜录赵、钱二书未收的宋元南戏佚文残曲材料。"导言"阐述原委，说明相关问题，计"曲的辑逸"、"九宫正始"、"钮少雅"、"徐迎庆"、"《骷髅格》"、"元传奇"六部分。上卷辑录 72 种赵、钱二书未收的新增宋元戏文逸文材料。下卷补订 43 种赵、钱二书已辑但不齐全、准确的戏文逸文材料。以笔画排列南戏剧名，每剧汇述本事、出处，最后载录曲文。《南戏拾遗》又大大地扩充了赵、钱二书的辑佚成果，诚如冯沅君本人所言："拿这些同赵、钱两先生的书合看，现存的早期的南戏大约搜罗得差不多了。"② 此后，冯沅君还先后写过《南戏拾遗补》、《南戏拾遗补跋》二文③，又对《南戏拾遗》作了一些补正。

南戏辑佚工作，随着《风月（全家）锦囊》等文献的发现，仍未止步。近十余年间，黄仕忠、俞为民、孙崇涛等，在赵、钱、冯诸先生辑佚成果基础上，通过各种著述形式，不断涉足这方面的工作，详情不再一一赘述。④

3.《元人杂剧辑逸》与《元人杂剧钩沉》

《元人杂剧辑逸》，赵景深校辑，1935 年上海北新书局出版。本书依据《太和正音谱》、《北词广正谱》、《新定九宫大成南北词宫谱》、《雍熙乐府》和《词林摘艳》五书，辑录元杂剧逸文 41 种，使散失各处的元杂剧佚文残曲首次得到较全面的辑集和公布，⑤ 这无疑是一件很有学术价值的戏曲文献著述工作。但由于本书辑逸所据资料不足，加之编纂体例不尽如人意，如只录曲文，不撰本事，不注出处、版本，校勘亦欠精审等，在得到学术界肯定的同时，也得到许多善意的批评和建议。

赵景深在广泛听取各方建议后，对旧编进行了重新改订，成《元人杂剧钩沉》一书，于 1956 年由上海古典文学出版社出版。《钩沉》所依据的辑逸书籍，较《辑逸》多出《盛世新声》，辑录剧目增至 43 种，并增撰作家小传、剧情简介、异文校订等项内容，无论从内容到体例，显然都比旧编《辑逸》完善，成为今天人们查阅元人杂剧残文佚曲资

---

① 顾颉刚：《宋元南戏百一录·序》，燕京学报专号之九，《宋元南戏百一录》，哈佛燕京学社 1934 年 12 月版，第 3 页。

② 冯沅君：《〈南戏拾遗〉导言》，《冯沅君古典文学论文集》，第 152 页。

③ 《南戏拾遗补》、《南戏拾遗补跋》，收见冯沅君著《古剧说汇》，商务印书馆 1947 年版。

④ 具体情况，可参阅以下各书各文：《全元戏曲》南戏各卷，俞为民《宋元南戏补辑》（收见中华书局 2004 年版《宋元南戏考论续编》），孙崇涛、黄仕忠合著《风月锦囊笺校》（中华书局 2000 年版），孙崇涛《风月锦囊考释》（中华书局 2000 年版），黄仕忠《宋元戏文佚文补证》（收见中山大学出版社 1997 年版《中国戏曲史研究》）等。

⑤ 在赵景深从事这项工作同时或先后，郑振铎、顾随、郑骞、邵曾祺等人，也曾染指元人杂剧的辑逸工作。但有的辑逸成果未曾面世，有的见赵书问世而中途停辍工作，有的辑逸不及赵书丰富、全面。详情兹不赘述。

料最常用的一本书。

4.《明代徽调戏曲散出辑佚》及其他

《明代徽调戏曲散出辑佚》，王古鲁辑录，1956 年上海古典文学出版社出版。本书收辑明代安徽弋阳腔系统变调的青阳调“滚调”等戏曲散出 16 出。出目及其来源情况如下：

《同窗记》1 出：山伯千里期约（据《摘锦奇音》）
《长城记》1 出：姜女亲送寒衣（据《摘锦奇音》）
《招关记》1 出：伍子胥过昭关（据《摘锦奇音》）
《和戎记》1 出：昭君亲自和戎（据《摘锦奇音》）
《金锏记》1 出：六使私离三关（据《摘锦奇音》）
《琱弓记》1 出：李巡打扇（据《词林一枝》）
《木梳记》1 出：宋公明智激李逵（据《八能奏锦》）
《米糷记》2 出：鞠问老奴
书馆逢夫（均据《玉谷新簧》）
《题红记》1 出：四喜四爱（据《词林一枝》和《玉谷调簧》两种版本）
《昇仙记》1 出：文公马死金尽（据《摘锦奇音》）
《琵琶记》1 出：赵五娘临妆感叹（据《词林一枝》）
《金貂记》4 出：敬德钓鱼（据《玉谷调簧》）
敬德牧羊（据《玉谷调簧》）
敬德罢职耕田（据《摘锦奇音》）
胡敬德诈妆魔疯（据《词林一枝》）

除《琵琶记》一种外，其余大多是不易见到、久已佚亡的作品。文献来源都出自辑录者在日本访书所得的戏曲资料，在当时来说，一般读者不易见到，弥足珍贵。辑录者在每出之前，都撰有“简介”，介绍剧目本事及相关资料，提供了丰富的研究资料。书末还附录各剧“参考资料”，包括相关戏曲、小说、曲谱等材料；卷首刊载各书书影照片和“引言”，详述辑录者对“滚调”戏曲的研究见解。看得出来，本辑录者著述的用意是，在明代徽调戏曲还不太为人所知的情况下，着意起着文献介绍和推广的作用，它对我们开展明代青阳“滚调”戏曲的研究，曾起过重要的历史作用。但随着日后这方面戏曲资料的陆续发现，和众多青阳腔选本的影印出版，对照该辑录本，它就显得比较单薄了。

除以上介绍的各种之外，还有一些别的戏曲辑佚编纂。其中多数是以单篇成文形式，载于各书刊，或作为某书的附录，例如：

《关汉卿杂剧辑佚》、《关汉卿散曲辑存》（收见吴晓铃等编校《关汉卿戏曲集》，中国戏剧出版社 1958 年版附录。）

《冯梦龙墨憨斋词谱辑佚》（收见钱南扬著《汉上宧文存》，上海文艺出版社 1980 年版。）

《〈骷髅格〉辑佚》（收见周维培著《曲谱研究》，江苏古籍出版社 1997 年版附录。）

《宋元诸宫调辑佚》（汪天成辑录，载《中华学苑》第 23 期（1979）。）

《柔克斋诗辑》（收见剧本月刊社编辑《琵琶记讨论专刊》，人民文学出版社 1956 年版。）

《高则诚文辑》（侯百朋辑录，载《文献》第 11 辑，书目文献出版社 1982 年版）

此外，还有黎锦熙曾从《雍熙乐府》中辑录过一种《西厢记》，1933 年由北平立达书局出版；赵景深、凌景埏、谢伯阳、朱禧、朱楚平等人，都曾从《雍熙乐府》、《九宫大成谱》等书中，辑录过《天宝遗事诸宫调》①。这些也都属于戏曲或与戏曲密切相关的辑佚编纂工作，详情不一一赘述。

戏曲辑佚是一项高难度的戏曲编纂工作。辑佚者一般都是辑佚对象研究领域中的专家，只有非常熟悉辑佚对象文献存佚情况，并对辑佚对象有较深的了解和研究，方能做好辑佚工作。

四、笺解类

笺解，即笺证和解读，就是在编纂戏曲书籍的同时，编者对该书原文进行必要的笺释、诠解，或加上校正与考据。不独戏曲如此，各类文体都普遍有这种编纂形式。以词学为例，像夏承焘《姜白石词编年笺校》、邓广民《稼轩词编年笺注》，赵万里《校辑宋金元人词》，郑孟津、吴平山《词源解笺》等等，都属于这类著作。古人视曲书为不登大雅之堂，编之已属难得，笺解则更罕见，故笺解曲书只有到了近现代，随着戏曲研究的深入，成为专门学问之后，方始出现。

曲书笺解实际上是编著者把戏曲书籍的编辑与研究两项工作结合起来进行的一种编纂方法。这一类戏曲编纂图书的内容、形式也各不相同，归纳起来，大致又可细分出以下多种小类型：

（一）笺订

笺释兼考订。例如：

《教坊记笺订》（唐·崔令钦撰，任二北笺订，中华书局 1962 年版。）

该书对《教坊记》的作者与版本以及书中涉及的音乐制度、人事、曲名等都详加考辨，并收入有关《教坊记》与盛唐教坊乐曲的著录、评论共 54 则，中晚唐、五代的著录、评论 39 则，补录曲名 134 个。也就是说，“笺订”工作除了过录原文之外，还可以对与原文相关的内容进行必要的扩充和补充。类似著作，还有：

《云庄休居自适小山乐府笺订》（元·张养浩撰，王佩增笺订，齐鲁书社 1988 年版。）

（二）笺校

笺释兼校勘。例如：

《忠雅堂集笺校》（清·蒋士铨撰，邵海青校，李梦生笺，上海古籍出版社 1993 年版。）

《风月锦囊笺校》（孙崇涛、黄仕忠笺校，中华书局 2000 年版。）

---

① 赵景深辑本，仅见刻写油印本；凌景埏、谢伯阳辑本，收见凌景埏、谢伯阳校注《诸宫调两种》，齐鲁书社 1988 年版；朱禧辑本《天宝遗事诸宫调》，1986 年天津古籍出版社出版；朱楚平辑本，收见朱楚平辑校《全诸宫调》，甘肃人民出版社 1987 年版。

以《风月锦囊笺校》为例。本书对《风月（全家）锦囊》原书做了四方面的工作：其一，对所收作品的出处进行考辨；其二，对作品本事来源进行探索；其三，对版本异同进行比较；其四，对刊本文字进行校勘。既笺又校，故称“笺校”。

（三）笺证

笺释与解证。例如：

《西厢记笺证》（元·王实甫撰，陈志宪笺证，中华书局1946年版。）

本书运用反切正音，解明词义，疏通文义，摭拾旁证，是对《西厢记》原文字音、辞意、文义的全面解读。

（四）笺注

笺释兼校注。例如：

《青楼集笺注》（元·夏庭芝撰，孙崇涛、徐宏图笺注，中国戏剧出版社1990年版。）

本书对以记叙元代戏曲演员生平经历为主要内容的《青楼集》所记艺人艺名、事件、相关名词等详加注解，还对艺人的生平资料加以补充、解释与说明，并依据《青楼集》的善本对通行本的文字作了全面校勘。

（五）点校

句读、标点并校勘。例如：

《才子牡丹亭》（明·汤显祖原著，清·吴震生、程琼批评，华玮、江世荣点校，台湾学生书局2004年印行。）

《才子牡丹亭》是部带有强烈个性色彩的阐评《牡丹亭》的著作，但流传不广，长期作为秘笈，深藏国内外个别图书馆。本书以美国柏克莱大学东亚图书馆藏影本为底本，参据《牡丹亭》的其他版本及相关资料，加以断句、标点和校勘，有关异文皆出校记说明。

（六）辑校

汇辑与校勘。例如：

《杨慎词曲集》（王文才辑校，四川人民出版社1984年版。）

本书把明代词曲家杨升庵的词曲作品汇辑成一书并加以文字校勘与说明。

（七）辑释

汇辑与阐释。例如：

《戏曲演唱论著辑释》（周贻白辑释，中国戏剧出版社1962年版。）

本书共汇辑了四种中国古代有关戏曲演唱的论著，包括：元·燕南芝庵《唱论》、明·魏良辅《曲律》、清·李渔《闲情偶寄·演习部》、清·黄幡绰《明心鉴》，详加注解和阐释。

（八）辑注

汇辑与注解。例如：

《贯云石作品辑注》（元·贯云石撰，胥惠民辑注，新疆人民出版社1986年版。）

《潘之恒曲话》（明·潘之恒撰，汪效倚辑注，中国戏剧出版社1988年版。）

辑注即把散见各处的某戏曲作家的戏曲作品或理论著作加以汇辑并注解。如《潘之恒曲话》，原来没有这样的书名，这是辑注者汪效倚先生把潘之恒所著的《鸾啸小品》、《亘史》及诗集《漪游草》中有关戏曲的论述集中在一起，编辑成书，另作定名，并加以注解，此即辑注。辑注不限于戏曲作家作品，也同样适用于其他戏曲史料。例如上面“汇编”部分曾经提到的《福建戏史录》，为福建省戏曲研究所林庆熙等研究人员，历经多年搜集记载福建戏曲历史的各种文献，加以辑集和注解，其性质也属于辑注。

（九）校录

过录与校勘。例如：

《敦煌曲校录》（任二北校录，上海文艺联合出版社 1955 年版。）

《远山堂明曲品剧品校录》（明·祁彪佳撰，黄裳校录，上海出版公司 1955 年版。）

对戏曲文献进行重新过录，并加以校勘，称为“校录”，例如《远山堂明曲品剧品校录》，校录者黄裳对祁彪佳“二品”所著录、品评的各剧，逐一加以核校、笔注，内容相当详尽。

（十）校补

校勘加补充。例如：

《南北宫词纪校补》（明·陈所闻编，吴晓铃校补，中华书局 1961 年版。）

校补，即在原书校勘的基础上加以补订。《南北宫词纪校补》在对陈所闻《南宫词纪》、《北宫词纪》二种曲选进行校勘的同时，又补充了一些相关的文献内容，它与先前出版的赵景深校订的《南北宫词纪》（中华书局 1959 年版），编纂性质并不完全相同。

（十一）集解

编集多家解说于一书。例如：

《西厢记集解》（傅晓航编辑校点，甘肃人民出版社 1989 年版。）

本书以凌濛初的《西厢记五本解证》为底本，集中了明弘治本、徐士范本、陈眉公本、王骥德本、凌濛初本、闵遇五本及清·毛西河本等七种明、清《西厢记》重要评本中有关的评论与解证的内容。

（十二）汇考

汇录所有资料加以考订。例如：

《关汉卿研究资料汇考》（王钢辑考，中国戏剧出版社 1988 年版。）

本书汇录了元明清三代有关关汉卿生平、评论、作品的资料，加以分类并疏证、笺校和考释。

《牡丹亭研究资料考释》（徐扶明编著，上海古籍出版社 1987 年版。）

本书汇辑了明、清两代有关汤显祖《牡丹亭》剧本的资料，分“剧本”、“评论”、“演唱”、“影响”四编，一一加注按语和考释。

上述十二类，基本还属于编纂性质工作，不过在编纂的同时，包含着编者较深的个人研究成果，是一项戏曲编纂与学术研究紧密结合的工作，故通称“笺解类”。

戏曲文献除了文本资料之外，还涉及舞台形象资料。有关形象资料的图解、图论等，也属于笺解类。如齐如山编纂的《国剧脸谱图解》（1934 年），山西师大戏曲文物研究所编纂的《宋金元戏曲文物图论》（山西人民出版社 1987 年版）等。此外，还有剧目本事考略、音乐曲牌曲谱解释、身段谱式说明、服饰图案注解、舞台设计剖析、锣鼓经注释、武功教材、表演技法提示等等，也全都属于戏曲笺解类书籍。

五、校注类

校注，即对戏曲作品、论著的原文进行校勘并加注释。方式可以先校后注，或边校边注，校、注结合。按照原文对象不同，校注类又可分为全集校注、选集校注、单剧（单篇）校注。

（一）全集校注

即对某作家全部作品，或某部论著（内含与戏曲无关的内容）进行整体性的校注。例如：

《关汉卿全集校注》（王学奇等校注，河北教育出版社1988年版。）

本书对关汉卿18个剧本、3种残剧、76篇散曲、2篇残曲，一一都作了校注，内容包罗了关汉卿的全部现有作品，故称“全集校注”。相类的还如：

《白朴集校注》（王文才校注，人民文学出版社1984年版。）

《石君宝戏曲集》（黄竹三校注，山西人民出版社1992年版。）

《郑光祖集》（冯俊杰校注，山西人民出版社1992年版。）

《王骥德曲律》（陈多、叶长海注释，湖南人民出版社1983年版。）

《闲情偶寄校注》（江巨荣、卢寿荣校注，上海古籍出版社2000年版。）

本书是对李渔《闲情偶寄》全书八部（“词曲”、“演习”、“声容”、“居室”、“器玩”、“饮馔”、“种植”、“颐养”）全都作了校注，有异于以往只限于校注与戏曲有关“词曲”、“演习”、“声容”三部的校注本①，所以这也是一种全集校注。

（二）选集校注

既可作综合选集的校注，即对不分年代，不分戏曲作品作者、样式或论著类型的选集的校注，又可专就某一戏曲作家、作品样式或曲论著作类型的分类选集的校注。综合选集的校注如：

《古今名剧选》（吴梅编，1932年北大排印出版。）

《中国戏曲选》（孙俍工、孙思潮编选，中华书局1934年版。）

《戏曲选》（姜亮夫编选，上海北新书局1934年出版。）

《中国戏曲选》（王起主编，王起等选注，人民文学出版社1985年版。）

分类选集校注如：

《元人杂剧选》（顾肇仓选注，作家出版社1956年初版，人民文学出版社1957年再版。）

《明人杂剧选》（周贻白选注，人民文学出版社1958年版。）

《清代杂剧选》（王永宽、杨海中、幺书仪选注，中州古籍出版社1991年版。）

《明清传奇选》（赵景深、胡忌选注，中国青年出版社1957年版。）

《中国十大古典悲剧集》、《中国十大古典喜剧集》（王季思主编，上海文艺出版社

① 仅注释《闲情偶寄》与戏曲有关部分的内容，如陈多注释、湖南人民出版社1981年出版的《李笠翁曲话》等。

1982年版。)

《中国十大古典悲喜剧集》(郭汉城主编，上海文艺出版社1989年版。)

《中国历代剧论选注》(陈多、叶长海编注，湖南文艺出版社1987年版。)

《安徽明清曲论选》(赵山林选注，黄山书社1987年版。)

(三) 单剧 (单部、单篇) 校注

即对单种剧作或单部、单篇论著进行校注。诸如：

《西厢记》(元·王实甫著，王季思校注，新文艺出版社1954年初版，上海古籍出版社1978年重印。)

《牡丹亭》(明·汤显祖著，徐朔方、杨笑梅校注，人民文学出版社1963年版。)

《长生殿》(清·洪昇著，徐朔方校注，人民文学出版社1958年版。)

《桃花扇》(清·孔尚任著，王季思等校注，人民文学出版社1959年版。)

《永乐大典戏文三种校注》(钱南扬校注，中华书局1979年版。)

《元本琵琶记校注》(钱南扬校注，上海古籍出版社1980年版。)

《曲品校注》(明·吕天成著，吴书荫校注，中华书局1990年版。)

《魏良辅南词引正校注》(明·魏良辅著，钱南扬校注，收入上海文艺出版社1980年版《汉上宧文存》。)

六、综合类

中国古籍文献常有集注解、评论、疏证等各项于一身的传统。如《十三经注疏》中的《毛诗正义》，就集中了汉代毛（亨）传、郑（玄）笺、唐代孔颖达的正义，至清代，陈奂又在此书基础上，加著《诗毛氏传疏》。再如《史记》，旧注有刘宋·裴骃“集解”、唐·司马贞“索隐”、张守节“正义”，后来还有日本的汇校考证校补本。这是经、史正统文类的情况。后来俗文学亦曾仿照。如小说《聊斋志异》，近人张友鹤编有汇注、汇校、汇评的“三汇本”，即其一例。可见进行综合编纂是中国古籍的一种历来传统，近代戏曲编纂也继承了这一传统。例如：

《详注评点燕子笺传奇》(明·阮大铖撰，罗保珩释，汤寿铭校点，会文堂书局1926年版。)

《集评校注西厢记》(王季思校注，张人和集评，上海文艺出版社1987年版。)

本书采集王伯良本、金圣叹本、毛西河本、刘龙田本、张深之本、何璧本、明弘治本等多种《西厢记》的重要版本进行汇校。集评对象则更多，集中了周德清、贾仲明、朱权、都穆、何良俊、王世贞、李贽、张凤翼、胡应麟、徐士范、程巨源、王骥德、毛允遂、朱朝鼎、臧懋循、徐复祚、沈德符、何璧、杨继益、槃薖硕人、凌濛初、闵遇五、鲁濬、金圣叹、李渔、毛奇龄、吴兴祚、黄图珌、李调元、黄文旸、袁栋、陈栋、焦循、梁恭辰、梁廷枏、杨恩寿、姚华、王季烈、黄人、王国维、吴梅等共41位从元明清至近现代的名家评解，堪称蔚为大观。此外，本书还有附录多篇，包括本事9篇，王季思关于《西厢记》的版本、作者、体制等的论著4篇，以及“代序”《我怎样研究〈西厢记〉》。本书汇集了校勘、注释、集评、资料附录、个人论著等五方面的内容，是一本典型的综合类戏曲编纂书籍。

属于综合类戏曲编纂的还有：

《六十种曲评注》（黄竹三、冯俊杰主编，吉林人民出版社 2001 年版。）

这套大型戏曲书籍，集中了校勘、注释、评解、资料汇编等多项内容，也是十分典型的综合类的戏曲编纂。此外，有些戏曲“译注”，如：

《乐府传声译注》（清・徐大椿撰，吴同宾、李光译注，中国戏剧出版社 1982 年版。）

《李笠翁曲话译注》（清・李渔撰，李德源译注，天津古籍出版社 1988 年版。）

《中国历代曲论释评》（程炳达、王卫民编者，民族出版社 2000 年版。）

这些书集中了原文、附录、注解、评析乃至翻译等多项内容，也具有“综合”编纂的性质。

至于近年一些部门调集编写人员，投斥巨资，组织集体编纂“集成”、“大典”一类戏曲书籍，内容包罗叙传、作品、理论、乐曲、图绘乃至音像资料等许多方面，则是一种更大规模与更大范围的综合类的编纂了。

第二章　戏曲编纂的基本原则

今人编纂戏曲，无论属于哪类性质、形式的文本，都是在旧本基础上的重新编辑、整理，目的都是更好地利用旧本，使之便于保存、推广与使用。尽管编纂的类别如上所叙，有多种多样，但编纂的基本原则是相通的，必须一致遵守。这些原则，概括起来，主要是以下四个方面：

一、尊重原著，力求存真

从事古籍整理、编纂工作者，一方面需具有丰富的学识与敏锐的洞察力，在编纂中充分体现他们对文本认识、辨别、判断、选择和处理的能力，另一方面又必须具有相当严肃而科学的态度。后者中首先要强调的一点是，务必要尊重原著，编纂中要力求保留或反映原著的原始面目，切忌主观武断，草率从事，在没有充分理由与根据的情况下，对原著文本轻易增删，任意改窜，或作多余的离题解说与发挥。

编纂者对原文的任何改动，都需要相当慎重。对文本中存在的歧义、异文、衍脱、正讹、真伪等的判断与选择，应当提出自己充分的根据和理由；对于没有十分把握的认识与判断，应持审慎态度，处理时要留有余地，不做没有十分把握的确认。

既要尊重原著，力求存真，又得进行必要的判断、选择、校订甚至改动，二者关系如何处理？在编纂戏曲时，通常采取以下四种办法加以调节和解决：

（一）出校说明

无论是戏曲白文校点，还是对戏曲文本进行笺释、校注，只要是对底本原文进行校改，或对异文加以选择，都必须逐一出校记予以说明：交代底本原始面貌怎样，校改或选择结果如何，校改或选择的理由、依据是什么，等等。这样做，既是充分体现编纂者对原始文本的研究成果，又能保留底本的原始面目。智者千虑，难免一失，校勘者自认为是正确的校改与选择，不可能保证完全没有错误。出校说明的目的之一，就是为可能出现的差错，提供纠正的存据。

（二）罗列异文

如果遇到多种不同异文或多种前人解说，编纂者感到莫衷一是，很难确定哪一种异文是准确的、哪一种解说是对头的情况，最稳妥的办法，就是不改动底本原文，如实、如数罗列各种异文、异说，让读者自行选择、判断。这样做并不是不负责任地将问题抛给读者，而是编纂者尊重原著，尊重异文、异说，尊重读者的一种严谨、审慎的态度。

（三）附录资料

当编纂者遇到对解说与校改底本有用但又不便用来校改底本的相关资料时，可以采取附录办法，即不改动底本原文，而将相关的资料附录在校记、注解或题解、笺释之中，提供阅者参考。例如，明人改本戏文《金印记》“副末开场”中交代剧情的词调文字，明刊《重校金印记》跟明继志斋本、玉夏斋很不一样，后者具有研究参考价值，不妨将它附录在相应的校记之中。①

（四）采用“疑是”

当编纂者遇到某些判断与解释没有十分把握，或者提不出充分的依据，却又自感应当如此的情况，最好采取“疑是”方式，即不改动原文，不确定判断，用不十分肯定的语句，提出自己的看法与判断，措辞多用“疑是……”、“疑为……”、“疑作……”、“或作……”、“或系……”等。这是一种留有余地的审慎态度，目的是为了避免臆测，防止武断。

二、严谨科学，精审翔实

严谨科学，精审翔实，对于做任何文献工作者来说，都尤为重要。它体现在戏曲编纂工作方面，主要有以下一些具体要求：

（一）资讯要全面

不管是编全集，还是做选本，无论是搞校勘，或是撰笺注，编纂者对选题的整体、全局情况，必须做到事先心中有数。譬如，选题文本的总体面貌如何，该文本的版本流变情况怎样，前人对它都有哪些见解与研究成果，研究现状如何，目前还存在哪些问题与争议，等等，这些信息都必须一一了然于心。只有这样，才能编得全、选得准、校得对、注得好，不然，很容易会出现或以偏概全，或顾此失彼，或挂一漏万等等纰漏。

资讯不全，信息不明，还可能会出现选题重复、见解陈旧、人云亦云一类的毛病。如把别人早已做过的题目，当作“空白”来填补，把前人反复论证的见解，作为自己的空前“发现”，其结果是耗费精力，贻笑大方。

（二）材料要核实

无论是原文过录，还是注释引用，只要是引录前人文献资料，都必须进行仔细核实，不能出现任何差错。对异文的判断与选择，要交代版本出处、罗列异文，并说明选择结果及其理由。原文底本与校本选择，应该予以说明交代（一般写在“前言”或“凡例”中）；资料引用，要注明出处、版本、卷数或页数、出版机构、出版时间等（通常写在“注释”及“引用书目”中）。总之，一切材料都要做到有案可稽，经得起核实与查对。

（三）版本要可靠

有关戏曲文献版本选择的重要性以及如何选择戏曲善本等问题，我们已经在“版本学”编中作过详细阐述。进行戏曲编纂工作，最先遇到的问题就是版本选择。选择最好、最可靠的底本，是编纂工作成功的一半。为此，戏曲编纂者在着手编纂之前，应对选题

---

① 参见拙校《金印记》，中华书局1988年版，《连环记·金印记》合印本，第2页，校记〔六〕。

文本的版本情况进行充分的调查研究，做到了如指掌，以确定编纂时应采用的底本、校本、参校本等等。

选择、确定版本要防止粗心、盲目，如果在选题版本没有充分了解的情况下，随随便便地挑一种本子当作底本，又随随便便地拿一种别本用作校勘，如此做出来的本子，其稚嫩、粗糙的程度是可想而知的。

（四）引用要准确

文献引用要力求准确、完整，切忌断章取义，为我所用。引用材料，最好要用原著原文，而且要选择较好的版本，尽量少用甚至不用第二手转引材料。有的人为了省力气、图方便，撰文编书喜欢用资料汇编、类钞、转述一类的书籍，殊不知这些书籍常常会存在引文差错、所据版本不精乃至断章取义、有意改窜等弊病。包括如清人焦循《剧说》引录的戏曲记载史料、徐珂《清稗类钞》抄录的笔记材料等，常与原书原文有较多出入，不能以之迳作第一手文献资料引用。

除了不得已的情况，一般也少从他人论著中转引相关材料。他人论著引用，若于你有用，可以采取顺藤摸瓜的办法，即按照他人引录资料出处的提示，去寻找原书，核对原文，最后确定自己的引文。以讹传讹是编纂工作的大忌，我们今天从事戏曲编纂，职责之一就是尽量杜绝讹传的路径。

（五）见解要公允

戏曲编纂者不可避免地会在前言、后记、题解、笺释、校记、注解等文字中，发表自己的学术判断与见解。这也是对编纂者一种文化修养、学术水准的考量。戏曲编纂者应该同时又是戏曲专业知识的精通者与相关选题的研究家，即使不是权威，至少也是行家里手。他们可以而且必须在其编纂的戏曲文本中发表自己的学术见解，阐述相关问题的看法，但是必须注意以下两点：

第一，编纂戏曲与著述学术论著有别，编纂戏曲是受编纂文本对象所限制和规范的工作，编纂者的所有编纂操作与文字表述，都必须在编纂对象的制约之下进行，是在编纂戏曲文本的内容范围、编纂体例等许可的条件下有节制、有限度地发表编纂者的相关学术见解，而不允许远离编纂主旨与文本形态，喧宾夺主，畅所欲言，任意挥洒地发表编纂者的学术见解。

第二，编纂戏曲主要目的是为戏曲学习者与工作者提供戏曲文本阅读材料，而不主要是向他们展示编纂者个人的学术研究成果，因此所有涉及编纂文本的知识介绍、学术研究成果的文字表述，都应该侧重广普、从众的角度。也就是说，应该重点阐述比较公认的公允见解，而不强调在戏曲编纂文本中搞学术争鸣，张扬编纂者的学术个性，过多发表独家创见。当然，对于一些长期误解、公认有误的学术“定论”，编纂者在编纂过程中提出自己的辨析与纠正看法，那应另当别论。

三、面向读者，便于取用

今人整理、编纂、刊布戏曲文献，是出于发掘、继承民族文化遗产，弘扬民族传统精神道德，继承、发展祖国优秀戏曲艺术传统的需要。由于书籍的阅读对象是现代及未来读者，因此，我们一切的编纂工作是从为读者服务出发，是为现当代及未来的学术界、教育界、艺术界同人与普通读者的方便使用着想。

戏曲文献的整理与重新编纂出版，与某些比较冷僻的古籍文献的收藏、翻印、复制毕竟有别，它在选题、编辑、出版、发行等方面，不能不更多考虑以下几方面的事：

（一）专用与通用

某些戏曲书籍的编纂出版，主要是为部分专业工作者提供使用，如为专家、学者研究提供文献依据，为专业教学工作者教学提供参考用书，为专业剧团的演员、音乐、美工人员提供舞台剧本、乐曲、图谱等等。对于这些戏曲图书的编纂工作，专业要求高，标准规定严，一个字、一句话、一个标点、一个唱句、一个音符、一条图线，都必须精细制作，巨细到位，准确无误，不容出现任何差错与遗漏。否则的话，以讹传讹，对研究、教学和艺术实践都将贻害无穷。

而某些戏曲书籍的编纂出版，主要是为广大戏曲爱好者提供学习、欣赏读物，或为他们的习唱、习演提供基础用书。对于这些戏曲图书的编纂工作，在要求达到一般出版物应该达到的行业标准的同时，要更多考虑书籍的简易、实用与成本。如：剧本整理，只需文字通畅，校勘明了，注释扼要，无需繁复、周到；乐谱编印，有主旋律即可，无需罗列总谱；脸谱、服饰谱编制，择善而从，不必一一讲求风格、流派。这类戏曲图书，要求篇幅减省，成本低廉，使个体读者都能买得起、愿意买，我们在编纂时应该在这些方面多动些脑筋。

（二）普及与深研

国内几家著名出版社，为了普及包括戏曲在内的文献读物，经过多年经营打造，出版了一批各具特点、拥有广泛读者的丛书，成为各出版社著名的“品牌”图书。例如：

人民文学出版社“中国古典文学读本丛书”，以中国古典文学名著单行本及选本校注为特色，其中也包括《中国戏曲选》（王起主编）、《元人杂剧选》（顾学颉选注）、《牡丹亭》（徐朔方、杨笑梅校注）等多种一印再印、长年畅销不衰的戏曲读本。

中华书局“中国古典文学基本丛书”，以古典文学名家、名作别集、合集校点为特色，内有著名戏曲家徐渭的《徐渭集》（中华书局编辑部编校）；“明清传奇选刊”，以校点、排印单种戏曲白文形式（二种合为一册），整理、出版了《连环记》（张树英校点）、《金印记》（孙崇涛校点）、《焚香记》（吴书荫校点）等数十种明清戏文、传奇，使一般读者不易见到的戏曲珍本、善本图书广为传布。

上海古籍出版社“古代戏曲丛书”，以古代单本戏曲名著校注形式，出版了《四声猿》（周中明校注）、《红梅记》（王星琦校注）、《冬青树》（邵海清校注）等一批作品，篇幅短小，定价便宜，印数较多，为普及中国古典戏曲名著做了一件十分有益的事。

中国戏剧出版社也曾有“古典戏曲论著译注丛书”，以古代戏曲理论著作为选题，出版了《潘之恒曲论》（汪效倚辑注）、《南词叙录》（熊澄宇、李复波校注）等戏曲论著的单行校释本，为读者取阅古代戏曲论著提供许多方便。此外，该社还出版有“京剧丛刊”、“京剧选刊”等可以单本零售的套书，大大便利了广大京剧爱好者选购。

以上这些图书的出版发行，对于普及戏曲文献，起着积极良好的作用，不仅一般读者愿意购取，研究者、教学者亦乐于收藏，用作阅读和工作参考。但是对于研究戏曲的专业人才来说，光凭这些经过后人整理、校释、单行零印的文本还是不够的，他们还需要掌握更全面、更多样、更为原始的文献材料。因此，编纂出版总集、全集、集成、汇典，还有汇校、集注、合评、汇评、集释等一类的大型戏曲文献图书，依然不可缺少。编纂出版这些专供深研的戏曲文献大书，要求严、成本高、耗时久、印数少，经济效益低，往往会使一些出版部门望而却步，但它却是保留戏曲文献的百年大计，是出版部门义不容辞的职责，也是他们打造影响深远的戏曲图书品牌的很好机会。

（三）精制与简易

一般来说，提供专用与深研用的戏曲图书，更需精心制作，这些图书校勘精细，释文详备，字体、行款讲究（常用繁体直排字），装帧考究（常用精装本），不计工本。因此，对于编纂者的专业要求也相对更高。譬如，编纂者必须具备多方面的国学修养，掌握文字、声韵、训诂、版本、校勘等等方面的系统知识及操作技能。

提供通用与普及的戏曲图书，在图书成本、销售方面自然考虑更多，一般制作相对简易。编纂这类戏曲图书，编纂者必须立足广大读者，处处为他们的经济、实用着想，而一切吞大求全、繁复周备、冗赘烦琐的编纂手段，却不足取。

四、古今兼顾，谨慎取舍

同别的古籍整理、出版一样，编纂、新刊戏曲文献的目的，一方面是为了更好地保存前人文献，另一方面是为了现代读者阅读与使用，因此在编纂和出版的处理过程中，必须处处兼顾以上两者，具体言之，大约有以下几方面的事，需要予以谨慎取舍：

（一）选题要明确目标

戏曲编纂选题确定，应该从戏曲文献的本身价值与它的现代功用两方面加以着重考虑。历代戏曲名家名作，重要戏曲史料与戏曲论著，有影响的戏曲流派剧目、唱腔以及有代表性的脸谱、服饰、舞台设计图谱等，当然是我们首先重点考虑的编纂、出版对象。其次，一些值得及时推广的新编新作，富有见解的现代戏曲学术论著，具有重要参考价值的近现代戏曲艺术家传记、回忆录、谈艺录等，同样也是我们必须关注的编纂、出版对象。

选题盲目重复，是目前戏曲编纂出版工作中存在的相当严重的问题。像《西厢记》、《牡丹亭》、《桃花扇》、《长生殿》、《琵琶记》等一类古典戏曲名著，还有李渔《闲情偶寄》、王国维《宋元戏曲考》等一类戏曲论著，可谓编家、注家四起，各出版社一版再版，实际上读者面是否很广，销售效果是否就佳，很值得怀疑。而另一些戏曲界、教育界、学术界急需及必须向广大戏曲爱好者推荐的戏曲书籍，往往无人问津。选题重复和付阙，是编纂者和出版者对戏曲文化认识不足和缺少调查研究所造成的，而就图书出版机制的现状来看，出版者选题目标不明似乎是更重要的原因。

（二）格式要古今通融

编纂、新刊古典戏曲文献，除少数系按照原本原样复制外，大多数是按照现代书籍格式规范重新编排的。例如：改线装为简、精装，改繁体字为简化字，改俗体字为正体字，改竖排为横排，改连书为分节、分段，改旧句读为新式标点符号，改反切或同音字注为汉语拼音，等等。这些改变是完全必要的，它是为了使书籍更加适应现代读者的阅读习惯，我们的戏曲编纂工作要具备这种“应变”能力。

但是“万变不离其宗”，旧文献格式转换成现代图书格式的过程中会出现诸多问题，解决这些问题的基本原则，就是尽力做到古今通融，即既不损旧文献的面貌，又适合现代书籍的格式要求，必要时，还可以采取折中、灵活的处理办法。

譬如，在旧本文献中常常会遇到一些现代没有书写习惯的通用字，诸如：“每”通“们”，“交”通“教”，“佐”通“做”，“奈”通“耐”，“尤”通“犹”，“已”通“几”，“带”通“戴”；“攀”作“扳”，“俏”作“悄”，“燃”作“然”，“授”作“受”，“翻”作“番”；“慌忙”写作“荒忙”，“金钱”写作“今钱”，“贤惠”写作“贤会”，“吩咐”写作“分付”，“伯喈”写作“伯皆”，“窦公”写作“豆公”，“青歌儿”写作“青哥儿”①，等等，不一而足。遇到这类情况，只要现代读者能够理解，一般不需予以改动，使之保存旧文献的原有书写特色；如果在字义上容易引起现代读者的误解，可以在注释或校记中加以说明，这是古今通融的折中办法。

（三）取舍要分清主次

如果编纂的戏曲并非全集或总集，仅是选集或辑选，就会碰到选择、取舍的问题。选择、取舍的标准，主要要看三方面：一看作品优劣，二看编纂戏曲目的，三看读者对象。以此标准作为确定入选对象和区分内容主次轻重。

以编纂一本元代杂剧选集为例。如果编纂的目的是为了向具有中等文化水平的古代戏曲爱好者、学习者提供读物，向他们较全面地介绍元代杂剧的历史概貌与作品精华，在编纂时就得选择元代各个时期有代表性作家的代表作品。其中杂剧大家必然选得多，而且其作品类型也会选得较细，如关汉卿、马致远，白仁甫等；其他有代表性的作家，如高文秀、石君宝、尚仲贤、郑廷玉、郑光祖、乔吉等，有影响的著名作品，如《西厢记》、《赵氏孤儿》、《灰阑记》、《虎头牌》、《李逵负荆》、《陈州粜米》等，都需酌情选入。作家、作品，加上相关的题解、注释、说明，编纂一起，从而多侧面、多方位地向读者展示了元代杂剧创作的基本面貌与创作成就。顾学颉选注的《元人杂剧选》②、王起主编的《中国戏曲选》上册（元杂剧选注）③ 两书，可以作为这类选本编纂得当、广受读者欢迎的范例。

---

① 以上各例，俱见拙校《风月锦囊笺校》，中华书局2000年版。

② 顾学颉选注：《元人杂剧选》，人民文学出版社1956年初版，1998年增补修订版。

③ 王起主编：《中国戏曲选》，人民文学出版社1985年版。

第三章　戏曲编纂体例

编纂各种类型的现代戏曲文本，都有一定规范的体例要求。这些体例要求，体现于编纂戏曲书籍的各个组成部件，综合、概括起来，主要有以下八个方面、十六项。现将各项的主要要求以及相关的体例情况，简述于下：

一、汇总与选辑

（一）汇总要齐全

假若编纂的是某个朝代的戏曲总集，比如《全元戏曲》、《全明戏曲》、《全清戏曲》等，或是某种戏曲样式的总集，比如《杂剧总集》、《传奇总集》、《京剧剧目汇编》等，或是某位戏曲作家创作、某种戏曲剧种声腔剧目、某位戏曲表演艺术家演出台本的全集，比如《关汉卿集》、《河北梆子剧目汇编》、《梅兰芳演出本集》等，最基本的一条要求，就是必须编得十分齐全，不能有任何遗漏。以编纂作家全集为例，不仅作家现存的全部作品要如数收集齐全，就连残文断简，也不能遗漏，即使对已经佚失、仅有存目的作品和某些创作主名尚有争议的作品，也得采用“存目”或“附录”、“附编”等方式，加以体现。

“宁滥勿缺”是编纂总集、全集一类戏曲文本的基本要求，它是一种不计作品优劣高下、不受编者喜好厌恶支配的编纂。编纂的成功与否首先要看编纂者收集的材料是否齐全，其次才是编纂体例。编纂体例可以各种各样，或按作家，或照文体，或依题材，或据编年，酌情而定。一般来说，篇幅庞大的综合性的总集，按作家并参照年代先后编纂的居多；编纂个体的作家全集，常见形式是按文体并结合作品系年。也有根据实际情况，将作家、年代、文体、艺术门类等各个方面综合起来安排，尤其是特别大型的如“大典”一类的戏曲图书的编纂，还要划分许多“分支”，诸如剧本、曲谱、传记、图像等等。

总之，总集、汇编一类的戏曲编纂，没有固定、统一体例，体例依书籍具体情况逐一确定，但齐全是其最基本的要求。

（二）选辑需得当

假若编纂的仅是某种戏曲体裁，或某个戏曲作家群体，或某一戏曲题材类型，或某一创作风格、流派作品的选集，编纂成功与否，关键在于编纂者的选辑是否准确得当。选辑可以有不同标准；标准不同，则取决于编选选本的目的。譬如：

选本目的是为了向读者介绍优秀戏曲作家与推荐创作精品，选辑重点，当依作家地位主次、作品成就、影响大小等作为准则。

选本目的是为了向读者介绍戏曲创作历史与展示各种戏曲创作风格，选辑重点，应以不同时期、不同创作风格的代表性作家的代表作品作为准则。

选本目的是为了向读者介绍戏曲作品题材类型与创作性质，选辑可按题材内容类别（如历史剧、现代剧、神话剧、爱情剧、公案剧等）与创作性质（如喜剧、悲剧、正剧等）的代表性作品作为标准。

选本目的是为了向读者介绍戏曲表演艺术家的表演流派及其代表剧目，选辑的重点，自然是以大众公认的主要戏曲表演流派及其代表剧目作为准则。

此外，还有别的诸多标准，比如选本的读者身份、职业对象、文化程度等等。读者对象不同，选辑的标准自然有别。

总之，编纂选辑性质的戏曲，优劣的关键是在于编纂者是否吃透两头：一头是作品全貌，一头是读者对象情况。只有充分了解这两点，编纂起来才能有的放矢，游刃有余。

二、辑佚与辨析

（一）辑佚应全面

所谓“辑佚”，就是将已经散失的某作家的作品或者某作品的部分篇什重新收集、编纂起来，亦称“辑逸”、“钩沉”、“补遗”、“拾遗”、“拾零”等等。辑佚最基本的要求，就是所辑的对象材料应该十分全面，如不全面，就名不副实，失去辑佚的价值与意义。

辑佚是从事文献工作中最见功力的一项操作，不是随便什么人都可以做好。从事辑佚者，一般都是辑佚对象领域中的专门研究家，他们深知材料大局，明白何为存、何为佚，了解该从何处去辑佚。做得好的辑佚成果，其学术价值和生命力，完全不在任何论著之下。

辑佚有多种编纂形式，以戏曲辑佚为例，常见的有以下几种编纂形式：

1. 编纂成书

例如：钱南扬辑录的《宋元戏文辑佚》①、冯沅君、陆侃如合辑的《南戏拾遗》②、赵景深辑录的《元人杂剧钩沉》③、王古鲁辑录的《明代徽调戏曲散出辑佚》④ 等，都曾单独成书出版，或以期刊“专刊”形式发行。

2. 编撰成篇（卷）

例如：钱南扬辑录《冯梦龙墨憨斋词谱辑录》，单独成篇，现收入钱氏所著论文集

---

① 钱南扬辑录：《宋元戏文辑佚》，1956 年上海古典文学出版社出版。此书前身，为钱氏辑录的《宋元南戏百一录》，载 1934 年哈佛燕京学社刊《燕京学报》专刊之九。

② 冯沅君、陆侃如合辑：《南戏拾遗》，载 1936 年哈佛燕京学社刊《燕京学报》专刊之十三。

③ 赵景深辑录：《元人杂剧钩沉》，1956 年古典文学出版社初版，1959 年中华书局增订再版。此书前身，为赵氏辑录《元人杂剧辑逸》，1935 年北新书局出版。

④ 王古鲁辑录：《明代徽调戏曲散出辑佚》，1965 年上海古典文学出版社出版。

《汉上宧文存》①。徐朔方编辑《汤显祖集（诗文集）》②，除收汤氏诗文集《红泉逸草》、《问棘邮草》、《玉茗堂集》三种，订为四十九卷外，另辑汤氏佚诗、佚文30篇，附录存疑待考4篇、存目7篇，合订为第五十卷“补遗”。

3. 当作附录

这是最为常见的辑佚编纂体例，即把辑佚到的材料，作为“附录”，编辑在相关书籍的正文后头。例如：陈多、叶长海注释《王骥德曲律》③，书末“附录一”为《方诸馆乐府辑佚》，“附录二”为《王骥德诗文辑佚》。周维培著《曲谱研究》④，书末“附录”《〈骷髅格〉辑佚》。吴书荫编集校点《梁辰鱼集》⑤，收梁氏诗歌、散曲、戏曲创作全部见存作品外，另将梁氏少量诗文词曲佚文，辑为“补遗”，附载集子正文之后。

4. 列为存疑

例如：张宪文、胡雪冈辑校《高则诚集》⑥，书中除有《词曲拾零》、《〈琵琶记〉补遗》等辑佚资料外，另有“附录”《散曲存疑》一篇，共辑录曾见于它书著录、尚不能确证系高则诚撰作的小令二题8首、套数8套，并加笺校说明，当作存疑作品，编进集子。

（二）辨析得有据

文献汇辑、辑佚、校注等工作中，往往会碰到对文献对象的真伪鉴别和是非辨析。特别是戏曲文献，出处众说纷繁、作者张冠李戴、著录无中生有等现象，时时有之。一些相关记载，也常说法不一，令人莫衷一是。这些都要细加辨识。为此，需要掌握戏曲文献的考据手段，要求编纂者具有丰富的专业知识和深厚的国学功底。

辨析是书籍编纂者撰写的文字，它既有当作正文来写，而更多的是写进注释或题解。写作体例视图书性质及辨析内容不同，有多种多样，但不管采用哪一种体例形式，其最基本的要求，就是必须有充足的材料作为依据。就辨析内容与方法而言，较常见的，不妨归纳为“辨伪”、“辨正”、“辩解”三类。

1. 辨伪

辨伪，就是辨识和指明文献中的错误。例如，钱南扬《宋元戏文辑佚》一书，钩稽、辑集、串编散见各处的宋元南戏的残曲残文，精审详备，颇见功夫。书中对于某些存在歧说的残曲归属问题，常常提出自己的辨识判断，而对其中的错误著录，也常加以辨伪。如其中《陈巡检梅岭失妻》篇，对【黄钟・灯月交辉】一曲是否属于《陈巡检梅岭失妻》残曲问题，《辑佚》注解曾作如下说明：

尚有【黄钟・灯月交辉】一曲，《沈谱》题《陈巡检》，《寒山》、《定律》俱题《梅

---

① 钱南扬：《汉上宧文存》，上海文艺出版社1980年版。

② 徐朔方编辑：《汤显祖集（诗文集）》，中华书局上海编辑所1962年初版，上海人民出版社1973年新一版。

③ 陈多、叶长海注释：《王骥德曲律》，湖南出版社1983年版。

④ 周维培著：《曲谱研究》，江苏古籍出版社1997年版。

⑤ 吴书荫编集校点：《梁辰鱼集》，上海古籍出版社1998年版。

⑥ 张宪文、胡雪冈辑校：《高则诚集》，浙江古籍出版社1992年版。

岭》。然《正始》引题《李宝》；又，《北词广正谱》卷七收此曲，李玉也说是元传奇《李宝》南词；且情节也和本戏不类；自当为《李宝》之曲。参看《李宝》注二。又，《雍熙乐府》卷十六，《盛世新声》酉集，《词林摘艳》卷二，俱有【美中美】、【下山虎】、尾声一套，【美中美】，即本戏的“日坠西”及“牧童”两曲，与【下山虎】不但宫调、音韵不同，辞意也不连贯，乃杂凑而成。故都未录入。①

这里，钱氏分别从各种曲谱引录【黄钟·灯月交辉】一曲的题注、曲文的情节内容以及曲牌、宫调、音韵、辞意等诸多方面的情况，指出将此曲归属于《陈巡检梅岭失妻》戏文残曲的著录是错误的，辨析根据充足，令人信服。

2. **辨正**

辨正，通过文献梳理与辨析，侧重证明和坐实正确的结论。它与辨伪没有实质不同，主要区别只是：辨伪侧重“指误”，辨正侧重“归正”，殊途同归，只是辨析文献角度不同而已。

如明嘉靖间编刊的《雍熙乐府》是一部著名的元明时代的曲文总集，收罗宏富，对于散曲与戏曲研究价值甚高，但因所收曲文多未注作者与出处，功亏一篑。尤其是书中所收的诸多剧曲，由于仅有题目，不注来源，容易使人误解为是散曲作品。隋树森先生积长年研究之功，查对各种曲籍及有关文献，一一考索曲文出处，著成《雍熙乐府曲文作者考》一书，大有助于曲学研究。以下引录此书两段有关辨识来自《南西厢记》剧曲的曲文例子：

梁州序

三百六十先贤留下个　原注“咏围棋”（页二十一）

《盛世新声》页五二三。〇《词林摘艳》页二五八，注“无名氏《南西厢记》”〇案《永乐大典》卷一三九八三，戏文十九，有《崔莺莺西厢记》，《南词叙录》作《莺莺西厢记》，此其中之一套。〇《群音类选》页一三五七，文不甚同。②

聚八仙

巴到西厢　原注“投宿”（页二十四）

《盛世新声》页五二九。〇《词林摘艳》页二〇〇，录“聚八仙”一支，注《南西厢记》。页二〇一，录“拗芝麻”及“尾声”，注“江流上路”。〇《旧编南九宫谱》“聚八仙”（自“全不省”以下为“么篇”），注《西厢记》。亦引“拗芝麻”（“偶睹前村”以下为“么篇”），注“江流”。并附“尾声”。《摘艳》及《旧谱》所载此二曲距离极近，后出之《雍熙》遂误并之为一套。③

① 钱南扬辑录：《宋元戏文辑佚》，上海古典文学出版社 1956 年版，第 179 ~ 180 页，注解①。

② 隋树森编著：《雍熙乐府曲文作者考》，书目文献出版社 1985 年版，第 207 ~ 208 页。

③ 同上书，第 209 ~ 210 页。

这里，隋氏为了证实《雍熙乐府》所收【梁州序】（“三百六十先贤留下个……”）、【聚八仙】（“巴到西厢……”）二曲出自《南西厢记》，利用曲选《词林摘艳》、剧选《群音类选》、曲谱《旧编南九宫谱》的题注以及《永乐大典目录》、《南词叙录》等文献的著录来证明，辨识有据，理由充足，很好地运用了文献辨正手段。

3. **辩解**

辩解，是指对多种不同的文献进行综合辨析，从而求得正确、合理的解释。例如，顾学颉选注《元人杂剧选》在注释“关汉卿”履历的释文中，涉及四种有关关氏籍贯的不同文献记载，曾作如下辨析：

关汉卿——他的籍贯，有几种说法。元·钟嗣成《录鬼簿》：“关汉卿，大都人，太医院尹，号已斋叟。”元·熊自得《析津志·名宦》（据《永乐大典》引）：“关一斋，字汉卿，燕人。”清·乾隆时据明本重修《祁州志·关汉卿故里》：“汉卿，元时祁之伍仁村人也。”清·邵远平《元史类编·文翰》：“关汉卿，解州人。”按：四说不同，但各有因。《析津志》列关于“名宦”类，而笼统名曰“燕人”，颇为得体。方志诸书分类体例，“名宦”与“人物”例分两类，曾在某地（州或县）任官而有名，但并非某地之人，则入“名宦”类。至于某地出生（籍贯）之名人，则入“人物”类。熊氏认为关汉卿并非大都（即析津）人，故列入“名宦”，而不入“人物”。“燕”，泛指河北北部，非专称。《祁州志》谓为“祁之伍仁村人”，就把“燕”地具体指实了，可与《析津志》互为补充。祁州，元代属保定路，今为河北省固安县，与北京市大兴县南相邻，自可泛指“燕”。《录鬼簿》的“大都”说，只能认为是“侨寓”、“寄籍”，关汉卿曾在大都为“名宦”，后又长期住在大都编写戏曲，说他是大都人，也不大错。近经河北师范学院等单位到安固伍仁村实地调查，《祁州志》之说，比较可信。至于资料最晚的“解州”说，可能指关汉卿的祖籍。古人重视郡望、祖籍，即使已有多代不在某地生长、居住，但传记仍说是某地人。例如说杜甫是襄阳人，白居易是太原人等，“解州”说当属此类。综合以上几点，关汉卿的籍贯，大致可以得出如下结论：关汉卿，元祁州（今河北固安县）伍仁村人；久寓大都（今北京），故又称大都人；祖籍相传为“解州”（今山西解县）人。①

这里，顾氏把有关关汉卿籍贯的四种文献记载，进行了很好的疏通、辨析，得出了比较公允而合理的解说。像这种通过多种不同文献材料，并证以充分理由与依据，找出不同文献记载之间的内在联系，将其统一起来，从而得出解释结论，就是一种比较典型的文献辩解方法。

三、提要与笺释

（一）提要述概况

编纂选集兼校注一类的戏曲文本，编纂者一般都需在被选作品的前头，撰写一些有

① 顾学颉选注：《元人杂剧选》，人民文学出版社1998年增补修订版，第5~6页。

关作者简介、作品题解一类的简要文字，这些文字统称“提要”。提要必须写得简明而概括，既要求内容全面，又必须提纲挈领。如王起主编的《中国戏曲选》，元杂剧部分曾选马致远《破幽梦孤雁汉宫秋》第二、第三折，其提要如下：

马致远简介：

马致远，生卒年未详。号东篱，大都人。贾仲明曾称他为“曲状元”。他在大都参加元贞书会，与花李郎、红字李二等艺人合作。中年时期，他一度出任江浙行省务官，同散曲作家卢挚有唱和。晚年则隐居田园，过着“红尘不向门前惹”的闲散生活。

马致远一共写过杂剧十三种，现存七种。他的作品思想内容相当复杂，既有一定现实意义的历史剧，像《汉宫秋》，又有导人迷信逃避现实的神仙道化剧，像《岳阳楼》、《任风子》等。

《汉宫秋》有大维期的英译本，1829 年刊；《黄粱梦》有巴尊的法译本，1838 年刊，都较早地流传到欧洲。

马致远也是著名的散曲作家，他的散曲经任中敏先生搜辑为《东篱乐府》。

《破幽梦孤雁汉宫秋》题解：

《汉宫秋》是元代优秀的历史剧。

汉元帝派毛延寿挑选宫女，王昭君因不肯向毛延寿行贿，被他点破图像，致被打入冷宫。后来汉元帝看到王昭君的美色，纳为贵妃。毛延寿畏罪逃入匈奴，挑拨匈奴单于派使者入汉，强索昭君，并以出兵南侵相威胁。由于满朝文武不敢抵敌，元帝只得忍痛让昭君出塞，亲到灞桥送别。昭君到了边境，遂投河自杀。元帝送别归来，梦见昭君从匈奴逃回，正在缠绵之际，忽然惊醒。但闻长空过雁，凄怆飞鸣，铁马丁丁，落叶如雨，全剧在浓重的感伤气氛中结束。

昭君出塞，历来是作家们喜爱的创作题材，但由于时代不同，人们对这一历史事件各有不同的理解。马致远则通过这个故事，尖刻地鞭挞了贪生怕死丧权辱国的汉朝官吏，歌颂了具有爱国主义精神的女性，同时对受到损害的汉朝皇帝给予深切的同情。从剧中所描写的人物事迹看，它和史料记载不尽相同，但作者的艺术创造，却反映了在元代民族压迫深重的情况下，人们对待历史和现实的态度。作品的第二折和第三折，马致远力写汉元帝恳求群臣保住昭君，但最后又不得不舍弃昭君的心境，文情并茂，曲折动人，是描绘人物心理状态不可多得的佳构，特别是汉元帝送别昭君的一段段唱词，简直就是一首首韵味深长的诗章，历来为人们击节赞赏。①

这两段提要文字，作者简介部分，介绍了马致远的生平行迹、戏曲与散曲创作、作品出版与流传等几方面的基本情况；《汉宫秋》题解部分，包括全剧剧情概述、思想内容与艺术成就简评、所选折段的内容与艺术评介等各项。二者结合，可使初阅马致远作品的读者对作者及其代表作有个概括而全面的认识。

---

① 王起主编：《中国戏曲选》，人民文学出版社 1998 年版，上册，第 132 ~ 133 页。

（二）笺释对问题

笺释，通常简称“笺”，原是古书注释的一种类型。《说文解字》云：“笺，表识书也。”即对书中的一些相关内容有所解释与说明，包括阐明题旨、交代出处、说明版本、注解文意、校勘异文、发挥见解、补充材料、订正错解等等。撰写时，内容据情而定，没有完全固定的条款与格式。

今人编注戏曲文献，常继承、效法古代笺释经文的传统，有的连书名也迳题作“笺”的，如任二北的《教坊记笺订》（中华书局1962年出版），孙崇涛、徐宏图的《青楼集笺注》（中国戏剧出版社1990年出版），孙崇涛、黄仕忠的《风月锦囊笺校》（中华书局2000年出版）等。

笺释虽然属于注释的一种，但与现在普通意义的注释文字有所区别：第一，注释一般只用于对个别正文字句的解释，笺释则大多针对正文全文或篇、段（戏曲通常是某剧、某出）的整体解说；第二，注释一般有相对固定的内容项目与书写范式，比如校勘、注音、释词、串句、引证等，面面俱到，而且撰写程序相对固定，而笺释没有严格规定的内容项目，它往往是针对正文存在的实际问题，去撰写相关的解说文字；第三，注释文字一般简短、扼要，笺释则有话即长，无话即短。

长的笺释文字，如同一篇考释论文，例如：

【笺释】

珠帘秀，《说集》本作“朱帘秀”。又有谓珠帘秀，姓朱氏（见《辍耕录》、《词品拾遗》等）。时人诗中还曾称珠帘秀为“洛姝”（见下引王秋涧《题珠帘秀序后》），她可能是河南洛阳一带人。元散曲家胡紫山曾作《朱氏诗卷序》（详下），文中有道：“虽可一唱又三叹，恐非所以惜芳年而保遐龄。”据人推算，胡紫山与朱帘秀开始相交，时在胡出任“江南浙西道提刑按察使”时，即当在至元二十六七年（1289—1290）间（参见李修生《元代杂剧演员朱帘秀》一文，载《戏曲研究》第五辑）。此时，胡紫山六十三岁，珠帘秀正当“芳年”。设使“芳年”指的是十五至二十岁之间的年龄，那么，珠帘秀的生年，大约在1270年前后。珠帘秀“姿容姝丽，杂剧当今独步”（《辍耕录》），是元初最著名的杂剧演员。她旦、末兼工，众艺俱备。她能扮演各种人物，塑造各种类型的舞台人物形象，无论从名公贵卿，至三教九流，无不形神逼真，令人绝倒。胡紫山曾绘声绘色地描摹她所创造的各种角色：

……（引文略。见《紫山大全集》卷八《朱氏诗卷序》）。

另外，胡紫山尚作有《赠宋氏序》（见《紫山大全集》卷八）。据人考证，“宋氏”当属“朱氏”的笔误；此文也是为珠帘秀而写的。（见蔡美彪《关于关汉卿的生平》一文，载《关汉卿研究论文集》）胡文讲到杂剧时，盛赞朱氏“以一女子而兼万人之所为，……岂前古女乐所拟伦也。”这一段话与上述《朱氏诗卷序》文中另一处写到的“学业专攻，积久而能。老于一艺，尚莫能精；以一女子，众艺兼并”意思相符，这“宋（朱）氏”亦当为珠帘秀。

元代最著名的杂剧作家关汉卿，在其散曲【南吕·一支花】《赠朱帘秀》中，除了描写珠帘秀不入俗流的品貌和表达自己对她的深挚友谊外，还对珠帘秀的精湛技艺，作了极高的评价。曲云：

……（引文略。见《阳春白雪》后集卷三）

本曲借咏珠帘，而赞写珠帘秀。其中“金钩”、“绣带”两句，赞珠帘秀的舞姿之婀娜；所谓“错落”、“翩跹”，是形容她起舞时动作的轻盈洒脱。“摇四壁”、“射万瓦”两句，赞美珠帘秀出场、亮相时光彩四射，仪态夺人，全场为之震动。诚如有人评价这套散曲时所说的：……（引文略。见王季思主编《元散曲选注》页45）

珠帘秀不仅以自己的精湛技艺为元杂剧的兴盛贡献毕生的精力，而且还将技艺传授给下一代，培养了众多的杂剧名角。如高足燕山秀，“旦末双全，杂剧无比”；另一高足赛帘秀，在双目失明的情况下，表演出门入户、步线行针，仍不差毫发，为有目者所不及。（均详后）后辈皆称珠帘秀为“朱娘娘”，也说明她在元代女艺人中的威望之高。

元代众多的女演员中，与珠帘秀齐名的，今知仅二人：一是顺时秀，一是司燕奴。赵庆桢《青楼小名录》卷五“司燕奴”条云：“（司燕奴）精杂剧，声名与朱、郭相颉颃。”朱，即珠帘秀；郭，即顺时秀（顺时秀姓郭，名顺卿）。

珠帘秀在表演艺术上所以取得如此高的成就，能得心应手地创造出各种舞台形象，除了她努力学习和掌握杂剧表演技巧，深入生活、熟悉人生之外，还与她具备较高的文学修养有关。她不仅能赋诗，而且会写散曲。她的诗虽然没有流传下来，但是可以知道胡紫山曾为她的诗卷写过序。胡在序末赞叹说：

……（引文略）

她的散曲，除小令【双调·落梅风】《答卢疏斋》（详后）外，尚有【正宫·醉西施】。曲词如下：

……（引文略。见《词林白雪》卷二，注：“珠帘秀作”）

珠帘秀除了与关汉卿有交往外，尚与胡紫山、王秋涧、卢疏斋、冯海粟等剧作家、散曲家、诗人，有着广泛的接触。从他们互赠的词曲中，亦可见彼此交情不浅。

王秋涧除作【沉醉春风】曲及【浣溪沙】词（详后）赠珠帘秀，以示眷念之情外，还赋《题珠帘秀序后》一诗，叙述珠帘秀与胡紫山的友情。诗云：

……（引文略。见《秋涧先生大全文集》卷二十一）

卢疏斋在【双调·蟾宫曲】《醉赠乐府珠帘秀》中，极力称赞珠帘秀的风姿与才情。曲云：

……（引文略。见《乐府群珠》卷三）

卢氏另有【双调·寿阳曲】（一作【落梅花】）《别珠帘秀》，表达了自己与珠帘秀惜别时依依不舍之情。曲云：

……（引文略。见《太平乐府》卷二、《尧山堂外纪》卷六十九）

珠帘秀也填【双调·落梅花】《答卢疏斋》云：

……（引文略。见《太平乐府》卷二、《尧山堂外纪》卷六十九）

珠帘秀的演出活动及生活踪迹，大致可以确定：她早年活动于大都，后南移扬州，晚年流落杭州以终。因关汉卿【一支花】《赠朱帘秀》称她“十里扬州风物妍，出落着神仙”。王秋涧【浣溪沙】《赠朱帘秀》也说她是“烟花南部旧知名”。词云：

……（引文略）

珠帘秀晚年流落杭州，并嫁给杭州的一位道士。据佚名《绿窗纪事》“作文别妓”条载：

……（引文略）

有人还认为关汉卿的【南吕·一支花】《赠朱帘秀》是在朱帘秀“委身”（可能还是被霸占）于这位道士之后写的。因为关汉卿不可能明白表示对她的怀念和爱惜，只好通过对珠帘的吟咏来表白。还说曲中所谓“守户的先生”，指的就是这个人：“关汉卿在结尾表示对朱帘秀的同情，透露了她晚景的不幸。”（王季思主编《元散曲选注》页45及47）

《辍耕录》卷十五“与妓下火文”条，还记载珠帘秀临终时的逸闻：

……（引文略）

《青楼集》所记珠帘秀事，又见《词品拾遗》“珠帘秀”条、《青泥莲花记》卷十二“记藻”四、《词林纪事》卷二十一“冯子振”条、《青楼小名录》卷五“珠帘秀”条。《说集》本于文末，尚有“关已斋亦有【南吕】数套，梓于《阳春白雪》，故不录出”十八个字。《辍耕录》卷二十“珠帘秀”条的记载，与《青楼集》稍异，今抄录于下，以资比较：

……（引文略。此条又见《尧山堂外纪》卷七十、《词苑萃编》卷十五、《本事词》卷下、《元明事类抄》卷十七、《顾曲麈谈》卷下第四章）①

这段笺释，原文长达5 000余字，这里节录已经省去了中间的引文材料。笺释者之所以要作这么长的笺释，是考虑到珠帘秀是元代最著名的杂剧演员，地位十分重要，同时还由于有关珠帘秀的旁证资料相对较多，学术界的见解分歧也较多，所以加以全面梳理，内容包括珠帘秀的姓氏、年代、生平、交往、创作、造诣、记载等各方面的情况。

短的笺释，可以似一则简要说明，例如：

【笺】

“正科入赚”，刊本书“续补首卷”下层即《新刊耀目冠场擢奇风月锦囊正杂两科全集卷之一》“正科”杂曲之首。卷首总目未载。内含曲十八首，底本不分段，各首曲间多以〇号标之。出处不详。兹据内容分段校录。②

【笺】

《苏秦》亦名《金印记》，传本和选本均甚多。现以形态最为古朴且相当接近锦本的明刻《重校金印记》（《古本戏曲丛刊初集》影印）为主要参校本，间取《珊瑚集》、《乐府菁华》、《群音类选》等明选本校录本卷。③

这两段笺释的内容重点，各只说明一个问题：上段说明杂曲“正科入赚”在《风月锦囊》原书中的形态，下段说明校录锦本《苏秦》戏文所采用的参校本。因为其他相关问题，诸如作者情况、版本流变、剧情内容、艺术成就等等，都与笺校《风月锦囊》关系不大，所以皆略而不提。由此，亦可以区别笺释与题解、注释的写法不同。

---

① 孙崇涛、徐宏图笺注：《青楼集笺注》，中国戏剧出版社1990年版，第82～89页。

② 孙崇涛、黄仕忠笺校：《风月锦囊笺校》，中华书局2000年版，第5页。

③ 同上书，第302页。

四、校勘与注解

（一）校勘有依据

关于校勘的目的、作用、方法等问题，我们已经在“校勘学”编作过较详细的介绍，不必重复。这里再补充一些有关校勘记的撰写体例情况。

校勘，亦称校刊、校雠，即对戏曲文献原刊进行核实、校对，从而订正错误，查漏补缺，质疑费解，消弥歧文，尽量恢复底本原始而最佳的面目。校勘有时要改动底本原文，有时不改动原文而要指出底本的错误所在以及可供订正的选择。

校勘，除底本极其明显的错误可以迳改之外，一般都需要出校勘记，说明校改的理由与根据。校注本又校又注，它的校勘记，一般都直接写进相关的注解之中，例如：

原文：《绣襦记》第四出“厌习风尘”，旦白：“古之王后，尚且亲织玄紞，我是烟花，岂可不事女工”句。

校注：“玄紞”——古代冠冕上用来系瑱（塞耳的玉）的带子。《诗经·周南·葛覃》毛传：“古者王后织玄紞。”“紞”，原误作“紘”，据《诗经》毛传改。①

原文：《绣襦记》第三十七出“驰驿认丞”，净白：“援例上纳承差”句。

校注：“援例”句——援例，引用、依据成例。承差，秉承公差。全句说，按例缴纳了银两，买得一个官方差使。“援”字原作“授”；“承”字原作“丞”。均从朱墨本改。②

只作校勘、不作注解的白文本，一般将校勘记集中一起，附刊在正文篇末或篇章、段落之后，戏曲作品多附刊在一出正文之后。

撰写校勘记，内容要尽量扼要、明了，文字要尽量减省、经济。文字表述方式，经过人们长期实践积累，约定俗成相对固定的语句与用词通式。其中用于校勘戏曲文献，较常见的有以下各种：

1. 校有版本依据的讹文

常采用如下句式与措词：

（1）“某字（词、句），某本作某（字、词、句），是。”

（2）“某字（词、句），当依某本作某字（词、句）。”

（3）“某字（词、句），原误作某（字、词、句），今据某本改。”

（4）“某字（词、句），费解，某本作某字（词、句），当据正。”

2. 校有版本依据的脱文

常采用如下句式与措词：

（1）“某字下，某本有某字（词、句），当据补。”

（2）“某字（词、句）原脱，今据某本补。”

---

① 孙崇涛校注：《绣襦记》，郭汉城主编《中国十大古典悲喜剧集》，上海文艺出版社1989年版，第155页，注〔六〕。

② 同上书，第247页，注〔二〕。

（3）“某字下，原脱某某等× × ×①字，今据某本补。”
（4）“某字下，某本有某字（词、句、某某× × ×字），是也。”

3. 校有版本依据的倒文

常采用如下句式与措词：
（1）“某某二字，某本作某某，当据乙。”
（2）“某某二字，原误倒，今据某本乙正。”
（3）“某某二字（二句），某本互乙，是。”

4. 校有版本依据的衍文

常采用如下句式与措词：
（1）“某字（词、句），某本无，当系（为、属）衍文。”
（2）“某字（词、句）下，原有某字（某某× × ×字），今据某本删。”
（3）“某叠字（叠词、叠句），某本不叠，疑衍。”

5. 校有版本依据的错简

常采用如下句式与措词：
（1）“某某× × ×字，某本作某某某某，当据正。”
（2）“某某× × ×字，原作某某某某，今据某本订正。”
（3）“某某× × ×字，原作某某某某，错简，今据某本正。”

6. 校义可互通及难辨是非者

常采用如下句式与措词：
（1）“某字（词、句），某本作某（字、词、句）。”
（2）“某曲牌名，某本作某（曲牌名）。”

7. 校有他书引用可作校正者

常采用如下句式与措词：
（1）“某字（× × ×字），某书引作某，当据订正。”
（2）“某字（× × ×字），原作某，今据某书引改正。”
（3）“某字（× × ×字），原脱，今据某书引补。”
（4）“某字下，某书引有某字（×××字），当据补。”
（5）“某字（词、句）下，某书引尚有某字（词、句），今补。”
（6）“某某，某书引作某某，当据乙。”

8. 校有考据结果可供校勘者

应以按语形式（简题“按”或“案”）出校，常采用如下句式与措词：
（1）“按（案）：某字（× × ×字）当某字（× × ×字）。（下举考据）”
（2）“按（案）：某下，当有某字（× × ×字）。（下举考据）”
（3）“按（案）：某某二字误倒。（下举考据）”
（4）“按（案）：某字（× × ×字）当系衍文。（下举考据）”
（5）“按（案）：某至某× × ×字当系注文误入正文。（下举考据）”

① × × ×，代表字数，下同。

（6）“按（案）：某至某× × ×字当系宾白（曲文）误作曲文（宾白）。（下举考据）”

9．校有旧说、旧谱可供校勘者

可先引旧说（旧谱），再下按语，常采用如下句式与措词：

（1）“某人曰某当作某……。按（案）：某本正作某，某人说是也。”

（2）“某曲牌，某曲谱引作某曲牌，当据正。”

10．校有疑惑而不能取决者

常采用如下句式与措词：

（1）“某字（× × ×字）疑当作某。”

（2）“某曲文（宾白）盖系宾白（曲文）阑入。”

（二）注解求明了

注解通常是指对文献原文局部文字内容的诠释，包括注音、训诂、释义、引证等各项。在古代，注解曾有诸多不同名目，如：传、注、训、诂、解、笺、疏、记、说、释、订、章句、正义、疏证、音义、平议、校释等等。名目如此之多，反映了中国古籍文献注解传统的悠久绵长，同时也体现了文献注解形式与内容侧重面的多样化。

编纂包括戏曲在内的古籍现代文本的注解，常常结合校勘一起进行，合称“校注”。校注本的古典戏曲名著，如王实甫《西厢记》（王季思校注）、高则诚《琵琶记》（钱南扬校注）、汤显祖《牡丹亭》（徐朔方、杨笑梅校注）、洪昇《长生殿》（徐朔方校注）、孔尚任《桃花扇》（王季思等校注）等，流传至广，在读者中产生深远影响。而这方面的工作，至今仍然缺门很多，需要我们戏曲编纂者继续努力进行。

校注，包括校与注两方面的工作。校方面的要求，已见前述，这里只说注方面的事。注的基本要求是明了，注的内容，简单言之，主要是注音、释词、解句三项。

1．注音

注音，即标注字的读音及声调。现在，由于普及汉语拼音方案，使汉字注音变得十分简单，只需给要注音的字标注声、韵母与调号即可。一些戏曲校注本为不太熟练掌握汉语拼音的读者着想，有时也采用汉语拼音加同音字一起注音的办法。例如：

委蛇（yí 移）　　娘行（háng 杭）　　盛价（jiè 介）　　嗄（xià 下）程①

戏曲古籍的注音，或用反切，或用同音字注（又称“直注”），或二者兼用；同音字注，若是碰到二字声调不同时，则另写明被注字的声调。明·臧晋叔编订《元曲选》，于各剧的每折之后，都附“音释”即字的注音，就是综合兼用反切、同音字注和同音字标声调各种方法。例如，《元曲选》首剧《汉宫秋》第一折的“音释”：

〔音释〕秭音子　　碾奴典切　　发方雅切　　辇连上声　　槎音茶

① 孙崇涛校注：《绣襦记》，郭汉城主编《中国十大古典悲喜剧集》，上海文艺出版社1989年版，第147、155、160、177页。

踏当加切　袜忘骂切　爆音报　杀双蚱切　纳囊亚切
插抽蚱切　簟音店　瞎香贾切　法方雅切　榻汤打切
滑呼佳切①

“秭音子”、“槎音茶”、“爆音报”、“簟音店”等，用同音字注；“辇连上声”，为同音标注声调；其余各字，都用反切。

反切是我国传统的一种注音方法，注音时，简称“切”。它用两个字来注另一个字的音，其方法是：被注字的声母，跟反切上字相同；被注字的韵母与声调，跟反切下字相同。如上列字中的“碾”（niǎn），声母同上字“奴”（nú），都是 n，韵母与声调同下字“典”（diǎn），分别都是 ian 与上声。声、韵、调连读，即得被切字的读音。

在反切未曾出现之前，或者反切已经出现而注音者不习惯采用，常使用一种所谓的“读若法”注音，比如用乙字注甲字，则言“甲读若乙”，或者“甲读如乙”。“读若法”注音，在古代的戏曲刊本中同样很多。

2. 释词

释词，即对文献中不易被读者理解的词语、成语、典故、名词、术语等进行解释。解释可以有多种方法：或直截了当地解说了事，或引经据典地加以证明，或以本书（本戏）互见的词语印证，或以他书解释材料引注。解释的内容范围与层次亦可不同：或仅释词义，或追溯词源，或附加旁证，或顺辨误训，等等，不一而足。

戏曲文献释词，除与注释其他文史文献一样，需要解释正文中不易被读者理解的一般难词、生僻用典、术语等之外，还应该体现戏曲的专业特点，充分展现编纂者的戏曲研究成果。某些学有专攻的戏曲学专家编纂的戏曲注释本，不仅是读者阅读、学习戏曲名著必备的读本，而且还具有不逊于任何学术论著的学术价值，是我们学习、研究戏曲的重要的学术参考书。如钱南扬校注的《永乐大典戏文三种校注》、《元本琵琶记校注》，王季思校注的《西厢记》，顾学颉选注的《元人杂剧选》等，皆系校注者积累研究校注作品长年功夫的著作，具有很高学术价值。特别是这些校注本中对于某些关系戏曲学术研究中带关键性的专业名词、术语的解释，更是值得我们重视。

例如，钱南扬《永乐大典戏文三种校注》对“题目”一词的解释：

题目——总一故事的纲要。《南词叙录》以为由副末念诵，是错的。试看保持真面目的戏文，如本书的三种，及陆贻典钞本《琵琶记》，题目都在第一出副末上场之前，题目之上也并无“副末白”的标注，况副末报告戏情另有文字，何必念诵题目？金元杂剧题目放在剧本之后，然必待搬演结束，角色下场，才出题目。这是一个旁证。宋金时代各种技艺的演出，必先张贴招子。如《夷坚丁志》卷二“班固入梦”条：“四人同出嘉会门外茶肆中坐，见辐纸用绯帖尾，云今晚讲说《汉书》。”这是讲史招子。《太平乐府》卷九杜善夫（金杜仁杰）《庄家不识勾栏》套【耍孩儿】：“正打街头过，见吊个花碌碌纸榜。”《古今杂剧》无名氏《蓝采和》一折白：“昨日贴出花招儿去。”本书《错立身》第

① 明·臧晋叔编：《元曲选》，中华书局1958年排印版，第4页。

四出："今早挂了招子。"这都是戏剧招子。而题目当即写在招子上，使观众知道一个概况。到了明改本的戏文中，分出加出目，题目遂失去效用，一变而为第一出副末的下场诗，有明改本《琵琶记》可证，才真正由副末念诵。①

因为"题目"的含义，关系对金元戏曲，尤其宋元南戏及明人改本戏文的演剧体制的认识，加之常被前人误解，所以校注者对它详加解释。这一解释，较全面地说明了"题目"的作用、历史沿革及变迁，辨析了前人的错解，还其真实涵义。注文旁征博引，内容翔实，富有说服力，体现了校注的精审。像此类释词，在该校注本中随处可见，它们是南戏研究家钱南扬长年研究南戏的成果。

又如，王季思《西厢记》校注本对"正末"的解释：

正末——陶九成辍耕录及丹邱论曲，并以末即为参军戏之苍鹘，甚是。黄山谷词："副靖传语木大。"木大与副靖对举，当即苍鹘，更音转而为末也。称木大者，壮其痴呆可笑之意。北史皇甫玉传："文宣即位，试玉相术。故以帛巾抹其眼，使历摸诸人，至文宣，曰：'此最大达官。'至任城王，曰：'当至丞相。'至石动桶，曰：'此弄痴人。'"朝野签载："敬宗时，高崔巍弄痴大。"石动桶、高崔巍，并当时俳优。弄痴人即弄痴大，痴大由即木大也。马令南唐书舒雅传："韩熙载不拘礼法，尝与雅易服燕戏，猱杂侍婢，入末念酸，以为笑乐。"是知五代戏剧中已有末角矣。②

在《西厢记》杂剧中，"正末"角色扮演男主角张珙，十分重要，术语"正末"需详加解释。王注首先肯定前人陶九成《辍耕录》与《丹邱论曲》释"末"为"参军戏之苍鹘"说法的正确，然后证以各种相关文献，说明"苍鹘"——"木大"——"末"——"痴大"之间的转化、传承关系，最后又以《南唐书》"入末念酸，以为笑乐"的记载，追溯"末"角的历史悠久。注文虽是前人见解的解正，但多有注者个人发见，体现了注者的深厚学养。

3. **解句**

解句是对文献底本中部分不易理解或容易引起歧解的语句的解释。它常常结合释词一起进行。解句的内容与方式较多，如：有的是底本文句今译，有的是引用前人说法作解，有的是底本文句含义诠析，有的是底本文句上下文关联串讲，有的是综合运用各种方法，等等，情况多样。仍举王季思校注本《西厢记》为例：

投至得九万里云路鹏程——庄子逍遥游："鹏之徙于南溟也，水击三千里，抟扶摇而上者九万里。"宋元人习惯以云路鹏程表示功名得意之意。投至得，投到、等到意。此处与下句（"先受了雪窗萤火二十年"——引者注）先字相应，张相谓（按指张著《诗词曲语辞汇释》一书解释——引者注）有在此时以前之意。连下句合看，言在功名得意之

---

① 钱南扬校注：《永乐大典戏文三种校注》，中华书局1979年版，第4页。

② 王季思校注：《西厢记》，1978年新一版，第9页。

前，先受二十年雪窗萤火之苦也。

络丝娘煞尾二句（“只为你闭月羞花相貌，少不得剪草除根大小”——引者注）——毛西河曰：“院本以四折为一本，中用络丝娘煞尾联之。……杂剧亦间有用络丝娘煞尾作结者，见两世姻缘剧。”又西河词话谓此二语在演者下场后，由在坐间之司唱者念唱，盖尚沿院本旧例也。“大小”谓一家大小，“剪草除根大小”，犹第三本第一折所云“灭门绝户了一家儿”也。此语盖预伏下文孙飞虎事，五本前后相接处，例皆如此。

本宫始终不同——王伯良曰：“凡琴曲各宫调自为始终，初弹之宫调为本宫本调。张生先弄一曲，后改弦作凤求凰，故言此曲与初弹本宫始终不同也。”①

上引三例解句，第一例是综合运用，第二例侧重阐释上下文关联，第三例纯属引用前人解释。

对于某些文意比较含蓄、隐晦、艰涩，注者较难准确而全面表述清楚的底本文句，可以采取“意解”办法，即转述原文大意，留出余地，不作勉强的直解、直译。这类解句，通常都会在解句中采用“意谓”、“意为”、“犹谓”、“犹如”、“如言”、“浑言”等等措词。

五、句读与符号

（一）句读不含糊

戏曲文献句读，即对文献语句进行准确断句。断句事关对原文的正确理解，十分重要，不能出现差错。凡是属于曲论、记载一类的散文体的戏曲文献断句，相对比较容易，只需按照文意进行断句即可。问题与难点，主要出在包含曲文、宾白、科文的戏曲作品的断句，尤其曲文断句，它会涉及文意与戏曲格律如何统一的问题。

一般来说，戏曲的格律与唱句文意是相统一的，一定的戏曲句格，同时体现一定的唱句含义。但是为什么在对戏曲作品进行现代断句有时会产生二者抵牾——或遵从格律，文义不通；或遵从文意，格律不合——呢？这无非是出于两种原因：一是底本文句可能有误，令断句者无所适从；二是断句者所据格律不对，与底本唱句错位。比如，底本明明是青阳、杂调脚本，你却用昆曲谱去对格断句，怎能全都“对号入座”？

戏曲作品断句，在处理格律与文意关系的问题上，应该遵循以下三条基本原则：

第一，首先要弄清底本性质，即了解底本属于何种剧种、声腔的脚本，或者明白作者是依据什么戏曲音乐体制填曲的。然后依此剧种、声腔、音乐体制，确定格律依据，进行断句。

第二，格律、文意两通，当依格律。

第三，文意通，格律不合，先依文意，并出校说明。

例如，明刊《重校金印记》属青阳、杂调类型脚本，若用传奇昆曲格律的南曲定谱

① 王季思校注：《西厢记》，1978年新一版，第10、44、91页。

例之，肯定会有诸多不合，但又无其他曲谱格律可循，不妨借用南曲定谱，参酌曲文文意进行断句。对于其中某些格律与南曲谱定格迥然不同的曲子，只能依据文意断句，并出校说明。如第十出“别亲赴试”中的【花心动】、第二十五出“魏国招贤”中的【三棒鼓】等曲。①

（二）符号先统一

校点戏曲，付梓现代刊本，要用到许多现代汉语标点及其他相关符号。现在这方面的情况比较混乱，各人、各出版部门都有自己的一套习惯用法，彼此不相统一。比如曲牌号，有的用【　　】，有的用〔　　〕，有的甚至用［　　］。再比如标点符号，有的爱使用顿号、叹号、删节号、破折号，有的干脆不用，等等，希望今后能有个统一的使用标准。

在各地尚未统一之前，至少在个人和同一出版部门校点的戏曲文献中，应该先做到统一。中华书局出版的各种戏曲文献书籍，在这方面已率先作出表率。笔者与同仁在给中华书局做过多种戏曲校点文本的过程中，逐渐熟悉他们长年形成的符号使用的体例要求。现将这些体例要求归纳成以下各点，提供大家参考：

1. 曲、白、科文符号

曲牌：曲文正文，用【　　】号。宾白及校注，用〔　　〕号。

　　正文宫调连曲牌，用【·】号。校注宫调连曲牌，用〔·〕号。

宾白：正文、校注宾白的角色提示，俱用（　　）号。

科文：正文，用（　　）号。校注，简体横排用“　”号；繁体竖排用⌊　⌉号。

2. 曲文断句标点符号

多用：逗号、句号。

少用：问号、冒号、叹号、顿号。

不用：引号、删节号、破折号、书名号、间隔号。

3. 宾白断句标点符号

多用：逗号、句号。

可用：问号、冒号、叹号、顿号、引号、书名号、间隔号。

少用：删节号、破折号。

4. 其他符号

注码：用〔　〕号，或○号。

阙文：阙字，用□□□号（每一□号，代表阙一字）；字数不详，用▭号，并下加（　　）号，内写所阙大约字数。阙页、阙篇（折、出）、阙卷等大篇幅阙文，可余留白页，并在（　　）号内，注写“下阙”多少页，或某某篇（折、出）、某某卷等。

添字：一般不另用符号，只需出校说明所添字数情况即可。但各家亦有根据自己习惯，加上添字的符号。以添订曲牌名目为例，钱南扬《永乐大典戏文三种校注》（中华书局，1979）于添订的曲牌名旁，加·号；孙崇涛、黄仕忠《风月锦囊笺校》（中华书局，

① 参见拙校《金印记》，中华书局1988年“明清传奇选刊”版，第24、86页。

2000）于添订的曲牌名外，加〔　　〕号。

六、目录与索引

（一）目录似纲要

无论什么书籍，卷首都该有目录。目录的主要用途是便于读者检索，同时它也等于给读者提供一份书籍内容与结构的“清单”。目录编得好，正如一本书的纲要，读者只要纵目浏览一番目录，便知全书内容大意。

目录既不能编得太繁、太细，也不能过简、过略。太繁、太细，如开中药铺，失去提纲挈领的作用，且不便于读者迅速检索。过简、过略，读者无法检索，也失去了目录的应有作用。一般来说，应以适中为宜，当然还要结合书籍内容分量、篇幅长短等具体情况具体确定目录的级数与详略。

编纂戏曲作家、作品文集（全集或选集），或按创作年代，或按作品体裁编排目次，相对比较简单。戏曲论著的目录编排，通常按以下方式，编排各级子目：

第×编

　　第×章

　　　第×节

　　　　一

　　　　　（一）

　　　　　　1

　　　　　　　（1）

　　　　　　　　①

　　　……

子目级数以及使用的数码样式，没有严格规定，应据书籍的具体内容与作者平时使用习惯而定。也可以根据书籍内容与结构实际，调正、增删子目级别。如本书，由于第三级子目内的内容长短、多寡很不划一，用“节”不太适合，干脆从第二级“章”跳级到第四级“段”。

（二）索引重实用

索引的主要用途也是为了检索，但与目录有别。它不是按照书籍内容顺序编排，而是按照书中内容的有关主题名词，采用音序、笔画、四角号码等方式编排。索引是目录的一种补充，一般附在书末，供读者检索书中相关的细节内容。

编纂索引首先要确立索引主题，主题确立要重在实用，它应是根据书籍所写主要内容而确定，目的是为了帮助读者去检索与本书主要内容相关的细节。以戏曲论著为例，叶长海《中国戏剧学史稿》①，是部阐述中国戏剧批评历史的论著，编纂索引两份，分别

① 叶长海著：《中国戏剧学史稿》，上海文艺出版社1986年版。

是“人名、书名索引”与“史论概念索引”。前者帮助读者检索中国历史上著名戏曲理论家及有关戏曲理论著作，后者检索戏曲理论史上出现的各主要名词概念。吴书荫《曲品校注》①，内容是校释明·吕天成戏曲论著《曲品》，编纂索引为“《曲品》曲家剧目索引”。孙崇涛、徐宏图《戏曲优伶史》② 是部戏曲演员通史，编纂的索引为“优伶姓名索引”。上述这些索引，都是紧紧围绕各书的内容主题，帮助检索目录所无法显示的书籍局部细节内容。

七、附录与书目

（一）附录须有用

附录是附在书籍正文之后，与书籍内容有关的参考资料。附录的内容类型多种多样，按照作者或编纂者的需要择定。其中比较常见的有以下几种：

1. 附录作品本事资料

例如：钱南扬校注《南柯梦记》③，附录唐·李公佐传奇小说《南柯太守传》；胡士莹校注《紫钗记》④，附录唐·蒋防传奇小说《霍小玉传》。

2. 附录作者相关遗文

例如：吴书荫《曲品校注》，附录“吕天成遗文辑存”；胡士莹校注《紫钗记》，附录作者汤显祖剧本初稿《紫箫记》。

3. 附录研究资料汇辑

例如：周中明校注《四声猿》⑤，附录“各家评《四声猿》”；吴书荫《曲品校注》，附录“吕天成研究资料汇辑”。

4. 附录别家相关序跋

例如：徐朔方校注《长生殿》⑥，附录“徐（灵昭）序”、“吴（舒凫）序”、“毛（奇龄）序”序文三篇；罗斯宁校注《绿牡丹》⑦，附录吴梅、刘世珩跋文三篇。

5. 附录本书版本叙录

例如：徐朔方校注《牡丹亭》，附录“关于（《牡丹亭》）版本说明”；孙崇涛、徐宏图《青楼集笺注》，附录“《青楼集》（版本）叙录”。

6. 附录作者生平传记

例如：周中明校注《四声猿》，附录作者徐渭自著《畸谱》、《墓志铭》和袁宏道、陶望龄、沈德符三人所著《徐文长传》及《明史·徐渭传》；罗斯宁校注《绿牡丹》，附录《宜荆吴氏宗谱》有关作者吴炳传记三篇。

---

① 吴书荫校注：《曲品校注》，中华书局1990年版。

② 孙崇涛、徐宏图：《戏曲优伶史》，文化艺术出版社1990年版。

③ 钱南扬校注：《南柯梦记》，人民文学出版社1981年版。

④ 胡士莹校注：《紫钗记》，人民文学出版社1982年版。

⑤ 周中明校注：《四声猿》，上海古籍出版社1984年版。

⑥ 徐朔方校注：《长生殿》，人民文学出版社1958年版。

⑦ 罗斯宁校注：《绿牡丹》，上海古籍出版社1985年版。

7. **附录与本著内容相关的附表、叙录、辑佚**

例如：车文明《20世纪戏曲文物的发现与曲学研究》①，附录“戏曲文物资料附表”；朱崇志《中国古代戏曲选本研究》②，附录“中国古代戏曲选本叙录”；周维培《曲谱研究》③，附录“《骷髅格》辑佚”。

以上各类附录，可以多样同时选择，如胡士莹校注《紫钗记》、周中明校注《四声猿》、罗斯宁校注《绿牡丹》等；也可以综合一起编纂，如邵海青校注《冬青树》④，附录二为“关于《冬青树》本事及其评论”，将有关蒋士铨《冬青树》剧作的题材本事及评论资料综合一起编纂。

某些附录，作用甚至不在正文之下，作者为之倾注很大的编纂精力，篇幅、内容都相当庞大，如上举各例中的车文明《20世纪戏曲文物的发现与曲学研究》附录“戏曲文物资料附表”、朱崇志《中国古代戏曲选本研究》“中国古代戏曲选本叙录”，就是如此。这些附录，实际作用与正文没有什么区别，只是编纂体例与正文不同而已。

（二）书目列版别

戏曲论著以及某些戏曲作品文集，编著者往往在书末（戏曲论著）或卷首（戏曲文集）罗列本书引用文献的书目。之所以要罗列引用书目（或称“参考文献”、“参考书目”等），主要是向读者统一交代本书引用文献所依据的版本。因此，所列书目必须要详细写明版别，否则就失去罗列书目的意义。另外，所列书目，应该用全名，不宜用简名。比如，书中曾经分别引用过戏曲作品《伍伦全备》、曲选《词林摘艳》、曲谱《九宫正始》、戏曲论著《宋元戏曲考》、剧目《京剧剧目初探》各书，“书目引用”应列：

新编劝化风俗南北雅曲五伦全备记（韩国奎章阁藏朝鲜教诲厅壬戌印置本）
汇纂元谱南曲九宫正始（北平戏曲流通会1936年影清抄朱墨本）
词林摘艳（明·张禄编，文学古籍刊行社影印明嘉靖本）
宋元戏曲考（王国维著，中国戏剧出版社版《王国维戏曲论文集》本）
京剧剧目初探（增订本）（陶君起编著，中国戏剧出版社排印本）

其他，以此类推。若遇同书、同戏，而引用不同的版本时，书目中还需同时罗列不同版别。比如《伍伦全备》一剧，除了罗列奎章阁藏本之外，必要时还需同时罗列《古本戏曲丛刊初集》影印明万历世德堂刊本《伍伦全备记》，以示二者引用版本有别。

八、前言与后记

（一）前言言总纲

今人校注戏曲作品，或编纂戏曲作家、作品文集，一般都在卷首刊载由校注者或编

① 车文明著：《20世纪戏曲文物的发现与曲学研究》，文化艺术出版社2001年版。
② 朱崇志：《中国古代戏曲选本研究》，上海古籍出版社2004年版。
③ 周维培：《曲谱研究》，江苏古籍出版社1997年版。
④ 邵海青校注：《冬青树》，上海古籍出版社1988年版。

纂者本人撰写的“前言”，或简介内容，或分析作品，或介绍作者，或说明版本，或交代校注（编纂）体例，等等。它既是校注（编纂）者的工作总结，也是校注（编纂）者对校注（编纂）作品的总体认识，又是引导读者的阅读指南，所以一般撰写者都非常认真地对待“前言”写作。

由于“前言”一般是出自校注（编纂）者之手，作者对作品都有较深研究，且经历过一番文献整理、校释的实践操作过程，因此所写“前言”都具有相当高的学术水准。现举王季思为他本人与苏寰中、杨德平共同校注的《桃花扇》① 传奇撰写的“前言”为例。该“前言”撰写得十分用心，全文九大段，长达近二万言，各段内容要点如下：

1.《桃花扇》描写的时代背景——关于南明王朝覆亡。

2.《桃花扇》所揭示的南明王朝覆灭的原因。

3.《桃花扇》是如何“借离合之情，写兴亡之感”的——剧本男女主人公侯方域、李香君人物形象分析。

4.《桃花扇》的成就是我国优秀历史剧创作经验的继承。

5.《桃花扇》人物创作的成功经验。

6.《桃花扇》剧情关目处理的成功经验。

7.《桃花扇》曲、白创作的成功经验。

8.《桃花扇》作者孔尚仁生平简介。

9. 整理、校注《桃花扇》的宗旨与方法。

该篇“前言”对戏曲名著《桃花扇》做了全面而概括的分析研究，包括剧本的时代背景、思想内容、艺术特色、人物形象、创作经验、作者生平以及校注体例等等各项内容，体现一般“前言”所具备的“总纲”性质的特点。

“前言”既需要具有学术论文一样的学术含量，但又不完全等同于所有学术论文。学术论文一般要求有明确的针对性，论题相对比较集中，内容不必面面俱到。“前言”则肩负对作品进行全面介绍和为读者进行“导读”的任务，所以“前言”内容必然包括方方面面。

（二）后记记后况

文献整理告竣，或学术论著完成，付印之前，编著者常常撰写短文，置于书末，说明、交代有关编著事项，前人多题为“跋”，今人习惯称作“后记”。书籍再版，作者认为还有继续说明、交代事项的必要，还可以写“再版后记”，乃至“三版后记”、“四版后记”等等。

“后记”内容大多是说明本书的撰写、出版过程，或顺便表露编著者在编著、出版过程间的情感经历。“后记”还常常对给予编著者以帮助的友人、出版同人等表示道谢。有的“后记”，还具体记叙一些发生于编著期间与本书编著、出版有关的事件。总之，各篇“后记”内容范围虽然不可能完全一致，但有一点却是相同：所“记”都是有关书籍的完成经历——现在已成“后况”。

“后记”应该短小，不宜任意挥洒。但也有一些编著者感到有必要多花些笔墨向读者

① 王季思、苏寰中、杨德平校注：《桃花扇》，人民文学出版社1959年初版，1980年新版。

说明、交代清楚的“后记”。

仍以王季思等校注本《桃花扇》为例。该校注本完成于20世纪50年代中期，1959年初版，1980年再版前，王季思加撰一篇不短的“再版后记”，说明校注本的写作过程及初版之后20多年来的经历。特别是有关上述那篇初版“前言”在学术界引起的争议，对人们有关“《前言》里对《桃花扇》的思想评价是偏高了，而批判则微乎其微”的批评，较全面地阐述了自己的现在认识。像这样一种带有学术探讨性质的“后记”，“记”的仍是“后况”，同样可以允许。

有关戏曲编纂体例要求，当然还不止以上八方面、十六项，另外，还有有关编制“凡例”、确定行款、统一字体、引用方式、规范标注、插图制表等等各项的体例要求，这些都可以参照其他书籍来做，本书就从略介绍了。

第四章　戏曲编纂的专业工具书

戏曲编纂尤其是进行笺解、校注一类戏曲图书的编纂工作，需要用到许多工具书。这些工具书，除了整理一般文史古籍所必备、通用的，如字典、辞书、韵书、类书、政书、书目、提要、方志、图志、年表、索引、通检之类外，还需用到不少戏曲专业以及与戏曲专业密切相关的工具书。通用的文史工具书不必一一介绍，以下主要就戏曲专业及与戏曲专业密切相关的常用工具书书目，分类、分条罗列于下，提供大家参考。

对此书目，还需作如下各点补充说明：

1. 书目不作全面罗列，主要仅限于戏曲编纂时较多使用且较容易获取的部分常用工具书；

2. 对所列书目，必要时，略作说明，说明文字前标＊号，用仿体字注于相关书目之下；

3. 对一些出版年代过早，较难购取或借阅的工具书，即使比较重要，亦尽量少列入书目；

4. 对于多种同类内容、性质的工具书，仅选择其中一二种较通行、出版年代较近的列入；

5. 具有工具书性质，但不曾单独成书，只作为某些著作篇章或附录的，均不列入本书目；

6. 某些学术论著而同时兼有工具书性质者，酌情选列。

一、字典、辞书类

诗词曲语词汇释（张相著，中华书局 1953 年初版）

诗词曲语词例释（增订本）（王锳著，中华书局 1986 年初版）

＊本书是对前书内容的补订，二者可以参用。

戏曲词语汇释（陆澹安编著，上海古籍出版社 1981 年版）

小说词语汇释（陆澹安编著，上海古籍出版社 1979 年版）

＊以上二书，词条可以互补使用。

元曲释词（共四册）（顾学颉、王学奇编著，中国社会科学出版社 1983—1990 年版）

金元戏曲方言考（修订版）（徐嘉瑞著，商务印书馆 1956 年版）

元剧俗语方言释例（朱居易著，商务印书馆 1957 年版）

元明戏曲中的蒙古语（方龄贵著，汉语大词典出版社 1991 年版）
宋元语言词典（龙潜庵编著，上海辞书出版社 1985 年版）
通俗编（清·翟灏撰，商务印书馆 1959 年版）
＊该新排本附载性质相类而以前未曾刊印的清·梁山舟所撰《直语补正》。
中国曲学大辞典（齐森华等主编，浙江教育出版社 1997 年版）
中国戏曲曲艺词典（上海艺术研究所等编，上海辞书出版社 1981 年版）
中国昆剧大辞典（吴新雷主编，南京大学出版社 2002 年版）
京剧剧目辞典（曾白融主编，中国戏剧出版社 1989 年版）
元曲鉴赏辞典（蒋星煜主编，上海辞书出版社 1990 年版）
明清传奇鉴赏辞典（蒋星煜等主编，上海辞书出版社 2004 年版）
中国音乐、舞蹈、戏曲人名辞典（曹惆生编，商务印书馆 1959 年版）

二、百科、提要类

中国大百科全书·戏曲、曲艺卷（中国大百科全书出版社 1983 年版）
＊除戏曲、曲艺卷外，中国文学、中国历史、音乐、舞蹈等各卷，亦可备用。
曲海总目提要（清·黄文旸编，王国维、董康等校订，人民文学出版社 1959 年版）
＊此书尚有大东书局 1928 年版、天津市古籍书店影印大东书局版等不同版本。
曲海总目提要补编（北婴编著，人民文学出版社 1959 年版）
古本戏曲剧目提要（李修生主编，文化艺术出版社 1997 年版）
孤本元明杂剧提要（王季烈著，商务印书馆 1941 年版）
明清传奇综录（郭英德编著，河北教育出版社 1997 年版）
中国戏曲研究书目提要（中国艺术研究院戏曲研究所资料室编著，中国戏剧出版社 1992 年版）
车王府曲本提要（郭精锐等编著，中国戏剧出版社 1989 年版）
元曲百科辞典（袁世硕主编，山东教育出版社 1989 年版）
中国戏曲剧种手册（李汉飞编，中国戏剧出版社 1987 年版）
京剧剧目初探（增订本）（陶君起编著，中国戏剧出版社 1963 年版）

三、年谱、传略类

中国历代年谱总录（杨殿珣编，书目文献出版社 1980 年版）
＊编者另辑有《〈中国历代年谱总录〉续录》，载书目文献出版社 1982 年版《文献》第 13 辑。
元曲家考略（增订本）（孙楷第著，上海古籍出版社 1981 年版）
晚明曲家年谱（徐朔方著，浙江古籍出版社 1993 年版）
＊分苏州、浙江、皖赣三卷，著录明嘉靖至崇祯间三十九家曲家年谱或行实系年。
汤显祖年谱（徐朔方著，中华书局 1958 年版，上海古籍出版社 1980 年版）
孔尚任年谱（袁世硕编著，山东人民出版社 1962 年版）
洪升年谱（章培恒著，上海古籍出版社 1979 年版）

方志著录元明清曲家传略（赵景深、张增元编，中华书局 1987 年版）
中国古代戏曲家评传（胡世厚、邓绍基主编，中州古籍出版社 1992 年版）

四、索引、综录类

二十五史纪传人名索引（上海古籍出版社、上海书店 1990 年版）

＊ 本索引根据上海古籍出版社、上海书店缩印本《二十五史》和中华书局标点本《二十四史》及《清史稿》编制。

中国地名索引（来荷初编，上海新知识出版社 1955 年版）
综合引得四种（1935 年哈佛燕京学社引得编纂处编，中华书局 1959 年重印出版）

＊ 包括《四十七种宋代传记综合引得》、《辽金元传记三十种综合引得》、《八十九种明代传记综合引得》、《三十三种清代传记综合引得》。

中国地方志联合目录（中国科学院北京天文台主编，中华书局 1985 年版）
中国丛书综录（共三册）（上海图书馆编，中华书局 1959—1962 年版）
雍熙乐府曲文作者考（隋树森编著，书目文献出版社 1985 年版）

＊ 本书按照原文顺序，对《雍熙乐府》曲文未署姓名的作者一一进行考索，可作为索引使用。

五、地图、年表类

中国历史地图集（古代史部分）（顾颉刚等编著，地图出版社 1955 年版）
中国历史地图集（共八册）（中国历史地图集编辑组编辑，中华地图学社 1974 年版）
中国历史年代简表（文物出版社 1974 年版）
中国历史纪年表（万国鼎编，万斯年、陈梦家补订，中华书局 1978 年版）
中外历史年表（齐思和等编，中华书局 1961 年新版）
历代人物年里碑传综表（姜亮夫编纂、陶秋英校订，中华书局 1957 年修订重印本）

六、曲谱、曲律、曲韵类

北词广正谱（明·徐庆卿原稿、钮少雅乐句、清·李玉更定、朱素臣同阅）

＊ 有清康熙青莲书屋刻本、北京大学 1919 年石印本与 1937 年影印康熙刻本等。

南词新谱（明·沈自晋编）

＊ 有不殊草堂原刻本及北京大学、中国书店影印原刻本等。

南曲九宫正始（明·徐于室、清·钮少雅辑订，戏曲文献流通会影印清钞朱墨本
新定九宫大成南北词宫谱（清·周祥钰等编）

＊ 有清乾隆内府本及古书流通处影印本等。

南北词简谱（吴梅编撰）

＊ 有北京大学 1939 年石印本及华东师范大学中文系 1980 年刻印本。

新定十二律京腔谱（清·王正祥编）

＊ 有清停云室原刻本及台湾学生书局《善本戏曲丛刊》第三辑所收影印本。

曲律易知（许之衡著，民国壬戌流饮斋刊本）
北曲套式汇录详解（郑骞著，台湾艺文出版社1973年版）
昆曲曲牌及套数范例集（王守泰主编，上海文艺出版社1994年版）
中原音韵（元·周德清著）

＊有中华书局1978年影印明正统辛酉讷庵本、《中国古典戏曲论著集成》第一集所收本等。

韵学骊珠（清·沈乘麐编，清嘉庆刻本）
曲韵易通（项远村著，中华书局1963年版）

＊本书主要为昆曲音韵而编，同时也适用于京剧及其他地方戏，下编为韵表，可供检索。

诗韵新编（上海古籍出版社编，上海古籍出版社1989年新二版）

＊这本现代韵书可作为校点以普通话字音为唱腔的剧种剧目唱段参考。

七、剧目、辑佚类

录鬼簿（元·钟嗣成撰）

＊版本甚多，可采用《中国古典戏曲论著集成》第二集所收本。

录鬼簿续编（明无名氏撰，收见上书同集，中国戏剧出版社1959年版）
古典戏曲存目汇考（庄一拂编著，上海古籍出版社1982年版）
元代杂剧全目（傅惜华著，作家出版社1957年版）
明代杂剧全目（傅惜华著，作家出版社1958年版）
清代杂剧全目（傅惜华著，人民文学出版社1981年版）
明代传奇全目（傅惜华著，人民文学出版社1959年版）
宋元戏文辑佚（钱南扬辑录，上海古典文学出版社1956年版）
元人杂剧钩沉（赵景深著，古典文学出版社1956年版）

八、国家标准与其他

中华人民共和国国家标准：标点符号用法（国家标准局发布）

＊见本书第三编附录

简化字总表（1986年新版）（国家语言文字工作委员会1986年10月10日公布）

＊见本书第三编附录

中华人民共和国国家标准：古籍著录规则（国家标准局发布）

＊见本书本编附录

四库全书总目（清·永瑢等撰，中华书局1965年影印杭州重刻清武英殿本）
历代职官表（清·黄本初编，上海古籍出版社1980年重印本）

＊内附瞿蜕园编著《历代职官简释》。

史讳举例（陈垣著，中华书局1962年繁体竖排本、2004年简体横排本）
公元干支推算表（汤有恩编，文物出版社1961年版）
校勘学释例（陈垣著，中华书局1959年繁体竖排本、2004年简体横排本）

古籍校点释例（中华书局编）

＊ 载全国古籍整理出版规划领导小组办公室主办《古籍整理出版情况简报》（内部刊物）2000 年第 356～357 期。

结束语

戏曲编纂包括对戏曲既有文献成果的整理、遴选、归类、编辑、校释、刊布等多方面的工作，其成型品种多种多样，样式五花八门。它是保留、传布戏曲文化遗产的重要手段，是推广、普及戏曲文化知识的主要渠道，戏曲研究者、教学者和传播者经常要通过戏曲编纂来完成自己工作的最后使命。其重要性不言而喻。

戏曲编纂尤其是古典戏曲的编纂工作，涉及文本断句、分章、校勘、正音、正字、释音、释义、钩沉、辨伪等操作手段，它们同中国传统的文字学、音韵学、校雠学、训诂学、章法学、辑佚学一脉相承，彼此衔接，因此具备深厚的国学基础是做好戏曲编纂的前提和条件，从事戏曲编纂者，必须不断充实、丰富自己这些方面的学养。

戏曲编纂又不完全等同其他文类的编纂工作，它需要编纂者熟知戏曲艺术规律，了解戏曲艺术的呈现方式及其体现于文本的特点，掌握戏曲文献有别于其他文献的独特规律。在进行戏曲编纂中，既要遵守一般文本编纂的普遍要求，又需按照戏曲本身的特点，去处理相关问题。对于一些在别的文类中很少甚至根本不可能存在的文字现象，诸如：衬字、滚唱、滚白、谐曲、诨白、谐音、方言、土音、土字之类，更应有自己独有的处理方式，要探讨与总结这些方面的经验与规律。

戏曲编纂学既是戏曲文献学的一个分支知识门类，更是戏曲文献学操作实践的方法学。学习戏曲编纂学的主要目的，与其说是了解戏曲编纂方方面面的相关知识及要求，倒不如说是为了掌握戏曲编纂的方法和本领。

由于我国目前戏曲编纂工作“八仙过海，各显神通”，学术界、出版界没有统一规范，没有探讨和整合一套为大家所认可、所遵守的统一体例与要求，这对戏曲文献的整理、保管、传布、传输来说，都是不利的。学术提倡百家争鸣，艺术必须百花齐放，出版工作也应该体现个性，而戏曲文献的编纂、整理和刊布则需统一与实施规范，这是与众不同之处。我们构建戏曲编纂学的任务，就是为了研究与探讨这种统一与规范。

附　录

中华人民共和国国家标准：古籍著录规则

（UDC 016：408.4　GB 3792.7—87　国家标准局 1987—01—03 发布　1987—10—01 实施）

Bibliographical description for Chinese antiquarian books

1　引言

1.1　本标准依据 GB 3792.1－83《文献著录总则》，参考《国际标准书目著录（古书）》〔ISBD（A）〕，结合我国古籍特点及著录传统制订。

1.2　本标准主要著录对象为汉语文古籍。

1.3　本标准适用于编制各类型古籍目录。

2　名词、术语

2.1　古籍：中国古代书籍的简称，主要指书写或印刷于 1911 年以前、反映中国古代文化、具有古典装订形式的书籍。

2.2　正书名：古籍的主要名称，包括合刻书名。

2.3　合刻书名：同一版本组合在一起、没有总书名的几种书的书名。

2.4　并列书名：与正书名相对照的另一种文字的书名。

2.5　著者：对古籍内容的创作、整理、加工负有直接责任的个人或团体。

2.6　第一著者：一部古籍具有几种不同著作方式的著者时，依他们之间的逻辑顺序居于首位的著作方式的著者。

2.7　其他著者：第一著者以外的著者。

2.8　附件：内容与书籍主要部分有直接联系，形式上分离于该书主要部分以外的附加材料。

2.9　古籍著录：对被著录古籍的内容和形式特征进行分析、选择和记录的过程。

2.10　著录格式：著录项目在款目中的顺序、位置及其表达方式。

3　著录项目

3.1　书名与著者项

a.　正书名

b.　并列书名

c.　说明书名文字

d.　文献类型标识符

e.　第一著者

f.　其他著者

3.2　版本项

3.3　文献特殊细节项

3.4　出版发行项

3.5　载体形态项

a. 册（函）数

b. 图

c. 版框尺寸

d. 附件

3.6　丛书项

a. 正丛书名

b. 丛书著者

c. 丛书内部编号

d. 附属丛书名

3.7　附注项

3.8　装订与获得方式项

a. 装订

b. 获得方式

3.9　提要项

3.10　排检项

4　著录项目标识符与著录内容识别符

4.1　著录项目标识符

4.1.1　本标准的各著录项目前冠以如下标识符：

· –　各大项（书名与著者项及另起段落的大项除外）；

=　并列书名；

:　说明书名文字、图、获得方式；

/　第一著者；

;　不同著作方式的著者、同一著者的第二合刻书名、版框尺寸、丛书内部编号；

,　相同著作方式的著者、书名各部分的间隔；

·　附属丛书名；

+　附件；

//　析出文献的出处。

4.1.2　著录项目标识符说明

4.1.2.1　除"· –"占两格（不宜移行）外，其他标识符均占一格。

4.1.2.2　不进行著录的大、小项目，其标识符连同项目一并省略。

4.2　著录内容识别符

4.2.1　本标准采用如下著录内容识别符：

(　　)　中国著者时代、外国著者国别及姓名原文、版本项和载体形态项的补充说明、丛书项；

〔　　〕　文献类型标识符、自拟著录内容；

…　省略著录内容；

?　推测性著录内容（与"〔　　〕"结合使用）；

·　第一合刻书名与著者结尾、外文缩写；

~　起迄连接；

×　版框尺寸的高广连接。

4.2.2　著录内容识别符说明

4.2.2.1　除圆括号和方括号占两格外，其他符号均占一格。

4.2.2.2　除右括号外，其他符号均可置于行首。

5　**著录格式**

著录格式按著录方法区分为一般著录格式、综合著录格式和分析著录格式。

5.1　一般著录格式

5.1.1　卡片格式

正书名＝并列书名：说明书名文字〔文献类型标识符〕/第一著者；其他著者．一版本 册（函）数：图；版框尺寸＋附件．—（正丛书名/丛书著者；丛书内部编号·附属丛书名） 附注 装订：获得方式 提要 Ⅰ．书名；Ⅱ．著者；Ⅲ．主题；Ⅳ．分类 ○

注：①本格式将著录项目划分为六个段落，自距卡片上边1.5厘米与自左向右2.5厘米交会处开始著录书名与著者项。各著录项目移行时均向左突出一字。每一段落第一字均与正书名齐头书写。附注项和排检项均与前一项隔一行。

②一片著录不完需续片著录时，应在本卡片著录内容的最后，注明“接下片”字样，并在各片右上角用阿拉伯数字注明本片序号和本款目的总张数，中隔“/”，加“(　　)”。如“(2/3)”表示本款目共有三张卡片，本片为第二张。

5.1.2　书本格式

正书名＝并列书名：说明书名文字〔文献类型标识符〕/第一著者；其他著者．一版本．一册（函）数：图；版框尺寸＋附件．—（正丛书名/丛书著者；丛书内部编号·附属丛书名）．—附注．—装订：获得方式

提要

注：本格式将著录项目划分为两个段落。书名与著者项、版本项、载体形态项、丛书项、附注项、装订与获得方式项均连续著录；提要项另起段落著录，与正书名齐头书写。各著录项目移行规则与卡片格式同。

5.2　综合著录格式

本格式是将丛书、多卷书的各个部分集中起来著录时采用的格式。

5.2.1　卡片格式

正书名 = 并列书名：说明书名文字〔文献类型标识符〕/第一著者；其他著者．一版本

册（函）数：图；版框尺寸 + 附件．—（正丛书名/丛书著者；丛书内部编号·附属丛书名）

附注

子目

1．内部编号　书名/著者．一版本

2．内部编号　书名/著者．一版本

……………………………………………

装订：获得方式

提要

Ⅰ．书名；Ⅱ．著者；Ⅲ．主题；Ⅳ．分类

○

注：①本格式包括对丛书、多卷书的整体著录部分和子目著录部分，后者居于前者中间。

②子目是附注项的一部分，先著录整体的附注，后著录子目。子目移行突出一字，内部编号与书名间空一格。

③各子目的版本与整体一致时可省略。如不一致则应分别著录。

④进行综合著录的古籍如是附属丛书，应著录丛书项。

⑤续片做法同 5.1.1 中注②。

5.2.2　书本格式

5.2.2.1　丛书名与著者项至丛书项连续著录。

5.2.2.2　附注项、装订与获得方式项、提要项和排检项分段著录（见 5.2.1）。

5.3　分析著录格式

本格式是著录古籍中的某一部分时采用的格式。

5.3.1　卡片格式

析出题名/著者

//书名/著者．一版本．一第×～×册

附注

提要

Ⅰ．题名；Ⅱ．著者；Ⅲ．主题；Ⅳ．分类

○

注：①本格式包括对析出部分和出处部分的著录，出处部分前冠“//”，与前后项目间各空一行。

②附注项、提要项和排检项均指析出部分而言。

5.3.2　书本格式

5.3.2.1　附注项、提要项以外的各个项目采用连续著录。

5.3.2.2　附注项、提要项采用分段著录。

6　著录详简级次

6.1　古籍著录项目分为主要项目和选择项目。

6.1.1　主要项目：书名与著者项的正书名、第一著者；版本项；载体形态项；部分附注。

6.1.2　选择项目：并列书名、说明书名文字、文献类型标识符、其他著者；丛书项；附注项；装订与获得方式项；提要项；排检项。

6.2　著录详简级次分为简要级次、基本级次和详细级次。

6.2.1　著录主要项目为简要级次。

6.2.2　著录主要项目和部分选择项目为基本级次。

6.2.3　著录全部项目为详细级次。

6.3　国家古籍书目采用详细级次著录，其他类型古籍目录可以根据目录性质选择著录级次。

7　著录用文字

7.1　一般用规范的繁体汉字著录。

7.2　书名后的卷数、种数等用汉字数码著录，其他项目中的数字用阿拉伯数码著录。

7.3　少数民族语文古籍参用本标准时，按其文字书写规则著录。

8　文献类型标识符

按 GB3469—83《文献类型与文献载体代码》执行。

9　著录来源

9.1　古籍著录的来源是被著录的古籍本身。如本身材料不足时，可参考有关材料。

9.2　各著录项目的主要著录来源如下：

书名与著者项——正文卷端，其次为目次、封面、序跋、版心、书签及书中其他部分。

版本项——书中有关版本的文字记载及全书的版本特征、版刻风格。

载体形态项、丛书项、附注项、装订与获得方式项、提要项、排检项——全书。

10　各著录项目细则

10.1　书名与著者项

a. 本项著录正书名、卷数、并列书名、说明书名文字、文献类型标识符、第一著者、其他著者。

b. 符号及基本结构形式

正书名　卷数＝并列书名：说明书名文字〔文献类型标识符〕/第一著者；其他著者

10.1.1　正书名及有关问题

10.1.1.1　正书名一般按正文卷端所题书名著录。

例 1：大佛顶如来密因修证了义诸菩萨万行首楞严经　十卷

例 2：钦定大清会典则例　一百八十卷

10.1.1.2　正文各卷卷端所题书名详简、次序不同，按第一卷所题著录，必要时在附注项说明。

例：评点春秋纲目左传句解汇镌　六卷

卷 2 至卷 6 书名：评点春秋纲目句解左传汇镌

10.1.1.3　正文卷端所题书名不能代表全书或未题书名时，可从主要著录来源的其他部分选择适当的正书名著录，并在附注项说明。

例：厚德堂集验方萃编　四卷

书名据目录、封面题

10.1.1.4　主要著录来源中均未题有适当的正书名，但可由其他资料查考出时，按查考出的书名著录，加“〔　　〕”，并在附注项说明来源。

10.1.1.5　主要著录来源中均未题有适当的正书名，亦未见著于其他资料，可根据书的内容、著者情况拟定书名，加“〔　　〕”，并于附注项说明。

10.1.1.6　书名由前后几部分组成，其间以“，”间隔。

例：容台文集　十卷，诗集四卷，别集四卷

10.1.1.7　合刻书名按下列各条著录：

a. 同一著者的合刻书名，依次著录两个，在第二个书名前加“；”。

例：秀野草堂诗集　五卷；小秀野诗集　三卷/（清）顾嗣立撰

b. 不同著者的合刻书名，分别著录两个书名和著者，第二个合刻书名前加“·”。

例：周礼　十八卷/（明）陈深注·考工记　二卷/（唐）杜牧注

c. 合刻书名超过两个，取第一个书名和著者著录，其他书名和著者依次于附注项说明。

10.1.1.8　正丛书名一般按总目录所题丛书名著录。

10.1.1.9　丛书无总目录或总目录所题丛书名确属不当，可参照 10.1.1.3 和 10.1.1.4 的规定著录。

10.1.1.10　正文卷数以书中正文所题为准，在正书名后空一格著录。

例：四书章句集注　二十六卷

10.1.1.11　卷次用上下、上中下、诗韵、干支、成语、六艺等作为标志，均换算为数字著录。如：上、中、下卷，著录为“三卷”。一卷中再分若干子卷，仍按一卷著录。

10.1.1.12　卷首、卷末、补遗、附录、目录等连同它们的卷数均著录于正文卷数之后。未标卷数的可视为一卷，如篇幅过少则省略。

例：王右丞集　二十八卷卷首一卷卷末一卷

10.1.1.13　原书分集（编）再分卷，应据实著录。

例：会稽偁山章氏家乘　初集二卷，汇集六卷，正集三十一卷

10.1.1.14　原书分章、节、回等，应按正文所题著录。

例 1：红楼梦　一百二十回

例 2：水浒后传　八卷四十回

10.1.1.15　残书的残存卷数和卷次在附注项注明。

例1：史记　一百三十卷

缺4卷：卷1～4

例2：新刊监本册府元龟　一千卷

存8卷：卷249，251～254，261，262，276

10.1.1.16　正文所题卷数，与目录等处所题卷数不符，又未标明原因，按正文所题卷数著录，并在附注项说明。目录标明“待刻”、“嗣出”等字样，不作缺卷处理，卷数按目录所题著录，在附注项说明。

10.1.1.17　丛书所收子目的种数和总卷数按原书所题，在正丛书名后空一格著录。子目的卷数在子目书名后空一格著录。

10.1.2　并列书名

本项按主要著录来源中所题顺序著录，其前均用“=”连接。

例：耶稣教例言 = Christian customs

10.1.3　说明书名文字

本项著录书名中没有反映出的必要的年代、地区、体裁等内容，前冠“:”。书名后题有上述内容的说明文字时，照录；未题说明文字时，可自拟著录内容，并加“〔　　〕”。

例1：上谕条例：乾隆五十一年之六十年

例2：会试录：光绪甲辰〔30年〕恩科

例3：顺天府志：〔万历〕

例4：王氏族谱：〔新城〕

例5：无双谱：〔画传〕

10.1.4　文献类型标识符

本项根据目录的性质决定取舍，必要时直接引用GB 3469－83。

10.1.5　著者及有关问题

10.1.5.1　著者著录内容及顺序为：著者时代或国别、著者名称、著作方式。

10.1.5.2　著者时代或国别

a. 中国古代著者须著录时代，外国著者须著录国别，均加“（　　）”。

b. 著者时代一般以卒年为准，按下列朝代名称著录：

周，春秋，战国，秦，汉，魏、蜀、吴，晋，南朝宋、齐、梁、陈，北朝北魏、东魏、西魏、北齐、北周，隋，唐，五代，宋、辽、西夏、金，元，明，清。

c. 原书所题著者时代有误，按正确的时代著录。必要时可在附注项说明。

d. 僧人著者须于时代名称后著录“释”字，同置于“（　　）”中。

例：（唐释）玄奘撰

e. 外国著者以相应的现代国名的统一简称著录。

例：（意）利玛窦（Ricci，Matteo）撰

10.1.5.3　个人著者名称

a. 一般按卷端所题的著者姓名著录；以字号行世的著者按卷端所题的字号著录；僧尼按卷端所题的法名著录。有关情况可在附注项说明。

例1：资治通鉴　二百九十四卷/（宋）司马光撰

例2：匡谬正俗　八卷/（唐）颜师古撰

例3：法苑珠林　一百二十卷/（唐释）道宣撰

例4：茂陵秋雨词　二卷/（清）王锡振撰

王锡振后更名王拯

b. 卷端未题著者姓名，以主要著录来源中其他位置所题的著者姓名著录。卷端所题在附注项说明。

c. 主要著录来源中未题著者姓名，以卷端所题的著者其他名称（包括字、号、庙号、封爵等）著录。

例1：新刻绣像批评金瓶梅　二十卷一百回/（明）笑笑生撰

例2：乐道堂文钞　五卷，续钞一卷/（清）恭新王撰

恭亲王名奕䜣

d. 主要著录来源的各部分均未题著者，可著录从其他资料中查考出的著者姓名，加“〔　　〕”，并在附注项注明依据。无从查考，则从略。

e. 少数民族著者以汉译名著录。

例：燕京岁时记/（清）富察敦崇撰

f. 外国著者以汉译名著录，并附注姓名原文（先著录姓，后著录名），加“（　　）”。

例：（比）南怀仁（Verbiest，F.）撰

10.1.5.4　团体著者名称

a. 一般按主要著录来源中所题团体著者名称著录。

例：农桑辑要　七卷/（元）司农司撰

b. 主要著录来源中所题地方政府名称前未冠必要的地名时，应著录地名于前，并加“〔　　〕”。

例：河南财政说明书/（清）〔河南〕财政清理局编

c. 主要著录来源中所题中央各部下属各司名称前未题上级机构名称时，应著录于前，并加“〔　　〕”。

例：户部陕西司丙戌年奏稿/（清）〔户部〕陕西司编

d. 书中未题著者，可按查考出的团体著者名称著录，加“〔　　〕”，并在附注项注明根据。无从查考，则从略。

10.1.5.5　著作方式

a. 著作方式一般依原题著录；未题时可参照以下方式选择著录。

撰：著述

编：将多种著作整理、编排为一种书。

辑：收集他人的著述或零散文字，汇集为一种书。

注：对一部书的内容、文字进行解释。

译：将一种文字翻译成另一种文字。

修、纂：主要指官修书的著作方式。主持其事为“修”，实际编写为“纂”。

绘：插图、画谱的创作。

书：书法作品的创作。

篆刻：玺印的创作。

b. 原书所题著作方式为“奉敕撰”、“奉敕编”等，著录时省略“奉敕”两字。

c. 著录相同著作方式的著者一般不超过两个。超过两个时以第一人著录，并加“等”字；其他著者可在附注项说明。

10.1.5.6　第一著者的确定

a. 一部著作集或一部辑佚书所收为同一著者的著作时，以该著者为第一著者，以编辑者或辑佚者为其他著者。多人著作集或多人著作辑佚书，以编辑者或辑佚者为第一著者。

例1：孟浩然集　三卷/（唐）孟浩然撰；（唐）王士源编

例2：全上古三代秦汉三国六朝文/（清）严可均辑

b. 在原著基础上进行加工的书籍，以原著者为第一著者，加工者为其他著者。

例：史记　一百三十卷/（汉）司马迁撰；（南朝宋）裴骃集解；（唐）司马贞索隐；（唐）张守节正义

c. 原著者未题并不可考时，以已知最初加工者为第一著者，其余加工者为其他著者。

例：尔雅注流　十卷/（晋）郭璞注；（宋）邢昺疏

d. 对原书进行重大加工，其内容已基本脱离原作而另成一书，即以加工者为第一著者。

例：水经注　四十卷/（北魏）郦道元撰

e. 地方史志以编修主持人为第一著者，以实际编写人为其他著者。地方史志的增补、续修本，一般以原本的编修主持人为第一著者，以增补、续修的主持人为其他著者。如增补、续修不止一次，一般以原本主修人为第一著者，以最后一次增补、续修的主持人为其他著者，其间的增补、续修主持人必要时可说明于附注项。

例1：桐乡县志　五卷/（清）徐秉元修，（清）仲弘道纂

例2：清丰县志　十卷/（清）杨燝修；（清）高俊续修

f. 书法作品一般以书写者为第一著者。

例：道德经/（元）赵孟頫书

g. 一人的印谱以治印者为第一著者；数人的印谱集以收藏者或选辑者为第一著者。

例1：二金蝶堂印稿/（清）赵子谦篆刻

例2：铁云藏印初集/（清）刘鹗辑

10.2　**版本项**

a. 本项著录版本。

b. 符号及基本结构形式。

. 一版本

10.2.1　版本的著录内容及顺序为：版本年代、刻写主持者、刻书地、版本类型。

10.2.2　版本年代

10.2.2.1　版本年代的著录顺序为：朝代、年号、纪年、公元纪年。

10.2.2.2　朝代、年号一般依书中所题著录，纪年以干支、太岁等计算的须换算为数字纪年著录，同时附注公元纪年，并加“（　　）”。

例1：明嘉靖3年（1524）

例2：清顺治元年（1644）

10.2.2.3　书中仅提供版本的朝代、年号，而纪年无从查考时，以年号著录。

例：清康熙

10.2.2.4　书中仅提供版本的朝代和大致时期，可著录为“某朝初”、“某朝末”等。

例1：明初（一般指洪熙前）

例2：明末（一般指泰昌后）

例3：清初（一般指顺、康二朝）

例4：清末（一般指咸、同、光、宣四朝）

10.2.2.5　书中正文各部分的刊刻时间不一致时，可著录该书刊刻的起止时间，中间用“~”连接。

例：明嘉靖4~6年（1525~1527）王延喆刻本

10.2.3　刻写主持者

10.2.3.1　刻写主持者一般依主要著录来源中所题著录。

10.2.3.2　官署刻书著录官署名称；官署名称中未包括必要的所在地名称时，应将所在地名称著录于前。

例：明嘉靖8年（1529）南京国子监刻本

10.2.3.3　私家刻书著录本家姓氏（或姓名）和斋室名称，确知所在地时，将所在地名称著录于前。

例：清道光4年（1824）扬州江氏问礼堂刻本

10.2.3.4　书坊刻书著录书坊名称，确知所在地时将所在地名称著录于前。

例：清乾隆嘉庆间京都琉璃厂文盛堂京都刻本

10.2.3.5　寺观集资刻书即以寺观为刊刻主持者，著录寺观名称，并将寺观所在地名称著录于前。

例：明万历25年（1597）径山兴圣万寿禅寺刻本

10.2.4　刻书地

10.2.4.1　刻书地指一部书的实际刊刻地点；一般依书中所题著录，书中未题可省略。

10.2.4.2　一部书既有刊刻主持者又有实际刻书者时，实际刻书者所在地即为刻书地；实际刻书者名称于附注项说明。一部书的刊刻主持者与实际刻书者同是一人或同在一地时，仍需著录刻书地。

例1：清嘉庆19年（1814）兰陵孙星衍金陵刻本
　　金陵刘文奎局刻版

例2：元建安余全仲勤有堂建安刻本

10.2.5　主要的版本类型

a. 稿本：著者亲笔写的或亲笔修改的作品原件。

b. 写本：主要指宋代前各代或元以后内府组织专人或著名学者亲笔抄写的本子。如：唐人写经、明代的《永乐大典》、清代的《四库全书》和历朝实录、谱牒等。

c. 抄本：据某一底本抄写而成的本子。

例：清光绪24年（1898）翁同龢抄本

d. 刻本：雕版印刷的本子。

例：明天启元年（1621）乌程闵齐伋刻本

e. 影刻本：照书籍的某一版本影摹刻版印刷的本子。

例：清同治10年（1871）皖南洪氏晦木斋影刻乾隆间汪氏楼松书屋本。

f. 增刻本：在原本正文基础上增刻新内容的本子。

例：清乾隆55年（1790）鹿城曾氏依绿园刻嘉庆13年（1808）增刻本

g. 重修本：将前人刻的书版中模糊残损的部分修补更换后印成的本子。

例：明嘉靖3年（1524）徐熥刻万历26年（1598）金氏重修本

h. 递修本：书版在长期流传中经过二次以上修补后印成的本子。递修情况可从简著录。

例：明洪武2年（1369）南京国子监刻明清递修本

i. 增修本：在原书版片上增刻或更改部分正文并修补更换模糊残损的版片后印刷的本子。

例：明万历37年（1609）黄学海刻天启间增修本

j. 后印本：书版刻成数十年后印刷，并在书中有明确说明的本子。

例：明正统10年（1445）内府刻万历26年（1598）印本

k. 活字本：用活字排版印刷的本子，各种活字本可根据制字材料的不同，著录为铜活字本、泥活字本等。

例1：清道光24年（1844）扬州古微堂木活字本

例2：明弘治11年（1498）华氏会通馆铜活字本

l. 朱印本：书版刻成后，用红颜色印成的本子

例：明万历34年（1606）吴氏树滋堂刻朱印本

m. 蓝印本：书版刻成后，用蓝颜色印成的本子。

例：明正统7年（1442）彭曜刻蓝印本

n. 套印本：将书籍每一叶中的不同内容分别刻版（或在同一块木版上）用不同颜色依次印刷而成的本子。可根据颜色的不同著录为：朱墨套印本、三色套印本、五色套印本等。

例：明万历48年（1620）乌程闵齐伋刻朱墨套印本

o. 钤印本：以印文作为正文，用若干印章依次直接加盖在书叶上而成的本子。

p. 铅印本：清代后期用铅字印刷机印成的本子。

q. 石印本：清代后期用石版印刷机印成的本子。

r. 影印本：清代后期以书籍的某一版本作为复制底本，用照相方法制版，机械印刷而成的本子。

10.2.6　书中有关刊刻的文字记载不准确（如出于后人错题或作伪等情况），按查考所得的正确结果著录，并将书上的文字和考订依据著录于附注项。

10.3　文献特殊细节项

本项不适合古籍著录

10.4　出版发行项

本项不适合古籍著录

10.5　**载体形态项**

a. 本项著录物质形态特征，包括册（函）数、图、版框尺寸、附件。

b. 符号及基本结构形式

. 一册（函）数：图；版框尺寸 + 附件

10.5.1　册（函）数

10.5.1.1　线装、经折装、蝴蝶装、包背装等书籍著录实有册数。如：1 册。

10.5.1.2　卷轴装书籍著录实有卷数。如：3 卷。

10.5.1.3　单张折叠的图籍著录实有幅数。如：5 幅。

10.5.1.4　散叶的书籍著录实有叶数。如：7 叶。缺叶、增叶情况在附注项说明。

10.5.1.5　函装书籍在册数后著录实有函数，加“（　）”。匣、帙装书籍同。

例：10 册（2 函）

10.5.2　图

10.5.2.1　书中有冠图、插图、附图、彩图、冠像以及地图、谱系图等，可根据编目要求，据实著录，前冠“：”。

10.5.2.2　书中有两种或两种以上类型的图，著录为“有图”。

10.5.2.3　书名中已反映书中的插图、地图时，可省略著录。

10.5.2.4　上图下文的书籍，著录为“有图”，并可在附注项注明“上图下文”。

10.5.3　板框尺寸

10.5.3.1　板框尺寸前冠“；”。

10.5.3.2　板框尺寸著录高度与广度，高度在前，广度在后，长度计算以厘米为单位，写作“cm”，中间以“×”连接。

例：17×12cm

10.5.3.3　板框高度一般以正文首叶上边至下边的距离为准，板框广度一般以正文首叶板心正中至左（右）边的距离为准。

10.5.3.4　写本书有边栏可仿以上规定著录，无边栏可依书页的高广著录。

10.5.4　附件

10.5.4.1　附件前冠“+”。

10.5.4.2　与图书主要部分必须结合使用的附件（包括实物附件）在此著录。具有自己的题名，可以脱离图书的主要部分单独使用的附件另行单独著录，并各自在附注项注明。

例：1 册（1 函）；21×13.5cm + 牙牌（1 副）

10.6　**丛书项**

a. 本项著录丛书零种所属丛书的正丛书名、丛书著者、丛书内部编号、附属丛书名。

b. 符号及基本结构形式

—（正丛书名/丛书著者；丛书内部编号·附属丛书名）

10.6.1　正丛书名按 10.1.1.8 和 10.1.1.9 的规定著录。

10.6.2　丛书著者一般可以省略，必要时按 10.1.5 的规定著录，前冠“/”。

10.6.3　丛书内部编号著录书中所题的各零种编次，前冠“；”。

10.6.4　附属丛书名按 10.1.1.8 和 10.1.1.9 的规定著录，前冠“·”。

10.7 **附注项**

a. 本项对前述各项内容作必要的补充说明。

b. 本项首先著录书籍的残存情况，其他内容依著录项目顺序著录。

10.7.1 书名与著者项附注

10.7.1.1 主要著录来源中所题的、可以和正书名交替使用的异名在此说明。

10.7.1.2 本项其他需加说明的内容见10.1。

10.7.2 版本项附注

10.7.2.1 书中残缺部分用不同版本的书叶配补，在此说明。

10.7.2.2 书中题有或过录有较有价值的批点、校勘、题词、跋语等，在此注明。

10.7.2.3 没有著录在版本项中的藏版地点，在此注明。

10.7.2.4 书中钤有较知名的收藏家印记，在此注明。

10.7.2.5 鉴定版本的特征依据，如：避讳、作伪、挖改、印书本的行款、书口形式、版框形式、刻工姓名、纸张等，均可在此注明。

10.7.2.6 版本项其他需加说明的内容见10.2。

10.7.3 载体形态项附注

载体形态项需加的说明内容见10.5。

10.7.4 丛书项附注

丛书项需加的说明的内容见10.6。

10.8 **装订与获得方式项**

a. 本项著录装订形式及获得方式。

b. 符号及基本结构形式

. 一装订：获得方式。

10.8.1 装订

装订形式依书籍的实际情况著录，如：卷轴、册叶、经折装、蝴蝶装、包背装、线装等。

10.8.2 获得方式

a. 获得方式前冠“:”。

b. 获得方式如系购买，或著录价格；如系赠送，可著录“赠”字。

10.9 **提要项**

a. 本项著录内容可根据编目要求和书籍情况自由拟定，以简明扼要为原则。

b. 本项须单独起段著录。

10.10 **排检项**

a. 本项为各种排检点的根查，记录书名标目、著者标目、主题标目和分类标目。

b. 各种标目按书名、著者、主题、分类排列，分别用“Ⅰ”、“Ⅱ”、“Ⅲ”、“Ⅳ”标识，一种标目有多个时，按标目的选择依据排列，并以阿拉伯数字为序。

c. 作为标目的书名、著者名称和书名与著者项或附注项中的相应名称完全相同时，排检点可采取省略著录法，即只著录头一个字，其余以删节号“…”略去。

d. 排检点选取规则见附录A。

附　录　A

标　　目

（补充件）

A. 1　名词、术语

标目：反映古籍内容或形式的某一主要特征，决定款目性质及其在目录中的位置，提供检索途径的著录项目。

款目：全部著录项目的组合。

A. 2　标目的类型

标目区分为书名标目、著者标目、主题标目、分类标目。

A. 3　标目的选择

A. 3.1　书名标目

A. 3.1.1　作为标目的书名：正书名（包括合刻书名）、析出题名。

A. 3.1.2　可根据需要作为标目的书名：正书名和析出题名以外的其他书名。

A. 3.1.3　一般不作为标目的书名：并列书名。

A. 3.1.4　一书的书名标目数量一般不超过两个。

A. 3.2　著者标目

A. 3.2.1　作为标目的著者：对一书负有著作责任的著者。

A. 3.2.2　可根据需要作为标目的著者：校订者、插图者等。

A. 3.2.3　一书的著者标目数量一般不超过四个。

A. 3.2.4　中国清代及其以前的著者均须在名称前冠以朝代名称，并加“（　）”。

A. 3.2.5　外籍著者名称前须冠以易于识别的国籍简称，并加“（　）”。

A. 3.3　主题标目

以被著录古籍的内容为依据。

A. 3.4　分类标目

以被著录古籍的内容为依据。

A. 4　统一标目的选择标准

A. 4.1　书名标目

A. 4.1.1　一书有不同名称时，可选择最为人熟知或能比较准确地反映书的内容的书名作统一标目。

A. 4.1.2　书名所冠“钦定”、“笺注”、“增订”、“插图”、“袖珍”等字样均视具体情况决定是否作为统一标目的组成部分。

A. 4.2　著者标目

A. 4.2.1　个人著者标目

A. 4.2.1.1　个人著者一般以正式名称作统一标目。

A. 4.2.1.2　以字（号）行世的著者以姓字（号）作统一标目。

A. 4.2.1.3　僧人著者以法名作统一标目。

A. 4.2.1.4　一著者使用两个或两个以上正式名称（包括姓名更改）以通行的名称作统一标目。

A. 4.2.1.5　无从查考著者姓名时，统一标目可照录原书所题。

A. 4.2.1.6　不同著者的姓名、时代均相同时，可依字、号、生卒年、籍贯的顺序，选取其中一项作为区分标志，著录于姓名之后，并加“〔　　〕”。

A. 4.2.1.7　外籍著者的译名先后不同，依译名表确定统一标目。

A. 4.2.2　团体著者标目

A. 4.2.2.1　团体著者原则上以正式全称作统一标目。

A. 4.2.2.2　不同的团体著者名称、时代相同时，可将必要的地名著录在名称之后，并加“〔　　〕”。

A. 4.3　主题标目

根据 GB3860－83《文献主题标引规则》标引。

A. 4.4　分类标目

根据分类法有关规定标引。

A. 5　参照

A. 5.1　参照的作用

参照依作用不同分为单纯参照、相关参照、一般参照。

A. 5.1.1　单纯参照的作用：指引读者从不用作标目的词或号码去查找用作标目的词或号码。

A. 5.1.2　相关参照的作用：表示各标目之间的联系。

A. 5.1.3　一般参照的作用：说明著录规则或目录组织规则。

A. 5.2　参照的性质

参照依性质不同分为书名参照、著者参照、主题参照、分类参照。

A. 5.3　参照的使用范围

A. 5.3.1　一书名标目需要表示与其他方面还存在着排检关系时，在它们之间做单纯参照。

A. 5.3.2　一书具有两个或两个以上书名标目时，在它们之间做相关参照。

A. 5.3.3　一著者标目需要表示与其他方面还存在着排检关系时，在它们之间做单纯参照。

A. 5.3.4　一著者具有两个或两个以上著者标目时，在它们之间做相关参照。

A. 5.3.5　指引读者从目录中不用作标目的主题词去查找用作标目的主题词，在它们之间做单纯参照。

A. 5.3.6　指引读者从目录中所用的一条主题标目去参考另一条主题标目，在它们之间做相关参照。

A. 5.3.7　指引读者从目录中不用作标目的类名或类号去查找用作标目的类名或类号，在它们之间做单纯参照。

A. 5.3.8　指引读者从目录中所用的一条分类标目去参考另一条分类标目，在它们之间做相关参照。

A. 5.3.9　需要说明著录规则或目录组织规则时，做一般参照。

A. 6　书名款目、著者款目、主题款目、分类款目的著录格式

A. 6.1　卡片格式

书名或著者或主题或类名
正书名＝并列书名：说明书名文字〔文献类型标识符〕/第一著者；其他著者．—版本
分类号　册（函）数：图；版框尺寸＋附件．—（正丛书名/丛书著者；丛书内部编号·附属丛书名）。

附注
装订：获得方式
提要

Ⅰ．书名；Ⅱ．著者；Ⅲ．主题；Ⅳ．分类
○

注：①本格式需将标目著录于款目的第一行，并较正书名突出一字，但分类号标目则须著录于款目的左侧（即目录组织号位置）。
②书名、著者标目与著录项目中的相应内容一致时也可在该内容下画红线以示标目。

A．6.2　书本格式

作为标目的书名、著者、主题、类名置于书名与著者项上方，比正书名突出一字，分类号置于著录正文的左方中间。

A．7　**参照的著录格式**

A．7.1　单纯参照

不用作标目的词或号码
见
用作标目的词或号码
○

A.7.2　相关参照

标目甲
参见
标目乙
○

标目乙
参见
标目甲

A. 7.3　一般参照

项目
　说明文字……

附加说明：

本标准由全国文献工作标准化技术委员会提出。

本标准由全国文献工作标准化技术委员会第六分委员会负责起草。

本标准主要起草人沈乃文、曹淑文、鲍国强、薛英（以姓氏笔画为序）。

图书在版编目（C I P）数据

戏曲文献学/孙崇涛著．—太原：山西教育出版社，2008．2
ISBN 978-7-5440-3262-9
Ⅰ．戏… Ⅱ．孙… Ⅲ．戏曲-文献学-高等学校-教材 Ⅳ．G257.34
中国版本图书馆 CIP 数据核字（2006）第 109692 号

戏曲文献学

责任编辑 薛海斌 孟绍勇
复　　审 邓吉忠
终　　审 张金柱
装帧设计 王耀斌
印装监制 贾永胜

出版发行 山西出版集团·山西教育出版社（太原市水西门街馒头巷 7 号）
印　　刷 山西新华印业有限公司人民印刷分公司
开　　本 787×960　1/16
印　　张 25.75
字　　数 510 千字
版　　次 2008 年 2 月第 1 版　2008 年 2 月山西第 1 次印刷
印　　数 1—5000 册
书　　号 ISBN 978-7-5440-3262-9
定　　价（平装）58.00 元　（精装）73.00 元